D1748465

Texte i. d. Enge

Mit herzlichem Dank
und herzlichen Grüßen

LG
Torsten Feuer

SPRACHE · MEDIEN · INNOVATIONEN

Herausgegeben von Jens Runkehl, Peter Schlobinski und Torsten Siever

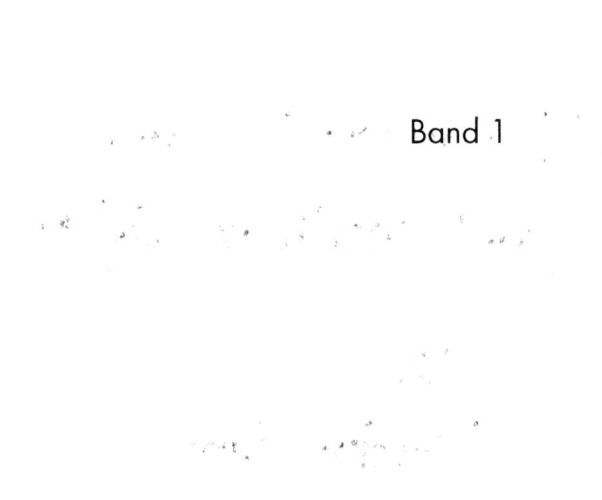

Band 1

PETER LANG
Frankfurt am Main · Berlin · Bern · Bruxelles · New York · Oxford · Wien

Torsten Siever

Texte i. d. Enge

Sprachökonomische Reduktion
in stark raumbegrenzten Textsorten

PETER LANG
Internationaler Verlag der Wissenschaften

Bibliografische Information der Deutschen Nationalbibliothek
Die Deutsche Nationalbibliothek verzeichnet diese Publikation
in der Deutschen Nationalbibliografie; detaillierte bibliografische
Daten sind im Internet über http://dnb.d-nb.de abrufbar.

Zugl.: Hannover, Univ., Diss., 2008

Umschlaggestaltung:
© Olaf Glöckler, Atelier Platen, Friedberg

Gedruckt auf alterungsbeständigem,
säurefreiem Papier.

D 89
ISSN 2190-6386
ISBN 978-3-631-60529-5
© Peter Lang GmbH
Internationaler Verlag der Wissenschaften
Frankfurt am Main 2011
Alle Rechte vorbehalten.

Das Werk einschließlich aller seiner Teile ist urheberrechtlich
geschützt. Jede Verwertung außerhalb der engen Grenzen des
Urheberrechtsgesetzes ist ohne Zustimmung des Verlages
unzulässig und strafbar. Das gilt insbesondere für
Vervielfältigungen, Übersetzungen, Mikroverfilmungen und die
Einspeicherung und Verarbeitung in elektronischen Systemen.

www.peterlang.de

Vorwort

Nachrichtenticker, SMS-Mitteilungen, Kleinanzeigen, Fahrgastfernsehen, Alpenpanorama, Kassenbons – diese verschiedenen Kommunikationsformen stellen alle typische ›Texte in der Enge‹ dar. Für sprachliche Propositionen steht nur ein geringer Raum zur Verfügung – mit der Konsequenz, dass die Textproduzenten Mittel sprachlicher Reduktion anzuwenden haben. Welche Mittel das sind und zu welchem Grad diese in den genannten Kommunikationsformen genutzt werden, ist Gegenstand der Dissertation. Als Grundlage zur Beantwortung dieser Fragen dienen sechs computerbasiert ausgewertete Korpora, die zum Teil repräsentative Stichproben aus den Kommunikationsformen darstellen. Darüber hinaus ermöglicht ein Vergleichskorpus mit Kleinanzeigen aus den 1950er Jahren sowie ein standardsprachliches Kontrollkorpus eine differenzierte Bewertung der Ergebnisse.

Die empirisch angelegte Arbeit besteht aus zwei Teilen: einem theoretischen und einem empirischen. Zum theoretischen Teil gehören die Darstellung sowie die Diskussion bisheriger Forschungsarbeiten und Ergebnisse; dies schließt wesentliche ähnlich reduktionsintensive Kommunikationsformen (so etwa Kontaktanzeigen, Kochrezepte etc.) ein und wird durch einen Exkurs zu formalen Sprachen ergänzt. Darüber hinaus wird eine Merkmalsmatrix sprachlicher Ökonomie im morphologischen und lexikalischen Bereich vorgelegt. Der empirische Teil ist auf zentrale Merkmale sprachlicher Reduktion beschränkt, da nur quantitative (und nicht qualitative) Sprachökonomie die Texte zu komprimieren vermag. Zu den untersuchten Merkmalen gehören die Kurzwortbildung (*Uni* < *Universität*), Abkürzungen (*Univ.*), die Morphemreduktion in Komposita (*Piccolo* < *Piccoloflasche*), Wortkreuzungen (*Contine* < *Conti-Campus* + *Kantine*), Wortgruppenellipsen (*96* < *Hannover 96*), Logogramme und ikonische Zeichen (% und -->) sowie einige andere graphostilistische Mittel. Ferner wurde die wiederholt geäußerte Hypothese verifiziert, dass Anglizismen eine signifikante, quantitativ ökonomische Variante zur nativen Lexik darstellen (*Shorts* < *kurze Hose*).

Abschließend konnte sowohl eine Berechnung der Gesamtanteile der angewandten sprachlichen Reduktion je Korpus erfolgen als auch eine Hierarchie hinsichtlich der Ersparnis sowie der Markiertheit für die jeweiligen Merkmale aufgestellt werden.

Die Literaturliste enthält über die bibliografische Angaben zum untersuchten Gegenstand hinaus weiterführende Literatur zu ökonomischen Aspekten von Syntax, Pragmatik, Semantik etc.

Einige Hinweise zur Benutzung des Buches: Für den Zugriff auf die genannten Internetinhalte sind zur Erleichterung »Netlinks« angegeben. Diese Ziffern können unter http://www.mediensprache.net/ in das allgemeine Suchfeld eingegeben werden, um die Inhalte aufzurufen. Dieses Verfahren spart nicht nur das Abtippen der Adresse, sondern vermeidet auch Fehler dabei. Im Anhang B sind alle vergebenen Netlinks gelistet und aufgeschlüsselt.

Für einen kommunikationsformspezifischen Einblick sind im Anhang A einige typische Beispiele aus den Korpora extrahiert (für einen Vollzugriff s. Kap. 4 oder Netlink 580). Im Internet finden sich weitere Informationen und Analyseergebnisse in Form von kategorisierten Belegen, so etwa eine vollständige Liste der Kurzwörter, Abkürzungen, Anglizismen etc.

Beispiele und Belege sind in Kursive gesetzt. Wenn nicht explizit ausgezeichnet oder der Kontext eindeutig impliziert, stellen diese Wörter Grapheme (d.h. ‹Beispiel›) dar.

Mein besonderer Dank gilt Peter Schlobinski und Ulrich Schmitz für die vielfache Unterstützung. Zahlreiche Verbesserungen und Korrekturen verdanke ich Olaf Krause, Ulrich Schmitz und besonders Jens Runkehl sowie Stefanie Kreuzer, von der ich über Verbesserungen hinaus viel Beistand erfahren durfte.

Seelze, im März 2011

Inhaltsverzeichnis

Vorwort 5

Kurzwort- und Abkürzungsverzeichnis 12

1 Einleitung 13

1.1 Wissenschaftliche Relevanz 17
1.2 Fragestellung und Ziel der Arbeit 19
1.3 Methodik und Aufbau dieser Arbeit 20

2 Sprachökonomie: Forschungsstand, Begriffs- und Gegenstandsbestimmung 21

2.1 Forschungsstand 22
   2.1.1 Frühe Ansätze 22
      2.1.1.1 Jakob Hornemann Bredsdorff 23
      2.1.1.2 Die Junggrammatiker 27
      2.1.1.3 Wilhelm Horn 27
      2.1.1.4 Otto Jespersen 33
   2.1.2 Neuere Ansätze 41
2.2 Begriffsbestimmungen 50
2.3 Zentrale untersuchte Kommunikationsformen 56
   2.3.1 Das Telegramm 59
   2.3.2 Die Kleinanzeige 59
      2.3.2.1 Die Kontaktanzeige 60
      2.3.2.2 Die Stellenanzeige 64
      2.3.2.3 Kleinanzeigen: Zusammenfassung u. Entwicklung 66

2.3.3 Das Kochrezept 69
2.3.4 Weitere Kommunikationsformen in Auswahl 74
2.4 Sonderfall formale Sprache 76

3 Merkmale sprachlicher Ökonomie 85

3.1 Morphologie/Lexikon 85
    3.1.1 Allgemeine Merkmale 86
        3.1.1.1 Überschaubares Morpheminventar 87
        3.1.1.2 Geringe Zahl von Kategorien 87
        3.1.1.3 Einfache Wortstruktur 88
            Geringe Komplexität 88
            Transparenz 90
            Motiviertheit 91
            Form-Funktions-Ikonismus 92
            Serialisierungs-Ikonismus 93
            Vermeidung von Hybridbildungen 94
    3.1.2 Wortbildung 94
        3.1.2.1 Reduktionsprozesse 94
            Komposition 95
            Phrasenkomposita 96
            Derivation (inkl. Motion) 97
            Kurzwörter 100
            Wortkreuzungen 114
            Konstituentenreduktion bei Determinativkomposita ... 119
            Klammerformen 121
            Elliptische Reduktion in Wortgruppen 122
            Negation 122
        3.1.2.2 Vereinfachung, Entlastung des Lexikons 124
            Unmarkierte Kausativa 124
            Rückbildung 124
            Konversion 125
            Analogie- und Reihenbildungen 127
            Zirkumfigierung mit *ge-e* 128
    3.1.3 Flexion 129
        3.1.3.1 Allgemeine Merkmale 130
            Impliziter Ausdruck 130
            Fusion 131
            Abbau von Distinktion 131

Inhaltsverzeichnis

	3.1.3.2	Vereinfachung, Herstellen von Ikonizität	132
		Flexionsklassenwechsel	132
		Abbau eines Klassenmerkmals	135
		Stärkung/Ausbau schwacher Flexion	135
		Schwache Flexion bei nicht-nativer Lexik und Neologismen 136, Schwache Flexion bei Adjektiven 136	
		Abbau der Flexive (und Flexion)	137
		Abbau des Genitivs	138
		Abbau der Tempora	139
		Abbau des Futurs 139, Abbau des Plusquamperfekts 140, Abbau des Präteritums 141	
		Abbau des Konjunktivs	141
		Komparation: Redundante Markierung beim Superlativ	142
	3.1.3.3	Explikation/Disambiguierung	143
		Ausdruck progressiver Formen	144
		Disambiguierung des Modus	145
		Disambiguierung des Numerus	145
		›Redundante‹ Markierung 145, Markierung in Kurzformen 146	
3.2	Lexik		147
	3.2.1	Allgemeine Merkmale	148
	3.2.2	Aufbau, Vereinfachung	149
	3.2.2.1	Implikative Struktur	149
	3.2.2.2	Lexikalisches Leveling	150
	3.2.2.3	Abstraktion und Hyperonymgebrauch	152
	3.2.3	Ausbau	152
	3.2.3.1	Entlehnung	152
	3.2.3.2	Polysemie	154
	3.2.4	Reduktion	154
3.3	Graphie		155
	3.3.1	Abkürzungen	155
	3.3.2	Weitere ausgewählte Merkmale graphostilist. Reduktion	161

4 Empirischer Teil 165

4.1	Beschreibung der Korpora	166
	4.1.1 Alpenpanorama D/A/CH/I	167
	4.1.2 Fahrgastfernsehen der X-CITY MEDIEN, Hannover	169
	4.1.3 Nachrichtenticker EinsExtra (ARD digital)	170
	4.1.4 Kleinanzeigen der deutschen Tagespresse	172
	4.1.5 SMS-Mitteilungen	174
	4.1.6 Kassenbons (Artikelbezeichnungen)	175
	4.1.7 Tageszeitungsartikel (Kontrollkorpus)	175
4.2	Auswertung	176
	4.2.1 Allgemeine Hinweise zur Merkmalsauswahl	177
	4.2.2 Kürze der Wortformen	180
	4.2.3 Kurzwörter und Kurzwortbildungen	183
	4.2.3.1 Kurzwörter	183
	4.2.3.2 Korpusspezifische Verwendung	193
	4.2.3.3 Kurzwort-Wortbildungen	200
	4.2.3.4 Korpusspezifische Verwendung	208
	4.2.3.5 Problemfälle	214
	4.2.3.6 Zusammenfassung	220
	4.2.4 Konstituentenreduktion bei Komposita	223
	4.2.4.1 Determinansreduktion	225
	4.2.4.2 Reduktion auf das Determinans	228
	4.2.4.3 Morphemtilgung im Wortinnern	234
	4.2.4.4 Korpusspezifische Verwendung	239
	4.2.5 Elliptische Kürzung in Wortgruppen	244
	4.2.6 Wortkreuzungen	254
	4.2.7 Anglizismen	259
	4.2.7.1 Quantitative Reduktion durch Anglizismen	262
	4.2.7.2 Anglizismen – Flut oder Ebbe?	283
	4.2.7.3 Anglizismengebrauch einsparungsbedingt?	310
	4.2.8 Exkurs: Metasprache/Mustererkennung	312
	4.2.9 Graphostilistische Ökonomie	316
	4.2.9.1 Abkürzungen	316
	4.2.9.2 Numeralia-Substitution	345
	4.2.9.3 Logogramme & ikonische Zeichen	352
	4.2.9.4 Alternative Markierung von Wortgrenzen	364
4.3	Ergebnisse, Vergleich und Diskussion	370

| 5 | Fazit und Ausblick | 379 |

| 6 | Literaturverzeichnis | 409 |

ANHANG A: Korpus-Auszüge 437

ANHANG B: Netlinks 441

Kurzwort- und Abkürzungsverzeichnis

Korpora

KBON	Artikelbezeichnungen auf Bons
KFTV	Fahrgast-Fernsehen der üstra
KKA	Kleinanzeigen der dt. Tagespresse
KNT	Nachrichtenticker EinsExtra (ARD digital)
KSMS	SMS-Mitteilungen
KTTV	Tourismus-TV Alpenpanorama
KTZ	Artikel aus Tageszeitungen
1955	beschränkt das Korpus KKA auf Kleinanzeigen des Jahres 1955
2005	beschränkt das Korpus KKA auf Kleinanzeigen des Jahres 2005
OS	beschränkt das Korpus KSMS auf Mitteilungen des Osnabrücker Teilkorpus
H	beschränkt das Korpus KSMS auf Mitteilungen des Hannoverschen Teilkorpus

Fachspezifische Abkürzungen

Sg	Singular
Pl	Plural
Nom	Nominativ
Gen	Genitiv
Dat	Dativ
Akk	Akkusativ
Präs.	Präsens
Perf.	Perfekt
Ind.	Indikativ
Konj.	Konfunktiv
WF	Wortform
GM	Grundmorphem
UK	unmittelbare Konstituenten
KW	Kurzwort
KWWB	Kurzwort-Wortbildung
WGE	Wortgruppen-Ellipse
WK	Wortkreuzung
Adj.	Adjektiv
Adv.	Adverb
N	Nomen/Substantiv
Präp.	Präposition
NP	Nominalphrase
PP	Präpositionalphrase
AE	amerikanisches Englisch
BE	britisches Englisch
angloind.	angloindisch
germ.	germanisch
got.	gotisch
ahd.	althochdeutsch
ae.	altenglisch
ne.	neuenglisch
mhd.	mittelhochdeutsch
oösterr.	oberösterreichisch
dt.	deutsch
engl.	englisch
frz.	französisch
jap.	japanisch
nndl.	neuniederländisch
nschw.	neuschwedisch
niederl.	niederländisch
nisl.	neuisländisch
port.	portugiesisch
sanskr.	sanskritisch

Symbole

|	Zeilenumbruch
<	ist ökonomischer als
>	1. ist unökonomischer als; 2. entwickelt sich zu; 3. daraus folgt

1 Einleitung

Formen sprachlicher Reduktion begegnen uns in nahezu allen alltäglichen Situationen: Bei der morgendlichen Zeitungslektüre finden sich Schlagzeilen wie *Alle Spiele, alle Tore*; beim Frühstück ist die Verpackungsinformation *Aroma Schutzatmosphäre* zu lesen; auf dem Bahnsteig die Fahrtzielanzeige *Hannover Hbf*, in der S-Bahn der Aufkleber *Rauchen verboten*, auf dem Hauptbahnhof der Stand mit dem Hinweis *Kaffee*, bei Facebook *Like*, beim abendlichen Chat Kurzformen wie *cu* und beim Kiosk um die Ecke *24 open*[1]. Die Liste wäre leicht seitenweise fortzusetzen, denn in einer Welt, in der die zu verbreitende – oder zumindest verbreitete – Informationsmenge stetig zunimmt, ist es erforderlich, die Fülle an Informationen auf den Aussagekern zu reduzieren. Dies trifft umso eher zu, je stärker die einzelnen Informationen in Konkurrenz zueinander stehen – Werbung zeigt dies deutlich. Aber auch der Ko- und Kontext ist wichtig. So bedeutet *Kaffee* an einem Verkaufsstand in Verbindung mit der nicht minder reduzierten Aussage *1 €*, dass dort Kaffee ausgeschenkt und für einen Euro verkauft wird, in einem Prospekt von Edeka hingegen, dass dort Kaffeebohnen verkauft werden. Insbesondere auf überregionalen Plätzen, wie dem Bahnhof einer größeren oder touristisch relevanten Stadt, und in öffentlichen Verkehrsmitteln spielt freilich auch die Internationalität sprachlich eine Rolle. Schließlich soll die Aussage *Rauchen verboten* auch für Sprecher und Sprecherinnen mit nur basalen Deutschkenntnissen verständlich sein. So ist *Rauchen verboten* aufgrund der Konzentration auf die Inhaltswörter und der Verwendung transparenter Wortformen (substantivierter Infinitiv, adjektivisches Partizip Perfekt) gegenüber dem ausführlicheren Hinweis *Hier im Zug ist das Rauchen verboten* oder gar *Die Deutsche Bahn bedankt sich für das Nichtrauchen in den Zügen* (so etwa zu lesen auf den Bahnhöfen) für ausländische Gäste vergleichsweise gut verständlich. Sprachübergreifend wäre die Verwendung eines international gebräuchlichen Symbols oder eines ikonischen Zeichens, das für das genannte Beispiel in Abb. 1-1 wiedergegeben ist und für dessen

---

1 Kurz für *24 hours open* ›24 Stunden geöffnet‹. Mittlerweile ist beim Beleg ein *St.* ergänzt worden (> *24 St. open*).

Verständnis man gänzlich ohne Einzelsprachkenntnisse auskommt. Hier trägt der bildbefürwortende Satz »Ein Bild sagt mehr als tausend Worte« eine ganz andere Bedeutung. Die Kombination aus Ikon und Symbol (und im Grunde auch Index[2]) vermag nicht nur »mehr« auszudrücken als Worte, sondern ermöglicht es, gänzlich ohne Worte auszukommen.

Über die bessere Verständlichkeit oder Internationalisierung hinaus sprechen mitunter weitere Gründe für die Reduktion von Sprache. So stellt die Fahrtzielanzeige einen solchen Fall dadurch dar, dass sie gut lesbar und schnell erfassbar, jedoch durch die notwendig große Frontscheibe für eine gute Sicht des Zugführers von der Fläche stark begrenzt sein muss. Konvention und Logik vermeiden ›vollständigere‹[3] Formulierungen wie »Dieser Zug fährt bis zum Hauptbahnhof Hannovers« und reduziert die Information auf das Fahrtziel *Hannover Hauptbahnhof*, in aller Regel reduziert auf *Hannover Hbf* oder gar *Hannover*.

Abb. 1-1: Sprachunabhängig: Ikon + Symbol.

Letzteres ist eine weitere erhebliche Reduktion der Information, da die S-Bahnen neben dem *Hauptbahnhof* in Hannover weitere Stationen wie *H-Nordstadt* und *H-Leinhausen* (oder *H-Leinhs.*) anfahren. Aber auch im Hinblick auf diese alternativen hannoverschen Fahrtziele lässt sich schließen, dass aufgrund mehrerer Haltepunkte in Hannover mit *Hannover* nur der zentrale Haltepunkt gemeint sein kann. Dass dies nur bei *einem* und einem tatsächlich *zentralen* Punkt Sinn macht, belegen etwa Berliner oder Hamburger Bezeichnungen (*Hamburg Altona*, *Hamburg Hbf.*).

Bei allen Vorteilen, die die Kürze mit sich bringt: Sie birgt auch Nachteile. So kommt zwar der Hinweis *Rauchen verboten* einem Touristen eher entgegen, doch ist die Wahrscheinlichkeit relativ gering, dass die Verständlichkeit der (nicht international gebrauchten) Abkürzung *Hbf* größer sein wird als die der Vollform *Hauptbahnhof*. Hinzu kommt, dass im Gegensatz beispielsweise zur Abkürzung *BS* (< Braunschweig), bei der die beiden Grapheme ‹B› und ‹S› die Silbeninitialen darstellen und dadurch helfen, die Vollform zu erschließen, dies bei *Hbf* nicht der Fall ist, da ‹f› nicht den Silbenanfang, sondern das Silben- bzw. Wortende repräsentiert. Doch selbst nativen Sprechern erscheinen sprachliche Kurzformen mitunter zu kurz. Offenkundig wird dies etwa an der Anpassung des Hinweises auf die erste Klasse im Jahr 2004[4]. Hier wurde die *1* durch die Phrase *1. Klasse* ersetzt und damit disambiguiert, weil das isolierte

---

2 Der ›Rauch‹ für eine angezündete Zigarette.
3 Hiermit soll nicht ausgedrückt werden, dass es so etwas wie Vollständigkeit in der Sprache gibt; Sprachhandlungen können lediglich mehr oder weniger komplex sein.
4 So zumindest in der S-Bahn Hannover.

1 Einleitung

Numerale neben der Klasse grundsätzlich auch die Wagennummer bezeichnen könnte. Ob diese Verwechslung auf einer Ausrede, um einen freien Platz belegen zu können, oder einem tatsächlichen Missverständnis fußt, sei dahingestellt. In jedem Fall veranlasste es die Deutsche Bahn, die Aufschrift zu disambiguieren und damit den Grad der Reduktion zu mindern.

Der ökonomische Umgang mit Sprache ist allerdings durchaus keine neuzeitliche Erfindung und schon gar keine der so genannten Neuen Medien (CB-Funk, Internet, SMS etc.). Bereits in der Antike fanden Kurzformen zahlreich Verwendung. Verwiesen sei exemplarisch auf den legendären Fahnenaufdruck *S.P.Q.R.* des römischen Heeres, welches die Kurzform zu *Senatus Populusque Romanus* (›Senat und Volk von Rom‹) darstellt und noch im heutigen Rom beispielsweise auf Kanalschachtabdeckungen zu finden ist (s. Abb. 1-2).

Auch auf pompejanischen Wandinschriften (eine zweisprachige Liste bietet Geist 1936[5]) lassen sich zahlreiche Kurzformen ausmachen, die unter anderem darauf zurückzuführen sind, dass das Medium Einfluss auf die sprachliche Ausgestaltung nimmt. Medial bedingte (lexikalisch-grafische) Reduktion ist insofern keineswegs ein neues Phänomen, sondern bereits seit rund 2000 Jahren ein Mittel medial angepasster ›Schreibung‹ – angepasst im Sinne des vergleichsweise beträchtlichen Aufwands, der für das Einmeißeln der Grapheme erforderlich ist. So ist der mediale Einfluss bereits bei ›alten‹ Medien wie Steinwand oder -tafel zu beobachten.

Belegt sind ebenso auf Morphem- und Silbenanfänge wie auf Initialen reduzierte Reduktionsformen:

Abb. 1-2: Jahrtausendealte Abkürzung im heutigen Rom.

[1]   M. Nonius Campanus mil[es] coh[ortis] VIIII pr[etorianae] Caesi[6]
[2]   Pansam aed[ilem] o[ro] v[os] f[aciatis]. Dignus est.[7]
[3]   Pabu[li] spo[rtae] XX[8]

---

5 Ich danke Michael Tewes für den Hinweis.
6 Übers.: Markus Nonius Campanus, Soldat der 9. Prätorianerkohorte unter dem Centurio Cäsius (Geist 1936: 32).
7 Übers.: Macht den Pasa zum Ädilen, ich bitte euch! Er ist es wert. (Geist 1936: 6f.).
8 Übers.: 20 Körbe Futter (Geist 1936: 92f.).

[4]   Aug[usto] feliciter[9]
[5]   S q d, l e n c (< S[i] q[uinquennium] d[ecurrerit], l[ocatio] e[sto] n[udo] c[onsensu].)[10]

Als konventionalisierte Empfehlungsformel ist *o.v.f.* anzusehen (Geist 1936: 7), die formal-strukturell in den heutigen Abkürzungen *u.s.w.* oder *etc.* ihre Entsprechung findet. Belegt sind auch Varianten, bei denen nur *oro vos* reduziert erscheint (*o. v. faciatis;* ibid.). Eine hohe Gebrauchsfrequenz ist zudem als Ursache der sprachlichen Reduktion von Wochentagen zu nennen. So sind etwa die Tage, an denen Markt ist, wie folgt eingemeißelt worden:

[6]   Dies muninae
      Sat[urni] Pompeis
      Sol[is] Nuceria
      Lun[ae] Atella
      Mar[tis] Nola
      Merc[urii] Cumis
      Iov[is] Putiolos
      Ven[eris] Roma[11]

Neben der auf handwerklich-pragmatische Gründe zurückzuführenden lexikalisch-grafischen Reduktion finden sich Inschriften, bei denen die ausgesparten Grapheme mit großer Wahrscheinlichkeit auf Unwissenheit oder Nachlässigkeit der Schreiber zurückzuführen sind. So stellen pompejanische Wandinschriften die antike Erscheinungsform von Graffiti dar (s. Abb. 1-4). Es sind Zeugnisse des Alltags einfacher Menschen, die oftmals spontan entstanden sind (z.B. bei *Victoriae suae salute[m]*.[12] oder *Pilocalus Cerdoni sal[utem] libe[n]s merito*[13]). Sehr wahrscheinlich sind auch einige ›Fehler‹ als Phänomene der gesprochenen Sprache resp. als ihr Transfer in die Inschrift zu erklären. Außerdem handelt es sich oftmals tatsächlich um eine Sprache der Nähe (Koch/Oesterreicher 1994; Ágel/Hennig 2006a). So könnte etwa mit *val[e]* (›Fahr!‹) eine Schwa-Tilgung und mit *suspend[e]re* (›Häng dich auf!‹) und *anc[il]la* (›Frauen-

---
9 Übers.: Heil dem Kaiser! (Geist 1936: 40f.).
10 Übers.: Nach Ablauf der fünf Jahre soll die Vermietung stillschweigend verlängert werden. (Geist 1936: 30f.)
11 Übers.: Markttage: Samstag in Pompeji, Sonntag in Nuceria, Montag in Atella, Dienstag in Nola, Mittwoch in Cumä, Donnerstag in Puteoli, Freitag in Rom (Geist 1936: 98f.; Zeichensetzung der Abweichung von der Zeilenschreibung wegen (d.V.)).
12 Übers.: Seiner Victoria einen Gruß. (Geist 1936: 46f.)
13 Übers.: Pilocalus erfüllt sein Gelübde gern und nach Schuldigkeit (Geist 1936: 46f.). sal[utem] ist hierbei natürlich eine gewollte Abkürzung.

zimmer‹) eine Assimilation vorliegen, die zudem noch mit einer Reduktion der Silbenanzahl verbunden ist (sämtliche Belege: Geist 1936: 44).

Abb. 1-3: Lateinische Wandinschrift aus dem 1. Jahrhundert n. Chr. aus Aventicum.
Quelle: http://pages.unibas.ch/klaphil/idg/Alphabetgeschichte/kap4f.html

1.1 Wissenschaftliche Relevanz

Der Versuch, Sprache mit Variablen wie Aufwand und Nutzen sowie operationalisierten Merkmalen wie Effektivität zu bewerten, ist weder neu noch trivial. Besonders die Effektivität könnte einer der Gründe dafür sein, weshalb Sprachökonomie bisher vergleichsweise wenig Beachtung gefunden hat und mitunter noch heute findet. Insbesondere durch die Einführung und Verbreitung der jüngsten ›Neuen Medien‹ haben sprachökonomische Prozesse und Charakteristika jedoch (besonders im Rahmen kausaler Aussagen) verstärkt Beachtung gefunden. Vornehmlich in der Chat- und SMS-Kommunikation scheinen die technischen und interaktionsrelevanten Rahmenbedingungen wie Tastaturverwendung, Zeichenbegrenzung, räumliche Distanz bei individueller Kommunikation der Nähe einen Einfluss auf die Sprache zu haben, wozu auch sprachökonomische Aspekte zählen.

In der Regel wird Sprachökonomie auf einen physikalischen Aufwand zurückgeführt und der Terminus als (Ober-)Begriff für verschiedene Reduktionstypen verwendet, die vorwiegend graphemischer *(i. < ich)*, morphologischer *(Humboldt < Humboldtstraße)* und syntaktischer Art *(Shit, jetzt kapiere!)* sind. Zumeist außerhalb des Sammelbegriffs Sprachökonomie werden phonologische oder auf die Phonetik zurückzuführende Phänomene – wie etwa Assimilationen, Haplologien oder Elisionen – gefasst, die jedoch (artikulatorische) Sprachökonomie par excellence im Bereich der mündlichen Sprache darstellen. In textbasierter Kommunikation werden diese als »Transferphänomene der gesprochenen Sprache« (Schlobinski et al. 2001: 15; Schlobinski/Watanabe 2003: 12, 19 ff.) bezeichnet oder auch unter »Prozesse der gesprochenen Sprache und Gesprächsstruktur« (Androutsopoulos/Schmidt 2001) angeführt. In diesen Publikationskontexten ist allerdings bisher nicht näher auf den ökonomischen Aspekt eingegangen worden. Darüber hinaus ist in den genannten Forschungsbereichen der Begriff Sprachökonomie ausschließlich für die quantitative Reduktion verwendet worden.

Der Terminus Sprachökonomie steht jedoch für ein übergreifendes Konzept, das nicht nur sprachliche Kürze, sondern auch andere, teils divergente Phänomene umfasst, die einer (schrift- und sprech-)sprachlichen oder kognitiven Entlastung, Systematisierung etc. dienen können. Als prominentes Beispiel kann der analytisch gebildete Konjunktiv angeführt werden, der statt des synthetischen (rein morphologischen) Konjunktivs mit dem Auxiliar *werden* gebildet wird. Zwar ist *gehe/ginge* deutlich kürzer – und in diesem Sinne nach ersterer Begriffsverwendung die (quantitativ) ökonomische Variante. Nach der komplexeren Auffassung ist *würde gehen* indes aus zweierlei Gründen (qualitativ) ökonomisch: Zum einen entfällt damit praktisch die Unterscheidung von Konjunktiv I und II; zum anderen ist die Bildung mit finitem *würden* + Inf. regelmäßig, selbst wenn das im Infinitiv stehende Vollverb ein ›starkes‹ ist – die Bildung ist auf die Flexion dieses einen unregelmäßigen Verbs beschränkt. Da die kognitive Entlastung, insbesondere bei unregelmäßigen Verben, nicht unerheblich ist, weil die Stammformen der Konjugation nicht erinnert bzw. gar nicht erst erlernt werden müssen, ist die Bildung sprachökonomisch relevant. Mit diesem Verständnis wird Sprachökonomie zwar auf eine höhere Ebene gehoben, verliert aber eine exakte Messbarkeit und ist folglich in ihrer Definition schwieriger zu fassen.

Abb. 1-4: Modernes Graffito (© Lodewick, 2002). Quelle: http://www.graffitieuropa.org/news/013.htm

Die theoretische Auseinandersetzung mit Sprachökonomie weist darüber hinaus eine enge Verbindung mit anderen Bereichen der Sprachwissenschaft, z.B. der Sprachwandeltheorie auf. Bereits Koenraads (1953: 181) hat Sprachökonomie und sprachliche Effizienz als entscheidende und bislang unterschätzte Kräfte des Sprachwandels herausgestellt. In den 1980er und 90er Jahren haben Mayerthaler (1977; 1980a, b), Werner (1989) und Boretzky et al. (1995) exemplarisch versucht, mit der Natürlichkeitstheorie Sprachwandelphänomene zu erklären, und hierfür ebenfalls sprachökonomische Faktoren als Erklärungsmuster herangezogen, wobei Sprachökonomie und »Natürlichkeit« mitunter deutliche Parallelen aufwiesen. Ferner ist Sprachökonomie auch im grammatiktheoretischen Bereich – etwa im Rahmen der Optimalitätstheorie – von Bedeutung. Schließlich sind sprachökonomische Aspekte in der angewandten Linguistik nicht wegzudenken. So sind etwa Gebrauchstexte wie Kochrezepte (s. Kap. 2) und Bedienungsanleitungen »sprachoptimiert«, und vor allem qualitative Aspekte spielen bei der maschinellen Übersetzung (beispielsweise im lexikalisch-semantischen Bereich) eine Rolle.

1.2 Fragestellung und Ziel der Arbeit

Vor dem Hintergrund der allgegenwärtigen sprachlichen Reduktion ist es das Ziel dieser Arbeit, zentrale Formen sprachlicher Reduktion zu untersuchen, wobei nicht die kausalen Gesetzmäßigkeiten und nur in gewissen Grenzen eine funktionale Betrachtung im Vordergrund stehen sollen. Entscheidend ist vielmehr, welche spezifischen Reduktionsformen in ausgewählten, stark raumbegrenzten Kommunikationsformen angewandt werden, welches die effizientesten sind und wie stark die unterschiedlichen Texte hierfür anteilig reduziert werden. Anders formuliert: Welche Mittel sprachlicher Ökonomie werden in verschiedenen nicht-fachsprachlichen Texten mit welchen Ersparnisquotienten eingesetzt, um im engen Textraum die gewünschten Informationen möglichst ohne Bedeutungsverlust zu vermitteln, und welche grundlegenden Begründungszusammenhänge liegen hierbei vor?

An diese Fragestellungen ist ein Überblick über die Mittel der sprachlichen Ökonomie gebunden, der mit wenigen notwendigen Ausnahmen auf den Bereich der Morphologie und des Lexikons beschränkt werden soll. In der bisherigen Forschungstradition standen vor allem Einzelphänomene wie Kurzwörter (Kobler-Trill 1994) und Ellipsen (Betten 1976) im Vordergrund, während eine Gesamtbetrachtung (am Rande Roelcke 2002b: Kommunikation) im Großen und Ganzen Jahrzehnte zurückliegt (Jespersen 1941; Horn 1923, Koenraads 1953, Moser 1970b/71). Ein gerraffter Überblick über sprachliche Ökonomie liegt mit Wurzels (2001) Handbuchaufsatz vor. Ein Ziel dieser Arbeit ist es, diese unterschiedlichen Herangehensweisen zu verbinden, d.h. zum einen eine theoretische Diskussion im Rahmen einer Merkmalsmatrix zu führen, zum anderen konkret eine Auswahl dieser Merkmale an verschiedenen Kommunikationsformen zu überprüfen.

Mit Roelckes (2002b) Terminologie gesprochen, sollen solche Texte untersucht werden, bei denen der Aufwand mehr oder minder konstant gehalten ist, die sich demgemäß dadurch auszeichnen, dass für sie gleichbleibend wenig Raum zur Verfügung steht. Folge ist, dass die Information sprachlich reduziert, effektiv und im Regelfall auch effizient (Kleinanzeigen, Alpenpanorama) vermittelt werden muss. Wie dies geschieht und ob dies auch zu Lasten der qualitativen Ökonomie geht, wird ebenfalls zu klären sein.

Im Rahmen der Analysen sollen zwei häufig geäußerte Hypothesen gesondert behandelt werden: 1. Weisen SMS-Mitteilungen tatsächlich – im Vergleich mit anderen ebenfalls räumlich äußerst begrenzten Kommunikationsformen – starke Reduktion auf, und 2. sind Anglizismen tatsächlich kürzer als ihre deutschsprachigen Dubletten?

1.3 Methodik und Aufbau dieser Arbeit

Die Zielsetzungen dieser Untersuchung berühren Fragen des konkreten Sprachgebrauchs. Folglich bedarf es realer Texte und damit einer empirischen korpusbasierten Herangehensweise. Um unterschiedliche Strategien und Anteile sprachlicher Reduktion angeben zu können, müssen mehrere Korpora erstellt werden, die aus den geforderten räumlich stark begrenzten Texten bestehen und an anderer Stelle vorgestellt werden (Kap. 4.1). Zur Bewertung der Ergebnisse sollten die Korpora nicht nur intern verglichen, sondern auch Kontrolldaten herangezogen werden. Zusammengestellt wurden hierfür Zeitungsartikel, die als standarddeutsche Kommunikationsform angesehen werden und sich damit für einen Vergleich eignen.

Die Arbeit ist transparent untergliedert in drei Bereiche. Zunächst wird in Kapitel 2 ein Überblick über Definitionen und Forschungsansätze sowie über bereits untersuchte und/oder im Kontext dieser Arbeit relevante Kommunikationsformen gegeben, nachdem eine eigene Definition von Sprachökonomie und sprachlicher Reduktion erarbeitet worden ist. In Kapitel 3 wird eine Merkmalsmatrix sprachlicher Ökonomie aufgestellt, die in erster Linie auf Morphologie und Lexikon beschränkt ist, aber etwa auch Abkürzungen als Ausdruck grafischer Ökonomie einbezieht. Im Kapitel 4 folgen nach einer Vorstellung der Korpora die Analysen zu den gewählten Fragestellungen. Abschließend werden in Kapitel 5 die Analyseergebnisse im Gesamtkontext der Arbeit verortet und Forschungsperspektiven herausgestellt.

2 Sprachökonomie: Forschungsstand, Begriffs- und Gegenstandsbestimmung

Zu den Zielen dieser Arbeit gehörten eine heuristische Zusammenstellung sprachökonomischer Merkmale im Bereich der Morphologie und des Lexikons (Kap. 3) sowie eine pragmatische Definition von Sprachökonomie inklusive der Bestimmung des Gegenstandsbereichs. Im Hinblick auf bisherige Definitionsansätze sind grundsätzlich zwei Tendenzen festzustellen: So hat einerseits etwa Roelcke (2002b) eine trennscharfe Begriffsbestimmung vorgelegt, die an den Randbereichen zu Problemen führt. Andererseits existieren auch offenere Definitionen (z.B. Jespersen 1941, Coulmas 1992), die aber einen gewissen Grad an Unterdeterminiertheit aufweisen.

Der Anspruch dieser Arbeit muss dementsprechend eine weitestgehende Vermittlung zwischen diesen beiden Tendenzen sein. Im ersten Teil des Kapitels wird demnach zuerst ein Forschungsüberblick über den Gegenstandsbereich gegeben. Im Anschluss folgen Definitionen verschiedener Termini, die nicht nur im Kontext dieser Untersuchung sinnvoll erscheinen, sondern auch grundsätzlich den Anspruch erheben, der notwendigen Offenheit des ›Systems‹ Sprachökonomie gerecht zu werden. Den Abschluss des Kapitels bildet die Vorstellung einiger bereits untersuchter Kommunikationsformen und einer formalen Sprache, die im Kontext der sprachlichen Reduktion relevant sind. Dieses methodische Vorgehen erscheint dadurch legitimiert, dass der Fokus auf ein Phänomen gerichtet ist, das bisher kaum bearbeitet ist und unter »sprachlicher Kürze und Reduktion« als Subkategorie von Sprachökonomie gefasst werden soll.

Die Ausgliederung der Merkmalsmatrix bietet den Vorteil, einen Katalog sprachlicher Ökonomie unabhängig von Definitionsdiskussion, Forschungsreferat sowie ähnlichen Untersuchungen vorzustellen. Dieser Katalog findet sich im sich anschließenden Kapitel 3.

2.1 Forschungsstand

Der Begriff *Sprachökonomie* ist in sprachwissenschaftlichen Kontexten bereits früh genannt worden. Während das 19. Jahrhundert stark geprägt war durch nicht ›sprachverschlechternde‹ Momente, war das 20. Jahrhundert eher durch ›sprachverbessernde‹ gekennzeichnet. Die Absichten und Folgerungen zur Sprachökonomie waren seither sehr unterschiedlich motiviert: Zu nennen ist sowohl das Ideal der Leibniz'schen Universalsprache, die Sprachentwicklung (bzw. Sprachwandel), die Sprachoptimierung (vgl. Jespersen) oder der Sprachverfall durch Kürzung, Vereinfachung oder Systematisierung sowie auch die unterschiedliche Entwicklung in den verschiedenen Sprachen mit einem vergleichenden Blick auf diejenigen Sprachen, die ›optimaler‹ oder »energischer« (Jespersen 1914) verändert worden sind (also vornehmlich Sprachtypologie).

Eine Unterteilung zwischen frühen und aktuellen Ansätzen erscheint somit sinnvoll. Die älteren Schriften Jespersens, Horns, Pauls etc. sind allerdings keinesfalls auf einen historischen Wert reduzierbar, da zahlreiche Merkmale sprachlicher Ökonomie bereits um 1900 bis zur Mitte des 20. Jahrhunderts – vor allem auch sprachvergleichend – beschrieben worden und mit terminologischen Anpassungen in spätere Arbeiten eingeflossen sind (Coulmas, Koenraads, Moser u.a.).

2.1.1 Frühe Ansätze

Die Auseinandersetzung mit Sprachökonomie hat bereits Raymundus Lullus (1232–1316) eröffnet, der Sprache als ein technisches Instrument ansah, das – wie jede Form von Technik – verändert und optimiert werden könne (Koenraads 1953: 2f.). Lullus entwarf als visualisierendes Gebilde eine aus neun drehbaren Scheiben bestehende Apparatur, die *Ars magna et ultima*, mit der er unzählige geometrische Figuren erzeugen konnte, die ihrerseits das Denken auf bislang ungedachte Bahnen lenken sollte (vgl. Abb. 2-1).

Diese gleichermaßen technisch wie philosophisch interessante Apparatur hat rund 400 Jahre später Gottfried Wilhelm Leibniz fasziniert und ihn bei der Entwicklung seiner *Universalsprache* beeinflusst. Entscheidend für Leibniz war die Aufstellung einer *langue rationelle*, bei der er auf eine ›ausufernde Flexion‹ (etwa beim Genus) verzichtet. Transparent wird dies in der positiven Hervorhebung der französischen Sprache, die er im Gegensatz zum »synthetischen« Latein als »analytisch« bezeichnet (vgl. Kap. 3).

Trotz dieser eindrucksvollen Entwicklungen kam es bis zum 19. Jahrhundert zu keiner Spezifizierung von Sprachökonomie. Zwar wies Johann Gottfried Herder 1772 in seiner von der Berliner Akademie ausgezeichneten Preisschrift »Über den Ursprung der Sprache« auf das Unregelmäßige in der Sprache mit der für ihn einzig möglichen Folgerung hin, dass sie insofern kaum gottgegeben sein könne (Herder 1986). Es zeige sich, so Herder, eine Entwicklung von Formenreichtum und Bildhaftigkeit hin zu einer größeren Logik und Systematik, womit er an den Leibniz'schen Rationalisierungsgedanken anknüpft (ibid.: 6). Dennoch kommt es nicht zu einer entsprechenden Hypothese.

Gegen Ende des 18. Jahrhunderts lobt schließlich die Berliner Akademie einen Preis für eine Schrift aus, die am treffendsten das »Ideal einer vollkommenen Sprache zu entwerfen« vermöge. Die Ausschreibung gewinnt 1794 der Berliner Pastor Jenisch mit einer stark komparatistisch angelegten, 1796 veröffentlichten Arbeit, in der er vierzehn ältere und neuere Sprachen gegenüber- und diejenigen als vortrefflich herausstellt, deren Grammatik einfacher und regelmäßiger und deren Syntax ›natürlicher‹ sind als andere. Auch eine große »Leichtigkeit der Bildung neuer Formen (also lexikalische Bildsamkeit)« (zit. nach Koenraads 1953: 6) zeugt ihm zufolge von Vollkommenheit. Obwohl Einfachheit, Regelmäßigkeit, Natürlichkeit und Bildsamkeit zwar ausnahmslos Kategorien sprachlicher Ökonomie darstellen, fand eine diesbezügliche theoretische Auseinandersetzung damals jedoch noch nicht statt.

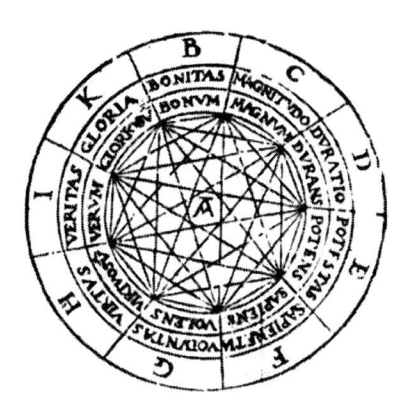

Abb. 2-1: R. Lullus' Ars magna et ultima.

2.1.1.1 Jakob Hornemann Bredsdorff

Dies ändert sich – wenngleich nur punktuell – im Jahr 1821, in dem Jakob Hornemann Bredsdorff (1975/1821) sprachverändernden Ursachen nachgeht und dafür auch sprachökonomische Gründe ausmacht (allerdings nicht ins Zentrum rückt). Als entscheidend für »neun Zehntel der Veränderungen« (Bredsdorff 1975: 16) sieht der Däne die Bequemlichkeit bzw. Nachlässigkeit der Sprecher an. Ein sprachökonomisches Merkmal stellt für ihn dementsprechend den entscheidenden Antrieb für Sprachwandel dar. Zum Ausdruck komme sie teils durch Tilgung, teils durch Substitution:

»Eine Auslassung findet nun am ehesten bei kurzen sowie schwachtonigen Vokalen und auch bei weichen Konsonanten statt. Jeder Vokal kann denn kurz oder lang, stark oder schwach ausgesprochen werden; von den Konsonanten hingegen sind einige in sich selbst wieder weicher oder aber auch schwächer lautend als andere. Die weichsten [des Dänischen, d. V.] unter ihnen sind w, ð, g, v, j, ž, z (weiches s) u. besonders h, und sie können am leichtesten fortfallen, wogegen die anderen eher in weichere übergehen.« (Bredsdorff 1975: 16)

In der Tilgung eines von zwei Vokalen sieht Bredsdorff nicht die Vermeidung eines Hiatus, sondern »weil das in anderen Verbindungen sehr häufig nicht geschehen kann« (ibid.: 17), etwa bei einer CVC-Folge. Entsprechendes sieht er bei Konsonanten (ibid.).

Bredsdorff beschränkt seine Feststellung nicht auf Phoneme, sondern dehnt sie auf Silben und Wörter/Sätze aus, was im ersteren Fall eine »Rückwirkung auf die Grammatik« (1975: 18) haben könne, wenn etwa ein charakteristischer Wortausgang oder eine auslautende Silbe wegfalle. Auf syntaktischer Ebene betrachtet er die Reduktion von Wörtern wie bei *zwei Jahre lang/zwei Jahre alt* auf *zwei Jahre* als eine Folge der Bequemlichkeit.

Wie im oben zitierten Auszug bereits angedeutet, kann sich Bequemlichkeit und damit *eine* Ursache von Sprachökonomie auch in einem Austausch eines Konsonanten gegen einen schwächeren *(f > w)* oder gegen einen anderen Laut *(t > d;* für eine ausführliche Grafik s. ibid.: 19 f.) zeigen sowie in einem Austausch von zwei enthaltenen, meist benachbarten Lauten *(Zwilling > Ziwling)*. Das Gegenteil, etwa den Übergang von *w* zu *v* in dän. *hvad (was)* sowie der von *sagt* in *sacht* oder eine Lautergänzung wie in dän. *kjaempe < kaempe*, reißt Bredsdorff lediglich an (ibid.: 22). Die Auslautverhärtung als typisches Merkmal sprachlicher Ökonomie bleibt jedoch unerwähnt.

Als weitere Ursache für Sprachwandel nennt Bredsdorff (1975: 23 f.) das Bedürfnis nach Analogie. Hier führt er als Beleg den dänischen Genitiv an, der entgegen früherer Sprachstufen im Sg. und Pl. einheitlich gebildet wird. Entsprechendes sieht er in der Abschaffung »anormal gebildete[r] Wörter« (ibid.: 23), die durch regelmäßig gebildete ersetzt werden *(Schöpfgefäß* statt *Schapf*, von *schöpfen)*. Auch bei der Wortstellung finde sich Analogie, wenn etwa *Vater mein* durch *mein Vater* ersetzt wird.

Gewissermaßen als einen ›Gegenspieler‹ der Bequemlichkeit führt Bredsdorff (1975: 25 f.) das Streben nach Deutlichkeit an. Es diene wie im Fall des deutschen Genitivs der eindeutigen Markierung des Kasus, um Verwechslungen mit anderen Kasus auszuschließen *(Glaubens < Glauben*; hier Dativ, Akkusativ). Darüber hinaus sieht Bredsdorff Verdeutlichungstendenzen dort, wo Gefahr bestehe, dass Laute assimilieren könnten, etwa im Fall der Auflösung

2.1 Forschungsstand

eines Vokals in einen Diphthong oder in zwei Vokale (ital. *ie* statt *e*) sowie bei Konsonanten (isländ. *dn* statt *nn* (langes *n*)). Auch um einer Verwechslung vorzubeugen, seien Phoneme ergänzt worden (*f* bei *Pforte* aus *porta*).

Des Weiteren führt er »fehlerhaftes Hören und Verstehen«, »unzuverlässiges Gedächtnis« sowie – zum Teil in den anderen Elementen enthalten – fremde Sprachen an. Letzteres sieht Bredsdorff vor allem in zweierlei Fällen belegt: Der eine Fall ergebe sich, wenn fremdsprachige Ausdrücke und Phrasen, vorwiegend Lexik, (mit entsprechenden geringfügigen Anpassungen) entlehnt würden, der andere, wenn eine Sprache komplett übernommen bzw. aufgrund politischer Entwicklungen oktroyiert würde (dann mit gewichtigen Änderungen bis in den Bereich der Flexion und Phonologie). Die zuletzt genannten Kriterien[1] gehören allerdings nicht mehr in die Reihe der Merkmale sprachlicher Ökonomie, sondern sind mehr oder minder Ausdruck einer starken Ausprägung derselben.

Die Erkenntnisse Bredsdorffs stellen nicht nur für viele Jahrzehnte die einzige theoretische Auseinandersetzung mit Sprachökonomie als Ursache für Sprachwandel dar, sondern bilden auch die Basis für spätere Arbeiten[2], etwa die von Jespersen (1941; s.u.). Gleichwohl wurden in den ersten beiden Dritteln des 19. Jahrhunderts Fragen verfolgt, die sprachökonomische Erscheinungen zumindest tangierten. Im Zentrum der Betrachtungen stand jedoch die Entwicklung der Sprache vorwiegend unter romantischen und poetischen Gesichtspunkten. Die Sprachwissenschaft war von einer Komparatistik geprägt, die aufzeigte, dass andere wie auch die eigene Sprache im Laufe der Zeit an »vollkommenheiten und feinheiten« (Vorrede zur Deutschen Grammatik, Grimm 1819) verloren. Auf Jakob Grimm ist die Auffassung einer evolutionären Sprachentwicklung zurückzuführen, wodurch ein Zurück zur traditionellen »Schönheit« verhindert würde. Diese Schönheit sah man nicht nur in der Wohlgeformtheit älterer Sprachstufen, sondern auch in der Formenvielfalt, also der Tatsache, dass ein Lokativ eine Verortung auszudrücken vermochte, Werkzeuge oder Mittel (im weitesten Sinne) mittels Instrumental

---

1 Zu diesen Kriterien gehört auch das »Verlangen nach dem Ausdruck neuer Vorstellungen« (Bredsdorff 1975: 28), in denen Bredsdorff solche Inhalte sieht, für die kein Ausdruck besteht und daher Wortbildungen, seltener Neuschöpfungen geschaffen werden müssen. Dieser Gedanken wird in ähnlicher Weise von Moser (1971) wieder aufgegriffen (s. u.).
2 Die Ursache für die im 19. Jahrhundert geringe Beachtung der (heute bekanntesten) Schrift Bredsdorffs dürfte in der Sprache (Dänisch) begründet sein. Darüber hinaus hat der Herausgeber der 1975 erschienenen Fassung, Uwe Petersen, herausgestellt, dass Bredsdorff auch innerhalb Dänemarks nur bedingt als Sprachwissenschaftler (eher als Mineraloge) zur Kenntnis genommen worden sei (Bredsdorff 1975: 37 (= Kommentar)).

beschrieben werden konnten oder eine eigene flexivische Form für die Anrede bestand (Vokativ).

Wilhelm von Humboldt stellt in den 1830er Jahren indes heraus, dass in allen Phasen der Sprachentwicklung – diese sah man in 1. dem Wachstum, 2. einem scheinbaren Stillstand und 3. einer Abnahme ihrer Schönheit und Vollkommenheit –, auch in der des Vergehens, neue Lebensprinzipien und gewinnbringende Änderungen stattfinden könnten. Humboldt betonte zudem, dass nach der ersten Phase, einer Art sprachlicher Hochphase, die Sprache nur noch alltäglichen Bedürfnissen diene und daher der Formenbestand verringert würde, dass aber dennoch am Englischen abzulesen sei, dass dies durchaus auch Vorzüge habe und die deutsche Sprache den Vergleich mit dieser nicht zu scheuen brauche (Humboldt 1949/1836: 282–286). Auch Jakob Grimm sieht 1851 bei aller ›sprachlichen Talfahrt‹, dass »etwas anderes an die stelle der alten gaben und mittel getreten ist, dessen vortheile auch nicht dürfen unterschätzt werden« (Grimm 1958: 282). Diese Vorteile veranschaulicht Grimm etwa – ebenso wie Humboldt – an der englischen Sprache, die gerade »durch das aufgeben und zerrütten aller lautgesetze, durch den wegfall beinahe sämmtlicher flexionen eine grosse kraft und stärke empfangen (habe), weil sie vielleicht noch nie einer anderen menschlichen zunge zu gebote gestanden (habe)« (Grimm 1958: 294). Dies sind in Anbetracht der Zeit bemerkenswerte Ansichten, die auf sprachliche Ökonomie zumindest hinweisen. Denn ebenso Grimm wie Humboldt betrachten damit die Sprachentwicklung im Allgemeinen, und das, was man unter Wohlgeformtheit versteht im Besonderen, nicht nur als ›vergehende Schönheit‹, sondern sie weisen den Entwicklungen in Ansätzen auch einen Nutzen bzw. eine Funktion zu.

Gegen Ende des 19. Jahrhunderts stellte sich Georg von der Gabelentz nicht nur hinter Grimms Auffassung, sondern formulierte radikaler:

»Diese (neueuropäischen) Sprachen haben sichtlich die Tendenz, ihre Grammatiken vom Ballaste der Formenlehre zu befreien und zu isolierenden zu werden. Das Englische, das hierin am Weitesten fortgeschritten ist, wird deswegen von Jakob Grimm gepriesen, von Steinthal getadelt. Ich stehe auf Grimms Seite; eine Sprache, die sich als Trägerin einer der herrlichsten Literaturen bewährt, könnte ich schon von Hause aus nicht für verkommen ansehen, und solange ein Volk nicht geistig zurückgeht, wird es auch seine Sprache nicht verderben lassen. Dann aber steht auf der Endstation dieser Entwicklung unter Anderem das Chinesische. (Gabelentz 1891: 375 f.).

2.1.1.2 Die Junggrammatiker

Den Junggrammatikern um August Leskien (u.a. Karl Brugmann, Hermann Paul) ist es im letzten Drittel des 19. Jahrhunderts zu verdanken, dass nunmehr gezielt nach der Ursache des Sprachwandels gefragt wird. Sie versuchten, eine Antwort auf diese Frage nach dem Vorbild der exakten Naturwissenschaften zu finden, wobei die Phonetik ihnen hierfür ein optimales Teilgebiet bot. Mittelpunkt ihrer Theorie war die These, dass Lautwandel bei allen Sprachteilnehmern einer Sprache oder eines Dialekts unter vergleichbaren Bedingungen in vergleichbaren Umgebungen regelhaft und durchgängig stattfinde, manifestiert in den »Lautgesetzen« (im Sinne von Naturgesetzen). Aufgrund der Anlehnung an naturwissenschaftliche Prämissen, denen zufolge dieselbe Ursache immer ein und dieselbe Wirkung hat (Übertragung von William D. Whitney), ist dieser Ansatz verständlich. Allerdings stießen die Junggrammatiker mit ihren »ausnahmslosen« Lautgesetzen auf heftige Kritik. Angefacht wurde die Diskussion noch durch die junggrammatische Annahme eines »unbeabsichtigten« Prozesses, wonach die Lautgesetze im Unbewussten ablaufen sollten. Trotz dieser berechtigten Kritik (z.B. Sievers 1893: 244) ist den Junggrammatikern positiv anzurechnen, dass sie das Phänomen der Analogie erkannt und dafür Bequemlichkeitsaspekte verantwortlich gemacht haben: »bequemlichkeit ist und bleibt der hauptanlass des lautwandels unter allen umständen« (Curtius 1858: 23).

Später äußerte sich vornehmlich William D. Whitney zum Lautwandel und schrieb ihm die Funktion zu, »to make things easy to our organs of speech, to economize time and effort in the work of expressions« (Whitney 1868: 28). Doch diese Gedanken stießen vorerst auf wenig Verständnis, bis Otto Jespersen sie einige Jahre später ein weiteres Mal aufgriff und zu seiner »ease theory« ausbaute. Er stützt sich dabei auf die von ihm angenommene »tendency‹ in all human beings«, eine »economy of effort« zu verfolgen (Jespersen 1922: 263; s.u.).

2.1.1.3 Wilhelm Horn

Zuvor geht Wilhelm Horn in den zwanziger Jahren in seiner Monografie mit dem eigenwillig anmutenden Titel »Sprachkörper und Sprachfunktion« (1923[3]) auf sprachliche Ökonomie ein, allerdings ausschließlich unter dem Gesichtspunkt der Kürze. In seinem wenig beachteten Ansatz[4] arbeitet er die Bedeutung der Funktion sprachlicher Einheiten heraus. Seine Kernthese basiert

---

3 Es wurde die zweite Auflage herangezogen. Die erste erschien bereits 1921.
4 Viele der später genannten Aspekte sind bei Horn bereits herausgearbeitet.

auf Untersuchungen von Fällen sprachlichen Wandels, in denen es zu Kürzungen oder gar vollständiger Tilgung von »Redeteilen« gekommen ist. Im Zentrum seiner Analysen stehen »Zusammensetzungen« im weitesten Sinne[5], an denen er herausstellt, dass ihre Bestandteile desto eher Kürzungen unterliegen (»erleiden«), je weniger »Funktion« sie innehaben. Wie viele seiner Kollegen in dieser Zeit spricht er damit deutliche Zweifel an der Korrektheit und Ausnahmslosigkeit der Lautgesetze aus. Allerdings wendet er sich nicht vollends von den Lautgesetzen ab: »Die Funktion beeinflußt die Lautentwicklung nicht etwa im Gegensatz zu den Lautgesetzen. Vielmehr sind die Lautgesetze, die die Funktion nicht berücksichtigen, unvollständig.« (Horn 1923: 135).

Unklar bleibt, welche Beziehung Horn zwischen Funktion und Bedeutung annimmt und ob Horn hier eine Differenzierung vornimmt.[6] Gegen eine Differenzierung spricht ein Zitat mit gleichzeitiger Nennung sowie die Verwendung von »Bedeutung« beim Futur, während er für Flexive (Kasus, Tempus, Person etc.) in allen anderen Fällen den Terminus »Funktion« wählt. Dennoch scheint es nicht abwegig, eine entsprechende Differenzierung anzunehmen. Bei Jespersen stößt Horns Wortwahl jedoch auf Kritik: »What he really means is ›bedeutung und wortumfang‹.« (Jespersen 1941: 25) Dieser Aussage ist kaum zuzustimmen, denn Horn geht es nicht nur um den Wortumfang, auch wenn Kürzung eine entscheidende Rolle spielt. Horn sieht einen deutlichen Zusammenhang zwischen der Übernahme von Funktionen (oder Bedeutungen) und

---

5 Dieser umfasst nicht nur Komposition, sondern auch Derivation und – seiner Terminologie gemäß – Flexion.

6 Zuweilen scheint er beide Begriffe synonym zu verwenden: »Ist es aber richtig, daß funktionslos gewordene Teile der Rede verschwinden, dann hat *die Bedeutung, die Funktion* Einfluß auf die Lautentwicklung.« (ibid.: 2; Hervorhebung d.V.). An zahlreichen anderen Stellen verwendet er die Termini aber auch spezifisch, etwa »Bedeutung« (bzw. Verlust derselben) in der Feststellung: »Frz. *bien* verliert seine lobende Bedeutung und sinkt mehr und mehr herab zum einfachen Ausdruck der Zustimmung« (ibid.: 76). Auch im Zusammenhang mit (der Abschwächung von) Grußformeln, Anreden, »Einschaltungen« (Einschüben), Futur, lexikalischer Bedeutung, Präpositionen und Disjunktionsglieder. Hingegen spricht er deutlich zahlreicher von Funktion: »Im Neuenglischen wird ein Adjektiv durch nachgestelltes *one* zum Substantiv: *a bad one*. In Umgangssprache und Mundart wird *one* abgeschwächt zu ɒn, ən, n, n und ist ein Adj. zum Subst. macht. Die Abschwächung erklärt sich einfach aus der herabgeminderten Funktion des *wɒn (one)*, und es kann zweifelhaft sein, ob ɒn, ən und n auf *one* zurückgehen, oder unmittelbar auf ōn ohne u̯-Vorschlag.« (ibid.: 54f.). Im letzteren Fall handelt es sich um eine Art ›Konversion mittels Suffix‹; dieses hat nicht etwa die Bedeutung ›eins/eine(r)‹, sondern die Funktion, Adjektive in Substantive zu konvertieren. Ähnliches führt er für die Kennzeichnung von Adverbien im Englischen durch *-ly* an (ibid.: 74). Ferner verwendet er den Begriff Funktion in Zusammenhang mit dem Auslaut, dem Vokativ, der Relativfunktion, Konversion, präpositionaler Funktion, konjunktionaler Funktion und Flexion.

dem Funktionsverlust von Morphemen einerseits sowie der Morphemrepräsentation andererseits. In der Morphologie stellt die an eine Bedeutung gebundene Definition des Morphems seit langem ein Dilemma dar, *weil* einige Morpheme ihre Bedeutung verloren haben, wohl aber nicht funktionslos sind. Morpheme als Träger einer Bedeutung ({Haus}) *oder* Funktion ({-ly}) aufzufassen oder als eine Übergangsform oder Mischung aus beidem ({unter-}) zu verstehen, ist äußerst sinnvoll. Wenn Horn auch nicht eben diesen Ansatz herausgearbeitet hat, der letztlich nicht Gegenstand seines Buches war, so ist es doch lohnend gewesen, dass er die Termini Funktion und Bedeutung für jeweils ähnliche Inhalte verwendet hat.[7]

Es gibt noch eine weitere Erklärung für die Wahl der Termini (Sprach-)Funktion und (Sprach-)Körper. Horn weist auf eine Parallele zur Veränderung von Wortteilen, Wörtern und Wortgruppen hin: die Physiologie (Horn 1923: 137 f.). So, wie ein auf Dauer untätiges Organ (Afunktion) zum Schwund (Atrophie) führe, könnten Teile eines Wortes oder einer Wortverbindung abgeschwächt werden oder ganz verschwinden, wenn sie funktionslos seien. Bei einer Mindertätigkeit, der Hypofunktion eines Organs, drohe ihm Unterentwicklung (Hypotrophie). Das Pendant meint Horn in der Abschwächung von Teilen eines Wortes oder einer Wortverbindung zu erkennen, wenn diese funktionsarm würden. Funktionswichtige Teile von Schwundorganen könnten allerdings bestehen bleiben oder sich sogar vergrößern, obwohl im Allgemeinen ihr Schwund zu erwarten sei. Hier sieht Horn eine Parallele zu funktionswichtigen Lauten. Des Weiteren passten sich Organe mit Hyperfunktion an (Hypertrophie), da sie die Funktion(en) anderer Organe übernehmen müssten. Äquivalent sei ein (zu) schwacher Lautkörper zu sehen, der sich durch Verstärkung an die größere Aufgabe anpasse. Schließlich sei bei Überbeanspruchung der Ausfall eines Organs vergleichbar mit dem Abbau eines Sprachkörpers, dem zu viele Funktionen zugewiesen worden seien. Wie auch schon bei den im 19. Jahrhunderts angesehenen drei Entwicklungsstufen einer Sprache kommt auch hier dem Organismus wieder eine Vergleichsfunktion zu. Obwohl Horn (1923: 136 f.) bekräftigt, dass er diese Verbindung erst nach Abschluss seiner Untersuchungen gesehen hat, scheinen sich mindestens die Termini »Sprachkörper« und »Sprachfunktion« durch diese Beziehung ergeben zu haben.

Im Folgenden sind Horns fünf zentrale Entwicklungen von Lauten in Abhängigkeit ihrer Funktion aufgeführt (Horn 1923: 135 f.) und spezifiziert:

---

7 Es ließe sich auch interpretieren, dass Horn *Funktion* als Hyperonym zu *Bedeutung* verwendet hat.

1) Werden Teile eines Wortes oder einer Wortverbindung funktionslos, so können sie abgeschwächt werden oder ganz verschwinden.
2) Werden Teile eines Wortes oder einer Wortverbindung funktionsarm, so können sie abgeschwächt werden. Diese Abschwächung kann in drei Gruppen erfolgen, nämlich
   a. durch ergänzte Wörter, deren eigene Funktion durch Verwendung als Affix oder Flexiv vermindert wurde,
   b. durch Übernahme der Funktion durch den ständigen Begleiter des Funktionsträgers sowie
   c. durch Ersetzung des alten Funktionsträgers durch neue.
3) Funktionswichtige Laute können erhalten bleiben, auch wenn unter ähnlichen Bedingungen ihr Schwund zu erwarten wäre. Dies geschieht schlicht durch ›Learning by Doing‹, d. h., zweckmäßige(re) Formen werden nicht bewusst, sondern durch Erfahrung ermittelt: Wird der Sprecher nicht verstanden oder missverstanden, wählt er (zukünftig) eine andere Form.
4) Wenn ein Sprachkörper für die von ihm zu tragende Funktion zu schwach ist, so kann er sich ihr durch Verstärkung des Körpers anpassen. Dies geschieht entweder durch Hinzufügen von Wörtern oder durch Dehnung des Wortes, sei es durch einen Vokal oder durch einen Konsonanten (vgl. ne. *don't*).
5) Wird ein Sprachkörper mit Funktionen überlastet, so kann er zugrunde gehen. So war *þe* im Altenglischen etwa nicht nur ein Relativpronomen, sondern auch eine Konjunktion. Im Frühmittelenglischen wurde *þe* außerdem als bestimmter Artikel genutzt (Horn 1923: 72). Diese ›Überfunktion‹ führte dazu, dass *that* zusätzlich als äquivalente Konjunktion verwendet wurde und zunehmend das *þe*, später auch als Relativpronomen, ersetzte.

Diese potenziellen Veränderungen stellen nach Horn das verrückte Gleichgewicht zwischen der Bedeutung/Funktion und dem Sprachkörper (Laut-/Zeichenumfang) wieder her – zu erkennen beispielsweise an Komposita, besonders Lehnwörtern und Ableitungen, aber auch der Flexion. Unter den ersteren seien vorwiegend diejenigen von Kürzung betroffen, die dem Bildungstyp (a + b) + c entsprechen, also etwa *Weißbrotbäcker, Bootsmannsmaat, Lichtspielbühne, Sonntagabend*. Dieser Typ sei dadurch gekennzeichnet, dass auffallend häufig der zweite Bestandteil (b) gekürzt würde: *Weißbäcker, Bootsmaat, Lichtbühne, Sonnabend*.[8] Deutlicher noch als bei Komposita sieht Horn seine Grundsätze an Derivaten bestätigt, so etwa bei mhd. *v(er)liesen, fressen* (von *ver-essen*), *(he)rauf*.

---

8 Bei *Taxi* sei *taximeter cab* über den Zwischenschritt *taxicab* sogar um den dritten Bestandteil (c) gekürzt worden.

2.1 Forschungsstand

Ursache für die Kürzungen sei der Bedeutungsverlust der Präfixe, der ebenso bei Suffixen beobachtet werden könne.

Horn führt als Ursache das Umfeld, den Kreis der Familie und Freunde an, denn je intimer der Gesprächskreis, desto höher sei der Grad der Kürzung (beim Gesprochenen).[9] Weitere Bereiche mit starken Kürzungstendenzen sieht er bei Standes- und Berufssprachen – etwa von Soldaten *(A[rtille]rie, Ober[leutnant], Vize[feldwebel])*, Studenten *(Studio[sus], Labor[atorium]* bzw. *Lab[oratori]um)* oder Schülern *(Exercitium > Exert/Exer)*, Sportlern *(Auto[mobil], bike = by[ci] c[le])*, Geschäftsleuten *(Kilo[gramm])*, Spielern *(pamphilius > pamphie/pam)* und »Zechgenossen« *(Korn[schnaps], Bock[bier])*. Begünstigend wirke, wenn Wörter (als Ganzes) entlehnt würden und ihre einzelnen Bestandteile nicht mehr erkennbar seien *(Priester* < lat. *presbyter* von gr. *presbyteros* ›der Ältere‹ (zu gr. *présbys* ›alt‹; *Pate* < lat. *pater [spiritualis]*); im Detail s. ibid.: 13 ff.). Bei entlehnten Wörtern komme es darüber hinaus zu Kürzungen von betonten Bestandteilen wie in ne. *[ómni]bus, [téle]phone, auto[mobíl]* sowie *exem[inátion], prep[arátion]*, nhd. *Labor[atórium]*.

Von Kürzung betroffen seien überdies Wortgruppen, und zwar zunehmend mit dem Grad ihrer Idiomatisierung. Im Vordergrund stünden insofern Grußformeln *([guten] Tag, guten [Tag], sgot*[10]*, good-bye*[11]*)* und Anreden *(monseigneur > monsieur > msjö)*, Höflichkeitsformeln *([ich] bitte/danke)* und »Einschaltungen«/Partikeln *(halt' ich > halt)*, »weil [ihr] Umfang nicht in Einklang steht mit [ihrem] geringen Bedeutungsinhalt« (Horn 1923: 18). An diesen Beispielen zeigt Horn die zentrale Stellung der Bedeutung und die Wechselbeziehung zwischen der Abschwächung der Bedeutung einzelner Wortgruppenbestandteile und der möglicherweise daraus folgenden Abschwächung des »Sprachkörpers«. Dabei übe die Situation einen entscheidenden Einfluss aus: »Wo die Situation dem Sprechenden hilft, eine Mitteilung zu machen, kann er an sprachlichen Mitteln sparen. Das gilt wie für die ganze Rede so auch für das einzelne Wort oder die einzelne Wortgruppe.« (ibid.: 21) Diese Feststellung, die Horn für die gesprochene Sprache aufgestellt hat und um gemeinsam geteiltes Wissen ergänzt werden muss, trifft freilich auch auf die geschriebene Sprache zu (z.B. Wissen über die Kommunikationsform), die im Kontext dieser Arbeit Gegenstand der Betrachtung ist.

---

9   Horn greift hier auf Fritz Mauthner zurück, der in seinen Beiträgen zu einer Kritik der Sprache (Bd. 3, S. 98) anmerkt: »von einem Satz wie *Won't you have another cup of tea?* bleibt oft nicht mehr übrig als einige Geräusche, das Wörtchen tea und ein Frageton« (zit. n. Horn 1923: 11).
10 F. *Grüß Gott* (schwäbisch).
11 *God be with ye* > **Godbewi'ye* > **godbiwiji* > **godbi* > *godij* (Horn 1923: 18).

Auch (und vor allem) mit der Flexion beschäftigt sich Horn eingehender. Die Betrachtung geht dabei bis auf das Lateinische und Griechische zurück, diachrone Aspekte stehen also im Vordergrund. Interessant ist eine Anmerkung innerhalb der Behandlung der Verbalflexion, die einen Aspekt der Wortbildung erneut aufgreift: »Aber wir sprechen nicht nur mit Sprachlauten, sondern auch mit Mienenspiel und Gesten. Auch die Situation hilft mitsprechen. Besonders beim Befehl wirken Ton, Gebärde und Situation mit.« (Horn 1923: 32)

Interessant ist zudem die Bedeutung der Präposition bei der Bildung der Verlaufsform im Englischen. So gibt Horn als Vorstufe des ne. *the house is building* ›das Haus wird gerade gebaut‹ *the house is a-building* an, wobei *a* »eine Abschwächung des ursprünglichen *in* [darstellt]; vgl. me.: *The church is ain byldinge; the toure was in makyng*« (ibid.: 98). Diese Beobachtung lässt sich auch im heutigen Deutsch machen, wo das Progressiv (noch?) mittels Präposition gebildet wird: *Anne ist am Arbeiten, Uwe ist beim Einkaufen* (vgl. hierzu Krause 2002 sowie Kap. 3.1.3.3.1).

Abschließend sei angemerkt, dass Horn zufolge insbesondere bei den Kasusflexiven eine Schwächung der Funktion festzustellen sei, da sie mehr und mehr »durch Umschreibungen und durch eine feste Wortstellung« (Horn 1923: 117) an Bedeutung verlieren würden. Während Jespersen (1909: 176) den Abbau der Kasusflexion im Englischen maßgeblich der fehlenden Ikonizität zuschreibt[12], wählt Horn eine eher traditionelle Erklärung und schreibt dem Abbau die Ursache zu, dass Umschreibungen zu einem Bedeutungsverlust der Flexive geführt hätten. Nicht die geringe Funktion und Ikonizität der Flexive führten also seiner Meinung nach zu analytischen Formen, sondern, umgekehrt, die analytischen Formen (oder die Wortstellung) wirkten auf die Flexive ein resp. auf deren Tilgungsfähigkeit hin. Mit einem Abbau der Sonorität o.Ä. (ae. *bindu* > *binde*) und dem Wirken der Lautgesetze könne dies nicht zufriedenstellend erklärt werden.[13] Auf diese analytischen Formen hat Otto Behaghel bereits 1916 hingewiesen, wenn er schreibt, dass »in jüngeren Zeiten der deutschen Sprache die Bedeutung der Wörter und Wortformen vielfach Verdeutlichung und Verstärkung erfuhr durch allerlei Zusätze, die zu ihnen hinzutraten. Diese Zusätze erfüllten jetzt Aufgaben der Bestimmung, der Unterscheidung,

---

12 Fehlende Ikonizität meint, dass einem Flexiv (einem Ausdruck) mehrere Kasus (Inhalte) zugewiesen waren.

13 Die Lautgesetze könnten nach Horn (1923: 117) schon daher nicht verantwortlich sein, da es dann einen »Zustand sprachlicher Anarchie« gegeben haben müsste: zwischen dem Abbau der Endsilben durch die Lautgesetze und dem entsprechenden Ersatz, den die Sprecher erst finden mussten. Freilich sind synthetische und analytische Formen keine ›Legobausteine‹, von denen man einen entnehmen und einen anderen ins System einsetzen kann, doch soll dies hier als Bild stehen bleiben.

die ursprünglich den Endungen allein zukamen. Mit dieser Entlastung verloren die Endungen ihre frühere Wichtigkeit, und damit mindert sich auch ihr rein physisches Gewicht; sie brauchten nicht mehr so deutlich, nicht mehr so nachdrücklich ausgesprochen zu werden, wie zu der Zeit, da es Unheil angerichtet hätte, wenn sie nicht richtig verstanden wurden.« (Behaghel 1967: 40)[14] Doch auch das (Volks-)Lateinische habe bereits einige Kasusumschreibungen gekannt, weshalb Horn vermutet, dass noch eine weitere Ursache verantwortlich sei: Der Ablativ »war mit Funktionen überlastet (vgl. oben).

Zu den »Zusätzen« gehörten vor allem präpositionale Umschreibungen, in denen auch der Artikel vertreten ist. An diesem war ebenfalls der Kasus markiert (Kongruenz), was bei Umschreibungen und fester Wortstellung eine unnötige Redundanz darstellte (und im Deutschen immer noch darstellt, s. aber 2.2). Da das Englische im Redundanzabbau weit fortgeschritten ist, konnte auf eine Markierung des Kasus am Artikel verzichtet werden – *a* und *the* wurden nicht mehr flektiert. Horn begründet die im Deutschen beibehaltene Flexion des Artikels mit der Verwendung von Umschreibungen. Ansätze des Abbaus sieht er jedoch in Präpositionalphrasen, in denen Artikel durch Zusammenziehung mit der Präposition an Gewicht verloren hätten: *ins Haus, im Haus, zum/beim/vom Vater*, umgangssprachlich auch *auf'm Dach, aus'm Haus, über'n Weg, in Garten* (< in den Garten; Horn 1923: 121). Zwar ist Horn grundsätzlich zuzustimmen, doch stellen diese auf Assimilation zurückzuführenden Beispiele weniger Belege für den Abbau von Flexion dar – denn diese ist genau das, was vom Artikel übrig geblieben ist –, sondern vielmehr eine Schwächung des (unbetonten) Artikels. Doch selbst hier ist auf eine Beschränkung hinzuweisen: Der getilgte Teil des Artikels enthält vor allem die Information [+/-bestimmt]; bei den genannten Klitika ist Unbestimmtheit jedoch praktisch ausgeschlossen *(in [da]s Haus; zu [de]m Vater, *zu [eine]m Vater*[15]; *aus [de]m Haus, *aus [eine]m Haus)*, sodass der Bestandteil des Artikels, der die Information zur Bestimmtheit enthält, getilgt werden kann.

2.1.1.4 Otto Jespersen

Die so genannte »ease theory« hat Otto Jespersen bereits in seiner Doktorarbeit (1891) über diachrone Entwicklungen des englischen Kasussystems (von 900–1900) entwickelt. Seine zentrale These ist, dass mit dem Abbau einzelner Kasus nicht etwa ein Sprachverfall eingetreten sei. Vielmehr sieht er in

---

14 Erstmals veröffentlicht in Westermanns Monatsheften 61, 1916.
15 Denkbar wäre zwar auch die Assimilation eines Pronomens: *zu [deine/meine/ihre]m Vater*. Aber auch hier gilt dann [+bestimmt].

der Schaffung alternativer Ausdrucksmittel positive Effekte, denn neben einer Vereinfachung seien in vielen Fällen sogar exaktere Äußerungen möglich (vgl. Koenraads 1953: 30). Aus dieser Überzeugung ergibt sich ferner, dass Jespersen die sprachökonomischen Entwicklungen anders als die Junggrammatiker nicht auf phonetische Aspekte einschränkt. So stellt er zwar fest, dass die »forms are generally shorter, thus involving less muscular exertion and requiring less time for their enunciation.« (Jespersen 1941: 8) Darüber hinaus führt er allerdings auch Erleichterungen im (grammatischen) Teil des Lexikons sowie in Morphologie und Syntax an (inkl. der Wdh. von (1)):

(1) The forms are generally shorter, thus involving less muscular exertion and requiring less time for their enunciation.
(2) There are not so many of them [the forms, d.V.] to burden the memory.
(3) Their formation is much more regular.
(4) Their syntactic use also presents fewer irregularities.
(5) Their more analytic and abstract character facilitates expression by rendering possible a great many combinations and constructions which were formerly impossible and unidiomatic.
(6) The clumsy repetitions known under the name of concord have become superfluous.
(7) A clear and unambiguous understanding is secured through a regular word-order.
Jespersen 1941: 8 (erstmals 1922: 319; dt.[16] 1925: 348)

Diese sprachsystemischen Veränderungen sind nach Jespersen nicht etwa unbewusste Automatismen, sondern mindestens partiell bewusste Lenkungen, denn »die tatsache bleibt einmal bestehen, daß wirklich ein solches ›streben‹ [das nach Bequemlichkeit, d.V.] in allen menschlichen wesen vorhanden ist« (Jespersen 2003/1925: 247f.). Mit dieser positiven Sicht auf sprachökonomische Veränderungen unterscheidet sich Jespersen nicht nur von nahezu allen (sprachpuristisch geprägten) Sprachwissenschaftlern des 19. Jahrhunderts, sondern auch von solchen der Jahrhundertwende wie Bally und Paul. Allerdings ist Jespersen derart vom »fortschritt in der sprache« (ibid.: 349) überzeugt, dass er sich im Rahmen des »Principle of human energetics« (Jespersen 1933; Vortrag, gehalten 1914) sogar für eine bewusste Sprachlenkung ausspricht. Hinsichtlich des Wunsches nach Regulierung der Sprache unterscheidet sich Jespersen trotz aller positiven Absichten allerdings kaum von den Sprachpuristen, auch wenn der von ihm formulierte »Energetik«-Gedanke zum Teil *mehrere* Idealformen nebeneinander anbietet.[17] Zentral ist für ihn, dass die Formen – gleich

---

16 Beschränkt auf diese sieben Punkte.
17 Die traditionellen Sprachpuristen verfolgten *eine* Idealform.

auf welche Weise – zu einer leichteren, bequemeren und verständlicheren Sprache führen. Doch Jespersen überträgt sein Idealbild einer Sprache allzu sehr auf die Sprachverwendenden, die sich sprachlich in Teilen in ›seine‹ Richtung bewegen mochten, doch ohne sich – ebenso wenig wie von den traditionellen Sprachpuristen – in ihrer Sprache derart stark beeinflussen zu lassen. Übersehen hat Jespersen ebenfalls kreative Aspekte der Sprache, die sich einer technisch dominierten Sicht weitgehend entziehen – wenngleich er der Ästhetik ein ganzes Kapitel widmet[18].

Grundsätzlich versteht Jespersen Sprache als Arbeit: »speaking, even speaking one's mother tongue, is a kind of work which requires mental and physical exertion« (Jespersen 1941: 30). Beschränkt bleibt die Aussage nicht auf das Sprechen, sondern sie hat auch für das Verstehen Gültigkeit. Neben diesem linguistischen Grundsatz oder Postulat geht Jespersen von zwei gegenlegenden Tendenzen aus, die in einem permanenten Wettstreit liegen. Die erste Tendenz ist vom Individualismus geprägt, die andere weist einen sozialen Charakter auf. So arbeiten Bequemlichkeit und kurze Wörter gegen Deutlichkeit und lange Wörter. Demgemäß entspricht der ersten Tendenz der Grundsatz, »to make things easy and to follow the line of least resistance – to say it bluntly, an outcome of human indolence or laziness.« (Jespersen 1941: 15) Die zweite Tendenz entspricht hingegen der Bestrebung, klar und unmissverständlich verstanden zu werden und den Zuhörer bestmöglich zu überzeugen: »The opposite tendency is an effort to be clearly and precisely understood, and to make as vivid and convincing an impression on the hearer as possible ...« (Jespersen 1941: 16).

Im phonetischen Bereich etwa führt die eine Tendenz zu Assimilationen, die andere zu besonderer Betonung, wie dies an »bee-yutiful« (*beautiful*; ibid.: 18) abzulesen sei. Auch auf syntaktischer und morphologischer Seite ergeben sich Folgen aus dem Wettstreit, wie dies beispielsweise an der Person im Lateinischen (und anderen Pro-drop-Sprachen) deutlich wird: Sie ist durch die Flexion gegeben und wird in der Regel nicht gesondert ausgedrückt *(canto)*, kann es jedoch bei Emphase *(ego canto)*. Im Französischen hingegen dient das Pronomen der Disambiguierung, denn am Verb ist die Person bei *je chante, tu chantes, il chante* phonetisch nicht zu unterscheiden. Auf diese Weise gelangt Jespersen schließlich zu den Lautgesetzen, deren Nutzen er, wie oben bereits dargestellt, vor dem Hintergrund seiner Fragestellung anzweifelt (vor allem Jespersen 1941: 24). Allerdings misst er den Auslautgesetzen von Walde (1900)

---

18 Jespersen widmet sich hierbei den Lautwiederholungen, im speziellen den Haplologien, der Dissimilation, den Echo-Wörtern sowie den Bereichen, die er »Likes and Dislikes« (Jespersen 1941: 74 f.) und »Unpleasant accociations« nennt (Jespersen 1941: 75 f.).

einen gewissen Wert bei, denn das, »what is essential to the understanding of a word is often already reached before one arrives at its end« (ibid.: 27). Unterstützung findet diese bereits 1904 vertretene Ansicht in den »stump-words«[19] wie *Fred* (< *Frederick)*, dän. *Ras* (< *Rasmus/Rasmussen)*, ferner engl. *cab[riolet]*, *undergrad[uate]*, frz. *vélo[cipède]*, dt. *Ober[kellner]*.

Da Jespersen seine »Theorie« auf die Grundannahme stützt, dass Sprechen und Hören/Verstehen auf mentaler und physischer Arbeit beruhe, gehen mit ihr gewisse ›Fehler‹ (Gebrauch von *der Euter* und *das Euter*) sowie, zum Teil als Folge daraus, »imperfections« oder »defects« einher, wie dies beispielsweise an der Uneinheitlichkeit im Genusgebrauch *(das/der Euter; der/das Ungetüm)* abzulesen sei. Eine große Quelle dieser Fehler stelle die Homonymie (und Polysemie) dar. Während der Genusfehler insbesondere den Sprecher/Schreiber betreffe, stellt Homonymie vor allem für den Hörer ein Problem dar, da lautliche (und/oder orthografische) Übereinstimmung bei unterschiedlicher Bedeutung für ein Verständnis disambiguiert werden müsse. Allerdings verweist Jespersen (1941: 33) darauf, dass Wörter »never spoken isolatedly«[20] würden, sodass Kotext, Kontext, Intonation etc. in der Regel disambiguierend wirkten – pointiert formuliert: »one understands not words, but sentences« (ibid.: 33 f.). Lexikalische Ambiguität lasse sich jedoch vermeiden, indem eine alternative Lexik (oder Syntax) herangezogen werde. So sei etwa *son* wegen der Homophonie mit *sun* in vielen englischen Dialekten durch *boy* oder *lad* ersetzt worden (heute unter Homonymenflucht geführt).

Als mindestens ebenso wichtig sieht Jespersen die Vermeidung »grammatischer Homophonie und Polysemie« an. Als Extrembeispiel (»obnoxious case«) grammatischer Polysemie führt Jespersen das deutsche Höflichkeitspronomen *Sie* an, das formal mit der 3.Sg.Fem und 3.Pl übereinstimmt. »This often necessitates an explanation like ›ich meine Sie [strongly stressed] persönlich‹.« (Jespersen 1941: 39)

Die Aufhebung von Ambiguitäten dient der Vermeidung von Missverstehen oder Nichtverstehen. Allerdings geht es um ein Austarieren zwischen Distinktion auf der einen Seite und Einfachheit auf der anderen. Für die Nachteile einer Vereinfachung bzw. Reduktion der Informationsmenge führt er die Bezeichnung *the near East* für die Türkei und *the far East* für Südostasien an (ibid.: 37). Sie sei ungünstig, da sie zwar für Europäer einen Sinn ergebe, nicht

---

19 Jespersen 1941: 27; hier später als Kopfwörter bezeichnet (mit Ausnahme von *Oberkellner*, s. 3.1.2.1.6).
20 Wenngleich dies nicht auf diese Weise generalisiert zutrifft, stellt es jedoch den Regelfall dar.

jedoch für Amerikaner[21], welche die Metapher aus Europa übernommen haben.[22]

Dem Problem liegt ein einfaches Phänomen zugrunde: die Konstitution der Person-Raum-Zeit-Struktur (Bühler 1982). Diese kann relativ erfolgen und damit in einer Form, die europäische Sprachen auszeichnet. Bühler spricht hier von »Zeigfeldern«, die sich etwa in Demonstrativa oder Pronomina konstituieren können. Hier tritt die sprechende Person ins Zentrum. Die Origo konstituiert ein Koordinatensystem, bei dem das *Ich, Jetzt und Hier* den Nullpunkt bildet. Insbesondere Indianersprachen, aber auch das Vietnamesische (s. Kap. 3) arbeiten überwiegend mit einem absoluten System, bei dem es zwar ebenfalls ein Koordinatensystem gibt, es sich jedoch nicht auf die jeweils sprechende Person ›einstellt‹, sondern zwischen den Gesprächsteilnehmern relativ stabil bleibt. In der Folge muss bei Zeit- oder Orts-, also bei deiktischen Angaben, stets der Bezugspunkt genannt werden, was mit einem gewissen sprachlichen Aufwand verbunden ist *(links von mir > links)*.

Zurück zu Jespersen: Derart fehlerresistent, wie er es darstellt, ist das »zivilisierte«[23] System, wie er es nennt, offensichtlich nicht. Die Schwierigkeiten bei den Begriffen *Naher* und *Ferner Osten* dokumentierten dies bereits. Ein absolutes Koordinatensystem würde hierbei helfen[24] – beispielsweise *Europas naher Osten*. Im Deutschen finden sich Belege, in denen der Bezugspunkt durchaus genannt wird (*Ausstieg in Fahrtrichtung rechts*, in S-Bahnen und Zügen der Deutschen Bahn). Eine Zwischenstellung nimmt der Bezugspunkt beispielsweise im medizinischen Bereich ein, wo er relativ, aber dennoch festgelegt ist: Mit *links* ist stets ›links aus Sicht des Patienten‹ verbunden. Das Koordinatensystem wird folglich auf den Patienten voreingestellt. Darüber hinaus hängt eine solche Veränderung weniger mit dem Grad eines (ethnologisch zudem

---

21 Südostasien ist aus amerikanischer Sicht eher der nahe Westen.
22 Etwas anders verhält es sich bei den Bezeichnungen der Art engl. *Indian*, das sowohl für ›Inder‹ als auch für ›Indianer‹ verwendet wird. Hier hat im Dt. eine Differenzierung stattgefunden, während das Englische die ursprüngliche (von Columbus irrtümliche) Bezeichnung der amerikanischen Eingeborenen (statt der indischen) beibehalten hat. Um die Einwohner zu unterscheiden, wird i.d.R. *American Indian* gebildet.
23 »Civilization means among other things increase of abstract terms and decrease of superfluous special words.« (Jespersen 1941: 45)
24 Ausgegangen werden könnte allerdings nicht von einem hier bekannten Aufschnitt der Welt mit dem amerikanischen Kontinent auf der linken, dem asiatischen/australischen auf der rechten Seite und der entsprechenden Übertragung von links auf Osten und rechts auf Westen, da es in Asien üblich ist, Asien in die Mitte zu setzen, in Amerika Entsprechendes. Zu interpretieren wäre ferner nah und fern, welches allerdings vor dem Hintergrund einer Mitte bzw. eines Mittelpunktes im Sinne der Mitte der kartografischen Darstellung möglich wäre.

nicht unproblematischen) ›Zivilisationsgrades‹ zusammen, als vielmehr mit Faktoren wie Migration, Mehrsprachigkeit, Schriftgebrauch etc.

Zu den weiteren grammatischen Effizienzeffekten zählt Jespersen eine Gruppe von Modifikationen, die ursprünglich »mechanisch« (Jespersen 1941: 54) abliefen, sich später jedoch als nützliche herausstellten. Zu diesen so genannten »glottic« Wandelprozessen rechnet er die Differenzierung zwischen *of* und *off*, die anfänglich nur betonte und unbetonte Varianten eines Wortes waren, heute jedoch unterschiedliche Bedeutungen tragen.

Neben grammatischen kommen auch semantische Wandelprozesse im Rahmen von Effizienz zur Sprache. So könne es von Vorteil sein, wenn ein vorhandenes Wort durch eine Übertragung eine Lücke im Vokabular fülle (Katachrese). Im Fall von engl. *horn* - ›tierischer Auswuchs‹ und *Horn* als Trinkgefäß[25] bestehe ebenso eine entsprechende Übertragung wie in *foot* nach ›Fuß eines Berges‹, als ›Fuß als Längenmaß‹ etc. Diese metaphorische Übertragung, bei der ein Konzept auf einen anderen als den ursprünglichen Bereich übertragen wird, das Wort jedoch unverändert bleibt, führe zu Polysemie, die anders als Homonymie keine Ambiguitäten erzeuge, da die neue(n) Verwendungsweise(n) »in each instance of their words cannot be misunderstood for the thing at first meant by them« (Jespersen 1941: 62f.).

Grundsätzlich spricht sich Jespersen indirekt gegen ein (zumindest zwingendes) Festhalten an etymologischen Bedeutungen aus, was einmal mehr seine Antipathie für Sprachpurismus zum Ausdruck bringt: »It is thus evident that the changes in meaning, which must have been brought about quite gradually, are due to the man in the street, who knows nothing of Latin and cares nothing for etymology.« (Jespersen 1941: 65).

Jespersen thematisiert auch sprachästhetische Aspekte, die nicht unabhängig von etwa phonologischen Aspekten zu sehen sind. Der Unterschied liegt vor allem darin, dass Veränderungen nicht ausschließlich aus einer utilitaristischen Sicht beschrieben werden, die eine Optimierung insofern darstellen, als durch sie Gedanken besser übermittelt werden bzw. Kommunikation sich einer nützlicheren Sprache bedient. Jespersen (1941: 66) fasst unter dieser »Ästhetik« Eigenschaften zusammen, die für andere, z.B. emotionale Aspekte von Nutzen sein können, denn Sprache diene schließlich nicht nur der Kommunikation, sondern auch dem Wohlbefinden, der Kunst. So bezieht er sich etwa auf Bücher (1902) und hebt die Bedeutung von Rhythmus – ein Aspekt seines Energetik-Ansatzes (vgl. Jespersen 1933) – hervor: »Many changes in the place of stress tend to bring about an alternation of strong and weak syllables and

---

25 Insbesondere beim Horn gibt es zahlreiche Übertragungen wie bei engl. *bull horn* (Megaphon), *horn* (Trichter, Hupe etc.) sowie dt. *Martinshorn*.

2.1 Forschungsstand

thus constitute an aesthetic gain; note thus the shifting in *he speaks Chi'nese : a 'Chinese book | he rushed down'hill : a 'downhill rush«* (Jespersen 1941: 67) etc. In diesen Bereich fielen auch habituelle Bildungen wie *bread and butter (*statt *butter and bread), free and easy* bzw. *schnell und einfach, hart aber herzlich* etc. sowie die Wiederholung ein- und desselben Lautes (etwa bei Minimalpaaren wie *handy-dandy* und *hugger-mugger*, bei Alliteration wie *faint and feeble*, (partieller) Reduplikation wie *zickzack* oder vollständiger Reduplikation wie bei *Bonbon*). Auch die Haplologie zählt er zur Ästhetik, die bereits von Curtius beschrieben worden ist. Dieser Fall von Dissimilation, bei dem (in der Regel kurze) identische Silben um eine reduziert werden, sei etwa bei *England* (von *Engla-land*) eingetreten, ferner bei *eighteen* (von ae. *eahtatiene*), umgangssprachlich *pro[ba]bly*, *Feb[rua]ry*, lat. *nu[tri]trix*, *sti[pi]pendium* und dt./dän. *Ka[mo]mille*. Grammont (1933) hat versucht, Gesetzmäßigkeiten zum Auftreten von Dissimilation aufzudecken. Die von ihm vertretene Überzeugung, Haplologien würde vermieden, um nicht den Anschein von Stottern zu erwecken (vgl. insbes. *Englaland*; nach Jespersen 1941: 69), könne nur begrenzt eine Erklärung für die zahlreichen Fälle von Haplologie bieten. Dissimilation im Allgemeinen reihe sich vielmehr in die vorgenannten Erscheinungen ein und sei im Wesentlichen auf den Wunsch nach ästhetischem ›Wohlklang‹ zurückzuführen.

Vom semantischen Wandel besonders betroffen sind Jespersen zufolge die Bereiche Umgangssprache, Schlagworte und Flüche. Aber auch in der Literatur setzten sich ›Modeerscheinungen‹ durch, was sich unter anderem daran gezeigt habe, dass elaborierte, hochkomplexe Sätze zugunsten von »short crisp natural sentences with a preference for the native vocabulary« (Jespersen 1941: 79) aufgegeben worden seien (»democratic style«).

Abgesehen von den zuletzt genannten Aspekten hat Jespersen soziale und wirtschaftliche Gesichtspunkte aus der Betrachtung genommen, betont allerdings die Vorteile, die in diesem Bereich entstehen für den Fall, dass Sprachwandel konstant auf lange Sicht zu einer mehr oder minder optimalen Sprache führe. Ausdrücklich verweist er hier auf Dialekte (»parochial dialects«, 87), deren Aufgabe und damit Übernahme der Standardsprache diverse Vorteile biete: Kontakt zu mehr Menschen, Zugang zu mehr Intellektualität, soziale Vorteile, die er zwar kaum näher benennt, zu denen er aber materielle Auswirkungen zählt. Nichtsdestoweniger weist er nachdrücklich darauf hin, dass es eine irrige Sicht auf Dialekte sei, sie als minderwertig anzusehen, denn auch sie böten Vorteile wie Bildhaftigkeit, Lebhaftigkeit und Expressivität (vgl. oben). Gleichwohl weist er der Beschränkung auf eine Sprache, die von Millionen gesprochen und optimiert wird, einen höheren Stellenwert im Sinne des positiven

Fortschritts (»progressive tendency«) zu als Bild- oder Lebhaftigkeit, die er ohnedies auch in einer Massensprache sieht (»Aesthetic Influences«, ibid.: 66 ff.).

In seinem Ansatz fordert Jespersen: »[l]inguistic changes should be measured by the standard of efficiency judged chiefly according to the expenditure of energy, mental and physical, both on the part of the speaker and of the recipient.« (ibid.: 85) Dies versucht er mithilfe historischer Entwicklungen wie aktuellen Belegen und über einzelsprachliche Phänomene hinaus[26] zu belegen. Diese sieht er zum Großteil als Folge von Efficiency an und kategorisiert sie ähnlich der bereits 1922 aufgestellten Punkte wie folgt: »Shorter Forms«, die leichter zu handhaben seien, »[m]ore regular forms« bei den Formen, die leichter zu erlernen und zu erinnern seien, »[m]ore precise and distinct forms«, die vor Missverständnissen oder gar Missverstehen schützten, und »[s]moother and more euphonious forms«, die sich in einer größere Expressivität von Wörtern widerspiegelten, die wiederum zu einer größeren Übereinstimmung von Form und Bedeutung führe (Jespersen 1941: 85 f.).

Kürzere Formen seien der »human indolence« (ibid.: 86) geschuldet und damit auf generell undeutliche Artikulation und nicht-distinktive Aussprache von Silben zurückzuführen, die für das Verständnis nicht von Bedeutung seien *(ka[mo]mille, lab[oratory], we[nn] nicht)*. Für das Gegenteil sorge der »*value point of view*: what the speaker particularly wants that his audience should lay at heart, he will pronounce with special care and with strong stress on the most important parts of his utterance.« (ibid.: 24; Hervorhebung im Original).

Nur bedingt auf Grundlage des Wunsches nach Analogie[27] sieht Jespersen die Veränderung der Formen hin zu größerer Regularität, wie dies etwa bei der Flexion zu beobachten sei (z. B. einheitlicher definiter Artikel *the*, einheitliche[28] Pluralbildung mit *-s*).

Präzisere und distinktive Formen sind für Jespersen ein zentrales Anliegen, das er einerseits in der Vermeidung von Homophonen sieht. Andererseits verweist er auf Differenzierungen, die sich von einer anfänglichen Irrelevanz hin zu einer relevanten Nützlichkeit entwickelt haben und die Jespersen (1933: 214–217) unter »glottic« gefasst hat. Hierzu zählt er etwa den Wegfall des auslautenden *-n* vor Konsonanten, während *-n* bei Vokalen beibehalten werde (ibid.: 55; *a man/an end*). In einigen Fällen wurde dieses auf den ersten Blick umständliche Beibehalten zweier Formen utilisiert, so etwa bei *my/mine*, *no/none*, aber auch bei *-en*, »which was at first joined as a meaningless addition

---

26 Im Zentrum der Betrachtung stehen frühere und aktuelle Sprachstufen des Dänischen, Deutschen, Englischen, Französischen und Holländischen.
27 Für einem kritischen Blick auf die Lautgesetze und die Analogie als Erklärungsmuster s. Jespersen 1941: 23 f.
28 Es gibt wenige Ausnahmen wie *stewardess*.

to some verbs, has now become an independent suffix to form verbs from adjectives, as in *blacken, sweeten, lessen*« (Jespersen 1941: 55; Auszeichnung d.V.), es wurde also für Konversion fruchtbar gemacht.

Als vierte Kategorie führt Jespersen ›fließendere und wohlklingendere Formen‹ an. Diese könnten durch Assimilation entstanden oder »ästhetischen« Einflüssen geschuldet sein, wie dies etwa bei lautnachahmenden Wörtern (»echo-words«) der Fall ist, bei denen Jespersen eine transparente Übereinstimmung von Form und »sense« (s.o.) und damit »sound-symbolism« (ibid.: 77) sieht. Sie stellen eine Aufwandsminimierung gleichermaßen für Benutzer und Lerner einer Sprache dar. Entscheidend sei jedoch der Bedeutungswandel, der durch Lautsymbolisierung bzw. Nähe zu entsprechenden Wörtern ermöglicht werde, etwa bei *miniature*, das durch den Vokal *i* die Bedeutung von (physikalischer) Kleinheit nachträglich erhalten habe (vgl. *pitty, kid, chick*; vgl. Jespersen 1941: 77, 1933: 283 ff.).

Jespersens insgesamt positive Sicht auf den Sprachwandel im Zuge von Efficiency belegt das folgende abschließende Zitat:»I never was an ›optimist à la Pangloss‹, but I still think that I was right in saying that on the whole the average development was progressive and that mankind has benefited by this evolution.« (Jespersen 1941: 7f.)

2.1.2 Neuere Ansätze

Florian Coulmas (1992) widmet sich in seiner sprachsoziologisch ausgerichteten Studie »Die Wirtschaft mit der Sprache« weniger dem Sprachsystem, sondern der, wie er es nennt, »äußeren Ökonomie«. Im Vordergrund stehen dabei Fragen wie *Was kostet der Verlust einer Sprache?, Wieviel kostet Sprachvermischung und wen?, Was wird in Sprachen investiert und welchen Gegenwert besitzen sie?* Nur einen kleinen Anteil von knapp 50 Seiten verwendet er auf die »innere Ökonomie« der Sprache, d.h. die Ökonomie des Sprachsystems (S. 278–325[29]). Aber auch hier geht er unter Rückgriff auf Bourdieu (1977) auf den Wert, die Bewertung und die Leistung einer Sprache ein. Coulmas differenziert hinsichtlich des Wertes zwischen einem deskriptiven und einem normativen Wert. Der deskriptive Wert wird durch die Sprache als symbolischem System mit ihren jeweiligen Einzelelementen auf den verschiedenen Beschreibungsebenen – also dem Bereich der Systemlinguistik – repräsentiert. Ein normativer Wertbegriff hingegen wird in unterschiedlichen Ausprägungen sichtbar, etwa in der Spracheinstellungsforschung oder der Sprachkritik. Die Kategorie ›Wert‹ beinhaltet also eine Skala mit zwei Extrempunkten, auf denen dann je-

---

29 Streng genommen erst ab S. 295.

weils sprachliche Erscheinungen verortet werden müssen. Coulmas nutzt diese Werte, Ökonomie zu definieren, denn für ihn ist Ökonomie »die Suche nach Parametern der Effizienzmaximierung bei der Realisierung gegebener Zwecke« (1992: 278). Dahinter steht die Frage nach der Definition der relevanten Parameter. Um eine operationalisierbare Größe von ›sprachlicher Ökonomie‹ zu entwickeln, muss im Vorfeld geklärt werden, aus welcher Perspektive Sprache betrachtet wird. Dies ist insofern relevant, als hierdurch die maßgebliche Bezugsgröße des eingesetzten sprachlichen Aufwandes ins Verhältnis zum erzielten – etwa kommunikativen – Nutzen gesetzt werden kann.

Von Interesse (an dieser Stelle) sind vornehmlich die Aussagen zur Produktion und Sparsamkeit, wobei der Terminus ›Sparsamkeit‹ bereits auf Paul (1995: 313) zurückgeht:

> Die sparsamere oder reichlichere Verwendung sprachlicher Mittel für den Ausdruck eines Gedankens hängt vom Bedürfnis ab. Es kann zwar nicht geleugnet werden, dass mit diesen Mitteln auch vielfach Luxus getrieben wird. Aber im Grossen und Ganzen geht doch ein gewisser haushälterischer Zug durch die Sprechtätigkeit. (§218, Auszeichnung im Original)

Ob Paul durch die Nennung der ›Pole‹ als Vertreter des so genannten ›Minimax‹-Prinzips gelten darf, ist jedoch fraglich. Immerhin behält er beständig im Blick, dass für angemessene Analysen die Ebenen Sprachsystem bzw. Sprachgebrauch nicht immer eindeutig identifiziert werden können. So darf etwa das Phänomen der Ellipse nicht nur in seiner sprachlichen Realisation untersucht werden. Vielmehr ist deren Einbettung in die konkrete Rede – und hier wiederum in das Spannungsfeld etwa von Grammatik und Stil – zu kontextualisieren. Das Prinzip der Minimalisierung des sprachlichen Symbolrepertoires geht also einher mit der notwendigen Implementierung der kontextuellen Umgebung der konkreten Sprechsituation: ›Die da!‹ funktioniert für Paul also nur im notwendigen Setting zweier anwesender Personen mit klar identifizierbarer Referenz – und nicht schon auf der (kontextlosen) Ebene des reinen Sprachsystems.

Eine engere Perspektive nimmt George Kingsley Zipf (1965) ein. Er formuliert zwar das »principle of least effort« und beschreibt es anschaulich anhand der Werkzeuge eines Tischlers, die umsortiert und angepasst werden, wenn sie häufiger, seltener oder verändert verwendet werden. Zipf ist der Auffassung, dass jedes Wesen dem Prinzip des geringsten Kraftaufwands mit dem Ziel folgt, langfristig mit weniger Aufwand dasselbe zu erreichen. Das bekannte Zipfsche Gesetz ist jedoch auf lexikalische Ökonomie beschränkt und sprachstatistischer Natur. Es belegt ein konstantes Verhältnis zwischen

2.1 Forschungsstand

der Vorkommensfrequenz einzelner Wörter und ihrem Rang auf einer Häufigkeitsskala (s. auch Kap. 4.2.7.3). Zipf konnte diesen Zusammenhang für verschiedene Sprachen nachweisen. Folglich ist mit einer geringen Anzahl von Wörtern eine hohe Frequenz verbunden, mit einer großen Anzahl von Wörtern eine niedrige. Mit diesem Zusammenhang sieht Zipf sein »principle of least effort« bestätigt. Er tritt damit auch für das (auf lange Sicht ausgelegte) Minimierungsprinzip ein, der Aufwandminimierung, verfolgt aber nicht gleichzeitig eine Ergebnismaximierung, sondern nur die genannte Absicht, mit weniger Aufwand dasselbe zu erreichen (vgl. das o.g. Bild des Tischlers). Ähnliches traf auf den Ansatz von Jespersen zu.

Ebenfalls im Rahmen der Lexik ist der Ingenieurphilologe Eugen Wüster zu erwähnen, der mit seiner Allgemeinen Terminologielehre (Wüster 1991) das Ziel eines systematischeren Aufbaus von Terminologien verfolgte. Sein Ansatz ist jedoch eher der (Verständlichkeits-)Optimierung durch Normierung zuzuordnen. Als seit 1953 engagiertes Mitglied des Gremiums ›Terminologie‹ des Deutschen Normenausschusses (DNA) wirkte er an dem 1960 veröffentlichten Normblatt der Deutschen Industrienorm »DIN 2330: Begriffe und Benennungen. Allgemeine Grundsätze« mit, eine verbindliche Metanorm für Terminologien (vgl. auch Polenz 1999: 498f.). Später saß Wüster dem Terminologieausschuss der 1946 gegründeten »International Organization Standardization« (ISO)[30] vor. Ergeben hat sich daraus unter anderem eine deutschsprachige Norm für Terminologie und Wortkürzung, die DIN 2340 (1987), die sich mit der »Bildung von Abkürzungen und Ersatzkürzungen« auseinandersetzt (vgl. hierzu Roelcke 2002a).

André Martinet (1981) fokussiert auf die phonologische Entwicklung einer Sprache im Spannungsfeld zwischen dem Bedürfnis nach ökonomischer Sprachproduktion (Prinzip der Trägheit) einerseits sowie dem Wunsch nach optimaler kommunikativer Verständlichkeit (Prinzip des Mitteilungsbedürfnisses) andererseits – ein bereits von Jespersen vertretener Ansatz. Während das Prinzip der Trägheit tendenziell eine Verringerung von Redundanzen herbeiführt, ist das des Mitteilungsbedürfnisses tendenziell auf das Gegenteil, eine Erhöhung von Redundanzen ausgerichtet. Wenn in der Kommunikation beide Aspekte erfüllt werden, sieht Martinet eine konstante Redundanz verwirklicht. Als strukturellen Erfolgsfaktor für Ökonomie macht Martinet die zweifache Gliederung – oder Segmentierbarkeit – sprachlicher Ausdrücke aus: Einerseits lassen sie sich in bedeutungs*tragende* Einheiten (Moneme) und bedeutungs*differenzierende* Einheiten (Phoneme) gliedern. Während wenige

---

30 Hervorgegangen aus der 1926 gegründeten *International Federation of the National Standardizing Associations* (ISA).

Tausend Moneme es erlaubten, unendlich viele Mitteilungen zu generieren, erziele man mit einigen Dutzend Phonemen ein Distinktionskriterium für alle Moneme. Auf der Phonemebene differenziert Martinet nach je spezifischen Artikulationsmerkmalen. Diese mehrfache Anwendung distinkter Merkmale im Phonembereich ist schließlich unter dem Begriff der Merkmalsökonomie bekannt geworden.

Mit Systemökonomie unter diachroner (Sprachwandel-)Perspektive beschäftigt sich der Holländer Willy Koenraads in der Mitte des 20. Jahrhunderts. Er sieht in der Folge von Bredsdorff Sprachökonomie als entscheidende Ursache für den Sprachwandel an. Hierbei stellt er zum einen Entwicklungen vom Althochdeutschen zum Neuhochdeutschen sowie neuere Tendenzen zwischen 1900 und 1950 dar. Grundlage seiner Untersuchung sind wissenschaftliche Texte sowie Prosa. Koenraads stellt insbesondere zwei Ursachen von Sprachwandel heraus: Zum einen das Bequemlichkeitsstreben der Sprachgemeinschaft, die sich in Vereinfachung, Kürzung und Systematisierung manifestiert, zum anderen das Streben nach Deutlichkeit, die sich in Spezialisierung niederschlägt (Koenraads 1953: 181) – auch hier also wieder ein Rückgriff auf frühere Ansätze. Als Ursache für Veränderungen sieht er also in entscheidendem Maße die Sprachökonomie an, die seiner Einschätzung nach bislang deutlich unterschätzt worden ist. Um dies zu belegen, verweist Koenraads auf Sprachwandelerscheinungen, durch die sich zwar nicht immer (subjektiv betrachtet) Vorteile für die Sprachgemeinschaft ergeben haben, die aber oftmals Vereinfachungen, Verkürzungen, Systematisierungen oder Spezialisierungen darstellen und somit sprachökonomisch motiviert sind. Er schließt sich damit Jespersens Meinung an.

Fortgeführt hat dies Hugo Moser in den 70er Jahren. Er spricht sich gegen eine einseitige Sicht auf Sprachökonomie aus, die er in älteren Studien, wie etwa von Jespersen und Martinet, vorliegen sieht. So hat etwa Martinet herausgestellt: »L'évolution linguistique peut être conçue comme régie par l'antinomie permanente entre les besoins communicatifs de l'homme et sa tendance à réduire au minimum son activité mentale et physique.« (Martinet 1961: 182, vgl. oben) Zwar weist Martinet mit diesen Worten bereits darauf hin, dass die Reduktion der physischen und geistigen Aktivität in Grenzen gehalten werden müsse, um die kommunikativen Bedürfnisse erfüllen zu können, doch sieht Moser (1971: 89) hierin vor allem »zweckloses Schwatzen«. Eine solche Sichtweise auf sprachliche Ökonomie sei aber in zweierlei Hinsicht einseitig: Auch wenn Martinet eine spielerische Seite von Sprache sehe, geschehe dies zu sehr unter dem Gesichtspunkt der Gebrauchssprache (des »homo faber«). Betrachtet werden müsse aber auch der »homo ludens«, der auf kreativ-künstlerische Weise seine Sprache verwende. Zudem werde Martinet dem »homo cogitans« nicht gerecht, da dieser nicht nach größtmöglicher Bequemlichkeit strebe, sondern nach »Klarheit und Deutlichkeit wie auch [...] nach abstraktiver Ordnung« (ibid.). Schließlich, und dies sei der entscheidende Punkt, übersehe er diejenigen Menschen[31], die nach Neuerungen streben. Für Moser können hierfür »innere« Gründe wie »schöpferische[r] Drang [... oder] agonale[s] Streben« vorliegen und/oder »äußere« Leistungsvergleiche oder Kommunikationsbedürfnisse (ibid.: 90), wobei er offensichtlich die Grenzen als unscharf betrachtet. Insbesondere die jungen Generationen zeichneten sich durch ihre Neigung zum Fortschritt als »primäre[r] Triebkraft aller menschlichen Entwicklung, auch der sprachlichen« (ibid.), aus. Somit vertritt Moser die (neuere) Auffassung, dass Veränderungen des Sprachsystems (auch durch Sprachökonomie) bewusst verlaufen und nicht ausschließlich unbewusst. Neu ist der Hinweis auf »teilbewusste« Veränderungen, die jedoch kaum näher erläutert resp. im Einzelnen ausgeführt werden. Zu den Veränderungen bewusster Art zählt Moser (1971: 94) solche am Wortsystem, der Rechtschreibung und Aussprache, zu denen unbewusster oder teilbewusster Art solche im Bereich der Syntax.

Moser verweist auf fehlende Gesichtspunkte und greift damit auf Koenraads (1953) zurück, dessen wissenschaftliche Texte dem *homo cogitans* und die Prosatexte dem *homo ludens* zuzuschreiben sind. Vor allem aber mahnt er die Einbeziehung des innovativen Sprachgebrauchs an, arbeitet allerdings den funktionalen Aspekt nur ansatzweise heraus. Vor dem Hintergrund soziolinguistischer Forschungen – erwähnt sei hier insbesondere die Sprache Jugendlicher – ist der Hinweis jedoch wertvoll. Jugendliche grenzten sich nicht nur durch Piercing, Bekleidung und Frisuren ab, sondern auch und ganz erheblich durch ihre Sprache (vgl. z.B. Androutsopoulos 1997, Henne 1986, Neuland 2003, Schlobinski/Heins 1998, Schlobinski/Kohl/Ludewigt 1993). Sie initiierten lexikalische Verschiebung, generierten Wortneuschöpfungen. Zudem sei mitunter übersehen worden, dass die Sprache Jugendlicher in der Regel noch nicht am Ende ihrer Entwicklung stehe. Sie zeichne sich etwa durch Anakoluthe und syntaktische Schlichtheit aus – beides Kategorien, die sich auf die Umgangssprache auswirken. Transparent sei dies insbesondere im Bereich der Lexik, wie Beispiele wie *geil* und *cool*, ehemals jugendspezifische Lexik, insofern belegen, als sie im Lexikon von Erwachsenen aktiv, mindestens aber passiv vertreten sind. Freilich spiele hier auch ein ›Mitnahmeeffekt‹ von Begriffen und Metaphern *(ins Gras beißen)* aus der Jugend ins Erwachsenenalter eine Rolle. Auch solle nicht übersehen werden, dass neben Jugendlichen

---

31 »homo novarum rerum cupidus« (Moser 1971: 90).

zahlreiche weitere Faktoren Einfluss auf die Standardsprache haben, vor allem nicht-native Sprecher, die muttersprachliche Strukturen in die Zweitsprache (s. etwa Androutsopoulos 2006) einbringen oder in weitaus stärkerem Umfang zu ›neuen‹ (Pidgin- oder gar Kreol-)Sprachen führen (vgl. Adone/Plag 1994, Thiele 1994, Plag 2003). Entscheidend ist an dieser Stelle jedoch die Tatsache, dass jugendspezifische Sprech- und Schreibweisen Auswirkungen auf die Standardsprache haben.

Während Mehrsprachigkeit sicherlich durch sprachökonomisch bedingte Veränderungen beispielsweise zum Abbau von Komplexität führt, muss dies im Wirkungskreis von Jugendlichen nicht immer der Fall sein. Homonymie als ein Beispiel auf lexikalischer Ebene schafft zwar keine neuen Formen, stellt jedoch Bedeutungen neben vorhandene, die es (zusätzlich) zu dekodieren gilt: In *Das ist ja ein fetter/phatter Wagen*[32] wird mit *fett* nicht auf das Gewicht oder die Breite eines Automobils angespielt, sondern auf seine Attraktivität (seltene Marke, Modifikationen o.Ä.). Bedeutungswandel und mehr noch -erweiterungen kommen jedoch nicht ökonomischen Anforderungen nach, sondern sind unökonomisch, da sie im (mentalen) Lexikon Änderungen bedingen bzw. es ausdehnen. Dies widerspricht zwar der Tendenz, dass Komplexität im Allgemeinen reduziert wird, dient jedoch den Jugendlichen als Identitätsfindungspotenzial, ist abgrenzend gegenüber Erwachsenen und zudem konstitutiv für Peergroups. Dennoch besteht auch hier eine »Neigung, Neues mit möglichst wenig Kraftaufwand zu verwirklichen« (Moser 1971: 90), wenngleich selbstverständlich ist, dass man »vom Vorhandenen, hier also von dem bestehenden sprachlichen Zeichenvorrat, ausgeht, und es weiterentwickelt.« (ibid.)

Trotz der Kritik Mosers an Jespersen und Martinet, dem er eine Beschränkung auf »Gebrauchssprache« vorwirft (Moser 1971: 89), grenzt Moser seine Darstellung selbst auf Gebrauchssprache ein (ibid.: 90). Unter dieser Voraussetzung versteht Moser sprachliche Ökonomie weit gefasst als »das Streben bewußter und unbewußter und teilbewußter Art,

- sprachliche Mittel einzusparen und dadurch bei der sprachlichen Betätigung den physischen und geistigen Kraftaufwand zu verringern,
- diesen auch beim Ausbau der sprachlichen Mittel möglichst klein zu halten,
- die Leistungsfähigkeit, die Effizienz der sprachlichen Mittel zu erhöhen,

---

32 Es spricht einiges für die Annahme, dass *fett* ›toll, super‹ über den Umweg von engl. *phat* entstanden ist, da ‹phat› und ‹fett› homophon sind; denkbar wäre entweder die Entwicklung *phat* (Lehnwort) > *phatte* (angepasst ans dt. Flexionssystem) > *fette* (homophon) oder *phat* > *fett* (homophon) > *fette* (flektiert).

2.1 Forschungsstand

- die regionalen und sozialen Normverschiedenheiten auszugleichen und dadurch den Kommunikationsbedürfnissen besser gerecht zu werden.« (Moser 1971: 92)

Für diese Definition sind drei Aspekte zentral: Aufwandsminimierung, Effizienzsteigerung und Formenausgleich (anders noch bei Moser 1970b[33]). Entsprechend diesen Schwerpunkten entwickelt Moser drei »Haupttypen sprachlicher Ökonomie« (Moser 1971: 93): die systembezogene Ökonomie, die informationsbezogene Ökonomie und die Ökonomie mit Bezug auf regionale und soziale Geltung des hochsprachlichen Systems. Jeder dieser Haupttypen wird nach weiteren Untertypen differenziert, welches im Folgenden nur schematisch dargestellt werden soll (ibid.: 93 ff.):

I Systembezogene Ökonomie
  I.1   Einsparung sprachlicher Mittel
  I.2   Gesteigerte Ausnützung der vorhandenen sprachlichen Mittel
  I.3   Ökonomie beim Ausbau sprachlicher Mittel
  Nebentypen: Punktuelle und zonenhafte Sprachökonomie

II Informationsbezogene Ökonomie
  II.1   Beschleunigung des Tempos der Übermittlung von Information, d.h. Beschleunigung der Artikulation von Information beim Sender und anderseits der Rezeption von Information beim Empfänger
  II.1a Erleichterung der sprachlichen Gestaltung der Aussage und insbesondere der Rezeption durch überschaubaren syntaktischen Aufbau der Information
  II.2   Vermehrung der Informationsmenge einschließlich ihrer inhaltlichen Sicherung

III Ökonomie mit Bezug auf regionale und soziale Geltung des hochsprachlichen Systems
  III.1 Untertypus mit regionalem Bezug
  III.2 Untertypus mit sozialem Bezug

---

33 Hier werden zwar ebenfalls Aufwandsminimierung (»Streben nach Einsparung sprachlicher Mittel«) und Effizienzsteigerung (Streben nach »besserer Ausnutzung sprachlicher Mittel«) genannt, jedoch nicht der regional-soziale Ausgleich. Ferner wird eine »Tendenz, alles funktionell Unwichtige zu beseitigen« (Moser 1970b: 9), gesehen, die sowohl dem Aufwand als auch der Effizienz zugerechnet werden kann.

Unberücksichtigt bei der Betrachtung bleiben physikalische Aspekte der Schreib- und Sprechgeschwindigkeit (»Beschleunigung der Vermittlung«, was besonders für Chats und SMS-Mitteilungen relevant ist), der physikalische Aspekt der leichteren Perzeption durch exaktere Artikulation, der physiologisch-psychologische Aspekt der Verdeutlichung der Information und Verbesserung der Kommunikation durch Intonation, Rhythmus, Pausen, Gestik, Mimik (Sprechen) und der physikalisch-funktionale Aspekt der Zeichensetzung (Schreiben).

Weil für Moser Sprache jedoch ein Gebilde ist, an dem »viele und zum Teil in verschiedener Richtung bauen« (Moser 1971: 116), werde das Ökonomisierungsbemühen nie ein Ziel erreichen können und damit zum Stillstand kommen.

Unter einem pragmatischen Blickwinkel sind für sprachökonomische Kommunikation die Konversationsmaximen von Herbert Paul Grice zu erwähnen, die er 1967 in der Vorlesung *Logic and Conversation* entwickelt hat. Grice geht davon aus, dass sich Kommunikationsteilnehmer unter normalen Umständen kooperativ (Kooperationsprinzip) verhalten, was sich in vier Konversationsmaximen (die der Quantität, Qualität, Relevanz und Modalität) niederschlägt. Unter dem Blickwinkel der Ökonomie muss hier natürlich zwingend die Maxime der Quantität in das Blickfeld genommen werden:

- Make your contribution as informative as required (for the current purposes of the exchange)
- Do not make your contribution more informative than is required.
(Grice 1989: 26)

Beide Maximen fallen unter die Forderung der Kraftaufwandsminimierung. Die erste Forderung hält den Sprecher an, alle notwendigen – und nur diese – Informationen zu vermitteln, die der Hörer für eine korrekte Dekodierung der Information benötigt. Die zweite Leitlinie entlastet dagegen nicht den Rezipienten, sondern den Sprecher, der über die notwendigen Informationen hinaus keinen weiteren Artikulationsaufwand investieren soll. Als Mittel der Aufwandsminimierung sind etwa Pronominalisierung oder elliptischer Sprachgebrauch zu nennen. Diese Maxime steht in einem ständigen Spannungsverhältnis zur Maxime der Modalität *(Vermeide Ambiguität)*. Grice will damit zeigen, dass sich natürliche Dialoge durch ein hohes Maß an Implizitheit und Indirektheit auszeichnen. Ein Satz wie *Die Fenster sind schmutzig* transportiert eben nicht nur die Sachinformation als solche, sondern – wie in diesem Fall – auch die darin enthaltene Aufforderung, diese zu putzen. Die sich dahinter

2.1 Forschungsstand

verbergende Logik ist die des Mitgemeinten, der konversationellen Implikaturen (vgl. 2.2). Wenngleich die Konversationsmaximen nicht als zwingende Vorschriften zu verstehen sind, sondern vielmehr als Rahmenempfehlungen, basiert die dahinter stehende Logik doch auf dem Fundament einer Ökonomisierung von Kommunikation[34]. Grice ist als ein eindeutiger Vertreter des Minimax-Prinzips einzuordnen.

Als aktuellster Beitrag in der Auseinandersetzung mit Sprachökonomie ist der Sammelband von Bär/Roelcke/Steinhauer (2007) anzuführen. Die dort versammelten Aufsätze thematisieren allerdings oftmals Aspekte[35], die für die vorliegende Fragestellung keine oder geringe Relevanz haben. Darüber hinaus sind nur wenige theoretisch verortet, eine ganzheitliche Betrachtung ist nicht angelegt und einige Beiträge sind bereits bekannt. So gibt etwa der Beitrag von Steinhauer (2007) eine Typologie von Kurzwörtern wider, die monografisch bereits im Jahr 2000 publiziert worden ist (Steinhauer 2000) – und thematisch im Kapitel 3 verortet ist. Auch der Beitrag von Roelcke (2007) geht auf eine Monografie zurück (Roelcke 2002b). Vorgestellt wird darin ein Modell zur kommunikativen Effizienz. Im Rahmen dieses Modells betrachtet Thorsten Roelcke die bislang erfolgten Ansätze, stellt ihre Definitionen und die Relation des sprachlichen Aufwands einerseits und des Ergebnisses andererseits gegenüber und klassifiziert die Konzeptionen anhand der linguistischen Betrachtungsebene, des dahinterstehenden Prinzips und des zeitlichen Aspekts. Letzterer referiert auf Sprachwandel (diachron) oder synchrone Betrachtungen. Die diachrone Sicht werde nur von Jespersen und Martinet (Ease Theory), Moser (1971) sowie Werner (1989) verfolgt, während die anderen Betrachtungen synchron ausgerichtet seien. Zu ergänzen wären jedoch Koenraads und ältere Arbeiten wie die von Horn und Bredsdorff.

Zusammenfassend ist festzuhalten, dass sich die Konzeptionen sprachlicher Ökonomie erheblich voneinander unterscheiden. Der Geltungsbereich kann sich auf die Gesamtheit der Sprache (z.B. Ease Theory, Moser, Koenraads) oder auf einzelne sprachliche Beschreibungsebenen (z.B. Lexik, Phonologie, Sprachsystem) beziehen. Im Kontext der einzelnen Paradigmen sind somit der definitorische Rahmen hinsichtlich des sprachlichen ›Einsatzmaterials‹ einerseits und der sprachlichen/kommunikativen Zielerwartung andererseits

---

34 Diese Art von Ökonomisierung ist nicht Gegenstand des Buches, jedoch eine sehr effiziente Form der Kommunikation, welches ein Grund für den Erfolg von computerbasierter Kommunikation, insbesondere Community-Plattformen wie Facebook, durch automatische Distribution von Kommunikaten ist.

35 So etwa der Beitrag von Nübling/Duke, der sich mit Kürze im Wortschatz skandinavische Sprachen auseinandersetzt, oder der Beitrag von Schmidt-Thieme, die sich dem Gegenstand sprachlicher Kürze im Rahmen der Deutschdidaktik zuwendet.

zu unterscheiden. Die zugrunde gelegte Relation ist dabei entscheidend und mitunter sehr verschieden. Dennoch präferieren die meisten Konzeptionen die Minimierung auf der sprachlichen Ausdrucksseite. Wenn demgegenüber die Maximierung des sprachlichen Resultats als distinkte Messgröße ökonomischer Prozesse zugrunde gelegt wird, ist festzustellen, dass »diesem Prinzip wiederholt, jedoch ohne hinreichende Begründung mit einer gewissen Skepsis begegnet« (Roelcke 2007: 11) wird.

Roelckes Modell stellt somit im Grunde den bisher einzigen Versuch dar, kommunikative Effizienz (s. Folgeabschnitt) theoretisch zu fassen. Dabei schließt es ein Kommunikationsmodell ein und berücksichtigt grundsätzlich Intension und Extension, Kompetenz und Konzentration, Kommunikat und Komplexität sowie Kommunikant und Kapazität, also etwa die Intelligenz des Rezipienten oder die ethnische Kultur als operationalisierten Wert für die Konzentration. Abgesehen vom theoretischen Wert steht eine pragmatische Anwendung von Roelckes Modells allerdings bislang noch aus. Aufgrund der Komplexität des Modells dürfte sich dies im Hinblick auf eine empirische Anwendbarkeit auch als nicht unproblematisch erweisen.

2.2 Begriffsbestimmungen

Im Anschluss an den Forschungsüberblick sollen nun die im Rahmen der Arbeit relevanten Begriffe definiert werden.

Grundsätzlich wurden bereits früh gegenläufige Tendenzen ausgemacht: »In linguistic changes we see the constant interplay of two opposite tendencies, one of an individual, and the other of a social character, one towards ease and the other towards distinctness. The former is the tendency to take things easy and to follow the line of least resistance – to say it bluntly, an outcome of human indolence or laziness. [...] The opposite tendency is an effort to be clearly and precisely understood, and to make as vivid and convincing an impression on the hearer as possible« (Jespersen 1941: 15 f.). Ein ähnlicher Grundwiderspruch besteht »zwischen den kommunikativen und expressiven Bedürfnissen des Menschen einerseits und andererseits seiner Neigung, seine geistige und physische Aktivität auf ein Minimum zu beschränken« (Martinet 1981: 85).

Intuitiv scheinen viele Termini verständlich, da sie häufig auf auch in der Standardsprache verwendete Fachbegriffe (etwa der Wirtschaftswissenschaft) zurückgehen. Als erstes soll es um den Terminus Sprachökonomie gehen. Strukturell handelt es sich um ein Determinativkompositum, das aus *Sprache* und *Ökonomie* gebildet ist. Wird es bildungsregelkonform interpretiert, so

2.2 Begriffsbestimmungen

handelt es sich um eine bestimmte (auf Sprache bezogene) Art von Ökonomie, also ein hoch komplexes System, bei dem zwei Aspekte miteinander konkurrieren: Aufwand und Ergebnis. Das Determinans spezifiziert hierbei den (wirtschaftsökonomisch finanziell interpretierten) Aufwand als sprachlich motiviert und beschreibt das Ergebnis als ein kommunikatives. Der sprachliche Aufwand kann neben der (schwer messbaren) kognitiven Arbeit sowohl im Bereich der Artikulation liegen als auch auf das Schreiben bezogen sein. Im Rahmen der verwendeten Korpora handelt es sich stets um einen physischen Aufwand, der bei SMS-Mitteilungen am deutlichsten hervortritt. Das Besondere an den untersuchten Korpora ist allerdings, dass der Aufwand minimiert werden *muss*, da nur wenig Raum für den Text zur Verfügung steht. Diese Knappheit kann an finanzielle Aufwendungen gekoppelt sein (Kleinanzeigen, SMS-Mitteilungen), ist in der Regel aber eher technisch oder medial bedingt (Alpenpanorama, Fahrgastfernsehen, Kassenbons). Das Ergebnis stellt tendenziell die Komplexität der Inhaltsseite dar. Im Grice'schen Sinne handelt es sich um erfolgreiche Kommunikation.

Roelcke (2002b: 18) verweist darauf, dass das Ziel eines maximalen Ergebnisses bei minimalem Aufwand – das Minimax-Prinzip also – auf eine »Creatio ex nihilo« hinausläuft. Zwar ist die Annahme, dass entweder der Aufwand konstant und das Ergebnis variabel (maximal) oder das Ergebnis konstant und der Aufwand variabel (minimal) ist, grundsätzlich zuzustimmen. Ebenso erscheint das Beispiel der Autoproduktion, an der Roelcke es verdeutlicht, gleichermaßen nachvollziehbar wie zutreffend. Doch ein Ergebnis für sämtliche kommunikative Handlungen lässt sich nicht so scharf definieren wie die Stückzahl verkaufter Autos. Jugendliche nutzen ihre Handys dank Rufnummerübermittlung dazu, anderen ein ›Ich denke an dich‹ zu signalisieren, indem sie einmal das Handy des Adressaten anklingeln und sofort wieder auflegen (eine ähnliche Funktion gibt es bei *studiVZ*). Das Ziel könnte aber auch variabel sein (›Vielleicht rufst du ja zurück?‹ oder ›Schreib doch eine SMS, wenn du noch wach bist!‹). Mit dem Anklingeln ebenso wie mit Kurzmitteilungen ist ferner eine phatische Funktion verbunden, deren Ziele nicht eindeutig definiert sind. Eine zusätzlich minimierte, tatsächlich auf null reduzierte Handlung würde im unterbundenen Anklingeln liegen (minimaler Aufwand), wobei das Ergebnis ebenfalls unspezifischer ist, als dass es einfach mit der Paraphrase ›Ich ignoriere/bestrafe dich, verstoße absichtlich gegen die übliche Kommunikationskonvention‹ ausgedrückt werden könnte. Auch bei einem Kettenbrief ist weder Aufwand noch Ergebnis konstant, denn die Frage lautet: ›Welchen Personen möglichst geringer Anzahl schicke ich den Brief am besten (minimaler Aufwand), um eine größtmögliche Streuung zu erreichen (maximales

Ergebnis)?‹ Überdies ist auch außersprachlich (handlungsbezogen) ein Minimax-Prinzip möglich: ›Wie viele Tests lese ich, um das möglichst beste Produkt zu erhalten?‹ Hierbei steht außer Frage, dass so wenig Testzeitschriften wie möglich durchgeblättert werden sollen und die Anzahl der Zeitschriften im Vorfeld nicht festgelegt ist (zumindest nicht sein muss). Mit den Beispielen soll gezeigt werden, dass kommunikative Handlungen – seien sie sprachlich, meta- oder außersprachlich – nicht eindeutig sein müssen und Aufwand und/oder Ergebnis anders als bei wirtschaftsökonomischen Kalkulationen nicht fix sein müssen (vgl. auch Siever 2005b). Außer Frage steht zudem, dass die Pole des Minimax-Prinzips niemals parallel erreicht werden, wenngleich – wie am Beispiel des unterlassenen Anrufs dargestellt – eine Kommunikation ohne Aufwand durchaus möglich ist. Im Sinne des 1. Axioms von Watzlawick et al. (2000): »Man kann nicht nicht kommunizieren«.

Zwischen Aufwand und Ergebnis sind verschiedene Beziehungen möglich, die durch die Begriffe von **Effektivität** und **Effizienz** spezifiziert werden können. Der Unterschied definiert sich nicht über den Erfolg, der Vorausset-

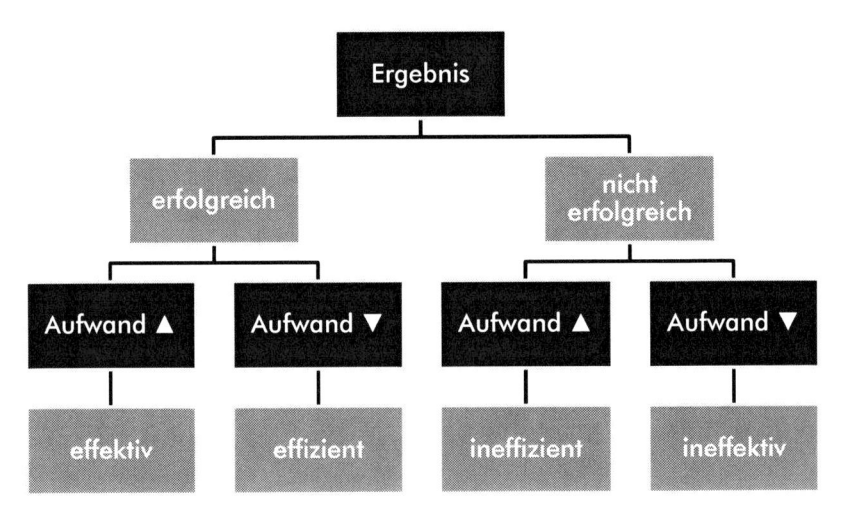

Abb. 2-2: Beziehung zwischen Aufwand und Ergebnis.

zung für beide ist, sondern über den Aufwand. Ist der Aufwand irrelevant, kann die Handlung so lange vollzogen werden, bis das Ziel erreicht ist. Eine effiziente Handlung liegt hingegen vor, wenn das Ergebnis mit einem vorher definierten Aufwand erreicht worden ist. Andernfalls ist sie ineffizient, jedoch immer noch effektiv, wenn das Ziel überhaupt erreicht worden ist. Sprach-

2.2 Begriffsbestimmungen

handlungen sollten insofern grundsätzlich effektiv sein, denn nur dann handelt es sich um gelungene Kommunikation. Ineffektiv wäre eine Aussage wie *Es zieht!*, wenn der Adressat das Fenster nicht schließt. Effektiv hingegen wäre sicherlich die Aussage wie *Mir ist kalt, da das Fenster offen ist. Könntest du das Fenster bitte schließen, damit die kalte Luft nicht hineinkommt?* Wenn allerdings *Es zieht!* im genannten Sinne interpretiert wird und eine entsprechende Handlung auslöst, wäre es nicht nur effektiv, sondern auch effizient (kürzer ist nur noch *Wind!*, ein markanter Blick oder reine Zeigegeste dorthin).

Bei den untersuchten Korpora sind die Kommunikationsziele und der mögliche (maximale) Aufwand in der Regel klar definiert. Bei SMS-Mitteilungen liegt der maximale Aufwand im Rahmen von 160 Zeichen, bei den Kassenbons bei etwa 16, beim Alpenpanorama bei rund 60 Zeichen etc. Die Folge der räumlichen Begrenzung ist, dass die Proposition innerhalb dieses Rahmens effektiv und – vor dem Hintergrund der durchweg geringen Anzahl der zur Verfügung stehenden Zeichen – auch effizient vermittelt werden muss.

Im Kontext der Definition von Sprachökonomie stellt sich die Frage, wie die Relation zu Effektivität einerseits und Effizienz andererseits zu bestimmen ist. In der Regel wird in neueren Arbeiten (Roelcke 2002b) gerade keine Grenze gezogen, sondern sprachliche Ökonomie mit effizienter Kommunikation gleichgesetzt. Koenraads (1953) unterscheidet zwischen Sprachökonomie und Effizienz *(Efficiency)*. Sprachökonomie ist für ihn die Folge von »Tendenzen [...], die eine Vereinfachung der Sprache anstreben, und zwar könnte man sagen, bei jeder Gelegenheit und zu jedem Preis« (Koenraads 1953: xv). Als ›Efficiency‹ bezeichnet er das ›Optimum der sprachlichen Ökonomie‹, wenn nämlich eine Vereinfachung vorliegt, ohne dass die Ausdrucksfähigkeit leidet.

In der vorliegenden Arbeit wird der Terminus Sprachökonomie als Oberbegriff für inhalts- und/oder ausdrucksseitige Optimierungsprozesse genutzt, die effektiv und sogar effizient sein können, es aber nicht müssen. Sprachliche Optimierung wird damit als Versuch betrachtet, eine Sprache bewusst oder unbewusst im positiven Sinne zu verändern, wobei diese Veränderung quantitativen oder qualitativen Status haben kann. Eine Optimierung kann folglich selbst dann vorliegen, wenn eine sprachliche Handlung länger ist als vor der Optimierung. Diese Sichtweise schließt an die Textoptimierung an (vgl. etwa Göpferich 1998, 2004 u.a.) und berücksichtigt die Tatsache, dass Sprachwandel sich nicht ausschließlich durch Kürzung und Vereinfachung auszeichnet, sondern auch durch Komplexitätszuwachs (v.a. die Zeichenlänge; vgl. Kap. 3). Effiziente Kommunikation ist damit ein Spezialfall der Sprachökonomie, die ebenso auf pragmatische Ziele ausgerichtet und stets geplant ist – sei es durch Festlegung oder Vorgabe des Aufwands oder durch Formulierung eines

Ergebnisses – und das Kommunikationsziel im Rahmen des geplanten Aufwands erreicht.

Von Rezipienten und ihrer Perzeption sowie einem festgelegten Aufwand und Ergebnis abgehoben (!) ist Kürzung von sprachlichen Äußerungen zu sehen, und zwar unabhängig davon, ob sie auf morphologischer oder syntaktischer, auf lautlicher oder schriftlicher Ebene vorliegen. »Kürzung« wird nicht synonym mit sprachlicher Reduktion gebraucht, sondern bezeichnet solche Prozesse, in denen ›verlustfrei‹ gekürzt wird. Eine Abkürzung wie *H.*, die auf *Hausmeister* zurückgeht, wäre somit im Regelfall keine Reduktion, eine Klammerform wie *Sommeropening (< Sommersaisonopening)* oder ein Kurzwort wie *Uni (< Universität)* hingegen schon, da *H.* nur ein Stellvertreter für *Hausmeister* ist. Anders ist *Sommeropening* nicht gekürzt und bezieht sich auf *Sommersaisonopening*, sondern ist eigenständig und enthält eine Inhaltskomponente weniger als *Sommersaisonopening (Saison)*. Wird der Rezipient hingegen berücksichtigt, kann es sich bei ›verlustfrei‹ nur um eine Idealvorstellung im approximativen Sinn handeln, da eine individuelle Komponente hinzutritt. Einzuschränken ist dann, dass es dann zwar verlustfreie Kürzungen geben mag, diese aber von zahlreichen Faktoren wie Bildungsgrad, Sprachkenntnisse, Ko- und Kontext, Intelligenz etc. abhängt, womit die Differenzierung nicht trennscharf wäre (und nicht sein kann).

Kürzung oder Reduktion kann zu einer effizient(er)en Kommunikation führen, sie kann Kommunikation allerdings auch unmöglich machen oder Missverständnisse bewirken. Eine Kürzung wie bei einer (fiktiven) SMS-Mitteilung *HADULUAUEIBI*[36] kann vermutlich nur von Menschen interpretiert werden, die die entsprechende Werbung wahrgenommen haben und erinnern können. Weil die Kenntnis von Werbeanzeigen nicht zur Allgemeinbildung gehört, kann die sprachliche Äußerung dann zwar überindividuell nicht als effizient, wohl aber als gekürzt angesehen werden. Ob sie sprachlich ökonomisch ist, darf bezweifelt werden. Sie fungiert als Aufmerksamkeit erregende Schlagzeile und weist keine typischen Merkmale der SMS-Kommunikation auf (was sie auch nicht soll).

Mit diesen Definitionen – insbesondere der der sprachlichen Effizienz – ist die Einbindung einer Variablen, die auf die unterschiedliche Perzeptionsfähigkeit von Menschen zurückzuführen ist, mit Bedacht erfolgt. Abgesehen von vereinzelten Usability-Studien mit zum Teil fraglichen Methoden (z.B. Nielsen 2006) und denen der Kognitionswissenschaft liegen m.W. bislang keine nennenswerten Untersuchungen darüber vor, wie gekürzte (oder reduzierte) Äußerungen verarbeitet und interpretiert werden. Sämtliche Untersuchungen

---

36 BILD-Aktion »für kürzere Sätze«; mit der Vollform *Hast du Lust auf ein Bier?*.

2.2 Begriffsbestimmungen

beschränken sich auf produktionsseitige Reduktion (s.o.), von der ausgehend auf die Rezeptionsprozesse geschlossen wird (erwartete Perzeption). Auch in der vorliegenden Arbeit wird von diesem Vorgehen nicht abgewichen, da Kürzungsprozesse im Vordergrund stehen, die auf Seite der Produktion auf Grund der räumlichen Begrenzung mehr oder minder erzwungen sind. Inwiefern die Kommunikate effiziente Kommunikation darstellen, kann in den meisten Fällen lediglich spekulativ diskutiert werden.

Ein in der Regel effizienter Sonderfall ist durch Aufhebung von Redundanzen gegeben. Redundanz kann zum einen explizit enthalten sein, wie etwa der {Plural} aufgrund der Kongruenzregel innerhalb einer NP wie bei *die schönen Häuser*, bei der die morphologische Information viermal enthalten ist: *di̲e̲*, *schön̲e̲n* und *H̲ä̲us̲e̲r*. Selbst nach der Tilgung zweier Markierungen ist der Inhalt noch verständlich *(die schön Häus)*. Redundanzen sind folglich nicht nur von Nachteil, sondern gewährleisten ein Verständnis bei verlustreicher Kommunikation (vorbeifahrender Zug, Diskomusik etc.). Die Folgerung, dass sich sämtliche Redundanzen bei optimalen Umgebungsbedingungen verlustfrei tilgen lassen, wäre aber ein falscher Schluss (s.u.).

Neben den expliziten Redundanzen weisen sprachliche Handlungen auch implizite Redundanzen auf. Zu nennen sind Präsuppositionen und Implikaturen (Grice 1993), wie etwa im folgenden Satz [1]:

[1]   Viele Vögel fliegen über den Winter weg. Einige Vögel bleiben hier.

Die erste Aussage impliziert bereits die zweite. Die Redundanz ist also implizit vorhanden, da es sich um eine logische Schlussfolgerung[37] handelt, die im zweiten Satz explizit geäußert ist.

Redundanzen können nur in bestimmten Konstellationen tatsächlich redundant sein (oder erscheinen). So gilt etwa im Deutschen wie im Englischen die SPO-Regel, die die morphologische Markierung des Akkusativs am Artikel *(den [Sohn])* im Satz [2] redundant erscheinen lässt:

[2]   Die Frau kitzelt den Sohn.

Anders als in der englischen Sprache lässt sich durch die morphologische Information der Satz allerdings umstellen, ohne dass die Inhalts- oder Ausdrucksseite[38] verändert wird *(Den Sohn kitzelt die Frau.)*. In diesem Fall besteht keine Redundanz mehr!

---

37 ›Alle‹ minus ›viele‹ ergibt ›einige‹ (die nicht wegfliegen).
38 Im Englischen kann dies nur über eine PP erfolgen: The son is tickled by the woman.

Redundanzen können aber auch stilistisch oder informatorisch erwünscht sein, etwa bei Pleonasmen oder Tautologien: *ISBN* ist durch den Reduktionsgrad und den Fremdwortstatus offenbar so unverständlich, dass die Vollform des letzten Initials *(N < Number)* mitunter übersetzt, ausgeschrieben und an das Kurzwort angehängt wird *(ISBN-Nummer;* ebenso *ABS-System, GPS-System, CMS-System, ABM-Maßnahme, PIN-Nummer)*. Bei *tote Leiche* hingegen kann über das Attribut der Zustand zusätzlich markiert werden.

Ambiguität kann gewissermaßen als Gegenstück zur Redundanz verstanden werden. Sie ist von Vagheit dadurch abzugrenzen, dass Vagheit (›Unschärfe‹) lexikalisch verankert, dem Lexem immanent ist *(alt, gebildet, schnell, früh)*. Ambiguität hingegen besteht in verschiedenen Lesarten wie bei *Die Frau kitzelt die Tochter* oder *Die AG*[39] *geht unter*. Solche Äußerungen sind durch Ko- und Kontexte, Weltwissen oder Ähnliches zu disambiguieren. Auch wenn im ersten Beispiel üblicherweise nach der SPO-Regel disambiguiert wird (s.o.), kann eine sichere Interpretation nur durch zusätzliche Informationen erfolgen.

Schließlich sind noch einige weniger spezifische Verwendungsweisen zu nennen. So wird der Begriff Textraum für denjenigen maximalen Bereich verwendet, der für die jeweiligen Texte zur Verfügung steht. Unter Lexem wird der Lexikoneintrag eines Wortes in der unmarkierten Form verstanden, der in verschiedenen Wortformen (mit den jeweiligen Flexiven) auftreten kann; Wort wird in diesem Sinn benutzt. Eine Wortgruppe wird als *feste* Wortverbindung eng gefasst wie beispielsweise *Deutsche Bahn*. Auf andere Wortverbindungen wird mit dem Begriff ›Phrase‹ referiert (z.B. *die grüne Tomate*). Anglizismen bezeichnen verallgemeinernd lexikalische Einflüsse der englischen Sprache, worunter auch das amerikanische Englisch fällt. Eine Differenzierung zwischen Anglizismen und Amerikanismen erschien in diesem Kontext unnötig und im Hinblick auf die ebenfalls berücksichtigten Gallizismen, Hispanismen, Italianismen, Latinismen und Gräzismen, für die analog die o.g. Einflüsse gelten, sogar verwirrend.

2.3 Zentrale untersuchte Kommunikationsformen

Nachdem im ersten Teil des Kapitels ein Rück- und Forschungsüberblick zur sprachlichen Ökonomie gegeben wurde, soll es nun darum gehen, den Hauptgegenstand dieser Arbeit, ins Zentrum zu rücken: Es handelt sich um Kommunikationsformen, die sich durch starke räumliche Begrenzung auszeichnen oder Inhalte möglichst kurz vermitteln. Beispiele letzterer Art sind Kochrezepte, also Gebrauchstexte, die durch möglichst kurze Texte Kochwil-

---
39 *AG* ist u.a. für *Aktiengesellschaft, Arbeitsgruppe* und *Arbeitsgemeinschaft* die Kurzform.

ligen zu einem gelungenen Gericht verhelfen sollen. Vertreter der räumlichen Begrenzungen sind insbesondere Telegramme, die es zwar immer noch gibt, jedoch mehr und mehr durch SMS-Mitteilungen substituiert werden, ferner traditionelle Kleinanzeigen (in der Zeitung), Wetterberichte, Werbebuttons oder -banner (z.B. 234 x 60 Pixel; vgl. z.B. Stöckl 1998, 2004, Siever 2005a, Janoschka 2004, Runkehl i.Dr.), bis hin zu Börsenkursen und Ähnlichem. Das linguistisch Interessante steigt mit der Abnahme der Textmenge durch die Frage, was bei immer geringerer Fläche noch ›weggelassen‹ werden kann, um die Proposition noch transportieren zu können. Ab einem zu hohen Grad der Komprimierung, wenn etwa die Information(en) nur noch, wie bei den genannten Börsennotationen, tabellarisch kommuniziert werden, ändert sich natürlich die Art des Interesses. Hier wäre vornehmlich zu untersuchen, ob die gewünschten Informationen korrekt interpretiert werden oder wie sie in einer besseren Form präsentiert werden könnten (Textoptimierung). Dass es hier nicht nur um Fertigkeiten geht, solche Tabellen oder wirtschaftliche Landkarten, Schaubilder etc. zu erstellen, sondern auch um Fähigkeiten, diese zu interpretieren, zeigten in der Vergangenheit die (innerhalb dieses Rahmens für Deutschland ungünstigen) Ergebnisse von internationalen Untersuchungen zum Wissensstand von Kindern und Jugendlichen (PISA-Studien).

Hier soll es allerdings nicht um Schaubilder, Organigramme etc., sondern um Texte gehen. Bevor die wichtigsten Merkmale sprachlicher Ökonomie ausgeführt und die Analysen vorgenommen werden, soll im Folgenden ein Überblick über die oben genannten und bereits unterschiedlich gut untersuchten Kommunikationsformen gegeben werden.

Eva Martha Eckkrammer[40] hat sich mit räumlich begrenzten Kommunikationsformen unter dem Fokus sprachlich-kultureller Unterschiede beschäftigt: So hat sie etwa 1996 eine Untersuchung zu deutschen, englischen, französischen, spanischen, italienischen und portugiesischen Todesanzeigen vorgelegt, 1998 und 2000 folgten Studien zu Kontaktanzeigen, Stellenanzeigen und Rezepten (Eckkrammer/Eder 2000) sowie 1999 Analysen unter diachroner Perspektive von Kontaktanzeigen, medizinischen Ratgebern im Internet und Beipackzetteln von Medikamenten (Eckkrammer 1999a, 1999b, 1999c).

Weitere sprachökonomische Untersuchungen liegen etwa von Pöckl (1998) vor, der Beschreibungen von Hotels in Reisebürokatalogen untersucht hat. Die syntaktische Reduktion in der Schlagzeile hat Sandig (1971) analysiert. Er-

---

40 Es kann hier nur ein grober Überblick über die Autoren gegeben werden; dies gilt umso mehr für den sich anschließenden Bereich, bei dem sprachökonomische Aspekte zweitrangig sind (Chat, E-Mail etc.). Die genannten Publikationen stellen auf Grund der Vielzahl notwendigerweise eine geringe Auswahl dar. Eine ausführliche Bibliografie ist einzusehen unter http://www.mediensprache.net/de/literatur/.

wähnenswert ist ebenfalls der nahezu gesamte Bereich der computer-mediated Communication (CMC), die medial wie sozial u.ä. bedingt (Androutsopoulos 2003) sprachökonomische Tendenzen aufweist. Jucker (2005) hat eine Beschreibung und Analyse von Tickermeldungen (beim Sport), den »live text commentaries«, vorgelegt. Zur Kommunikation via E-Mail (»Telefonbriefe«, Schmitz 2002) ist etwa Dürscheid zu nennen (umfangreich Ziegler/Dürscheid 2002, erstmals Janich 1994). Chatkommunikation ist, abhängig von medialen und situativen Bedingungen, ebenfalls zu erwähnen. Selten wurde allerdings primär die Sprachökonomie analysiert, sondern stattdessen meist die Oralität (s. Dürscheid 2003a, b) bzw. transferierte Oralität erörtert (Haase et al. 1997, Runkehl/Schlobinski/Siever 1998, Kilian 2001, Siever 2006b; vgl. auch Beißwenger 2001). SMS-Mitteilungen (»Handy-Briefe«, Naundorf/Niveri 1999) wurden in Bezug auf Sprachökonomie von Döring (2002), Schwitalla (2002) und Siever (2006b) sowie Schlobinski/Watanabe (2003, 2006) und Moraldo (2004) untersucht, unter didaktischer Perspektive von Dürscheid (2002). Unter dem Aspekt der Orthografie in CMC wäre ebenfalls Dürscheid (2001) zu nennen. Zuletzt wurden die auf 140 Zeichen begrenzten Twitter-Meldungen (Tweets) untersucht (Moraldo 2009, Siever i.Dr.).

Auch – oder in einigen Bereichen gerade – Fachsprachen weisen ökonomische Tendenzen auf. Zu nennen ist insbesondere der lexikalische Bereich (Bär/Roelcke/Steinhauer 2007), in dem neben Termini vor allem Kurzwörter die häufig gebrauchte Lexik quantitativ reduzieren (Kobler-Trill 1994, Steinhauer 2000). Ebenfalls zu erwähnen ist der Bereich der Lexikographie, mit deren Formen der Textkomprimierung sich u.a. Ising (1978), Harras (1985) und Wiegand (1996, 1998) beschäftigt haben.

Zuletzt sei darauf hingewiesen, dass die im Folgenden dargestellten Kommunikationsformen, aufgrund ihrer Makrostruktur, sprachliche Ökonomie mehr oder minder stark aufweisen. Dies war das Auswahlkriterium. Überdies begründen nahezu alle Autorinnen und Autoren die mikrostrukturellen Ausprägungen mit sprachlicher Reduktion und/oder Ökonomie, wenngleich der Terminus kaum definiert wird – selbst in Monografien lediglich in einer Fußnote (Eckkrammer/Eder 2000). Dieser Umstand verdeutlicht zweierlei: Einerseits wird die Notwendigkeit einer Definition von Sprachökonomie sowie deren Exemplifikation an Beispielen deutlich. Beschäftigt hat sich mit dieser Frage vor allem der stark theoretisch orientierte Teil der Sprachwissenschaft mit Schwerpunkt auf Morphologie, Syntax, Phonetik/Phonologie etc. Andererseits ist hervorzuheben, dass eine Verschränkung von Text- und Medienlinguistik im weiteren Sinne sowie Grammatik (ebenfalls im weiteren Sinne) bislang noch nicht im angemessenen Rahmen stattgefunden hat. Im Folgenden sollen diese medien- und textlinguistischen etc. Fragestellungen sowohl an umfangreichen Korpora exemplifiziert als auch gleichzeitig unter Einbeziehung kernlinguistischer Fragen analysiert werden. Auf diese Weise wird die Notwendigkeit des Zusammenspiels von Grammatik und aktuellen pragmatischen, funktionalen Perspektiven betont.

2.3.1 Das Telegramm

»Telegrammstil« ist seit der Erfolgsgeschichte des Short Message Service (SMS) ein oft zitiertes Wort. Eigentlich haben prototypische Telegramme aber eine relativ geringe Affinität zu SMS-Mitteilungen, wie sich in Kapitel 4 zeigen wird (vgl. auch Schwitalla 2002).

Intuitiv existiert zwar eine Vorstellung von dem, was ein Telegramm ausmacht. In Kürze ließe es sich als ein Text beschreiben, bei dem man nichts mehr tilgen kann, ohne dass er unverständlich würde. Die Berechtigung dieses Stils zeigt das authentische[41] Korpus von Brandstetter (1968), an dem allerdings auch nachgewiesen werden konnte, dass Telegramme aufgegeben worden sind, die Briefen in Bezug auf die Stilistik (nicht den Umfang) ähneln (vgl. auch Tesak/Dittmann 1991, Vogt 1992, Schwitalla 2002). Nichtsdestoweniger zeichnet sich das prototypische Telegramm durch »nüchternste Nützlichkeit« (Brandstetter 1968: 25) aus. »Es ist einfach der Worttarif, der die Sprache bestimmt, damit ein ökonomisches und kein ästhetisches Prinzip, ein Prinzip der reinen Funktion und nicht der Literatur.« (ibid.) Dadurch fehle das Subjekt in Form von Personalpronomen, Pronomen, Artikel und Substantiv *(sonntag 19.07 kaiserslautern)* sowie häufig auch das Prädikat *(herzlichen glückwunsch zum geburtstag z.;* ibid.: 33). Nahezu deckungsgleich stellen Tesak/Dittmann (1991) fest, dass Pronomina und Artikel fast durchgängig getilgt werden, partiell Auxiliare und Präpositionen.

2.3.2 Die Kleinanzeige

Annoncen, Inserate oder Kleinanzeigen sind werbliche Kommunikate, die in verschiedener Weise kategorisiert werden können (privat/geschäftlich, Thema, Kauf/Verkauf, Platzierung, Größe etc.). Relativ gut untersucht im Hinblick auf sprachwissenschaftliche Fragen sind Kontaktanzeigen. Die jüngsten Analysen stammen von Eckkrammer/Eder (2000: 51–129), die auch sprachökonomische Aspekte betrachtet haben, wenngleich vornehmlich in argumentativer Weise zur Erklärung einzel- und intersprachlicher Phänomene.

---

41 Tesak/Dittmann (1991) haben mit einem fiktiven Korpus gearbeitet.

2.3.2.1 Die Kontaktanzeige

Die Kontaktanzeige ist eine noch relativ neue Erscheinung, wenngleich erste offerierende Möglichkeiten der Partnersuche bereits im 17. Jahrhundert genutzt worden sind. Vom Jahr der ersten, 1695 in England inserierten Annonce an (Kaupp 1968: 9) bis zur Mitte des 20. Jahrhunderts diente diese Variante der Kleinanzeige dem Finden eines Lebenspartners, sodass der Terminus Kontaktanzeige streng genommen erst sehr spät den der Heiratsanzeige verdrängt hat. Mit Kaupp (1968: 9f.) lautet der Text der ersten Heiratsanzeige wie folgt:

[3]   A Gentleman about 30 Years of Age, that says he has a Very Good Estate, would willingly Match himself with some Young Gentlewoman that has a Fortune of £ 3000 or thereabout.

Auffällig an dieser Anzeige ist, dass sprachökonomische Aspekte keine Rolle zu spielen scheinen. Ökonomische Beweggründe (im finanziellen Sinne) dürften indes umso stärker den Umfang der Annonce ausgedehnt haben, um eine monetäre Unabhängigkeit zu signalisieren. In heutigen Kontaktanzeigen (in Zeitungen) haben individuelle Zuschreibungen und örtliche Eingrenzungen die soziökonomischen Angaben von früher mehr oder minder ersetzt. Allenfalls Berufsangaben oder Hinweise auf einen gewissen Bildungsgrad wie *Akademiker* oder vermeintliches Einkommen (*Arzt*)[42] werden diesbezüglich genannt. Um die Unterschiede zu verdeutlichen, soll eine Eckkrammer/Eder (2000: 73) zufolge prototypische deutschsprachige Kontaktanzeige der ersten gegenübergestellt werden:

[4]   „**Inseraten** — Dschungel!" Dennoch sucht attraktive Enddreißigerin, 170cm groß, mit langen dunklen Haaren, Humor, Hobbies u. (kl.) Hund nicht bloß ein Abenteuer. Du hast ein wenig Ähnlichkeit mit Tarzan? Ab 180cm groß, sportliche Figur, gutaussehend, NR, ca. 35-40 J. alt? Da könnte Frau sich schon verlieben. Dein Brief (m. Foto?) erreicht mich unter ✉ 3819 an den Verlag.
(Auszeichnung im Original)

Auffallend ist, dass damals wie heute über den Inserenten in der dritten Person geschrieben wird, heute allerdings nach einer kurzen allgemeinen Einleitung mit Angaben zum Alter, Größe o.Ä. oft in die erste (und zweite) Person ge-

---

42 Insofern sind die sozioökonomischen Aspekte doch (noch?) nicht gänzlich unbedeutend geworden. Allerdings geschieht dies meist dezenter als noch vor einigen Jahrzehnten (vgl. aber etwa die Claudia Püschel-Knies GmbH).

2.3 Zentrale untersuchte Kommunikationsformen 61

wechselt wird, wodurch auch ein adäquaterer Adressatenbezug möglich wird (s.u.). Eckkrammer/Eder (2000: 68f.) verstehen die distanzierte Personenbeschreibung in der dritten Person als eine emotionale Erleichterung für die Inserenten, über sich zu sprechen. Wörtlich verstanden ist indes eher das Gegenteil der Fall: Denn die Beschreibung in der dritten Person suggeriert, dass Dritte – womöglich Freunde oder die betreuende Anzeigenaufnahmeredakteurin – die Personenbeschreibung vorgenommen haben, wodurch eine zusätzliche Ebene der Beglaubigung etabliert wird und die Beschriebenen sich von diesen Aussagen im Zweifelsfall auch einfacher distanzieren könnten. Einfluss hat womöglich auch die mit der dritten Person zum Ausdruck gebrachte Bescheidenheit (ibid.: 69). Mit dem Wechsel zur zweiten Person ist eine emotionalere appellative Ansprache durch Fragen oder Direktiven möglich (*Warte nicht [...], Trau dich [...]*). Zudem handelt es sich bei allen Kleinanzeigen um Werbekommunikate, die sich klassischerweise durch Appellative auszeichnen und sicherlich auch die Hürde des Handelns senken sollen, wozu Eckkrammer/Eder auch den »phatische[n] Aspekt« (ibid.: 68) zählen. Allerdings nehmen phatische und emotive Elemente nicht nur diese Textfunktion an, sondern dem wenig romantischen Charakter der Zeitung ihre Anonymität und Nüchternheit, welches auch für die computervermittelte Kommunikation herausgestellt worden ist (vgl. etwa Runkehl/Schlobinski/Siever 1998). Darüber hinaus beschränkt sich die dritte Person zumeist auf den ersten Satz. Diesem kommt damit auch eine über Person markierte Topik-Funktion zu, d.h., nachdem in der dritten Person das vorgegeben worden ist, worüber gesprochen wird (anschaulich etwa *Er, 32, sucht Sie, 20-30 im Raum Berlin. Ich bin ...*), wird etwas darüber ausgesagt (*... Berlin. Ich suche für gemeinsame Unternehmungen eine tierliebe ...*).

Entscheidend geändert haben sich auch Art und Umfang der Beschreibung bzw. Zuschreibung von Attributen im weitesten Sinne. Über die genannten sozioökonomischen Angaben hinaus wird in der ersten Anzeige lediglich erwähnt, dass der Suchende 30 Jahre alt ist. Weder auf persönliche Umstände wird näher eingegangen, noch werden Angaben zur gesuchten Person gemacht, die über das Aristokratisch-Vornehme hinausgingen. Vor dem Hintergrund der kulturellen Divergenzen und zeitlichen Differenz ist dies einfach erklärbar. Heute spielen gemeinsame Interessen und andere ›Kompatibilitäten‹ (sportlich vs. mollig, Raucher vs. Nichtraucher etc.) eine erheblich größere Rolle, da das Verständnis gemeinsamen Lebens und Freizeitverhaltens ein völlig anderes als im ausgehenden 17. Jahrhundert ist. Beim aktuellen Prototyp werden Angaben zum Aussehen (Schlankheitsgrad[43], Größe, Haarlänge und -farbe), zu

---

[43] Beim gesuchten Partner erfolgt dies direkt (*Tarzan, sportliche Figur*), bei der Inserentin implikativ (*attraktiv* impliziert – zumindest nach der derzeitigen allgemeinen Auffassung – einen gewissen Schlankheitsgrad).

positiven und gewünschten Eigenschaften (*Humor, Hobbies, Nichtraucher*) und zu Haustieren (*Hund*), häufig auch zu Kindern etc. gemacht. Ferner erfolgt eine regionale Eingrenzung meist über entsprechende Kategorisierungen (PLZ 10..., 20..., 30...; Großraum Hannover, Großraum Berlin etc.). An die Stelle der Mitgift ist heute gewissermaßen die Akzeptanz vorhandener Kinder oder das Foto getreten.

Sprachlich fällt neben den Eigenschaftsenumerationen von Suchenden und Gesuchten besonders die Verwendung von Abkürzungen ins Auge (*kl., cm, ca., J., m., u.*). Darüber hinaus werden komplexe oder kurze Komposita oder partizipiale Adjektive verwendet: Mit *Enddreißigerin* wird nicht nur das Alter durch eine univerbierte Derivation (*Ende Dreißig* > (**enddreißig*) > *Enddreißiger*) erwähnt, sondern darüber hinaus das Geschlecht durch weitere Derivation (*-in*). Weniger semantisch, morphologisch aber ähnlich komplex ist *gutaussehend*, das ebenfalls vermutlich univerbiert (*gut aussehen*) ist – mit gleichzeitiger Partizipialbildung.[44]

Eckkrammer/Eder haben für ihr umfangreiches Korpus errechnet, dass eine Kontaktanzeige im Durchschnitt 2,3 Abkürzungen enthält, verteilt auf 4 Sätze oder 55 Wörter. Erstaunlich ist angesichts der beschriebenen Wandlungen weniger der Durchschnittswert von 8,25 Adjektiven pro Annonce, sondern der Wert von 5,5 Verben bei vier Sätzen[45] (Eckkrammer/Eder 2000: 57). Die Sätze sind damit im traditionellen Sinne nicht nur ›vollständig‹, sondern zeigen eine Gegentendenz zum Nominalstil. Vermutlich würde der Sprachstil durch die Tilgung von Verben eher abweisend, vielleicht sogar weniger eloquent, in jedem Fall uninteressanter wirken. Um die Anzeigengebühren im Rahmen zu halten, wird daher offensichtlich vorwiegend über konventionalisierte Abkürzungen versucht, das ›syntaktische Füllhorn‹ auszugleichen.

Dass diese sprachlichen Charakteristika von Kontaktanzeigen in Printmedien nicht ausschließlich der Kommunikationsform geschuldet sind, zeigen anschaulich die Vergleiche mit Kontaktanzeigen, die im Internet veröffentlicht werden. Hier verwendet der Inserent der Durchschnittsanzeige rund 7 Sätze, bestehend aus 74 Wörtern, und reduziert die Zahl der Abkürzungen auf fast die Hälfte. Begründet werden kann dies mit dem praktisch unlimitierten Raumangebot, das neben anderen Faktoren dazu führt, dass der phatisch-emotive Anteil zunimmt. Eckkrammer/Eder (2000: 72) bezeichnen diese Folge als »Individualisierung und eine Annäherung an die E-Mail-Stilistik«. Allerdings ist das kommunikationsformspezifische Strukturwissen offensichtlich derart

---

44 Eine Bildung der Art *aussehen* > *aussehend* > *gutaussehend* ist zwar ebenfalls denkbar, allerdings unwahrscheinlich, da **aussehend* ungrammatisch ist.

45 Welche Verbalformen gewertet worden sind, ist unklar. Der hohe Wert lässt vermuten, dass nicht nur finite Elemente in die Bewertung eingeflossen sind.

2.3 Zentrale untersuchte Kommunikationsformen

internalisiert, dass selbst bei der Aufhebung des Zusammenhangs zwischen Zeichenanzahl und Preis der Prototyp immer noch formal eindeutig als Kontaktanzeige zu identifizieren ist.

[5] Wassermann (m/25/185) sucht nette Donaunixe (w/20-25). Wenn Du das Alleinsein genauso satt hast wie ich, dann sind wir schon mal zu zweit. Wenn Du zudem noch ein nettes Mädel bist, das für jeden Unsinn zu haben ist, mit dem man lachen kann, dann sind wir zwei füreinander geschaffen. Willst Du mehr über mich wissen, schreib mir doch einfach eine e-mail! Lass mich nicht allzu lange warten! Bis dann! Dein Martin!

Vielleicht stellen Sätze wie der erste in diesem Zusammenhang eine sehr zweckmäßige Form und Struktur dar, zumindest für den Topik (vgl. oben), sodass sie bei Online-Inseraten vorerst (oder dauerhaft?) erhalten bleiben. Sprachökonomisch interessant sind die dem Namen (mit Zeigefunktion) in Klammern folgenden Geschlechts-, Alters- und Größenangaben, die, durch Konventionalisierung auf der einen sowie kognitive Assoziations- und formale Ausschlussverfahren auf der anderen Seite, zweifelsfrei korrekt interpretiert werden (können). Obwohl sie als Sätze im darauf folgenden Parlandostil (Sieber 1998) hätten ausformuliert bzw. integriert werden können, ist dies nach dem hoch konventionalisierten Schema *X (a/b/c) sucht Y (a'/b'/[c'])* erfolgt.

Die Ökonomie in Kontaktanzeigen beschränkt sich nicht auf interne Strukturen; es werden auch kategoriale Informationen zur Reduktion genutzt (HAZ, 18.12.2010):

[6] **Alte Socke (44) mit Zehen** am Hacken sucht Kniestrumpf mit Löchern. AbcdeXyz@web.de

Herausgelöst aus der Rubrik ist die Anzeige nicht sinnvoll interpretierbar, da *alte Socke* sowohl eine Bezeichnung für Männer als auch (seltener) für Frauen und *Kniestrumpf* gänzlich unspezifisch ist. *Kniestrumpf* ist, im Gegenteil, sogar ungebräuchlich und dem gegebenen Wortfeld von *Socke* geschuldet. Interpretieren ließe sich über das Genus, dass eine Frau (*die Socke*) einen Mann (*der Stumpf*) sucht, wofür auch die vorhandenen Kinder (*Zehen*) sprechen könnten, allerdings eher Männer mit *alte Socke* bezeichnet werden und Kniestrümpfe eher von Frauen getragen werden. Die Rubrik »Sie sucht Ihn« disambiguiert an dieser Stelle und erspart die Angabe *Alte Socke (w, 44)*. Untypisch ist die Anzeige wegen fehlender Zuschreibungen von Eigenschaften, wenn man von impliziten absieht (*mit Zehen/mit Löchern* ist kreativ und kann auf einen entsprechenden Beruf und ein höheres Bildungsniveau hindeuten).

2.3.2.2 Die Stellenanzeige

In Stellenanzeigen ergibt sich – bedingt durch ihre differente Funktion – ein anderes Bild. Zwar herrschen auch die Enumeration von Attributen vor. Doch zum einen beziehen sich diese nicht auf äußere, das Erscheinungsbild betreffende Eigenschaften, sondern auf Fähigkeiten und Fertigkeiten. Zum anderen fehlen phatische Elemente gänzlich. Im Vordergrund steht entweder die Vermittlung eines seriösen und kompetenten Arbeitnehmerbildes oder die Darstellung eines erfolgreichen, (je nach Branche) dynamischen (Werbung, New Economy etc.) oder traditionellen Unternehmens (ein Großteil der Industrie etc.).

Ausführlich beschäftigt hat sich mit Stellenanzeigen Ortner (1992) – allerdings speziell mit historischen Anzeigen um 1900. Hier arbeitet sie die Gestaltungsmuster für Stellenangebote heraus, die sie nach ökonomischen Stilmitteln, sachbetonten Aussagen, unpersönlichen Formulierungen und sozial determinierten Ausdrucksweisen systematisiert (ibid.: 27). Zu den ökonomischen Stilmitteln zählt sie vor allem die Vermeidung von redundanten Wortgruppen und Sätzen bzw. den Einsatz von elliptischen Strukturen und Abkürzungen. Innerhalb dieses Rahmens hat sie zwei graphisch anschauliche »Ökonomie-Dreiecke« (ibid.: 17, 20; s. Abb. 2-3) entwickelt, die sie durch Belege aus verschiedenen Zeitungen zusammengestellt hat. An der Spitze (der Ökonomie) steht beim Dreieck für das Lexem *aufnehmen* erwartungsgemäß eine Abkürzung. Auf der anderen (unökonomischen) Seite sind komplexe Syntagmen mit temporalen Ergänzungen gegenübergestellt.

Funktionsverbgefüge spielen im Kontext sprachlicher Ökonomie ebenfalls eine Rolle, wobei diese sich in der graphischen Darstellung bereits sehr weit ›oben‹ befindet (*finden Aufnahme*). Das zweite Funktionsverbgefüge *(finden sofortige Aufnahme und dauernde Beschäftigung)* erscheint nur auf den ersten Blick unökonomisch; es ist allerdings um ein temporales Adverbial und ein koordinationselliptisches zweites erweitert (*und [finden] dauernde Beschäftigung*). Elliptisch bevorzugt wird das Verb *suchen*, das nach Ortner (1992: 19) in fünf von sechs Fällen passivisch mit *werden*-Tilgung verwendet wird (*Werkmeister gesucht*). Das letzte Sechstel besteht vornehmlich aus Funktionsverbgefügen, die zum Teil (stilistisch bedingt) »ausschließlich in Institutionen [...] und bis heute gleichsam als Markenzeichen des offiziellen Handlungsbereichs« (ibid.: 18) verwendet werden: *gelangt die Stelle eines zweiten Lagerhalters zur Besetzung*.

2.3 Zentrale untersuchte Kommunikationsformen

Im Vergleich zu früher haben sich in der heutigen Zeit vor allem die Berufe oder Berufsbezeichnungen geändert bzw. einige Berufe existieren heute gar nicht mehr (*Miedereinfasserin, Offiziersdiener, Seifensieder*) oder existierten um 1900 noch nicht (*Fertigungselektroniker, Offsetmontierer, EDV-Manager*; Moser 1990: 342, vgl. Ortner 1992). Darüber hinaus ist, wie in vielen anderen Bereichen, eine Tendenz von französischen (*Cassier, Magazineur*) hin zu englischen Lehnwörtern (*Product/Account Manager*) belegt, was jedoch keine Spezifik der Stellenanzeige darstellt. Allerdings ist die rekurrente passivische Form (*X (wird) gesucht*) anderen Strukturen, etwa der heutigen aktivischen Form (*X sucht/wir suchen*) gewichen (ibid.: 346), wenngleich Eckkrammer/Eder (2000) eben diese Passivform als Prototypen angeben (s.u.).

In der heutigen Zeit hat sich die Stellenanzeige in drei Subtypen ausdifferenziert: zum einen die Kleinanzeige, die Großanzeige und neuerdings eine Online-Variante, die eine Mischform darstellt.[46] Während die durchschnittliche

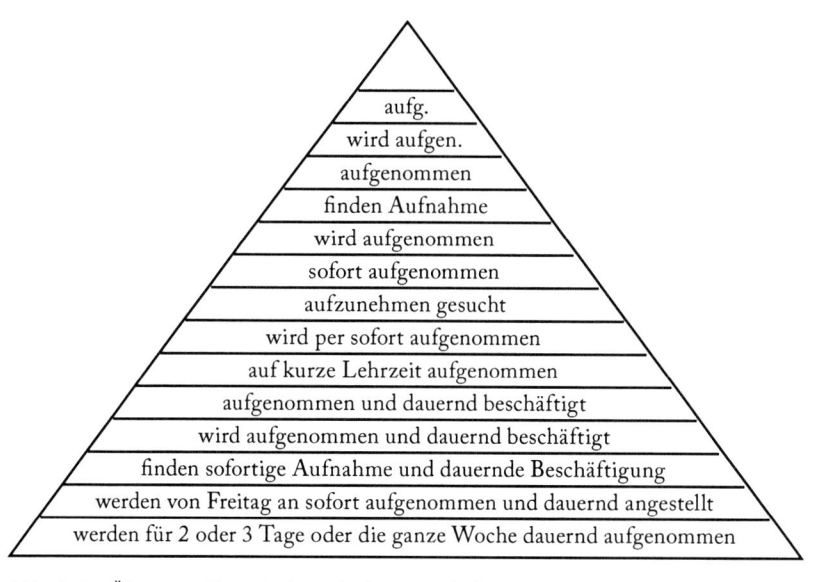

```
                    /\
                   /  \
                  /aufg.\
                 /──────\
                /wird aufgen.\
               /────────────\
              / aufgenommen  \
             /───────────────\
            / finden Aufnahme  \
           /─────────────────\
          / wird aufgenommen   \
         /───────────────────\
        /  sofort aufgenommen  \
       /─────────────────────\
      /  aufzunehmen gesucht    \
     /───────────────────────\
    / wird per sofort aufgenommen \
   /─────────────────────────\
  / auf kurze Lehrzeit aufgenommen \
 /───────────────────────────\
/ aufgenommen und dauernd beschäftigt \
/ wird aufgenommen und dauernd beschäftigt \
/ finden sofortige Aufnahme und dauernde Beschäftigung \
/ werden von Freitag an sofort aufgenommen und dauernd angestellt \
/ werden für 2 oder 3 Tage oder die ganze Woche dauernd aufgenommen \
```

Abb. 2-3: »Ökonomie-Dreieck« für *aufnehmen* (nach Ortner 1992: 20).

Kleinanzeige 5,6 Sätze, 66 Wörter und damit rund 11 Wörter pro Satz aufweist, werden ihre Pendants im Internet deutlich ausführlicher gestaltet (11,7 Sätze mit rund 128 Wörtern), wobei der quantitative Zuwachs nicht durch die Satzlänge erzielt wird (Eckkrammer/Eder 2000: 137). Dies ergibt sich aus der

---

[46] Betrachtet wird hier vorwiegend die ökonomisch relevante Kleinanzeige.

veränderten Stilistik, die im Printbereich eine Enumeration von Nomen und Adjektiven aufweist, im Internet hingegen auf ausformulierte kurze Sätze ausgedehnt wird (ibid.: 153). Im Folgenden ist eine prototypische Stellenkleinanzeige eingefügt, die Eckkrammer/Eder (2000: 154) für den deutschsprachigen Printraum angeben:

[7] Werbegrafiker(in)
gesucht ab sofort für DTP mit Foto-shop, QuarkXpress, Pagemaker etc. Voraussetzung sind praktische Kenntnisse und Arbeitserfahrung auf Appleanlage (Quandra 950). Wenn Sie ehrgeizig, dynamisch, flexibel und belastbar sind und in einem engagierten Team langfristig mitarbeiten wollen, so richten Sie Ihre Bewerbung schriftlich bzw. telefonisch an [...].

Eckkrammer/Eder haben im Rahmen ihrer Studie lediglich Kleinanzeigen im Blick. Bei Großanzeigen spielen nach Moser (1990: 348) sprachökonomische Aspekte »praktisch keine Rolle«. Dennoch stellt er fest, dass verschwenderisch mit dem Raum umgegangen wird (»unbedruckt«) und »in diesen Anzeigen häufig das Verbum *suchen* [fehlt], weil diese Anzeigen in eine andere Richtung stilisiert sind« (ibid.). Allerdings ist dies dennoch eine Form der Ökonomie, insofern beispielsweise Präsupponiertes unerwähnt bleibt und Anzeigen dieser Form und Größe in aller Regel nicht von arbeitsuchenden Privatpersonen geschaltet werden, sondern von Firmen, die grundsätzlich Mitarbeiter *suchen*. Darüber hinaus stellt auch die von Moser erwähnte, jedoch nicht näher ausgeführte Dreigliedrigkeit mit den Blöcken »wir sind .../wir bieten .../Sie sind bzw. sollen sein ...« (ibid.) nicht nur eine inhaltliche Strukturierung dar, sondern eine äußerst ökonomische sprachlich-stilistische Form, die mit Enumerationen von Eigenschaften und Anforderungen einhergeht und eine leichte Perzeption ermöglicht. Zur Bewertung dieser Einschätzungen sei allerdings darauf hingewiesen, dass Mosers Ansatz auf die Veränderungen von Anzeigen zwischen 1900 und den Achtzigerjahren fokussiert ist und er den »Sprachwandel als Indiz gesellschaftlichen Wandels« (ibid.: 339) am Beispiel der Stellenanzeige belegt sieht.

2.3.2.3 Kleinanzeigen: Zusammenfassung und Entwicklung

Die Heiratsanzeige unterlag einem starken Wandel in Richtung einer Annäherung an den Typus der Kontaktanzeige. Ob es um gemeinsame Reisen, Treffen am Wochenende, Kartenspielen, eine dauerhafte Beziehung oder

Plaudereien im Netz geht: Die Kontaktanzeige bietet diesen und weiteren Interessen eine Möglichkeit zur Verwirklichung. Einher ging damit ein sprachlich-konstitutiver Wandel, der stärker die Menschen und Interessen in den Vordergrund gerückt hat als finanzielle Aspekte und soziales Ansehen. Freilich ist dies auch und wahrscheinlich sogar vor allem der Tatsache geschuldet, dass sich die soziokulturellen Gegebenheiten verändert haben.

Weniger stark ist dies bei Stellenanzeigen der Fall, was sich schon daraus bedingt, dass diese Gebrauchstexte keinem derart starken Wandel unterliegen. So sind hier in diachroner Hinsicht weniger Veränderungen festzustellen.

Hervorzuheben ist der Unterschied zwischen Internet- und Printanzeigen. Bei identischer Funktion der Kleinanzeigen hat die im Rahmen der Kommunikationsform unbegrenzte, d.h. finanziell unerhebliche Speicherung von Texten dazu geführt, dass sprachökonomische Aspekte nahezu irrelevant geworden sind. Es wäre sicherlich falsch, zu behaupten, dass in Online-Kleinanzeigen Sprachökonomie keine Rolle mehr spielt, denn für den Text unbedeutende, aber den Inhalt wichtige Informationen werden nach wie vor kurz gefasst. Auf der Suche nach einem oder einer neuen Lebensgefährten/in möchte man sich nicht mit Textmassen zu grundlegenden Informationen beschäftigen, wozu zählt, ob es sich um Raucher oder Nichtraucher (> *NR*) handelt oder in welchen Regionen (> *PLZ-Gebiet* statt »in der schönen, grünen Region Hannover«) gesucht wird. Hierfür werden bekannte Stilmuster, wozu in erster Linie Abkürzungen gehören, beibehalten. Im Internet wird die technische Struktur sogar sinnvoll genutzt: Suchende erstellen nicht nur textliche Basisdaten, sondern füllen überdies Formulare aus, die in Datenbanken eingelesen und systematisch abgefragt werden können. Die Ausgabe erfolgt dann über eine Art Steckbrief, bei dem nur noch ein geringer Teil als Fließtext (Freitext) dargestellt wird: Motivation für die Suche, nähere Charakterzüge, Einschränkungen oder Explikationen, etwa zu den Steckbriefinformationen, zum Kontaktwunsch[47] etc. Sprachliche Ökonomie ist hierbei also sowohl auf Produzenten- als auch auf Rezipientenseite auf eine andere Weise pragmatisch und auf Teilbereiche beschränkt, und zwar sogar stärker ausgeprägt als in traditionellen Printanzeigen. Generell zieht die Aufteilung in formularbasierte allgemeine Angaben und Freitext einen nicht unerheblichen Kommunikationsformwandel bzw. eine Spaltung in eine Print- und Online-Variante nach sich. Online-Anzeigen kommen sogar vielfach gänzlich ohne Freitext aus (bei neu.de etwa interessanterweise als *Kurztext* bezeichnet), da die Steckbriefformulare bereits viele Daten abfragen: Haarfarbe, Frisur, Bart, Augenfarbe,

---

47 So findet sich bei der Kontaktart vielfach nur »freundschaftlich« statt »feste Beziehung«, welche im Freitext allerdings nicht ausgeschlossen wird (»... aber wenn es sich entwickelt, vielleicht auch was fürs Leben«).

Größe, Figur, Gewicht, Kleidungsstil, (Körper-)Schmuck, Alter, Nationalität, Sprachen, Religion, Familienstand, Anzahl Kinder/Kinderwunsch, Haustiere, Raucher, Alkoholgenuss, Ernährungsgewohnheiten, Beruf, Einkommen, Freizeitaktivitäten, Musikvorlieben, Gesellschaftstyp, Charakter, politische Orientierung, Treueverständnis etc. Auf diese Weise ergibt sich, dass Freitexte überflüssig werden, phatische Texte überwiegen und höchstens noch alternative Kontaktmöglichkeiten angegeben werden (Instant Messaging, SMS), wie folgende Beispiele belegen:

[8]   Hm ^^, gibt ziemlich viel so über mich :)
      Schreibt mich doch einfach mal an ...

[9]   ach kB hier was hinzuschreiben^^ bin ein gemühtlicher mensch^^
      einfach anschreiben^^ is einfacher^^ icq:xxxxxxxxx msn:
      xxxxxxxx@gmx.net myspace: [...]

[10] habe mich hier mal spotan angemeldet und schaue was kommt!!!...
      Quelle: neu.de am 1.4.2007

Im Bereich der Printanzeigen gibt es eine solche Kategorisierung nur durch Überschriften auf basaler Ebene (*Kontaktwunsch/Ehewunsch/Sexkontakt, Er sucht sie/Sie sucht ihn/Sie sucht sie/Er sucht ihn* sowie ggf. *PLZ-Gebiete*).

Abschließend sei angemerkt, dass mit dem Verlust oder der starken Reduktion von Freitexten eine Entindividualisierung eingetreten ist. Zwar können mehr Angaben zur Person preisgegeben werden, als dies jemals in Printanzeigen belegt worden ist, doch bleibt fraglich, inwiefern Daten zur politischen Orientierung, Treueeinstellung, zum Gesellschaftstyp, Alkoholkonsum und Verdienst (unter Umständen auch zu vorhandenen Krankheiten) tatsächlich – sofern überhaupt verzeichnet – mit der Realität übereinstimmen. Es ist zu vermuten, dass Suchende über die Steckbriefe weit weniger erfahren, als das System suggeriert. Eine sprachlich ausformulierte Anzeige hat zumindest das Potenzial, mehr über Menschen auszudrücken als ein textloses, ›zusammengeklicktes‹ Formular, wenngleich dieses zweifelsfrei ökonomischer kaum gestaltet werden kann.

Für die Stellenanzeige, die Verkaufs- und Angebotsanzeigen, den Automarkt etc. können Zahlen- und Boolean-Werte nur von Vorteil sein, wenn Ergebnisse nach beispielsweise Sprachen, Alter, Berufserfahrung etc. respektive Automarke, Alter, Farbe, Zubehör (Radio, CD, Navigationssystem, EPS, Schiebedach) etc. gefiltert werden (können).

Mit Kleinanzeigen haben sich neben Eckkrammer (1998), Eckkrammer/Eder (2000), Moser (1990) und Ornter (1992) ebenfalls u.a. Paulus (1976; französischsprachige Stellenanzeigen), Erfurt (1985) und Stolt (1976; beide Heiratsanzeigen) sowie unter diachroner Perspektive Frese (1987; Geburtsanzeigen) befasst.

2.3.3 Das Kochrezept

Die heutzutage im Regelfall gewünschte Kürze von Kochrezepten ergibt sich aus der Tatsache oder dem Wunsch, dass sie nicht primär dem Lesegenuss dienen, sondern es sich um Gebrauchstexte handelt, also um instruktive Texte. Zudem sind sie an die Situation angepasst, die sich beim ›Lesen‹ einstellt: permanenter Wechsel zwischen Textzeilen und Zutaten, Pfannen und ggf. partizipierenden Personen, Hektik und Stress, vor allem in prekären Situationen, unter Umständen unscharfe Sicht durch Zutaten oder Bratendunst usw. Es handelt sich weniger um Wissensvermittlung (deutlich weniger, als dies Hödl 1999: 47 formuliert), sondern vornehmlich um eine Handlungs*anweisung* unmittelbar während des Kochens, wo für diesen Zweck funktionslose und -arme Wörter fehl am Platz sind.

Eckkrammer/Eder (2000: 227) haben für die Kommunikationsform ›Rezept‹ eine Übersicht bzw. das »häufigste makrosyntaktische Muster des Kochrezepts« erstellt, mit dem sie ein mehrsprachiges Korpus ausgewertet und intersprachlich kontrastiert haben (Deutsch, Englisch, Französisch, Italienisch). In Tab. 2-1 sind die konstituierenden Elemente mit der Einordnung, ob es sich um obligatorische oder fakultative Angaben handelt, in leicht veränderter Form dargestellt. Änderung in der hier dargestellten Version hat der 6. Punkt erfahren, denn eine Zutatenliste ist nicht fakultativ, sondern obligatorisch. Hintergrund dieser Kennzeichnung ist vermutlich die Tatsache, dass den Autorinnen in ihrem Korpus (mit Ausnahme eines Falls im Internet) nur Rezepte vorlagen,

#	Angabe	Inhalt
1.	obligatorisch	Überschrift
2.	fakultativ	Angabe Verfasser
3.	fakultativ	Historische Angabe zu Speise oder Zutaten
4.	fakultativ	Personen/Portionen
5.	fakultativ	Zubereitungszeit
6.	obligatorisch	Zutatenliste (ggf. in 7 integriert)
7.	obligatorisch	Zubereitung
8.	fakultativ	Serviervorschlag
9.	fakultativ	Kalorientabelle
10.	fakultativ	Abbildung

Tab. 2-1: Angaben in Kochrezepten; nach Eckkrammer/Eder (2000: 227).

die die Zutatenliste strikt von der Zubereitungsliste getrennt haben. Spätestens seit 2003 ist dies in einem populären Kochbuch, »Kochen. Die neue große Schule« (Ullerich/Abenstein/Solter 2003), die Regel. Möglicherweise liegt hiermit ein Fall vor, bei dem nicht das inhärente Strukturwissen die Rezepttexte im Internet beeinflusst, sondern, umgekehrt, im Internet aufgebrochene tradierte Kommunikationsformstrukturen rückwirkend Einfluss auf die gedruckten Rezepte nehmen. Dies ist allerdings lediglich eine Vermutung, die empirisch zu überprüfen wäre. Darüber hinaus stellt diese Makrostruktur kein gänzlich neues Verfahren dar: Auch im berühmten lateinischen Kochbuch von Marcus Gavius Apicius sind die Zutaten in die Zubereitungsanweisung integriert (Hödl 1999: 49 f.), was sicherlich darauf zurückzuführen ist, dass Rezepte in dieser Zeit vorwiegend mündlich und ohne Angaben zur Menge der Zutaten überliefert worden sind (vgl. hierzu auch Wurm 2008).

Interessant ist an diesem ausnehmenden Beleg, dass er der von den Autorinnen festgestellten Tendenz insofern zuwider läuft, als er stärker komprimiert als der Prototyp des Rezepts (s. Eckkrammer/Eder 2000: 236). Zwar manifestiert sich makrostrukturell »in vielen Fällen eine Reduktion auf weniger Textsegmente, da das W3 [World Wide Web, d. V.] zu einem instruktiv-deskriptiven vielfach persönlich gestaltetem Fließtext tendiert« (ibid.: 235), doch ergibt sich diese Reduktion nicht durch den generellen Wegfall der fakultativen Elemente, sondern durch deren Integration in das Zubereitungssegment (vor allem 8). Ferner enthielten 2000 bereits 64% der Internet-Rezepte phatische Elemente (ibid.: 234, 235). Ob sich »deshalb eine beginnende Tendenz zur Personifizierung des Kochrezepts im virtuellen Raum feststellen« (ibid.: 235) lässt, ist allerdings eher fraglich[48]. In der Folge wird der Text jedoch gestreckt. Die Frage ist also, warum trotz der Expansion im Netz Zutatenliste und Zubereitungsanweisung zusammenfallen. Erklären lässt sich dies mit der eingangs narrativ illustrierten Funktion eines Kochrezeptes. Spätestens nach der Auswahl eines Gerichtes und dem Beginn seiner Zubereitung geht es ausnahmslos um die Fragen Was?, Wann?, Wie? und Wohin? Aus diesem Grund ist die Zubereitungsanweisung möglichst kurz gehalten. Eckkrammer/Eder (2000) gehen auf diese Frage überraschenderweise nicht näher ein und beschränken sich bezüglich sprachlicher Ökonomie auf die (meist tabellarische) Gestaltung der Zutatenliste und deren Positionierung (ibid.: 257). Entgegen der Auffassung der Autorinnen wird hier die Ansicht vertreten, dass der Zubereitungstext nur

---

48 Es findet keine Personifizierung eines Rezepts durch die zitierten Passagen wie »Ein Aphrodisiakum!« oder »Mit Rosenpaprika bestäubt zu einem Glas Weißwein – eine echte Schlemmerei!« (Eckkrammer/Eder 2000: 234) statt. Vielmehr enthalten die Gebrauchstexte phatische Elemente, die über die Anweisung hinausgehen. Damit ›spricht‹ nicht das Rezept, sondern der Autor über das Rezept.

2.3 Zentrale untersuchte Kommunikationsformen

unwesentlich durch Mengenangaben erweitert wird und keineswegs als unökonomischer einzuschätzen ist, wie nebenstehendes Beispiel (Abb. 2-4) belegen soll.[49]

Wenn möglich, bestehen die Mengenangaben ausschließlich aus Kardinalzahlen, die natürlich in Ziffern und nicht als Numeralia angeführt werden (*2 Knoblauchzehen*). Meistens werden Quantitäten mit abgekürzten Mengeneinheiten angegeben (*EL < Esslöffel; ml < Milliliter; Bd. < Bund*, hier ungekürzt), teilweise sind Mengenangaben – insbesondere bei Standardgewürzen – aber auch getilgt (*Salz und Pfeffer*). Durch die Integration der Zutatenliste in die Zubereitungsanweisungen ist eine externe Zutatenliste gänzlich überflüssig, da deren Funktion damit auf die einer Einkaufsliste beschränkt würde (dazu aber s.u.). Schließlich sind

> **GEFÜLLTE TINTENFISCHE NACH ITALIENISCHER ART**
>
> **500 g küchenfertige Tintenfischtuben** gründlich waschen und trockentupfen. 100 g Tintenfischtuben fein hacken.
> Für die Füllung
> **2 EL Pinienkerne** in einer Pfanne ohne Fett goldgelb rösten.
> **2 Knoblauchzehen** schälen und halbieren.
> **1 Bund Petersilie** waschen und trockenschütteln, die Blätter von den Stielen zupfen.
> **4 Scheiben Weißbrot** in grobe Würfel schneiden und mit den Pinienkernen, dem Knoblauch und der Hälfte der Petersilie portionsweise im Blitzhacker fein zerkleinern. Die gehackten Tintenfischtuben untermischen. Die Masse mit
> **Salz und Pfeffer** würzen und in die Tintenfischtuben füllen. Die Tuben mit Küchengarn zunähen.
> **3 EL Olivenöl** in einer Pfanne erhitzen und die Tintenfische darin rundum goldbraun braten, mit
> **Salz und Pfeffer** würzen und herausnehmen.
> **250 ml Weißwein** in der Pfanne etwas einkochen lassen. Die restliche Petersilie unter die Weinsauce mischen. Die Sauce mit
> **Salz und Pfeffer** würzen und die Tintenfische darin anrichten. Dazu passt Weißbrot.

Abb. 2-4: Beispiel eines Kochrezeptes (Ullerich/Abenstein/Solter 2003: 191).

die Mengenangaben nicht zwangsweise ein Zusatz, sondern können alternativ Funktionswörter wie Artikel ersetzen: So lässt sich die Mengenangabe beim Olivenöl tilgen, da die Anweisung auch ohne Artikel (*< [etwas] Olivenöl*) realisierbar ist *(Olivenöl in der Pfanne erhitzen)*, fraglich hingegen ist *?Weißwein in der Pfanne etwas einkochen lassen* (=> *Den Weißwein in der Pfanne etwas einkochen*

---

49 Es wird im Folgenden ebenfalls der Veranschaulichung weiterer Merkmale der Kommunikationsform dienen.

lassen; ähnlich *?Weißbrot in grobe Würfel schneiden*). Untermauert wird diese Annahme durch den direktiven Teil (*100 g Tintenfischtuben fein hacken* gegenüber *Die [!] Tuben mit Küchengarn zunähen*).

Der etwaige (geringe) Verlust an Übersichtlichkeit und Transparenz wird typografisch kompensiert, indem zum einen die Handlungsanweisungen hängend gesetzt sind, zum anderen die Zutaten fett gesetzt sind.[50] Letzteres hat nicht nur den Vorteil der Strukturierung in Handlungseinheiten, sondern ergibt typografisch (und nicht strukturell) die Zutatenliste. Die sprachliche Ökonomie ist somit nicht auf die Äußerungseinheiten beschränkt, sondern wird durch Typografie und Satz gestützt. Dass der grafischen Gestaltung hierbei eine wichtige Aufgabe zukommt, sei durch das ebenfalls gezeigte Rezept (Reich 1994: 35, Abb. 2-5) aus dem »Vegetarische[n] Kochbuch« belegt.

Die Syntax ist wenig markiert, wenn man die kommunikationsformspezifische Stilistik beachtet. Die Sätze sind sehr kurz gehalten, was Funktion wie Situation entspricht, und schwach direktiv (indirekt) mit imperativischem Infinitiv formuliert, was zwar syntaktischer Vollständigkeit im traditionellen Sinne (mit finitem Prädikat) widerspricht, vor dem Hintergrund der Kommunikationsform allerdings völlig unmarkiert ist (zu Verbformen s. ausführlich Hödl 1999). Durch den Infinitiv als direktive Verbform wird das Subjekt umgangen (*100 g Tintenfischtuben fein hacken*), was nicht nur zur Folge hat, dass das Agens nicht explizit angeführt wird – dieses ist notwendigerweise der oder die angeleitet Kochende. Ferner wird die finite Verbform eingespart, die hingegen beim ebenfalls für Kochrezepte angewandten *werden*-Passiv, bei dem das Agens gleichfalls entfallen kann, neben der infiniten Verbform (Partizip Perf.) notwendig ist (*Dann werden 100 g Tintenfischtuben fein gehackt*). Das *werden*-Passiv hat darüber hinaus den Nachteil, dass in der Regel ein serialisierendes temporales Adverb wie *danach, daraufhin* oder *dann* oder das unpersönliche Pronomen *es* zu ergänzen ist (**Werden 100 g Tintenfischtuben fein gehackt*; *?100 g Tintenfischtuben werden kleingehackt*). Eine direkte Ansprache durch einen synthetischen Imperativ (*Hacken Sie 100 g Tintenfischtuben fein!*) ist praktisch ausgeschlossen, wenngleich im englischen Sprachraum zu 99,5 Prozent realisiert (Hödl 1999: 62 f.), und hätte darüber hinaus den Nachteil der schwerer zugänglichen Abtrennung von Verbpartikeln (*Rühren Sie ... um!*). Die viel zitierte, vor allem in Kochbüchern des mittleren 20. Jahrhunderts noch verwendete, gemäßigtere Umschreibung mit adhortativem Konjunktiv bzw. Jussiv (*Man hacke 100 g Tintenfischtuben fein*) kann heute als deutlich markiert gelten.

---

50 Die Fette ermöglicht ein leichteres Wiedereinsteigen in den Text, den man während des Kochens verlassen muss.

2.3 Zentrale untersuchte Kommunikationsformen

Erbsensalat mit Minze

400 g frische, ausgespalte Erbsen in wenig Salzwasser	8–10 Minuten kochen, die Erbsen auf ein Sieb geben, abkühlen lassen
200 g Champignons	putzen, waschen, in Scheiben schneiden
1 TL Butter	in einer Pfanne erhitzen, die Champignons zugeben, 5 Minuten braten
1 Apfel	waschen, halbieren, entkernen, in kleine Würfel schneiden
1 Zwiebel	abziehen, fein würfeln, Erbsen, Champignons, Zwiebel- und Apfelwürfel,
3 EL gehackte Minze	in eine Schüssel geben.
	Für die Salatsauce
2 EL Zitronensaft 1 TL Honig 4 EL Schlagsahne Meersalz	verrühren, mit würzen, die Sauce über die Erbsen gießen, durchmischen, sofort servieren.

Abb. 2-5: Frühes Kochrezept mit Zutatenintegration (Reich 1994: 35).

Wie bereits erwähnt, sind in Nominalphrasen des exemplarischen Rezeptes entweder Mengenangaben (appositionelles Nominal) oder Artikel enthalten, was selbst auf Präpositionalphrasen (*mit den Pinienkernen, dem Knoblauch und der Hälfte der Petersilie*) zutrifft. Erstaunlich ist im Kontext der Kommunikationsform eine Phrase wie *im Blitzhacker fein zerkleinern*, denn ›im Blitzhacker zerkleinern‹ impliziert bereits eine gewisse Feinheit (entgegen *hacken*). Außerdem sprachökonomisch relevant ist im Rezeptbeispiel die Phrase *100 g Tintenfischtuben*. Auch wenn der Genitivus partitivus (*ein Glas des Bieres*) bei Mengenangaben dieser Art mittlerweile durch appositionelle Gefüge abgelöst ist (*ein Glas Bier*), geht es hier nicht um eine Einkaufsmenge, die unmittelbar darüber mit 500 g angegeben ist, sondern nur um einen Teil dieser zu verarbeitenden Gesamtmenge. Dementsprechend hätte es eigentlich *100 g der/dieser Tintenfischtuben fein hacken* heißen müssen. Aufgrund des Synkretismus von *Tintenfischtuben* im Plural (beim Nominativ und Genitiv) ist die Markierung des Kasus am Artikel oder Pronomen obligatorisch.

Äußerst knapp gehalten ist der Serviervorschlag ([...] *die Tintenfische darin anrichten*. *Dazu passt Weißbrot*), der in den Zubereitungsteil integriert worden ist, was von Eckkrammer/Eder (2000: 235) als charakteristisch für Rezepte im Internet angegeben wird.

Neben Eckkrammer/Eder (2000) haben sich mit der Kommunikationsform Kochrezept beispielsweise Hopf (1991) in Form einer »lexikalistischen« Studie sowie Hödl (1999) unter diachronischer und sprachkontrastiver Perspektive (Entwicklung vom Mittelalter bis heute) auseinandergesetzt. Ferner hat zur Textkohärenz in Kochrezepten Langer (1995) gearbeitet, zur Syntax Torttila/Hakkarainen (1990) und – mit Blick auf das Mittelalter – Ehlert (1990), mit translatorischem Fokus Wurm (2008).

2.3.4 Weitere Kommunikationsformen in Auswahl

Im Hinblick auf fachsprachliche Kommunikation verweist Göpferich (2007) auf ein vielfältiges Repertoire an Möglichkeiten, Kürze herzustellen. Doch die verfügbaren sprachlichen Mittel, wie etwa Fachtermini, Kurzformen und Abkürzungen, syntaktische Kondensation[51] oder »Formelschreibweisen« stehen immer im Spannungsfeld der erforderlichen kommunikativen Funktion. Und diese wiederum wird etwa über ein möglichst ökonomisch vermitteltes ›mentales Denotatsmodell[52]‹ erreicht, welches durch eine möglichst prägnante Kodierung[53] erzielt wird. Auch Stenografie ist den Fachsprachen zuzurechnen.

Daneben ist Werbung häufig durch sprachökonomische Merkmale gekennzeichnet. Janich (2007) stellt heraus, dass sprachlicher Kürze nicht allein deshalb eine herausgehobene Bedeutung zukomme, weil durch die Fülle der täglichen Werbebotschaften, Dominanz des Bildes o.Ä. die werbliche Aussage am Besten mit knapper Prägnanz vermittelt würde. Mit Blick auf die Artifizialität und Zweckgebundenheit von Werbesprache folgert sie, dass Strategien sprachlicher Kürze wegen der genannten Aspekte zwar Anwendung fänden, aber die werbetreibende Industrie sich – sobald gegenteilige Maßnahmen mehr Erfolg versprächen – dieses Mittels schnell entledigte. Konkrete Erscheinungs-

---

51 Als Ausdruck hierfür identifiziert sie die in der Fachsprache bevorzugte Verwendung Nominalisierungen, die in Form von Präpositionalphrasen anstatt konjunktionaler Nebensätze versprachlicht werden (*obwohl der dazu von Amts wegen nicht befugt war* vs. *in gesetzeswidriger Amtsanmaßung*; Beispiele aus Göpferich 2007: 416).

52 Meint das mentale Modell »der Gegenstände und Sachverhalte, das bei der Rezeption des Textes vor dem geistigen Auge des Rezipienten entstehen soll« (Göpferich 2007: 422).

53 Meint den im Rahmen der jeweiligen Kommunikationsform erforderlichen minimalen Zeichenaufwand (Vermeidung langer Formulierungen oder Funktionsverbgefüge [*in Vorschlag bringen* vs. *vorschlagen*], Tautologien oder Redundanzen).

2.4 Sonderfall formale Sprache

formen sprachlicher Ökonomie – etwa auf lexikalischer oder morphologischer Ebene – sieht Janich in drei Strategien realisiert: 1. der Kurzwortbildung (mit einem Schwerpunkt auf Produkt- und Firmennamen), 2. der Verwendung von Abkürzungen sowie 3. den Kürzungsverfahren im Rahmen typografischer Mittel[54] und der Interpunktion (zu Bannerwerbung s. Siever 2005a: 230f.).

Zwei spezifische Merkmale von Werbung aufgreifend, wendet sich Hermanns (2007) Slogans und Schlagwörtern zu. Für ihn spiegelt sich die Qualität dieser werbesprachlichen Bestandteile darin wider, dass sie in »prägnanter Kürze« (Hermanns 2007: 476) auftreten. Für den Slogan beziffert er den optimalen Wert auf sieben Wörter und beruft sich dabei auf eine Quelle, die den politischen Wahlkampf zur Grundlage hat. Die Diskussion der Quantität ›guter‹ Schlagwörter verläuft ähnlich unbefriedigend, so dass keine allgemeinen Erkenntnisse daraus gewonnen werden können (vgl. zu Slogans auch Androutsopoulos et al. 2004).

Wiederum im Hinblick auf fachsprachliche Ökonomie wären auch Wörterbuchartikel zu nennen, die starken Konventionen (auch von Abkürzungen) unterliegen. Die Struktur enthält auf engstem Raum phonologische und morphologisch-paradigmatische Informationen:

[11] Maul|wurf, der; -[e]s, ...würfe

Dem Lemma nachfolgend ist gemäß lexikographischer Konvention das Genus über den bestimmten Artikel angegeben. Es folgt der Genitiv, wobei der Ergänzungsstrich die Tilgung von *Maulwurf* markiert und das in Klammern gefasste *e* eine Variante anzeigt *(Maulwurfs/Maulwurfes)*. Die paradigmatische Information vervollständigend zeigt ...*würfe* Nom.Pl. an. Die Auslassungspunkte wiederum signalisieren die raumbedingt getilgte Silbe, die durch den vertikalen Strich bereits am Lemma ausgewiesen ist. Wenn der Plural nicht mit Wurzelflexion verbunden ist, wird der Stamm – wie auch beim Genitiv – durch einen Ergänzungsstrich substituiert:

[12] Igel, der; -s, -

Zur Ökonomie in Wörterbüchern respektive lexikographischen Textverdichtung s. etwa Ising (1978), Harras (1985) und Wiegand (1996, 1998).

---

54 Hiermit sind etwa »typographische Kürzel für die Angabe von Maßeinheiten« (Janich 2007: 443) gemeint, die sie auf Zeichen und Einheiten ausweitet und etwa bis zu *30 % günstiger*, *24-h-Infoline* und *Verbrauch in l/km*. angibt (ibid.: 444). Mindestens bei *h* (‹ engl. *hour* ›Stunden‹) handelt es sich jedoch nicht um typografische Mittel.

Schließlich kann auch der Wetterbericht als stark reduzierte und zum Beispiel von Rath (1968) untersuchte Kommunikationsform genannt werden, ferner Statusmeldungen bei Communitys wie Facebook oder Postings in Microblogs wie Twitter (s. o.).

2.4 Sonderfall formale Sprache

Ökonomischer Sprachgebrauch, Reduktion, Sprachwandel – dies sind auch (oder gerade) Kennzeichen formaler Sprachen. Im Gegensatz zu natürlichen Sprachen werden diese Merkmale geplant und präskriptiv verwendet, wodurch der Wandelprozess kontrolliert und in zeitlich forcierter Weise erfolgt. Ein Anwendungsbeispiel formaler Sprachen stellen Programmiersprachen dar. Diese bieten eine Schnittstelle zwischen Mensch und Computer, wobei ihnen eine Vermittlerposition zwischen natürlicher und Maschinensprache zukommt.

Programmiersprachen haben eine starke Entwicklung erfahren (s. Zuse 1999). Bereits vor der Verfügbarkeit von Computern gab es mathematisch-theoretische Überlegungen zu ihrer Programmierung. Erst mit Konrad Zuses Patentanmeldungen in den 1930er Jahren änderte sich dies. Parallel zur Rechnerarchitektur (später als *Von-Neumann-Architektur* bekannt) hat er eine dazu passende (grundlegende) Programmiersprache konzipiert (»Plankalkül«). Erst in den 1950er Jahren kam es zur Entwicklung der so genannten höheren Programmiersprachen, zu denen FORTRAN (< Formula Translator) zählt, eine der ältesten Programmiersprachen, die heute noch Anwendung findet. 1964 wurde BASIC[55] entwickelt, mit dem ein leichterer Einstieg in die Programmiersprachen ermöglicht werden sollte und der bekannte Commodore 64 (kurz C 64; ab 1982) ausgestattet gewesen ist. Erst im Anschluss folgten die heute gebräuchlichen objektorientierten Programmiersprachen wie das (auf BASIC zurückgehende) Visual Basic, Java oder (auf C basierend) C++ und C# (gesprochen [si ˈʃaːp]).

Der ökonomische Sprachgebrauch zeigt sich bei den genannten Sprachen auf mehreren Ebenen, bei einigen Programmiersprachen wie Java oder C# dadurch, dass der vollständige[56] Quellcode konsequent klein geschrieben wird, so wie es auch im Deutschen Bestrebungen gegeben hat – etwa von Jacob Grimm vor dem Hintergrund »des verwerflichen misbrauch[s] groszer buchstaben für das substantivum« (Grimm 1879: 351) sowie erneut etwa 150 Jahre später.

---

55 *BASIC* ist das Kurzwort zu *Beginner's all-purpose Symbolic Instruction Code*.
56 Mit Ausnahme von Binnenmajuskeln zur Kennzeichnung von Morphemgrenzen; s. u.

2.4 Sonderfall formale Sprache

Darüber hinaus ist der Umfang des Wortschatzes sehr begrenzt, und zwischen den ›Einzelsprachen‹ herrscht Paronymie, wenn man diese nicht als ›Dialekte‹ (des Englischen), sondern als jeweils eigenständige Sprache begreift. Das Befehlstrio *if... then... else* wäre dann in den genannten Programmiersprachen identisch – allerdings handelt es sich hierbei nicht um ein durchgängiges Prinzip (*for* ..., s.u.). Neben dem geringen Umfang des Wortschatzes findet sich auch lexikalische Reduktion von Visual Basic hin zu C# (z.B. *Boolean > bool*).

Auf der Ebene der Syntax ist das Bemühen, den Quellcode gering zu halten, offensichtlich, da Zeichenzuwachs beim Quellcode nicht nur umfangreicheren Speicherplatzes bedarf, sondern auch die Verarbeitungsgeschwindigkeit reduziert. Mit der Reduktion des Quellcodes wird aber mehr als nur die Verarbeitungsgeschwindigkeit der Maschine erhöht, nämlich ebenfalls die Geschwindigkeit des Programmierens. Syntaktische Optimierung lässt sich vor allem an Programmiersprachen belegen, deren Entwicklung weit auseinander liegt, sodass im Folgenden beispielhaft auf Visual Basic (VB) als ältere und C# als jüngere Programmiersprache eingegangen werden soll. Die Wurzeln von VB liegen, wie bereits erwähnt, bei BASIC aus den 1960er Jahren. Vieles davon ist noch in der 1991 entwickelten Sprache VB enthalten. C# hingegen gilt als ausgesprochene ›Hochsprache‹, enthält Eigenschaften anderer Hochsprachen (so etwa von Java) und ist eine Weiterentwicklung von C (daher *C sharp* ›Cis‹). Schon bei der Deklaration von Variablen wird die Reduktion durch Umstellung deutlich: Während in VB die Deklaration noch ›gelesen‹ werden kann und so für Anfänger leicht zu erlernen und nachzuvollziehen ist, ergibt sich der Sinn in C# ausschließlich aus der Wortstellung.

[13] Dim tier As String = "Reh"

ist paraphrasiert zu lesen als

[14] Deklaration (*Dim* < ›Dimensionierung‹) einer neuen eindimensionalen (zu denken ist hier *tier(1)*) Variable *tier* des Datentyps *String* (Zeichenfolge) mit dem Wert *Reh*.

In C# hingegen ergibt sich die Bedeutung vorwiegend aus der Wortstellung:

[15] string tier = "Reh";

Wortfolgen wie *tier string* oder *tier As string* sind keine gültigen Deklarationen. Eine klar definierte Syntax ist aber nicht nur bei C# einzuhalten, sondern auch bei VB – sowie bei allen anderen formalen Sprachen. Der entscheidende Unterschied ist jedoch, dass eine solche Befehlszeile prinzipiell aufgrund der semantisch spezifizierenden Inhaltswörter *(Dim, As)*, die in C# fehlen, maschinenlesbar wäre. Hier ist im Gegensatz zu VB eine Umstellung der Syntax nicht möglich.

Eine vergleichbare Reduktion durch analytische Stellung lässt sich an *for*-Schleifen für iterierende Prozesse beobachten. Sie werden genutzt, um eine Schleife solange auszuführen, bis eine formulierte Bedingung erfüllt ist. Eine typische Verwendung ist die der inkrementellen Erhöhung eines ›Zählers‹ um den Wert 1. In BASIC musste diese Erhöhung noch in einem von der *for*-Anweisung getrennten Schritt – außerhalb der *for*-Bedingung (zwischen *For* und *Next*) – erfolgen; in VB wird dies in die Bedingung integriert:

[16] For i = 1 To 10 Step + 1[57]
     ' statements
     Next i

Auch in C# sind in der Bedingung sämtliche Informationen in einer festgelegten Reihenfolge anzugeben, die hier wiederum nur mit Trennungszeichen abgetrennt werden (während in der Deklaration ein Spatium genügte, bedarf es hier eines Semikolons, da Spatien auch in der Bedingung selbst stehen dürfen; s. auch unten). Semantische Ausdrücke wie *To* und *Step* in VB sind getilgt, sodass wiederum ausschließlich die Abfolge bedeutungsdeterminierend ist.

[17] for (i = 1; i <= 10; i++)
     // statements;

In der *for*-Bedingung, die erfüllt sein muss, um die nachfolgende(n) Anweisung(en) auszuführen, bestimmt die erste Position den Startwert *(i = 1)*. Die zweite Position gibt die engere Ausführungsbedingung an (*i* muss kleiner oder gleich 10 sein). Die dritte verändert schließlich die Variable der Bedingung, ohne die eine unendliche Schleife vorläge. *i++* ersetzt hierbei die Zeichenfolge *i = i + 1*, wobei ++ eine inkrementelle Erhöhung des aktuellen Wertes um 1 bedeutet.

---

57 Während *Step + 1* für die inkrementelle Erhöhung um 1 in VB entfallen kann, musste bei BASIC noch innerhalb der Schleife die Erhöhung erfolgen.
    For i = 1 To 10
      i = i + 1
      ' statements
    Next i

2.4 Sonderfall formale Sprache

Neben einer sprachlichen Ökonomie, die sich durch Reduktion auszeichnet, findet sich eine explizierende, die zwar unter Umständen sogar eine quantitative Expansion zu bewirken vermag, jedoch auch dazu beitragen kann, Missverständnisse abzuwenden. Hierzu zählt etwa die ›Auskommentierung‹, wie sie bereits beim *For*-Statement gewählt worden ist. Während Kommentare in VB noch mit dem einfachen (geraden ASCII-)Anführungszeichen ' eingeleitet werden (' *zu ignorierender Text*), übernimmt diese Aufgabe bei C# ein doppelter Schrägstrich (// *zu ignorierender Text*) bzw. für mehrzeilige Kommentare /* (öffnend) und */ (schließend). Der Schrägstrich ist nicht nur an sich ›schwerer‹ als das leicht zu übersehende halbe Anführungszeichen, sondern tritt auch zweifach in Erscheinung. In der Datenbankabfragesprache SQL (Structured Query Language) wird übrigens hingegen der transparentere Gedankenstrich[58] – verwendet, der ›verschriftete Gedanken‹ einleitet (-- *zu ignorierender Text*).[59]

Auch die Unterscheidung von ein- und zweifachem Gleichheitszeichen ist in C# zusätzlich hinzugetreten, differenziert aber sichtlich zwischen einer Zuweisung *(i = 1)* und einem Vergleich *([if] i == 1)*. Was auf den ersten Blick als ungerechtfertigter Zusatzaufwand erscheint, vermeidet tatsächlich fälschliche Zuweisungen anstelle eines Vergleichs.

Als letztes Beispiel der Explikation sei die Kennzeichnung des Befehlsendes genannt, die im Fall von C# durch ein Semikolon erfolgt:

[18] integer i;
      i = 1;

Ist dies nicht der Fall, sucht der Compiler[60] so lange nach dem Befehlsende, bis das entsprechende Ende-Zeichen gefunden ist. Damit wäre

[19] integer i
      i = 1;

gleichbedeutend mit

[20] integer i i = 1;

---

58 Hier eher wörtlich verstanden anstelle der offiziellen Verwendung zur Markierung von Sprech- oder Gedankenpausen.
59 Die ebenfalls denkbare Verwendung von Klammern ist nicht möglich, da sie als mathematisches Konstrukt verwendet wird (SELECT * FROM tab WHERE (a=b OR (b=c AND c=d)).
60 Ein Compiler ist ein Computerprogramm, das die Programmiersprache (z.B. VB oder C#) in die für den Computer ›lesbare‹ Maschinensprache übersetzt.

und somit fehlerhaft. Bei Visual Basic entfällt eine entsprechende Markierung, wobei der Compiler davon ausgeht, dass mit jedem Zeilenende ein Befehlsende einhergeht.

[21] Dim i As Integer
       i = 1

Dieses Verfahren erscheint grundsätzlich erst einmal (quantitativ) ökonomisch, da es Zeichen einsparen kann.[61] Als Folge ist genau dann ein Symbol (Unterstrich) zu setzen, wenn Statements über das Zeilenende hinaus reichen:

[22] Dim tier As String = _
       "Maulwurf"

Den mindestens qualitativ ökonomischen Vorzug, der mit der C#-Notation verbunden ist, stellt die Nähe zu den Regeln der Zeichensetzung u.a. der englischen und deutschen Sprache dar, dass also – einfach formuliert – jeder Satz mit einem Satzendesymbol abgeschlossen wird. Der Unterstrich hingegen ist in der englischen und deutschen Schreibung nicht berücksichtigt.

Der Vollständigkeit wegen sei noch erwähnt, dass neben dem Semikolon ein weiteres Grenzsymbol besteht, das für zusammenhängende mehrzeilige Statements verwendet werden muss:

[23] if i == 1
       {
           ersteRunde = true;
           i ++;
       }[62]
       else
           ersteRunde = false;

---

61 Streng genommen handelt es sich nur dann um eine (quantitativ) ökonomische Variante, wenn einzeilige Statements überwiegen, da andernfalls die notwendige Kennzeichnung der Fortführung des Statements in der folgenden Zeile zu mehr Zeichen führen würde. Bei dieser Betrachtung werden sowohl der Unterstrich _ als auch das Semikolon als Zeichen betrachtet, nicht jedoch der Zeilenumbruch. Für diese Annahme spricht nicht nur die Tatsache, dass es tatsächlich ein Zeichen und nicht nur ein Steuerzeichen ist, sondern auch die Notwendigkeit, den Programmcode durch Zeilenumbrüche lesbar zu gestalten.

62 Die Klammer nimmt lediglich der Übersicht halber eine eigene Zeile ein; sie kann auch in der 1. Befehlszeile gesetzt werden.

2.4 Sonderfall formale Sprache

Das Beispiel zeigt nicht nur die Verwendung der geschweiften Klammern für zusammenhängende Statements[63], sondern vielmehr auch die ökonomische Setzung von *Begin-End*-Marken, die in VB mit *Then*, *Else* und *End If* deutlich aufwändiger gestaltet ist:

[24] If i = 1 Then
          ersteRunde = True
          i += 1
      Else
          ersteRunde = False
      End If

Als abschließendes und zugleich sehr ökonomisches Beispiel sollen zwei Statements verdeutlichen, mit welch geringem Aufwand im Gegensatz zu früheren Programmiersprachen eine Ausgabe (hier: »yes«) erzeugt werden kann, wobei der Doppelpunkt als Alternativzeichen fungiert:

[25] bool a = true;
      Console.WriteLine(a ? "yes" : "no");[64]

Die Proposition ist hier: Deklariere eine boolesche Variable *a* und weise ihr den Wert »wahr« zu; wenn *a wahr* ist, gebe »yes«, andernfalls »no« aus.

Einen vergleichenden Überblick über die behandelten Unterschiede der beiden Programmiersprachen sowie darüber hinaus eine Auswahl an in C# symbolisierte Operatoren gibt Tab. 2-2.

Auch im computerbasierten Handwerk ist Sprachökonomie Alltag. So ist etwa die Computerized Numerical Control (CNC) entsprechender Maschinen mit den bislang beschriebenen Programmiersprachen verwandt, wenngleich sich CNC durch eine sehr viel stärkere Ökonomie in Form von konventionalisierter Reduktion auszeichnet. Verdeutlichen soll dies der folgende fiktive Programmausschnitt:

[26] N005   G00 X300 Y200 Z100 M05
      N010   T0404 M03
      N015   G09 X100 Y0 F200
      N020   M30

---

63 Vergleichbar ist dies in gewissen Grenzen mit der Überwindung der Punkt-vor-Strich-Regel der Mathematik: $x + y * z$ gegenüber $(x + y) * z$.
64 Entsprechend in VB: Console.WriteLine(IIf(a = True, "yes", "no")).

Durch die Zeichenkombination G00 in Zeile 005 wird der CNC-Maschine aufgetragen, den Werkzeugarm im Eilgang (so schnell wie möglich) zum Koordinatenpunkt X300, Y200 zu fahren und um Z100 Abstand einzunehmen, um einen Werkzeugwechsel zu ermöglichen. Mit M05 wird die Spindel angehalten. In Zeile 010 wird das Werkzeug gewechselt, wobei T0404 das vierte Werkzeug (Tool) im Magazin ist, und mit M03 der Rechtslauf der Spindel aktiviert. Mit G09 in Zeile 015 fährt das Werkzeug die gewünschte Position (100 mm auf der X-Achse) mit einem Vorschub (Feed) von 200 mm/Minute[65] an. Mit M30 (Zeile 020) wird das Programm beendet und auf den Programmanfang zurückgegangen.

	VB	C#
Reduktion		
Deklaration	Dim Variable As Datentyp = Wert	Datentyp Variable = Wert
For-Statement	For Variable = Startwert To Endwert Step Schrittwert 'statements Next Variable	for (Initialisierung; Bedingung; Schrittwert) // statements
If-Statement	If Variable = Wert Then 'statements Else 'statements End If	if Variable == Wert // statement; else // statement
Explikation		
Gleichung/Zuweisung	If Variable = Wert Then ... / Variable = Wert	if Variable == Wert ... / Variable = Wert
Kommentare	, zu ignorierender Text	// zu ignorierender Text
Zeilenende	tier = _ "Reh"	tier = "Reh";
Operatoren		
bedingte	IIf()	?:
für Relationen und Gleichheit	= (gleich) ◊ (ungleich) AndAlso (boolesches AND)	== != ||
logische	And Or Not	& | !

Tab. 2-2: Gegenüberstellung von Visual Basic und C# (mit Optimierung in Richtung C#).

Dieser komprimierte Einblick in die drei Programmiersprachen VB, C# und CNC hat bereits Grundlegendes gezeigt. Vorweggenommen sei, dass ein öko-

---

65 Die Einheiten sind festgelegt und müssen im Programm nicht angegeben werden.

2.4 Sonderfall formale Sprache

nomisches Gefälle innerhalb einer Kategorie, Kommunikationsform o.Ä. bestehen kann, das hier von VB über C# nach CNC verläuft. Während VB selbst für Laien noch in Grenzen verständlich ist, da die Konventionalisierung vor allem auf syntaktische Merkmale und Operatoren beschränkt ist, die Lexik sich jedoch an der natürlichen Sprache orientiert (*If*... *Then* ... *Else* ... *End If* etc.), ist dies bei C# nur noch eingeschränkt möglich (*if* (){}). CNC-Code hingegen basiert auf hoher Konventionalisierung und erheblicher Reduktion, wie etwa *T04* als Kurzform zu Tool 04 belegt oder die *G*-Befehle zeigen (*G09* für ›schnelle Anfahrt mit Geschwindigkeitsreduktion kurz vor Erreichen der Zielkoordinaten‹). Was für Programmierer eine erhebliche Erleichterung durch Übersichtlichkeit dank Reduktion des Codes auf ein Minimum darstellt, ist für Laien mit Nicht-Interpretierbarkeit verbunden, so dass sich schematisierend zusammenfassen lässt: Je stärker die sprachliche Reduktion[66], desto 1. geringer ist die allgemeine Verständlichkeit oder 2. größer muss die fachspezifische Kenntnis sein.

---

66 Dies gilt vor allem für lexikalische Reduktion.

3 Merkmale sprachlicher Ökonomie

Das Kapitel enthält eine Merkmalsliste zur sprachlichen Ökonomie im Bereich der Morphologie (3.1) und des Lexikons (3.2), ergänzt um Abkürzungen (3.3.1), bei denen es sich um rein grafische Reduktionen handelt und der Wortstatus nicht berührt ist. Eine undifferenzierte Behandlung (Döring 2002) ist daher nicht unproblematisch. Daneben werden einige Hinweise auf weitere grafische Reduktionsmöglichkeiten gegeben (3.3.2), die hier jedoch nur am Rande behandelt werden sollen und auszugsweise im Kapitel 4 analysiert werden.

3.1 Morphologie/Lexikon

Innerhalb der Morphologie und des Lexikons gibt es vorwiegend zwei gegenläufige ökonomische Tendenzen: Zum einen ist es ökonomisch, mit dem vorhandenen Inventar möglichst einfache, transparente Lexeme bzw. Wortformen (inkl. Flexive) zu bilden, um eine leichte und korrekte Produktion auf Sprecher-/Verfasser- sowie Perzeption auf Hörer-/Leserseite zu ermöglichen. Dem gegenüber steht der bewusste oder unbewusste Wunsch, syntaktisch einfache Strukturen zu schaffen, die es notwendig machen, ganze Syntagmen auf Wortebene zu komprimieren und komplexe Wörter zu bilden.

Die Schwierigkeit, Morphologie von Syntax getrennt zu behandeln, gilt also auch für sprachökonomische Fragestellungen, denn je mehr auf syntaktischer Seite reduziert wird, desto komplexer wird das Wortmaterial, wenn von Ausweitung der Text- resp. Sprachmenge im Allgemeinen abgesehen wird. Trotz dieser Schwierigkeit soll versucht werden, die sprachökonomischen Merkmale traditionell getrennt (auf Morphologie beschränkt) anzuführen, um den Einzelaspekt in den Vordergrund zu stellen. Es ist jedoch darauf hinzuweisen, dass eine solche Trennung faktisch nicht möglich ist und eine Zuordnung oftmals einen Kompromiss darstellt. Der Übergang etwa von synthetischen zu analytischen Formen ist aus der Perspektive des Ursprungs, der Ursache gewissermaßen, ein morphologischer Wandelprozess. Aus der Sicht des Ergebnisses jedoch oder der Auswirkung ist es eine syntaktische Veränderung. Die Ausgangslage – hier also die Ablösung der synthetischen Form – soll in den meisten Fällen darüber entscheiden, ob das Merkmal in diesem Kapitel behandelt wird oder nicht. Da sich diese Schwierigkeit auf Wortbildungsprodukte und Lexik übertragen lässt, sind die Bereiche Morphologie und Lexikon Gegenstand eines gemeinsamen Kapitels.

3.1.1 Allgemeine Merkmale

Generell lässt sich auf der morphologisch-lexikalischen Ebene ablesen, dass Sprachökonomie recht stark in die Entwicklung einer Sprache eingreift. Bei einem Blick auf die Gesamtheit aller (bekannten) Sprachen sowie der Anzahl und Struktur der Sprecherinnen und Sprecher lässt sich feststellen, dass sich die in nationalen Grenzen betrachtete Sprache – also alle in einem Land gesprochenen Sprachen mit dem Fokus auf der Amtssprache – desto stärker formal-strukturell angepasst wird, je mehr Teilnehmende existieren und je unterschiedlicher diese zusammengesetzt sind. Dies lässt sich an Sprachen (als Gegenbeispiel) belegen, die – wie Indianersprachen – mehrheitlich isoliert und dadurch nur geringfügigen Wandelprozessen unterlegen sind. So werden deshalb zum Beispiel komplexe Kasus- oder Numerussysteme nicht abgebaut, wie dies im Fall des Numerus beim Dual oftmals der Fall ist (s. Haspelmath et al. 2005).

Allerdings gibt es von dieser Regel auch Ausnahmen, bei denen kein Abbau stattfindet, obwohl es Sprachvermischungen durch Einwanderung, Gastarbeit und dergleichen gibt, die sich u.a. am Ungarischen mit über 20 Kasus (Wurzel 2001: 389) zeigen. Das Ungarische ist allerdings als Sonderfall zu werten. Denn obwohl selbst bei agglutinierenden Sprachen mit ihren aufwändigen Flexivsystemen nicht unumstritten ist, ob sie erstens tatsächlich eine Sonderstellung darstellen, weil sie so stabil sind und nicht ›vereinfacht‹ werden, und zweitens ob der Abbau der Agglutination überhaupt eine Vereinfachung darstellt und damit ökonomisch ist (vgl. Ronneberger-Sibold 1980), sind dies vereinzelte Phänomene. Sieht man von diesen ab, gibt es erstaunliche Übereinstimmungen bei der Mehrheit aller Sprachen, die durch Sprachwandel ihren jetzigen Status erreicht haben, als ökonomisch gelten und im Folgenden möglichst gerafft dargestellt werden.

3.1 Morphologie/Lexikon

3.1.1.1 Überschaubares Morpheminventar

Wie in der Phonologie spielt auch in der Morphologie ein die Größe betreffend ausgewogenes Inventar eine wichtige Rolle. Ist das Morpheminventar zu klein, müssen Wörter sehr komplex aufgebaut sein, um alle Substantive, Adjektive, Verben etc. ausdrücken zu können[1]. Ist es hingegen zu groß, lässt sich zwar alles Gewünschte in einfach strukturierten Wörtern ausdrücken, das Erlernen der Sprache/der Morpheme stellte in diesem Fall jedoch eine große Herausforderung dar. Ein ausgewogenes Inventar würde also sowohl der Menge der zu verarbeitenden Morpheme im Lexikon als auch der möglichst geringen Komplexität seitens der Wortstruktur Rechnung tragen. Von einer morphosemantischen Seite aus betrachtet wäre das Verhältnis *1 Ausdruck = 1 Inhalt* unter Umständen optimal (Agglutination). Die Beziehung *1 Ausdruck = n Inhalte* (mit n > 1) – also Homonymie in Bezug auf das Inventar – ist zwar entlastender, führt aber zu auszulösenden Ambiguitäten, während das Verhältnis *1 Inhalt = n Ausdrücke* nachteilig wäre, da Synonymie bestünde. Das zuletzt erwähnte Verhältnis ist das ungünstigste und wird daher in der Regel abgebaut[2] oder von vornherein blockiert *(*unhell[3])*; besonders regionale/dialektale Synonymie ist jedoch keine Ausnahme in der deutschen Sprache (österr. *Powidl/Pflaumenmus*, schweizerdt. *Tram/Straßenbahn*, süddt. *Radler*/norddt. *Alsterwasser*; vgl. das Variantenwörterbuch von Ammon et al. 2004).[4] Dies hat das von Haiman (1985: 22) konstatierte Ungleichgewicht von häufiger Homonymie einerseits und seltener Synonymie andererseits zur Folge.

Im Deutschen stellt das Morpheminventar in Form von kleinsten bedeutungs- oder funktionstragenden Einheiten mit rund 5 000 Morphemen (Schnelle/Kranzhoff 1965: 76) eine relativ geringe Größe vor dem Hintergrund dar, dass im DUDEN (2006) 130 000 Lemmata enthalten sind, die sich auf ungefähr 5 000 Morpheme zurückführen lassen.

3.1.1.2 Geringe Zahl von Kategorien

Beim Deutschen wurde über die historischen Sprachstufen hinweg die Zahl der Kategorien reduziert. So ist im Althochdeutschen etwa noch der Instrumental als Kasus vertreten oder als dritte Kategorie des Numerus über Sin-

---

1 Dies hätte allerdings den Vorteil einer geringen Anzahl zu erlernender Morpheme.
2 Wurzel (2001: 389) gibt hierfür etwa den Abbau der alten Monatsnamen *Hornung* (Februar) und *Heumonat* (Juni) an.
3 *Unhell* ist blockiert, da *dunkel* bereits besteht und (tatsächlich oder annähernd) dasselbe ausdrückt.
4 Den aktiven Abbau regionaler/dialektaler Synonymie befürwortet Moser (1970b/1971).

gular und Plural hinaus der Dual. Im heutigen Deutsch sind die Kasus auf vier reduziert und die althergebrachten durch analytische Bildungen ersetzt worden: beim Instrumental durch Präpositionalphrasen *(mit dem Auto)*, beim Dual durch Umschreibung mit Pronomen oder Zahlwort *(wir beide, die zwei)* bzw. attributiv bei *die beiden Männer*.

Dabei ist ein Abbau nicht selbstverständlich, denn insbesondere der Instrumental war als morphologisch markierter und damit sehr ökonomischer Kasus funktional sinnvoll und ist in anderen europäischen (slawischen) Sprachen noch vorhanden, wie zum Beispiel im Polnischen oder Tschechischen[5]. Die Ökonomie beschränkt sich allerdings vorwiegend auf die Länge der Zeichen-/Lautfolgen, denn mit jeder morphologischen Kategorie einher geht eine größere Komplexität des Lexikons, in dem die Paradigmen – insbesondere bei nichtagglutinierenden oder unregelmäßigen Formen – gesondert abgespeichert und abgerufen werden müssen. Dem gegenüber stehen o.g. Umschreibungsmöglichkeiten, die zwar längere Zeichen-/Lautfolgen ergeben, jedoch regelmäßig gebildet werden, ohne eine gesonderte Kategorie zu bemühen, da sie auf einen sich mehr und mehr etablierenden ›Universalkasus‹ Akkusativ zurückgehen (vgl. Weisgerber 1957 sowie ferner von Polenz 1994: 221). Zu erwähnen ist allerdings, dass die Sprechenden nicht aktiv einen Kasus abbauen, weil ihnen die Paradigmen zu viel mentale Lexikonarbeit bedeuten, sondern der Abbau eine Folge des Nichtgebrauchs eines Kasus ist, der wiederum auf den Rückgriff auf analytische (syntaktische) statt synthetische (morphologische) Formen zurückzuführen ist (zur so genannten »Paradigmen-Ökonomie« s. Carstairs 1987). Mit anderen Worten wird eine morphologische Ausdrucksmöglichkeit durch eine alternative syntaktische ersetzt, was – als Folge – ein Schwinden der morphologischen Markierung nach sich zieht. Dies kann auf ökonomischer Seite dazu führen, dass dadurch Homonymie bei Flexionsallomorphen aufgelöst, zumindest reduziert wird.

3.1.1.3 Einfache Wortstruktur

3.1.1.3.1 Geringe Komplexität

Die Komplexität eines Wortes ergibt sich aus seiner morphologischen Struktur resp. Länge: Je mehr Morpheme ein Wort enthält, desto komplexer ist es. Dabei spielt es für die Rezeption eine untergeordnete Rolle, ob es sich um

---

5 Im Tschechischen wie im Russischen existiert mittlerweile beides parallel: sowohl ein morphologisch ausgedrückter Instrumental (per Flexiv) als auch eine präpositionale Umschreibung – z.T. zweifach markiert.

3.1 Morphologie/Lexikon

flexivische oder Wortbildungsmorpheme handelt, da sie gleichsam isoliert und segmentiert sowie interpretiert werden müssen (s. aber Kap. 3.1.1.3.5). Dieses Kriterium ist allerdings für die Bemessung der Komplexität einer Wortform unpräzise, denn sie hängt auch von der Art der Morpheme ab. So stellen etwa nicht-native Morpheme oftmals eine größere Herausforderung dar als native, homophone eine größere als agglutinierende, längere als kürzere usw. Dennoch soll als handhabbare Arbeitsdefinition für Komplexität hier (mit den einschränkenden Hinweisen) die Anzahl der Morpheme angenommen werden. Eine geringere Komplexität ist insofern als ökonomisch anzusehen, als einfache Wortformen, im Optimalfall einmorphemige Wörter, eine leichtere Perzeption ermöglichen, da sie mit geringerem Aufwand dekodiert werden können als solche, die beispielsweise kategoriale Informationen enthalten *(Fallobst* vs. *Obstes; Hausmütterchen* vs. *Müttern)*[6]. Auch auf Produktionsseite, für die Bildung, ist der Umgang mit einfach strukturierten Wortformen kognitiv entlastender.

Allerdings bedeutet einfache Komplexität bei gleichbleibendem Informationsgehalt die Verlagerung der Komplexität auf die Satzebene bzw. spätestens auf die gesamte sprachliche Einheit (Text, Rede). Denn was an Komplexität auf morphologischer Ebene eingespart wird, muss auf syntaktischer kompensiert werden. So ist *Hotelzimmerreservierung* morphologisch (mit vier/fünf Morphemen zzgl. etwaigem Flexionsnullallomorph) recht komplex, was bei einer Vermeidung komplexer Wörter zur syntaktisch aufwändigen Form *Reservierung eines/des Zimmers in einem/dem Hotel* führen würde. Einen optimalen Fall stellt also weder das eine noch das andere dar (weshalb meistens die Wahl auf *Reservierung eines Hotelzimmers* fällt). Ähnliches gilt für derivative und flexivische Kodierung, deren Konkatenation im Deutschen auf maximal vier beschränkt ist, im Türkischen jedoch zu bis zu sechs Morphemen führen kann.

Darüber hinaus ist dem Beispiel zu entnehmen, dass komplexe Wörter mit Informationsverlust einhergehen. So ist bei *Hotelzimmerreservierung* unklar, ob es sich um ein bestimmtes oder unbestimmtes Zimmer sowie um ein spezifisches oder ein unspezifisches Hotel handelt, was syntaktisch über die entsprechende Bestimmtheit des Artikels/Pronomens (+/-) kodiert wird. Der Aufbau der Wortkomplexität führt also zu Ambiguitäten, die kognitiv aus dem Ko- und Kontext oder auf logische Weise aufgelöst werden müssen, was nicht immer möglich ist. Beispiele wären ferner *Dürrenmattbriefe* (Briefe von

---

6 Diese Regel hat eine weitere Schwierigkeit insofern, als Lexeme inkl. ihrer Wortart neben ihren (lautlichen) Wortformen gespeichert werden (Aitchison 1997: 290 ff.), sodass sogar zwei verschiedene Bereiche an der Dekodierung beteiligt sind.

Dürrenmatt?, an Dürrenmatt?, über Dürrenmatt?), *Tyrannenmord* (Ermordung des/durch den Tyrannen?) oder *Mädchenhandelsschule*[7].

Neben diesem Nachteil, der wie beim Genus Verbi auch erwünscht sein kann (Aktiv > Passiv[8]), ist der Vorteil komplexer Wörter, selbst komplexe Sachverhalte in quantitativ unaufwändiger Form zu transportieren. *Gießkannenprinzip* ist dafür ein Beispiel, wobei die metaphorische Verwendung die Kürze unterstützt. Möglich sind zahlreiche ›Raffungsarten‹ mit unterschiedlichem Einsparpotenzial; so etwa beim Prototyp der Wortbildung, der Komposition *(Hauslieferant)*, ferner bei der Juxtaposition *((ein) Viertel Liter > Viertelliter, nur Hausfrau > Nurhausfrau)* oder »Klebewörtern« (Koenraads 1953) wie *Wagneroper* ohne Fuge, Zusammenbildungen *(hochhackig < mit hohen Hacken, blauäugig < mit blauen Augen)*, Univerbierung *(mit dem Rad fahren > radfahren)* etc.

Die Komplexität eines Lexems lässt sich darüber hinaus auch über die Silbenanzahl definieren.

3.1.1.3.2 Transparenz

Eine einfache Wortstruktur im morphologischen Sinn bedeutet, dass auf allen Analysestufen Transparenz herrscht. Besonders die Segmentierung ist hierbei hervorzuheben, da sie Interpretationsvorgängen vorausgeht bzw. notwendige Voraussetzung für diese ist. Im optimalen Fall sind die Morphemgrenzen eindeutig erkennbar und für eine leichte Interpretation auf eine 1:1-Zuordnung (Form-Funktions-Ikonismus; s.u.) zurückzuführen. Wortbildungen wie *Haustür-schlüssel* sind hiervon ohnehin ausgenommen, da sie mit Autosemantika gebildet sind; grammatische Flexive hingegen stellen ein größeres Problem dar – so beispielsweise im Deutschen das Suffix *-s*, das homonym und damit ambig ist: In *Lkw-s* kann das *-s* den Genitiv (Sg. wie Pl.) oder Nominativ Plural markieren, was nur durch den Ko- und Kontext disambiguiert werden kann. Die englische Sprache kennt ebenfalls Homonymie beim *-s*, hat diesbezüglich jedoch disambiguierende Kennzeichnungen eingeführt: Und zwar dient der Apostroph der Unterscheidung des Kasus (Apostroph deutet auf Gen. hin, kein Apostroph bedeutet Nom.), während der Apostroph mittels seiner Position im

---

7 Mit den grundsätzlichen Lesarten ›Handelsschule für Mädchen‹ und ›Schule für Mädchenhandel‹. Eine Auflösung wäre bereits über die logische Schlussfolgerung der juristischen Unmöglichkeit für die zweite Lesart möglich.

8 Passivkonstruktionen sind durch die Tilgung des Agens nicht nur ökonomischer als die Aktivvarianten, sondern können dafür sorgen, dass das Agens, zum Beispiel bei unerfreulichen Geschehnissen, unerwähnt bleibt (*300 Arbeitern ist gekündigt worden*). Allerdings zeichnen sich Passivkonstruktionen durch eine höhere syntaktische Komplexität aus (Verbalgruppe).

Numerus differenziert (*'s* signalisiert Gen.Sg., *s'* Gen.Pl.[9]). Auch diakritische Zeichen können folglich zur transparenteren Bedeutungsunterscheidung ökonomisch eingesetzt werden.

Während das eben genannte Beispiel bereits an der Schnittstelle zur Interpretation verortet ist, führt *Spielende* wieder zurück auf die Segmentierungsproblematik. *Spielende* muss ebenfalls durch den Ko- und Kontext disambiguiert werden: Zwar kann *-en-* hier nicht als Infinitivsuffix segmentiert werden, da das folgende *-d* auf Partizip Präsens hindeutet, wohl aber besteht Homografie zwischen *-ende* und *Ende*, sodass in *Spiel-end-e* (substantiviertes verbales Adjektiv im Pl.) und *Spiel-ende* (N-N-Kompositum) segmentiert werden kann. Dies ist zwar nicht auf Homonymie von Einzelmorphemen zurückzuführen, zeigt jedoch anschaulich, dass es auch durch die Kombination von Morphemen zu (isoliert betrachtet) unökonomischen Homonymien kommen kann.

Auch geminierte Konsonanten, die eine Morphemgrenze stellen *(Mallinie)*, sind qualitativ unökonomisch, insbesondere wenn sie artikulatorisch zusammengefasst werden (können) und reduziert auftreten.

Orthografisch kann hier disambiguierend eingegriffen werden, indem Morphemgrenzen mittels Bindestrich visualisiert werden; das amtliche Regelwerk der deutschen Rechtschreibung sieht dies wie folgt vor: »Man kann einen Bindestrich setzen zur Hervorhebung einzelner Bestandteile, zur Gliederung unübersichtlicher Zusammensetzungen, zur Vermeidung von Missverständnissen oder beim Zusammentreffen von drei gleichen Buchstaben.« (§45) Mit dieser Praktik lassen sich *Spiel-Ende* und *Spielende* aber immer noch nicht eindeutig disambiguieren: Zwar ist *Spiel-Ende* unzweifelhaft mit der Bedeutung ›Ende des Spiels‹ verknüpft, *Spielende* jedoch kann sowohl in der Bedeutung ›Ende des Spiels‹, als auch für ›Lebewesen, die spielen‹ verwendet werden; die Praktik wäre folglich nur dann von hinreichender Qualität, wenn sie obligatorisch bzw. ausnahmslos für die Bedeutung ›Ende des Spiels‹ verwendet würde. Weitere Beispiele, in denen der Einsatz eines Bindestrichs sinnvoll ist, wären z.B. *Hoch-Zeit* – ›Blütezeit‹ (zur Abgrenzung von *Hochzeit* – ›Heirat‹) oder *Druck-Erzeugnis* vs. *Drucker-Zeugnis* etc. Obligatorisch steht der Bindestrich bei Komposita aus gleichrangigen Adjektiven: *süß-sauer, heiß-kalt, schwarz-weiß* (vs. **‹süßsauer›*, **‹heißkalt›*, **‹schwarzweiß›*).

3.1.1.3.3 Motiviertheit

Zur Transparenz einer Wortform trägt auch Motiviertheit bei. Motiviert sind Morpheme und Morphemkombinationen, deren Bedeutung sich aus der Summe der Einzelmorpheme ergibt. So ist *Haustür* motiviert, da es die ›Tür eines

---
[9] *Peter's cats* – ›Peters Katzen‹ vs. *Peters' cats* – ›aller Peters Katzen‹.

Hauses‹ ist, *Papierstapel*, weil das Lexem auf einen ›Stapel aus Papier(blättern)‹ referiert. Unmotiviert hingegen sind Bildungen, deren Bedeutung sich nicht (oder nicht mehr) aus den Einzelbedeutungen ergeben. Dies kann dem Umstand geschuldet sein, dass eine Bedeutungsverschiebung eingetreten ist, sich also beispielsweise Kurzwörter ›verselbstständigt‹ haben (*Bafög* – ›mtl. Geldbetrag aus Mitteln des BAföG‹ vs. *BAföG* – ›Bundesausbildungsförderungsgesetz‹, *D-Zug*[10]), dass metaphorisch oder euphemistisch verwendete Lexeme eingebracht werden (*Kollateralschaden*[11], *Textilleder*[12], *Ich-AG*[13]) oder, daran angrenzend, dass ehemals produktive Wortbildungsmorpheme ihre Produktivität eingebüßt und einen Bedeutungsverlust erfahren haben (z.B. bei den unikalen Morphemen *{him}* und *{brom}*, erstarrt in *Himbeere* und *Brombeere*).

Einen typischen ›Anwendungsbereich‹ nicht-motivierter Lexeme stellt die Volksetymologie dar, die wie im vielzitierten Fall von *Hamburger* fehlerhaft segmentiert und/oder Morphemen zumindest unkorrekte Bedeutungen zuschreibt. So ist *Hamburger* nicht etwa aus engl. *ham* – ›Schinken‹ und **burger* zusammengesetzt, sondern aus *Hamburg* und *-er* (analog zu *Kasseler [Braten]*, *Wiener [Würstchen]* etc.; s. hierzu Kap. 3.1.2.1.8).[14]

3.1.1.3.4 Form-Funktions-Ikonismus

Mit der Transparenz in enger Verbindung steht der »Funktions-Form-Ikonismus« (Wurzel 2001: 397). Hierbei gilt, dass mit jedem Wortstrukturelement (Form) eine grammatische Funktion oder Bedeutung verbunden ist. Dieses Kennzeichen ist konstitutiv für agglutinierende Sprachen wie das Türkische oder das Ungarische und unterscheidet sich stark von flektierenden Sprachen wie dem Deutschen, wenngleich auch das Deutsche agglutinierende Züge aufweist.[15] Flektierende Sprachen wie Latein und Deutsch sind durch Fusion (fusionierte Flexive) gekennzeichnet, die mit Homonymie nicht in jedem Fall verbunden sein müssen, jedoch nur in geringem Maße Form-Funktions-Iko-

---

10 Bedeutungsverschiebung von ›Durchgangszug‹ im ausgehenden 19. Jahrhundert (Zug mit Waggons, die mit einer der Bequemlichkeit dienenden Durchgangsmöglichkeit verbunden waren) nach heute ›Schnellzug‹ (streng genommen ist *D-Zug* heute, d.h. ausschließlich synchron betrachtet, kein Kurzwort; vgl. Kobler-Trill 1994: 106; zudem sind heutige Schnellzüge durch EC, IC, ICE etc. gekennzeichnet).
11 Der Tod eines (zivilen) Menschen lässt sich nicht als nebensächlich einstufen.
12 *Textilleder* ist kein Leder aus Textil, sondern ein Textil, dessen Dessin optisch an Leder angelehnt ist bzw. dieses imitiert (Beispiel aus Wurzel 2001).
13 Unwort des Jahres 2002.
14 Die entsprechende ›Analogiebildung‹ *Cheeseburger* ist insofern zwar eine irrige, jedoch dennoch eine folgerichtige.
15 S. hierzu einführend Siever 2006b.

3.1 Morphologie/Lexikon

	alt		neu	
	Sg	Pl	Sg	Pl
Nom	hund	hund-ar	hund	hund-ar
Gen	hund-s	hund-a	hund-s	hund-ar-s

Tab. 3-1: Ökonomischer Wandel bei der Substantivflexion des Schwedischen am Beispiel *hund* – ›Hund‹ (nach Wurzel 2001: 388).

nismen aufweisen. Das deutschsprachige präteritale *t* bei regelmäßigen Verben mag als Beispiel dafür dienen, dass dank Agglutination eine Segmentierung schnell und eindeutig verlaufen kann *(schau-t-e, wag-t-e, miau-t-e)*. Diese Eindeutigkeit wird allerdings quantitativ mit einem Zuwachs an Länge erkauft, was im Türkischen oder Finnischen an der gedehnten Konkatenation ablesbar ist. Allerdings sorgt der Ikonismus dafür, dass die Interpretation – eine entsprechende Speicherung im Lexikon vorausgesetzt – eindeutig erfolgen kann. Obwohl die Flexivketten im Bereich der Aussprache besonders durch Assimilation gekennzeichnet sind, bleibt die Agglutination stabil; es fusionieren nicht die einzelnen Flexive. Offensichtlich wiegt der ökonomische Form-Funktions-Ikonismus schwerer als die Verringerung des Sprachaufwands.

Für das Schwedische gibt Wurzel (2001: 388) einen Beleg für den umgekehrten Fall, dass Fusion zugunsten von Agglutination aufgegeben wird, was zu längeren Wortformen führt, jedoch Ikonismus herstellt: Der Gen.Pl. von *hund* – ›Hund‹ wurde im Schwedischen im Lauf der Zeit von *hund-a* zu *hund-ar-s* verändert, um sowohl den Pl. *(-ar)* als auch den Gen. *(-s)* klar und einheitlich zu markieren (s. das Teilparadigma in Tab. 3-1). Die qualitative Ökonomie hat hierbei – zugunsten eines Form-Funktions-Ikonismus – die quantitative Ökonomie der Kürze verdrängt.

3.1.1.3.5 Serialisierungs-Ikonismus

Ähnlich dem Form-Funktions-Ikonismus ist jener der »Serialisierung« (Wurzel 2001: 397) gelagert. Er regelt die Abfolge der Morpheme einer Wortstruktur und besagt im Deutschen, dass Derivationsmorpheme dem Stamm näher stehen als Flexionsmorpheme und daher (bei Suffigierung) Flexion nach den oder rechts der Wortbildungsmorpheme(n) angeordnet ist. Auch dies ist wiederum eine ökonomische Regel, da sie die Analyse von Wortformen und ihren Segmenten erleichtert. Nur wenige Ausnahmen wie *Kind-er-chen, Ei-er-chen* weichen von dieser ›Norm‹ insofern ab, als die Wortbildung von Pluralflexiven durchbrochen ist. Diese dem Serialisierungs-Ikonismus zuwider laufende Bildungsweise ist heute jedoch nicht mehr produktiv *(*Frau-en-chen, *Häus-er-chen*, aber *[die] Frau-chen, [die] Häus-chen*[16]*).

---

16 Bei möglicher Umlautung wird Plural eben dadurch gekennzeichnet.

3.1.1.3.6 Vermeidung von Hybridbildungen

Wie bereits in Abschnitt 3.1.1.3.1 dargestellt, hängt die Komplexität eines Wortes selbst wortbildungsseitig nicht ausschließlich von der Anzahl der Konstituenten ab. Über die genannten Aspekte hinaus ergibt sich eine höhere Komplexität ebenfalls durch nicht-native Elemente, was per definitionem bei hybriden Wortbildungsprodukten der Fall ist. Vor allem die Segmentierung kann sich dadurch kognitiv aufwändiger darstellen, wenn nämlich (Teil-)Homonymie zwischen einem nativen Affix und einer nicht-nativen Zeichen-/Lautfolge besteht oder das Fremdmorphem nicht als solches erkannt bzw. innerhalb anderer Grenzen vermutet wird. So bietet *Raumaccess* für diejenigen, die der englischen Sprache nicht mächtig sind, im zweiten Teil eine nicht interpretierbare Graphemfolge, die sich auch auf die Segmentierfähigkeit auswirken kann. Über diesen Umstand hinaus erschwert in *Briefencoding* das charakteristische Graphem -*e*- bzw. die Graphemfolge -*en*- die Segmentierung.[17] Hybridbildungen sind folglich sprachökonomisch im doppelten Sinn ungünstig, wenngleich auch ein Vorteil besteht: der der Paronymie für ein sprachübergreifendes Lexikon, was beim Fremdspracherwerb eine erheblich entlastende Rolle spielt.

3.1.2 Wortbildung

Nach den allgemeinen morphologischen Kriterien der Sprachökonomie sollen nun die Bereiche der Wortbildung und Flexion differenziert behandelt werden, da sie grundsätzlich unterschiedlichen Zwecken dienen und auch sprachökonomisch unterschiedlich relevant sind.

Die sprachökonomischen Merkmale werden subklassifiziert, auch wenn dies in einigen Fällen zu kategorialen Überschneidungen führt. So gibt es Reduktionsprozesse, Vereinfachung und Entlastung des Lexikons ebenso wie Herstellung von Transparenz bzw. Ikonizität.

3.1.2.1 Reduktionsprozesse

Im Bereich der Wortbildung geht es bei Reduktionsprozessen um die Zusammenfassung und damit Dezimierung von Syntagmen oder Wortgruppen auf ein Wort oder die Dezimierung eines Wortes mit dem Ziel, ein (im weiteren Sinne) ›neues‹ kürzeres Wort zu erhalten. Hierzu zählen Komposition (inkl.

---

17 Allgemein etwa für Pl. (*Kupp-en*), bes. bei Feminina, oder für Wortausgang/Nom.Sg. (*Wappen* bzw. *Reue*); im konkreten Fall von *Brief-e* bei Nom./Gen./Akk.Pl. oder in dem von *Brief-en* bei Dat.Pl.

3.1 Morphologie/Lexikon

Phrasenkomposita), Derivation, Kurzwortbildung und Kontamination sowie Morphemtilgung (vor allem im Wortinnern); ferner Bereiche der Negation.

3.1.2.1.1 Komposition

Deutliche Reduktion kann mithilfe von Zusammensetzungen (C = A + B) erfolgen, zumal im Deutschen die Anzahl der kompositorischen Elemente praktisch unbegrenzt ist. Besonders in der juristischen (Fach-)Sprache herrscht eine entsprechende Praxis vor, was sich beispielsweise in Gesetzen mit vielgliedrigen Komposita widerspiegelt *(Aufstiegsfortbildungsförderungsgesetz < Gesetz zur Förderung der Fortbildung für den [beruflichen] Aufstieg)*. Vielfach werden diese Komposita nochmals stärker auf Abkürzungen *(AFBG)* oder Kurzwörter *(BAföG*, vgl. 3.1.2.1.4) reduziert.

Wie dem Beispiel zu entnehmen ist, lehnt sich Komposition stark an die Grenze zur Syntax an, denn in Determinativkomposita können beispielsweise Attribute oder ganze Nebensatzkonstruktionen aufgehen. Produktiv zeigt sich hierbei die Deutsche Bahn AG, die ungewöhnlich komplexe, unkonventionelle Wortbildungsprodukte wie *Nichtraucherbahnhof, Pünktlichkeitsmaßnahme, Triebfahrzeugschaden, Anschlussgefährdung, Unterwegsbahnhöfe*[18] und *Häufigfahrer*[19] – mündlich wie schriftlich – verwendet. Komplex insofern, als *Unterwegsbahnhöfe* solche Bahnhöfe sind, »die unterwegs/auf der Fahrstrecke liegen«, und *Häufigfahrer* nicht etwa **häufige Bahnfahrer*, sondern »Bahnfahrer, die häufig fahren«.

Wie bereits angedeutet, stellt die Komposition ein erhebliches (quantitatives) Einsparpotenzial an Sprachmaterial zur Verfügung, welches Syntagmen, Funktionswörter etc. eliminieren kann. Unerwünschtes Nebenprodukt kann hierbei allerdings eine Ambiguierung sein, da beispielsweise im zusammenfassenden Kompositionsfall bei Präpositionalphrasen die Präposition getilgt wird *(Bücher über Frisch > Frisch-Bücher)*, wodurch Uneindeutigkeiten bei der interpretativen Rekonstruktion entstehen *(Bücher von/über/an/mit Frisch)*.

Ohne eine trennscharfe Grenze ansetzen zu können, werden Komposita bei einer übermäßigen Anzahl an zusammengefassten Morphemen unökonomisch, wie *Fußballvereinseinnahmenüberschussverwaltungsratsvorsitzender* veranschaulicht, auch wenn die Bildung im Vergleich zur nicht-kompositionellen Variante äußerst kurz ist. Doch selbst hier zeigt der Bindestrich als Morphem- oder Einheitenmarker noch eine gruppierende Wirkung, die die Wortbildungskonstruktion überschaubarer macht (bspw. *Fußballvereins-Einnahmenüberschuss-*

---

18 Durchsage im IC (Sommer 2007): »Wegen Anschlussgefährdung auf Unterwegsbahnhöfen«.
19 Plakatwerbung im Jahr 2007.

Verwaltungsrats-Vorsitzender). Eine maximale Anzahl an Morphemen, bei der die Sprechenden kognitiv noch mühelos in der Lage sind, zu segmentieren und interpretieren, kann jedoch weder angegeben werden, noch ist sie absolut zu betrachten, da auch die Morphemkomplexität selbst einen Einfluss darauf nimmt. In der Regel werden vielmorphemige (mit fünf oder mehr ›streng‹ bedeutungstragenden Wortbildungsmorphemen)[20] Lexeme – zumindest in der gesprochenen Sprache – entweder nicht gebildet oder mittels Bildung von Kurzwort-Dubletten handhabbarer gestaltet (s. 3.1.2.1.4). *Hotelzimmerreservierungssystem* ist mit vier kompositionellen Morphemen schon an der Grenze einer unaufwändigen Perzeptionsleistung.

Zusammengefasst bietet Komposition ein beachtliches Potenzial im quantitativen Bereich, komplexe Inhalte zu transportieren. Mit zunehmender quantitativer Ökonomie steigen allerdings auch sowohl die Notwendigkeit der Disambiguierung als auch die erschwerte Perzeption (und Produktion). Dies lässt sich insbesondere an Phrasenkomposita erkennen.

3.1.2.1.2 Phrasenkomposita

Eine Steigerung stellen Phrasenkomposita oder »Aneinanderreihungen« (DUDEN 2006: K 68) dar. Sie sind bei grafischer Realisierung allerdings transparenter dargestellt, da sie in der Regel mit Bindestrich geschrieben werden *([der] Heute-mach-ich-blau-Bruch*[21]*, [ein] Rühr-mich-nicht-an-Hamster).* Die quantitative Ersparnis ist gering gegenüber dem erhöhten kognitiven Aufwand, der nicht nur produktionsseitig dadurch entsteht, dass die gesamte Phrase strikt geplant sein und vorangestellt werden muss *([das] Du-kannst-mich-nicht-ausschlagen-Angebot* < [als Relativsatz] *[das] Angebot, das du nicht ausschlagen kannst),* sondern auch auf Rezipientenseite. Horn sieht in den Phrasenkomposita auch eine Möglichkeit, Präpositionen zu tilgen: »Wer *from hand to mouth* lebt, führt *a hand-to-mouth-existence.* Das umständliche Kompositum verliert die erste Präposition. Ähnlich sind entstanden: *a day-to-day contract, a house-to-house fighting; a first-hand knowledge* ist eine Kenntnis *aus* erster Hand.« (Horn 1923: 97) Fleischer (1971: 395) spricht noch umständlich von Bildungen »mit Durchkopplungsbindestrich«.

---

20 Die quantitative Angabe ist nicht durch ein Testverfahren ermittelt, sondern ein grob hypothetischer Wert, der je nach Art und Umfang (inkl. phonologischer Qualität) der Morpheme variiert. Darüber hinaus sind keine derivativen Morpheme gemeint, sondern die Angabe ist auf kompositionelle Glieder beschränkt (bedeutungs- und nicht funktionstragende Morpheme).
21 Quelle: tchibo.de (14. März 2008).

3.1 Morphologie/Lexikon

Insbesondere in (medial) schriftlicher Sprache bieten Phrasenkomposita eine gute Möglichkeit, einen Sachverhalt ›in einem Wort‹ darzustellen. Die Sprachplanung ist allerdings relativ hoch, die quantitative Ersparnis vergleichsweise gering, und auf Seiten der Rezipienten erschweren die im Regelfall recht komplexen Strukturen eine leichte Perzeption. Ursächlich dafür ist, dass Phrasenkomposita satzwertigen Charakter aufweisen, Pronomen beispielsweise oftmals erhalten bleiben und nur wenige Funktionswörter getilgt werden können.

3.1.2.1.3 Derivation (inkl. Motion)

Neben der Komposition spielt auch Derivation (C = A + x) sprachökonomisch eine – vorwiegend quantitative – Rolle. Hervorzuheben sind exemplarisch die äußerst produktiven Suffixe *-mäßig* und *-technisch*, welche Phrasen wie »das x betreffend« oder u.U. »bezüglich des x« ersetzen *(computermäßig < den Computer betreffend; fahrtechnisch < bezüglich des Fahrens)*. Ökonomisch sind allerdings auch Suffigierungen mit *-ig* oder *-lich*, da sie mit äußerst geringem sprachlichen Aufwand Verben *(spieß[en])* resp. Substantive *(Herz)* zu Adjektiven *(spießig, herzlich)* ableiten.

Was für Komposita gilt, trifft teilweise auch auf Ableitungen zu. So sind Derivationen nicht ausnahmslos ökonomisch, da die Reduktion wiederum mit Bedeutungsverlust einhergehen kann, wofür exemplarisch *berufsmäßig* genannt sei, das einerseits als ›wie im Beruf‹ verwendet werden kann *(die berufsmäßige Kleidung)*, andererseits als ›den Beruf betreffend‹ *(berufsmäßig bin ich voll zufrieden)*; über die Bedeutung entscheidet in diesem Fall überwiegend die syntaktische Funktion (aber: *der berufsmäßige Literat*).

Derivation schafft also weniger komplexe syntaktische Strukturen, hat aber besonders den Vorteil, auf begrenztem, bekanntem und wenig komplexem Sprachmaterial zu basieren *(-ig, -lich, -heit)*. Produktiv sind lediglich konventionalisierte Derivationsmorpheme. Als Basis dienen bekannte Stämme (Lexeme), die in andere Wortarten überführt werden können. Noch ökonomischer erfolgt dies per Nullabteilung (zu Konversionen wie *herz-en* s. 3.1.2.2.3).

Ein interessanter (ökonomischer) Sonderfall der Derivation ist die Motion (oder Movierung[22]), die mit Ausnahme einiger weniger nicht-nativer Fälle *(Stewardess, Purserette, Friseuse*, aber österr. *Friseurin)* durch Suffigierung von *-in* erfolgt *(Sportler-in)*. Den Status verdankt der morphologische Prozess zum einen der Problematik der Einordnung, denn mittels *-in*-Suffigierung werden ›lediglich‹ Maskulina in Feminina überführt – *Dekan* (mask.) wird zu *Dekanin* (fem.) – und Genus ist eine grammatische Kategorie. *-in* zählt neben *-chen* zu den produktivsten kategorienerhaltenden Derivationssuffixen des Deut-

---
22 Eisenberg 1998: 230.

schen (Eisenberg 1998: 262), d.h., im Gegensatz zu beispielsweise -*lich* findet kein desubstantivischer Prozess *(Herz > herz-lich)* statt, sondern es bleibt wie bei Flexiven die Wortart stets erhalten (hier: Substantiv). Zum anderen ist -*in* hochgradig ikonisch, was für Derivationsmorpheme kaum prototypisch ist[23], und der Kopf des Derivates; allerdings weist das Suffix distributionelle und semantische Beschränkungen auf *(Lüstling > *Lüstlingin; Hexe > *Hexerin)*. Semantische bestehen vor allem bei denjenigen Fällen, in denen bereits eine feminine Form lexikalisiert ist *(Rehbock > *Rehböckin (Ricke), *Vaterin (Mutter);* ebenso **Mutterich (Vater);* zu *-(e)rich* s.u.). Bei einer femininen Interpretation von *-o-*Bildungen dürfte darüber hinaus der charakteristische Wortausgang eine Rolle spielen, da *o* eine typische Endung für Maskulina im Lateinischen, Griechischen *(os),* Italienischen, Spanischen etc. darstellt, vgl. lat. *homo,* griech. ἄνθρωπος/*ánthropos,* ital. *umano,* span. *humano,* port. *humano* – ›Mensch‹.

Trotz dieser Diskrepanz kann Motion eindeutig der Wortbildung zugerechnet werden, denn Genus ist Substantiven im Deutschen inhärent und wird nicht flexivisch ausgedrückt, auch wenn es charakteristische Wortausgänge gibt, die auf ein bestimmtes Genus hinweisen (etwa *e* für Feminina); um Morpheme handelt es sich jedoch nicht *(*Hex-e)*. Darüber hinaus entstehen durch die Suffigierung keine neuen Wortformen, sondern es lassen sich – im Gegenteil – Flexive anhängen *(Dekanin-(n)[24]-(e)n)*.

Die Änderung des Genus mittels *-in-*Derivation ist dank des ikonischen Charakters äußerst ökonomisch – zumindest morphologisch betrachtet unter der Maßgabe, dass die generische (maskuline) Form nicht angewandt werden kann/soll und auf eine einzelne Person oder Sexusgruppe verwiesen werden soll *(die/alle Dekaninnen)*. Erkauft wird die Präzision auf der einen Seite mit der morphologischen Komplexität, auf der anderen sinkt mit Zunahme der Anzahl der Konstituenten, wie dies bei *Krankenhausärztinnen* abzulesen ist, die morphologische Transparenz (umgekehrt proportional, anzunehmen ist, dass dies in steigendem Maße geschieht).

Vom sprachökonomischen Standpunkt aus ist die Einführung der femininen Formen als solche auch unökonomisch, und zwar insofern, als in ihrer Folge

---

23 Insbesondere an einigen Derivationsaffixen wird die Frage der Trennbarkeit gestellt. Rein formal-strukturell sind Flexion und Derivation identisch, da bei beiden Verfahren Suffix verwendet werden. Allerdings haben Flexionsaffixe definitionsgemäß eine eher grammatische Bedeutung ({Plural}, {2.Pers.}), Derivationsaffixe eine eher lexikalische. Während dies bei *-en* für ›Mehrzahl‹ und *-t-* für ›Präteritum‹ zutrifft, ist es bei *ver-* und *-ig* (zumindest bei synchroner Betrachtung) äußerst schwierig, eine Bedeutung zuzuweisen (s. auch Kap. 3.1.3). Dem Suffix *-in* ist eindeutig eine Bedeutung, zudem noch eine eher grammatische (nämlich fem.) zuzuordnen, welches die Einordnung als Derivationsaffix schwierig macht.

24 Das *n* beruht auf morphophonemischen Gründen.

3.1 Morphologie/Lexikon

das generische Maskulinum abgebaut worden ist (bzw. noch wird) und dadurch aufwändige kollektive oder unbestimmte Bezeichnungen für inhomogene Sexusgruppen genannt werden müssen (*Kolleginnen und Kollegen, die Krankenhausärztin bzw. der Krankenhausarzt* etc.).[25] Zur Aufwandsminimierung haben sich fünf Varianten eingestellt:

(1) DekanInnen
(2) Sportler/innen
(3) Sportler(innen)
(4) SportlerInnen
(5) Krankenhausärztin oder -arzt

Von diesen Varianten widerspricht eine den Regeln deutscher Orthografie und führt mitunter zu fehlerhaften Formen (1)[26], sind drei nur schriftlich realisierbar (2–4) und eine weitere verlangt einen hohen syntaktisch-koordinativen Aufwand bei Produktion wie Rezeption (5). Darüber hinaus treten bei der Binnenmajuskel- und Klammerschreibung – zumindest in der gesprochenen Sprache, wo Klammern und Binnenmajuskeln unrealisiert bleiben – Kongruenzfehler auf *(*das Mehl der/des MüllerIn)*, und sie sind bei ab- und umzulautenden Stämmen nicht realisierbar *(*die/der ArztIn)*. Die Varianten vier und fünf stellen die effektivste Form dar und basieren auf dem substantivierten Partizip Präsens wie bei *Studierende(r)* (anstelle der substantivischen Variante *Student(in)*), wo häufig Formübereinstimmung herrscht *(der/die Studierende, der/dem Studierenden)*.

Teilweise werden bei der Suffigierung von *-in* Bestandteile haplologisch gekürzt (*Heide* > *[Heidenin]* > *Heidin*)

Ausgeschlossen von der *in*-Suffigierung sind im Regelfall solche Maskulina, zu denen bereits Feminina auf andere Weise lexikalisiert sind oder das Sexus semantisch inhärent ist *(Kauffrau*; aber: *Amtsmännin*, später *Amtsfrau)*. Probleme bereiten Kurzwörter (Abschnitt 3.1.2.1.4), vor allem zur Derivationsbasis *-i* und *-o* wie *Fascho, Sozi* etc.; belegt ist zwar *die HiWi*[27], gebräuchlicher ist jedoch – zumindest in der gesprochenen Sprache – *die HiWine*. In der Regel ist hier eine Bezeichnung weiblicher Personen aber gar nicht möglich:

---

25 Diese Aussage ist ausdrücklich dem morphosyntaktischen Standpunkt der Sprachökonomie geschuldet und in keiner Weise politisch motiviert.

26 In dem Beispiel *DekanInnen* etwa ist die maskuline Form nicht (korrekt) enthalten, was sich in der transparenteren Klammerschreibung zeigt: **Dekan(inn)e(n)*. In der gesprochenen Sprache führt diese (nicht hörbare) Variante in diejenige Ungerechtigkeit, die man mit der Einführung femininer Varianten auszuräumen beabsichtigte.

27 *Die HiWi ist Frau [Name]* (institutionelle E-Mail v. 16.2.2007).

der Sponti > **die Sponti/?Spontine, *die Fascho/*Faschoin, *die Zivi)*, obwohl mit Köpcke (2002) sämtliche *-i*-Bildungen Maskulina sind.

Auch für den umgekehrten Fall existiert ein Suffix, *-(e)rich*, das sich bei Feminina bewährt hat, für die keine maskulinen Dubletten bestehen *(Enterich, Gänserich)*; in einigen Fällen lässt sich auch *-er*-Suffigierung belegen: *Witwer, Hexer.*

3.1.2.1.4 Kurzwörter

Kurzwörter können nicht nur als »moderne Form der Wortschöpfung« (Munske 1990: 398), sondern auch als die Prototypen sprachlicher Ökonomie schlechthin betrachtet werden, weshalb ihnen an dieser Stelle mehr Raum gegeben werden soll. Zum einen sind sie definitionsgemäß (ohne Bedeutungsverschiebung oder -verlust) kürzer als die ursprünglichen Vollformen bzw. aus Material dieser Formen gebildet, zum anderen ergibt sich bei ihnen eine Tendenz semantischer »Verblassung«, die nicht nur kennzeichnend für quantitative Sprachökonomie ist, sondern auch einen Zusammenhang zwischen der Anzahl an Phonemen bzw. Graphemen und der ›semantischen Transparenz‹ aufweist (weniger kennzeichnend für *Tina* < *Bettina*, wesentlich stärker bei *AKW* < *Atomkraftwerk*).

Kurzwörter bzw. Kurzwortbildung werden hier (anders als bei Bens 2006) unter die Wortbildungsprozesse gefasst und so neben andere morphologische Prozesse wie Komposition, Derivation und Konversion gestellt. Bei Kurzwörtern stößt man jedoch auf mehrere Probleme beim Versuch ihrer Definition, die hier nur angerissen werden können (vgl. insbesondere Bellmann (1980) und Kobler-Trill (1994), ferner Sommerfeldt (1978), Gebhardt (1979), Vieregge (1983), Schröder (1985), Cannon (1989), Greule (1996), Steinhauer (2000), Bens (2006) sowie Steinhauer 2007). Die größte Unsicherheit besteht neben der grundlegenden Frage nach ihrem Stellenwert innerhalb der Morphologie – bei einigen Autoren innerhalb des Lexikons – in ihrer Abgrenzung zu anderen Reduktionsformen. Zunächst scheinen die größten Unsicherheiten bzgl. der Grenzen bei den Abkürzungen zu liegen, zumal unmittelbare Pendants im Sinne identischer Lautfolgen bzw. Graphemketten bestehen (*<Prof>* vs. *<Prof.>*). In der Regel werden Kurzwörter jedoch aufgrund ihrer Familienähnlichkeit eindeutig lediglich von den Abkürzungen abgegrenzt, und zwar durch ihre **phonische Realisierung**: Während Kurzwörter grafisch und phonisch realisiert würden, seien Abkürzungen niemals »zu hören«. Greule (1996: 199) schränkt dies immerhin derart ein, dass die Abkürzung[28] einer

---

28 Greule (1996: 199) spricht in Anlehnung an Althaus (Althaus et al. 1980: 148) und um Missverständnisse zu vermeiden von Tachygraphen bzw. Tachygraphie.

3.1 Morphologie/Lexikon

Vollform, die »nicht so allgemein bekannt oder zu lang ist, als daß sie [die Abkürzung, d.V.] jederzeit in der Vollform phonisch realisiert werden könnte«, auch nicht zu hören sein mag, und führt Beispiele wie *u.A.w.g.* (»um Antwort wird gebeten«) oder an *V.i.S.d.P.* (»Verantwortlich im Sinne des Pressegesetzes«) an. Allerdings handelt es sich auch hierbei um zweifelsfreie Abkürzungen. Evident ist der Unterschied bei zweifach vorliegenden Typen wie beim bereits genannten Beispiel *Prof* (als Kurzwort) und *Prof.* (als Abkürzung), wobei sich das Kurzwort höchstwahrscheinlich aus der grafischen Kurzform, der Abkürzung, entwickelt hat, ein Phänomen, das Hofrichter (1977: 34; s.u.) weitergehend als Schippan vor ihm (1963) als den Regelfall ansieht. Oftmals kann die Abkürzung vom Kurzwort typografisch unterschieden werden, denn einer Abkürzung folgt in der überwiegenden Zahl der Fälle ein Abkürzungszeichen (Punkt), wobei auch bei Kurzwörtern Reduktion entsprechend markiert werden kann *(F.D.P., F.A.Z.)*. Dennoch deutet ein Punkt am Ende eines gekürzten Zeichens oder einer Zeichenfolge in der Regel auf eine Abkürzung hin – er kann allerdings auch fehlen, was zu Zweifelsfällen führen kann: Ist *ETW* (< *Etagenwohnung*) ein Kurzwort oder eine Abkürzung? Ist *AKW* (< *Atomkraftwerk*) ein Kurzwort, *SW* (< *Südwest*) hingegen eine Abkürzung? Noch problematischer wird es, wenn Homophonie besteht: *cu* (für »see you«), *n8* (für »Nacht«), *Comp4u* (*4u* für »for you«), *10takel* (['tentəkl], für »Tentakel«), denn in diesen Fällen kann gar nicht entschieden werden, ob es eine phonische Realisierung gibt oder nicht, da Vollform und Kurzform phonisch übereinstimmen – darauf basiert das Prinzip.

Greule stellt die Tatsache heraus, dass es sich bei Kurzwörtern um Substantive handelt, die entsprechende Genus- und Artikelfähigkeiten haben und sich durch Probleme bei der Pluralbildung auszeichnen, worauf bereits Hofrichter (1977: 34) hinweist. Zu ergänzen wäre noch die Fähigkeit zur Wortbildung *(AKW-Gegner)*, denn bereits Schippan (1963) hebt hervor, dass Kurzwörter nicht nur eine eigene Lautform besitzen, sondern selbstständige Zeichen sind und eine eigene Bedeutung in sich tragen (auch Hofrichter 1977, Kobler-Trill 1994 u.a.). Dem ist grundsätzlich zuzustimmen, es suggeriert jedoch, dass diese eigene Bedeutung des Kurzwortes sich von der ihrer Vollform unterscheidet, was indes einen seltenen Sonderfall darstellt. Es ist Kobler-Trill (1994: 14; vgl. auch Schippan 1963) zuzustimmen, wenn sie für Kurzwörter voraussetzt, dass sie semantische Dubletten ihrer Vollformen sind – zumindest zum Zeitpunkt der Bildung der Kurzform. Tatsächlich können sich die Kurzwörter danach ›verselbstständigen‹, was in erster Linie auf Demotivation beruht und sich bei *TÜV* (im Sinne von ›Hauptuntersuchung‹) oder *Bafög* (im Sinne von ›Mittel aus dem BAföG/Bundesausbildungsförderungsgesetz‹) eingestellt hat

(s. an weiteren Beispielen in Abb. 3-1). Zu verstehen ist unter dieser eigenen Bedeutung jedoch nur, dass ihnen *überhaupt* eine Bedeutung, im Regelfall in Übereinstimmung mit der Vollform, zugeschrieben werden kann, die im Lauf der Zeit von den Sprachteilnehmern und -teilnehmerinnen modifiziert werden kann.

I	II	III
Denotat	Denotat	Denotat
›Europäische Union‹	›Deutscher Kinderschutzbund‹	›1. Fernsehprogramm‹
VOLLFORM ↔ KURZWORT	VOLLFORM ↔ KURZWORT	VOLLFORM ↔ KURZWORT
Europäische Union — EU	Deutscher Kinderschutzbund — DKSB	Arbeitsgemeinschaft der öffentlich-rechtlichen Rundfunkanstalten der Bundesrepublik Deutschland — ARD

Abb. 3-1: Grade referenzieller (Un)Selbstständigkeit an den Beispielen *DKSB, EG* und *ARD* (nach Kobler-Trill 1994: 14, 16; hier in teils anderer Verwendung als im Original, wo Kobler-Trill z.T. die Problematik thematisiert, ob Kurzwörter Wortbildungsprodukte sind oder nicht).

Damit liegen hilfreiche Abgrenzungskriterien vor, doch selbst bei diesen bleiben Problemfälle bestehen, da an sich zweifelsfreie Abkürzungen mitunter flektiert auftreten und mit Wörtern kombiniert werden: *Wenn ich die WEs[29] nicht hätte..., Die MfGs[30] unter Briefen stören mich; Das sind nur Ca.-Angaben[31]; Die WYSIWYG[32]-Versprechen sind ungerechtfertigt; Diese Abk.-Manie verhunzt die deutsche Sprache.*[33]

Hofrichter fasst Kurzwörter unter den Begriff ›Abkürzung‹ und verwendet letzteren Terminus als Oberbegriff »für die Gesamtheit der Typen von Kurzformen« (Hofrichter 1977: 12). Formal greift er die Beziehung mit der Formel R (F2, F1, A), wobei R die Relation zwischen einem Abkürzungsformativ und seinem Abbild ausdrückt (ibid.: 13). Abkürzungen besitzen nach Hofrichter zwei Formative, die »mit einem Abbild eines Objekts der objektiven Realität verbunden« (ibid.) sind; F1 steht hierbei für die Vollform, F2 für die Abkürzung und damit erst einmal für ein »Zeichen zweiten Grades« (ibid.). Je häufiger F2 gebraucht würde, desto gleichberechtigter stünden F1 und F2

---

29 Abk. zu *Wochenende(n)*. Pluralbildung ist für Kurzwörter – zumeist mit *s*-Flexiv – typisch (*LKWs, TUs, Unis, AKWs*).
30 Abk. zu *Mit freundlichen Grüßen*.
31 *Ca.* ist die Abk. zu *Circa*.
32 Abk. zu *What You See Is What You Get*.
33 Im letzten Beispiel ist sogar das Abkürzungszeichen realisiert.

3.1 Morphologie/Lexikon

nebeneinander und desto weitgehender seien das Abkürzungsformativ F2 und das gedankliche Abbild A »als Einheit usualisiert« (ibid.). Möglich sei auch eine Verselbstständigung der »Abkürzung«, die bis zur Verdrängung der Voll form führen kann. Bereits hier lässt sich erkennen, dass die Abkürzung (als so verstandener Oberbegriff für grafische Reduktionsformen und Kurzwörter etc.) mit dieser Konsequenz nur bedingt tragfähig ist, denn grafische Abkürzungen im hier verstandenen Sinne zeichnen sich ja gerade dadurch aus, dass sie phonisch nicht in Form von F2, sondern ausschließlich in der von F1, also ungekürzt, realisiert werden.

Trotz aller Problemfälle erscheint die Annahme, Kurzwörter würden sich wie bei *MITROPA* aus Abkürzungen entwickeln und womöglich wiederum nur in einem Zwischenstatus verweilen, bis sie eigenständige Vollformen werden, nur bedingt plausibel. Als Voraussetzung für diese Annahme müsste der Regelfall eine Aussprache nach dem Lautwert ermöglichen, was für eine Vielzahl an Abkürzungen – wenn nicht gar für die überwiegende Mehrheit – nicht zutrifft: zB (von z.B.), usw, ff, uAwg, oÄ, Hgg, sz etc. Darüber hinaus werden sich bei zahlreichen Abkürzungen, die auf apokopierten Vollformen basieren, keine phonischen Varianten einstellen, da sie häufig mit dem Initial oder wenigen Graphemen der nächsten Silbe oder des nächsten Morphems enden, was bei einer Konsonantendopplung häufig mit (im Deutschen) der Unmöglichkeit der phonischen Realisierung verbunden ist *(Unterr., Abzw., Abk.)* oder aufgrund der Überschreitung der Morphemgrenze und damit alternativer Aussprache zu Interpretationsschwierigkeiten führt *(überw., Abl.)*. Auch sprachökonomische (größtenteils phonetisch bedingte) Veränderungen in den verschiedenen Sprachstufen (mhd. *wintbrāwe* > nhd. *Wimper*) sind von den morphologischen (Wortbildungs-)Prozessen ausgeschlossen.

Abgrenzungsprobleme gibt es auch zu Wörtern, bei denen Morpheme aus mehrgliedrigen Komposita und Derivata getilgt sind, wie dies bei *Ziegen(milch)käse* (aber: *Kuhmilchkäse/*Kuhkäse*) oder beim viel zitierten Beispiel *Apfelplantage* (< *Apfelbaumplantage*) der Fall ist bzw. bei *Ölzweig (< ?Ölbaumzweig)* oder *Laub(holz)säge* sein könnte. Die beiden letzten Beispiele werfen zu Recht die Frage auf, inwiefern Kurzformen dieser Art tatsächlich aus Vollformen entstanden sind – in dem Sinne, dass es sich bei den Kurzformen um Parallelformen zu bestehenden Vollformlexemen handelt (zur Definition s.u.). Als ähnlich zweifelhafte Fälle können weiterhin angegeben werden: als sehr frühe Beispiele *Öl(farben)gemälde, Kalb(fleisch/s)brühe, Rüb(samen)öl*, mit initialer und mittlerer Tilgung *(Stein)kohlen(berg)werk* (Rodnagel 1848: 286), ferner

Öl(baum)zweig³⁴ (Behaghel 1917: 12), Schwefel(zünd)holz (Miedel 1919: 55³⁵), Brief(schrift)steller (Henzen 1965: 262), Vietnam(spiel)film (Ortner/Ortner 1984: 100) oder Sani(tä[te]r)zelle, Fern(melde)amt, Fern(leitungs)wärme, Lösch(wasser)teich, Zünd(schalter)schlüssel, Blas-/Streich(instrumenten)musik (Fleischer/Barz 1995: 104, 113), die Fleischer/Barz sämtlich zu den (multisegmentalen) Kurzwörtern zählen und unter der Bezeichnung »Klammerform« subsumieren (ibid.: 220). Auch Altmann/Kemmerling (2000: 41) rechnet Fern(melde)amt den Kurzwörtern zu, allerdings etwas unscharf³⁶ zusammen mit Ku(rfürsten)damm und Deo(dorant)spray als »Kopf-Schwanz-Wort«. Wie Fleischer/Barz bezeichnet Wellmann in der DUDEN-Grammatik von 1984 die Reduktionskomposita noch als Klammerformen und differenziert bereits drei Typen: Klammerformen mit reduzierter mittlerer Konstituente (Typ Öl(baum)zweig), mit Affixtilgung (Typ Wohn(ungs)bau) und mit ausgesparter Konjunktion und (Typ Haus(und)hofmeister). Kobler-Trill (1994: 99 ff.) grenzt diese Formen von den Kurzwörtern mit der Begründung ab, dass für eine Zurückführung auf eine nicht lexikalisierte Wortgruppe ein »Basislexem« (s.u.) fehlt, das sie als Voraussetzung für Kürzung im Sinne von Kurzwörtern ansieht. Sie plädiert für eine Fortführung der Verwendung des Terminus »Klammerform«, um diese Bildungen so von anderen elliptischen Wortbildungen wie Feinbäckerei (s. hierzu Wellmann 1984: 447) zu unterscheiden, bei der etwa das Substantiv einer attributiven Konstruktion getilgt worden ist.

Ähnliches ist nicht nur bei Komposita zu beobachten, sondern auch bei Derivata, genauer: bei solchen Komposita, bei denen eine Kompositionskonstituente einer Derivation zugrunde liegt. So ließe sich annehmen, dass in Leichenschau (< ?Leichenbeschau) und Getreidebau (< Getreideanbau) die Derivationspräfixe be- und an- getilgt worden sind. Allerdings ist Leichenbeschau im großen Wörterbuch der deutschen Sprache (Duden 2000) erfasst³⁷, sodass es vor dem Hintergrund der Lexikalisierung als selbstständige Vollform anzu-

---

34 Ferner Ölberg, Ölblatt. Behaghel weist darauf hin, dass Ölzweig bereits im Mhd. belegt sei, und stellt für die »eigenartige Gattung von Zusammensetzungen« fest, dass »ein Teil des ersten Gliedes erspart wird« (Behaghel 1917: 12), und begründet diese Tilgung u.a. wenig überzeugend mit der alliterativen Figur bzw. mit der Vermeidung derselben, die er als prototypisch für das Deutsche ansieht: der »Abneigung der Deutschen, benachbarte Glieder von Zusammensetzungen mit demselben Laut beginnen zu lassen« (ibid.). Weitere Beispiele, die von Behaghel bereits genannt werden, finden sich vor allem im Bereich der Nahrungsmittel/Speisen: Palm(kern)öl, Kokos(nuss)butter, Kalbs(fleisch)brühe/-röllchen, aber auch Wirts(chaft)garten, Berg(werks)knappe/-recht, Sonn(tag)abend, Feld(berg)see, ahd. bereits Bis(chofs)tum.
35 zit. n. Kobler-Trill 1994: 100.
36 Fernamt unterscheidet sich von Ku'damm insofern stark, als bei letzterem kein Morphem, sondern nur ein Morphemteil gekürzt worden ist.
37 Hingegen in der 5. Auflage (2003) nicht mehr.

sehen wäre und damit tatsächlich die Kürzung einer semantischen Dublette vorläge. Kobler-Trill behandelt jedoch diejenigen Varianten, bei denen die zweite Konstituente gekürzt ist, ebenfalls als Sonderformen von Komposita und begründet ihre Entscheidung damit, »daß die Kürzung hier nur ein Affix betrifft« (Kobler-Trill 1994: 103). Die Tatsache, dass einer Konstituente eine Ableitung zugrunde liegt, blendet sie hierbei mit der Begründung aus, dass nur »geringfügig« gekürzt werde bzw. eine Konstituente aus einem geringfügig gekürzten Bestandteil bestehe. Häufiger vertreten sind Tilgungen beim Erstglied, beispielsweise bei *Bindewort*, *Rückweg* oder *Sonderzug*. Als Kürzungen sind diese allerdings nicht anzusehen, da **Verbindewort*, **Zurückweg* und **Besonderszug* nicht gebildet werden können und für Wortbildungsprozesse spezifische Morphemvarianten (*besonders/sonder-*, *zurück/rück-* etc.) zur Verfügung stehen. Die Wahl ist hier auch nicht beliebig, sondern obligatorisch an die determinierenden Wortarten gebunden: *zurückholen, zurückziehen, zurückgehen* (Verben) vs. *Rückholung, Rückzieher, Rückgang* (Substantive).

Nicht in diese Reihe gehören spezifische substantivische Komposita, die Kobler-Trill zusammen mit den vorerwähnten Fällen behandelt. Hierzu gehören einerseits Komposita, die auf Verbstämmen beruhen, andererseits solche, die an der Kompositionsfuge Veränderungen erfahren haben. Die substantivischen Bildungen mit verbaler Konstituente (Deverbativa) basieren im Regelfall auf dem Verbstamm und nicht auf flektierten Bestandteilen (abgesehen von Konversionen wie *[das] Schnellgehen/Überlaufen*): *Baugrube, Bohrloch, Tastsinn*. Dass *Warteliste* hiervon keine Ausnahme darstellt, zeigt bereits die Unmöglichkeit von **Wartenliste, *Bauengrube, *Bohrenloch*. *Tastensinn* würde aus oben genanntem Grund auch nicht etwa als ›tastender Sinn‹, sondern als ›Sinn mit/für Tasten (eines Instruments)‹ gedeutet werden. Die Standardinterpretation ist beim substantivischen Kompositionssuffix *-en* nicht {Infinitiv}, sondern {Plural}. *Warteliste*, welches Kobler-Trill von Ortner/Ortner (1984) übernimmt, beruht daher auch nicht auf dem Infinitiv *warten* (mit getilgtem *n*), sondern auf dessen Stamm *wart-*, dem aus phonologischen Gründen ein Fugenelement angehängt worden ist.

Neben diesen Abgrenzungsschwierigkeiten zu ähnlichen Reduktionsphänomenen gibt es gleichwohl mehr oder weniger übereinstimmende Kriterien, die für Definitionen herangezogen werden, wenn man von Hofrichters (1977) genannter Entwicklungsfolge und den für sie erforderlichen Grundannahmen absieht. So sind Vollform und Kurzform zum Zeitpunkt der Bildung formal obligatorisch, auch wenn sich Kurzformen mit der Zeit verselbstständigen können *(ARD)*. Hierbei ist die Reihenfolge der Bildung üblicherweise festgelegt: Ausgehend von einer Vollform wird die Kurzform abgeleitet, wobei mitunter Kurz- und Vollform auch parallel gebildet werden – etwa bei Bezeichnungen oder Gesellschafts-/Vereinsnamen. Zu einer Vollform können auch mehrere Kurzformen bestehen, z.B. *Aa, ArbA* zu *Arbeitsamt, Krkhs., Kh., Krh.* oder *Krhs* zu *Krankenhaus, Trafo, T, TF* oder *Tr* zu *Transformator* (Beispiele aus Hofrichter 1977: 15) sowie etwa *Fewo, Fe.wo., Fe/Wo, Fe'Wo, Ferienwhg.* und *Ferien-Whg.* zu *Ferienwohnung*, die im Kleinanzeigen-Korpus (s. Kap. 4.2.3.1 und 4.2.9.1) enthalten sind, wobei in der Regel ein bis zwei Kurzwort- *(Trafo; Fewo)* mehreren Abkürzungsvarianten *(T, TF; Fe/Wo, Ferienwhg.)* gegenüberstehen.

Ein weiteres übliches Definitionskriterium neben der oben genannten Bedingung, dass das Kurzwort kürzer als die Vollform sein muss, ist, dass es aus dem Graphembestand der Vollform bestehen muss (Kobler-Trill 1994: 14; zum Wortstatus s. 18ff.). Kurzwörter können ferner nicht nur auf Wörtern basieren, sondern auch auf Wortgruppen *(SPD* vs. *LKW)*. Dies ist bei so genannten Akronymen der Fall, die auf den ersten Graphemen der einzelnen Wörter der Wortgruppe bestehen *(Europäische Union > EU)*. Kobler-Trill fasst die Vollform daher unter den Terminus »Basislexem« (ibid.: 15), da damit ausgesagt ist, dass es sich um lexikalisierte Wörter und Wortgruppen handelt (bzw. handeln muss). Von der Terminologie abgesehen treffen diese Aspekte weitgehend auf Akzeptanz.

Unterschiedliche Auffassungen gibt es wiederum bei der typologischen Einordnung von Kurzwörtern, wobei viele Kategorisierungen auf Bellmann (1977/1980) zurückgehen. Um nicht dessen verschiedene Typologien darzustellen, soll hier diejenige von Bellmann in der überarbeiteten Fassung von Kobler-Trill (1994) verwendet werden.

Grundlegend unterteilt Kobler-Trill Kurzwörter nach der Anzahl der Segmente, die den Vollformen oder Basislexemen entnommen worden sind (ibid.: 63). Getrennt werden unisegmentale von solchen Bildungen, die aus mehreren Segmenten bestehen (multisegmentale Bildungen), d.h. mehreren Stellen des Basislexems entnommen worden sind. Diese Unterscheidung ist sinnvoll, da zwischen den Bildungstypen erhebliche Unterschiede bestehen – vor allem bei der Semantik (s.u.). Unisegmentale Kurzwörter sind leichter auf ihre Vollformen zurückzuführen, da sie aus einem, in der Regel größeren, Segment bestehen und daher nicht auf Anfangsbuchstaben verschiedener Morpheme zurückgehen, sondern auf mehrere Buchstaben eines Morphems: *(Omni) Bus, (Bet)Tina, Micha(el)*. Je nach Position der entnommenen Zeichenfolge kann zwischen Kopf-, Rumpf- und Endwörtern[38] unterschieden werden:

---

38 Auch als »Schwanzwörter« (Lohde 2005: 55, Altmann/Kemmerling 2000: 41, Hofrichter 1977: 31 etc.) bezeichnet.

3.1 Morphologie/Lexikon

Uni(versität) gilt als Kopfwort, da nur der (hier nicht morphologisch-semantisch zu verstehende) Kopf des Lexems gewählt worden ist, während *(Omni)Bus* ein Endwort ist, da das Kurzwort aus dem Wortende besteht. Auch aus dem Mittelteil können Zeichenfolgen entnommen werden, um Rumpfwörter zu bilden; sie sind »nur« (Kobler-Trill 1994: 65) bei der Reduktion von Vornamen zu finden: *(E)Lisa(beth), (Se)Basti(an), (The)Resi(a)*. Besonders transparent sind unisegmentale Kurzwörter, wenn die gekürzten Bestandteile mit freien Morphemen übereinstimmen, was etwa bei den Kopfwörtern *Hoch* (< Hochdruckgebiet) oder *Korn* (< Kornbranntwein/-schnaps) und bei den Endwörtern *Platte* (< Schallplatte/Langspielplatte) oder *Kerze* (< Wachskerze) der Fall ist – sofern solche Formen als Kurzwörter gefasst werden (was hier nicht der Fall ist; s.u.). Während bei Endwörtern in aller Regel eine Kürzung eines Determinativkompositums auf das Determinatum vorliegt und dadurch das Genus nicht verändert wird, kann es beim Kopfwort durchaus zu anderen Genuszuweisungen kommen, als dies beim freien Morphem der Fall ist, was Kobler-Trill (1994: 65) zu Recht als Indiz dafür ansieht, dass es sich um ein Kurzwort handelt und nicht um eine Bedeutungsspezifizierung eines Lexems, welches mit dem Kopfwort übereinstimmt. So ist mit *das Korn* das Getreidekorn gemeint, während *der Korn* auf den Branntwein referiert. Allerdings ist dies kein Prozess, den die Sprachteilnehmer und -teilnehmerinnen zum Zwecke der Disambiguierung durchgeführt haben, sondern schlicht der Tatsache geschuldet, dass das Genus durch den (grammatischen) Kopf festgelegt ist, der beim Kurzwort zwar getilgt wird, aber per definitionem als implizite Form erhalten bleibt (ebenso wie im Bereich der Syntax bei Ellipsen). Der Genusunterschied ist also nicht mit differenzierender Funktion eingeführt, sondern berücksichtigt den konservierten, mitgedachten Kopf der Vollform (vgl. *der Kornschnaps, Reisschnaps, Birnenschnaps* vs. *das Weizenkorn, Dinkelkorn, Roggenkorn* sowie *Ober* < *Oberkellner, Hoch* < *Hochdruckgebiet*). Ein prototypisches Kopfwort ist allerdings nicht aus vollständigen Morphemen gebildet, sondern nur aus Morphemteilen: *Info(rmation), Bib(liothek), Zoo(logischer Garten)*.

Wenn beim Endwort eine sehr weit gefasste Definition angesetzt wird, lassen sich prinzipiell bei allen Determinativkomposita aus freien Morphemen bestehende Kurzwörter ausmachen, denn sämtliche Reduktionen der Komposita auf die Köpfe wären demzufolge Endwörter. Allerdings führt bereits Bellmann (1980: 369) an, dass es sich bei einem solchen Bildungstyp nicht um »einzelwortspezifische, lexikalisierte Bildungen« handelt, sondern um generell mögliche und oftmals auch problemlos verwendbare Bildungen, da ko- und kontextspezifisch aus den Bedeutungsvarianten (*Haus* < Reihenhaus, Ferienhaus, Einfamilienhaus, Vogelhaus etc.) die korrekte Bedeutung erschlossen werden kann. Diese Art Rückführung des Kompositums auf sein Determinatum soll daher nicht der Kurzwortbildung zugerechnet werden, wenngleich sie selbstverständlich eine sprachökonomische Variante zur vollständigen Form darstellt. Auch hier bestehen aber wieder Sonderfälle wie *Platte* (< *Schallplatte*)[39], bei denen nur schwerlich von parallel existierenden Varianten und noch weniger von der Vollform als Regelfall gesprochen werden kann, sodass sie durchaus den Kurzwörtern zugerechnet werden könnten (vgl. Wellmann 1980: §694). Der prototypische Fall des Endwortes ist dennoch der reduzierte Vorname *((Doro)Thea, (Jo)Achim)*.

Auch bei Kopfwörtern stellen Vornamen einen häufigen Typ dar. Allerdings rechnet Kobler-Trill (1994: 68) gegen ihr Definitionskriterium, das Kurzwort müsse aus Graphemmaterial der Vollform bestehen, einen besonderen Derivationstypus hinzu: Suffigierungen mit -*i* und, seltener, -*o (Sponti, Pulli, Fascho)*. Begründet wird dies mit dem synchronen Bildungsverfahren, denn es gibt weder *Spont noch *Pull noch *Fasch, sodass Kürzung und Suffigierung als nicht voneinander unabhängige, trennbare Prozesse angesehen werden können. Als Einschränkung führt sie allerdings Beispiele wie *Sponti* und *Alki* an, die gegen das Definitionskriterium der lexikalischen Dublette verstoßen (ibid.: 132 f.). So sei *Sponti* nicht aus ›spontaner Mensch‹ gekürzt und abgeleitet, sondern Greule (1983/4: 217) folgend von ›Angehöriger einer spontaneistischen linken Gruppe‹, und zudem durch »Transposition« bzw. Konversion gebildet. Damit sei die Voraussetzung eines zugrunde liegenden Basislexems nicht erfüllt. Dies gelte auch für *Zoni, Fundi, Grundi, Depri* und *Kino*, bei denen zwar etwa *Kino* von *Kinematograph* abgleitet worden ist, jedoch nicht in dieser Bedeutung verwendet wird, sondern für das erst später entstandene Lexem *Lichtspielhaus* (Kobler-Trill 1994: 133). Während diese Unterscheidung recht schwerfällig, aber nachvollziehbar erscheint, wirken Fälle wie *Zoni* oder *Depri* ›überinterpretiert‹ und umständlich, denn neben ›Bewohner der militärisch besetzten Zone‹ ist auch ›Zonenbewohner‹ als Basislexem für *Zoni* denkbar und neben ›an Depressionen leidender Mensch‹ für *Depri* ›Deprimierte(r)‹, auch wenn Zonenbewohner bzw. Deprimierte(r) (noch?) nicht in einem Wörterbuch geführt wird[40]. Es sei an dieser Stelle angemerkt, dass es sinnvoll erscheint, insbesondere vor dem Hintergrund des ausgesetzten Kriteriums, dass das Buchstabenmaterial der Kurzform aus dem der Vollform stammen muss, -*i*- und

---

39 Üblicher ist bei *Platte* ohnedies die multisegmentale Kurzwortbildung *LP*.
40 Die Lexikalisierung in Abhängigkeit von der Auflistung in einem Wörterbuch wie dem DUDEN zu sehen, erscheint nicht als ausschließliches Kriterium sinnvoll, da vor allem bei neueren Bildungen einige Jahre oder Auflagen vergehen können, bis sie in diesem Sinne »lexikalisiert« sind. Zudem können umgangssprachliche Varianten oder Regio-/Soziolekte nicht immer erfasst werden.

3.1 Morphologie/Lexikon

-*o*-Bildungen nicht uneingeschrankt den Kopfwörtern zuzurechnen, sondern sie als Sub- oder separaten Typ zu führen, wie dies etwa beim Typ *U-Boot* der Fall ist (unfreier gekürzter Bestandteil, Näheres dazu s.u.).

Neben die unisegmentalen Kurzwörter kann die große Gruppe der **multisegmentalen Kurzwörter** gestellt werden, die insbesondere durch den Typ *LKW* – mit Anfängen (meist Initialen) von Morphemen – repräsentiert werden (s.u.). Daneben schafft Kobler-Trill (1994: 69 ff.) eine weitere Kategorie der **partiellen Kurzwörter**, zu denen sie all jene Kurzwörter zählt, deren letzte, meist zweite, unmittelbare Konstituente ungekürzt bleibt (z.B. *E-Werk*). Um sie von den strukturell ähnlichen **Kurzwort-Wortbildungen** abgrenzen zu können *(VW-Werk)*, bedarf es noch der Einschränkung, dass die gekürzte Form »nicht isoliert in dieser Bedeutung« (Kobler-Trill 1994: 71) vorkommen darf. Während Kobler-Trill für die oben genannten -*i*- und -*o*-Bildungen die Prozesse Kürzung und Suffigierung als parallele annimmt, entscheidet sie sich hierbei gegen die von Fleischer/Barz (1992: 222) aufgestellte Gleichzeitigkeit von Kürzung und Komposition. Grund hierfür ist die Beschaffenheit des Basislexems, welches als komplexes Wort (Kompositum) oder Wortgruppe lexikalisiert und erst in einem zweiten Schritt reduziert worden ist, was bedeutet, dass – an einem Beispiel demonstriert – ein Basislexem *Schutzkontaktstecker* bereits existieren muss, bevor es auf *Schukostecker* reduziert wird. Als Kurzwort-Wortbildung kann *Schukostecker* anders als *NATO-Truppen*, *UKW-Radio* und *Bus-Transfer* nicht eingeordnet werden, da **Schuko* kein Kurzwort ist, d.h. nicht frei vorkommt und damit auch nicht als entsprechende Konstituente in eine Wortbildung eingehen kann.

Über die Frage der typologischen Einordnung hinaus bleibt das Problem, warum dieser Bildungstyp nicht ungebunden vorkommt. Warum wird *Durchgangszug* auf *D-Zug* gekürzt, nicht aber *D* für *Durchgang* verwendet *(D verboten!)*? Warum wird *UV* nicht isoliert verwendet, sondern entweder in Form einer Komposition *(UV-Licht)* oder als Vollform *(ultraviolett)*. Noch deutlicher ist dies bei *H-Milch* für *haltbare Milch*, wo eine Paraphrasierung wie **Diese Milch ist h* ausgeschlossen ist. Dieser Frage nachzugehen, würde hier zu weit führen, doch erscheint Hofrichters Annahme, Kurzwörter würden sich aus Abkürzungen entwickeln, zumindest für diese Bildungen folgerichtig und als Grund für die obligatorische (lautliche) Gebundenheit stichhaltig. Synchron lassen sich zumindest Fälle finden, die entsprechend gebildet und isoliert nicht reduziert artikuliert werden: *WE-Planung (Wochenendplanung*, aber **['ve:'e:])*, *SW-Wind (Südwest-Wind*, aber **[ɛs've:])*. Weder *WE* noch *SW* lassen sich (zumindest zweifelsfrei) als Kurzwörter einordnen und dennoch ließen sich beide Wortverbindungen als Kurzwörter klassifizieren.

Zuletzt sei noch erwähnt, dass Bildungen wie *T-Träger* oder *U-Eisen* zwar strukturell mit partiellen Kurzwörtern *(U-Boot)* und überdies Kurzwort-Wortbildungen *(SPD-Obmann)* verwandt sind, jedoch nicht zu den Kurzwörtern gehören, da *T* und *U* (in diesen Fällen) ikonischen Charakter haben, d. h. auf die Ähnlichkeit der Form referieren und nicht aus einer Vollform gebildet sind.

Bei der Gruppe der multisegmentalen Kurzwörter werden im Regelfall die Kurzwortsegmente durch die Anfänge der Morpheme des Basislexems gestellt. Hierbei spielen besonders auch Wortgruppen eine große Rolle, wobei auch gebundene Morphemintialen in das Kurzwort übergehen können *(PTZ < Polytechnisches Zentrum, ABS < Antiblockiersystem)*. *ABS* steht auch als Vertreter für die Übernahme von Konstituentenanfängen von Wortbildungsprodukten. Kobler-Trill (1994: 72 ff.) führt für die Abweichung von der Regel der Morphemanfänge den Terminus »besondere Kurzwörter« ein, die sich folglich dadurch auszeichnen, dass die Kurzwort-Segmente nicht von Morphemanfängen herrühren, sondern von Silben(anfängen) (Tbc < Tuberculose), vom Ende *(DAX < Deutscher Aktienindex)* oder von anderen Stellen des Basislexems *(Btx < Bildschirmtext)*.

Die Regeltypen der multisegmentalen Kurzwörter stellen die große Gruppe der Initialkurzwörter, Silbenkurzwörter sowie Mischkurzwörter. Wie bereits beschrieben, sind sie aus den Morphemanfängen der Basislexeme gebildet, und sie lassen sich durch die Art der entnommenen Segmente differenzieren: **Initialkurzwörter** bestehen aus der (und genau einer) Initiale des Basislexemmorphems *(ZDF)*, während die entnommenen Segmente der **Silbenkurzwörter** (im Kurzwort) silbisch sind *(Fuzo < Fußgängerzone)*; die Silben im Kurzwort müssen hierbei mit denen des Basislexems nicht übereinstimmen (**Fußzo;* zu den phonotaktischen Gesetzmäßigkeiten s. Kobler-Trill 1994: 76 ff.). Zu den **Mischkurzwörtern** zählen alle anderen Fälle von multisegmentalen Kurzwörtern, die zwar aus Morphemanfängen bestehen, jedoch weder aus Initialen des Basislexems noch silbisch im Kurzwort sind *(Gema < Gesellschaft für musikalische Aufführungs- u. mechanische Vervielfältigungsrechte, Awo < Arbeiterwohlfahrt)*. Als weiterer Vertreter kann auch *AStA (< Allgemeiner Studentenausschuss)* genannt werden. Sprachökonomisch ist hierbei nicht nur die Großschreibung der Morphemanfänge (*A, S* und *A*), sondern auch die (häufig realisierte) Übernahme von *St* anstelle der Initiale *S* (s. bereits Bergstrøm-Nielsen 1952: 6), was die Anzahl potenzieller Morphemanfänge stark reduziert und damit die Rekonstruktion der Vollform vereinfacht.

Initialkurzwörter können, falls sie durch einen Vokal silbisch sind, mit dem Lautwert der einzelnen Buchstaben ausgesprochen werden, was allerdings keine Notwendigkeit darstellt. Während *TÜV* üblicherweise nach dem Laut-

3.1 Morphologie/Lexikon

wert ausgesprochen wird, konnten bei *SARS* beide Varianten beobachtet werden, obgleich sich nach anfänglicher Dominanz von ['ɛsˌaːˌɛr'ɛs] die Variante ['zars] durchgesetzt hat. Eine Erklärung könnte ein funktionaler Blick auf die unterschiedliche Aussprache sein. Erstens verliert *SARS* mit ['zars] den offenkundigen Kurzwortcharakter und wird als einzelnes Wort wahrgenommen – anstelle einer Wortgruppe. Im Hintergrund spielt dabei der Übergang des Wortes von der (medizinischen) Fachsprache in die Umgangssprache eine Rolle, was mit dem Schwinden der Transparenz (Demotivierung) und damit mit der Kenntnis der Vollform in Verbindung steht bzw. der Tatsache, dass jeder einzelne Buchstabe das Initial einer Wortgruppe ist. Sprachökonomisch ist dies dennoch, da zum einen ein medizinischer Terminus von Laien verstanden und aktiv verwendet wird, selbst wenn nur eine grobe Vorstellung von der Bedeutung (hier: virale Krankheit) besteht; zum anderen, weil das Kurzwort tatsächlich auch erheblich stärker als ein Wort interpretiert und angesehen wird. Damit verbunden ist zweitens die Beschränkung auf einen Wortakzent entgegen der nicht-silbischen Aussprache mit dem Lautwert der Buchstaben, die sich mit vier Akzenten[41] deutlich aufwändiger gestaltet. Transparent wird die Aussprache nach Lautwert oder der Übergang dahin oftmals an der Graphie *(SARS > Sars, AIDS > Aids; APO > Apo)*. Bereits variantenlos ist *Ufa (< Universum-Film-AG)*, im umgekehrten Fall ist bei einigen Initialkurzwörtern die Aussprache nach Lautwert ausgeschlossen: *FU, LUH, TU* (Ausnahme: *TUD < TU Darmstadt), EU*.

Besonderheiten bei der Aussprache liegen auch bei Homophonie vor, wobei lautliche Übereinstimmungen mit Eigennamen vorherrschen *(KATRIN < Karlsruhe Tritium Neutrino Experiment, Erna < Elektronische Nachrichtenvermittlungsanlage, OBST < Osnabrücker Beiträge zur Sprachtheorie, LINSE < Linguistik-Server Essen)*. Ferner existieren Kurzwörter, bei denen die Buchstabennamen ausgeschrieben sind, wie dies bei *Edeka*[42] (ursprünglich von *Einkaufsgenossenschaft deutscher Kolonialwarenhändler*) oder *KaDeWe (< Kaufhaus des Westens)* der Fall ist.

Variierende Schreibung/Aussprache wie bei *UN* und *UNO* oder gar Synonyme sind kein typisches Merkmal von Kurzwörtern (im Gegensatz zu Abkürzungen, s.o.). *UNO* wird tendenziell eher frei stehend für die Organisation verwendet, *UN* als erste Konstituente in Wortbildungskonstruktionen *(UN-Embargo, UN-Bericht)*, wobei UN auch isoliert gebraucht wird *(Italien sorgt für*

---

41 Angenommen werden zwei Haupt- und zwei Nebenakzente.
42 *Edeka* wird trotz des über die Initialen hinausgehenden Buchstabenmaterials als Initialkurzwort klassifiziert, da die Vokale auf die Aussprache zurückgehen resp. darauf, dass das Kurzwort graphisch so realisiert ist, wie es artikuliert wird. Bei *KaDeWe* wird dies dadurch hervorgehoben, dass die Initialen Majuskeln sind.

Eklat bei UN)⁴³ und *UNO* in Kurzwort-Wortbildungen *(UNO-Bericht, Uno-Umweltprogramm, UNO-Gericht)⁴⁴*. Trotz der Aussprachevarianten ['un] und [uːˈɛn] ist erstere blockiert durch das homophone Negationspräfix *un-*, wodurch *UNO* bei Lautwertverwendung obligatorisch ist.

Anders als Kobler-Trill verwendet Greule (1996: 200) für die partiellen Kurzwörter den Terminus »gebundene Kurzwörter« und subsumiert darunter nicht nur diejenigen Bildungen, deren gekürzter Anteil nicht isoliert (ungebunden) vorkommen kann *(U-Boot)*, sondern auch *i*-derivierte Kurzformen wie *Sponti, Trabi, Ami*, die nur in Form einer Kombination mit ihrem Derivationssuffix erscheinen können *(*Spont, *Trab, *Am)*. Der Terminus mag als Deckmantel für die oben genannte Definitionsproblematik angesehen werden, denn die *-i*-Bildungen, die um die auf *-o* erweitert werden müssen, gelten seit jeher als problematisch, da sie zumeist einem allgemein akzeptierten Definitionsbestandteil von Kurzwörtern nicht standhalten: dass sie aus dem Zeicheninventar ihrer Vollformen bestehen müssen. Das in *Trabi* gefasste *i* ist in *Trabant* nicht enthalten und das *o* in *Fascho* nicht in *Faschist*. Greules Zuordnung dieser Typen zu den gebundenen Kurzwörtern, deren Stamm nicht ungebunden auftritt und die auch keine Komposition eingehen, sondern im selben Bildungsprozess abgeleitet werden, hält die Definition in gewissem Rahmen aufrecht.

Als Alternative ließe sich eine Variante von Kurzwort-Wortbildungen annehmen (im Allgemeinen als Kompositionsprodukt aus Kurzwort und freiem Morphem gefasst, vgl. *AKW-Gegner*), wobei an deren Bildungsprozessen keine freien lexikalisierten Kurzwörter beteiligt wären, sondern gebundene lexikalische, die mit gebundenen Derivationssuffixen wie *-i* und *-o* kombiniert würden. Dennoch sollte »Kurzwort-Wortbildungen« als Terminus für einen motivierten Bildungstyp mit zwei trennbaren Prozessschritten reserviert bleiben. Möglich wäre weiterhin, die derivierten Bildungen als Variante besonderer Kurzwörter (wie *Btx, Tbc*) zu führen, doch referiert Kobler-Trill mit dem Sonderstatus auf solche Bildungsmuster, bei denen die Kurzwortelemente nicht aus Morphemanfängen bestehen (s.u.). Will man diesen Argumentationsstrang nicht aufweichen, sollte vermutlich eine neue Bezeichnung verwendet werden; denkbar wäre etwa »affigierte Kurzwörter«, »derivierte Kurzwörter«, »Kurzwortderivate« o.Ä. Von Vorteil wäre hierbei, dass die Kriterien für Kurzwörter gewahrt blieben und gleichzeitig den Wortbildungsprozessen Rechnung getragen würde (über den morphologischen Status von *-i* und seinen Varianten s. Köpcke 2002; einen allgemeinen – nicht definitionskritischen Überblick – über *-o* gibt Zehetner 2004).

---

43 Beleg aus dem Korpus »Fahrgastfernsehen«.
44 In den eigenen Korpora nicht belegt; Quellen (der Reihenfolge gemäß): TagesAnzeiger.ch, Financial Times Deutschland, espace.ch.

3.1 Morphologie/Lexikon

Bei der Semantik der Kurzwörter ist vor allem zweierlei von Bedeutung: Zum einen ist die Kurzform per definitionem eine lexikalische Dublette der Vollform, d.h., dass mit *SARS* auf denselben Inhalt verwiesen wird wie mit *Severe Acute Respiratory Syndrome*. Der Unterschied liegt vor allem im Verlust der Motiviertheit seitens der Kurzwörter, der sich besonders an Initialkurzwörtern wie *SARS* ablesen lässt. Außerhalb der medizinischen Fachwelt ist nur in äußerst geringem Umfang damit zu rechnen, dass Probanden die (korrekte) Vollform nennen können. Zum zweiten kann es zu einer Fehlinterpretation kommen, was sich bei *D-Zug* zeigt (< Durchgangszug; als Schnellzug umgedeutet). Diese zum Teil durch Reanalyse erfolgte Fehlinterpretation ist eine Folge der Demotivierung, zeigt sich aber vielfältig und vor allem bei nicht-nativer Lexik *(LCD-Display* statt korrekt *LC-Display, RAM-Speicher* statt *?RA-Speicher/-Memory)*. Bei der heute korrekten Form *DIN-Norm*[45] ist zu vermuten, dass die dauerhafte Nennung von *DIN-Norm* (für *Deutsche Industrienorm-Norm*) zur Änderung der Vollform in *Deutsches Institut für Normung* geführt hat. Die Beispiele deuten bereits darauf hin, dass insbesondere Initialkurzwörter von Fehlinterpretationen betroffen sind, da sie die höchsten Reduktionsquotienten aufweisen.

Im Rahmen der verfolgten Fragestellung liegt der Vorteil von Kurzwörtern auf der Hand: Sie, und insbesondere die große Gruppe der multisegmentalen, und hier wiederum vor allem die Initialkurzwörter, reduzieren Wörter und ganze Wortgruppen auf überschaubare, meist leicht zu artikulierende Wortdubletten, die ihrerseits ökonomisch für weitere Wortbildungsprozesse verwendet werden können *(Besucher des Heinz-Nixdorf-Museumsforums > HNF-Besucher)*. Selbst Kurzwörter können untereinander/miteinander verbunden werden, was allerdings in nur wenigen Fällen praktiziert wird oder mit solchen Kurzwörtern geschieht, die nicht mehr oder nur bedingt als solche wahrgenommen werden *(PTT-Bus*[46]*, ICE-Info, Auto-TÜV*, aber auch *SPD-OB*; vollständig usualisiert und lexikalisiert bei *Autobus)*. Kurzwörter können darüber hinaus rekursiv strukturiert sein, d.h. ein Kurzwort kann in ein Kurzwort eingehen (*UIC = UEFA* (< Union Européenne de Football Association) + Cup). Erkauft wird diese räumliche Ökonomie mit dem qualitativ unökonomischen Verlust an Motiviertheit, wobei unisegmentale Kurzwörter *(Uni(versität))* zwar davon nicht ausgenommen sind, jedoch weitaus besser rekonstruierbar sind als multisegmentale (vor allem Initialkurzwörter) oder gar rekursive.

---

45 *DIN-Norm* kann im Grunde nur paraphrasiert aufgelöst werden zu *Norm des Deutschen Instituts für Normung*, da *?Deutsches-Institut-für-Normung-Norm* ungrammatisch erscheint.

46 *PTT* ist das Kurzwort zu *Schweizerische Post-, Telefon- und Telegrafenbetriebe* (bis 1998).

3.1.2.1.5 Wortkreuzungen

Neben den Kurzwörtern existiert eine weitere Variante der reduzierenden Wortbildung, die von Kurzwörtern und Komposita abzugrenzen ist. Wortkreuzungen (zum Teil auch mit den Termini Portmanteaubildung, Kofferwort, Kontamination, Wortverschmelzung, Amalgamierung oder engl. blend(ing) belegt)[47] sind Reduktionsformen, die aus zwei Konstituenten bestehen und miteinander verbunden werden. »[A] blend involves a telescoping of two or more separate forms into one, or, rarely, a superposition of one form upon another. It usually contains overlapping and preserves some of the meaning of at least one of the source words, though sometimes so much of the roots are lost that a blend is unanalyzable.« (Cannon 1986: 730) Eine Wortkreuzung nimmt eine Stellung zwischen einem Kompositum (C = A + B), einer Derivation (C = A + x) und einem Kurzwort (C = A') ein, wobei selten auch Verben *(gruscheln[48])* und Adjektive *(fahradiesisch)* gebildet werden. Die Verbindung zur Komposition besteht bei der Wortkreuzung im Zusammenfügen zweier lexikalischer Morpheme, wobei jedoch Kompositionsprodukte ungekürzt[49] bleiben *(Kur-Urlaub* vs. *Kurlaub).* Mit Kurzwörtern gemeinsam haben Wortkreuzungen, dass die Ursprungslexeme (genauer: mindestens eines der beiden) gekürzt bzw. miteinander verschmolzen sind (im Detail s. unten); im Gegensatz zu Kurzwörtern ist Kontamination jedoch notwendigerweise geknüpft an zwei Konstituenten,

---

47 Der Terminus Wortkreuzung bezeichnet einmal den Prozess der Wortbildung und weiterhin das Produkt selbst. Einer Differenzierung, wie sie z.B. zwischen »blending« und Kontamination vorgenommen wird, soll hier nicht gefolgt werden (synonym etwa auch bei Steinhauer 2000: 7; einen terminologischen Überblick gibt Cannon 1986: 727), wenngleich »Kontamination« auch für entsprechende psychische Fehlleistungen verwendbar ist. Der Terminus Wortkreuzung wird im Folgenden als Oberbegriff für verschiedene Bildungstypen (die in einer Typologie binnendifferenziert werden) verwendet. Mit Amalgamierung wird zum Beispiel auch auf mit Initialen gebildete Wörter referiert, mit Kofferwort (engl. *trunk word*) auf Kurzwörter wie engl. *bus* und *pants* (von *pantaloons*; Vachek 1961: 22); darüber werden als Synonyme für Wortkreuzung Portmanteau(-Bildung) verwendet (von Lewis Carrolls »Through the Looking-Glass«, S. 126f.), Kontamination (bereits Paul 1995/1880: 160f.), das eher für unbeabsichtigte Fehlleistungen steht, Wortschmelzung und Wortmischung (Hansen 1963: 123) und vor allem engl. *blend(ing)* bzw. *blend words* (z.B. Bergström 1907, Pound 1967, Cannon 1986, Ronneberger-Sibold 2006 etc.) sowie frz. *mot-valise* (Grésillon 1984).
48 Aus grüßen und kuscheln (Quelle: studiVZ).
49 Bei der alten Rechtschreibung gab es allerdings eine Ausnahmeregelung, die die Reduktion eines von drei Konsonanten verlangte, wenn diese durch Komposition zusammentreffen und unmittelbar ein Vokal folgt (*Schiffahrt): Diese Bildungen erfüllten im Prinzip das ökonomische Prinzip, da sie eindeutig rekonstruierbar und kürzer als die Einzellexeme waren – allerdings nur quantitativ, da hierzu ein Regelwerk erlernt werden musste, sodass diese Praxis in der Summe als (qualitativ bedingt) unökonomisch gelten muss.

3.1 Morphologie/Lexikon

während Kurzwörter auf ein Wort oder eine Wortgruppe zurückgehen und selbst je nach Kürzungsart und -grad unmotiviert sein können (stärker formuliert bei Schulz 2004). Von der Derivation unterscheiden sich Wortkreuzungen in der Beschaffenheit der Morpheme, denn Letztere verlangen freie Morpheme, während Derivation mit unfreien Morphemen verläuft: bei *motorig* wird *-ig* suffigiert, während bei der Wortkreuzung *Schiege*[50] das Wort *Schaf* mit *Ziege* verschmolzen wird.[51] Gemäß der oben begonnenen Schematisierung ergibt sich für Wortkreuzungen die Formel C = A' + B' als Prototyp, wobei auch A' + B und A + B' mögliche Bildungsvarianten sind (zu definitorischen Aspekten s. auch Schulz 2004: 294f., 299f.).

Wortkreuzungen sind vielfach nicht usualisiert oder nur temporär im Lexikon verankert und nehmen seit den 1960er Jahren zu; dies gilt sprachübergreifend auch für das Englische (Bryant 1974; Cannon 1986). Sie dienen oft der kreativen Wortzusammenführung oder sollen als ›Schlagwort‹ etwas kurz und prägnant, mit einem gewissen Sprachspiel, darstellen. Nur selten finden sie Eingang in Wörterbücher, wie dies für die viel zitierten Belege *Smog* (Smoke + Fog) oder *Kurlaub* (Kur + Urlaub) gilt.

Wie der meist synonym verwendete Begriff »Kontamination« bereits andeutet, ist die Wortkreuzung im Regelfall gebunden an haplologische Bestandteile bzw. deren Verkürzung, d.h., identische oder ähnliche und damit zweifach vorhandene Laut- bzw. Zeichenfolgen werden auf einen Bestandteil reduziert: Bei *Kurlaub* wird das doppelt vorhandene <ur> bzw. [uːɐ] (K<u>ur</u> + <u>Ur</u>laub) auf eine Laut- bzw. Zeichenfolge reduziert, bei *Brangelina* das <a> (Br<u>a</u>d [Pitt] + <u>A</u>ngelina [Jolie]) bzw. [æ][52]. Zeichen- und Lautfolgen zwischen den Schnittmengen werden notwendigerweise getilgt. Häufig bilden letzte Grapheme oder Phoneme die Schnittmenge, wie dies bei *Soundeluxe* (Soun<u>d</u> <u>d</u>eluxe) oder *Aquarena* (aqu<u>a</u> <u>a</u>rena) der Fall ist. Allerdings sind Schnittmengen bei Wortkreuzungen nicht obligatorisch, weshalb sie sich als notwendiges Definitionskriterium nicht eignen. So sind in *Olivonnaise* (Oliven~~öl~~ + ~~May~~onnaise) und *Bluccoli* (Blu~~menkohl~~ + ~~Bro~~ccoli) keine haplologischen Bestandteile enthalten. Entscheidendes Differenzierungskriterium ist folglich die Verwendung von Morphemteilen in mindestens einem Fall *(Kur[Ur]laub)* anstelle von bei der Komposition verwendeten ungekürzten Morphemen. Mit Schulz (2004: 294) zeichnen sich Wortkreuzungen nicht nur durch Tilgung aus, son-

---

50 Ein Schaf-Ziegen-Mischling.
51 Zweifelsfälle stellen Konfixe wie *bio-* dar *(Biogurke)*.
52 Dies gilt nur bei engl. artikulierter Aussprache; bei ›deutschsprachiger‹ Artikulation stimmen <a> bei Br<u>a</u>d und <u>A</u>ngelina nicht überein, da Angelina [a] im Dt. lexikalisiert ist, Brad [æ] hingegen nicht, sodass im Grunde ein anderer Kürzungstyp vorliegt (Tilgung des ersten Bestandteils bei vollständiger Übernahme, Br~~ad~~ + *Angelina)*.

dern auch dadurch, dass das Wortbildungsprodukt »stets den Morphemen und Silben nach kürzer als die Summe der Ausgangselemente« ist. So ist *Teuro* zweisilbig, während *teuer* und *Euro* zusammengefasst vier Silben aufweisen. Die oben genannten Beispiele *Soundeluxe* und *Aquarena* wären in Folge seiner Definition keine Wortkreuzungen. Allerdings führt Schulz als Beleg auch *Tragikomik* an, bei dem ebenfalls keine Silbenreduktion eintritt (Tragik + Komik), sodass dieses Merkmal zumindest nicht uneingeschränkt als Definitionskriterium geeignet ist.

Typologisch betrachtet gibt es eine Vielzahl an (morphologisch und phonologisch determinierten) Arten von Wortkreuzungen, die insbesondere vor dem Hintergrund der Segmentierbarkeit[53] nach Schulz (2004: 295300) in drei Gruppen eingeteilt werden können (eine Typologie für das Englische bietet Cannon 1986: 742)[54]: Die erste Gruppe bilden solche Wortkreuzungen, bei denen beide Ausgangswörter phonemisch vollständig erhalten geblieben sind, der mittlere Bestandteil jedoch haplologisch verkürzt ist, sodass die Bezeichnung »haplologisch verkürzte Komposita« (Meid 1977: 444) für Fälle wie *Sündenfallobst*, *Arbeitslosgewinn* und *Sparschweinerei* treffend ist. Aber auch partielle Bestandteile – unabhängig bzw. unterhalb von Morphemen und Silben – können übereinstimmen und haplologisch gekürzt werden, wie dies bei den bereits erwähnten Fällen *Tragikomik*, *Netzeitung*[55] sowie bei *Snoblesse* und *Sexperte* der Fall ist, wo sich Einzelgrapheme/-phoneme (<k>, <z>) oder Folgen derselben (<nob>, <ex>) überlagern.

Daneben lassen sich solche Bildungen stellen, bei denen nicht letzte und erste Bestandteile identisch sind, sondern ausschließlich erste (*Wirtschaftstiefwunder* aus Wirtschaftstief + Wirtschaftswunder) oder letzte (*Christfindelkind* aus Christkind + Findelkind). Schulz (2004: 297) zählt diese Sonderfälle ebenso zu den Wortkreuzungen wie solche, bei denen ausschließlich phonemische, nicht jedoch graphemische Übereinstimmung herrscht wie bei *Tortour* (Tortur + Tour), *Schlawiener* (Schlawiner + Wiener) oder gar *Bibliothe-Karin*, *Highdelberg* (ibid.: FN 43). Hier werden jedoch keine Wörter gekreuzt bzw. es liegt kein Wortbildungsprozess vor; es wird vielmehr wie bei einigen

---

53 Nach Schulz (2004: 295) gleichgesetzt mit Dechiffrierbarkeit.
54 Cannon unterscheidet grundsätzlich zwischen sich überlappenden und sich nicht überlappenden Wortkreuzungen und geht von vier deutlichen Typen sich überlappender Wortkreuzungen aus: 1. kein Quellwort bleibt erhalten (*Dixican* aus Dixie und Republican), 2. beide bleiben erhalten (*autopia*), 3. das letzte Wort bleibt unverändert (*biathlete*) sowie 4. das erste Wort bleibt intakt (*beefalo*). Bei sich nicht überlappenden setzt er zwei grundlegende Basistypen an: Die Fusion 1. findet an einer Silbenjunktur statt (*stagflation*) oder 2. ändert die Silbenjunktur (*linar*; aus line + star).
55 Sofern *Netzeitung* aus Netz + Zeitung gebildet ist (alternativ: hybrides Kompositum aus engl. net + Zeitung).

3.1 Morphologie/Lexikon

elektronisch vermittelten Kommunikationsformen (Chat, IM etc.) mit (emuliertet[56]) Homophonie sprachspielerisch umgegangen: so wird *-tur* zu *-tour* verfremdet, da ein homophones Äquivalent mit anderer lexikalischer bzw. überhaupt einer Bedeutung existiert, das eine semantische Erweiterung ohne zusätzlichen phonemischen Aufwand ermöglicht. Damit wird dem veränderten Ausgangslexem eine zusätzliche Bedeutung beigefügt, die es beispielsweise negativ konnotiert (die Tour wird zur *Tortour*) oder Eigenschaften zuschreibt (die Literatur(veranstaltung) *Literatour* findet mehrmals und an verschiedenen Orten statt), wobei die Belege zeigen, dass sowohl im vorderen als im hinteren Teil Veränderungen erfolgen können. In den Bereich der Wortbildung, zumindest den der Wortkreuzung, sind diese Bildungen jedoch nur schwer einzuordnen.

Die zweite große Gruppe bilden Wortkreuzungen, bei denen nur eines der Ausgangswörter vollständig phonemisch und/oder grafisch erhalten und erkennbar ist. Hierzu zählen solche Kreuzungen wie *wortschrittlich* (Wort + fortschrittlich), die eine Übereinstimmung im Silbenkern und im rechten Silbenrand der ersten Silbe der Ausgangswörter aufweisen. Beim Typ *Fortschrott* (Fortschritt + Schrott) hingegen ist der rechte und linke Silbenrand in einer Silbe der beiden Ausgangswörter identisch und es wird der Silbenkern des kürzeren in die Silbe des längeren Ausgangswortes eingesetzt. Als dritte Subart nimmt Schulz (2004: 298) eine inhomogene Restgruppe an, bei denen wie im Fall von *Denglisch* (Deutsch + Englisch) Silben- oder Morphemgrenzen partiell missachtet werden.

Die dritte große Gruppe schließlich bilden Wortkreuzungen, die sich durch zwei unvollständig erhaltene bzw. nicht in Gänze erkennbare Ausgangswörter auszeichnen. Sie können – als eine Subgruppe – noch partiell konsonantische oder vokalische Übereinstimmungen zwischen den Ausgangswörtern aufweisen, wie dies bei *Demokratur* (Demokratie + Diktatur) mit /at/ bzw. <at> der Fall ist, müssen es aber nicht: So besteht die zweite und letzte Subkategorie aus Kreuzungen, bei denen der Anfang des ersten Ausgangswortes und das Ende des zweiten miteinander verbunden werden (*Tausendnöter*[57], aus Tausendsassa + Schwerenöter), ohne dass Silbengrenzen beachtet werden müssen (*schlug*, aus schlau + klug; *Schiege*, aus Schaf + Ziege).

---

56 Emuliert aus dem Grund, da das Sprachspiel die Schreibvariante erfordert; ohne diese würde eine Differenzierung von etwa [tuɐ] gar nicht stattfinden.

57 Bei *Tausendnöter* ist der Status als Wortkreuzung fraglich. Es könnte auch eine Kontamination sein.

Semantisch handelt es sich bei Wortkreuzungen in erster Linie um gleichrangige, nebengeordnete Lexeme *(Caplette* vs. *Tapsel)*[58], also um eine kürzende und verschmelzende Variante der Kopulativkomposita, bei denen ebenfalls die verbundenen Bestandteile mehr oder minder gleichbedeutend sind *(schwarz-weiß ≈ weiß-schwarz)*. Es gibt allerdings Determinationen, die wie bei Determinativkomposita den Kern näher bestimmen *(Netizen)* oder nachgelagert sind *(Soundeluxe)*.

Weitere Beispiele sind: *Prekariat*[59] (prekär + Proletariat), *Caplette*[60] (Capsel + Tablette), *Beautival*[61] (Beauty + Festival), *Lacryl* (Lack + Acryl). Kontaminationsprodukte können rekursiv, d.h. selbst wiederum für Wortkreuzungen verwendet werden, wie dies in *smust* (engl. *smog* (smoke + fog) + dust)[62] geschehen ist. Diese Produkte rekursiver Wortkreuzung sind jedoch äußerst selten und gehen letztlich vermutlich auf eine Analogiebildung oder nacheinander, d.h. in zwei zeitlich auseinander liegenden Schritten durchgeführte Kreuzung zurück[63].

In Bezug auf Sprachökonomie erscheinen Wortkreuzungen auf den ersten Blick eher als unauffällig mit nur geringer Ersparnis an Zeichen oder Lauten. Der Vorteil liegt in der punktuellen Möglichkeit, mehrere Inhalte mit nur einem Ausdruck zu vermitteln *(Literatour)*, ohne eine sie verbindende Konjunktion einsetzen zu müssen. Darüber hinaus können Neubildungen geschaffen werden, die auf bekanntes Lexemmaterial zurückgehen, wodurch neue Inhalte mit vorhandenem, oft auflösbarem Sprachmaterial bezeichnet werden können *(Caplette)*. Ferner ist es möglich, negative Bedeutungen (als Konnotate) quasi entschärft einfließen zu lassen, ohne die Lexeme vollständig nennen zu müssen *(Prekariat)*. Weniger der Sprachökonomie zugerechnet werden kann die so

---

58 Die Bevorzugung der Bildung *Caplette* (Kapsel + Tablette) anstelle von *Tapsel* oder *Tabsel* hängt vor allem mit dem Grad der Motiviertheit und phonologischen Gründen zusammen (vgl. Cannon 1986: 742 ff.). So ist *Caplette* kon- und kotextimmanent deutlich besser zu dekodieren, d.h. auf die Ursprungswörter zurückführbar als *Tabsel* oder *Tapsel*. Darüber hinaus besteht bei *Tapsel/Tabsel* unvorteilhafte phonische Ähnlichkeit zu ugs. *tapsen* ›mit dumpfen Lauten gehen‹.
59 Fachbegriff aus der Armutsforschung.
60 Whitehall-Much, »Centrum« (Nahrungsergänzungsmittel); interessant ist hierbei die lautliche Ähnlichkeit von [p] und [b], sodass beinahe von einer Haplologie gesprochen werden könnte.
61 Verkaufsoffener Sonntag zum Thema Wellness und Fitness (Rundblick Garbsen/Seelze v. 7.2.2007, S. 7).
62 Beleg aus der SZ vom 12.10.2006, S. 22. Dass *Smust* nicht aus *smoke* (sondern *smog*) und *dust* gebildet ist, beschreibt u.a. das Magazin Discover im Artikel »Raw Data: A Moon Full of Smust« (Netlink 430).
63 D.h. zuerst wurde vermutlich *Smog* gebildet und erst danach, in einem weiteren Schritt, daraus *Smust*.

3.1 Morphologie/Lexikon

geschaffene Möglichkeit, wortspielerisch tätig zu werden *(Sexperte)*; allerdings kann auf spielerische/euphemistische Weise Ablehnung zum Ausdruck gebracht werden *(Demokratur)*. Durch den Regelverstoß, mindestens durch Tilgung der Konjunktion, kann Aufmerksamkeit erregt werden, weshalb Schlagzeilen in Presse und Werbung mitunter Wortkreuzungen aufweisen.

Um eine Wortkreuzung als sprachökonomisch einordnen zu können, muss sie jedoch mühelos in ihre beiden Bestandteile zerlegbar und müssen ihre Ausgangslexeme unschwer zu rekonstruieren sein, zumindest zum Zeitpunkt einer etwaigen Lexikalisierung *(Smog)*. Diese Rekonstruktion kann erleichtert werden durch den Einbezug der semantischen Umgebung, kann aber in isolierten Wortformen zu Schwierigkeiten führen – insbesondere bei Kreuzungen des dritten Typs, denn dessen »Auflösbarkeit kann nur durch das Wiedererkennen eines Segmentes und das Ergänzen zum einen Ausgangslexem und durch das darauffolgende Erraten des zweiten auf der Suche nach semantischer Nähe zum ersten gelingen« (Schulz 2004: 300). Wenn die Wortkreuzungen wie im Fall von *Denglisch* oder *Grufthansa* leicht zu dechiffrieren sind, stellt ein solcher Wortbildungstyp ein ökonomisches Verfahren dar, zwei Lexeme miteinander (ohne Konjunktion) zu verbinden und dabei auch noch Phonem-/Graphemmaterial einzusparen.[64]

3.1.2.1.6 Konstituentenreduktion bei Determinativkomposita

Der Prototyp der Komposition – der der nominalen Wortbildung im Deutschen generell – ist das Determinativkompositum. Es zeichnet sich morphologisch dadurch aus, dass (bei jeweils binärer Bildung) die nachfolgende und am Prozessende die letzte Konstituente den grammatischen Kopf der Bildung stellt und semantisch die Bedeutung festlegt. Mit anderen Worten handelt es sich bei der rechten unmittelbaren Konstituente jeweils um Kopf und Kern, bei der linken um einen rein semantischen Modifikator. Ein *Waldarbeiter* ist damit genauso ein Arbeiter wie ein *Feldarbeiter, Schwerarbeiter* oder *Leiharbeiter*; *Wühlmäuse, Waldmäuse, Feldmäuse* sind spezifische Arten von Mäusen; *Feldarbeiter, Feldmäuse, Feldhamster* oder *Feldhase* sind hingegen keine Varianten von Feldern, sondern Arbeiter, Mäuse, Hamster und Hasen, die im oder auf dem Feld arbeiten/leben. Davon gibt es zwar Ausnahmen, diese sind jedoch meist etymologischer Art, bei der die Wortbildung auf Ähnlichkeit oder Unkenntnis beruht (so ist eine *Fledermaus* eben keine Maus).

---

64 Dass Kontamination ein sprachübergreifendes Phänomen ist, zeigen die zahlreichen (zum Teil bereits genannten) englischsprachigen Belege (*Paralympics, Frenglish, Smog, Brunch, Brangelina*). Auch im Italienischen sind Wortkreuzungen üblich und mit *domattino* (ital. do<u>ma</u>ni + <u>mattino</u> – ›morgen früh‹) sogar eine lexikalisierte Variante.

Im Umkehrschluss bedeutet dies – vom rein quantitativ-ökonomischen Standpunkt aus betrachtet –, dass eine Reduktion auf die letzte Konstituente von Determinativkomposita (Kopf und Kern) problemlos möglich ist, wenn sich mit der Spezifizierung durch das Determinans keine neue, metaphorische oder andere nicht-wörtliche Bedeutung ergibt (vgl. *Fledermaus*[65]). In dem Satz *Die Arbeiter roden Bäume* ist es so unproblematisch möglich, von *Arbeiter* auf *Waldarbeiter* zu schließen, da Bäume in entsprechender Anzahl einen Wald ergeben und das Roden von Bäumen genuine Aufgaben von Waldarbeitern darstellen. Weinrich spricht in diesem Zusammenhang von (der Musiksprache entlehnten) »Coda-Bildungen« (Weinrich 2003: 928 f.).

Auch der andere Fall ist möglich, also die Beschränkung auf den Modifikator, sofern es sich um unikale, selten verwendete oder situativ eindeutig festgelegte Morpheme handelt: Ein Satz wie *Gib mir mal eine Brom/Him rüber* könnte ohne Weiteres rekonstruiert werden, da {Brom} und {Him} unikale Morpheme sind. Das Beispiel wirkt ungewöhnlich, handelt es sich schließlich um die Tilgung von Kopf und Kern, ist es jedoch keineswegs bei Vorerwähnung des reduzierten Grundmorphems oder in Situationen, in denen die Rahmenbedingungen strikt festgelegt sind, wie etwa bei einem Arztgespräch oder Verkaufsstand für Eis: *Was hättest du denn gern? — Schoko, Erdbeer, Vanille.* Um Vorerwähnung handelte es sich, wenn die Frage *Welches Eis hättest du denn gern?* lauten würde; hierbei läge eine Adjazenzellipse vor, die kennzeichnend für gesprochene Dialoge ist. Inwieweit die Vorerwähnung als syntaktisch-semantische Tilgung zu interpretieren ist, muss offen bleiben. Dem Einwand jedoch, dass bei der Antwort eine Koordinationsellipse – grafisch mit Ergänzungsbindestrich markiert – vorliegt, kann insofern widersprochen werden, als hierbei der getilgte Bestandteil in einem, meist im letzten realisiert sein müsste *(Schoko-, Erdbeer- und Vanilleeis)*. Aber auch ohne Vorerwähnung ist ko- und/oder kontextbedingt eine Dekodierung durchaus möglich: *der King of Pop (Pop < Popmusik;* zur Begründung s.u.*)*.

Musikstile stellen insofern einen Sonderfall dar, als sie häufig ohne die Spezifizierung mittels *-musik* verwendet werden *(Jazz, Country, Hip-Hop, Pop)* oder entsprechende Bildungen sogar als fraglich angesehen werden müssen *(?Hip-Hop-Musik, *Blues-Musik)*. *Pop* nimmt hierbei eine besondere Stellung ein, da es nicht nur in der Bedeutung ›Musikrichtung‹ verwendet wird, sondern auch in der Kunst *(Popkunst,* spezieller *Pop-Art),* Literatur *(Popliteratur)* oder Mode *(Popmode)* geläufige Begriffe darstellen. Folglich wäre bei *Pop* zur Disambiguierung eine Spezifizierung der Art *Pop-x* notwendig, wobei *-x* für

---

65 Der Satz *Die Maus fliegt nicht vor Einbruch der Dämmerung* ist zwar grammatisch, nicht aber semantisch korrekt, da Mäuse per definitionem nicht fliegen können.

-musik, *-kunst* oder *-literatur* etc. stehen könnte. Zum einen scheint jedoch bei *Pop* eine Standardbedeutung vorzuliegen, was sich daran zeigt, dass *Pop* (ohne Spezifizierung oder situative Vorgaben) immer als *Popmusik* interpretiert wird, zum anderen daran, dass Lexeme wie *Popstar* oder *Popszene* stets im Rahmen der Musik verortet werden (Popkunststar). Als Ursache kann Verwendungshäufigkeit und die höhere allgemeine Bedeutung der Popmusik gegenüber der *Pop-Art* oder *Popmode* angenommen werden – eine qualitative Ökonomie also, die auf Häufigkeit und Wahrscheinlichkeit beruht, selbstverständlich aber wieder auch durch den Ko- und Kontext disambiguiert werden kann resp. muss. Entscheidender ist allerdings, dass *Pop* durch Genuswechsel eindeutig der Musik zugeordnet worden ist, denn Musikstile sind (nahezu) durchgehend Maskulina, während sowohl die Vollform als auch die Varianten *Pop-Art*, *-kunst*, *-literatur* und *-mode* Feminina sind. Erörtert wird dies in Kapitel 3.2.2.1 für Schiffsnamen *(die Bismarck/Gorch Fock/Brandenburg)*, starke Alkoholika *(der Korn/Whiskey/Martini)* und andere Wortfelder.

Einige Fälle wie *Dürrenmatt* < *Dürrenmatt-Text* stellen Grenzformen insofern dar, als sie auch auf Metonymie beruhen: *Dürrenmatt lesen* wird für *Texte von Dürrenmatt lesen* verwendet, *Berlin erhöht die Steuern* für *Die Bunderegierung (in Berlin) erhöht die Steuern*. Da Metonymie vorwiegend auf Tilgung in Wortgruppen zurückzuführen ist oder auf dem Austauschen von Lexemen *(Merkel* < *Bundesregierung)* beruht, ist die Grenze jedoch gut fassbar.

3.1.2.1.7 Klammerformen

Für Morphemtilgungen inmitten von Komposita (vgl. hierzu 3.1.2.1.4) besteht die Bedingung, dass mindestens (und meist sind es genau) drei Morpheme ein Kompositum bilden und es sich um ein Determinativkompositum handelt *(Voll[korn]mehl, Ziegen[milch]käse, Laub[holz]säge*, nicht kopulativ: **grün-[weiß]-rot)*. Grundsätzlich sind diese »Klammerformen« (Fleischer/Barz 1995: 220) unproblematisch für Produktion und Perzeption, da sie als solche in der Regel semantisch überdeterminiert, usualisiert und zum Großteil sogar lexikalisiert sind. Sie sind daher nicht nur quantitativ als ökonomisch einzustufen, da sie kürzer sind, sondern auch als qualitativ, da sie strukturell weniger komplex, zwei- statt dreimorphemig sind. Probleme bereiten allerdings durch die Kürzung entstehende unmotivierte Varianten wie *Grippe[schutz]impfung*, wo natürlich entgegen der wörtlichen Lesart nicht (für) eine Grippe geimpft wird, sondern gegen diese.[66]

---

66 In diesem konkreten Fall besteht allerdings ein interessanter Zweifelsfall, da ja tatsächlich Grippeviren gespritzt werden (allerdings immunisierend deaktivierte Viren).

3.1.2.1.8 Elliptische Reduktion in Wortgruppen

Äquivalent zur Reduktion auf Wortebene ist die bei Wortgruppen oder (festen) »syntaktischen Wortverbindungen« (Fleischer/Barz 1992: 10; hier enger gefasst als Jürgens 1994) möglich. Üblicherweise werden (analog zur Determinans-Tilgung) Attribute getilgt *(Tour [de France])* sowie – und das ist das Besondere – Kerne *([Piazza di] Navona;* s.u., vgl. auch 3.1.2.1.6); problemlos ist dies vor allem unter der Bedingung möglich, dass der beibehaltene Teil (in dem Verwendungskontext oder tatsächlich) monosemantisch ist: So ist der Eigenname der Volksmusikgruppe *Zillertaler Schürzenjäger* verlustfrei/-arm auf *Schürzenjäger* reduzierbar, da im Rahmen von Werbung – zudem mit Datums- und Ortsangabe eines Konzerts – die Bedeutung ›sexuelle Interessen verfolgender Mann‹ ausgeschlossen werden kann (ähnlich *Stones* < *Rolling Stones*). Bei diesen exemplarischen Tilgungen bleibt der Kern der Wortgruppe (i.d.R. eine NP) übrig, wobei dieser im Gegensatz zu Determinativ-Komposita nicht am rechten Rand der Wortgruppe *(Deutsche Bahn)* stehen muss, sondern sich auch inmitten *(FC Schalke 04)* oder wortgruppeninitial befinden kann (so etwa bei nachgestellten Attributen: *Hannover 96*). Wortgruppen können allerdings auch auf Attribute reduziert sein, wie dies etwa bei *Frankfurter Allgemeine* oder *Maasdamer* der Fall ist, womit der Kern getilgt wird *(Zeitung, Käse)*. Ebenfalls (enge) Appositionen können getilgt werden *(Brauhaus [Ernst August])* oder eine NP wird auf die Apposition beschränkt: *[Agent] 007*.

3.1.2.1.9 Negation

Um Missverständnissen vorzubeugen, ist Negation im Allgemeinen äußerst gut markiert, denn häufig handelt es sich bei negierten Aussagen semantisch um Oppositionen *(tot/nicht tot; hübsch/nicht hübsch)*, bei denen Missverstehen fatale Folgen haben kann. Während Negation syntaktisch mittels *nicht* realisiert wird, ist dies morphologisch über Affigierung *(un-tot, un-schön)* möglich (s. detailliert bei Clarenz-Löhnert 2004). Diese Markierung auf Wortebene hat den Vorteil, erheblich kürzer als die syntaktische Variante zu sein, geht allerdings zu Lasten der Eindeutigkeit. Dennoch tragen die negierenden Präfixe[67] – neben *un-* gibt es *miss-* (z.B. *missachten*) und das nicht-native *de(s)-/dis- (deaktivieren, disambiguieren)* – zumeist den Akzent *('unnachgiebig, 'deinstal|lieren,* aber *unbe'rechenbar)*, der die kürzeren Formen mit einem größeren Gewicht zu kompensieren vermag und damit ein Überhören erschwert.

---

67 Dass mit den genannten Präfixen reine Negation ausgedrückt wird, soll damit nicht gesagt sein; Näheres über semantische Aspekte einzelner Affixe liefern Fleischer/Barz 1995 (z.B. zu *miss-* auf den Seiten 201 f. bzw. 324).

3.1 Morphologie/Lexikon

Als gänzlich unökonomisch muss hingegen die Bildung von Antonymen bei bereits lexikalisierten Dubletten erscheinen, nur weil diese, wie soeben beschrieben, morphologisch gebildet werden können *(unsauber)*, ohne das mentale Lexikon durch ein zusätzliches Lexem zu belasten *(schmutzig)*. Allerdings sind einerseits zahlreiche Antonyme gar nicht bildbar *(*unkaputt, ?unnett)*, was meist als in der Blockierung[68] begründet gesehen wird; andererseits sind mit morphologisch gebildeten Antonymen oftmals Bedeutungsvarianten verbunden *(untot* vs. *lebendig)* oder es existieren mehrere bedeutungsdifferenzierende Varianten *(schmutzig, dreckig, schmuddelig, schmierig)*, die erwünschte Konnotationen (umgangssprachlich, abwertend etc.) oder eine spezielle Ausdrucksvariante und damit -vielfalt auf ökonomische Weise ermöglichen. Letztlich spielen dabei auch Public Relations und Faktoren wie Diplomatie oder ›political correctness‹ eine Rolle, wenn nämlich negativ konnotierte Lexeme durch Affigierung vermieden werden können: *Die Firma entwickelt sich unvorteilhaft* statt *Die Firma entwickelt sich nachteilig* bzw. *Die Geschäfte gehen nicht ungut* anstelle von ... *nicht schlecht*.

Extremfälle mit doppelter Verneinung wie *un-miss-verständlich* dienen hingegen nicht nur der Vermeidung negativ konnotierter Lexik, sondern auch der besonderen Herausstellung (*'nicht unverständlich*) oder leichten Abschwächung (*nicht 'unverständlich*), was durch Negation und anschließende Aufhebung derselben erzielt wird. In diesen Fällen ist die Wortkomplexität nicht unbedingt als sprachunökonomisch anzusehen, sondern sorgt – im Gegenteil – durch erhöhte Silbenzahl und Lautfolge bzw. Zeichenlänge für eine entsprechende Schwere (im Sinne von Nida 1970; vgl. auch Eisenberg 1998), ohne syntaktisch Entsprechendes auszudrücken.

Anders verhält es sich mit der Suffigierung von *-los*, die zwar ebenfalls Antonyme von Lexemen bildet *(hoffnungslos)*, die selbst allerdings nicht wortartstabil frei auftreten *(*hoffnung-ø*, aber *hoffnungsvoll/hoffnungsfroh)* bzw. eingeschränkt offen sind *(hilflos*, aber **hilfsvoll; antriebslos*, aber *?antriebsvoll)*. Es handelt sich hierbei fast ausschließlich um Desubstantiva (Fleischer/Barz 1995: 264), deren mögliche Ableitungen ökonomischer sind als Neubildungen, die das Lexikon stärker belasten würden.

Den Nutzen der (morphologischen) Negation bilden insofern nicht ausschließlich, aber vorwiegend solche negierten Lexeme, zu denen nicht bereits lexikalisierte Dubletten existieren, da das Lexikon andernfalls unnötig belastet würde. Der qualitative Aufwand erscheint vor dem Hintergrund unzähliger quantitativ ökonomischer Bildungen auf zumindest *un-* unbedeutend, wenn

---

68 So seien Bildungen wie *unkaputt* blockiert, wenn bereits eine Variante wie *heile* lexikalisiert ist (kritisch hierzu Plank 1981: 173 ff.; Fleischer/Barz 1995: 59 nennen darüber hinaus auch »begriffliche Relevanz« als Ursache für Blockierung).

dafür auf Neubildungen, Entlehnungen etc. verzichtet werden kann. Schwer zu entscheiden sind Fälle, in denen konnotative Unterschiede zwischen der negierten und der lexikalisierten Variante bestehen.

3.1.2.2 Vereinfachung, Entlastung des Lexikons

Neben der Reduktion, die unmittelbar quantitativ in Erscheinung tritt, existiert im Bereich der Morphologie auch qualitative Ökonomie, die sich durch simplifizierende Wortbildungsprozesse auszeichnet oder das Lexikon entlastet – thematisiert wurde dies bereits im vorangegangenen Abschnitt (Negation). Im Folgenden wird eine Auswahl an solchen Prozessen dargestellt: die unmarkierten Kausative, Rückbildung, Konversion, Analogie- und Reihenbildungen sowie Zirkumfigierung mit *ge-e*.

3.1.2.2.1 Unmarkierte Kausativa

In früheren Sprachstufen wurden Kausativa morphologisch markiert durch Umlaut *(trinken/tränken; nutzen/nützen)*. Neuere Kausative werden hingegen nicht mehr umgelautet, was nicht nur eine qualitative Vereinfachung durch Reduktion auf eine Stammform bedeutet, sondern auch mit einer Entlastung des Lexikons verbunden ist, da keine variierenden Stammformen für intransitiv/transitiv mehr gespeichert werden müssen. Kausativ ist nämlich eine Aktionsart, die mit dem Übergang eines intransitiven Verbs *(trinken, sinken, walzen)* in ein transitives *(jmd. tränken/etwas senken/etwas wälzen)* verbunden ist und die Bedeutung ›jmd. etwas machen lassen/bewirken, dass etwas geschieht‹ u.Ä. trägt. Die transitiven Verben werden heute jedoch nicht mehr markiert, wie dies etwa *landen* belegt: *Die Truppen landeten an der Küste* (intransitiv) wird im Kausativ zu *Man landete Truppen an der Küste* (transitiv).

3.1.2.2.2 Rückbildung

Wortbildungsprodukte können sich durch eine hohe (morphologische) Komplexität auszeichnen. So ist die Ableitung *Mürrischkeit* dreimorphemig *(murr[en] + -isch + -keit)* und damit ein relativ komplexes Verfahren, um das Verb *murren* zu substantivieren. Die Rückbildung setzt eben dort an und schafft – oftmals mittels (nativer) e-Suffigierung – eine gewisse Kurzform zur komplexen Ableitung, die im genannten Fall über den Umweg des Adjektivs läuft. Auch wenn hiermit keineswegs angedeutet werden soll, dass dieser Umweg umgangen werden könne, da Rückbildung hier nicht als konkurrierendes Wortbildungsverfahren betrachtet wird, sondern als Komplexität abbauende Reduktionsform zum abgeleiteten Verb/Adjektiv, so ergibt sich dennoch im Lexikon und bei der Perzeption nicht nur eine qualitative Vereinfachung (Femininum auf *e*). Auch quantitativ ist Rückbildung durch kürzere Laut- bzw. Zeichenfolgen ökonomisch. Qualitativ kann eine weitere Form von Ökonomie vorliegen, wenn durch die Reduktion ein Morphem eingespart und dadurch die Komplexität abgebaut wird.

Darüber hinaus kann es, besonders im Bereich Deutsch als Fremdsprache, zu einer Fehlinterpretation kommen, die auf der Formgleichheit von *-ig* + *-keit* einerseits und *-igkeit* andererseits beruht: *Helligkeit* etwa ist zweimorphemig (*hell* + *-igkeit*) und nicht dreimorphemig (**hellig*), obwohl dieser Zwischenschritt auch bei Adjektiven (und Adverbien) – wenngleich selten und nicht mehr produktiv – möglich ist (*lebend > lebend-ig > Lebend-ig-keit*[69]; vgl. Fleischer/Barz 1995: 258). Durch (grundsätzlich denkbare) Rückbildungen auf *Mürre* und *Helle* wird diese Unsicherheit umgangen, der Form-Funktions-Ikonismus gestärkt und die Segmentierung sprachlicher Einheiten erleichtert.

3.1.2.2.3 Konversion

Durch Konversion lässt sich ohne nennenswerten morphologischen Aufwand eine Wortart in eine andere überführen oder, wie es Henzen (1965: 234) formuliert, ein »Klassenwechsel von Wörtern in ihrer Normalform«, d.h., ohne dass Wortbildungsmorpheme wie bei Komposition oder Derivation daran beteiligt sind. Der unaufwändigste Vertreter dieser Art der Wortbildung ist die Transposition von infiniten Verben *(gehen, kaufen)* in Substantive, wobei die verbale Infinitivendung erhalten bleibt: *[das] Gehen, [das] Kaufen*. Diese deverbale Infinitivkonversion, zu der bereits Wilmanns (1899: 405) anmerkt, dass sie »das einfachste Mittel ist, jedes Verbum zu substantivieren«, kann insofern (qualitativ) als äußerst ökonomisch angesehen werden, als für sie im Lexikon kein *gesonderter* Eintrag vorgenommen werden muss, da eine semantische Dublette besteht, absolute Formgleichheit herrscht und die syntaktische Position Hinweise auf die Wortart geben kann; darüber hinaus zeigt in Schriftmedien, sofern – wie im Deutschen – eine Großschreibung von Substantiven vorgesehen ist, auch die Schreibung die Wortart an. Die konvertierte Form zeichnet sich insofern durch eine sehr hohe Transparenz aus und ist jederzeit eindeutig rekonstruierbar. Da im Englischen diese Art der Konversion

---

69 Eine Rückbildung auf **Lebende* im Sinne von ›herrschende Lebendigkeit‹ ist hier allerdings blockiert, da das Nomen agentis *Lebende* auf Grundlage des Partizip Präsens bereits in der Bedeutung ›Menschen, die leben‹ existiert. Beim Adverb *bald* liegt der Fall umgekehrt; hier ist das deadverbiale Adjektiv nicht mit *-keit* suffigiert worden *(*Baldigkeit)*, sondern unmittelbar rückgebildet worden: *bald > bald-ig > Bälde*.

außerordentlich produktiv ist, die Schreibung allerdings nicht differiert, müssen die Disambiguierung zwischen substantivischer - und Verbalform Artikel und Pronomen übernehmen (<laufen>, <Laufen>, aber <[I] run>, <[the/a] run>). Substantivierte Infinitive sind analog zu den im Englischen (morphologisch determinierten) Progressive-Formen auch für den Ausdruck des Progressiv-Aspekts im Deutschen ökonomisch grammatikalisiert (s. ausführlich bei Krause 2002; zur Grammatikalisierung s. Diewald 1997), da diese im Gegensatz zu anderen Sprachen im Flexionsparadigma keinen eigenständigen Platz erlangt haben, sondern mit präpositionaler Voranstellung gebildet werden: *sie ist am/beim Arbeiten (< sie ist gerade dabei, zu arbeiten)*.

Heute deutlich produktiver ist die Konversion partizipialer Adjektive wie *der Laufende, die Kaufende, der Spielende* (von *laufend, kaufend, spielend*). Dieses Verfahren dient u.a. der ökonomischen Bildung von movierten, im Rahmen der Syntax stark ökonomischen Formen *(die Vorsitzende*; vgl. auch Kap. 3.1.2.1.3), da Formgleichheit zwischen maskulinen und femininen Referenzformen besteht und somit nicht am Substantiv, sondern am Artikel oder Pronomen das Genus markiert ist.

Ähnlich der Infinitivkonversion verläuft die deverbale Stammkonversion, wobei Verbstämme in der Regel nur in Form des Singular-Imperativs isoliert vorkommen (zum ausnehmenden Phänomen der Inflektive wie *freu* und *grins* s. Teuber 1998 sowie Schlobinski 2001). Durch Konversion transponiert, werden sie in Form von Substantiven allerdings verwendet: *starten > Start, raten > Rat*. Hier gibt es jedoch Beschränkungen bei der Produktivität; oftmals sind Basen nur als Partikel- oder Präfixverben konvertierbar *([der] Vertrag)*, nicht jedoch die Stammform *([der] *Trag)*. Zahlreiche Transpositionen sind nicht zu den Konversionen im engeren Sinn zu zählen, da sie mit Vokalwechsel einhergehen *(gehen > Gang, schreiben > Schrieb)*. Fleischer/Barz (1995: 51) rechnen sie zu den Formen impliziter Derivation.

Auch die desubstantivische Konversion ist eine Möglichkeit, ohne lexikalisches Neuland Verben zu generieren *(neid-en, nerv-en)*, sofern – wie hier – die verbale Infinitivendung *-en* nicht als Derivationsmorphem, sondern als grammatisches Morphem angesehen wird[70]. Produktiv ist etwa die Bildung von Verben zu substantivischen Basen, welches insbesondere bei technischen Entwicklungen, da hier normalerweise Verben den substantivischen Bezeich-

---

70 Simmler (1998: 618ff., auch 598ff.) gibt einen Überblick über Konversion, Transposition und Derivation (mit *-en*) und ordnet den Inf. als Ableitung ein. Andere (Fleischer/Barz 1995, v. Polenz 1983: 60) ordnen ihn als zum Flexionsparadigma gehörend als Konversionsprodukt ein. Tatsache ist, dass *voipen* (von *VoIP*) und *holzen* (*Holz*) unproblematische Fälle darstellen, allerdings wird bei *stählen* (*Stahl*) und *häufen* (*Haufen*) nicht nur *-en* ergänzt, sondern auch der Stamm flektiert (*stahl > stähl*).

nungen neuer Produkte und Kommunikationsformen folgen, zu beobachten ist: So wird *Internet* oder *Wok* zu *internetten* resp. *wokken*[71] konvertiert, und selbst aus Kurzwörtern wie *VoIP* und *SMS* werden verbale Stämme gebildet, die allesamt schwach flektieren (*voip-en, sms-en/sims-en; ich voipe, wir voipen, er/sie voipt* etc.[72]). Auch hier gilt, dass teilweise die Basen nur in derivierter Form konvertiert werden können *(*muttern,* aber *bemuttern).*

Fleischer/Barz (1995: insbes. 212214) subsumieren auch Phrasenkomposita wie *[das] Sich-selbst-ehrlich-Sein* (»Konversion von Wortgruppen«) und *[das] Vergissmeinnicht* oder *[der] ohne-[uwe]-rom-vorbereitungs-abend*[73] unter Konversion (»Konversion von Sätzen«; vgl. 3.1.2.1.2).

Moser (1971: 99) führt auch *anthrazit* als Konversion an, was allerdings nicht unproblematisch ist, da das Adjektiv nicht direkt vom substantivischen *Anthrazit* in der Bedeutung von ›dichte, glänzende Steinkohle‹ transponiert ist, sondern auf eine Kürzung von *anthrazit[farben]* zurückgeführt werden muss.

Konversion ersetzt auch die – an sich bereits ökonomische – Bildung von Abstrakta auf *-heit, -ung* und *-keit (Frechheit, Durchgängigkeit* (Deadjektiva) und *Bearbeitung* (Deverbativum)). Bei infinitivischer Basis ist auf Kosten von *-ung (Befreiung)* zunehmend Konversion *(Befreien)* zu beobachten (von Polenz 1999: 368), was insofern ökonomisch ist, als es ohne Derivationssuffix (-ø) zu bilden und um ein geringes quantitatives Maß weniger aufwändig ist.

Im Englischen ist Konversion ein gängiges, fast unbegrenztes Mittel, das keinerlei Veränderung bedingt, da etwa Verben kein Infinitivsuffix tragen. So ist Konversion in Richtung Verb > Substantiv *([to] call > [the] call)* ebenso möglich wie in umgekehrter Weise *([the] draft > [to] draft)*, als auch etwa im Rahmen von Adjektiven *(dark > [the] dark).*

Konversion ist ein außerordentlich wichtiges morphologisches Mittel des Ausbaus und der Vereinfachung des Lexikons. Ohne neue lexikalische Stämme bilden oder entlehnen zu müssen, können auf nahezu triviale Weise Substantive zu Verben oder Adjektive konvertiert werden – oder vice versa. Hierbei ist die Ökonomie nicht nur qualitativer Art, sondern auch quantitativer, da durch Transposition oftmals auch Flexive erspart werden.

3.1.2.2.4 Analogie- und Reihenbildungen

Auch Analogie- oder Reihenbildungen entlasten das Lexikon dadurch, dass vorhandene Lexeme zur Bildung von neuen Wörtern herangezogen werden

---

71 Oder orthografisch angepasst: *wocken.*
72 Vgl. Abschnitt »Schwache Flexion bei nicht-nativer Lexik und Neologismen« in Kap. 3.1.3.2.3.
73 Beleg aus einer dienstlichen E-Mail; Vorname geändert.

und diese durch kongruente Strukturen transparent und motiviert, d.h., leicht dekodierbar sind. Als Analogiebildungen – Moser (1971: 100) spricht hier von »Parallel- und Gegenbildungen« – sind etwa *Hausmann (zu Hausfrau), Spätstück (Frühstück), Verfrühung (Verspätung), subjacency (adjacency), Stammstrecke* (zu *Stammgast*, Deutsche Bahn) zu nennen und vor allem Spezialfälle der Komposition, aber auch der Derivation *(verschreiben > vertippen)* anzusehen.

Im Rahmen der Volksetymologie entstehen durch Reanalyse auch unechte Analogiebildungen: So ist *Hamburger* unzulässigerweise[74] (vgl. auch Abschnitt 3.1.1.3.3) in *ham* und *burger* segmentiert und in der Folge analog dazu *Cheeseburger, Fis(c)hburger, Chickenburger* etc. gebildet worden. Gerade weil volksetymologisch angewandt, belegt dies eindrucksvoll die lexikalische Expansion durch Analogiebildung (ob korrekt segmentiert oder nicht).

Auf Analogie im weiteren Sinn beruht auch die Reihenbildung, die von Ortner/Ortner (1984: 181) genau dann als solche angesehen wird, »wenn eine Konstituente in Bildungen nach dem gleichen Strukturmuster sechsmal oder öfter vorkommt«. Eine Reihenbildung kann also bei einer Lexemspezifizierung auf Basis vorhandener Morpheme vorliegen, wie dies etwa bei Determinativkomposita zur Basis *Pendler* der Fall ist: *Fernpendler, Nahpendler, Einpendler, Auspendler, Binnenpendler* etc. (nach Moser 1971: 112).

Nicht nur bei der Wortbildung, auch bei der Flexion liegt Analogiebildung vor (s. 3.1.3).

3.1.2.2.5 Zirkumfigierung mit *ge-e*

Am Rande der Konversion gibt es Derivationstypen, die ebenfalls das Lexikon entlasten und transparent wie zahlreich gebildet werden können. Die desubstantivische Konversion vom Typ *voip-en* ist den zirkumfigierten Bildungen wie *Ge-tu-e, Ge-schlag-e, Ge-fahr-e* ähnlich, erzeugt nur im Gegensatz zu letzteren keine Substantive (aus Verben), sondern Verben (aus Substantiven). Auch wenn der Typ dem Partizip Perfekt ähnlich ist, so handelt es sich doch um eine andere, auf den Infinitivstamm zurückgehende Form, die nicht umgelautet wird. Auch handelt es sich hierbei nicht um eine Konversion von Verben mit präfigiertem *ge- (gehorchen, gebaren, gebieten)*, da **geflennen* (aber: *Geflenne*), **gehaben* (aber *Gehabe*), **geblöken* (aber: *Geblök(e)*) ungrammatisch sind; auf *ge-*

---

74 Tatsächlich geht *Hamburger* auf eine Hamburger Spezialität (»Hamburger Steak«) zurück, d.h. *Hamburger* ist ein lokales Adjektivattribut, dessen Beziehungswort getilgt worden ist (Kurzwort). Nicht attributiv aufgefasst wird *Hamburger* hingegen bei *ham-burger*, wo fälschlicherweise ein Kompositum angenommen wird. Bei einer vom etymologischen Standpunkt abstrahierten Sichtweise wären die Schritte bildungskonform.

präfigierten Verben beruhende Formen werden in der Regel nicht zirkumfigiert, sondern als Konversionen verwendet *([das] Gehorchen, Gebaren; ?Gehorche, ?Gebare)*. Wie bei Konversion und Derivation wird das Lexikon insofern entlastet, als vorhandene Lexeme nach einem bekannten (produktiven) Muster abgeleitet sind. Hierbei ist *Ge-[x]-e* ikonisch, sodass keine Disambiguierung erforderlich ist.

3.1.3 Flexion

Im Grunde sind Wortbildung und Flexion klar voneinander zu **unterscheiden**: Flexion dient der Kennzeichnung grammatischer Informationen *(Plural, Perfekt, Imperativ)*, Wortbildung der Vermittlung lexikalischer Informationen *(Baum, Wald, Reh)*. So gesehen bietet sich die Trennung dieser morphologischen Einheiten an. Allerdings ist diese Grenze nicht so trennscharf, wie dies auf den ersten Blick erscheinen mag, denn sowohl Wortbildung als auch Flexion nutzen den Prozess der Affigierung. Hierbei gilt zwar grundlegend, dass die Affixe von Wortbildungsprozessen (Derivationsaffixe) keine grammatischen, sondern lexikalische Informationen tragen *(frucht-bar;* zu Bedeutungsaspekten von Derivationsaffixen s. Fleischer/Barz 1995: 252 ff.)[75], allerdings sind einerseits die Bedeutungen von *-bar, -heit* und *-ig* nicht leicht zu erkennen, zumindest nicht transparent (wenngleich sich diese meist sprachhistorisch herleiten lassen). Andererseits lässt sich dem *-s* in *LKWs* eine Bedeutung zuschreiben: ›mehr als *ein*‹. Unbestreitbar ist jedoch, dass es sich hierbei um eine grammatische Information handelt, gleichsam wie *-(e)s* in *Hauses* Genitiv signalisieren kann. Vor dem Hintergrund dieser Unsicherheiten wird mitunter Flexion nicht von Wortbildung abgegrenzt, sondern stärker strukturell Komposition von Affigierung, wobei sowohl Flexions- als auch Wortbildungssuffixe in letztere Kategorie subsumiert werden. Dadurch entstehen andere Abgrenzungsprobleme, einfacher wird allerdings die Einordnung von (im anderen Fall) Zweifelsfällen wie Motion oder Komparation (Wortbildung oder Flexion?).

Trotz dieser Abgrenzungsschwierigkeiten wird nach der hier verfolgten Differenzierung davon ausgegangen, dass grammatische Information mittels

---

75 *-bar* etwa ist von ahd. *beran* (›gebären‹), mhd. *-bære* abgeleitet (Wilmanns 1899: 496) und heute als ›tragend, fähig zu tragen‹ zu deuten. Inwiefern sämtlichen ableitungsfähigen Affixen eine Bedeutung zuschreibbar ist (s. z.B. zu *ent-* Fleischer/Barz 2005: 322), muss offen bleiben, zumal wie im Fall von *ver-* verschiedene Suffixe mit je eigenen Bedeutungen in ein einziges Suffix überführt sein können (im Gotischen noch als drei voneinander getrennt geführten Präpositionen *faur* ›vor‹, *fra* ›weg‹ und *fair* ›heraus, hindurch‹; vgl. Fleischer/Barz 1995: 325).

Flexiven, die im Allgemeinen klaren Regeln unterliegen, angezeigt wird. So stehen diese stets rechts, d.h. folgen mit wenigen Ausnahmen (*Kind-er-chen;* vgl. 3.1.1.3.5) in Leserichtung den Derivationssuffixen, die dem Stamm näher sind. Sprachökonomisch spielt dies eine Rolle, da die interpretative Arbeit durch solche Regeln einfacher zu bewerkstelligen ist. Ziel dieses Kapitels ist es, auf diese Phänomene näher einzugehen.

3.1.3.1 Allgemeine Merkmale

Im engeren Rahmen, d.h. ausschließlich die Flexion betreffend sind über die bereits unter 3.1.1 genannten allgemeinen Merkmale hinaus weitere zu nennen: Fusion, der Abbau von Distinktion sowie der implizite Ausdruck semantisch unmarkierter Kategorien.

3.1.3.1.1 Impliziter Ausdruck

Im Deutschen existieren Voreinstellungen in Bezug auf Person, Zeit, Ort etc.; diese Referenzierungen sind vor allem mit dem Origo-Konzept Karl Bühlers in Verbindung zu bringen. *Hier, jetzt* und *ich* stellen gewissermaßen Defaults dar, die, sofern nicht explizit abweichend ausgedrückt, für das Sprechen und in Teilen auch das Schreiben (Storrer 2001; Dürscheid 2006) gelten. Dies ist im hiesigen Kulturkreis gebräuchlich, stellt aber keinesfalls eine generelle sprachübergreifende Regelung dar. So existieren im Vietnamesischen Personalpronomen nicht in der Form, wie sie das Deutsche kennt, mittels derer also üblicherweise auf eine Person (*ich, er* etc.) referiert werden könnte, sodass sprechende Personen durch aufwändigere Mittel entsprechende Referenzen auszudrücken haben (vom neutralen *tôi* ›ich‹ abgesehen). So bedeutet *con* ›Sohn/Tochter‹, wobei es irrelevant ist, ob dies der Vater, die Mutter oder der/Sohn resp. die Tochter äußert. Referiert wird absolut auf den direkten Nachkommen – ein Koordinatensystem, bei dem die Sprechenden im Nullpunkt verortet sind, existiert in dieser Form nicht.

Wenngleich das Absolute als die präzisere (explizitere) Form anzusehen ist, so ist sie dennoch aufwändiger, unökonomischer. Ein Sohn, der seine Eltern betrachtet und sagt: »Ich gehe«, adressiert dies implizit an die Eltern, sodass in einem relativen System eine explizite Adressierung nicht notwendig ist (anders im Vietnamesischen: *Bô me, con di* – wörtlich: ›Vater, Mutter, Sohn gehen‹).

Ähnliches ist im Deutschen im morphologischen Bereich verortet und in einigen grammatikalischen Ansätzen mit Nullallomorphen gefasst: Flexive, die Defaults ausdrücken oder eben »unmarkierte« Fälle darstellen, werden nicht explizit realisiert. Im Deutschen ist Singular der unmarkierte Fall und daher

3.1 Morphologie/Lexikon

nicht explizit markiert (*Haus* bzw. *Haus-ø*), wohingegen Plural den markierten Fall darstellt und explizit ausgewiesen ist *(Häuser)*. Dies gilt ferner für die deutschen Kasus, wobei der Genitiv am stärksten gegenüber dem Nominativ markiert ist *(Haus* vs. *Hauses)*, oder Personen, bei denen die 1. Person deutlich leichter als die zweite oder dritte oder diesen gegenüber unmarkiert ist *(wanke* vs. *wankst, wankt)*. Übertragen lässt sich dieser Grundsatz von »semantisch unmarkierten Kategoriengefügen« (Wurzel 2001: 396) auch auf Tempora, wobei Präsens in gewissen Kontexten als unmarkierter, Präteritum etwa als markierter Fall anzusetzen ist.

Sprachliche Ökonomie besteht darin insofern, als Default-Werte nicht mit sprachlichem Aufwand verbunden sind; anders formuliert: Das, was von einer Sprachgemeinschaft als Default – beispielsweise durch ein relatives System – angesehen wird, bedarf keiner expliziten Auszeichnung.

3.1.3.1.2 Fusion

Fusion ist das wichtigste Mittel, »um die Wörter morphologisch kurz zu halten, also um Morpheme einzusparen.« (Wurzel 2001: 395; ausführlich bei Ronneberger-Sibold 1980). Vor allem in agglutinierenden Sprachen können Sprachteilnehmer versuchen, »redundante Kategoriensymbolisierungen zu vermeiden; so werden beispielsweise im Ungarischen Pluralmorpheme bei mit einem Zahlwort verbundenen Substantiven wie in *öt hajó* ›fünf Schiffe‹ [...] oder Plural- und Kasusmorpheme bei attributiven Adjektiven wie in *nagy hajó-k-nak* ›den großen Schiffen‹« (ibid.: 396) realisiert.

Die Fusion eröffnet sprachliche Ökonomie auf qualitativer Ebene. Von Nachteil ist jedoch, dass mit dem Fusionieren mehrerer Morpheme zu einem neuen ein Verlust der Übereinstimmung von Form und Funktion/Bedeutung (s. Form-Funktions-Ikonismus, 3.1.1.3.4) eintreten kann, wenn etwa Homonymie entsteht oder dieselben Inhalte in unterschiedlichen Formen fusionierter Morpheme kodiert werden.

3.1.3.1.3 Abbau von Distinktion

Ein allgemein wirksames sprachökonomisches Mittel ist das des Abbaus von expliziten Angaben. So ist der Plural von *Häuser* redundant markiert, da sowohl die Wurzelflexion als auch *-er* Plural anzeigt. Distinktion kann aber auch dadurch vermieden werden, dass Defaults festgelegt werden; so weist *Häuser* nicht nur Pluralmarkierung, sondern im Vergleich zum Stamm *Haus* auch [-Singular] auf – Singular ist der unmarkierte Standard-Numerus (s. 3.1.3.1.1). Distinktion wurde in der Vergangenheit im Numerus an sich abgebaut, denn noch im Ahd. wies Numerus drei Kategorien auf: neben Singular und Plural den Dual[76]. Allerdings ist es qualitativ sehr aufwändig, für die Bedeutungsdifferenzierung ›mehr als 1, aber nicht 2‹ und ›2‹ eine Wortform in jedem Paradigma bereitzuhalten, zumal Numerale und Indefinitpronomen wie in *wir zwei/wir beide* dies ebenfalls explizit-analytisch zum Ausdruck bringen können. Der Aufwand, eine zusätzliche Kategorie im Lexikon vorhalten zu müssen, erscheint vor dem Hintergrund des Nutzens der Bedeutung, die auch syntaktisch wenig komplex ausgedrückt werden kann, zu hoch. Dies kann wiederum als Beispiel dafür gelten, dass Ökonomie sich nicht nur auf Quantitäten erstreckt, sondern ein höherer quantitativer Aufwand bei entsprechender qualitativer Entlastung hingenommen wird.

3.1.3.2 Vereinfachung, Herstellen von Ikonizität

Wie im Bereich der Wortbildung (z.B. bei der Rückbildung) kann es auch im Bereich der Flexion zum Abbau von Komplexität und Herausbildung von Ikonizität kommen. Als »Metabedürfnis« bezeichnet Ronneberger-Sibold (1980: 208) die Analogie, die etwa vom phonologisch bedingten Umlaut im Ahd. (*gast* > *gesti*, Umlauten vor *i/j*) zum morphologisierten Umlaut als Pluralmarker im Nhd. *(Mutter > Mütter)* geführt hat; anders formuliert sorgte das Analogieverfahren dafür, dass Wurzelflexion als Marker von Plural grammatikalisiert worden ist. Ähnliches lässt sich für das Plural-*s* im Englischen ausmachen, das ebenfalls aus dem Analogieverfahren entstanden ist.

Mit der Analogie einher geht die für den ökonomischen Sprachgebrauch nutzbringende Ikonizität, denn bei einem grammatikalisierten Plural-Umlaut im Deutschen oder einem grammatikalisierten Plural-*s* im Englischen stimmen Form und Funktion überein, was einen Beitrag für einen transparenten Sprachgebrauch leistet.

Die Vereinfachung von Wortformen bzw. Flexiven steht hiermit in einem engen Zusammenhang, denn Vereinfachung kann durch Herstellen von Ikonizität erfolgen. Auch der Abbau von bestimmten Morphemvarianten (Allomorphen) oder Formmerkmalen kann der Vereinfachung dienen.

3.1.3.2.1 Flexionsklassenwechsel

Was im Afrikaans, einer flexionsarmen Sprache, durch Ablautabbau durchgängig stattgefunden hat (Wurzel 2001: 390), ist im Deutschen nur für einige Verben und in einem langsamen Prozess zu beobachten: Starke Verben werden

---

76 Noch heute hat der Dual in baltischen, slawischen und in Indianersprachen Bestand.

3.1 Morphologie/Lexikon

in die Flexionsklasse der schwachen überführt. Von Vorteil ist, dass etwa die präteritalen Formen regelmäßig gebildet werden *(ich backte)*[77], im Gegensatz zu solchen unregelmäßiger Verben *(ich buk)*, und dass die »Schwere« (Eisenberg 1998: 151) damit abnimmt. Für das Englische haben Lieberman et al. (2007) 177 unregelmäßige Verben des Altenglischen untersucht und festgestellt, dass im Mittelenglischen von ihnen nur noch 145 Verben unregelmäßig waren, im heutigen Englisch nur noch 98 Verben. Berechnungen haben ergeben, dass unregelmäßige Verben zwar mit der Zeit in regelmäßige überführt werden, womit also dieser einfache sprachökonomische Grundsatz statistisch bestätigt wäre; der Wandelprozess verläuft allerdings umgekehrt proportional zur Häufigkeit ihres Gebrauchs, sodass gerade diejenigen Verben von der Regel ausgenommen sind, die besonders häufig verwendet werden (z.B. bei *sein*). In der historischen Sprachwissenschaft spielte diese Problematik der Ausreißer eine große Rolle, allerdings auch noch bei den Vertretern der Natürlichkeitstheorie (vgl. Mayerthaler 1977, 1980b; Dressler 1985; s. auch Kap. 2). Das Phänomen der Um-/Ablautung oder gar Suppletion ist nicht nur auf Verben beschränkt, sondern auch bei Adjektiven oder Pronomen zu beobachten *(viel, mehr, meist; ich, du, er, wir)*. Die Ursache hierfür könnte unter anderem in kognitiven Prozessen zu suchen sein, denn während die Wortformen häufig gebrauchter unregelmäßiger Wörter entsprechend häufig im mentalen Lexikon abgerufen und erinnert werden, der Gebrauch also keinen nennenswerten Aufwand verlangt, müssen die unregelmäßigen Wortformen selten verwendeter Lexeme mühsamer erinnert werden. Dass Gebrauchshäufigkeit über die Speicherung und Reaktivierung im Lexikon entscheidet, zeigt sich insbesondere beim Erlernen einer Fremdsprache.

Doch mit Unregelmäßigkeit ist nicht nur der Nachteil des mentalen Aufwands verbunden. Unregelmäßige Wörter sind häufig kürzer, folglich quantitativ ökonomisch. Dieser Nutzen kommt wiederum besonders dort zum Tragen, wo eine Wortform häufig verwendet wird (z.B. beim Verb *sein*); dies entspricht dem Ergebnis der umgekehrten Proportionalität (s.o.). Zudem herrscht auch qualitative Ökonomie, da häufige Verwendung mit verschleifender Artikula-

---

77 Das Verb *backen* kann derzeit zwar noch als starkes Verb eingeordnet werden, verliert jedoch zunehmend diesen Status, was die parallel realisierten Formen *backte/buk* verdeutlichen sollen. Als Alternative ergibt sich ohnehin die Verwendung analytischer Formen, sodass anstelle von präteritalem *backen* vermehrt auf Perfekt (finite Form von *haben* + *gebacken*) zurückgegriffen wird. Zudem ist an diesem Verb dokumentiert, dass der Stamm im Präsens nicht mehr umgelautet wird *(du bäckst => du backst)*; dieses Phänomen wird unter Leveling (paradigmatischer Ausgleich; vgl. Eisenberg 1998: 151) geführt.

tion verbunden ist, das heißt, dass hochfrequente Wörter anfällig gegenüber Assimilation etc. sind (dies gilt vorwiegend für gesprochene Sprache[78]).

Während Moser (1971: 98) diesen Vorgang als positives »Streben nach einer leichteren Funktionsweise« anführt, gibt Jespersen (1941: 54 ff.) zu bedenken, dass Um- und Ablautung (unregelmäßiger Verbformen) gute Plural- bzw. Tempusmarker seien. Diese Wandelprozesse, die vorerst »mechanically« abliefen und »did not influence the meaning of the word« (Jespersen 1941: 55), bezeichnet er als »glottic« und damit als Formen, die »ha[ve] afterwards been turned to account as a useful modification of a word: from irrelevant it has become relevant« (ibid.: 54; s. auch Jespersen 1933: 214–217). Gegen diese sehr positive und an sich nicht unzutreffende Sicht spricht, dass das Tempus auch bei regelmäßigen Verben außerordentlich gut markiert ist, denn das präteritale *-t(e)* ist agglutinierend[79] (vgl. Siever 2006a), was ebenfalls für das Englische zutrifft *(-ed)*. Auch der Plural ist im Deutschen sehr gut und bei gleichzeitiger Umlautung sogar redundant markiert (*Haus/Häuser*), sodass Pluralstammflexion als Numerusmarker ausreichend zu sein scheint (*Bett/Betten*), wenn von wenigen Fällen, bei denen Plural ausschließlich durch Umlaut markiert wird, abgesehen wird (*Mutter/Mütter*).

Der Übergang zur schwachen Flexion ist äquivalent auch beim Imperativ festzustellen (*lese < lies, nehme < nimm*). Dies könnte damit zusammenhängen, dass der Infinitiv *(lesen!, nehmen!)* auch eine Ausdrucksvariante für den Imperativ bietet (mit intensivierender Lesart, s. Zifonun et al. 1997: 1915) und der Plural-Imperativ ohnehin keine Wurzelflexion aufweist (*lest!, nehmt!*, nicht **liest!, *nimmt!*).

In der Summe lässt sich der Übergang starker zu schwachen Verben als ökonomisch ansehen, da dieser vorwiegend der Vereinfachung des Lexikons dient; darüber hinaus werden Flexive in ihrer Ikonizität gestärkt, wie dies am präteritalen *-t(e)* gezeigt wurde. Vor dem Hintergrund, dass keine schwachen Verben in die Gruppe der starken übergehen (s. Abschnitt 3.1.3.2.3) und neue oder entlehnte ausnahmslos schwach flektieren[80], lässt sich vermuten, dass die starke verbale Flexion wie beim Afrikaans mit der Zeit vollständig abgebaut wird.

---

78 In agglutinierenden Sprachen wie dem Türkischen ist dieser Effekt praktisch nur in der gesprochenen Sprache zu erkennen; die Flexive der geschriebenen Sprache bleiben äußerst stabil (Wurzel 2001).
79 Die Agglutination ist allerdings etwas gestört durch die 3.Pers.Präs. auf *-t* (*lacht, mimt, schnaubt*), wo also nur das *-t* in Verbindung mit der Personendung *-e* (*lachte, mimte, schnaubte*) zur Eindeutigkeit führt.
80 Vgl. Abschnitt »Schwache Flexion bei nicht-nativer Lexik und Neologismen«.

3.1 Morphologie/Lexikon   135

3.1.3.2.2   Abbau eines Klassenmerkmals

Während im letzten Abschnitt der Übergang von einer (Flexions-)Klasse in eine andere im Fokus stand, handelt es sich im vorliegenden um den Abbau einer Klasse bzw. ihrer Repräsentation. Mit anderen Worten geht es nicht darum, dass etwa, um das unter 3.1.3.2.1 genannte Beispiel der Verben wieder aufzugreifen, unregelmäßige Verben in die regelmäßige Konjugationsklasse überführt werden, sondern um den Tatbestand, dass ausschließlich starke Verben in schwache übergehen, nicht aber schwache in starke. Die Folge ist – wie dies für starke Verben im Deutschen und Englischen angenommen wird (Lieberman et al. 2007) –, dass das Klassenmerkmal der unregelmäßigen Verben wie im Afrikaans vollständig abgebaut wird (vgl. 3.1.3.2.1).

Ökonomischer Vorzug des Abbaus ist, dass »die Lexikon-Repräsentation des betreffenden Lexems [... grundlegend] vereinfacht« (Wurzel 2001: 393) wird, da Stammformen unregelmäßiger Verben beseitigt würden – ein Prozess, der bei Verben wie *triefen* oder *scheinen* bereits fortgeschritten oder gar abgeschlossen ist (*triefte* statt *troff* bzw. *gescheint* statt *geschienen*). Auch die Parallelformen *angewandt/angewendet* sind ein Beleg für im Übergang befindliche Lexeme, wobei die attributive Verwendungsweise aufgrund idiomatischer Phrasen (**angewendete Mathematik/Linguistik*, aber *angewandte Mathematik/Linguistik*) den Übergangsprozess retardieren kann. Da beim Perfekt *angewendet* mittlerweile gleichberechtigt neben *angewandt* steht, wenn nicht sogar inzwischen als die usualisiertere Wortform ausgegeben wird (vgl. DUDEN 2006 im Vgl. zu DUDEN 2003), könnte es zu einer dauerhaften Trennung kommen, bei der *angewandt* als Adjektiv nur in archaisierter Form erhalten bliebe (wie bei *angewandte Linguistik*).

3.1.3.2.3   Stärkung/Ausbau schwacher Flexion

Anstatt – wie in den vorherigen Abschnitten – allgemein die Flexionsklassen in den Vordergrund zu rücken, wird im Folgenden speziell auf den Prozess der Stärkung der schwachen Flexion fokussiert. Sie kann entweder dadurch erfolgen, dass – wie bei Wortbildungsprozessen archaisierte Affixe oder (heute) unikale Morpheme wie {Brom} in *Brombeere* – starke Flexion in ›neuen‹ Formen nicht mehr gebraucht wird[81] oder bisherige Gebrauchsweisen umgestellt werden.[82]

---

81 Vgl. Abschnitt »Schwache Flexion bei nicht-nativer Lexik und Neologismen«.
82 Vgl. Abschnitt »Schwache Flexion bei Adjektiven«.

- Schwache Flexion bei nicht-nativer Lexik und Neologismen

Starke Flexion, die nicht auf erwünschte Markiertheit (vgl. folgenden Abschnitt) zurückgeht, ist insofern rückläufig, als Fremd- und entlehnte Wörter sowie Neubildungen nicht mehr stark flektiert werden. So werden, beispielsweise im äußerst produktiven Technikbereich, sämtliche entlehnten *(lurken, chatten)* bzw. transponierten Verben *(voipen, downloaden)* in die Klasse der schwachen Verben eingereiht. Auch nicht-native Substantive werden wie im Fall von *Client, Browser, Internet* schwach flektiert; dasselbe gilt für Adjektive, sofern sie zuvor nicht ohnehin mit nativen Suffixen abgeleitet worden sind *(quit[t]-ig, shak-ig)*: *coole [Downloads]*.

Ebenso findet im Bereich der Neubildungen (im engeren Sinn) schwache Flexion statt: »Alle Neuwörter (Entlehnungen und Neubildungen), wie z.B. *filmen, funken, kraulen* [...] usw. flektieren schwach.« (Wurzel 1984: 72); dies gilt auch für Nonsenswörter wie *wodrusen (ich wodruse, du wodrust* etc.).

- Schwache Flexion bei Adjektiven

Adjektive werden zunehmend schwach flektiert. So liegt bei *diesen*[83] in *die Arbeit diesen Jahres*, einem der auffälligsten Beispiele für schwache Flexion beim Demonstrativpronomen, schwache Flexion vor, obwohl es nach geltender Rechtschreibnorm stark flektiert werden müsste: *die Arbeit dieses Jahres* (DUDEN 2003). In attributiver Funktion und bei mehreren Adjektiven wird darüber hinaus oftmals nur noch das erste Adjektiv korrekt flektiert, sofern das zweite ein einschließendes ist *(Absage bei feuchtem regnerischen Wetter)*. Große (1971b: 15) spricht bei *-en* sogar von einem »Universalflexiv« der Adjektive, was angesichts einer Untersuchung von Ljungerud (1955) nicht übertrieben scheint: Bereits in der ersten Hälfte des 20. Jh. konnte Ljungerud diese vereinfachte Flexion für ein Drittel aller Belege in der untersuchten belletristischen Literatur feststellen. Regelhaft stehen attributiv gebrauchte Adjektive in schwacher Flexion nur nach einem Artikel, an dem bereits Kasus, Genus und Numerus markiert sind.

Ökonomisch ist dies vor allem auf Seiten der Sprachplanung; so müssen dank des »Universalflexivs« Kasus, Genus und Numerus nur noch am ersten Adjektiv markiert werden, an den darauf folgenden kann *-en* ergänzt werden, ohne die morphologischen Informationen erinnern und erneut markieren zu müssen. Dass dies nicht auf zweite attributive Adjektive angewendet werden muss, erspart die Speicherung und Wahl des entsprechenden Flexivs.

---

83 Hier in attributiver Verwendung und Funktion.

3.1.3.2.4 Abbau der Flexive (und Flexion)

Zu unterscheiden, ob einzelne Flexive unrealisiert bleiben *(wegen Regen[s])* oder die Flexion als solche abgebaut wird *(wegen [dem] Regen)*, ist mitunter schwer. Daher ist Letzteres nicht zu Beginn des Kapitels 3.1.3 behandelt, sondern in die Folgeabschnitte integriert worden. Bei *Alle Mann von Bord!* lässt sich u.U. eher vermuten, dass *Mann* unflektiert bleibt *(< alle Männer ...)*, bei *aus dem Jahr 2000 (< aus dem Jahre 2000)* hingegen scheint nicht die Flexion als solche abgebaut zu werden, sondern die Flexive; mit anderen Worten wird nicht die Markierung des Kasus generell resp. der Kasus an sich abgebaut (für den Genitiv s. Abschnitt 3.1.3.2.5), sondern dessen Markierung in speziellen Fällen.

Am weitesten fortgeschritten ist der Abbau des *-e* beim Dativ, wofür mit *aus dem Jahr* bereits ein prägnantes Beispiel gegeben worden ist. Belegt ist das Flexiv vor allem in idiomatisierten Syntagmen und Zitaten: *auf dem Lande, in diesem Sinne, wie sag ich's dem Kinde* etc. Realisierte Flexive außerhalb dieser Reihe gelten in den meisten Fällen und in der Umgangssprache bereits als veraltet oder dienen in Aussagen dazu, entsprechende Konnotationen zu implizieren *(Fleisch wie damals – natürlich vom Lande)*[84].

Auch beim Genitiv ist ein auffälliger Rückgang des Flexivs *-(e)s* zu verzeichnen. Vor allem bei geografischen Namen *(im Westen des Dachstein)* und Eigennamen *(das Auto des Uwe < das Auto des Uwes)*. Praktisch unberührt vom partiellen Abbau sind artikellose Konstruktionen (mit »Nullartikel«) in Verbindung mit Eigennamen *(Utes Katze,* neuerdings auch mit Apostroph: *Uwe's Currybude*[85]*)* und Ortsnamen *(Hannovers Oberbürgermeister, Bayerns kulinarische Spezialitäten)*.

Als Ursache für den stellenweisen Abbau lässt sich zumeist die redundante Markierung des Kasus am Substantiv und am Artikel angeben (vgl. Moser 1970b: 12), was die obligatorische Realisierung des Flexivs beim Nullartikel erklärt. Hinzu kommen Einzelfälle, in denen disambiguiert werden muss; im Fall von **das Auto Uwe* oder **die Katze Ute* ist die Genitivmarkierung obligatorisch, da andernfalls Ambiguität mit der engen Apposition bestehen würde *(das Auto [namens] Uwe)*. Darüber hinaus haben Eigen- und besonders geografische Namen eine gewisse ›Stabilität‹ in Bezug auf die konkrete Wortform (Nom/Akk.Sg), die auch dadurch bedingt sein kann, dass Plural in der Realität nicht vorliegt *(*die Dachsteine/s, ?die Uwes*[86]*)*.

---

84 In einigen Fällen wie dem vorliegenden spielt auch die Rhythmik bei der Realisierung eine Rolle; bei *na'türlich vom 'Lande* liegt durch das Flexiv ein zweifacher Amphibrachys vor.

85 Bekannt als »sächsischer Genitiv«, der nicht auf Personennamen beschränkt ist: *BAHNHOF'S GRILL* (Hbf. Fulda, Beleg von Ulrich Schmitz).

86 Möglich wäre theoretisch *die Uwes und Utes dieser Welt*.

Ökonomie besteht nicht nur auf qualitativer Seite (insofern, als die Wahl der korrekten Flexive entfällt), sondern auch in quantitativer Hinsicht, denn mit Flexivtilgung kann Silbenreduktion einhergehen, wie dies *wie viel* (2-silbig) gegenüber *wie viele* (3-silbig) verdeutlicht. (Zu den verschiedenen Varianten, die eingespart werden, s. von Polenz 1999: 345 f.).

3.1.3.2.5 Abbau des Genitivs

Neben einer Tilgung oder Vereinfachung der Kasusflexive werden auch die Kasus selbst abgebaut. Dies ist durchaus keine neue Entwicklung, denn bis zum Althochdeutschen, d.h. auch im Indogermanischen, gab es den noch heute in einigen slawischen Sprachen erhaltenen Instrumental, der im Lateinischen im ›Universalkasus‹ Ablativ einbegriffen war.

Im Neuhochdeutschen ist vom Abbau besonders der Genitiv betroffen, wodurch in erster Linie der Dativ gestärkt wird, denn wie schon beim Instrumental (hier durch die Präposition *mit/durch*) wird die Bedeutung des Kasus mithilfe präpositionaler Phrasen hergestellt *(Uwes Buch/das Buch Uwes > das Buch von Uwe)*, mit dativischem Artikel markiert *(wegen des Regens > wegen dem Regen)*, oder das regierte Objekt bleibt gänzlich unflektiert bzw. weist ø-Flexion auf *(wegen Regens*[87] *> wegen Regen)*. Vorwiegend in der gesprochenen Sprache werden auch Konstruktionen mit Possessivpronomen gewählt, die besonders bei Synkretismen (Homophonie) beim Nominativ und Genitiv der Disambiguierung dienen *(Markus sein Auto* statt *Markus' Auto)*. In der Schriftsprache markiert der Apostroph den Genitiv eindeutig.

Besonders auffällig sind Dativ-Possessiv-Konstruktionen (DUDEN 2005b: 1224), wie sie vor allem in der gesprochenen Sprache auftreten: *dem Vater seine Freundin* (vgl. Zifonun 2003). Umgangen werden damit komplex anmutende Konstruktionen mit Genitiv *(des Vaters Freundin)* bzw. der doppelte Genitiv *(der Freundin des Vaters)*.

Die Ökonomie liegt hier vor allem im qualitativen und weniger im quantitativen Bereich: *wegen Regen* anstelle von *wegen Regens* spart zwar ein Zeichen; dies ist aber marginal. Hingegen ist die qualitative Seite insofern von Bedeutung, als der Kasus ›offen‹ bleibt und darüber hinaus auch kein Flexiv affigiert werden muss. Dabei bleibt die ausdrucksseitige Quantität nur selten neutral; das um eine Wortform ergänzte *Markus sein Auto* ist dem Umgehen von auf Homophonie basierenden Missverständnissen geschuldet; die deutlich umfänglichere Auflösung von *des Vaters Freundin* in *vom Vater seine Freundin*

---

87 Die Variante mit nachgestellter Präposition *(des Regens wegen)* kann archaisierend verwendet werden oder gilt andernfalls als stilistisch markiert und ist vor allem in idiomatischen Wendungen erstarrt *(von Rechts wegen)*.

löst eine vorwiegend morphologisch aufwändigere Phrase mit Flexiven oder doppeltem Genitiv auf.

3.1.3.2.6 Abbau der Tempora

Zunehmend übernehmen ›Universaltempora‹ Funktionen bestehender Tempusformen, Wortformen also mit explizit morphologisch markiertem Tempus, und überführen diese mitunter in fragliche Verwendungsweisen. So kann speziell das Präsens als ›Universaltempus‹ (Weber 1954: 82) unter bestimmten Bedingungen[88] sämtliche Tempora abdecken, insbesondere in solchen Fällen, in denen es um Adverbiale ergänzt wird. Prototypische Anwendung findet das quantitativ ökonomische – zumal synthetische – Präsens in Schlagzeilen, wo *Merkel reist nach Brüssel* neben Gegenwart sowohl Zukunft als auch Vergangenheit zum Ausdruck bringen kann (vgl. Sandig 1971). Letzteres wird deutlicher bei Verben, die nicht der Gruppe der Bewegungsverben zugehören: Der Titel *Merkel haut auf den Tisch* (als sie in der letzten Woche in Brüssel gewesen ist) wird standardmäßig als [+vergangen] interpretiert.

Besonders betroffen vom Abbau und damit von periphrastischen Konstruktionen sind das Futur und das Plusquamperfekt. Da allerdings auch das Futur direktive Funktion übernommen hat *(Wirst du wohl aufstehen!)*, ist es weniger durch Abbau gekennzeichnet als das Plusquamperfekt.

Die beweglicheren Dialekte zeichnen sich oftmals dadurch aus, dass sie mit weniger Tempora auskommen. So kennt das (Aargauer) Schweizerdeutsche lediglich zwei Tempora: Präsens und Perfekt (Meng 1986: xxiii; Beispiele s.u.).

- Abbau des Futurs

Einem Abbau des Futurs widerspricht prinzipiell seine analytische regelmäßige Bildung durch *werden* + Infinitiv bzw. *werden* + Part. Perf. + *sein/haben* für Futur II. Dennoch wird Futur durch Präsens ersetzt – zumeist um Temporaladverbiale ergänzt *(Uwe wird morgen Ute besuchen > Uwe besucht morgen Ute)*. Gegen die Substitution spricht, dass die Konjugationsparadigmen vor allem unregelmäßiger Verben im Präsens – vor dem Hintergrund der vorhandenen regelmäßigen Alternative Futur – ›unnötig‹ das Lexikon beanspruchen. Dass das Futur dennoch in dieser Bedeutung abgebaut wird, ist vor allem der Redundanz geschuldet, denn in der Regel werden temporaladverbiale Angaben zur Spezifizierung der Zukunft beigefügt, durch die semantisch bereits Zukünftigkeit ausgedrückt wird (schweizerdt. nur so möglich, *De Urs goht morn zude Helen uf Bsuech*); eine weitere temporale Kennzeichnung durch

---

88 Schwierigkeiten bereitet z.B. Vorvergangenheit.

Futur wäre in diesen Fällen unnötig und redundant. Außerdem können vor dem Hintergrund des häufigen Gebrauchs die Präsens-Paradigmata in Bezug auf die mentale Belastung als unaufwändig angesehen werden. Für eine Ersetzung des Futurs durch Präsens spricht also die quantitativ weniger aufwändige synthetische Bildung des Präsens. Darüber hinaus ist Präsens in gewissem Rahmen als ›Universaltempus‹ anzusehen (s. o.) und wird dementsprechend für den Ausdruck weiterer Tempora benötigt, sodass der Bestand einer isolierten Verwendungsweise nicht vorliegt.

Für Futur II existiert ebenfalls eine Variante mit Perfekt: *In einer Woche habe ich die Prüfung hinter mich gebracht* anstelle von *In einer Woche werde ich die Prüfung hinter mich gebracht haben*. Auch hier wird auf eine häufig verwendete Zeitform zurückgegriffen und Eindeutigkeit mittels Adverbial hergestellt.

Sprachliche Ökonomie besteht bei der Futursubstitution folglich qualitativ darin, Redundanz zu vermeiden und auf häufig abgerufene Tempora zurückzugreifen, selbst wenn dies zu Lasten der Regelhaftigkeit und quantitativen Kürze geht.

- Abbau des Plusquamperfekts

Sofern überhaupt von einer angezeigten oder ›korrekten‹ Verwendung des Plusquamperfekts *(ich hatte dich angerufen)* gesprochen werden kann, wird es häufig durch Präteritum und – mehr noch – durch Perfekt ersetzt. Vor allem im süddeutschen Raum (wie im Bairischen) oder im Schweizerdeutschen wird eine Variante verwendet, die als **doppeltes Perfekt** bezeichnet und um *gehabt* oder *gewesen* ergänzt wird *(vor dem Bolzen hatten wir Hausaufgaben gemacht > vor dem Bolzen haben wir Hausaufgaben gemacht gehabt;* schweizerdt. *vorem tschutte hämmer d Ufzgi gmacht gha)*.

Im Vordergrund des Abbaus[89] bzw. der Vermeidung des Plusquamperfekts steht der höhere Sprachplanungsaufwand bei gleichzeitig vergleichsweise bescheidenem Bedeutungszuwachs. Vorvergangenheit bzw. vollendete Vergangenheit kann meist auch mit Präteritum abgebildet werden, zumal auch das Präteritum selbst zunehmend durch das analytische Perfekt substituiert wird. Das doppelte Perfekt ist eine aufwändigere Variante, die letztlich aber nicht als unökonomisch gelten kann, da sie eindeutig auf die Abgeschlossenheit in der Vergangenheit fokussiert.

---

89 Anders bei Glück/Sauer (1990): Ihnen zufolge gewinnt das doppelte Perfekt als Kennzeichen vor allem der gesprochenen Sprache zunehmend an Bedeutung.

3.1 Morphologie/Lexikon   141

- Abbau des Präteritums

Wie bereits im vorausgegangen Abschnitt angedeutet, wird auch das Präteritum als Zeitform vor allem in der gesprochenen Sprache ersetzt. Das Perfekt stellt zwar im strengen Sinn keine adäquate Substitution des Präteritums dar, wird aber trotz der quantitativ umfänglicheren Formen dennoch verwendet, da es regelhaft mittels *haben/sein* + Part. Perf. *(ich habe gesucht/bin dort gewesen)* gebildet ist. Da das Part. Perf. auch für andere Tempora zur Verfügung stehen muss und darüber hinaus auch adjektivisch verwendet wird, stellen die Speicherung im und der Abruf aus dem Lexikon keinen gesonderten Aufwand dar, während präteritale Wortformen unregelmäßiger Verben aufwändige Repräsentationen im Lexikon besitzen, mitunter nicht korrekt verwendet werden bzw. überdies aufgrund des Übergangs zu regelmäßigen Verbformen Parallelformen existieren (s. 3.1.3.2.1).

Neben ökonomischen Gesichtspunkten spielen auch stilistische Unterschiede beim Wechsel eine Rolle, da Präteritum als hyperkorrekt, förmlich oder gar veraltet *(ich buk gestern)* gelten kann.

3.1.3.2.7   Abbau des Konjunktivs

Insbesondere der Konjunktiv I ist nur noch in einigen wenigen Kommunikationsformen wie Zeitungsartikeln und in Fachsprachen zur Wiedergabe indirekter Rede üblich sowie in Idiomen erstarrt, wie etwa bei *man nehme 500g Mehl und gebe es durch ein Sieb*, und selbst dort ist er als veraltet anzusehen und durch den imperativisch gebrauchten Infinitiv substituiert *(500g Mehl abmessen und durch ein Sieb geben*, vgl. Kap. 2.3.3). Um lautliche Übereinstimmung und damit Verwechselung mit dem Indikativ Präsens *(ich gehe/ich gehe*, aber *er geht/er gehe)* zu vermeiden, wird in der Regel auf den Konjunktiv II ausgewichen, der mit dem Präteritumstamm gebildet ist *(ich ginge)*. Den Regelfall stellt mittlerweile allerdings der analytische Konjunktiv mit *würde* dar, der regelmäßig aus dem Konjunktiv II von *werden* + Infinitiv Präsens oder selten Infinitiv Perfekt gebildet ist *(ich würde gehen/gegangen sein)*.

Substituiert werden kann der Konjunktiv auch durch indikativische Präsens- und Perfektformen, wie dies bei *er sagte mir, er kommt sobald er kann* der Fall ist. Die Ursache sieht von Polenz (1999: 348) neben der genannten Homophonie einerseits im altertümlichen resp. hyperkorrekten Stil begründet (besonders bei umgelauteten Verbstämmen wie *böge, flösse, hülfe*) sowie darin, dass Konjunktivmarkierung durch ein sonst bereits geschwundenes Nebensilben-*e (du lebest, ihr lebet)* erfolgt. Darüber hinaus handele es sich vielfach um einen überflüssigen, rein formalen Konjunktivgebrauch, so etwa in indirekter

Rede,»wenn der Zitatstatus bereits durch das redeeinleitende Verb« *(sie betonte, ...)* »und die Pronominalverschiebung oder ein Modalwort (z.b. *angeblich)* ausgedrückt ist und sprecherseits keine zusätzliche Distanzierung vom Zitierten beabsichtigt ist; oder wenn eine Finalität bereits durch eine Konjunktion (z.B. *damit)* signalisiert ist«. Hervorzuheben ist hierbei die Markierung des Zitatstatus durch ein entsprechendes Verb, wodurch bei zusätzlicher Konjunktivverwendung semantisch unnötige Redundanz vorläge.

Allerdings kann die indikativische Verwendung streng genommen zu sprachlichen Paradoxien führen, wie dies bei den computergenerierten Ansagen der Deutschen Bahn der Fall ist: *Der verspätete [Zug]^{90} erhält Einfahrt. Abfahrt war [Uhrzeit].* Die Ansage enthält nämlich zweierlei: Der erste Satz beinhaltet die Aussage, dass der Zug mit Verspätung in den Bahnhof einfährt (Indikativ Präsens), der zweite Satz hingegen, dass der Zug bereits abgefahren ist (Indikativ Präteritum); das eine (Zug wird im Gleis stehen) schließt das andere (Zug stand bereits im Gleis) aus. Korrekterweise müsste hier also der Konjunktiv stehen, um Potentialis bzw. Nichtrealität auszudrücken, z.B. *Abfahrt wäre um [Uhrzeit] gewesen.* Selbstverständlich spielt hier Sprachökonomie eine entscheidende Rolle, da *war* erheblich kürzer als *wäre ... gewesen* ist und zudem aufgrund der entfallenden Verbklammer transparenter erscheint. Zudem schließt der Kotext (dass der Zug einfährt) aus, dass der Zug bereits abgefahren ist.

Das sprachökonomische Potenzial beim Konjunktiv ist also vielseitig. Hervorzuheben ist vor allem die Vermeidung von Homophonie, von unregelmäßigen Verbformen und von Redundanz – unter der Voraussetzung, der/die Sprechende möchte sich nicht vom Gesagten distanzieren; für diesen Fall bleibt der eindeutige analytische Konjunktiv, die sprecherfreundliche Konjunktiv-Umschreibung mit *würde*.

3.1.3.2.8 Komparation: Redundante Markierung beim Superlativ

Komparation ist neben Deklination und Konjugation die dritte Form der Flexion, die dem Adjektiv vorbehalten ist (ausführlich bei Trost 2006). Mit Hilfe der Komparation werden vergleichende Beziehungen ausgedrückt[91], so etwa durch den Komparativ, dass X ein Mehr von Y hat *(X ist größer als Y)*, mittels Superlativ der Höchstgrad *(die älteste Person der Familie)* oder formgleich eine besonders hohe Rangstufe mit z.T. implizitem Vergleich (dann Elativ; *mit höchstem Einsatz).* Die Bildung verläuft im Normalfall regelmäßig (anders bei Suppletion: *gut, besser, best(en)):* Der Komparativ wird durch Suffigierung von

---

90 Platzhalter für Zugname plus -nr., z.B. »Intercity-Express 883 aus Hamburg-Altona«.
91 Diese sind bei Gleichsetzung auch im Positiv möglich: *Der Sohn ist so klug wie die Tochter.*

-er erzielt *(toller;* ggf. mit Stammänderung: *älter)*, der Superlativ durch die von *-st (schwierigst; höhst)*.

Bei einigen Adjektiven ist eine Komparation aufgrund absoluter Werte nicht möglich *(schwanger, tot)*, bei anderen ist die Gradation semantisch motiviert, sodass eine Komparation auch hier ausgeschlossen ist *(optimal, einzig)*. Dennoch ist in der Umgangssprache *einzigst(e)* gut belegt *(sein einzigstes Laster, das Einzigste, was ich im Leben erreichen will ...)*. Erklärbar ist dies mit dem ökonomischen Sprachverhalten der Sprechenden und Schreibenden, die die Regelmäßigkeit auf absolute oder bereits superlativische Formen übertragen, da Unregelmäßigkeit durch die Speicherung gesonderter Wortformen im Lexikon einen höheren kognitiven Aufwand bedeutet und das Lexem mindestens auf mögliche Komparierbarkeit semantisch zu überprüfen ist.

Auch vom Indefinitpronomen *kein* wird – sogar in idiomatischer Form – der Superlativ gebildet, obwohl dies ebenfalls aufgrund der absoluten Bedeutung und Zahlbasis (›nicht ein‹) eigentlich nicht möglich ist. Hier spielt sicherlich neben der Regelmäßigkeit eine noch gewichtigere Rolle, dass man sich mit dem nicht nur semantisch inhärenten, sondern zusätzlich morphologisch markierten Superlativ distanzieren oder einen Sachverhalt unmissverständlich hervorheben möchte (*Ich habe in keinster Weise mit den Vorwürfen etwas zu tun*[92]).

Die Ökonomie liegt bei der unnötigen resp. redundanten Markierung des Superlativs folglich bei der ikonischen Kennzeichnung der Komparation, wo *-er* für den Komparativ und *-st-* für den Superlativ steht.

3.1.3.3 Explikation/Disambiguierung

Sprachliche Handlungen zeichnen sich oftmals durch Ambiguität und Vagheit aus. Während Vagheit vor allem lexikalisch bedingt ist *(ich bin gleich wieder da; Ute ist jung)* und durch ein Meiden vager Lexik resp. sprachliche Explikation umgangen werden kann *(ich bin in zehn Minuten wieder da; Ute ist 31)*, ist Ambiguität vorzugsweise morphosyntaktischen Gegebenheiten geschuldet. So ist beispielsweise unklar, ob *Rasen* im Sg. oder Pl. steht, bei einem Schild mit der Aufschrift *Rasen nicht betreten* folglich das Verbot nur auf den Rasen bezogen ist, auf dem das Schild steht, oder auf sämtliche Rasenflächen in Sichtweite/im Umkreis. Um Mehrdeutigkeiten zu vermeiden, werden Synkretismen in der Regel syntaktisch über zugehörige Artikel oder Pronomen disambiguiert, morphologisch durch Umlaut und/oder Flexive.

Der folgende Abschnitt wird auf Disambiguierung und Explikation eingehen, die darauf abzielen, mehrdeutige Sprachhandlungen zu vermeiden.

---

92 Vgl. Abschnitt »›Redundante‹ Markierung« in Kap. 3.1.3.3.3.

3.1.3.3.1 Ausdruck progressiver Formen

Im Deutschen besteht die Möglichkeit, sowohl die Aktionsart als auch den Aspekt morphologisch auszudrücken. Beispielsweise existiert mit *blühen* ein duratives Verb, andere Aspekte können – nach produktivem Muster – durch Präfigierung abgebildet werden: kompletiv-ingressiv, mit einem Handlungsanfang also, mittels *er*-Affix *(erblühen)*, kompletiv-egressiv, mit Handlungsende, durch *ver*- *(verblühen)*. Im Russischen besteht die Möglichkeit, sowohl die Aktionsart (durch Wortbildung) als auch den Aspekt (durch Flexion) auszudrücken (Krause 2002).

Im Englischen lassen sich andauernde Handlungen mit der Aspektart Progressiv kategorial ausdrücken. Eine entsprechende Form scheint im Deutschen grammatikalisiert zu werden, denn besonders in der gesprochenen Sprache sind bedeutungsgleiche Formen wie *ich bin am Arbeiten/beim Putzen* (vgl. engl. *I am working/cleaning*;[93] ausführlich hierzu s. Krause 2002, Reimann 1999) belegt. Die Ursache für die Einführung eines neuen Aspekts liegt nicht – zumindest sicherlich nicht ausschließlich – darin begründet, die aus dem Englischen bekannte Verlaufsform (»progressive form«) ins Deutsche zu übertragen. Vielmehr besteht offensichtlich der Wunsch, auf den aktuellen (Zeit-)Punkt festgelegte Tätigkeiten auszudrücken, um sie von grundsätzlich durativen Handlungen unterscheiden und hervorheben zu können – etwa weil sich der Moment für andere Tätigkeiten als ungünstig darstellt. So lässt sich beispielsweise bei *ich esse* durch die semantischen, dem Verb immanenten Bedeutungen bereits vermitteln, dass es sich um einen engen Zeitrahmen handelt[94], bei anderen Verben wie *arbeiten, putzen* ist dies nicht der Fall; *ich putze* kann auf eine grundsätzliche Arbeit(sstelle) verweisen und muss nicht implizieren, dass der/die Sprechende dies im Moment des Artikulierens vollzieht. *Ich bin am Putzen/Arbeiten* hingegen ist explizit auf den Augenblick bezogen und auch ohne Ko- und Kontext verständlich.

Es ist allerdings keineswegs der Fall, dass es an einer Umschreibung für Progressiv im Deutschen mangeln würde; diese wird, entweder wie im Fall von *ich esse gerade* adverbial oder durch Infinitivkonstruktionen wie bei *ich bin (gerade) dabei zu putzen* oder *ich bin im Begriff zu gehen* zum Ausdruck gebracht.

Ökonomisch ist bei der präpositionalen Variante also ferner (quantitativ) die Zeicheneinsparung durch eine Art Substitution von *gerade dabei zu*. Wie in

---

93 Auch bei engl. Progressiv-Formen gab es mit Horn (1923: 98) noch eine Präposition: me. *The house is ain byldinge* > *the house is a-building* > ne. *the house is building* (›Das Haus wird gerade gebaut‹).

94 Ausnahmen sind durch Ergänzungen möglich (*Ich esse dreimal am Tag*), was auch auf das Englische zutrifft (*I eat three times a day* vs. *I am eating*).

3.1 Morphologie/Lexikon 145

Fällen der Genitivumschreibung oder des Abbaus des Instrumentals dient eine Präposition der alternativen Ausdrucksweise. Herausgestellt werden sollte bei der Etablierung des Progressiv seine Grammatikalisierung zur Einführung von Distinktion.

3.1.3.3.2 Disambiguierung des Modus

Eine Disambiguierung des Konjunktivs ist bei Formengleichheit zwischen Konjunktiv I und Indikativ Präsens sinnvoll, um etwa indirekte Rede und damit Distanz zum Gesagten bzw. Geschriebenen herauszustellen. So muss bei *Ute meinte, ich komme nicht* der Konjunktiv I durch Konjunktiv II ersetzt werden, wenn indirekte Rede zweifelsfrei markiert werden soll *(Sie meinte, ich käme nicht)*. Als Konsequenz ist ein zunehmendes Ausweichen auf Konjunktiv II zu beobachten, um Eindeutigkeit unter allen Umständen herzustellen und so den kognitiven Aufwand, der durch ›Überprüfen‹ auf etwaige Formengleichheit vor der Äußerung notwendig wäre, zu vermeiden. Diese Tendenz führt zu einer abnehmenden Distinktion zwischen Konjunktiv I und II, was wiederum die einheitliche Umschreibung des Konjunktivs mit *würde* begünstigt (beschrieben in 3.1.3.2.7).

3.1.3.3.3 Disambiguierung des Numerus

Im Deutschen gibt es zwei Numeri, deren Unterscheidung im Allgemeinen sehr gut markiert ist. Diese starke Differenzierung geht mitunter auf eine doppelte (und damit sprachunökonomisch-redundante) Markierung zurück. Wird darüber hinaus der Numerus durch Kongruenz am Artikel, Pronomen oder Adjektiv gekennzeichnet, kann er sogar bis zu dreimal markiert sein *(die Gäste)*. Plural-Kennzeichnung kann sogar bei Abkürzungen vorliegen und hier als ökonomisch gelten.

- ›Redundante‹ Markierung

Plural kann im Deutschen je nach Distribution durch Allomorphe wie {‹e›, ‹er›, ‹s›} etc. und {Umlaut} repräsentiert werden. Der Umlaut als Pluralmarker ist erst im Ahd. grammatikalisiert worden und aus Vokalharmonie hervorgegangen *(gast > gesti)*. In nur wenigen Fällen ist Umlaut alleiniger Pluralmarker *(Vater > Väter)*, selten ist Plural unmarkiert *([der] Rahmen > [die] Rahmen)*. Der Regelfall ist mit Plural-Flexiv gegeben *(Kind > Kinder)*.

Eine Unterscheidung von Singular und Plural ist grundlegend und wird daher konsequenterweise gut markiert werden, selbst wenn sich dadurch Redundanzen ergeben, die der Ökonomie erst einmal widersprechen. Denn wird das Attribut hinzugezogen, gibt es dort eine durch Kongruenz entstehende weitere Markierung am Artikel, Pronomen oder Adjektiv (z.B. *die stimmigen Berechnungen*). Allerdings sind insbesondere beim Adjektiv die Paradigmen nicht ohne Synkretismen, sowohl bei schwacher *(der stimmigen Berechnung)* als auch bei starker Flexion *(stimmige Berechnung/Berechnungen)*. Dies lässt die Redundanz stärker erscheinen, als sie tatsächlich ist. Der unbestimmte Artikel ist ohnehin wegen Übereinstimmung mit dem gleichlautenden Numeral auf Singular beschränkt. Darüber hinaus gibt es Fälle, in denen Artikel unrealisiert bleiben bzw. unrealisiert bleiben können, da der Plural redundant markiert sein kann, wie dies bei *Köche für mehr Slow-Food* (auf das Substantiv beschränkt) oder *die wollen mehr* (auf das finite Verb beschränkt) der Fall ist (vgl. Sandig 1971 und s.u.). Dort, wo Plural nicht am Substantiv markiert ist (bzw. bei entsprechendem Ansetzen durch Nullallomorph), ist die Tilgung von Artikel, finitem Verb o.Ä. aufgrund von Ambiguität praktisch ausgeschlossen, wenngleich dies in Headlines praktiziert wird *(Anfänger verunglückt)*. Im Umkehrschluss sind diese elliptischen Konstruktionen überhaupt nur möglich, weil Numerus mehrfach kodiert wird.

Redundanz hat hier eine sprachökonomische Seite insofern, als durch sie (auch) auf morphologischer Ebene Missverständnisse vermieden werden können. Zudem wird – wie eingangs bereits beschrieben – der Plural von Substantiven im Deutschen nicht sämtlich durch Stammflexion, sondern daneben auch alleinig durch Wurzelflexion morphologisch verändert. Solange dies der Fall ist, kann von einer echten Redundanz auch nur bedingt und nicht verallgemeinert gesprochen werden. Vor dem Hintergrund der Existenz verschiedener Plural-Marker ist es durchaus sinnvoll – da keine nennenswerten Irregularitäten bestehen –, den Numerus (wo es die Distribution erfordert) mehrfach zu kodieren. Ausnahmen bestehen dort, wo der Numerus durch Numerale explizit angegeben ist *(drei Mann nach Achtern)*.

- Markierung in Kurzformen

Kurzformen zeichnen sich dadurch aus, dass sie kürzer sind als ihre Vollform. In der Regel existiert bei Abkürzungen eine einzige Wortform, sodass Plural im Allgemeinen nicht explizit markiert ist *(1 Abk./4 Abk.; 1 m, 24 m)*, während er bei Kurzwörtern in der Regel mit *-(e)s* gekennzeichnet wird *(2 CPUs, 3 Studis)*. Bei nur wenigen Abkürzungen wird der Plural mit dem Flexiv der Vollform angezeigt *(Band > Bände* vs. *Bd. > Bde.)*. Eine Variante besteht – von der Regel abweichend – in der im Deutschen als nicht produktiv geltenden

Reduplikation[95], wodurch Reste von dieser (im Idg. fur Tempusbildung) vorhanden sind. Beispiele hierfür sind *Hg./Hgg., Nr./Nrr., Jg./Jgg., f./ff.* sowie ungebräuchlicher *Pers./Perss.*[96]

Die Pluralmarkierung in Abkürzungen durch Reduplikation des letzten Graphems ist quantitativ ökonomisch, da stets nur ein Zeichen für die Kodierung verwendet wird, qualitativ jedoch entscheidender, da selbst ohne Wissen um die Regel die Bedeutung des reduplizierten Graphems durch ihre auffällige Anwendung und logisch gedeutet werden kann (Wiederholung => Mehrzahl). Zudem besteht zwar keine Ikonizität im Sinne eines agglutinierenden Suffixes, jedoch im Sinne einer einfachen Regel.

3.2 Lexik

Das Lexikon, hier begriffen als die mentale Repräsentation, ist Gegenstand vor allem der kognitiven Linguistik, die für eine sprachökonomische Fragestellung opportun wäre, jedoch im Rahmen des vorliegenden Vorhabens zu weit reichen würde (s. Penke 2006, zur Ökonomie 10 ff.; eine Einführung bietet Aitchison 1997). Zudem ist noch nicht erschöpfend geklärt, wie das mentale Lexikon tatsächlich aufgebaut ist. Werden nur Stammformen und Ausnahmen abgespeichert oder ganze Paradigmen?[97] Werden bei Wortbildungen wie Komposita nur häufig verwendete oder nicht implikativ strukturierte als eigenständige Einheiten *(Haustür)* aufgenommen oder werden sie beim jeweiligen Gebrauch immer wieder aufs Neue zusammengesetzt (und die Bedeutung fortwährend neu erschlossen)?[98] Und werden Idiome als Syntagmen ›gespeichert‹? Dies sind Fragen, die eng mit der ökonomischen Organisation verbunden sind. In diesem Abschnitt kann und soll aber nur Grundlegendes zur Lexik sowie zum Aufbau des Lexikons dargestellt werden, das seine Struktur und Organisation, die Vereinfachung, den Ausbau sowie die Reduktion betrifft.

Abkürzungen, in Wörterbüchern als eigenständiger Eintrag geführt, werden hier nicht im Rahmen der Lexik resp. unter lexikalischer Reduktion behan-

---

95 Nur in der Wortbildung kann Reduplikation überhaupt noch (nennenswert?) belegt werden, wie ggf. *schnellschnell* zur Steigerung oder Markierung von Emphase. Unproduktive Reste gibt es etwa auch beim Präfix *ur-* wie in *Ururgroßmutter*.
96 *Perss.* ist belegt in Brandstetter (1968: 34).
97 Penke (2006: 86 ff.) hat hierzu festgestellt, dass für bestimmte reguläre Formen auch flektierte Vollformen gespeichert sein können.
98 Zumindest gibt Aitchison (1997: 303) an, dass Wörter gewissermaßen »Münzen mit Lemmata (Bedeutung und Wortart) auf der einen Seite und Wortformen (Lautung) auf der anderen« enthalte. Damit würden Lexeme und ihre Flexion deutlich voneinander getrennt behandelt (vgl. aber FN 96).

delt, sondern später als Phänomen grafischer Kürzung (s. Kap. 3.3.1). Ebenfalls werden Kurzwörter außerhalb der Lexik thematisiert, obwohl sie anders als Abkürzungen als eigenständige Wörter zu betrachten sind; sie werden innerhalb der Morphologie als eigener Wortbildungstyp behandelt (Kap. 3.1.2.1.4).

3.2.1 Allgemeine Merkmale

Auch im Bereich der Lexik sind wiederum zwei Pole zu nennen, die miteinander konkurrieren: Exaktheit/Explizitheit auf der einen, Simplizität auf der anderen Seite. Der Exaktheit und Ausdrucksvielfalt, die vor allem in den Fachsprachen (wie in den Wissenschaften) fundamental und in den sprachkünstlerischen und -kreativen Bereichen wie Belletristik und Lyrik größtenteils erwünscht ist, steht die Neigung entgegen, mit möglichst wenig kognitivem Aufwand Alltagskommunikation zu bewältigen, bei der es weniger auf sprachliche Präzision ankommt. Kommunikation erfolgt hier vielfach unter dem Aspekt der Zweck- und Erfolgsorientiertheit einerseits *(Bringen Sie uns zwei Kaffee?)*, der Schlagfertigkeit, dem Sprachwitz und der Kreativität andererseits. Erschwerend kommt hinzu, dass symbolische Zeichen selten kontextfrei so präzise sind, dass sie zweifelsfrei verwendet werden können (etwa durch Homonymie wie bei *Flasche* ›Glaskörper‹ vs. *Flasche* ›unbeholfener Mensch‹ etc.). Dies zeigt sich besonders an den Schnittstellen von Fach- und Standardsprache, wie Beispiele wie *Grippe* und *Erkältung* anschaulich belegen[99]. Dieses Phänomen ist keineswegs auf Fachsprachen beschränkt, sondern auf sämtliche Soziolekte erweiterbar, so etwa auf die Jugendsprache *(schwul* ›schlecht‹ vs. *schwul* ›homosexuell‹). Um diesem Dilemma zu begegnen, wird im Bereich der Fachsprachen Sprachnormierung betrieben und Lexik mithilfe von Terminologien zu ›kontrollieren‹ versucht (terminology work, controlled vocabularies; vgl. Wüster 1991). Diese präskriptive Sprachlenkung hat in Standardsprachen wenig Erfolg, was das ›anglizismenbereinigte‹ Wörterbuch des Vereins Deutsche Sprache (VdS 2008) demonstriert.

Vieles ist – trotz zahlreicher Wörterbücher und Institutionen – nicht steuerbar. Die Usualisierung von Lexik etwa wird weniger durch Wörterbücher gesteuert als durch den regelmäßigen Gebrauch durch die Sprachgemeinschaft selbst. Und dabei zählt Usualisierung zu den simplen und zugleich effektiven Mitteln, Sprache ökonomisch zu gestalten. Auch sprachübergreifend gibt es

---

[99] So wird unter *Grippe* fachsprachlich eine ›lebensbedrohliche Ansteckung mit Grippe-Viren‹ verstanden, während das Wort standardsprachlich auch und vorwiegend mit der Bedeutung ›Erkältung‹ verbunden wird, wobei *Erkältung* wiederum fachsprachlich anders als bei der standardsprachlichen Bedeutung keine ›Unterkühlung‹, sondern eine virale oder bakterielle Erkrankung ist.

3.2 Lexik

ökonomische Mittel, die allerdings ebenfalls praktisch nicht steuerbar sind. Paronymie etwa ist ein Kennzeichen, das zwar für neue Lexik wünschenswert und anzuwenden wäre (und tatsächlich zu belegen ist[100]), allerdings aus einem aktuellen Stand eher historisch zu betrachten ist (engl. *house*, nndl. *huis*, nschw. *hus*, nisl. *hús*, dt. *Haus* etc.). Jüngere Beispiele wie dt. *Kindergarten* > engl. *kindergarten* oder engl. *processor* > dt. *Prozessor* sind paronymische Belege, gehen allerdings auf Lehnbildung zurück und unterscheiden sich damit vom *Haus*, *house*, *hus* etc., das auf germ. **hūsa* zurückgeht (Kluge 2002: 397). Nichtsdestoweniger schafft Paronymie ein ökonomisch organisiertes Lexikon, da Sprachlernende ihnen unbekannte Lexeme durch phonische (und graphemische) Nähe erschließen können (vgl. auch Dänisch/Schwedisch, Deutsch/Niederländisch etc.; zur scheinbaren Paronymie, also den »Faux amis«[101] s. Barnickel 1992).

3.2.2 Aufbau, Vereinfachung

Im Rahmen der Morphologie ist bereits angemerkt worden, dass unter sprachökonomischen Gesichtspunkten möglichst wenig komplexe Einheiten implikativ aufgebaut sein sollten. Dies gilt auch in Bezug auf die Lexik sowohl für die Wortkomplexität als auch für eine implikative Struktur.

3.2.2.1 Implikative Struktur

Eine nicht-implikative Struktur widerstrebt grundsätzlich einem ökonomisch aufgebauten Lexikon und sollte aus vielerlei Gründen vermieden werden. Die wichtigste Ursache ist im Bereich der Transparenz angesiedelt, die sich etwa daraus ergibt, dass sich die Gesamtbedeutung eines komplexen Wortes (z.B. eines Kompositums) aus der Summe der Einzelbedeutungen der enthaltenen Morpheme ergibt. Wortbildungsregeln wie die »right-hand head rule« spielen hierbei eine grundsätzliche Rolle. Eine *Haustür* etwa ist eine besondere Art von Tür (nämlich die eines Hauses), ein *Hausboot* ein besonderes Boot, das als Wohnraum dient. Ein *Hochspannungsmast* ist ein Mast, an dem Hochspannungs*leitungen* aufgehängt sind, und lässt bereits eine ›semantische Lücke‹

---

100 Vgl. etwa den Pseudoanglizismus *Handy*, der im deutschen Sprachraum (vermutlich aus der Substantivierung von engl. *handy* ›handlich‹ mit der lautlichen Nähe zu dt. *Hand*) neu gebildet worden ist und im engl. Sprachraum nach anfänglichem Nichtverstehen sich nun neben *cellular/mobile (phone)* zu etablieren scheint. *Handy* fußt tatsächlich allerdings auf einer Wortart-übergreifenden Faux-ami-Beziehung (engl. *handy* ›handlich‹ vs. dt. *Handy* ›Mobiltelefon‹; prototypischer ist *actually* ›tatsächlich‹ vs. *aktuell* ›derzeit‹; s. zu diesem Phänomen Patzke 2000).
101 Frz. ›falsche Freunde‹.

erkennen. Nicht-implikativ konstruiert ist jedoch beispielsweise *Grippeimpfung*, mit dem gerade keine »Grippe« geimpft wird, sondern ein Impfstoff *gegen* Grippe (vgl. oben). Die fehlende Implikation geht auf Tilgung zurück: Aufgrund der Komplexität ist die Vollform *Grippeschutzimpfung* auf *Grippeimpfung* reduziert worden, da eindeutig ist, dass im Gegensatz zu einer *Giftspritze* keine lebensbedrohlichen, sondern lebenserhaltende Mittel verabreicht werden; dies geht aus der Bedeutung des enthaltenen Lexems *Impfung* bzw. des Morphems {impf} hervor.

Ein weiterer Aspekt, der gegen nicht-implikative Strukturen spricht, ist die Genuszuweisung innerhalb einiger Wortfelder. So sind ›schwere‹ Alkoholika im Regelfall Maskulina (*[der] Rum, Brandy, Wodka, Whisky* etc.), Boote Feminina (*[die] Gorch Fock, Bismarck, Elisabeth II.*), ebenso wie Obst und besonders exotische Früchte (*[die] Melone, Agave, Orange, Litschi*), und zwar überwiegend ungeachtet des Genus der Herkunftswörter bzw. männlicher Namen etwa bei Schiffen *(der [Otto] Bismarck > die Bismarck)* (vgl. Koepcke 1982). Genuswahl ist mit Wurzel (2001: 392) auch bei höheren Lebewesen implikativ dadurch strukturiert, dass höhere männliche Lebewesen Maskulina und höhere weibliche Lebewesen Feminina sind, was sich im Sprachwandel insofern widerspiegelt, als etwa *das Gretel/Hänsel* in *die Gretel* bzw. *der Hänsel* überführt worden ist.

Die genannten Aspekte dienen nicht nur der qualitativ-kognitiv entlastenden Kommunikation beim Zugriff auf das Lexikon, sondern stellen auch für Deutschlernende eine erhebliche Erleichterung dar (vgl. die Flexion schwacher Verben, Abschnitt 3.1.3.2.1).

3.2.2.2 Lexikalisches Leveling

Sowohl Moser (1971: 99) als auch Jespersen (1941: 80) postulieren die Aufgabe von Synonymen, um das Lexikon zu verschlanken und den Aufbau zu simplifizieren. Während Jespersen sich für den »democratic style« (ibid.: 79) ausspricht, zu dem er nicht nur einfachere Lexik, sondern auch kürzere und übersichtlichere Sätze zählt, benennt Moser mit der Bezeichnung »regionalsozialer Ausgleich« (Moser 1971: 115) eine Prozedur, mittels derer »Synonyme« bzw. Wortpaare[102] wie *Aufzug/Lift* und *geil/toll* auf eines reduziert werden sollen (etwa *toll*). Über die Wahl des beizubehaltenden Lemmas solle hierbei nicht willkürlich entschieden werden, sondern eine Orientierung an nativen

---

102 Hier wird der Ausdruck »Wortpaar« anstelle von »Synonym« verwendet, da sich *toll* und *geil* beispielsweise in der Konnotation unterscheiden, m.E. also nicht synonym zu verwenden sind.

3.2 Lexik

Lexemen stattfinden, also zum Beispiel *Steckenpferd* statt *Hobby* bewahrt werden, wofür sich nicht nur Jespersen und Moser aussprechen, sondern auch Bally (1954), Meillet (1937) und Haugen (1966) (vgl. aber die Abschnitte Ausbau und Reduktion).

Wenngleich im Vordergrund der – mit dem Kategorienbegriff »Geltungsökonomie« (Moser 1971: 114) wenig transparent oder sogar irreführend bezeichneten – sprachökonomischen Tendenz und/oder dem entsprechenden Planungsversuch soziolinguistische Aspekte im Vordergrund stehen, wendet sich Moser auch gegen Regionalismen, die lexikalische Dubletten zur Standardsprache darstellen. So sei es »informationsunökonomisch«, parallel zu *Blumenkohl* das Lexem *Karfiol* zu erhalten. Dies gelte für viele weitere Lexempaare wie *Pflaumenmus/Powidl*, *Aprikose/Marille* etc.[103]

Hinter all diesen Ansätzen steht letztlich der Wunsch, Sprache auf den kleinsten gemeinsamen Nenner der Teilnehmenden zu stellen, damit neben anderen ›Barrieren‹ die aus elaboriertem Sprachcode oder der Fachsprache entstammende Lexik dem kommunikativen Gelingen nicht im Wege steht. Jespersen zufolge würde dies sogar durch die sozial besser gestellten Sprachteilnehmer unterstützt, denn unter dem Terminus »Fashion« meint er, mit Belegen wie *huntin'*, *yachtin'* neben umgekehrtem Muster auch das der Orientierung an sozial schlechter gestellten Sprachteilnehmern zu erkennen, und sieht darin eine positiv betrachtete Annäherung an einen »democratic style« (so gesehen von beiden ›Seiten‹).

Tatsächlich ist es praktisch ausgeschlossen, wenn man stark sprachnormierende Einrichtungen wie die *Académie française* mit der Folge von Strafzahlungen bei unerwünschtem Sprachgebrauch ausklammern möchte, eine Sprache in Richtung »democratic style« zu lenken. Zudem gehen die Teilnehmer einer Sprachgemeinschaft diesen Weg unbewusst, was sich in zahlreichen Vereinfachungsstrukturen belegen lässt und an den zahlreichen in diesem Merkmalskatalog genannten sprachökonomischen Kennzeichen zu erkennen ist.

Dies soll nicht über die Tatsache hinwegtäuschen, dass ›echte‹ Synonyme, deren Existenz oft angezweifelt wird (vielleicht *Radler/Alsterwasser?*), unökonomisch sind, da sie das Lexikon (vom nichtkünstlerischen Standpunkt aus betrachtet) unnötigerweise belasten und Verständigung sowie Spracherlernen erschweren.

---

103 Problematisch hieran ist, dass viele »Regionalismen« entlehnt sind, z.B. *Powidl* aus dem Tschechischen und *Karfiol* aus dem Italienischen, und damit auf die Herkunft verweisen. In letzter Konsequenz wäre es jedoch einzelsprachunabhängig nicht am ökonomischsten, native Varianten zu bevorzugen oder regionale zu verbannen, sondern eine Weltsprache zu etablieren.

3.2.2.3 Abstraktion und Hyperonymgebrauch

Einen Schritt weiter als die Aufgabe von Synonymen und regionalen Dubletten geht die lexikalische Abstraktion wie auch die Verwendung von Hyperonymen. Hierbei wird semantisch weniger spezifizierte Lexik wie *Veranstaltung* anstelle stärker spezifizierter wie *Vorlesung, Aufführung, Musical, Vortrag* etc. verwendet. Dies impliziert den Gebrauch von Hyperonymen *(Veranstaltung* anstelle von *Vorlesung, Seminar, Colloquium, Lektürekurs).*

Ziel ist hierbei nur indirekt die Vereinfachung des Lexikons, denn es steht zwar eine leichte(re) Verständlichkeit im Vordergrund, allerdings nur in denjenigen Fällen, in denen auf eine nähere Spezifizierung verzichtet werden kann. Grundsätzlicher Art kann auf die Hyponyme nicht verzichtet werden. Abstrahierende Lexik findet prototypische Anwendung in Funktionsverbgefügen.

3.2.3 Ausbau

Der Ausbau des Lexikons kann sowohl durch Wortbildung (s. hierfür 3.1.2) als auch durch Entlehnung erfolgen. Im folgenden Abschnitt soll Letztere in den Blick genommen werden.

3.2.3.1 Entlehnung

Entlehnung ist seit jeher ein verbreitetes (und notwendiges) Mittel zum Ausbau des Lexikons. In der Antike ergab sich durch die Philosophie, Wissenschaft, Politik etc. und deren Fachsprachen eine starke Entlehnung aus dem Griechischen, später Lateinischen; in der Renaissance – insbesondere im Bereich der Kunst, Architektur und Lebensart – aus dem Italienischen sowie von jener Zeit an (mindestens jedoch seit der ›Belle Époque‹) aus dem Französischen und in der heutigen Zeit aufgrund ihres Status als Lingua franca und der technischen Dominanz vornehmlich aus der englischen Sprache.

Eine Notwendigkeit in Bezug auf den Ausbau besteht vorwiegend in den Bereichen der Forschung und Entwicklung, wo es zunehmend sinnvoll erscheint, vor dem Hintergrund der Internationalisierung einheitliche Bezeichnungen für identische Produkte, Patente etc. zu verwenden (vgl. 3.2.1). So wäre es zwar möglich, Termini wie *Internet*, *E-Mail* und *Browser*, wie es der Verein Deutsche Sprache[104] zum ›Schutz‹ der Muttersprache fordert, ins Deutsche zu übersetzen. Allerdings müssen dadurch unnötig weitere, neue Termini für identische physikalisch existente oder nicht-existente Konstrukte geschaffen

---

104 http://www.vds-ev.de/

oder vorhandene Lexik um die Bedeutungen erweitert werden, welches in unökonomische Homonymie und Polysemie mündet oder zu äußerst komplexen Wörtern führen kann (*crack* ?= »Kopierschutzentfernung«, Junker 2007)[105]. Darüber hinaus zeichnen sich zahlreiche Anglizismen (sowie andere Internationalismen wie *ciao*) durch Bedeutungsdifferenzierung aus. So ist *Ketchup* kein »Tomatenmark« (Junker 2007), sondern enthält dieses lediglich neben anderen Zutaten (Wasser, Zucker, Gewürze, Essig). Und es kommt häufig zu nichtimplikativen Strukturen (s. 3.2.2.1), was nicht zu einem größeren Verständnis, sondern zu mehr Verwirrung führen kann (»Alarmbalken (auf dem Grafikbildschirm)« (Junker 2007) anstelle von *Banner*[106]).

Keinerlei Alternative zur Entlehnung bietet die Paraphrasierung eines Terminus, nur weil ein passendes Lexem oder eine geeignete Wortkomposition in der Muttersprache nicht gefunden werden kann. Eine solche Praxis wäre nicht nur quantitativ völlig unökonomisch, sondern führte auch zu einem größeren Unverständnis aufgrund äußerst komplexer Syntax und Satzlängen (= qualitativ unökonomisch). Dies ist der Fall, wenn anstelle des Fremdwortes *Backend* die Paraphrase »maschinenorientierte Schnittstelle/Phase eines Programms oder einer Anwendung« (Junker 2007) verwendet werden soll.

Der so genannten »Geltungsökonomie« entgegenwirkend führt Moser (1971: 99) Entlehnung positiv zur »Entlastung der eigenen Wortstämme« (aber[107] Moser 1971: 116) an. Zur Entlehnung zählt er allerdings nicht nur die Integration von Elementen fremder Sprachen auf lexikalischer Ebene, sondern auch jene »frühere[r] Sprachperioden« (-stufen) sowie aus anderen sozialen Welten (»Sprachschichten« ibid.: 99; vgl. 3.2.2.2).

Qualitativ ökonomisch ist bei Entlehnung (oder der Integration von Fremdwörtern) Paronymie (s. 3.2.1). Ob Entlehnung auch quantitative Ökonomie aufweist, wird anhand von Anglizismen im Kap. 4.2.7 überprüft.

---

105 Ein *Crack* ist darüber hinaus weitaus mehr als nur eine Kopierschutzentfernung bzw. muss diese gar nicht beinhalten. Durch einen Crack können Programme auch modifiziert, beispielsweise mit einem Geheimcode oder Bild/Logo versehen werden, um den Namen des Crackers zu verbreiten. Einen Cracker indes als »Kennwortknacker, (Kopier-)Schutzbrecher« zu beschreiben und den Anglizismus als »verdrängend« (Junker 2007) zu klassifizieren, ist schlichtweg unökonomisch bzw. falsch, da Kennwortknacker und Schutzbrecher zwei verschiedene Funktionen beschreiben und zudem völlig ungebräuchlich sind, insofern nicht verdrängt werden können.

106 Werbeform im Internet, die keinen ›Alarm‹ auslöst, sondern wie Werbeplakate Produkte und Dienstleistungen in einer bestimmten Art und Weise (vgl. Siever 2005a) bewirbt. Der Wortbestandteil {Alarm} ist völlig irreleitend und entbehrt jeder Grundlage.

107 Moser spricht sich jedoch gegen durch Entlehnung entstehende »Redundanzen« wie »Aufzug – Lift« aus (Moser 1971: 116).

3.2.3.2 Polysemie

Anders als Homonymie ist Polysemie als ökonomisch zu betrachten, zumindest in solchen Fällen, in denen die etymologische Verwandtschaft noch bekannt ist: »Thus we see how denominations for various concepts which would otherwise have been nameless have come about by a transferred use of one and the same word – decidedly a gain for the language« (Jespersen 1941: 62). So kann die Verbindung von *Pferd* in der Bedeutung ›Schachfigur‹[108] eindeutig zu *Pferd* ›Tier‹ hergestellt werden und ist insofern ökonomisch, als die Bezeichnung transparent und ein Missverständnis praktisch ausgeschlossen ist. Ähnliches gilt für *Pferd* ›Turngerät‹, wo neben der Form des Rumpfes die Haltegriffe (Sattel) disambiguierend wirken. Bei *Mutter* hingegen ist die Verbindung zwischen *Mutter* ›Elternteil‹ und *Mutter* ›Schraubengegenpart‹ außerfachlichen Sprechenden nicht (mehr?) bekannt[109], sodass trotz Polysemie Missverständnisse nicht ausgeschlossen werden können (vgl. Kluge 2002: 640).

Homonymie hingegen führt, wie bereits Jespersen (1941: 33) betont, zumeist zu Ambiguität, die zum Teil durch Homonymenflucht umgangen worden ist (engl. *son* ›Sohn‹ aufgrund der Homophonie mit *sun* ›Sonne‹ durch *boy* oder *lad;* vgl. Jespersen 1941: 34) oder durch unterschiedliche Genuszuweisungen disambiguiert wird. Jespersen schränkt allerdings ein: »[...] the danger of ambiguity in such a language as English from these homophones is much less than one might at first suppose, because words are never spoken isolatedly. [...] one understands not words, but sentences.« (ibid.: 33 f.) Auch wenn in diesen Fällen der Kotext disambiguierend wirkt, muss Homonymie als qualitativ unökonomisch gelten. »[G]rammatische Homonymie« (Jespersen 1941: 37) wie im Fall von [kiŋz], also [z] für Homonymie beim englischen Plural- und Genitiv-*s (king's* vs. *kings* vs. *kings'),* ist ähnlich zu sehen und wird grafisch (durch den Apostroph) unterschieden oder syntaktisch in *of the king* und *of the kings* (Gen.) neben *kings* (Pl.) aufgelöst.

Grammatische Polysemie ist etwa mit der deutschen Höflichkeitsform *Sie* (von der 2. Pers. des Personalpronomens) belegt und wird von Jespersen als »obnoxious«[110] (ibid.: 39) bezeichnet.

3.2.4 Reduktion

Lexikalische Reduktion bzw. Kürzung betrifft Abkürzungen und Kurzwörter, die im Rahmen der graphischen Reduktion (3.3.1) resp. Wortbildung

---

108 Häufig jedoch *Springer.*
109 Die ›technische‹ Mutter beruht auf einer sexuellen Metapher (s. Kluge 2002: 640).
110 Engl. f. ›widerlich‹.

(3.1.2.1.4) behandelt werden. Hier geht es um den vielfach angeführten Vorteil und die von anderer Seite oftmals als Vorurteil bezeichnete Vermutung, dass Fremd- und Lehnwörter vor allem deshalb gebraucht würden, weil sie kürzer als ihre nativen ›Dubletten‹ seien. Als Beispiele können *Shorts* (< kurze Hose), *fit* (< ?gesund), *Sex* (< Geschlechtsverkehr), *Lift* (< Aufzug) und selbst *Trip* (Reise[111]) angeführt werden, als Gegenbeispiele *time of day* (> Tageszeit), *beautiful* (> schön[112]), *trousers*[113] (> Hose), *refrigerator*[114] (> Kühlschrank) und *railway station* (> Bahnhof).

Darüber hinaus bestehen zahlreiche Lehn- und Fremdwörter, denen semantische Gleichheit zugeschrieben wird, die allerdings keine echten Dubletten darstellen, weil sie anders konnotiert sind oder auf andere Konzepte verweisen (beispielsweise ist *Job* nicht mit *Beruf* gleichzusetzen). Im empirischen Teil (Kap. 4.2.7) wird dieser Frage nachgegangen und quantitativ ausgewertet werden, ob nicht-native Lexeme tatsächlich kürzer sind als native.

3.3 Graphie

Im Bereich der Graphie wären viele Aspekte zu nennen, doch liegt hier der Fokus auf den Abkürzungen, da sie in einem engen Zusammenhang mit den Kurzwörtern stehen und zudem zu den offensichtlichsten Prototypen quantitativer Ökonomie gehören. Daneben wird eine Auswahl weiterer Merkmale genannt.

3.3.1 Abkürzungen

Die Formen *Abk.* und *.abk* verbindet, dass es sich in beiden Fällen um Abkürzungen handelt. Während Erstere jedoch allgemein bekannt ist, großgeschrieben wird, auf die ersten Grapheme reduziert ist und den Abkürzungspunkt am Ende aufweist, ist Letztere weder sonderlich bekannt, noch wird sie großgeschrieben, sie ist auch nicht auf den Wortanfang reduziert und der ›Abkürzungspunkt‹ für die Kurzform ist scheinbar vorangestellt. Tatsächlich

---

111 Bei *Reise* gegenüber *Trip* besteht die Kürze vor allem in der phonologischen Einsparung (einer Silbe).
112 Das englische *beautiful* ist gegenüber *schön* um zwei Silben länger (phonologische Länge).
113 Zum quantitativ-ökonomischen Nachteil kommt hinzu, dass es sich bei *trousers* um ein Pluraletantum handelt, wodurch eine Differenzierung zwischen einer und mehreren Hosen flexivisch nicht markiert werden kann.
114 Bei *refrigerator* ist wiederum die Anzahl der Silben (phonologische Komplexität) höher.

handelt es sich jedoch nicht um einen Abkürzungspunkt, sondern einen Trennungsmarker von Dateiname und -suffix, denn *abk* ist die reduzierte Form von *automatic backup* und dient der Zuordnung von Dateinamen zum Programm. Aus diesem Grund bedarf es keines Punktes (am Ende), selbst wenn dies die Orthografie in den meisten Fällen vorschreibt. Den Punkt als Unterscheidungskriterium zwischen Abkürzung und Kurzwort heranzuziehen, ist folglich nicht möglich. Auch Maßeinheiten wie *km* (< *Kilometer*) oder chemische Zeichen wie *S* (< *Schwefel*) stellen Abkürzungen dar, werden jedoch ebenfalls ohne Abkürzungspunkt verwendet.

Dennoch können Punkte in Fällen wie *Prof.* (Abkürzung) vs. *Prof* (Kurzwort) abgrenzend wirken; allerdings wird Interpunktion nicht artikuliert, weshalb die Funktion auf medial schriftliche Formen reduziert bleibt. Aber eben die Aussprache ist es, wie bereits in Kap. 3.1.2.1.4 dargestellt, die eine Differenzierung möglich macht. Die meisten fachwissenschaftlichen Autoren führen als Gemeinsamkeit die grafische Existenz beider Kurzformen an, während als Unterscheidungskriterium die mögliche phonische Realisierung, die den Kurzwörtern vorbehalten ist, geltend gemacht wird. Während also bei Kurzwörtern sowohl eine grafische (/Uni/) als auch eine phonische Kurzform ([uni]) existiert, sind Abkürzungen nur grafisch realisiert (/z.B./, nicht aber phonisch wie *['zɛt'beː]). Da Abkürzungen also reine grafische Kurzformen sind und im Gegensatz zu Kurzwörtern keine neuen Wörter (mit den entsprechenden Funktionen) darstellen, gehören sie nicht in den Bereich der Wortbildung (und sind daher in diesem Kapitel ausgegliedert; zu weiteren Definitionskriterien s. Kap. 3.1.2.1.4).

Bei der Klassifizierung von Abkürzungen lohnt ein Blick auf die Kurzwörter, da einige strukturell-genetische Ähnlichkeiten bestehen. Hofrichter (1977) hat hierzu eine umfangreiche Arbeit vorgelegt, die Abkürzungen nach verschiedenen Gesichtspunkten ordnet (s.u.). Allerdings verwendet er Abkürzungen als Oberbegriff für alle verwandten Kürzungsprodukte, womit auch Kurzwörter Teil der Typologie sind. Sie werden im Folgenden möglichst ausgeklammert, da sie hier nicht unter die Abkürzungen subsumiert werden.

Grundsätzlich unterscheidet Hofrichter (1977: 55–57) nach genetischen Gesichtspunkten zwischen linearen und nichtlinearen Abkürzungen sowie Isolierungen und entsprechenden Mischformen (Kombinationsformen). Linearität liegt vor, wenn »Buchstaben [einer Kurzform, d.V.] in ihrer Aufeinanderfolge mit der ununterbrochenen Kette von Buchstaben der entsprechenden Vollform übereinstimmen« (Hofrichter 1977: 55). Sowohl der Terminus als auch die Definition sind unscharf verwendet, denn zu den linearen Zeichenfolgen zählt Hofrichter auch ›Ketten‹ von Morphemanfängen, die aus mehreren Segmenten

3.3 Graphie

bestehen können. Von Linearität – in sprachwissenschaftlicher wie in mathematischer Hinsicht – weicht die Interpretation entsprechend ab, denn linear in diesem Sinn sind ebenfalls Abkürzungen wie *Bd.* (< *Band; Bund*). Zu den linearen Abkürzungen gehören nach Hofrichter also auch Initialabkürzungen wie *DDR* oder *ZISW* (< *Zentralinstitut für Sprachwissenschaft*). Linearität wird also lediglich allgemein auf die beibehaltene Reihenfolge bezogen und nicht auf die unmittelbare Abfolge, welche bei den Kurzwörtern als unisegmental bezeichnet worden ist. Auch Nichtinitialabkürzungen wie *Guwe* (< *Gummiwerk Weißenfels*) und *Textima* (< *VVB Textilmaschinenbau*) werden als lineare Abkürzungen gefasst. Sie stellen den »Anfang der Vollform« (ibid.) dar. Beide Varianten linearer Abkürzungen gehören nach der hier vertretenen Position nicht den Abkürzungen, sondern den Kurzwörtern an (s. 3.1.2.1.4).

Nichtlineare Abkürzungen sind »Kurzformen, deren Buchstaben nicht die regelmäßige, ununterbrochene [sic!] lineare Kette von Buchstaben der entsprechenden Vollform widerspiegeln.« (ibid.: 56) Binnendifferenziert werden diese in »Kontraktionen« und »Gerüstabkürzungen«. Wenn die Kurzformen lediglich aus dem Anfang und dem Ende der Vollformen gebildet und um das mittlere Segment gekürzt worden sind, spricht Hofrichter von Kontraktionen, wie beispielsweise bei *Dr.* (< *Doktor*) und *Bf.* (< *Brief*). Gerüstabkürzungen hingegen bestünden aus Konsonanten und sind in Einzelfällen um Vokale ergänzt, die »aus Anfang, Mitte und Ende der entsprechenden Vollform stammen« (ibid.; hier werden diese Abkürzungen als Konsonantenabkürzungen geführt, s. Kap. 4). Dazu zählen nach Hofrichter Kurzformen wie *Pkt.* (< *Punkt*) oder *Uffz.* (< *Unteroffizier*).

Neben diese auch hier (im engeren Sinn) als Abkürzungen bezeichneten Kurzformen stellt Hofrichter (1977: 56) »Isolierungen« (parallel zu den linearen und nichtlinearen Abkürzungen). Sie bilden eine sehr kleine Gruppe aus Kurzformen, die aus »zwei oder drei Buchstaben bestehen, von denen der letzte bzw. die letzten zwei Grapheme nicht Bestandteil der als Bildungsgrundlage dienenden Vollform sind, sondern nur eine wiederholte Setzung des in der Kurzform vorausgegangenen Buchstabens darstellen« (ibid.); *Bll.* (< *Blätter*) und *ff* (< *sehr fein*) sind angegebene Beispiele (hier als Sonderfall ebenso unter Abkürzungen eingeordnet und zusätzlich als Belege für erstarrte Reduplikation gefasst[115]).

»Kombinationsformen« schließlich können Hofrichter zufolge bei mehrgliedrigen Vollformen auftreten und zeichnen sich durch eine inhomogene Bildungsweise (durch die dargestellten Kürzungsarten) aus. *GBl.* (< *Gesetzblatt*) und *DEFA* (< *Deutsche Film-AG*) werden als Beispiele angegeben.

---

115 Vgl. Abschnitt »Markierung in Kurzform« in Kap. 3.1.3.3.3.

Klassifizierbar seien Abkürzungen ferner anhand ihrer Lautstruktur (Hofrichter 1977: 57 ff.), was genau dem Differenzierungskriterium entspricht, welches hier Abkürzungen von den Kurzwörtern unterscheidet: Grafische Abkürzungen (hier synonym zu Abkürzungen gebraucht) existieren nur in der geschriebenen Sprache und werden nicht (als Kurzform) ausgesprochen *(z. B., nhd.)*, während grafisch-phonische Abkürzungen auch eine eigene Lautform besitzen und weiter binnendifferenziert werden können: Buchstabierabkürzungen werden »entsprechend ihrer Buchstabenbezeichnung« (ibid.: 58; *DDR, UdSSR*) artikuliert, wohingegen Akronyme »nach ihrem Lautwert ausgesprochen« (ibid.) werden *(DEWAG, iga)*.

Die Grenzen zwischen den grafischen und den grafisch-phonischen Abkürzungen sind Hofrichter gemäß allerdings beweglich: »Grafische Abkürzungen können auf Grund häufiger Verwendung in die Klasse der grafisch-phonischen Abkürzungen übergehen, zum Beispiel: /z.B.V./, /h.c./, /atü/.« (Hofrichter 1977: 58) Bei einigen (z.T. usuellen) Wortgruppen wie *Dr. h.c.* gibt es auch Vermischungen von grafischen und grafisch-phonischen Kurzformen. Als Gründe für den Übergang führt Hofrichter vor allem eine hohe Gebrauchsfrequenz an, nennt dabei allerdings nicht die Demotivierung, die mit starker Kürzung, wie im Fall *h.c.*, verbunden ist. Begünstigend auf die Vermeidung der Vollform *honoris causa* wirkt sich auch die Tatsache aus, dass es sich um eine entlehnte Wortgruppe handelt, deren Vollform unter Umständen nicht bekannt ist (vgl. *p.c., a.m.* und selbst *etc.*[116]).

Zum Übergang von grafischen Abkürzungen in grafisch-phonische wie bei *h.c., atü, km/h* und *OG* (< *Obergeschoss*) ist festzustellen, dass Fachsprache hier eine gewichtige Rolle spielt. *H2O, CO2* (bzw. H_2O, CO_2) oder *Se* (< *Selen*) sind zweifelsfrei Abkürzungen, die aufgrund ihrer Usualisierung wie Kurzwörter behandelt werden. In solchen Fällen der Vermischung von Fach- und Standardsprache kommt es zwar zu einer Überlagerung von Kurzformgebrauch (*H2O*, Fachsprache) und Vollformverwendung (*Wasser*, Standardsprache), doch sowohl in der Fachsprache als auch in der Standardsprache werden beide Varianten gebraucht (s. Abb. 3-2). Zu einem Übergang wird es allerdings – anders als Hofrichter (1977: 58) es darstellt – wahrscheinlich schon aufgrund der Tatsache niemals kommen, dass bei H_2O die Anzahl der Akzente (3) und Silben (3) höher ist als bei *Wasser* (1 bzw. 2). Infolge der Bestellung brachte die Kellnerin »Wasser« *(Wer bekam das Wasser?)*, nicht »H_2O« *(Wer bekam das H_2O?)*. Der Vorteil – in diesem Fall – liegt weniger in der Wissenschaftlichkeit der Fachsprache als vielmehr in der Ökonomie der geschriebenen Form.

---

116 Bei *etc.* liegen verschiedene Schreibvarianten vor, die zeigen, dass die Vollform nicht bekannt ist (z.B. *et. cetera*).

3.3 Graphie

Weitere Möglichkeiten der Klassifizierung liegen im Bereich der Orthografie. So lassen sich im Rahmen der Getrennt- und Zusammenschreibung solche Kurzformen, die mit der Vollform übereinstimmen *(fmdl* ohne Punkt, *Jan.* mit Punkt am Ende und *G.m.b.H.* mit »Punkttrennung«, *Str-km* mit »Bindestrichtrennung«, *m/s* mit Schrägstrich*),* von denen abgrenzen, die von der Vollformschreibung abweichen; hierbei könne die Vollform in der Kurzform zusammengeführt *(usw. < und so weiter)* oder aufgetrennt werden *(Jg.Hb. < Jugendherberge).* Auch die Groß- und Kleinschreibung lässt sich als Differenzierungsmerkmal nutzen: Hier kann Übereinstimmung herrschen *(GmbH)* oder die Schreibung wird in der Kurzform verändert *(kW < Kilowatt).* Eine »Zeitungsregel« (zumindest der Neuen Presse, Hannover)[117] gibt im Übrigen vor, dass mit Lautwert ausgesprochene Kurzformen wortgleich geschrieben werden *(üstra > Üstra; NATO > Nato; ver.di > Verdi).*

Neben seiner Typologisierung nimmt Hofrichter auch eine Analyse der Häufigkeitsverteilung vor. Die Werte werden für sämtliche Klassen ermittelt, hier jedoch nur die Ergebnisse zur genetischen Klassifizierung wiedergegeben. Mehr als zwei Drittel[118] der Kurzformen zählen zu den »linearen Initialabkürzungen« des Typs *DDR* (Hofrichter 1977: 66), während auf Kombinationsformen wie *fmdl* (< *fernmündlich)* oder *DEFA* rund 17 Prozent entfallen. 8 Prozent machen »lineare Nichtinitialabkürungen« aus, wozu *TEXTIMA* und *Mofa* (< Motorfahrrad) gezählt werden. Nur 3 Prozent entfallen auf »Gerüstabkürzungen« wie *abds.* (< *abends)* und »Kontraktionen« wie *Bd.* (< Band). »Isolierungen« wie *Bll.* (< *Blätter), ff* (< *sehr fein)* sind mit 0,27 Prozent erwartungsgemäß nur marginal vertreten. Die hier als Abkürzungen gefassten Phänomene machen damit einen Maximalanteil von rund einem Fünftel (21,8 %) aller Kurzformen aus (inkl. der Gruppe der Mischformen).

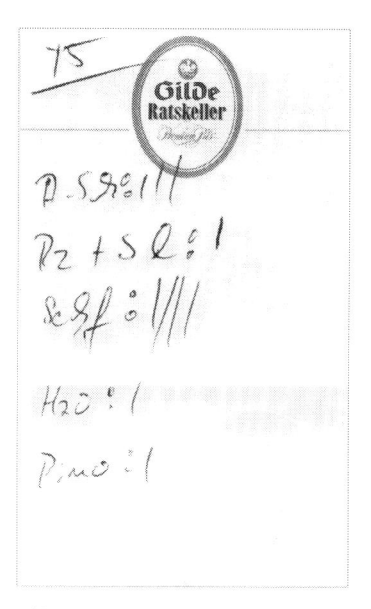

Abb. 3-2: Bestellnotiz einer Kellnerin.

---

117 Pers. Mitteilung des dortigen Schlussredakteurs Olaf Krause.
118 Basierend auf einer Analyse von 6 282 Kurzformen auf Grundlage von Wörterbüchern (im Detail s. Hofrichter 1977: 65).

Getilgt werden beim Erstellen einer Kurzform im Allgemeinen die synsemantischen Elemente der Vollform (Hofrichter 1977: 16), da sie für das Verständnis eine untergeordnete Rolle spielen und leichter als Autosemantika rekonstruiert werden können. So bleiben etwa Artikel oder Konjunktionen oftmals in der Kurzform unberücksichtigt, wie dies bei engl. *c.i.* (< *cost and insurance*) der Fall ist[119]. Andernfalls werden die Synsemantika mitunter weitreichender gekürzt als die Autosemantika, was neben dem genannten phrasalen Beispiel auch bei Kürzung in festen Wortgruppen beobachtet werden kann *(Rotenburg a. d. Fulda, Neumarkt i. d. Oberpfalz)*. Doch auch Autosemantika werden in der Kurzform mitunter nicht berücksichtigt, z.B. bei *a. Chr.* (< *ante Christum natum*), wobei dies bei Kurzwörtern eine stärkere Relevanz hat, da insbesondere usualisierte Wortgruppen bei Abkürzungen durch Anfangsbuchstaben der Vollform repräsentiert werden (*usw., u.A.w.g., a.a.* etc.).

Im Zusammenhang mit Abkürzungen werden häufig auch Symbole genannt. Hofrichter (1977: 20ff.) grenzt Abkürzungen von Symbolen dadurch ab, dass Erstere sprachliche Zeichen und nicht motiviert seien, während Symbole nichtsprachliche Zeichen und motiviert seien (ibid.: 22). Symbole »stellen ein in sich abgeschlossenes, in sich widerspruchfreies System dar« (ibid.: 24). Zeichen oder Zeichenfolgen des international akzeptierten Periodensystems, etwa *FE* für ›Eisen‹ und *O* für ›Sauerstoff‹, könnte man zwar als Symbole einordnen, sie stellen strukturell allerdings Kurzformen von (lateinischen) Vollformen[120] dar und sind äquivalent zu *m* für ›Meter‹ oder *kg* für ›Kilogramm‹ zu sehen, welche »Bestandteil des Allgemeinwortschatzes« (ibid.: 25) und daher zu den Abkürzungen zu zählen sind (s. 4.2.3.5 und 4.2.9.1).

Wenn sich Kurzwörter von Abkürzungen unterscheiden, stellt sich die Frage nach den charakteristischen Eigenschaften von Kurzwörtern. Zudem ist zu klären, wie diese von Abkürzungen und Vollformen abzugrenzen sind (Hofrichter 1977: 26). Hofrichter ordnet zwar nur Kurzwörter im Bereich der Wortbildung ein, betrachtet solche, die »ihrer Herkunft nach Abkürzungen« (ibid.: 155) sind, allerdings als Kurzformen »mit eigener Lautform« (ibid.: 157), die zu eigenständigen Lexemen tendieren. Wenn Kurzwörter sich allerdings aus Abkürzungen, die per definitionem nicht der Wortbildung zugeordnet sind, entwickelt haben, indem ihnen nachträglich eine Lautform zugewiesen worden ist, bedeutet dies, dass ein- und dieselbe Graphemfolge einmal wortbildungsanalytisch relevant ist, ein anderes Mal nicht. Damit wird deutlich, dass Abkürzungen und Kurzwörter zwar getrennt gut definierbar sind, die Zeichenfol-

---

119 Bei Kurzwörtern ist häufiger zu beobachten, dass Synsemantika unberücksichtigt sind, z.B. *EGKS* (< *Europäische Gemeinschaft für Kohle und Stahl*) mit vollständig gekürzter Präposition *für* und Konjunktion *und*.
120 Ferrum, Oxygenium.

gen mit Zwischenstellung allerdings ein kategoriales Problem offenlegen, das bislang nicht gelöst werden konnte. Ob nun eine Zwischenstellung oder eine Übergangsphase angenommen wird, ändert nichts an der Grenzüberschreitung, die mit Abkürzungen oder Wörtern wie *OG* (< *Obergeschoss*) und *HDL* (< *hab dich lieb*) vorliegt. Das Problem kann im Rahmen dieser Arbeit nur aufgezeigt werden; eine Diskussion von Problemfällen findet in Kap. 4 statt.

Auch wenn die Typologie Hofrichters wertvolle Ansätze aufweist, soll sie aus drei Gründen nicht übernommen und für die Analysen verwendet werden: Zum einen erscheint, wie bereits bei den Kurzwörtern dargestellt, eine Vereinigung von Abkürzungen und Kurzwörtern als unvorteilhaft, selbst wenn der vereinzelte vermeintliche oder tatsächliche Übergang von Abkürzungen in Kurzwörter dafür sprechen sollte. Zweitens wird bei den Analysen ein Vergleich angestrebt, der weder mit den vorhandenen kategorialen noch mit den terminologischen Unterschieden (linear ≠ unisegmental) möglich wäre. Zum Dritten wird die Binnenstruktur der Abkürzungen nicht ausreichend berücksichtigt: *Skip.* (< *Skipiste*) und *Ang.* oder *Angeb.* (< *Angebot*) etwa sind nicht nur »linear« gegenüber der Vollform, sondern unisegmental und darüber hinaus derart gebildet, dass das erste bzw. die ersten beiden Morpheme vollständig und vom letzten nur das erste Graphem in die Kurzform eingegangen ist. Dies sollte bei einer Typologie beachtet werden (so geschehen in Kap. 4).

3.3.2 Weitere ausgewählte Merkmale graphostilistischer Reduktion

Eine vollständige Nennung der die Graphie betreffenden Merkmale soll aus bereits genannten Gründen nicht erfolgen und wäre vermutlich auch nicht zu leisten, da bei vielen grafischen und graphostilistischen Merkmalen nur schwer entschieden werden kann, ob sie ökonomisch sind oder nicht. Die folgende Auswahl ist auf einige wenige Aspekte beschränkt und hinsichtlich ihrer qualitativen und quantitativen Ökonomie zu unterscheiden.

Als qualitatives Merkmal ist die Interpunktion zu nennen. Der Punkt etwa (Bredel 2005, Kreuder 2005) dient neben den Standardanwendungen als optisches Trennzeichen für Tausender, welches eine weniger fehlerbehaftete Erkennung ermöglicht (100.000 < 100000). Es handelt sich allerdings um eine im deutschen Raum unzulässige Kennzeichnung, da diese durch ein Spatium vorgeschrieben ist (100 000).[121] In den untersuchten Korpora verstoßen von 112 Zahlenwerten über 999 mit glatten Tausendern[122] 80 gegen diese Norm – nur 32 enthalten keinen Punkt. Darunter befinden sich noch einige Jahreszahlen:

---

121 Die Regel gilt z.B. im englischen Sprachraum.
122 D.h. 000 am Ende (12000 ebenso wie 12 000 und 12.000).

So sind etwa beim Fahrgastfernsehen nur 3 von 63 Ziffern ohne Tausendertrennungspunkt realisiert. Sie stellen jedoch ausschließlich Jahreszahlen dar, bei denen eine Verwendung des Punktes wenig Sinn macht *(des 2000 gestorbenen Künstlers; Rekordmonat, dem Oktober 2000; die 2000 gestorbene Künstlerin).* Beim Alpenpanorama wird vorwiegend bei mindestens fünfstelligen Werten der Punkt verwendet *(10.000; 15.000).* Bei den 1955er Kleinanzeigen hingegen wird noch strikt die Norm befolgt und ein Spatium gesetzt *(14 000 km, DM 15 000,-).* Nicht den Erwartungen entspricht die Gegebenheit, dass im Newsticker eine von zwei Zahlen und sämtliche acht Zahlen beim Kontrollkorpus (Zeitungsartikel) mit Punkt geschrieben werden. Insbesondere die Zeitungsartikel stehen nicht unter dem Druck kleiner Texträume und hätten normkonform mit Spatium realisiert werden können. Die qualitative Ökonomie durch erhöhte Transparenz bei den Ziffernfolgen scheint jedoch dagegen zu sprechen. Bei den SMS-Mitteilungen sind bei insgesamt drei Zahlenwerten keine Trennpunkte für Tausendergrenzen gesetzt worden – vermutlich weil der quantitative Aspekt (vor allem der Aufwand des Tippens) gegenüber dem qualitativen überwogen hat. Zudem spielt beim Ausreißer *10000000 [ZÄRTLICHE KÜSSE DEINE BETTI]* der exakte Wert keine Rolle, sondern im Gegenteil: Je ›undurchsichtiger‹ der Wert ist, desto näher rückt die Ziffer an die Bedeutung ›unzählig‹.

Ein weiterer qualitativer Aspekt ist der Apostroph (Klein 2002). Einerseits signalisiert er den Rezipienten nicht nur, dass ein oder mehrere Grapheme getilgt sind, sondern gibt darüber hinaus auch den Ort der Tilgung an *('ne < eine; denk' < denke; wird's < wird es; '05 < 2005).* Zum Teil ist der Apostroph verbindlich *(Côte d'Azur < *Côte de Azur; Puerto d'Andraitx; T'AIME < *TE AIME),* manchmal ist er auch fälschlicherweise gesetzt *(29.-30.'03; APRE'S).* Wie in den Kapiteln 3.1.1.3.2 und 3.2.3.2 gezeigt worden ist, kann der Apostroph auch eine grammatische Funktion übernehmen, indem er z.B. im Englischen zwischen Plural und Genitiv zu unterscheiden hilft: Wird das Zeichen gesetzt, handelt es sich um den Genitiv *(the Smiths' house),* andernfalls um Plural *(the Smiths).* Im Deutschen scheint das Prinzip übernommen zu werden, zumindest der Gen.Sg. bei Personennamen wird zunehmend mit apostrophiertem Genitiv-*s* realisiert: *Schmidolin's Kinderspielplätze,* mit Kurzwort: *Di's Hochzeitskleid.*

Der Transparenz dient grundsätzlich auch die Markierung von Morphemgrenzen. Sie kann in Form des Bindestrichs bei Komposita *(Biergarten-Garnituren < Biergartengarnituren)* oder hybriden Bildungen verwendet werden, um Natives von Nicht-Nativem abzutrennen *(Design-Haltestellen < Designhaltestellen).* Offensichtlich ebenfalls einer Übernahme aus dem englischen Sprachraum geschuldet ist die Tendenz, nicht nur bei Eigennamen *(Sprengel Museum)*[123] anstelle des Bindestrichs ein Spatium zu verwenden *(Ex-Bayern Trainer; Cartier Damenuhr; Alters Wohngemeinschaft)*. Wie beim Apostroph handelt es sich um eine Form qualitativer Ökonomie, die zu Lasten der quantitativen geht *(Alterswohngemeinschaft)*. Bei *Alters Wohngemeinschaft* und den meisten anderen Fällen darf jedoch bezweifelt werden, dass Bindestrich und Spatium austauschbar, d.h. gleichsam dazu geeignet sind, die Morphemgrenzen zu markieren. Das Spatium dient nämlich in erster Linie der Markierung von *Wortform*grenzen, sodass die Abgrenzung von Wortform und Wortform-Konstituente nicht mehr graphembasiert zu unterscheiden ist. Dieser Annahme zufolge handelte es sich bei dieser Tendenz um eine Entwicklung, die zweifach unökonomisch wäre: Ein höherer quantitativer Aufwand *(Alterswohngemeinschaft)* würde einer qualitativen Ökonomie entgegenwirken. Zudem würde damit die klare Trennung von Wortformen aufgegeben, die mit dem Ende der *Scriptio continua* etabliert worden ist:

»Wörter wurden nun nicht mehr nur als eine Reihe von Buchstaben, sondern auch ganzheitlich wahrgenommen, als einheitliche Gebilde oder, wie Rück [1988: 127, d.V.] sagt, als ›Wortkörper‹, und die Zeile. Mit dem Schreiben ganzer Wörter waren die Voraussetzungen dafür geschaffen, daß sich morphologische Einheiten von Wörtern auch in der Schreibung niederschlagen und so sichtbar gemacht werden konnten.«
(Ludwig 2005: 113)

Unter der Perspektive der quantitativen Ökonomie sind jedoch auch Merkmale zu nennen, die qualitativ keine oder keine negativen Auswirkungen zeigen. Die bereits genannte Interpunktion etwa kann als Marker für Wortformgrenzen genutzt werden und dadurch – beispielsweise in SMS-Mitteilungen – Spatien einsparen:

[1] Habe gerade mit meiner Mutter telefoniert.Sie weiß aber nicht so genau!SÜSSA,wichtig?1.Ja2.Nein,ich rufe dich an!F

Neben Interpunktionszeichen sind auch Ziffern von Buchstaben klar zu unterscheiden, sodass es auch hierdurch ohne Weiteres zur Tilgung von Spatien kommen kann *(um 6h)*.

Auch Logogramme wie % (< Prozent), + und & (< und) sind ökonomische Ausdrucksmittel, die aufgrund der starken Usualisierung hinsichtlich der qualitativen Ökonomie keine Einbußen ergeben. Hinzu kommen ikonische Zeichen wie -> oder ✉, die aufgrund ihrer Ähnlichkeit mit den realen Ge-

---

[123] Hier gab es schon früh Vertreter wie *Suhrkamp Verlag*.

genständen erkannt werden können. Zu den ikonischen Zeichen gehören auch Smileys wie :-) und ^^, die quantitativ eine erhebliche Einsparung darstellen, da sie nicht nur ein Gesicht ›abbilden‹ (das tun sie nicht tatsächlich, vgl. Thome 2001), sondern über dieses stilisierte Zeichen Emotionen und andere Propositionen transportieren (auf Wortebene Inflektive, s. hierzu Schlobinski 2001).

Im sich anschließenden Kapitel 4 werden zu einigen der hier nur kurz behandelten Aspekte Analysen erfolgen (4.2.9).

4 Empirischer Teil

In diesem Kapitel wird es darum gehen, eine Auswahl der dargestellten Merkmale sprachlicher Ökonomie in verschiedenen Kommunikationsformen zu belegen und im Anschluss zu bewerten. Präziser formuliert wird die folgende Frage verfolgt: Welche Mittel sprachlicher Ökonomie werden für einen nicht fachsprachlichen textbasierten Bereich und außerhalb von Kleingruppen eingesetzt, um bei geringem Textraum die gewünschten Informationen bestmöglich zu vermitteln, welche Unterschiede gibt es hinsichtlich einzelner Kommunikationsformen, und welche Begründungszusammenhänge liegen vor?

Da diese Frage nur empirisch gelöst werden kann, wird sie zunächst an vier massenmedialen Korpora überprüft (Tourismus-TV, Fahrgast-TV, Nachrichtenticker und Kleinanzeigen). Diese werden dann einem individualkommunikativen Korpus (SMS-Kommunikation) gegenübergestellt, das als prototypisch für ökonomische Kommunikation beschrieben wird (vgl. Androutsopoulos/Schmidt 2001, Döring 2002, Schlobinski et al. 2001 u.a.). Darüber hinaus wird ein weiteres Korpus herangezogen (Bons), um einen Fokus auf Abkürzungen zu legen resp. sehr starke lexikalische Reduktion aufgrund von äußeren Rahmenbedingungen zu untersuchen. Dies erscheint insbesondere vor dem Hintergrund der zugeschriebenen Eigenschaften des ›Kontrollkorpus‹ SMS interessant, da es zeigen wird, dass SMS-Mitteilungen keineswegs weder eine der stärksten Reduktionen noch alle Typen von Reduktion durchgängig hoch (v. a. Kurzwörter) aufweisen (vgl. hierzu auch Kapitel 2.3.1). Für die Einordnung der Ergebnisse und deren Diskussion wird eine kleine Sammlung an Tageszeitungsartikeln herangezogen.

Im ersten Teil des Kapitels (4.1) werden die Korpora kurz vorgestellt, bevor sie im zweiten Teil (4.2) auf ausgewählte Merkmale der quantitativen Ökonomie untersucht werden. Besagte Ergebnisdiskussion findet in 4.3 statt. Eine Zusammenfassung erfolgt darüber hinaus in den analytischen Teilabschnitten sowie grundlegend im sich anschließenden Kapitel 5.

Die theoretische Grundlage der Merkmale sowie der darüber hinaus genannten Aspekte qualitativer Ökonomie bildet das Kapitel 3. Ausgenommen sind hiervon lediglich die Anglizismen (Kap. 4.2.7), die in der Merkmalsmatrix nur im Rahmen von Entlehnung thematisiert worden sind, da sie nicht in erster Linie zur sprachlichen Reduktion herangezogen werden, sowie der pragmatische Exkurs zur Mustererkennung (Kap. 4.2.8). Im vorliegenden Kapitel 4 sind davon abgesehen keine theoretischen Darstellungen zu finden, sondern lediglich die konkreten quantitativen Analysen und Korpus-Binnenvergleiche inklusive ihrer Interpretation.

4.1 Beschreibung der Korpora

Empirische Grundlage dieser Arbeit bilden die genannten sechs Korpora, wobei eines vorwiegend der Ergebnisdiskussion dienen soll. Aus Platz- und funktionalen Gründen sind diese Korpora bis auf wenige veranschaulichende Einzeldatensätze (s. Folgeabschnitte sowie Anhang A) nicht im gedruckten Teil der Arbeit, sondern im Internet vollständig einsehbar sowie nach diversen Möglichkeiten einschränk-, sortier- und durchsuchbar; zur Verfügung steht unter http://corpora.mediensprache.net/ (Netlink 409) eine Suche über alle oder ausgewählte Korpora, wobei nicht nur nach belegten Kurzformen gesucht werden kann, sondern auch – sofern wie bei Kurzwörtern, Abkürzungen u.Ä. benennbar – nach den entsprechenden Vollformen (und umgekehrt). Damit können bei der Suche nach beispielsweise *Ferienwohnung* nicht nur die acht die Vollform enthaltenen Texte abgerufen werden, sondern auch knapp 150 Kurzformen enthaltene Kommunikate (*FW, FeWo, Fe/Wo, FeWo's, FeWhgen.* etc.).

Darüber hinaus stehen ein rechts- und linksläufiger Index des Wörterbuches zur Verfügung sowie ein rückläufiger, mit dem nach Wortausgängen

Korpus	Datensätze[1]	Wortformen
Alpenpanorama D/A/CH/I	682	4 240
Fahrgastfernsehen der X-CITY MEDIEN	789	26 279
Nachrichtenticker EinsExtra (ARD digital)	161	2 291
Kleinanzeigen der deutschen Tagespresse (2005)	771	9 374
Kleinanzeigen der deutschen Tagespresse (1955)[2]	675	10 282
SMS-Mitteilungen (Hannover/Osnabrück)	1 411	20 845
Bons (Artikelbezeichnungen)	271	747
Σ	4 759	74 058

(1) Als Datensatz wird eine sprachliche bzw. kommunikative Einheit verstanden, also eine SMS-Mitteilung, ein Screen des Fahrgast-TVs, eine Newsticker-Meldung, eine Position (= Artikelbezeichnung) eines Bons etc. – (2) Das 1955er Korpus dient dem Vergleich mit aktuellen Annoncen.

Tab. 4-1: Umfang der untersuchten Korpora.

4.1 Beschreibung der Korpora

gesucht werden kann. Im ersten Fall führt beispielsweise die Eingabe von *ist* zu Ergebnissen wie *ist* (linksläufig: *tsi*), **Istanbul** (*lubnatsi*) etc., im zweiten zu Ergebnissen wie *ist, Geist, reist, Journalist* etc.

Das Gesamtkorpus besteht aus 74 058 Wortformen (exkl. Kontrollkorpus), wobei sich die Anzahl auf die Einzelkorpora verteilt, wie dies in Tab. 4-1 dargestellt ist.

Eine Wortform ist hierbei nicht rein prozedural-analytisch als eine ›durch Spatium getrennte Zeichenfolge‹ definiert. Zu einer Wortform gerechnet werden ferner Komposita, bei denen der Bindestrich nicht als grafischer Marker für zusammengehörende Zeichenfolgen gesetzt ist *(TV total Stock Car Crash Challenge, Eurovision Song Contest, Skiers & Boarders Trendshow)*, und nicht nur solche, bei denen ein Bindestrich gesetzt ist *(Fußball-Kicker-Spielautomat)*. Erfasst würden dadurch nämlich auch diejenigen Komposita nicht, bei denen Spatien den Bindestrich vom Text absetzen *(Alpe – Adria – Keramikmarkt, „Brot für die Welt" - Tore)*, die in den beiden Beispielen nicht als zwei, sondern als acht Wortformen gezählt würden. Geschaffen wird damit eine Grundlage für präzisere Aussagen.

In der Summe sind 527 342 Zeichen exklusive Interpunktions- und anderer Worttrennungszeichen (inkl. der 27 008 Zeichen des Kontrollkorpus) zu verarbeiten gewesen, was gewisse Einschränkungen notwendig machte: Einerseits liegt der Fokus der Arbeit ohnehin auf den Merkmalen quantitativer Ökonomie, die vor dem Hintergrund eines geringen Textraums zu sehen ist. Andererseits mussten die Analysen auf zentrale Merkmale beschränkt werden (genannt in Kap. 4.2.1).

4.1.1 Alpenpanorama D/A/CH/I

Im »Alpenpanorama« (KTTV) präsentieren sich Alpenferienorte und -regionen mit Echtzeitvideofilmen, Wetterinformationen sowie mit maximal zweizeiligen nachrichtlichen und werblichen Texten, die im unteren Fünftel auf halbtransparentem Hintergrund eingeblendet werden (s. Beispiel Abb. 4-1). Diese enthalten vorwiegend Informationen zu den Ferienorten, aktuellen Veranstaltungen (Openings, Almabtrieb) und Aktionsangeboten (Firnwochen, all-inclusive), Kontaktmöglichkeiten zu Tourismusverbänden und zu Betriebszeiten von Liften und Seilbahnen. Bei den textuellen Einblendungen handelt es sich um extradiegetische Texte, die dem Bild nicht immanent sind, sondern nachträglich hinzugefügte Informationen darstellen (vgl. hierzu Schmitz 2006). »Die extradiegetischen Texte unterliegen einem Zwang zur Kürze, wie sie durch das beschränkte Bild-Format und die von der Redaktion vorgegebe-

Abb. 4-1: Auszug aus dem »Alpenpanorama« (3sat).

nen Richtlinien bedingt ist.« (Burger 2005: 149) Prototypisch wird diese Textform in Newstickern (s. 4.1.3) realisiert, wo Informationen (wie Börsenmitteilungen oder aktuelle Nachrichten) angeboten werden, die zum dargestellten Bild keine Verbindung aufweisen müssen. Auch im Alpenpanorama ist dies der Fall, wenn etwa auf Ereignisse referiert wird, die in der Region stattfinden. Andererseits können sie jedoch auch auf konkret dargestellte Orte verweisen *(Gute Pistenbedingungen bis ins Tal)*, die sich auch im Bild wiederfinden. Allerdings stellt eine solche kongruent-komplementäre Text-Bild-Beziehung einen Zufall dar, da die Kamera stetig in Bewegung ist – im Regelfall steht der Text, wie die Abb. 4-1 zeigt, in keiner direkten Beziehung zum Bild.[1]

Das Alpenpanorama wird im deutschen Fernsehen vom deutschsprachigen öffentlich-rechtlichen Gemeinschaftskanal von ARD, ZDF, ORF[2] und SRG[3], 3sat, ausgestrahlt und ist über analoge wie digitale Satelliten- und terrestrische Wege abrufbar. Kategorisieren lässt sich Alpenpanorama als Tourismus-TV (Werbefernsehen) und rechtlich als Dauerwerbesendung (vgl. hierzu Werner 1992 und Netlink 426; zum Alpenpanorama bei 3sat s. Netlink 427).

Für ein repräsentatives Korpus war es notwendig, Sendungen des Alpenpanoramas über einen größeren Zeitpunkt hinweg aufzunehmen, um saisonale Besonderheiten (Sommer-/Winterurlaub) berücksichtigen zu können. Somit musste die Datenerhebung über ein Jahr erfolgen, wobei sich aufgrund der – abgesehen von Wetterinformationen – nur niedrigfrequenten Aktualisierungsrate eine Schnittfrequenz von zwei Monaten als ausreichend erwies.[4]

---

1 Hier ist sogar das Gegenteil der Fall: Bei der eingeblendeten Straße handelt es sich gerade nicht um den *Gamsgrubenweg*. Auch spricht die Tatsache, dass weder Mensch noch Auto auf der Straße zu sehen ist, gegen eine Wiedereröffnung (kongruent wäre es, wenn zahlreiche Menschen zu sehen wären).
2 Österreichischer Rundfunk (ORF).
3 Schweizerische Radio- und Fernsehgesellschaft (SRG); vollständige Bezeichnung: SRG SSR idée suisse.
4 Hier waren dennoch gelegentlich Wiederholungen enthalten, die nicht in das Korpus aufgenommen wurden.

4.1 Beschreibung der Korpora

Damit wurden sämtliche Texte (mit dem entsprechenden Bild eines Frames) vom 29.11.2002 sowie 29.01., 29.03., 29.05., 29.07. und 29.09.2003 archiviert und in die Korpusdatenbank übertragen. Dies ergab 681 Frames, die insgesamt 4 240 Wortformen enthielten.

Ein Frame ist stets ähnlich aufgebaut: Bewegte Kamerabilder sind als Vollbild eingebunden, wobei das horizontale untere Fünftel mit einem halbtransparenten Farbbalken überdeckt ist, auf dem der Hinweis »LIVE«, die Uhrzeit und angepasste Textinformationen dargestellt sind. In der oberen rechten Ecke ist großzügig die Bild- oder Textmarke der jeweiligen Tourismusregion oder Stadt eingeblendet und zumeist mit dem entsprechenden Namen versehen, sofern die Textinformation nicht bereits im Markenzeichen enthalten ist.

Relevant ist vor allem der Textbereich im unteren Fünftel, wo für Texte wiederum nur rund zwei Drittel der Fläche zur Verfügung stehen, denen maximal ca. 25 Zeichen je Zeile entsprechen (= 50 Zeichen). Die Text-Bild-Beziehung ist nur insofern relevant, als Wander- (Sommer) bzw. Skigebiete (Winter) sowie Liftanlagen und Bergbahnen, mitunter auch Dörfer aus der Vogelperspektive gezeigt werden, wodurch Textinhalten wie *Betriebszeiten: Mo-Fr 9:00-16:30h Sa, So, Ft: 8:30 - 16:30 Uhr* ein Kotext (van Dijk 1977) gegeben wird. Für das Verständnis notwendige Zusammenhänge zwischen Bild und Text existieren jedoch nicht.

4.1.2 Fahrgastfernsehen der X-CITY MEDIEN, Hannover

Das untersuchte Fahrgastfernsehen ist eine Mischung aus Kundeninformation (öffentlicher Nahverkehr), Werbung und journalistischem Angebot. Es wird in 144 Stadtbahnwagen der *üstra* (< *Überlandwerke und Straßenbahnen Hannover AG*) auf 1 728 TFT-Monitoren angeboten sowie in U-Bahn-Stationen auf elf großen Leinwänden mittels Beamer.[5] Betrieben wird das werbefinanzierte Angebot durch die X-City Medien Hannover GmbH, Tochter der public broadcast Rundfunkgesellschaft mbh, Hannover. Das ursprünglich federführende Angebot, das parallel in Stuttgart vorgehalten wird, hat unterdessen in vielen anderen Städten Deutschlands ähnliche Formen gefunden.

Die Kommunikationsform ist als ein massenmediales vorwiegend **redaktionelles Angebot** zu klassifizieren, das von den Rezipienten en passant wahrgenommen wird. Es ist also zu den klassischen »Nebenbei-Medien« (Schmitz 2004: 100) zu zählen, dessen Konsum »permanent und nebenbei (beim Autofahren, Bügeln, Arbeiten) und/oder zwischendurch (in Arbeitspausen, Wartezimmern, Leerzeiten)« (ibid.: 42) verläuft.

---

5 Stand: 13.10.2008.

Das *uestra*-Fahrgastfernsehen bietet die Möglichkeit, multimodale Inhalte wiederzugeben, verzichtet aber derzeit auf den akustischen Kanal. Möglich sind Bewegtbilder, von denen jedoch selten Gebrauch gemacht wird. Eine Standard-Seite, wie sie in Abb. 4-2 exemplarisch zu sehen ist, besteht aus einer Rubrikinformation, einer Headline mit meist einer, maximal zwei Zeilen sowie dem Copytext, der rund fünf Neuntel der unteren Dreiviertelfläche einnimmt und sich diese mit einem rechts oder links angeordneten Foto teilt. Der Text weist im Mittel 33 Wortformen pro Screen auf und geht bei den Nachrichten nicht über die Seite hinaus – davon ausgenommen ist eine Art Diashow oder Filmeinspielung (z.B. ein Tor beim Fußball), welche den Großteil des Screens einnimmt und nur durch eine Bildunterschrift erläutert wird.

Abb. 4-2: Fahrgastfernsehen Hannover (02.06.2005).

Das Korpus (KFTV) umfasst insgesamt 789 Screens mit 26 197 Wortformen und wurde über den Zeitraum eines Quartals erhoben. Es handelt sich um eine Stichprobe, die auf gezielter Auswahl und dem Schema beruht, jeden zweiten Screen an jedem zweiten Tag zwischen dem 15.05. und 15.08.2005 zu protokollieren. Fotos bilden – mit Ausnahme der genannten sehr selten belegten Diashows und Filme – eine Ergänzung der visuellen Aufbereitung. Ins Korpus eingegangen sind lediglich die Kundeninformationen sowie die journalistischen Texte, d.h. Werbeeinblendungen wurden ignoriert, da diese eine andere Textfunktion, -gestaltung usw. innehaben.[6]

4.1.3 Nachrichtenticker EinsExtra (ARD digital)

Newsticker sind Kurzinformationen, die über aktuelle Ereignisse vor allem in den klassischen Bereichen der Politik, der Wirtschaft, des Sports und der Kultur informieren, und liegen in unterschiedlicher Form vor: im Internet etwa auf Websites in Form eines Laufbandtextes, als wechselnde Textflächen oder bei Google in Form so genannter Gadgets (APIs) auf der persönlichen Start-

---

6 Dennoch zeichnet sich Werbung durch sprachliche Ökonomie aus (Siever 2005a: 230).

seite *iGoogle*. Beim Fernsehen können Newsticker zum Beispiel als Laufband dauerhaft (so etwa bei n-tv) oder temporär (ARD, ZDF etc.) – bei wichtigen Ereignissen im Fuß planmäßiger Sendungen (bei Sat.1 auch zur Ankündigung von Programmhinweisen) – erscheinen. Selbst in Betriebssystemen sind sie inzwischen, etwa in der in Windows Vista so genannten *Sidebar* integriert und basieren auf RSS-Feeds – moderne Vertreter der Newsticker, die überall im Web und auf mobilen Endgeräten integriert werden können.

Zu differenzieren ist zwischen den Newstickern und den Livetickern. Letztere, die Jucker (2006) mit »live text commentaries« bezeichnet, thematisieren zeitlich, örtlich und thematisch gebundene Ereignisse, welches an implementierten Zeitangaben und einem durchgängigen Thema (Fußball, Tour de France oder Ähnliches) abzulesen ist; auch Headlines fehlen in der Regel bei Livetickern bzw. betiteln nur einmal über den Einzelmeldungen:

Köln-Schalke 1:0	
	Köln fiebert dem ersten Bundesliga-Heimspiel an einem Freitag seit März 2001 entgegen – und dann kommt der Tabellenführer.
◐	Die Partie läuft.
	Umstellungen bei Köln: Ehret und Pezzoni feiern dabei ihr Ligadebüt, auch Vucicevic rückt erstmals in die Startelf.
1.	Weitschuss Köln durch Roda Antar.
2.	Foul Köln von Kevin Pezzoni an Heiko Westermann.
	Bei Schalke ist Pander nach seiner Sperre auch in der Bundesliga wieder dabei, Kobiashvili muss auf die Bank.
...	...
90+2.	Weitschuss Schalke durch Christian Pander. Pander versucht es mit einem Volleyschuss aus 25 Metern, aber der Ball geht übers Tor. War's das?
90+3.	Foul Schalke: Petit wird von Vicente Sanchez unfair gestoppt.
●	Abpfiff durch F. Meyer, Köln siegt 1:0. Köln gewinnt gegen enttäuschende Schalker verdient mit 1:0, der Noch-Tabellenführer kassierte die erste Saisonniederlage.

Quelle: ZDF (Netlink 429)

Abb. 4-3: Newsticker von ARD digital (15.02.2006).

Newsticker hingegen sind zeitlich, örtlich und thematisch nicht gebunden, wenngleich die Nachrichten ebenfalls eine gewisse Aktualität aufweisen. Sie bestehen im Regelfall aus einer Headline und einem Kurztext, der auf den ausführlichen Nachrichtentext verweisen kann (RSS-Feed). Im gewählten Newsticker auf EinsExtra, einem Informationsprogramm der ARD (ARD digital), befindet sich der Ticker im linken Viertel des Bildschirms, während das reguläre Programm im größeren Teil des Splitscreens angezeigt wird (s. Abb. 4-3).

Strukturell besteht er aus einem Foto, Bild oder einer Infografik im oberen Bereich, einer einzeiligen Headline und einem maximal sechs Zeilen umfassenden Copytext (wiederum extradiegetisch). Unterhalb des Tickers befindet sich die Quellenangabe, die Bild-/Wortmarke *tagesschau.de*. Da es sich um ein Fernsehangebot handelt, gibt es zu den Nachrichten darüber hinaus keinen weiteren Verweis.

Das Korpus (KNT) wurde im Zeitraum vom 15.02. bis 15.03.2006 in der Weise erstellt, dass alle zwei Tage sämtliche Nachrichten des Vormittags gesammelt worden sind. Die so zusammengestellten 161 Tickermeldungen umfassen knapp 2 300 Wortformen und damit im Mittel 14 Wortformen pro Nachricht. Auch hier ist das Bild- und Fotomaterial nicht für die Analysen hinzugezogen worden, da sie wiederum lediglich illustrierenden und damit einen supplementären Charakter aufweisen.

4.1.4 Kleinanzeigen der deutschen Tagespresse

Für das Kleinanzeigen-Korpus (KKA) sind ausschließlich Textanzeigen ausgewählt worden. Sie stellen – auch im Fall privater Anzeigen – eine Variante werblicher Kommunikation dar, denn sie dienen dem Verkauf oder der Vermietung/Verpachtung von Waren (z.B. Kleiderschrank, Ferienhaus, Katze) oder Dienstleistungen (Massage, Mitnahme/Fahrgemeinschaft, Übersetzung) oder dem Herstellen von Kontakten (Kontaktanzeigen). Hinsichtlich der typo-

4.1 Beschreibung der Korpora

logischen Einordnung von Texten in Zeitungen werden sie – mit einer als zunehmend spezifischer werdenden Merkmalsmatrix zu verstehenden Reihung – als ›informationsbetont › beiläufig › kommerziell‹ (vgl. Heinemann/Heinemann 2002: 164) eingeordnet.

Im Regelfall werden Kleinanzeigen zeilenweise berechnet, wobei in einem Grundpreis bereits zwei Zeilen inbegriffen sein können; bei der Süddeutschen Zeitung sind beispielsweise Kfz-Anzeigen mit 5 Zeilen für 9,95 € zu haben (Reisemarktanzeigen sind um ein Vielfaches teurer und umfassen keine ›Freizeilen‹). Jede weitere angefangene Zeile ist mit zusätzlichem finanziellen Aufwand verbunden, sodass die Anzeigentexte möglichst kurz gehalten werden. In ihrer kontrastiv angelegten Untersuchung von Kontaktanzeigen haben Eckkrammer/Eder (2000) allerdings festgestellt, dass Reduktionen offenbar nicht nur Folge eines monetären Einsparwunsches sind, da auch kostenfreie Online-Anzeigen bestimmte Kurzformen aufweisen, z.B. *Ich (w/29)* [...]. Es scheint also kommunikationsformspezifische Sprachmuster zu geben, die in andere Medien und Angebotsformen übernommen oder nicht so schnell abgebaut werden (vgl. Kap. 2.3.2).

Erhoben wurden zwei Korpora: Zum einen wurden Kleinanzeigen im Jahr 2005 erhoben (KKA 2005). Sie wurden regelhaft der Süddeutschen Zeitung, der Frankfurter Allgemeinen Zeitung sowie der Hannoverschen Allgemeinen Zeitung entnommen, und zwar über den Zeitraum eines Quartals (vom 15.05. bis 15.08.2005) aus den jeweiligen Samstagsausgaben. Beschränkt wurde die Erhebung auf Kleinanzeigen der Rubrik »Verschiedenes«, d.h. Immobilien-, Bekanntschafts- oder Automarkt-Anzeigen wurden nicht berücksichtigt. Da stets konstant 20 Anzeigen ausgewählt worden sind, ergab sich die Auswahl je Ausgabe nach dem folgenden Schema: jede x. von y Anzeigen, wobei für x gilt: x = y / 20. Damit ist das Korpus repräsentativ für unspezifische Kleinanzeigen der Rubrik »Verschiedenes« in deutschen Tageszeitungen.

Für einen Vergleich insbesondere der Abkürzungen und Kurzwörter (s. dort) wurde ein weiteres Korpus mit 50 Jahre zurückliegenden Kleinanzeigen nach demselben Schema erstellt (KKA 1955). Als Grundlage dienten Mikrofiche-Ausgaben der Süddeutschen Zeitung, der Frankfurter Allgemeinen Zeitung und der Hannoverschen Allgemeinen Zeitung, also denselben Zeitungen wie bei den aktuellen Kleinanzeigen, wobei die Annoncen nach demselben Erhebungsmuster ausgewählt wurden wie die 2005er und damit repräsentativ sind. Die Erhebung verlief vom 14.05. bis zum 13.08.1955.

Bei den 1955er Zeitungen lag die Zahl der Anzeigen zum Teil unter 20, wobei dann alle verfügbaren gewählt worden sind; bei den 2005er war dies die absolute Ausnahme. So ergeben sich jedoch die ungerade Anzahl der Anzeigen wie auch die diesbezügliche Differenz zwischen den Korpora: Im KKA 2005 sind 771 Anzeigen aufgenommen worden, die im Durchschnitt 87 Zeichen resp. 12 Wortformen umfassen, im KKA 1955 hingegen 675 mit einer mittleren Länge von 111 Zeichen und durchschnittlich 15 Wortformen pro Anzeige.

4.1.5 SMS-Mitteilungen

Eine Ausnahme stellt in mehrfacher Hinsicht das SMS-Korpus (KSMS) dar. Zum einen ist es als einziges nicht selbst erhoben worden, sondern den Korpora von mediensprache.net entnommen.[7] Es unterteilt sich darüber hinaus in zwei Teilkorpora: eines mit 673 Mitteilungen aus dem Jahr 2000 von überwiegend Schülerinnen und Schülern sowie Studierenden aus Osnabrück (Mensa, Ratsgymnasium und Carolinum), das zweite mit 738 Mitteilungen aus dem Jahr 2001 und dem Raum Hannover, das ebenfalls auf Mitteilungen aus dem Umfeld Schule und Universität (ferner allerdings aus dem eines Sportvereins) beruht. Für statistische Angaben ist zwar zum Teil das Osnabrücker Korpus (KSMS OS) ebenfalls herangezogen worden, die sprachlichen Analysen beschränken sich hingegen auf das neuere und umfangreichere hannoversche Korpus (KSMS H).

Die andere herausgehobene Position des Korpus ergibt sich aus der Tatsache, dass es als einziges auf einer Individualkommunikationsform basiert. Die bisherigen Korpora fußen auf massenkommunikativen Kommunikationsformen, die zwar zum Teil auch von einer Person erstellte Texte aufweisen (Kleinanzeigen), allerdings über ein Massenmedium (Zeitung) an ein disperses Publikum verteilt werden. Bei den SMS-Mitteilungen handelt es sich jedoch in der Regel um 1:1-Kommunikation, sodass bei diesem Korpus gänzlich andere Aspekte eine Rolle spielen. Vorwiegend handelt es sich anders als bei den anderen um eine Kommunikation der Nähe (Koch/Oesterreicher 1994), was bekannte Auswirkungen auf den Sprachgebrauch hat (z.B. Höflich/Rössler 2000; Schlobinski et al. 2001).

Im Durchschnitt enthält eine SMS-Mitteilung 82 Zeichen resp. 15 Wortformen. Da SMS-Mitteilungen rein textbasiert sind, spielen andere Aspekte (z.B. Bild- oder Ton-Integration) keine Rolle. Thematisiert werden jedoch (am Rande) die Nur-Text- und räumliche Distanz kompensierenden Smileys im Rahmen von ikonischen Zeichen; die beobachtete transferierte oder »emulierte« Mündlichkeit (Haase et al. 1997: 67, vgl. allerdings bereits Betten 1985) und damit die Diskrepanz zwischen Medialität und Konzeption ist im Rahmen der hier gestellten Frage nicht von Relevanz (s. etwa Dürscheid 2006).

---

7 Erhoben wurden die beiden SMS-Korpora von Schlobinski et al.

4.1.6 Kassenbons (Artikelbezeichnungen)

Kassenbons/Quittungen (KBON) stellen eine recht ausgefallene Kommunikationsform dar und sind in der wissenschaftlichen Forschung bislang nicht ins Blickfeld getreten. Sie bietet optimale Bedingungen für die Untersuchung sprachökonomischer Aspekte, da den Artikelbezeichnungen wenig Raum gegeben ist, sie aber dennoch möglichst eindeutig über die Ware informieren bzw. auf diese rückschließen lassen müssen. Formal stellen sie eine Aufzählung/Liste dar, wobei Kopf- und Fußbereich hinzutreten und formal-rechtliche Hinweise wie Datum, Uhrzeit, Ort, Geschäft/Filiale etc. sowie kundenorientierte Angaben wie *Wir danken für Ihren Einkauf* enthalten. Von Interesse ist hier jedoch ausschließlich die Benennung der Artikel.

Die gesammelten Bons entstammen Filialen unterschiedlicher Einzelhandelsgesellschaften und grundsätzlich von Kassensystemen, die zwar computerbasiert arbeiten, allerdings einen äußerst geringen Zeichensatz beherrschen, sodass auf nahezu allen Bons Umlautvokale als Bigraphen realisiert sind (*äu* resp. *aeu* ist nicht belegt). Das ›Korpus‹ umfasst Artikelbezeichnungen auf Belegen/Bons, die aufgrund der Raumbeschränkung zumeist gekürzt werden müssen.

Abb. 4-4: Kassenbon (Auszug).

Aufgrund fehlender Randomisierung sowie gezielter Auswahl von Einträgen mit mindestens einer Reduktionsform ist das Korpus nicht repräsentativ.

4.1.7 Tageszeitungsartikel (Kontrollkorpus)

Als ›Kontrollkorpus‹ soll eine kleine, nicht repräsentative Sammlung von Zeitungsartikeln dienen. Sie soll lediglich eine Tendenz aufzeigen, die bei nicht stark raumbegrenzten Texten herrscht und zur Diskussion herangezogen werden kann. Artikel aus Tageszeitungen wurden als Vergleichsbasis gewählt, weil ihnen standardsprachliche Eigenschaften zugeschrieben werden, sie so in gewissem Maße als Vorbild dienen und maßgeblich auf ihrer Basis Wörterbücher wie der DUDEN erstellt werden.

Es wurden je vier beliebige Artikel aus der Frankfurter Allgemeinen Zeitung (Netlink 422), der Hannoverschen Allgemeinen Zeitung (Netlink 423) und der Süddeutschen Zeitung (Netlink 424; vgl. KKA) ausgewählt, wobei je ein Artikel aus den Rubriken Politik, Wirtschaft, Feuilleton und Sport herangezogen worden sind, die einen Umfang von ungefähr 1 500 bis 3 500 Zeichen aufwiesen. Es handelt sich hierbei nicht um Kommentare, Kolumnen, Meinungsäußerungen etc., sondern um rein informative nachrichtliche Texte. Die zwölf Texte wurden nach denselben Regeln analysiert, wie dies bei den anderen Korpora der Fall war.

Zwar liegen etwa mit dem DWDS[8] repräsentative Korpora – welche Zeitungsartikel aus Berliner Zeitung, DIE ZEIT, Tagesspiegel u.a. enthalten – vor; sie sind allerdings für einen Vergleich weniger geeignet, da sie hinsichtlich der untersuchten Merkmale nicht annotiert sind; aus diesem Grund konnten auch keine anderen Untersuchungen zu Zeitungstexten herangezogen werden, da diese hinsichtlich der Untersuchungsziele nicht deckungsgleich sind.

In der Summe liegen mit den Artikeln 3 617 Wortformen vor, welche zwar die des Newsticker-Korpus übertreffen, allerdings täuscht der Wert über die Tatsache hinweg, dass rund 301 Wortformen pro Element bei den Zeitungsartikeln je 14 Wortformen bei den Tickermeldungen gegenüberstehen oder gar 6 Wortformen beim Alpenpanorama. Dennoch können damit grundsätzliche Aussagen im Rahmen der Diskussion erfolgen.

4.2 Auswertung

Für die Analyse der Korpora wurden die Daten zunächst so aufbereitet, dass ein Wörterbuch erstellt wurde und dessen Lemmata annotiert worden sind. Aufgenommen wurden lexikographische Grundformen, was nicht nur den Vorzug mit sich bringt, dass auf diese Weise ein spezifisches Lexikon erstellt wird, sondern dass auch verschiedene Wortformen auf eine Form reduziert werden, die als Stellvertreter für Analysen herangezogen werden kann. So verschafft es beispielsweise bei der Reduktionsbemessung von Kurzwörtern keinen den Aufwand rechtfertigenden Vorteil, jede einzelne Wortform des Vollformparadigmas mit der entsprechenden Wortform des Kurzformparadigmas zu vergleichen, sondern nur einmal die jeweiligen Grundformen. Diesem Vorgehen Rechnung tragend, wird häufig der Terminus *Lexem* anstelle von *Wortform* gebraucht – dies impliziert, dass es sich um die tatsächliche Wortform handelt, wenn explizit der Terminus Wortform verwendet wird oder dies der Kontext ergibt.

---

[8] Das Digitale Wörterbuch der deutschen Sprache des 20. Jh. (Netlink 421).

Daneben unterliegen zahlreiche Lexeme aufgrund der betrachteten stark textbegrenzten Kommunikationsformen verschiedenen Kürzungs- und Reduktionsprozessen, die entsprechend unterschiedliche Vollformen aufweisen. So ergeben sich beispielsweise für *3-Zi-Penth. Whng.* drei Vollformen, nämlich auf die Abkürzung bezogen *3-Zimmer-Penthouse Wohnung*, auf die Morphemreduktion *3-Zi-Penth. Ferienwhng.* und auf den Zifferngebrauch *Drei-Zi-Penth. Whng.* Außerdem ist das Lexem wegen der Konstituente *Penthouse* als Anglizismus klassifiziert und des fehlenden Bindestrichs wegen als orthografische Sonderform eines Kompositums. Welche Merkmale untersucht worden sind, wird im Folgeabschnitt 4.2.1 behandelt.

4.2.1 Allgemeine Hinweise zur Merkmalsauswahl

Da im Fokus der Studie Kommunikationsformen mit geringem Textraum stehen, sollen ausschließlich diejenigen Merkmale sprachlicher Ökonomie untersucht werden, bei denen eine Einflussnahme dieser Rahmenbedingung vermutet werden kann. Folglich liegt der Schwerpunkt auf quantitativer Ökonomie, die mitunter auch qualitative Ökonomie einschließen kann, jedoch in der Regel zulasten eben dieser geht. Hinsichtlich der quantitativen Seite wären exemplarisch komplexe Wortbildungen wie *VW-Vorstandsmitglied* zu nennen, die mit *Mitglied des Vorstands der Volkswagen-Aktiengesellschaft* paraphrasiert werden könnte. Die vorliegende starke Reduktion von 56 auf 20 Zeichen ist möglich durch mehrere quantitative Reduktionsverfahren, namentlich die der Kompositionsbildung *(Mitglied des Vorstands > Vorstandsmitglied)*, der elliptischen Kürzung innerhalb einer Wortgruppe *(Volkswagen AG > Volkswagen)* und der Kurzwortbildung *(Volkswagen > VW)*.

Komplexität ist jedoch schwierig zu messen, und ihre Analyse und Wertung wäre eine eigene Dissertation wert. Zum einen existiert ein definitorisches Problem, denn es stellt sich zuvorderst die Frage, ob sich Komplexität nur aus Wortbildungs- oder auch aus Flexionsmorphemen ergibt (s. hierzu Kap. 3.1.1.3). Zum anderen ist Komplexität selbst innerhalb der Wortbildungsgrenzen schwer zu bewerten. Die Ursache hierfür liegt in dem Umstand, dass beispielsweise Kurzwörter wie *VW* zwar die quantitative Komplexität reduzieren, qualitativ jedoch relativ unökonomisch sind, was sich weniger an *VW* zeigt, das stark usualisiert ist und vermutlich schon gebräuchlicher ist als die Vollform *Volkswagen*, an *GVH, ARD* oder *üstra* hingegen klarer erkennbar ist: Demotivierung. Darüber hinaus zeigt sich insbesondere an den letzten Kurzwörtern, dass die verschiedenen Wortbildungsprozesse die quantitative Komplexität eines Wortes, einer Wortgruppe oder Phrase sowohl auf- wie abbauen können:

So können Phrasen durch komplexere Komposita ersetzt werden und diese wiederum um einzelne Grapheme oder vollständige Morpheme gekürzt – Letztere etwa bei Klammerformen –, sodass Bildung und Reduktion von Komplexität sogar parallel verlaufen können *(Eröffnung der Skisaison > Skisaisoneröffnung > Skieröffnung*[9]*)*. Auch an Kurzwort-Wortbildungen wie *VW-Schmiergeldaffäre* oder *üstra service center* ist dies zu zeigen (vgl. 4.2.3.3). Da es sich hierbei jedoch um einen optionalen und keinen obligatorischen Prozess handelt, erschwert dies eine valide Aussage zusätzlich. Zuletzt muss darauf hingewiesen werden, dass die hier verhandelte Komplexität auf Wörter oder feststehende Wortgruppen beschränkt worden ist. Eine erschöpfende Betrachtung der Komplexität müsste hingegen auch die Satzebene einbeziehen.

Konkret werden von der im Kapitel 3 aufgestellten Merkmalsmatrix folgende quantitative Reduktionsverfahren im Rahmen von Morphologie und Lexikon sowie von ausgewählten graphostilistischen Anwendungen bei den erhobenen Sprachdaten untersucht: Kürze der Wortformen (4.2.2), Kurzwörter (4.2.3), Konstituentenreduktion bei Komposita (etwa bei Klammerformen; 4.2.4), elliptische Kürzung in Wortgruppen (4.2.5), Wortkreuzungen (4.2.6) einerseits und Abkürzungen (4.2.9.1), Numeralia-Substitution (4.2.9.2), Logogramme und ikonische Zeichen (4.2.9.3) sowie einige weitere graphostilistische Merkmale andererseits (4.2.9.4 ff.). Darüber hinaus wird die mitunter geäußerte Hypothese, Anglizismen würden verstärkt (auch) aufgrund ihrer Kürze gebraucht, überprüft. Es wird also empirisch untersucht, ob also Anglizismen tatsächlich signifikant kürzer sind als ihre nativen Pendants (4.2.7).

Ein Vergleich mit Kapitel 3 zeigt, dass einige beschriebenen Merkmale in der Morphologie unberücksichtigt geblieben sind – in erster Linie aus Gründen vorherrschender qualitativer Ökonomie. Dies betrifft zum Beispiel den Abbau von Flexiven (etwa beim Genitiv) oder die Motion, die – das sei hier wenigstens angemerkt – nahezu ausschließlich mithilfe des (qualitativ ökonomischen) agglutinierenden *-in-*Suffix gebildet wird, wenn man von Einzelfällen wie *Vorsitzende*[10], bei denen allerdings eine *-in-*Derivation fraglich wäre *(?Vorsitzerin),* absieht. Auch Aspekte der Flexion wie der Übergang starker in schwache Verben sind nicht untersucht worden – vor allem, da sie vornehmlich qualitativ und weniger quantitativ ökonomische Prozesse darstellen. Auch der Bindestrich zur Markierung der Morphemgrenze, zum Beispiel bei Hybridbildungen wie *Alt-Rocker, Benzin-Rekordpreis, Bundesliga-Aufsteiger* und/oder in Phrasen-Komposita wie *Tour-de-France-Sieger* – wie auch das Nichtausführen

---

9 Belegt in der hybriden Form *Skiopening*.
10 Belegt sind nur wenige neutrale Formen, die maskuline und movierte Formen auf -in ersetzen: *Erholungssuchende* (KKA 1955!) und *US-Filmschaffende* (KFTV).

4.2 Auswertung

in diesen *("Sympathy for the devil"-Party)*[11] –, ist nicht behandelt worden, da diese Fälle qualitative Aspekte der Transparenz und Segmentierbarkeit betreffen.[12]

Bei aller Reduktionssuche sind auch einige Aspekte ausgeschlossen worden, weil sie keine reduzierten Formen darstellen oder auf eine unspezifische Weise reduziert vorliegen. Zu nennen wären als Beispiel nicht-reduzierter Formen eine Vielzahl von Klitisierungen wie *am* oder *beim* (Nübling 1992), die grundsätzlich zwar reduzierte Formen darstellen, jedoch oftmals nur unter einer diachronen Perspektive, da sie in bestimmten Verwendungsweisen den Regelfall oder gar die einzige (grammatische) Möglichkeit darstellen. So ist zwar *am* ursprünglich aus *an* + *dem* gebildet worden und in bestimmten Strukturen auch heute noch eine ökonomische Variante *(da ist Staub an dem/am Schrank)*, doch gibt es zahlreiche Phrasen, in denen *an dem* keine Alternative darstellt: *er ist am Arbeiten, ich komme am Freitag, am Valentinstag schenke ich nichts*; hingegen ist **er ist an dem Arbeiten* ungrammatisch, und *ich komme an dem Freitag* ist nur mit Fokus auf *dem* resp. bei Verwendung als Demonstrativpronomen (›an diesem Freitag‹) und nicht als bestimmter Artikel in der Bedeutung ›an irgendeinem/jeden Freitag‹ möglich.

Daneben sind die unspezifisch reduzierten Formen zu nennen. Referiert wird hiermit auf solche Fälle, die zweifelsfrei einer Reduktion unterliegen, allerdings nicht als sprachökonomisch zu bewerten sind, da sie den unmarkierten Fall darstellen. So sind etwa die Koordinationsellipsen *Natur- & Kunststeinsanierung, Natur- u. Umwelterlebnispfad, natur- und musiklieb* in drei unterschiedlichen Korpora belegt. Sie sind in dem Sinne reduziert, dass *Natur-* eine Kurzform zu den Vollformen *Natursteinsanierung* und *Naturerlebnispfad* darstellt. Allerdings handelt es sich hierbei um keine spezifische Form der Reduktion, die vor dem Hintergrund eines geringen Textraums gewählt worden ist, sondern vielmehr um einen in konzeptionell schriftlichen Texten unmarkierten Fall. Im Gegenteil lägen mit den Phrasen *Natursteinsanierung & Kunststeinsanierung, Naturerlebnispfad u. Umwelterlebnispfad, naturlieb und mu-*

---

11 Begünstigt wird das Weglassen in Komposita durch Bestandteile, die Wortgruppen darstellen: *Hannover Concerts-Chef, Hartz IV-Reformen*, bei Namen: *Mick Jagger-Gedächtnis-Schnuten, Kurt Cobain-Witwe*, bei Anglizismen oder englischsprachigen Titeln: *Service Center, Secret Garden Festival, TV total Stock Car Crash Challenge*. Aus diesem Grund ist der o.g. Beleg in Anführungszeichen eingefasst.

12 Eine Ausweitung der Analysen wäre nicht nur im Rahmen der Morphologie ein wertvolles Unterfangen, sondern auch die über alle linguistischen Beschreibungsebenen hinweg. Dies berührt etwa den Bereich der Phonologie, denn insbesondere SMS-Mitteilungen (medial schriftlich) weisen Merkmale gesprochener Sprache auf (konzeptionell mündlich), deren Untersuchung sowie Gegenüberstellung mit faktischer gesprochener Sprache sehr lohnenswert erscheint.

siklieb – unabhängig von der Kommunikationsform – markierte Fälle vor. Zwar handelt es sich bei den Kurzformen um Ellipsen und damit um syntaktische Reduktion, doch wäre mit einer Nichtrealisierung der elliptischen Varianten eine stilistisch starke Markierung verbunden. Ferner sind einige wenig-reduktive morphologische Aspekte ausgeklammert worden.

4.2.2 Kürze der Wortformen

Komplexität ist, wie im vorigen Abschnitt angerissen wurde, ein schwer zu bemessendes und relatives Merkmal, sodass nur die Kürze der Wortformen Gegenstand dieses Kapitels sein soll. Diese ist im Gegensatz zur Komplexität absolut zu messen, denn über die Komplexität einer Abkürzung wie *Ferienh.* oder gar *FDH* (Feriendoppelhaushälfte) kann nur gemutmaßt werden, da besonders bei *FDH* unklar ist, inwiefern sowohl *Haus* als auch *Hälfte* repräsentiert sind, oder grundlegender, wie die Vollform zu *H.-Rad* überhaupt ist *(Herren-Rad* oder *Herren-Fahrrad* – oder gar *Holland-Rad?)*.[13] Anzugeben ist hingegen eindeutig die Anzahl der in den jeweiligen Korpora verwendeten Wortformen sowie deren (konkrete) Länge.

Die im Mittel kürzesten Wortformen im Korpus weisen die SMS-Mitteilungen auf. Vor dem Hintergrund der technischen Rahmenbedingungen war dies zu erwarten; zu nennen wäre hier zum einen die umständliche Eingabe des Textes über eine kleine, meist nur numerische Tastatur, zum anderen die Begrenzung der Texteinheiten auf 160 Zeichen (beim GSM-SMS). Entscheidender als die potenziell versendbare Textmenge scheint jedoch das Wissen um die Begrenzung zu sein, denn mit rund 82 Zeichen pro Mitteilung wird die maximale Zeichenanzahl nur zur Hälfte ausgeschöpft (95[14] bei Schlobinski/Watanabe 2003: 28): Es ist ökonomischer, von vornherein die Mitteilung stärker als notwendig zu reduzieren, als bei einer drohenden Überschreitung im Nachhinein den Text an verschiedenen Stellen zu kürzen, um ihn danach abzuschließen.

Vergleichbar ist der Wert, der das Verhältnis von Zeichen/Element zu Wortformen/Element abbildet, etwa mit dem der Kassenbons. Ein erheblicher Unterschied besteht jedoch in der Anzahl der Wortformen pro Element, denn

---

13 Allerdings ist bei nur wenigen Reduktionsformen die Vollform nicht erschließbar. Für die quantitativen Analysen sind freilich auch Vollformen angesetzt worden, da sonst eine Aussage nicht möglich wäre. Die seltenen Fälle, in denen eine Vollform nicht eindeutig erschließbar war (*ebm, Skerz., Kernq., Hölzl., hdsmdlfiue* etc.), wurden bei statistischen Angaben nicht berücksichtigt.

14 Bei den deutschsprachigen; für die japanischen SMS-Mitteilungen geben sie 25 an.

Artikelbezeichnungen von Bons müssen auf meist 16 Zeichen[15] begrenzt werden, sodass vor diesem Hintergrund und Vergleichswert die Wortformlänge von SMS-Mitteilungen als äußerst kurz zu bezeichnen ist.

Die Kleinanzeigen unterscheiden sich hinsichtlich der Wortformlänge nur marginal (2005: 7,2; 1955: 7,3); der geringfügig höhere Wert lässt sich mit der Tatsache begründen, dass in den 1950er Jahren Abkürzungen und Kurzwörter – selbst von wissenschaftlicher Seite – stark kritisiert worden sind (so geschehen etwa bei Jobst 1959 und Kammradt 1957). Tendenziell weisen die Annoncen von 1955 jedoch noch eine höhere Anzahl an Wortformen pro Anzeige auf (s. hierzu auch die spezifischen Analysen und Erklärungen in den Kap. 4.2.3.2 und 4.2.9.1).

Das Fahrgastfernsehen liegt mit 7,1 Zeichen pro Wortform im Bereich der Kleinanzeigen. Dies ist insofern erstaunlich, als hiermit ein journalistischer Text vorliegt. Vor diesem Hintergrund steht allerdings vergleichsweise wenig Textraum zur Verfügung: Ein Element besteht aus rund 33 Wortformen oder 235 Zeichen.

Das Alpenpanorama weist auffallend höhere Wortformlängen auf: Im Mittel besteht eine Wortform aus acht Zeichen. Dieser vergleichsweise hohe sowie der mit durchschnittlich 6 Wortformen pro Element niedrige Wert spiegeln die Tatsache wider, dass die Screens nur einen geringen (zweizeiligen) Raum für Mitteilungen bieten (rund 50 Zeichen).

Die längsten Wortformen im Korpus weist mit einem Mittelwert von 8,4 Zeichen der Newsticker auf. Hier wird die Durchschnittsnachricht mit 14 Wortformen realisiert, die 119 Zeichen in Anspruch nehmen. Dies deutet auf eine höhere Komplexität der Wortformen hin – etwa in Form von mehrgliedrigen Komposita.

Eine vermutete Tendenz »Je weniger Zeichen zur Verfügung stehen, desto komplexer sind die Wortformen« müsste mit diesen Zahlenwerten aufgegeben werden, wenn für die unabhängige Variable die Wortformlänge und für die abhängige die Elementlänge in Form von Zeichen angesetzt wird. So könnte die Tendenz zwar auf das Fahrgastfernsehen und das Alpenpanorama zutreffen, auf die SMS-Mitteilungen, die Kleinanzeigen und die Artikelbezeichnungen auf Bons allerdings nicht. Verantwortlich für die fehlende Tendenz sind die Formen sprachlicher Reduktion, die in den Folgekapiteln analysiert werden, und hier vor allem die Abkürzungen und Kurzwörter, da sie eine zum Teil erhebliche Reduktionsrate (Graphemersparnis gegenüber den Vollformen) mitbringen und so die Zeichen pro Wortform mindern.

---

15 Der Wert variiert je nach Kassensystem/Filiale.

Reduziert aber wird freilich nur dort, wo es der äußere Rahmen zulässt. Journalistische Texte etwa enthalten im Regelfall weder eine besonders hohe noch eine besonders niedrige Wortformlänge, denn z.b. Abkürzungen sind ein stilistisches Tabu; bei Kleinanzeigen und Bons bilden sie hingegen ein kommunikationsformkonstitutives Merkmal.

Der Diskussion der Ergebnisse vorgegriffen sei hier insofern, als das Kontrollkorpus KTZ mit den Artikeln aus Tageszeitungen als prototypischer Wert für geschriebene Standardsprache in Tab. 4-2 den anderen Korpora gegenübergestellt wird. Die mittlere Wortformlänge weist hier 7,5 Zeichen auf und ist damit mit dem anderen journalistischen Text (KFTV) vergleichbar. Dass die Kleinanzeigen hier einen ähnlichen Wert aufweisen, dürfte damit zusammenhängen, dass sich diese durch Aufzählungscharakter auszeichnen und auch syntaktisch stark reduziert sind, indem etwa Synsemantika wie Artikel getilgt sind. Dass der Newsticker den höchsten Wert im Gesamtkorpus aufweist, unterstreicht ebenfalls die These, denn bereits das Kontrollkorpus liegt hier im oberen Bereich. Der mit weniger als 120 Zeichen pro Nachricht auffallend geringe Textraum (inkl. Headline) muss mit phrasenreduzierenden Komposita kompensiert werden, die dem journalistischen Stil gemäß nicht abgekürzt werden können.

Da bei den folgenden Analysen vornehmlich von Vollformen ausgegangen wird, ergänzen und präzisieren die Ergebnisse sogar das vorliegende Ergebnis – insbesondere die Aufsummierung der Reduktionsanteile im letzten Kapitel. Anders formuliert sind es gerade die Reduktionsprozesse, die die festgestellten Abweichungen ergeben und erklären.

Korpus	Zeichen/ Wortform (Ø)	Wortformen/ Element (Ø)	Zeichen/ Element (Ø)
KSMS	5,5	14,8	81,97[1]
KBON	5,9	2,8	16,1
KKA 2005	7,2	12,2	86,6
KFTV	7,1	33,3	234,8
KKA 1955	7,3	15,3	111,1
KTZ	7,5	301,4	2 250,7
KTTV[2]	8,0	6,2	49,9
KNT	8,4	14,2	118,9

(1) Der Wert ist gewichtet und ergibt sich aus den Teilkorpuswerten 92,67 (KSMS H) und 70,65 (KSMS OS) im Zusammenhang mit der unterschiedlichen Elementanzahl. – (2) Die Werte geben die jeweiligen Wortformen resp. Zeichen pro Screen an und nicht die je Anbieter (im Mittel bezahlt jeder Anbieter rund drei Screens).

Tab. 4-2: Statistische korpusspezifische Angaben zur Anzahl und Länge von Wortformen (Vergleichskorpus markiert).

4.2.3 Kurzwörter und Kurzwortbildungen

Gegenstand dieses Kapitels ist 1. eine Einordnung aller Kurzwörter, 2. ihre quantitative Ökonomie je nach Typ und 3. eine Prüfung, ob ein Zusammenhang zwischen Korpus und Kurzwortverwendung besteht. Diese Aspekte werden nicht nur für Kurzwörter isoliert, sondern auch in einer getrennten Betrachtung für Kurzwort-Wortbildungen untersucht – unabhängig voneinander, da Letztere zwei entscheidende Ökonomiemerkmale miteinander verbinden: zum einen die Reduktion von Wörtern oder Wortgruppen durch Kurzwortbildung, zum anderen die Komprimierung durch das Wortbildungsverfahren der Komposition, welche die Flexion umgehen *(Tür des Hauses > Haustür)*, Präpositionen tilgen *(Biografie über Fallersleben > Fallerslebenbiografie)* oder Phrasen wie beispielsweise attribuierte Substantive in einem Wort ausdrücken kann *(das hohe Haus > Hochhaus)*. Zudem können mithilfe von Kurzwörtern Komposita gebildet werden, die ohne Kurzwortbildung nicht möglich wären bzw. bei drei- oder mehrmorphemigen Strukturen durch syntaktisch komplexe Phrasen wie doppelte Genitive *(VW-Vorstandsmitglied < Mitglied des Vorstands der VW AG*, aber: *?Volkswagen-AG-Vorstandsmitglied)* ausgedrückt werden müssten.[16]

Im Gesamtkorpus sind 206 Kurzwörter vertreten sowie weitere 275 Komposita, in die ein Kurzwort integriert ist (eine vollständige Liste gibt Netlink 576).

4.2.3.1 Kurzwörter

Bei den Kurzwörtern fallen zwei Haupttypen ins Gewicht, wobei Kobler-Trill – deren Typologie hier Anwendung findet[17] – zu ihrer Untersuchung bereits selbst angemerkt hat, dass das Initialkurzwort den Haupttyp der Kurzwörter stellt (Kobler-Trill 1994: 138). Initialkurzwörter bestehen – wie alle Kurzwörter – aus Graphemen des Basislexems, die gleichzeitig die Anfänge von Morphemen darstellen. Der Prototyp ist hier das Kurzwort, das aus den jeweiligen Initialen der Wörter einer Wortgruppe besteht: *FAZ < Frankfurter Allgemeine Zeitung*, *DDR < Deutsche Demokratische Republik*. Häufig werden jedoch Anfänge von zusammengeschriebenen Morphemen verwendet, wie dies bei *IGS < Integrierte Gesamtschule* und *WM < Weltmeisterschaft* der Fall ist. Insgesamt sind die unter [1] aufgeführten 90 verschiedenen Kurzwörter[18] dieses Typs im Gesamtkorpus enthalten:

---

16 Dies trifft natürlich generell für Komposita zu; vgl. aber 4.2.3.3.
17 Vgl. aber die kritischen Anmerkungen insbes. zu Kopfwörtern auf *-i* und *-o* in Kap. 3.
18 Abweichungen bei den Werten sind der Tatsache geschuldet, dass je nach Gegenstand entweder die Wortformen *(Pkw, Pkws)* oder die Lexeme *(Pkw)* gezählt werden; innerhalb einer Kategorie wird jedoch stets die gleiche Zählweise angewandt.

[1] AC, ACDC, ADAC, AEG, AG, APT, BBS [1], BMW, BND, BOC, [Hertha] BSC [Berlin], CD, CDU, CNN, CSU, dba, DDR, DFB, DIN, DJ, DLRG, DRC [Hannover], DRK, DVD, EU, F.A.Z., FC, [1.] FC [Köln], FC [Bayern], FC [Liverpool], FDP, FFN, FH, FIFA, FSV, FZH, GBH, GIS, GJW, GmbH, GST, GVH, HAZ, HCC, HSV, IAEO, IG, IGS, IGS [List], ISS, KSC, KW, KWB, LKW, LTU, MHH, MPI, MPU, NASA, NDR, NDR [1], NRW, OB, OS, PC, PDS, Pkw, Pkw., PS, [Karlsruher] SC, SCC, SMS, SPD, TIP, TUI, TuS [Bothfeld], TuS [Marathon], TV, TVB, TVB[-Waidring], UEFA, UKW, UN, US, USA, VfB, VW, WASG, WC, WM

Auffällig sind vor allem die Großschreibung, die den Initialwörtern einen Sonderstatus zuweist (und mitunter den Wortstatus abspricht), sowie die Anpassung der Schreibung bei nach Lautwert artikulierbaren Initialkurzwörtern wie *NATO > Nato*.

Aus der Definition ergibt sich bereits, dass dieser Kurzwort-Typus den höchsten Grad an Komprimierung mit sich bringt, wenn man davon ausgeht, dass die mittlere Länge von Kopfwörtern (s.u.) nicht bei einem oder zwei Zeichen liegt; der Median von Initialkurzwörtern beträgt 3. Da zudem häufig Wortgruppen die Basislexeme stellen, was bei Kopfwörtern eine seltene Ausnahme darstellt *(Zoo < Zoologischer Garten)*, ergibt sich eine Zeichenreduktion durch Initialwortbildung von mindestens 39 Prozent *(Karlsruher SC)* bis maximal 94 Prozent *(CDU, GBH)*[19]; im Mittel sind es 83 Prozent Ersparnis gegenüber den Vollformen. 90 Prozent minimale Einsparung durch Initialwortbildung weisen neben den beiden genannten Initialkurzwörtern *MPU, SPD, US, WASG, AEG, AIAT, FFN, FIFA, NASA, PDS, APT, DDR, GIS, HAZ, IG, KWB, MHH, TUI, AC, dba, DLRG, GmbH, IAEO* und *UEFA* auf. Bis einschließlich 85 Prozent gibt es nur 8 Fälle, bei denen es sich nicht um den genannten Bildungstypus handelt: *Medi, Öffi* und *Zoo* als Kopfwörter, die beide abweichend vom Prototypen aus Wortgruppenlexemen gebildet worden sind, ferner *atü, AStA, üstra* und *CeBIT*[20] als Misch- sowie *Ltd.*[21] als besonderes Kurzwort. Bei den Mischkurzwörtern handelt es sich wiederum um Morphemanfänge, allerdings solche, die unterschiedliche Eigenschaften aufweisen *(Ce*

---

19 Bezogen auf die Vollform *Christlich-Demokratische Union Deutschlands* und *Gesellschaft für Bauen und Wohnen Hannover mbH*.
20 Mit den jeweiligen Vollformen *Atmosphärenüberdruck, Allgemeiner Studentenausschuss, Überlandwerke und Straßenbahnen Hannover AG* und *Centrum für Büroautomation, Informationstechnologie und Telekommunikation*.
21 *Private Limited Company by Shares*.

silbisch, bei *BIT* je der erste Buchstabe), während die besonderen Kurzwörter beliebigen Stellen entnommen sein können *(Limited)*.

Die Ursache für die starke Reduktion liegt in der gemeinsamen Struktur: Zum einen sind (auch bei den besonderen und Mischkurzwörtern) die Kurzformen oft aus Wortgruppen gekürzt, zum anderen werden einzelne Grapheme von unterschiedlichen Orten des Basislexems entnommen. Mit anderen Worten: Die grundsätzlich beliebige Kombination ermöglicht eine Reduktion auf wenige Zeichen. Mit diesem Vorteil geht jedoch die Transparenz der Wörter oftmals verloren, sodass diese wie Vokabeln erlernt werden müssen – es handelt sich schließlich um eigenständige Wörter mit i.d.R. synonymer Bedeutung. Um diesen Nachteil zu minimieren, werden möglichst das Wort klar auszeichnende Buchstaben verwendet, was die Anzahl an Initialkurzwörtern erklärt, da die Kennzeichnung hier in den jeweils ersten Buchstaben der Morpheme liegt. Dass eine Abweichung sinnvoll sein kann, zeigt etwa das (im Korpus nicht belegte) besondere Kurzwort *DAX* (< *Deutscher Aktienindex*), welches sich durch seinen für das Deutsche uncharakteristischen Wortausgang auszeichnet und damit relativ eindeutig rekonstruierbar ist. Anders verhält es sich etwa mit *IG*, das nicht nur die Vollform *Industriegewerkschaft* abkürzt, sondern ferner *Interessengemeinschaft, Internationaler Gerichtshof* oder (neben *IGS*) *Integrierte Gesamtschule*. Der Vorteil der starken quantitativen Ökonomie und dabei möglichst strukturell hilfreichen Reduktion wird also mit Homonymie aufgrund qualitativ unökonomischer Dublettenbildung erkauft. Da sich die hier verwendeten Korpora durch geringen Raum für Text auszeichnen, ist allerdings die Hypothese aufstellbar, dass die quantitative höher gewichtet ist als die qualitative Ökonomie, zumal der Ko- und Kontext in der Regel disambiguierend wirkt.

Dennoch sind besondere Kurzwörter trotz der freien Wahlmöglichkeit der Buchstaben und einer mittleren Ersparnis von 71 Prozent[22] selten:

[2] Ltd., Nazi, Oma, (Omi), Opa

Nazi rechnet Kobler-Trill nicht den besonderen Kurzwörtern, sondern den Kopfwörtern zu (s.u.). Zwar weist die Bildung die typische Struktur der *-i-* Bildungen auf (vgl. *Uschi*), doch trifft dies auch auf *Basti* oder *Omi* zu. Ersteres ist jedoch *Sebastian* entnommen, wobei der Wortausgang den Grund für eben diese Segmentauswahl bilden mag, und *Omi* ist nicht direkt als Kurzwort gebildet, sondern wahrscheinlich eine Diminutiv-Ableitung vom Kurzwort *Oma*, das wiederum definitionsgemäß aus dem Buchstabenvorrat der Vollform *Groß-*

---

22 Mit einer Spanne von 63 bis 88 Prozent.

mama gebildet ist (vgl. *Mama > Mami*). Streng genommen ist *Omi* denn auch kein Kurzwort, sondern eine *i*-Derivation, die über ein Kurzwortbildungsprozess gelaufen ist (daher in Klammern). Und ein weiterer Grund spricht für die hier vorgenommene Einordnung: Strukturell sind die Buchstaben eindeutig der Vollform *Nationalsozialist* entnommen und zwar auf ähnliche Weise wie bei *Sozi*, bei dem es sich tatsächlich um ein Kopfwort handelt *(Sozialist)*: *Nazi* ist vermutlich analog zu *Sozi* gebildet worden, zumal *Sozialist* Morphembestandteil von *Nationalsozialist* ist. Entweder ist *So* mit *Na* substituiert worden, oder es fand die Bildung über den Zwischenschritt *Nasozi > Nazi* statt; erklärbar wäre dies mit der Hinführung zur typischen Lautstruktur (Trochäus) von Bildungen dieses Typs. Beide Deutungen sind der Annahme der Entstehungsfolge *Nationalsozialist > Nati*[23] *> Nazi* vorzuziehen und verlangten die Einordnung als besonderes Kurzwort.

Ebenfalls aus mehreren Segmenten bestehend (multisegmental) und eine hohe Ersparnis aufweisend (77 Prozent) sind Silbenkurzwörter, die – wie der Name besagt – aus silbischen Segmenten bestehen, wobei silbisch nur das Kurzwort, nicht aber die Quellsegmente sein müssen *(KaDeWe < Kaufhaus des Westens, Awo < Arbeiterwohlfahrt)*[24]. Definitionsgemäß wird dieser Typus grundsätzlich nach dem Lautwert des Kurzwortes ausgesprochen, wohingegen Initialkurzwörter oftmals nur nach Buchstabenname artikuliert werden können *(SPD, CDU, FDP;* aber: *SPÖ, ARD, AU*[25]*)* oder wahlweise nach beidem, welches sich wiederum in der Schreibung niederschlägt (vgl. obige Anm. zum Wortstatus; *FAZ* vs. *Faz*). Im Korpus kommen mit einer Ausnahme alle Silbenkurzwort-Belege (7) dieser Regel nach:

[3] Kita, RAFADI, SoWi, TiHo, ver.di , WiWi, Woba

RAFADI ist ein Silbenkurzwort, das im Anzeigenkorpus von 1955 belegt ist, auf einen einstigen Fahrrad-Schutz- und -Versicherungsdienst von ARAG referiert und gemäß Auskunft der ARAG aus der Vollform *Radfahndungsdienst* gebildet worden ist. Dass hierbei alle Buchstaben großgeschrieben worden sind, könnte am Bildungszeitpunkt liegen, zu dem Kurzwörter eine relativ

---

23 *Nati* existiert darüber hinaus als Kurzform zu *Renate* sowie im Schweizerdeutschen als die zu *Nationalmannschaft* (*Frauen-Nati siegt*, Beleg in der Schweizer Zeitung »20 minuten«, 22.07.2008, S. 31). *Nati* (< *Renate*)stellt einen seltenen Fall von *i*-suffigiertem Endwort dar; in der Regel sind dies Kopfwörter *(Susi, Michi, Uli, ...)*.
24 Die Silben des Kurzwortes sind durchgezogen, die der Vollform gepunktet unterstrichen.
25 *AU* (< *Abgasuntersuchung*) könnte zwar nach Lautwert ausgesprochen werden, wird es jedoch nicht – vermutlich wegen der Homophonie-Beziehung zum Schmerzausruf *Au!* (vgl. Kobler-Trill 1994).

4.2 Auswertung

neue Erscheinung gewesen und entsprechend markiert worden sind. Kobler-Trill deutet die Aussprache nach dem Lautwert (und damit die entsprechende Schreibung) als »lässigere« und »jugendsprachliche« (Kobler-Trill 1994: 83).

Der Regelfall der Belege sieht allerdings keine durchgängige Kleinschreibung nach dem Initial vor *(Woha, Kita)*; die Schreibung reicht – bei den wenigen nicht-repräsentativen Belegen – von konsequenter Kleinschreibung *(ver. di)* über konsequente Großschreibung *(RAFADI)* bis zu Mischformen *(SoWi, WiWi, TiHo)*. Hierbei handelt es sich nicht nur schlicht um die Markierung von Silbengrenzen; vielmehr heben die Binnenmajuskeln (Stein 1999) auch und vor allem die Morphemanfänge hervor, wobei Silben und Morpheme zwar übereinstimmen können, Letztere jedoch einem anderen Zweck dienen: der besseren Segmentierung. Diese qualitative Ökonomie ist auch am Kurzwort *ver.di (<Vereinte Dienstleistungsgewerkschaft)* zu erkennen, wenngleich das primäre Ziel ein typografisches Hervorstechen gewesen sein mag. Dennoch erhöht diese die Segmentierung und damit das Verständnis sowie den Wiedererkennungswert des Wortes. Zwar stellen Interpunktionszeichen im Wortinnern gemäß deutscher Orthografie eine Regelwidrigkeit dar; Regelverstöße finden sich jedoch auch bei der Schreibung femininer Appellativa *(LehrerIn)*. Interpunktionszeichen im Wortinnern treten mitunter auch bei Abkürzungen auf *(Sa.vormittag;* s. dort*)*.

Einen ähnlich geringen Anteil (6) weisen die Mischkurzwörter auf:

[4]   AStA, atü, BamS, CeBIT, Naposta, üstra

Sie stellen die letzte Gruppe der multisegmentalen Kurzwörter, bei denen also Wortmaterial an verschiedenen Stellen der Vollform entnommen worden ist, und zeichnen sich wie die Silben- und Initialkurzwörter durch Morphemanfänge aus, die jedoch von unterschiedlicher Quantität sein können. Der Vorteil ist, dass sie wie die Silbenkurzwörter dem Lautwert nach ausgesprochen werden können (s. o.). Hervorzuheben sind *BamS* und *üstra*, wobei *BamS (< Bild am Sonntag)* im Mittelteil ein vollständiges Segment (Präposition mit enklitischem Artikel) enthält, das auch optisch als Bindeglied fungiert, da es kleingeschrieben wird, während die anderen äußeren Grapheme großgeschrieben werden (gewissermaßen ein typografisches Palindrom). *üstra (< Überlandwerke und Straßenbahnen Hannover AG)* stellt hingegen ein durchgängig kleingeschriebenes Mischkurzwort dar, bei dem das zweite Segment vergleichsweise groß ist und schon fast einem Kopfwort gleichkommt. Im Korpus weisen Mischkurzwörter mit durchschnittlich 85 Prozent den höchsten Reduktionsquotienten auf.

Kopfwörter stellen neben Rumpf- und Endwörtern die Gruppe der unisegmentalen Kurzwörter dar, die aus einer zusammengehörenden Zeichenfolge des Basislexems entnommen werden. Der entscheidende Vorteil dieses Kurzworttypus ist die deutlich bessere Rückerschließbarkeit auf die Vollform bei einer gleichzeitig nennenswerten Reduktion. In den Korpora sind insgesamt 80 Kopfwörter belegt:

[5] Abo, Aegi, [Theater am] Aegi, Akku, Alex, Alu, Auto, Bussi, Caro, condo, Conti, Dani, Danny, Deko, Demo, depri, Di, Dia, Didi, Dino, Disko, Fan, Flo, Foto, Franze, Franzi, Freddy, Indie, Info, Jacko, Katha, Klinsi, Knüti, Krimi, Krissi, Leo, Ma, Manu, Mathe, Matzi, Medi, Merte, Micha, Michi, Miro, Münte, Nadi, Niko, Öffi, Olli, OP, Ösiland, Osna, Pa, Photo, Po, Podbi, Poldi, Profi, Promi, protec, Rapso, Rolli, Sat., Schnucki, Schoko, Schumi, Schweini, Silvie, Spüli, Steffi, Susi, Tobi, Tour, Uli, Uni, Vibes, Vio, Yvie, Zoo

Hierbei handelt es sich bei 16 Lexemen um Kopfwörter auf *-i*, die auf einer Reduktion von Namen basieren, und bei 19 auf *-o*, wovon wiederum 7 auf Namen basieren. Bei den auf *-i* endenden Belegen handelt es sich insgesamt[26] um 24 Vorkommen, die keine Suffigierung des nicht im Basislexem enthaltenen Graphems aufweisen; bei denen auf *-o* weisen dies alle auf. Von den 24 auf *-i* endenden Wörtern ist zwar bei *Didi, Kati, Öffi, Profi, Spüli* und *Steffi* auch ein *i* enthalten, allerdings nicht im entnommenen Segment, bei *Bussi* sogar nicht einmal dies (< *Bussel/Busserl*), was eine Erklärung der dennoch vorgenommenen Einordnung in die Gruppe der Kopfwörter verlangt. Auf *Uli* trifft dies ebenfalls zu, obwohl unklar ist, ob die Kurzform auf *Ulrike* oder *Ulrich* basiert – beide ›Vollformen‹ enthalten jedoch ein *i*. Typischerweise handelt es sich bei Wörtern auf *-i* um Derivationsprodukte zur Diminutivbildung, für die auch *-chen* oder *-lein* suffigiert werden können. Diminutive dienen dem Zweck, etwas oder jemanden kleiner, niedlicher, zierlicher o.Ä. zu machen oder abzuschwächen, wie etwa bei *Bierchen* oder *Bäuchlein*, und werden auch für Kosenamen genutzt *(Michael > Michi; Maus > Mausi/Mäuschen)*. Dies erklärt nicht nur die hohe Anzahl an *-i-* und *-o*-Kurzwörtern, insbesondere bei Vornamen, sondern auch die Einordnung der o.g. Kurzwörter in die Gruppe der Kopfwörter. Gleichzeitig stellt eben dies auch ein Problem dar, weil das Kriterium der Entnahme von Buchstabenmaterial aus der Vollform in einigen Fällen, beispielsweise bei *André > Andi*, nicht zutrifft (s. Kap. 3). Eine Ausnahme hiervon stellt *Didi* dar, das zwar ebenfalls die genannten Probleme aufweist, jedoch

---

26 D.h. nicht nur die Eigennamen.

4.2 Auswertung

so interpretiert werden muss, dass aus *Dietrich* das Kopfwort *Di*[27] extrahiert und dieses anschließend redupliziert worden ist. Somit liegen bei *Didi* zwei parallele Schritte vor: Kurzwortbildung und Reduplikation, bei den anderen Kurzwortbildung mit gleichzeitiger *i*-Suffigierung. Es kann davon ausgegangen werden, dass letzteres Verfahren auch auf *Jacko (< Jackson)* zutrifft – das einzige als Kopfwort klassifizierte Lexem auf *-o*, dessen Kurzform nicht aus einem zusammenhängenden Element besteht.

Die mittlere Einsparquote liegt bei rund 50 Prozent und reicht von 0 *(Sylvia > Sylvie)*[28] bis 88 Prozent *(Medi < Medizinische Hochschule Hannover)*. Der hohe Wert ergibt sich aus dem seltenen Fall, dass Kopfwörter auf Wortgruppen zurückgehen; neben *Medi* sind nur noch *Öffi (< öffentliches Verkehrsmittel)* und *Zoo (< zoologischer Garten)* belegt. Ursache für die geringe Anzahl ist, dass die einzelnen Bestandteile der Wortgruppen möglichst auch im Kurzwort repräsentiert sein sollten, damit eine Rückerschließung wahrscheinlicher wird. Bei *Öffi(s)* und *Zoo* ist dies auch ohne vollständige Repräsentanten möglich, da die Kurzwörter seltene und damit nahezu eindeutige Graphemfolgen aufweisen – bei <zoo> besonders durch den Bigraphen *(zoologisch, Zoologie,* engl. *Zoom)*, bei <öff[i]> durch die Umlautung *(öffentlich/öffnen)*. Bei *Medi* handelt es sich um eine eher individuelle Kürzung, die innerhalb der Betroffenen (Adressaten der SMS-Mitteilung, Studierende der Hochschule) Verwendung fand. Ferner handelt es sich um auf die Attribute reduzierte Wortgruppen, die zumindest bei *zoologisch* nur relativ wenige Verbindungen zulassen, die öffentliche Bedeutung hätten (bei *Zoomobjektiv* etwa wäre zudem eine Reduktion auf das Determinatum wahrscheinlicher).

Die drei genannten Kopfwörter sind jedoch als ›Ausreißer‹ zu interpretieren. Auch sind nur 14 der 80 Kopfwörter aus Komposita gebildet worden, wobei dieser Wert sogar die für Laien schwer segmentierbaren Latinismen und Gräzismen berücksichtigt: *Aegidientorplatz, Antikmöbel, Diapositiv, Dinosaurier, Diskothek, Fotografie, Indiana [Jones], Kriminalgeschichte, Podbielskistraße, Satellitenfernsehen, Spülmittel, [Theater am] Aegidientorplatz* und *Universität*. D.h., die meisten Kopfwörter basieren auf weniger komplexen Derivaten oder Simplizia, die leichter rekonstruiert werden können als Wortgruppen, die auf wenige Grapheme reduziert werden. Dies ist ein weiterer Grund – neben dem unisegmentalen und der Verwendung für Personennamen, vor allem in Verbindung mit Diminutivbildung – für die relativ große Anzahl der Kopfwörter.

---

27 Das engl. Kopfwort *Di* ist im Korpus auch belegt – für die 1997 verstorbene Prinzessin von Wales, Lady *Diana*.

28 Der Wert ergibt sich dadurch, dass das Kopfwort *Sylv(i)* durch Suffigierung von *-(i)e* anglisiert wird. Die ›deutschsprachige‹ Alternative wäre *Sylvi*, welches eine Ersparnis von einem Zeichen bedeutete.

Dies trifft nur bedingt auf die beiden anderen Typen unisegmentaler Kurzwörter zu. Zudem haben diese nicht den Vorteil, dass es sich um Wort*anfänge* handelt, die kognitiv leichter vervollständigt werden können als Rumpf- oder Endsegmente, da das Gehirn gewohnt ist, linksläufig zu arbeiten, und es erheblich aufwändiger ist, dies rückläufig zu tun.[29] Dies ist vermutlich auch ein Grund für den geringen Anteil von Endwörtern *(Bastian, Bine, Cello, Jeans, Rike)* und Rumpfwörtern *(Basti)*, wobei umgekehrt die grundsätzliche Bildung auch schwieriger ist als die von Kopfwörtern. Die Ersparnis liegt hierbei nur geringfügig unter der der Kopfwörter: bei den Endwörtern sind es 45 Prozent, bei dem singulären Rumpfwort (ebenfalls 45 Prozent) ist eine Aussage wenig sinnvoll. Generell muss bei der Vielzahl an Kosenamen die Einschränkung gemacht werden, dass unisegmentale Kurzwörter nur zu einem kleinen Anteil, etwa bei *Öffis* und *Zoo*, tatsächlich Reduktionsvorgänge darstellen. Die Funktion bei Spitz- und Kosenamen ist nicht Reduktion, sondern Individualisierung, Persönlichkeitssteigerung, Diminuierung u.a.

Als letzte Gruppe ist die der partiellen Kurzwörter zu nennen. Sie zeichnen sich dadurch aus, dass die erste Konstituente gekürzt ist, sie jedoch kein eigenständiges Kurzwort ist resp. nur gebunden verwendet werden kann. Es handelt sich also bei den Vollformen um Determinativkomposita, bei denen der Determinans reduziert ist. Im Korpus sind zehn partielle Kurzwörter belegt, wobei in drei Fällen je zwei gekürzte Bestandteile auf dasselbe Determinans zurückgehen *(U-Ausschuss, U-Haft; U-Bahn, U-Station; H-Creme, H-Milch)*:

[6] D-Mark, H-Creme, H-Milch, K-Frage, Kudamm, Rü-Fest, U-Ausschuss, U-Bahn, U-Haft, U-Station

Auch strukturelle Ähnlichkeiten sind auszumachen: Als prototypisch kann der Bindestrich herausgestellt werden sowie eine Initiale vor diesem Trennungsmarker, der sowohl eine (bzw. meist die) Morphemgrenze kennzeichnet als auch den gekürzten Bestandteil vom nicht-reduzierten abtrennt. Abweichung zeigen lediglich *Rü-Fest* durch die auf zwei Grapheme gekürzte Konstituente sowie *Kudamm* dadurch, dass weder Reduktion noch Morphemgrenze markiert ist. Allerdings gibt es hier die sonst übliche Schreibweise mit Apostroph als Auslassungszeichen *(Ku'damm,* s.u.). Auffällig ist ferner *H-Creme*, welches vermutlich eine analoge Bildung zu *H-Milch* darstellt, hier jedoch dennoch als Kurzwort eingeordnet worden ist.

---

29 Dies lässt sich aus einem simplen Test ableiten, bei dem die Buchstaben komplexer Wörter nacheinander eingeblendet werden und jeweils links- und rückläufig zu segmentieren sind.

4.2 Auswertung

Die Ersparnis in diesem Typenbereich liegt bei 54 Prozent und damit recht hoch, wenn berücksichtigt wird, dass partielle Kurzwörter durch eine ungekürzte Konstituente leicht rückerschlossen werden können. Oftmals findet in diesen Fällen eine Reduktion des Determinativkompositums auf das Grundwort statt (selten auch auf das Determinans, s. 4.2.4), welches vermutlich die Ursache für die nur gelegentliche Bildung darstellt, obgleich mit einem geringen Aufwand von ein oder zwei Zeichen das Grundwort semantisch näher bestimmt werden kann.

Partielle Kurzwörter bilden insofern einen markanten Abschluss, als sie mit den Kurzwort-Wortbildungen strukturell nahezu identisch und hinsichtlich der Einordnung nicht unproblematisch sind; wenn nämlich die erste Konstituente nicht isoliert auftritt, kann es sich folglich auch um eine Verbindung aus Abkürzung und Kurzwort handeln[30] (vgl. hierzu die bei den Abkürzungen behandelten Sonderfälle wie *H.-Fahrrad, H-Form, HH-Ausdruck, NL-Insel, NR-FeWo, R-Sack, S-Holstein, SW-Florida* etc. im Abschnitt 4.2.3.3). Tabelle 4-3 gibt einen Kurzüberblick zur Ersparnis einzelner Kurzworttypen.

KW-Typ	Types	ø	min.	max.
Mischkurzwörter	6	85	74	94
Initialkurzwörter	88	83	39	94
Silbenkurzwörter	7	77	64	84
besondere Kurzwörter	5	71	63	88
partielle KW	10	54	42	65
Kopfwörter	80	50	0	88
Endwörter	6	45	23	63
Rumpfwörter	1	45[(1)]	–	–

(1) Basti ist das einzige im Gesamtkorpus belegte Rumpfwort, sodass der Wert nicht aussagekräftig ist. Rumpfwörter sind jedoch generell im Deutschen ein seltenes Phänomen.

Tab. 4-3: Quantitative Ökonomie nach Kurzworttypen (multisegmentale markiert).

Vor der Betrachtung der Kurzwortverwendung bei den jeweiligen Korpora sei ein Blick auf die Möglichkeiten der Kurzwortbildung abseits der Typologie geworfen. Die meisten Lexeme des Deutschen lassen sich abkürzen (Einzelgrapheme wie Alphabetzeichen und *á* ›je‹ natürlich nicht). Die Kurzwortbildung weist hier jedoch Einschränkungen auf. Festgestellt werden kann in diesem

---

30 Dies zeigt sich auch an den Belegen *Ku'damm* und *Rü-Fest*, welche auch in Form von *Ku.damm/Ku.-damm* bzw. *Rü.fest/Rü.-Fest* auftreten könnten.

Lexem	Kurzwörter (mind. eine Variante)
Daniela	Dani, Danny
Großmama	Oma, Omi
Hamburger Sportverein	Hamburger SV, HSV
Karlsruher Sport-Club	Karlsruher SC, KSC
Medizinische Hochschule Hannover	Medi, MHH
Michael	Micha, Michi
Personenkraftwagen	Pkw, Pkw.
Sebastian	Basti, Bastian

Tab. 4-4: Übersicht an Lexemen, zu denen mehr als ein Kurzwort besteht.

Rahmen lediglich, dass Basislexeme sich dennoch nicht nur auf eine einzige Weise reduzieren lassen, sondern dass es tatsächlich Kurzwortvarianten gibt (s. Tab. 4-4.): Mit verschiedenen Kurzworttypen sind im Korpus *Basti* und *Bastian* für Sebastian (Rumpf- und Endwort) sowie *Medi* und *MHH* für Medizinische Hochschule Hannover (Initial- und Kopfwort) belegt. Für Daniela gibt es die beiden Kopfwortvarianten *Dani* und *Danny*, wobei *Danny* eine anglisierte Variante darstellt; das Doppel-*n* stellt hierbei lediglich eine angepasste Laut-Buchstaben-Zuordnung dar, da der Vokal beim Kurzwort etwas kürzer artikuliert wird als bei der Vollform (vgl. deutlicher *Elisabeth* > *Betty*). Für *Michael* sind *Micha* und *Michi* belegt, bei dem *Micha* das ›echte‹ Kopfwort darstellt, während bei der Diminutivform *Michi* zusätzlich zur Kürzung ein *-i* suffigiert ist. Bei *Hamburger Sportverein* und *Karlsruher Sport-Club* gibt es nicht-reduzierte Bestandteile, die wahrscheinlich primär der eindeutigen Zuordnung der Sportvereine zu Städten, d.h. der Nennung Letzterer, dienten *(Hamburger SV, HSV; Karlsruher SC, KSC)*. Zuletzt sind noch *Oma* und *Omi* für *Großmama* belegt, wobei für *Omi* die oben genannte Einschränkung gilt (zu Abkürzungsvarianten s. 4.2.9.1).

Variieren können die Kurzwörter auch bezüglich der Graphie (bei *Personenkraftwagen* z.B. *Pkw.*, *Pkw* und *PKW*), was bereits für Initialkurzwörter festgehalten worden ist (*NATO* vs. *Nato*), sowie in der Art der Reduktion über ein Reduktionsverfahren hinweg (z.B. *Pkw.* 1955 noch als Abkürzung, *Pkw/PKW* als Kurzwort, *Wagen* als Endwort oder Wortform, die auf das Grundwort reduziert ist – je nach Interpretation).

Als Zwischenfazit kann festgehalten werden, dass multisegmentale Kurzwörter das größte Potenzial besitzen, ihre Ursprungs(voll)formen zu komprimieren (ø 82 %)[31], wohingegen bei Kopfwörtern eine Rekonstruktion der Vollformen am leichtesten fällt. Gegenüber End- und Rumpfwörtern (ø 50 %) haben sie den Vorteil, dass es sich um relativ leicht zu ergänzende Wortanfänge handelt und *-i-* und *-o-*Suffigierungen (vor allem zur Diminutiv-Bildung)

---
31 Der Wert ist gewichtet.

möglich sind. Im Gegenzug sind Kopfwörter im Mittel nur halb so umfangreich wie ihre Vollformen. Kurz: Multisegmentale und insbesondere Initialkurzwörter sind quantitativ sehr ökonomisch und erzielen dieses Merkmal mit einem Minus an qualitativer Ökonomie, während unisegmentale Kurzwörter und hier vor allem Kopfwörter ein relativ ausgewogenes Verhältnis von quantitativer Ökonomie aufweisen, ohne qualitativ unökonomisch zu werden. Im gewichteten Mittel weisen unisegmentale Kurzwörter eine Ersparnis von 50 Prozent auf (inklusive wie exklusive der partiellen Kurzwörter)[32].

4.2.3.2 Korpusspezifische Verwendung

Über alle Kurzworttypen hinweg komprimieren Kurzwörter ihre Vollformen auf ein Drittel (67 Prozent).[33] Sie sind daher besonders geeignet, in Texten mit begrenztem Raum auf lexikalischer Ebene verwendet zu werden. Betrachtet man die konkrete Verwendung in den jeweiligen Korpora, ergibt sich folgendes Bild: Bei der Gesamtersparnis durch Kurzwörter gibt es drei Gruppen, die eine unterschiedlich starke Reduktion aufweisen. Zunächst ist hier der Newsticker zu nennen, bei dem die Kurzwörter eine mittlere Ersparnis von 82 Prozent gegenüber der Verwendung der Vollformen eingebracht haben. Dies ist ein überdurchschnittlicher Wert, dessen Aussagekraft dadurch untermauert wird, dass diese Kommunikationsform zu denjenigen gehört, die sich durch einen der höchsten Kurzwortanteile überhaupt auszeichnet; jedes 55. Wort ist hier ein Kurzwort; werden die Wortbildungen, an denen ein Kurzwort beteiligt sind, eingerechnet, ist bzw. enthält sogar jedes 26. Wort ein Kurzwort (3,9 Prozent). In erster Linie werden Initialkurzwörter eingesetzt, die den Zusammenhang stützen, da diese besonders stark komprimieren. Auffallend hoch ist der Anteil der Silbenkurzwörter, die sich damit erklären lassen, dass vor allem ein Eigenname (so) stark vertreten ist (8x *ver.di*; 1x *Woba*). Überhaupt sind nahezu alle Kurzwörter Eigennamen von Firmen, Institutionen oder Parteien, über die im Newsticker berichtet wird. Kopfwörter sind im Gegensatz zu allen anderen Kommunikationsformen gar nicht belegt. Dies lässt sich mit der Seriosität erklären, die generell Kurzwörtern eher abgesprochen wird, vor allem jedoch – auch referenzbedingt – den unisegmentalen. Trotz der relativ geringen Typenvielfalt ist die Anzahl unterschiedlicher Kurzwörter auffallend groß, denn in den 2 291 Wortformen sind 24 verschiedene Kurzwörter enthalten, sodass über ein Prozent aller Wortformen aus unterschiedlichen Kurzwörtern

---

32 Natürlich handelt es sich definitionsgemäß bei den partiellen Kurzwörtern nicht um unisegmentale, doch ist der Wert vergleichbar, da nur ein Segment reduziert ist. Ähnlichkeit besteht letztlich noch mehr mit Kurzwort-Komposita (vgl. u.).
33 Der Wert basiert auf den 203 im Korpus belegten verschiedenen Kurzwörtern.

besteht. Dieser Wert wird nicht annähernd bei den anderen Kommunikationsformen erreicht (max. 0,48%), wenn vom Korpus KBON abgesehen wird; der hohe Wert bei den Artikelbezeichnungen ergibt sich dadurch, dass nahezu keine Produkte mehrfach enthalten sind und sich daher die Produktvielfalt in einer Wortformvielfalt niederschlägt. Zu den häufigsten Kurzwörtern zählen das Silbenkurzwort *ver.di* (8 Belege), die Initialkurzwörter *USA* (6), *AEG* (3), *LTU* (2), *NASA* (2) und *SPD* (2) sowie das einzige partielle Kurzwort *U-Ausschuss* (2).

Die zweite größere Einheit bilden das Fahrgastfernsehen und die Kleinanzeigen 2005. Hier sind Kurzwörter belegt, die die Vollformen um 69 bzw. 75 Prozent reduzieren, die Anzahl an verschiedenen Kurzwörtern ist – relativ betrachtet – ähnlich (0,4 bzw. 0,35 %). Besonders stark vertreten sind Initialkurzwörter und Kopfwörter, und hier besonders das Kopfwort *Info*. Dies ergibt sich aus dem verwandten Anliegen beider Anbieter: Informieren und Verkaufen (beim Fahrgastfernsehen vorwiegend die entsprechenden Anteile der Verkehrsbetriebe sowie der hohe Anteil an Veranstaltungsankündigungen). Die syntaktische Struktur ist hierbei vorherrschend *Infos unter/im/: [URL]* beim Fahrgastfernsehen bzw. *Info unter/: [Tel.nr.]* bei den Kleinanzeigen. In nur einem Fall gibt es eine lexikalische Abweichung in der Weise, dass das Kurzwort ausgeschrieben ist *(Ausserdem stehen alle Informationen im Internet: www.sehfest.de)*. Interessant ist ferner, dass bei den Kleinanzeigen bis auf zwei Ausnahmen der Singular, beim Fahrgastfernsehen mit einer Ausnahme der Plural des Kurzwortes verwendet wird. Dies ist vermutlich weniger der Reduktion als der Textstruktur geschuldet. Während beim Fahrgastfernsehen-Fließtext vollständige Sätze vorherrschen, handelt es sich bei den Kleinanzeigen nahezu immer um Enumerationen, in die sich entweder *Info* einreiht oder welche vor der Nennung mit einem Punkt abgeschlossen werden.

Zwar ist der Anteil der Kurzwörter an den Gesamtwortformen beim Fahrgastfernsehen etwas höher und enthält eine ausnehmende Vielzahl an Belegen des Typs Mischkurzwort, doch sind allein 41 der 44 Belege durch den Herausgebernamen *üstra (< Überlandwerke und Straßenbahnen Hannover AG)* abgedeckt. Nach diesem am häufigsten belegten Kurzwort folgen frequenzabsteigend das bereits genannte Kopfwort *Info* (37 Belege), das Endwort *Bus* (23) und das Kopfwort *Foto* (23), danach *GVH* (22) und *SPD* (18) – beides Initialkurzwörter. Auffällig sind noch die in anderen Korpora seltenen partiellen Kurzwörter (7 Belege), die zum Teil wiederum thematisch bedingt sind: So sind allein zwei Wortformen von *U-Bahn* belegt, zwei weitere von *U-Station*, welches insofern eine zweifache Reduktion enthält, als *U-Station* die reduzierte Form von *U-Bahn-Station* ist und *U-Bahn-Station* wiederum – dies ist die

4.2 Auswertung

Kurzwortbildung – die von *Untergrundbahn-Station*.[34] Daruber hinaus gehoren noch *D-Mark*, *U-Haft* und *K-Frage* zu den partiellen Kurzwörtern, wovon lediglich Letzteres ungebräuchlicher ist. Dieses wie auch die zahlreichen Kopfwörter (z.B. *Di < Diana, Jacko < Jackson, Schoko < Schokolade, Schumi < Schumacher, Schweini < Schweinsteiger, Rolli < Rollstuhlfahrer, Münte < Müntefering, Dino < Dinosaurier, Indie < Indiana [Jones], Öffi < öffentliches Verkehrsmittel, OP < Operation, Uni, Demo, Aegi < Aegidientorplatz*), die Silbenkurzwörter *(Kita, TiHo)*, die selten gebrauchten besonderen Kurzwörter *(Oma, Nazi)*, das umgangssprachliche Mischkurzwort *(BamS)* sowie einige wahrscheinlich nicht jedermann zugänglichen Initialkurzwörter *(SCC, MHH, GBH, HCC)* deuten zum einen auf das lokale Angebot, zum anderen auf den unterhaltsamen Stil hin. Zum Dritten zeigt sich darin jedoch auch, dass die Texte, für die nur wenig Raum zur Verfügung steht, zu kürzen versucht werden und dies vor allem auch auf lexikalischer Ebene. Besonders Kopfwörter schaffen eine Verbindung aus sowohl einem umgangssprachlichen, persönlich anmutenden Stil als auch einer Reduktion. Die beiden Endwort-Belege von *Bastian* (< Sebastian) sind allerdings auf Bastian Schweinsteiger bezogen und stellen daher keine Reduktion dar, die von den Redakteuren vorgenommen worden ist.

Die Ausreißer bei den Kleinanzeigen dienen hingegen nicht dem privaten Stil, sondern stellen typische touristische oder andere anzeigenthemenspezifische Lexik dar: *U-Bahn* und *Kudamm* als partielle Kurzwörter, *SoWi* und *WiWi* als Silbenkurzwörter, *Ltd.* als besonderes Kurzwort (statt des engl. Firmennamens) sowie *Cello* (< *Violoncello*) als Endwort und Verkaufsgegenstand. Ausnahme bei den Kopfwörtern ist *Uli*, allerdings ist auch hier der Name Programm, denn ein *Uli* wirbt hier für seinen Discjockey-Service *(Für Spaß u. Stimmung sorgt Uli mit seiner rollenden Plattenkiste)*, wobei »Spaß« und mitreißende »Stimmung« bereits über das Kopfwort transportiert werden sollen. Alle anderen Kopfwörter wie *Abo, Auto, Deko, Dia, Foto, Info, OP, Sat.* und *Zoo* sind mit Ausnahme von engl. *Condo* (< *Condominium* ›Eigentumswohnung‹) in der Standardsprache üblich und selbst von *Profi* wird kaum (mehr?) die Vollform gebildet – das Adjektiv wird jedoch nicht reduziert *(Profi-Arbeit*, aber: *professionelle Arbeit)*, wobei der *i*-Diminutiv bei Adjektiven generell selten ist *(super > supi)*. Dreißig bis fünfzig Prozent der Kurzwörter sind Konstituenten in Kurzwort-Wortbildungen (s.u.).

Einen dritten Teil bildet das Tourismusfernsehen Alpenpanorama, das einerseits den höchsten Kurzwortanteil im Gesamtkorpus aufweist, diesen jedoch andererseits auf drei Kurzworttypen beschränkt hält. Diese Gegebenheit

---

34 Denkbar wäre bei *U-Station* auch eine Analogiebildung zu *U-Bahn*, die allerdings weniger wahrscheinlich erscheint.

spiegelt sich auch in der Anzahl unterschiedlicher Kurzwörter wider, welche mit nur sechs Initialkurzwörtern, zwei Kopfwörtern und einem Endwort bzw. mit 0,21 Prozent sehr gering ausfällt. Dafür sparen die Initial- und unisegmentalen Kurzwörter 74 Prozent gegenüber ihren Vollformen ein.

Allein 74 Tokens sind beim Kopfwort *Info* zu verzeichnen (der 75. Beleg ist *Tour*). Die Erklärung, die im Rahmen des Fahrgastfernsehens für *Info* gegeben wurde, trifft hier in besonderem Maße zu. In nur fünf weiteren Fällen ist die Vollform verwendet worden, weitere ein bis zwei Male – je nach Interpretation – findet sich *Information* im Rahmen einer Komposition *(St. Anton-Information; Gastein Information*[35]*)*. Auffällig ist hierbei, dass die Vollform ausschließlich dann gewählt wird, wenn eine Konjunktion als Vollform folgt *(Information und Buchungen; Information und Buchung)*, während in Zusammenhang mit dem Kurzwort Konjunktionen stets reduziert auftreten *(Info & Tipps; Info & Anmeldung; Info/Anmeldung)*. Entweder begünstigt also die Verwendung von Kurzformen eine Reduktion von benachbarten Wortformen, oder der Zusammenhang ergibt sich aus dem geringen Raum (bei paralleler Reduktion) bzw. dem ausreichenden Raum (bei paralleler Vollformverwendung). Die beiden Endwortbelege gehen auf *Net* zurück, das eine Kürzung von *Internet* darstellt und wahrscheinlich aufgrund des Jargonstatus nur zu neun Prozent verwendet wird. Auch die Initialwortverwendung steht unter dem thematischen Diktat: Von den zehn Vorkommen gehen neun auf das Lexem *Tourismusverband* zurück, wobei sich darunter drei Italianismen befinden *(2x Azienda di Promozione Turistica, 1x Azienda di Informazione e Accoglienza Touristica)*. Bei den beiden letzten Initialkurzwörtern handelt es sich um Standard-Kurzwörter *(WM, GmbH)*. Das Bild, dass wenige verschiedene Kurzwörter und Kurzworttypen verwendet werden und sich darunter keine Auffälligkeiten befinden, wird sich auch bei der Einbeziehung der Kurzwort-Wortbildungen nicht ändern (s.u.).

Interessant ist nun die Einbeziehung des Vergleichskorpus von Kleinanzeigen vor 50 Jahren aus zwei Gründen: zum einen der Quantität der Kurzwörter, zum anderen der Qualität sowie deren Veränderung. Das Erstaunlichste vorweg: Obwohl die Kleinanzeigen – den finanziellen Aufwand betreffend – vergleichbar sind, ist von den 118 Vorkommen nicht in einem Fall *Frankfurter Allgemeine Zeitung* als Kurzwort belegt – nicht einmal in Form von *F.A.Z.*, das dreimal im 2005er Korpus enthalten ist. Üblich ist hingegen lediglich eine Tilgung (ausschließlich) des letzten Wortes innerhalb der Wortgruppe *(Frankfurter Allgemeine)*. Das häufige Vorkommen ist der Tatsache geschuldet, dass die Verbreitung des Telefons noch begrenzt war und sich daher Reaktionen auf die getätigten Anzeigen entweder schriftlich per Chiffre einstellten oder in einem

---

35 Hier interpretiert als eine Komposition ohne Bindestrich.

Aufsuchen der angegebenen Adresse außerten. So erklart sich der syntaktische Prototyp *Zuschr. unt./Angebote unter Z U 2092 an die Frankfurter Allgemeine, Frankfurt a.M.*

Hingegen ist das Initialkurzwort *HAZ* 121-mal im 1955er Korpus belegt und auch syntaktisch erheblich ökonomischer eingebunden. Sofern überhaupt eine Präpositionalphrase verwendet wird – dies ist nur in 26 Anzeigen der Fall –, wird diese in 15 Fällen auch noch ohne Artikel realisiert *(an HAZ)*. In nur 35 der 121 Anzeigen (29%) wird *HAZ* noch um die Angabe der Stadt *(Hann., Hannover,* 1x *Bückeburg,* 1x nur der Straßenname der Filiale, *Kirchröder Str. 103)* ergänzt. Davon abweichend liegt der Anteil bei Kurzwort-Wortbildungen *(HAZ-Filiale, HAZ-Fil.)* bei 73% (acht von elf Fälle), was dem Grundmorphem geschuldet sein wird, welches kein Kurzwort darstellt.[36]

Neben *HAZ*, welches das mit großem Abstand am zahlreichsten vorkommende Kurzwort ist, gibt es weitere standardsprachliche Kurzwörter desselben Typs: *Pkw* (10 Belege), *Auto* (8), *LKW* (4), *VW* (4), *BMW* (2), *UKW* (2), *AG, DIN, DRK, WC* (je 1), ferner ein heute nicht mehr gebräuchliches Mischkurzwort *(atü < atmosphärischer Überdruck)*, das Silbenkurzwort *RAFADI*, welches (streng genommen) ebenfalls nicht mehr verwendet wird, sowie vier Kopfwörter *(Auto, Foto/Photo, Podbi, Susi)*, von denen zwei herausfallen: Bei *Podbi* (2) handelt es sich um eine regionale Standardkurzform der hannoverschen *Podbielskistraße*, bei *Susi* (1) um eine absichtliche Koseform, die gleichsam wie das bereits genannte Kopfwort *Uli* (KKA 2005) stilistischer Art ist.

[7]   Liebe Susi, weißt du schon? Fenster putzt dir Adolf Krohn, Bütersworthstraße 22, Telefon 6 66 58.

Susi wird in [7] als Platzhalter für alle Fenster putzenden Leser[37] der Zeitung eingesetzt und die vorgetäuschte persönliche Ansprache zur Vermittlung eines ›Tipps‹ funktionalisiert; das diminuierte Kopfwort unterstützt die fiktive individuelle Preisgabe.

In erster Linie werden Initialkurzwörter verwendet, womit sich auch der relativ hohe Wert der Ersparnis (75%) erklärt. Allerdings ist die Anzahl unterschiedlicher Kurzwörter mit 0,18 Prozent die geringste im Gesamtkorpus, welches im Hinblick auf die Zeit, in der die Verwendung von Kurzwortbildung und Abkürzung negativ konnotiert war (Jobst 1959; Kammradt 1957), ange-

---

36   Hierbei spielt es eine untergeordnete Rolle, ob *Filiale* auf *Fil.* abgekürzt ist, da Abkürzungen wie Vollformen behandelt, d.h. beim Sprechen aufgelöst werden.
37   Sowie für die Lebenspartner und Freunde, die diesen ›Tipp‹ weiterempfehlen sollen. Dass auf einen weiblichen Vornamen zurückgegriffen wird, liegt in der Zeit begründet.

messen erscheint. Wird allein das Kurzwort *HAZ*, das eine Anschrift darstellt, die vermutlich von der Zeitung selbst empfohlen worden ist[38], aus der Wertung genommen, so ergibt sich auch ein entsprechendes Ergebnis des Anteils der Kurzwörter an der Gesamtwortzahl (0,35 %). Berücksichtigt man ferner, dass es sich bei *atü* um eine genormte Maßeinheit handelt, so lässt sich für die prototypische Anzeige aus dem Jahr 1955 angeben, dass zum einen nur Kopf- und vor allem Initialkurzwörter vorkommen, zum anderen diese entweder bereits die Vollform substituiert haben *(Auto, LKW, Pkw)* oder Eigennamen darstellen *(BMW, DIN, DRK, VW)*. Als von dieser Regel abweichend sind nur *WC* und *UKW* zu nennen, welche neue Gegenstände/Erfindungen bezeichnen, sowie die zu einem (Firmen-)Eigennamen gehörende Gesellschaftsformbezeichnung *AG*. Dass Kurzwörter 1955 noch einen unsicheren Stand im Hinblick auf ihre Verwendung hatten und sie sich tatsächlich aus Abkürzungen entwickeln können (s. Kap. 3), belegt die viermalige Schreibvariante *Pkw* (statt *PKW*).

Der Vergleich mit den SMS-Mitteilungen ist ebenfalls interessant, da der computervermittelten Kommunikation im Allgemeinen und dieser Kommunikationsform im Besonderen starke lexikalische Reduktion zugeschrieben wird. Tatsächlich weist das SMS-Korpus (Hannover) jedoch mit 0,9 Prozent den zweitgeringsten Anteil an Kurzwörtern auf, sodass zumindest diese nicht als ›besonders häufig gebraucht‹ anzusehen sind, wenngleich der geringe Anteil mit einer relativ hohen Anzahl unterschiedlicher Kurzwörter einhergeht (0,48%). Die Ersparnis, die sich durch die Verwendung von Kurzwörtern ergibt, ist mit 54 Prozent die geringste im Gesamtkorpus. Im Gegenzug ist die Bandbreite der vorkommenden Kurzworttypen die zweithöchste; das einzige Rumpfwort *(Basti)* und die meisten Endwörter (2x *Bine* < *Sabine;* 1x *Rike* < *Ulrike*) sind in SMS-Mitteilungen belegt. Ohnedies sind die unisegmentalen Kurzwörter stark vertreten, was sich aus der individual-dialogischen Kommunikationsform und ihren Funktionen ergibt: Begrüßungen und Verabschiedungen erfolgen oftmals mit einem Namen *(Hi X, wb X)*. Denn besonders häufig sind Vornamen reduziert; bei den 83 Kopfwörtern handelt es sich bei 22 Vorkommen um Personennamen – meist Vornamen – ferner um einen Kosenamen *(Schnucki)* und zwei Elternbezeichnungen *(Pa, Ma)*. Die drei besonderen Kurzwörter sind ausschließlich Bezeichnungen für Personen *(Oma, (Omi), Opa)*. Erwartungsgemäß gibt es bei den Initialkurzwörtern keine entsprechende Benennung; hier stammen praktisch alle Belege aus dem Alltag der jungen Verfassenden, der u.a. aus Musik/Medien *(CD, FFN, NDR, TV)*, Schule/Studium *(IGS, OS, GIS)* und Sport *(FIFA)* besteht. Dies trifft auch auf das einzige Mischkurzwort zu *(AStA)*. Die am häufigsten belegten Kurzwortlexeme geben dies wieder:

---

38 Für diese Annahme spricht, dass kein einziger Beleg der Vollform vorliegt.

4.2 Auswertung

	KNT	KFTV	KKA 2005	KTTV	KKA 1955	KSMS H	(KBON)
Wortformen	2 291	26 279	9 374	4 240	10 282	12 442	747
Anteil KW (in %)	1,8	1,5	0,7	2,1	1,5	0,9	1,2
Anteil inkl. KWWB (in %)	3,9	2,8	1,1	2,8	1,8	–	1,2
Ersparnis (Ø in %)	82	69	75	74	75	54	61
versch. KW (in %; abs. in (l))	1,05 (24)	0,4 (105)	0,35 (33)	0,21 (9)	0,18 (19)	0,48 (60)	1,07 (8)
Initial-KW[1]	30 (20)	188 (50)	27 (15)	11 (6)	147 (11)	14 (10)	2 (2)
Kopfwörter	–	171 (40)	30 (12)	75 (2)	8 (5)	92 (41)	5 (4)
Misch-KW	1 (1)	44 (3)	–	–	1 (1)	1 (1)	–
Silben-KW	9 (2)	9 (3)	2 (2)	–	1 (1)	–	–
part. KW	2 (1)	7 (5)	2 (2)	–	–	1 (1)	2 (2)
bes. KW	–	3 (2)	1 (1)	–	–	3 (3)	–
Endwörter	–	25 (2)	1 (1)	2 (1)	1 (1)	4 (3)	–
Rumpfwörter	–	–	–	–	–	1 (1)	–
Top-5-KW[2]	ver.di (8, Si), USA (6, In), AEG (3, In), LTU (2, In), NASA (2, In), SPD (2, In), U.-Ausschuss (2, pK)	üstra (41, Mi), Info (37, Ko), Foto (23, Ko), Bus (23, En), GVH (22, In)	Info (14, Ko), Bad (9, Ko), TV (5, In), Auto (3, Ko), DVD (3, In), F.A.Z. (3, In), KW (3, In), MPU (3, In)	Info (74, Ko), TVB (5, In), APT (2, In), Net (2, En)	HAZ (121, In), Bad (12, Ko), Pkw (6, In), LKW (4, In), Pkw. (4, In), VW (4, In)	Auto (9, Ko), Flo (8, Ko), Bussi (7, Ko), Alex (6, Ko), Uni (6, Ko), Dani (4, Ko), Uli (4, Ko)	Schoko (2, Ko)[3]

(1) Bei den Werten (nach Kurzworttyp) handelt es sich um die Anzahl der Belege (verschiedene Wörter in Klammern). – (2) Zum Teil sind mehr als fünf Kurzwörter aufgeführt, um den Rang aufrechtzuerhalten (= mehrere mit denselben Vorkommenshäufigkeiten). Die Abk. bedeuten Folgendes: In = Initialkurzwort, Ko = Kopfwort, Mi = Mischkurzwort, pK = partielles Kurzwort, Si = Silbenkurzwort. – (3) Die anderen Belege sind jeweils einmal enthalten, d.h., es gibt keine Rangliste.

Tab. 4-5: Quantitative Ökonomie durch Kurzwörter in den Teilkorpora (Kurzwort-Wortbildungen zum Vgl. markiert).

Auto (8), *Flo* (8), *Bussi* (7), *Alex* (6), *Uni* (6), *Dani* (4), *Uli* (4) – sie bestehen sämtlich aus Kopfwörtern, von denen nur eines kein Vorname ist *(Uni)*.
Wenig überraschend ist das Ergebnis beim Bon-Korpus. Hier gibt es eine ausnehmend hohe Anzahl unterschiedlicher Kurzwörter, die sich daraus ergibt, dass es sich einerseits um verschiedene Artikel handelt und andererseits das Korpus lediglich aus Artikelbezeichnungen und -spezifikationen (ohne Synsemantika) besteht. Belegt sind fünf Kopfwörter (2x *Schoko*, *Akku*, *Alu*, *Rapso*), zwei Initialkurzwörter *(TIP[39], US[40])* und zwei partielle Kurzwörter *(H-Creme, H-Milch)*. *MIWA* (2 Belege) und *BUMI* (in *FRUCHTBUMI*[41]) sind Zweifelsfälle, hier jedoch als Abkürzungen eingestuft worden. Diese Reduktionen gehen eindeutig auf Kürzungszwang zurück, da je nach Kassensystem nur wenige Zeichen (z.B. 14) zur Verfügung stehen. *Rapso (< Rapsoel)* ist hiervon eine Ausnahme, da es sich um einen Markennamen handelt.
Tab. 4-5 gibt eine Zusammenfassung der beschriebenen Ergebnisse wieder. Die entsprechenden Analysen zu Kurzwort-Wortbildungen folgen am Ende des Folgeabschnitts.

4.2.3.3 Kurzwort-Wortbildungen

Kurzwörter stellen nicht nur Wortbildungsprodukte dar, sondern werden oftmals wiederum zur Wortbildung herangezogen, um Wörter quantitativ ökonomisch zu gestalten: Die so entstehenden Kurzwort-Komposita können dadurch zwar aus zwei, drei und sogar mehr Konstituenten bestehen und damit qualitativ komplex und unökonomisch sein, werden aber durch die mitunter starke Reduktion hinsichtlich der quantitativen Komplexität reduziert. Vorteilhaft sind hierbei Initialkurzwörter, welches Bildungen wie *US-Präsident* (3 Konstituenten) oder *AKW-Gegner* (4) demonstrieren; in ausnehmendem Maße, nämlich rekursiv reduziert ist das partielle Kurzwort *UI-Cup*, dessen erste Konstituente *UI* zwar nicht ungebunden vorkommen kann, allerdings strukturell ein Initialkurzwort ist, wobei *U* wiederum eine Kurzform zu *UEFA*[42] darstellt, das seinerseits[43] ein Initialkurzwort ist. Der Reduktion enthoben wäre *UI-Cup* (6 Zeichen) um nahezu das Neunfache länger (*?Union-of-European-Football-Associations-Intertoto-Cup*, 53 Zeichen). Hinzu kommt, dass eine Schreibung in einem Wort in einigen Fällen als fraglich *(?Bundesnachrichtendienstagent,*

---
39 Eigenname einer Metro/real-Marke (< Toll im Preis).
40 Als Spezifizierung des Herkunftslandes (< United States of America).
41 *Fruchtbumi* wäre, falls *Bumi* als Kurzwort betrachtet würde, zudem eine Kurzwort-Wortbildung.
42 *UI < UEFA-Intertoto*.
43 Hier nun nicht nur strukturell.

4.2 Auswertung

?*Informationstechnologieförderung*) erscheint, in anderen sogar als ungrammatisch (*ARD-Umfrage*, aber **Arbeitsgemeinschaft-der-öffentlich-rechtlichen-Rundfunkanstalten-der-Bundesrepublik-Deutschland-Umfrage*), sodass Vollformen als Wortgruppen realisiert werden müssten. Dies hat also zur Folge, dass weitere Zeichen (Spatien) durch die Verwendung von Kurzwort-Wortbildungen eingespart werden. Folgende Liste gibt einen vollständigen[44] Überblick dieser Fälle, wobei aufgrund der perpetuierlichen Vielzahl der Belege nur jeweils ein Beispiel zur Basis *CDU, DFB, EU, GVH, Hapimag, SPD, UN, US, üstra* und *VW* aufgeführt ist:

[8] AOK-Sprecher (< Pressesprecher der Allgemeinen Ortskrankenkasse), ARD-Umfrage (< Umfrage der Arbeitsgemeinschaft der öffentlich-rechtlichen Rundfunkanstalten der Bundesrepublik Deutschland), AuE-Kreativschule (< Kreativschule für Ausdruck und Erleben), AWD-Arena (< Arena des Allgemeinen Wirtschaftsdienstes), Beatles-Fan (< Fan von The Beatles), BP-Tankhaus (< Tankhaus der British Petroleum), CDU-Chef (< Chef der Christlich-Demokratischen Union Deutschlands), Confed-Cup-Halbfinale (< Halbfinale des Confederations-Cup), Conti-Ausfahrt (< Ausfahrt der Continental AG), CSU-Chef (< Chef der Christlich-Sozialen Union), DFB-Pokalendspiel (< Endspiel des Pokals des Deutschen Fußball-Bundes), EU-Außenminister (< Außenminister der Europäischen Union), EXPO-Blattpavillon (< Blattpavillon der Exposition Universelle Internationale), ffn-Party (< Party der Funk & Fernsehen Nordwestdeutschland GmbH & Co. KG), FIFA-Boss (< Boss der Fédération Internationale des Football Associations), FIFA-Präsident (< Präsident der Fédération Internationale des Football Associations), GmbH-Mantel (< [?Deck]Mantel einer Gesellschaft mit beschränkter Haftung), GVH-Dauerkarte (< Dauerfahrkarte des/im Großraumverkehrs Hannover), Hapimag-A-Aktie (< Aktie der Hotel und Appartmenthaus Immobilien Anlage AG), Herri-Zelt (< Zelt der Herrenhäuser Brauerei), IAEO-Chef (< Chef der Internationalen Atomenergie-Organisation), IBF-Weltmeistertitel (< Weltmeistertitel der International Boxing Federation), ifo-Experte (< Experte vom Institut für Wirtschaftsforschung), ifo-Geschäftsklimaindex (< Geschäftsklimaindex des Instituts für Wirtschaftsforschung), Kaltlaser-Lifting (< Lifting mittels light amplification by stimulated emission of radiation), KG-Einzelanteil (< Einzelanteil

---

44 Dieser kann natürlich nur subjektiv erfolgen.

einer Kommanditgesellschaft), Kita-Erzieher (< Erzieher in einer Kindertagesstätte), Klassik-Jazz-Rock-LP (< Klassik-Jazz-Rock-long-playing record), MHH-Urologie (< Urologie der Medizinischen Hochschule Hannover), MPU-Problemlöser (< Problemlöser bei medizinisch-psychologischer Untersuchung), Nato-Flugzeug (< Flugzeug der North Atlantic Treaty Organization), Nazi-Vergleich (< Vergleich mit Person/Handlung aus der Zeit des Nationalsozialismus), NDR Plaza Festival (< Plaza Festival des Norddeutschen Rundfunks), NRW-Regierungschef (< Regierungschef Nordrhein-Westfalens), ORF Musi-Wanderwoche (< Musik-Wanderwoche des Österreichischen Rundfunks), PC-Virus (< Virus eines Personal-Computers), PDS-Chef (< Chef der Partei des Demokratischen Sozialismus), Schalke-Profi (< Professional des FC Gelsenkirchen-Schalke 04), SPD-Anhänger (< Anhänger der Sozialdemokratischen Partei Deutschlands), Saar-SPD (< Sozialdemokratische Partei Deutschlands des Saarlands), Streichelzoo (< Zoologischer Streichelgarten), TUI-Arena (< Arena der Touristik Union International AG), TUI-Reisegutschein (< Reisegutschein der Touristik Union International AG), UEFA-Cup (< Cup der Union of European Football Associations), Ufa-Film (< Film der Universum-Film-AG), Ufa-Star (< Star der Universum-Film-AG), UN-Friedenstruppen (< Friedenstruppen der United Nations), US-Abhöraktion (< Abhöraktion der United States), üstra Service Center (< Service-Center der Überlandwerke und Straßenbahnen Hannover AG), VGH-Fotopreis (< Foto[grafie]preis der Versicherungsgruppe Hannover), VW-Schmiergeldaffäre (< Schmiergeldaffäre bei Volkswagen), WASG-Landesparteitag (< Landesparteitag von Arbeit & soziale Gerechtigkeit – Die Wahlalternative), WASG-Spitzenkandidat (< Spitzenkandidat von Arbeit & soziale Gerechtigkeit – Die Wahlalternative), WISBI-Finale (< Wie-schnell-bin-ich-Finale), WM-Einsatz (< Einsatz zur [Fußball]Weltmeisterschaft), Zooviertel (< Stadtviertel rund um den zoologischen Garten)

Saar-SPD (< *Sozialdemokratische Partei Deutschlands des Saarlands*[45]), *EU-weit* (< *in der gesamten Europäischen Union*) und *Zooviertel* (< *Stadtviertel rund um den zoologischen Garten*) sind zudem nicht in eine Vollform durch einfache/typische Weise (mittels Genitiv oder Präpositionalphase) überführbar. Auf *EU-weit*

---

45 Vermutlich kommt hier jedoch Metonymie (s.u.) zum Einsatz, indem der Fluss Saar stellvertretend für das Land verwendet wird, welches von der Saar durchflossen wird.

trifft dies in besonderem Maße zu, da -*weit* ein Suffixoid darstellt, d.h. es hat zwar noch eine lexikalische Bedeutung, die auf *weit* ›auseinander [gegangen]⁴⁶‹ zurückgeht, wird jedoch an Substantive angehängt, um eine Ausdehnung anzugeben. Abgeleitet ist die Bedeutung resp. Verwendung des Suffixoids wahrscheinlich von engl. -*wide* (vgl. *worldwide*). Der Sonderstatus beschränkt sich nicht auf die Form, sondern erstreckt sich auch auf den Bildungstyp, denn bei *EU-weit* handelt es sich nicht um ein Kompositum, sondern aufgrund des Status von -*weit* schon um eine Derivation.

Die Umsetzung innerhalb einer Wortform fällt umso schwerer, je komplexer die Konstituente ist, mit der das Kurzwort zusammengesetzt ist. Während etwa *VW-Boss* bei Tilgung von *AG* noch umsetzbar erscheint *(Volkswagen-Boss)*, nimmt bei *VW-Schmiergeldaffäre* die Wahrscheinlichkeit bereits deutlich ab, dass die Vollform in einem Wort realisiert wird *(Volkswagen-Schmiergeldaffäre)* – zugunsten der Phrase *Schmiergeldaffäre bei Volkswagen*. Es scheint, als sei dies besonders bei Komposita, die entgegen den Regeln der deutschen Orthografie ohne Bindestrich geschrieben werden, der Fall: *üstra Service Center*. (vgl. 4.2.3.3).

Einige Belege stellen ebenfalls insofern Sonderfälle dar, als nicht Kurzwort mit Nicht-Kurzwort, sondern zwei Kurzwörter untereinander verbunden werden. Belegt ist etwa *EU-MPU* (< *medizinisch-psychologische Untersuchung [anerkannt von] der Europäischen Union*), *EU-FS* (< *Führerschein [mit Gültigkeit in] der Europäischen Union*), *GVH-Verkehrsinfos* (< *Verkehrsinformationen vom/zum Großraumverkehr Hannover*), *Sat-TV* (< *Satelliten-Television*), *VGH-Fotopreis* (*Fotografiepreis der Versicherungsgruppe Hannover*), *VW-Kombi* (< *Volkswagen-Kombinationsfahrzeug*) und *ZVAH-Photo* (< *?-Photographie*) – unter der Bedingung, dass *FS* und *Sat* als Kurzwörter betrachtet werden.

Im Regelfall übernimmt zwar das Kurzwort (durch Voranstellung, Prototyp *EU-Präsident*) die determinative Funktion, es kann allerdings auch das Grundmorphem und damit i.d.R. das Determinatum bilden:

[9] „Robust"-CD, Jazz-Combo, Star-DJ, Casino-Foto, EU-FS, Bergbahn-Info, Detailinfo, Gäste-Info, Seilbahninfo, Skipass-Info, Urlaubsinfo, Weekend-Info, Wetter-Info, VW-Kombi, EU-MPU, ZVAH-Photo, Discovery-Profi, Rad-Profi, Tenor-Sax, Saar-SPD, KaTV, Sat-TV, G-WC, Frauen-WG, BACCARA WM, Blondinen-Ski-WM, Hannover-WM, Leichtathletik-WM, MASTERS WM, Sauna-WM, Schwimm-WM, Streichelzoo

---

46 Die Bedeutung geht auf idg. *ui-itós zurück.

Neben der Tatsache, dass die Vollform *zoologischer Garten* bereits eine Wortgruppe darstellt, ist es bei *Steichelzoo* insofern ausgeschlossen, eine Ein-Wort-Vollform anzugeben, als die erste Konstituente der Vollform nicht mit *streichel(n)* zusammengesetzt werden kann (**Streichelzoologischer Garten*), sondern nur mit dem Substantiv *Garten (Zoologischer Streichelgarten)*, sodass Kurzwort-Kompositum und Vollform-Kompositum syntaktisch divergieren. Daran ist (die theoretische Seite in Kap. 3.1.2.1.4 ergänzend) ebenfalls ablesbar, dass Kurzwörter eigenständig sind, also Wortstatus haben.

Streichelzoo deutet mit anderen Worten darauf hin, dass Kurzwörter dazu herangezogen werden können, eine Wortbildungskonstruktion komplexer zu gestalten, als dies mit der Vollform und der anderen beteiligten Konstituente möglich wäre. Dies kann beispielsweise am Paar *Confederation[s]-Cup* (Vollform) und *Confed-Cup* (Kurzform) gezeigt werden. Die Kurzform *Confed-Cup* wird mit 14 Belegen ›nur‹ doppelt so häufig verwendet wie die Vollform *Confederations[-]Cup* (7 x). Betrachtet man jedoch die mit diesem Paar gebrauchten komplexeren Konstruktionen, so wird für die Bildung ausschließlich die Kurzform herangezogen: *Confed-Cup-Halbfinale* (4 Belege), *Confed-Cup-Partie*, *Confed-Cup-Spiel* (je 1 Beleg). Offensichtlich wird Komplexität wahrgenommen und die bei Verbindungen eines Kurzwort-Kompositums mit einer weiteren Konstituente als günstiger eingeschätzt als bei einem entsprechenden Kompositum mit der Vollform. Dies gilt zwar ebenfalls für Kurzwörter wie *US-* und *UN-*, enthält in diesen Fällen jedoch Einschränkungen, da *Vereinigte Staaten von Amerika* weder als Wortbildungskonstituente noch als isolierte Wortgruppe vorkommt und *Vereinte Nationen* lediglich in einem Fall (isoliert).[47] Diese eine Ausnahme jedoch ist vor allem der Varianz geschuldet, da unmittelbar vor der (übersetzten) Vollform in der Überschrift und unmittelbar nach der einleitenden – überdies die Überschrift wiederholenden – Phrase das Kurzwort bereits verwendet wird:

[10] Italien sorgt für Eklat bei UN
    Eklat bei den Vereinten Nationen: Italiens UN-Botschafter Spatafora hat Deutschland und dessen G4-Partnern vorgeworfen, arme Länder im Kampf um Sitze im Weltsicherheitsrat zu erpressen.

Auch *Information* ist in Verbindungen sowohl als Lang- als auch als Kurzform entsprechend vertreten, wobei in nur einem Fall die Vollform für die Wortbildung herangezogen wird *(St. Anton-Information; 8 isoliert)*, während

---

47 Die Übersetzung ist ein weiteres Problem beim Vergleich; die korrekte englischsprachige Vollform ist jedoch weder belegt noch üblich.

23 Komposita mit *Info* belegt sind (141 einfache Wortformen) – immerhin ein Verhältnis von 8:6, wobei wahrscheinlich ist, dass *St. Anton-Information* nicht als Kompositum zu betrachten ist, sondern sich in die Reihe von *Info Bergbahn*, *Info Val di Sole*, *Trient Info-Tel.*, *Arlberger Klettersteig INFO*, *Saalbach - Hinterglemm INFO* und *GROSSARLTAL.: Info* fügt, d.h. der Bindestrich ist nicht als solcher verwendet worden, sondern als Gedankenstrich (s. Kap. 4.2.9.4, vgl. auch Kap. 4.2.9.3), ohne entsprechende Spatien zu setzen. Die komplexeste Verbindung zur Basis *Info/Information* ist mit einem weiteren Kurzwort belegt: *GVH-Verkehrsinfos*. All diese Belege sind vor dem Hintergrund, dass der Wunsch zumindest nach geringer quantitativer Komplexität besteht, verständlich, wenn schon mehrmorphemige und damit qualitativ weniger ökonomische Wörter (bei eng begrenztem Textraum) verwendet werden müssen.

In einigen Fällen, besonders im Bereich der Technik, kann es bei Verbindungen aus Simplex und Kurzwort, das sich generell durch einen Verlust an Transparenz auszeichnet, zu semantischen Doppelungen kommen, wie *ISS-Station* (< *International-Space-Station-Station)*, im Grunde auch *VVA-Verlag* (< *Vereinigte Verlagsanstalten)* demonstriert. Diese basieren zwar öfter auf englischsprachigen Kurzwörtern, treten jedoch auch bei deutschsprachigen auf.[48]

Wenngleich häufig Initialkurzwörter an Kurzwort-Wortbildungen beteiligt sind, zeigen *Streichelzoo* und *[GVH-]Verkehrsinfos*, dass auch unisegmentale Kurzwörter zu einer entsprechenden ›doppelten‹ Reduktion führen können. Im Gesamtkorpus sind es allerdings die Initialkurzwörter, die die entsprechende Rangliste anführen (s. Tab. 4-6).

Es zeigt sich wie schon bei den (isoliert auftretenden) Kurzwörtern, dass multisegmentale Kurzwörter nicht nur eine im Durchschnitt stärkere Einsparung an Zeichen ermöglichen (im gew. Mittel 64 %)[49], sondern auch quantitativ die Oberhand haben (vgl. Tab. 4-5). Während Letztere bei den Kurzwörtern jedoch nur ein geringfügiges Übergewicht aufwiesen (106:87), ist es bei den Kurzwort-Wortbildungen mit 192:99 eindeutig (ungefähr Faktor 2). Dieses verschobene Verhältnis ergibt sich vor allem aus dem Umstand, dass eine Vielzahl an Kopfwörtern auf Vornamen basieren, mit denen üblicherweise keine Komposita gebildet werden (es wird noch zu prüfen sein, ob dieses komplexere Wortbildungsprodukt überhaupt in SMS-Nachrichten, Hauptquelle für Kopf-

---

48 Das Ungleichgewicht dürfte auch darauf beruhen, dass es mehr englischsprachige Initialkurzwörter als deutschsprachige gibt (was allerdings empirisch zu überprüfen wäre).
49 Wie der Tabelle zu entnehmen ist, liegt der gewichtete Mittelwert bei den unisegmentalen Kurzwörtern bei 42 Prozent (sowohl inkl. als auch exkl. der partiellen Kurzwörter).

wörter, belegt ist). Dies erklärt auch den leichten relativen Rückgang der Kopfwörter, obwohl diese in Verbindung entscheidend häufiger auftreten als die partiellen Kurzwörter; sie scheinen für weitere Komposita weniger geeignet zu sein. Belegt sind lediglich *O-Bus-Nähe*, *U-Bahn-Station* und *D-Mark-Bestand*. Ein Wortbildungsprodukt mit einem Rumpfwort ist in keinem Korpus belegt, mit einem Endwort nur deshalb, weil *Bus* häufig verwendet wird – dieses ist allerdings auch die einzige Endwort-Konstituente, die in weitere Wortbildungen eingeht.

Typ (beteiligt sind ...)	Anzahl[1]	ø	min.	max.
Mischkurzwörter	12	72	54	84
Initialkurzwörter	173	64	20	91
besondere Kurzwörter	2	63	47	79
Silbenkurzwörter	5	48	38	63
partielle KW	3	43	34	59
Kopfwörter	88	42	7	78
Endwörter	11	41	20	84[2]
Rumpfwörter	–	–	–	–

(1) Anzahl verschiedener Kurzwörter, auf denen die Zahlen beruhen. – (2) Dieser hohe Wert kommt nur dadurch zustande, dass Bus in einem Fall mit einem Mischkurzwort (üstra) kombiniert worden ist; dies gilt ebenfalls für den zweithöchsten Wert (67; NJ-Bus). Andernfalls läge der Wert unter 50 Prozent.

Tab. 4-6: Quantitative Ökonomie nach Kurzworttypen bei Kurzwort-Wortbildungen (multisegmentale dunkler markiert).

Der zumeist geringere Mittelwert bei der Ersparnis der Kurz- gegenüber ihren Vollformen ist in der Verbindung mit einem Simplex oder anderen Wortbildungsprodukten begründet: Die relative Zeichenersparnis fällt niedriger aus, da die andere(n) Konstituente(n) ungekürzt ist/sind, das gesamte Lexem aber in den Quotienten einfließt. Auffälligkeiten zeigen lediglich erneut die Kopfwörter, da diese eine im Durchschnitt und Vergleich mit den partiellen Kurzwörtern stärkere Reduktion erzielen als bei isolierter Verwendung, sowie der (stärkere) Verlust an Ersparnis bei den Initialkurzwörtern beim Vergleich mit den Mischkurzwörtern.

Zu den am häufigsten in Wortbildungen eingebrachten Mischkurzwörtern gehören *üstra* (7 verschiedene Belege), *Hapimag* (3) und *ifo* (2), welches die starke Einsparung erklärt, da beispielsweise die Kurzform *üstra* gegenüber der Vollform *Überlandwerke und Straßenbahnen Hannover AG* eine Ersparnis von 88 Prozent ergibt.

4.2 Auswertung

Bei der größten Gruppe werden vor allem die **Initialkurzwörter** *US* (20), *EU* (19), *WM* (18), *VW* (11), *SPD* (9), *CDU* (7), *TV* (6), *GVH* (5), *PC* (5), *UN* (5), *DFB* (4), *DJ* (3) eingebunden, wobei *WM* mehr als Grundmorphem (10 x in [11]) fungiert denn als Determinativ (8 x in [12]):

[11] BACCARA WM, Blondinen-Ski-WM, Fußball-WM, Hannover-WM, Leichtathletik-WM, MASTERS WM, Mini-WM, Sauna-WM, Schwimm-WM, Wok-WM

[12] WM-Beauftragter, WM-Einsatz, WM-Finale, WM-Medaillen, WM-Spiel, WM-Teilnahme, WM-Ticket, WM-Wertung

Ebenfalls als Grundmorphem treten auch *SPD* (1), *TV* (3) und *DJ* (1) auf. Besonders starke Reduktion erfahren die Kurzwort-Wortbildungen nicht in Verbindung mit *WM* (89%), sondern durch *US*, *MPU* und *SPD* (jeweils mit 93%), da hier die Vollformen komplexer sind resp. anders als *Weltmeisterschaft* Wortgruppen darstellen.

Die dritte größere Gruppe bilden die **Kopfwörter**, bei denen *Info* (12 verschiedene Belege), *Foto* (10[50]), *Auto* (8), *Kombi* (6), *EXPO* (5), *Confed* (4), *Profi* (5), *Uni* (3) und *Promi* (2) überwiegen. Kopfwörter werden tendenziell eher auch als Grundmorphem verwendet als die anderen Kurzworttypen, in einem Fall sogar inmitten des Wortes *(Korb-Kombi-Wagen)*. Bei *Info*, *Foto* und *Profi* überwiegt die Verwendung als Grundmorphem (8 von 12 bzw. 7 von 8 und 1 in der Mitte bzw. 3 von 5), bei *Auto* und *Kombi* die als Determinans (7 von 8 bzw. neben 4 ferner je eine in der Mitte und als Kern), bei *Uni* und *Promi* ist es ausgeglichen (2 von 3 bzw. je ein Beleg). Erwähnt wird diese Differenzierung aufgrund der Vermutung, dass eine Reduktion beim Grundmorphem *(Hannover-WM)* qualitativ unökonomischer, d.h. aufwändiger zu perzipieren ist, als dies bei einer Reduktion des Determinans *(WM-Hannover)* der Fall ist. Begründet wird diese Vermutung mit 1. der besseren Perzeption des Beginns eines Satzes, einer Phrase, einer Wortgruppe oder eines Wortes als des Schlusses, was für die Dekodierung des Kurzwortes spricht, sowie 2. der Tatsache, dass ein nicht perzipierbares oder interpretierbares Determinans – im Regelfall (vgl. 4.2.4) – weniger problematisch ist als ein nicht perzipierbares oder interpretierbares Grundmorphem, da bei Determinativkomposita das Grundmorphem den semantischen Kern stellt.[51]

---

50 Inkl. der Schreibung mit *ph* (1 Beleg).
51 Ein *WM-Hannover* ist ein *Hannover*, jedoch keine *WM*.

4.2.3.4 Korpusspezifische Verwendung

Beim Blick auf die konkrete Verwendung der belegten Kurzwort-Wortbildungen in den verschiedenen Korpora soll es vor allem um Unterschiede und weniger um Einzelfälle gehen. Auffällig ist in erster Linie das Verhältnis zwischen dem Gebrauch von Kurzwörtern und Kurzwort-Wortbildungen. Hierbei bilden wiederum die o.g. Gruppen eine Einheit. Beim Newsticker ist die häufige Verwendung von komplexen Wörtern mit einer Kurzwort-Komponente gegenüber der isolierter Kurzwörter hervorzuheben, denn es werden mehr Kurzwort-Wortbildungen verwendet als Kurzwörter (2,1% vs. 1,8%). Auch zeichnet sich das Korpus wiederum durch die mit Abstand größte Varianz aus (1,7%). Für die Verbindung werden nahezu ausschließlich Initialkurzwörter herangezogen, welches die höchste durchschnittliche Ersparnis von 64 Prozent durch den Gebrauch von Kurzwort-Wortbildungen erklärt. Die hochfrequentesten Lexeme sind *BND-Affäre* (4 Belege), *US-Präsident* (3), *BND-Agenten* (2), *Fußball-WM* (2), *UN-Sicherheitsrat* (2).

Neben den Initialkurzwort-Wortbildungen gibt es zwei mit Kopfwörtern, eines zur Basis *Uni (Humboldt-Uni)* sowie eines mit *Kombi (Kombilohn)*. Das einzige besondere Kurzwort, mit dem ein Kompositum gebildet wurde, ist *Nazi (Nazi-Vergleich)*. Prototypen wie Ausnahmen gehören sämtlich üblichen Kurzwörtern an, die aufgrund von notwendiger Spezifizierung herangezogen worden sind. Auf eine Reduktion des Basismorphems wird zwar nicht verzichtet, doch ist sie mit zwei unauffälligen Typen selten: *Fußball-WM* und *Humboldt-Uni*. Nennenswert ist engl. *Patriot Act*, welches auf einer Homophonie zwischen dem Kurzwort und dem Simplex *Patriot* ›Patriot, Vaterlandsfreund‹ basiert und auf die Verteidigung des Landes gegen Terroristen anspielt *(Patriot < Providing Appropriate Tools Required to Intercept and Obstruct Terrorism)*. Neben diesen kaum als ungewöhnlich zu bezeichnenden Abweichungen vom Standardtypus sind folgende Lexeme zu nennen:

[13] ARD-Umfrage, BND-Affäre, BND-Agenten, CSU-Chef, EU-Außenminister, EU-Forderung, EU-Kommission, EU-Kommissionsvize, EU-Parlament, EU-Trend, EU-Troika, EU-Verteidigungsminister, EU-weit, IAEO-Chef, IBF-Weltmeistertitel, IT-Förderung, IT-Gipfel, SPD-Kandidat, SPD-Politiker, SPD-Vorstandsmitglied, UN-Friedenstruppen, UN-Gericht, UN-Sicherheitsrat, US-Abhöraktion, US-Aktion, US-Bericht, US-Bürger, US-Militär, US-Präsident, US-Raumfahrtbehörde, US-Senat, WM-Einsatz, WM-Medaillen

4.2 Auswertung

Die Prototypen werden lediglich durch *IAEO-Chef* und *IBF-Weltmeistertitel* durchbrochen, die fachsprachlich im Rahmen des Sports gängige Kurzwörter darstellen. Diese unauffälligen Lexeme sind dem Umstand geschuldet, dass es sich beim Newsticker um einen journalistischen Text handelt, der für ein disperses, nichtfachsprachliches und bildungsdifferentes Publikum verfasst.

Die zweite Gruppe bilden wiederum das Fahrgastfernsehen und die Kleinanzeigen (aus dem Jahr 2005). Hier liegt die Ersparnis mit 57 bzw. 58 Prozent fast gleichauf. Entscheidender ist allerdings, dass der Anteil der Kurzwort-Wortbildungen im Vergleich mit den Kurzwörtern in einem ähnlichen Verhältnis steht: Beim Fahrgastfernsehen liegt dieses bei 1:1,55 gegenüber 1:1,75 bei den Anzeigen. Zwar werden beim KFTV mehr als doppelt so viele Kurzwörter verwendet wie bei den Anzeigen, doch ist die Verteilung auf die Kurzworttypen sehr ähnlich: Wortbildungen mit Initialkurzwörtern überwiegen, knapp halb so viele werden mit Kopfwörtern gebildet und je ein gutes Zehntel basiert auf Mischkurzwörtern und Endwörtern.

Unterschiede bestehen besonders darin, dass das Fahrgastfernsehen aufgrund der bereits genannten Ziele, Zielgruppe und Rezeptionsbedingungen neben der höheren Anzahl der Kurzwort-Wortbildungen auch eine doppelt so hohe Anzahl unterschiedlicher Belege (0,67% vs. 0,33%) sowie je drei Silben- und partielle Kurzwörter aufweist: Erstere in *Kita-Erzieher*, *Kita-Essensgeld* und *Mofafahrer*, Letztere in *D-Mark-Bestand* und *U-Bahn-Station* (2 Belege). Besonders *Kita (< Kindertagesstätte)* ist als umgangssprachlich anzusehen, jedoch durch die Diskussionen um mehr Kinderbetreuungsplätze gebräuchlich geworden.

Zu den am häufigsten verwendeten Lexemen gehören beim Fahrgastfernsehen das Kopfwort-Kompositum *Confed-Cup* (14), die Endwort-Komposita *Buslinie* (11) und *Ersatzbus* (8), das Mischwort-Kompositum *üstra Service Center* (7) sowie die Initialwort-Komposita *AWD-Arena* (7), *Fußball-WM* (7) und *TV-Duell* (6), beim 2005er Kleinanzeigenkorpus *Sat-TV* (4), an dem ein Kopf- und ein Initialkurzwort beteiligt sind, das Mischkurzwort-Kompositum *Hapimag-A-Aktie* (2) sowie die Initialwort-Komposita *EU-Führerschein* (2) und *Frauen-WG* (2). Das einzig belegte Silbenkurzwort beim KKA 2005 ist *DO-KO-Runde*, welches nur Spielern von *Doppelkopf (> Doko)* geläufig sein dürfte; allerdings stellen eben diese die ausschließliche Zielgruppe der Kleinanzeige dar. Im Gegensatz dazu ist *XXL* in *XXL-Sonnenbrille* die Kurzform von *extra extra large* oder *extreme extra large*, welches durch Konfektions- oder Packungsgrößen weithin bekannt ist. Auffällig sind ferner *GmbH-Mantel* und *Kaltlaser-Lifting*, wobei *Laser* bereits kaum mehr als Kurzwort wahrgenommen wird *(< light amplification by stimulated emission of radiation)*. *GmbH-Mantel* reduziert insofern stärker, als es nicht ohne weiteres in eine – zumindest die nicht einzige – Vollform überführt werden kann:

[14] Su. GmbH günstig zu kaufen. (ggf. GmbH-Mantel) Fax [...]

Entweder ist *Mantel* hier von *Mantelkauf* reduziert, oder die Wortbildung ist umgestellt worden von *Mantel-GmbH*, da eine entsprechend gekaufte GmbH oder AG *Mantelgesellschaft (... mbH)* bezeichnet wird. Ersteres ist dennoch wahrscheinlicher, da es zum einen keinen erkennbaren Grund für eine Umstellung gibt, zum anderen *Mantelkauf* ein in Wirtschaftskreisen ebenfalls gebräuchliches Lexem darstellt. In diesem Fall handelte es sich um ein Kurzwort, das auf eine Wortgruppe zurückgeht und zusätzlich mit einem auf das Determinans reduzierten Kompositum zusammengesetzt wird, welches eine Ersparnis von 80 Prozent ergibt – ein hoher Wert für Kurzwort-Wortbildungen.

Das Alpenpanorama bildet die dritte und letzte Gruppe mit einer relativ geringen mittleren Ersparnis von 44 Prozent. Dieser Wert ist damit erklärbar, dass das mit Abstand am häufigsten gebrauchte Lexem das Kopfwort *Info* ist, welches zwar isoliert eine Ersparnis von 64 Prozent ergibt, jedoch in Verbindung mit anderen Konstituenten hinsichtlich des Quotienten relativiert wird. Interessant ist hier weniger ein Blick auf die Kurzwörter, mit denen am häufigsten eine Kurzwort-Wortbildung gebildet worden ist, sondern auf diejenigen, die nicht auf *Info* zurückgehen – dies sind von den 18 Lexemen lediglich die acht in [15]:

[15] WISBI-Finale, ASA SnowboardTourBoardercr. u. Half-Pipe Wettbew., BACCARA WM, Blondinen-Ski-WM, MASTERS WM, ORF Musi-Wanderwoche, Livecam, Minigolf

Initialkurzwörter bilden in diesem Korpus ausnahmsweise eher selten die Grundlage für die Wortbildungsprodukte. Am auffälligsten ist *WISBI[-Finale]*, welches auf *Wie-schnell-bin-ich[-Finale]* zurückgeht – also auf ein Phrasenkompositum. Damit verbunden ist eine vergleichsweise hohe Ersparnis, da von jeder Wortform der Phrase maximal die Initiale angegeben werden muss; tatsächlich wurde aussprachebedingt der Vokal der ersten Phrasenkonstituente hinzugenommen, was zwar die Ersparnis senkt (und ein Mischkurzwort daraus macht), jedoch die qualitative Ökonomie durch Lautwertaussprache erhöht.[52] Bei *ORF Musi-Wanderwoche* ist lediglich *ORF (< Österreichischer Rund-*

---

52 Letztlich stellt auch die Aussprache des Kurzwortes nach seinem Lautwert eine quantitative Ökonomie dar, da der Zeit- und Artikulationsaufwand gegenüber der Stakkato-Variante sinkt (vgl. den Übergang von [ˈɛsˌaːˌɛrˈɛs] zu [ˈzars]).

4.2 Auswertung

funk) als Kurzwort gewertet und *Musi* als dialektales und nicht als Kopfwort interpretiert worden.

Eine qualitative Ökonomie-›Havarie‹ besteht bei *ASA SnowboardTourBoardercr. u. Half-Pipe Wettbew.*, welches trotz der zahlreichen Abkürzungen (s. Kap. 4.2.9.1) lediglich eine Ersparnis von 40 Prozent erreicht (der Minimalwert ist 35 %); das Initialkurzwort geht auf *Austrian Snowboard Association* zurück.

Da die anderen zehn Lexeme zur Basis *Info* gebildet sind *(Infohotline, Info-Telefon; Seilbahninfo, Wetter-Info),* täuscht der relativ hohe Wert von 0,42 Prozent ein wenig über die geringe Anzahl unterschiedlicher Belege hinweg, zumal auch *WM* Bestandteil dreier Wortbildungen ist.

Bei einem vergleichenden Blick auf das Kleinanzeigenkorpus von 1955 stellt sich heraus, dass das Verhältnis von Initial- und Kopfwörtern umgekehrt ist und damit eine Nähe zu den anderen Korpora zeigt. Das einzige partielle Kurzwort ist *O-Bus-Nähe*, dessen Kurzwortanteil quasi die alte Form der heutigen *U-Bahn* darstellt; als Endwörter sind *Autobusverbindung* und *Kleinbus* enthalten. Andere Kurzworttypen sind nicht belegt (vgl. die Erklärung oben). Erneut stellen die meisten einbezogenen Initialkurzwörter Eigennamen dar: Allein elf Belege beinhalten *HAZ*, zwei *Pkw* sowie je einmal *AEG, BP, MAN, MWM, WKV* und *VW.* Die übrigen sind mit *Foto* und *Kombi* (3 Belege) sowie *US* gebildet, welches einen sehr frühen Beleg *(US-Rollenbahn)* für die Struktur *US-x* darstellt.

Vergleichbar mit dem Alpenpanorama ist hingegen wiederum das Verhältnis zwischen dem Gebrauch von Kurzwörtern und komplexeren Einheiten mit ihnen, wobei der Anteil am Kurzwortgebrauch insgesamt geringer ausfällt; dies ist bereits mit der Zeit und der damit gering ausfallenden Toleranz gegenüber Kurzwörtern begründet worden.

Abschließend sei ein Blick auf das SMS-Korpus (Hannover) geworfen: Hier fällt vor allem auf, dass der Anteil an Kurzwort-Wortbildungen sehr gering ist – er liegt mit 0,1 Prozent bei einem Zehntel des Gesamtkurzwortgebrauchs. Dasselbe gilt für die Anzahl unterschiedlicher Belege (gleichfalls 0,1 %). Diese Werte bestätigen die Hypothese, dass komplexe Wortformen bei SMS-Mitteilungen vermieden werden, da das Display sehr klein ist und längere Wörter sehr schnell unüberschaubar (umgebrochen) werden – dies gilt für die Produktion ebenso wie für die Rezeption. Sofern T9 verwendet wird, tritt der Nachteil hinzu, dass die meisten Komposita nicht im internen Wörterbuch der Geräte vorhanden sind, sodass eine Aufnahme ins Wörterbuch oder Getrenntschreibung erfolgen oder T9 temporär deaktiviert werden muss. Was für komplexe Wortformen gilt, trifft im besonderen Maße auch auf Kurzwort-Komposita zu, da diese nicht nur komplex sind, sondern die Wahrscheinlichkeit, dass die Komposita *(Fernsehfilm)* auch als Kurzwort-Variante *(TV-Film)* eingetragen sind, gegen null tendiert. Tatsächlich sind jedoch die in [16] genannten 16 Kurzwort-Wortbildungen belegt:

[16] Nicht-EU-Ausländer, PC-Box, SMS-Fragebogen, SMS-Konto, VIP-Karte, Gumojoggen, Alufelgen, EXPO-Revival-Party, Fotoladen, Infosuse, Klopapier, Ösiland, Teenclub, Unistress, ZVAH-Photo, Bus-Karte

Hiervon tritt eine Bildung *(SMS-Konto)* unter der Annahme, dass die Mitteilung[53] nicht vorgetäuscht ist, im Rahmen einer Systembenachrichtigung auf; eine weitere *(PC-Box)* ist zweifelsfrei aufgrund des Kotextes *(Check it out! – www.handy.de)* per Webdienst verschickt worden. Auch *Fotoladen* geht eindeutig aufgrund entsprechender Bestandteile *(SMS Versand kostenlos Web. De)* auf eine Mitteilung via Internet zurück. Naheliegend ist ferner, dass auch *Infosuse* Bestandteil einer Web-SMS-Mitteilung ist, da es sich um einen Witz handelt und Sprüche, Witze, Zitate etc. oftmals im Web ausgesucht und direkt von dort an ein Mobiltelefon verschickt werden können.

Eine weitere Wortbildung, *expo revival party,* ist ohne Bindestrich verfasst worden, da das T9-Wörterbuch das orthografisch korrekt geschriebene Wort *EXPO-Revival-Party* sicherlich nicht enthalten hat, vielleicht aber die einzelnen Morpheme *Expo, Revival* und *Party* (vgl. *fest netz* statt *Festnetz* bei Androutsopoulos/Schmidt 2001). Neben diesem drei Morpheme beinhaltenden Kompositum ist ein noch komplexeres belegt, das korrekt in Groß-/Kleinschreibung und mit Bindestrich übermittelt worden ist: *Nicht-EU-Ausländer.* Es ist zu vermuten, dass auch dieses per Webdienst versandt worden ist, wenngleich dagegen spricht, dass die Mitteilung mit *Grad on tour z Arb* schließt. Anzunehmen ist – auch aufgrund der normkonformen Schreibung etwa des Kurzwortes *(FCB*[54]*)* bzw. der Kurzwortanteile *(EU)* –, dass die Mitteilung über ein mit alphanumerischer Tastatur ausgestattetes Gerät verschickt worden ist. Ähnliches gilt für den Beleg *VIP-Karten,* der in Verbindung mit *Geht's gut?* versandt worden ist. Nicht die korrekte Orthografie, auch die im Rahmen des SMS ›hyperkorrekte‹ Apostrophierung lässt hier an einer Erstellung per Zehnertastatur Zweifel aufkommen.

---

53 Originaltext: »Bitte laden sie ihr SMS Konto demnächst unter 0179-767870 auf. Aktuell beträgt ihr Guthaben: 1,96 DM am 22.06.01 um 14,17 Uhr.«
54 Für *FC Bayern.*

4.2 Auswertung

	KNT	KFTV	KKA 2005	KTTV	KKA 1955	KSMS H	(KBON)
Wortformen	2 291	26 279	9 374	4 240	10 282	12 442	747
Anteil KWWB (in %)	2,1	1,1	0,4	0,7	0,3	0,1	–
Anteil inkl. KW (in %)	3,9	2,8	1,1	2,8	1,8	1	1,2
Ersparnis (Ø in %)	64	57	58	44	52	49	–
Anz. versch. KWWB (in %, abs. in ())	1,7 (39)	0,67 (175)	0,33 (31)	0,47 (20)	0,19 (20)	0,13 (16)	–
Initial-KW[(1)]	43 (35)	154 (106)	19 (17)	5 (5)	24 (11)	5 (5)	–
Kopfw.	2 (2)	84 (50)	10 (7)	23 (13)	6 (6)	9 (9)	–
Misch-KW	–	19 (8)	4 (3)	1 (1)	–	–	–
Silben-KW	–	3 (3)	1 (1)	–	–	1 (1)	–
part. KW	–	3 (2)	–	–	1 (1)	–	–
bes. KW	1 (1)	–	1 (1)	–	–	–	–
Endw.	1 (1)	–	2 (2)	2 (1)	2 (2)	1 (1)	–
Rumpfw.	–	24 (6)	–	–	–	–	–
Top-5-KW[(2)]	BND-Affäre (4, In), US-Präsident (3, In), BND-Agenten (2, In), Fußball-WM (2, In), UN-Sicherheitsrat (2, In)	Confed-Cup (14, Ko), Buslinie (11, En), Ersatzbus (8, En), üstra Service Center (7, Mi), AWD-Arena (7, In), Fußball-WM (7, In)	Sat-TV (4, Ko/In[(3)]), Hapimag-A-Aktie (2, Mi), EU-Führerschein (2, In), Frauen-WG (2, In)	Infohotline (5, Ko), Info-Tel. (5, Ko), Gratis-Bus (2, En), Info-Telefon (2, Ko), Skipass-Info (2, Ko)	HAZ-Fil. (8, In), WKV-Kredit (5, In), HAZ-Filiale (3, In)	Alufelgen (Ko), Bus-Karte (En), EXPO-Revival-Party (Ko), Gumojoggen (Si), Infosuse (Ko)[(4)]	–

(1) Bei den Werten (nach KW-Typ) handelt es sich um die Beleganzahl (verschiedene in Klammern). – (2) Zum Teil sind mehr als fünf Kurzwörter aufgeführt, um den Rang aufrechtzuerhalten (= mehrere mit demselben Vorkommenshäufigkeiten). Die Abk. bedeuten Folgendes: In = Initialkurzwort, Ko = Kopfwort, Mi = Mischkurzwort, pK = partielles Kurzwort, Si = Silbenkurzwort. – (3) Sat-TV besteht sowohl aus einem Kopfwort (Sat) als auch aus einem Initialkurzwort (TV). – (4) Da alle Belege nur 1x vorkommen, sind die ersten 5 alphabetisch sortierten aufgeführt.

Tab. 4-7: Quantitative Ökonomie durch Kurzwort-Wortbildungen in den Teilkorpora (Vgl. markiert).

Neben drei letzten Belegen mit Bindestrich *(bus-karte, sms-fragebogen, ZVAH-PHOTOS*[55]*)* sind die anderen Kurzwort-Wortbildungen ohne Bindestrich zusammengeschrieben worden *(Gumojoggen, Alufelgen, Infosuse, Klopapier*[56]*, Ösiland, Teenclub, Unistress)* und mit einer Ausnahme (Silben-Kurzwort) durchweg mit Kopfwörtern gebildet, die für Zusammenschreibung gut geeignet sind.

Nur drei Wörter sind in semantischer Hinsicht nicht unproblematisch: *Gumojoggen, Infosuse* und *Ösiland*. Während *Suse* ein Kennzeichen von Umgangssprache oder gar jugendspezifischer Sprechweise ist, ist *Gumo* in erster Linie kreativer Sprachausdruck, an dem demonstriert werden kann, dass Kurzwörter, besonders Silben- und unisegmentale, relativ leicht rückerschlossen werden können, wenn Ko- oder Kontext vorhanden ist – hier ist der Kotext hinreichend. *Ösiland* schließlich ist insofern nicht einfach interpretierbar, als *Österreicher* auf das *i*-suffigierte Kopfwort *Ösi* reduziert ist und *Reich* durch *Land* ersetzt worden ist. Nichtsdestoweniger gibt es neben diesem Beleg keine nennenswerten Kurzwort-Wortbildungen, die auf die Schreibenden oder die Technik zurückzuführen wären. Lediglich die geringe Anzahl dieser Bildungen ist vermutlich den technischen Rahmenbedingungen geschuldet.

Die Tab. 4-7 gibt noch einmal einen zusammenführenden Überblick in die korpusspezifische Verwendung von Kurzwort-Wortbildungen und zeigt, dass im Bon-Korpus keine einzige entsprechende Form belegt ist (vgl. oben).

4.2.3.5 Problemfälle

Ein eigener Abschnitt für schwierige Fälle mag übertrieben erscheinen, soll in diesem Kontext jedoch auch als Indikator dafür gewertet werden, dass es kaum ein Wortbildungsverfahren gibt, das umstrittener ist, zumindest aber mehr Abgrenzungsprobleme bereitet, als dies bei anderen Prozessen der Fall ist. Dies liegt vorwiegend am Kriterium der Artikulierbarkeit der Kurzformen, betrifft also die Differenzierung zwischen Kurzwort und Abkürzung, wirft aber auch andere Fragen auf, die hier am Rande thematisiert werden müssen.

Zweifelsfrei nicht auf Kurzwortbildung gehen Bildungen wie *C-Trainerscheine, B-Team* und *F-Jugend* zurück, obwohl sie formal identisch mit partiellen Kurzwörtern *(U-Ausschuss, U-Boot)* und anderen Wortbildungsprodukten sind, bei denen der erste Bestandteil gekürzt ist *(EU-Gipfel, WM-Finale)*. Von letzteren Kurzwort-Wortbildungen grenzen sie sich dadurch ab, dass sie aus nur

---

55 Auch hier könnte aufgrund der komplexen und dennoch korrekten Schreibung, bes. von *MASTURBATIONSVORLAGE*, ein Versand via Web vermutet werden.

56 *Klopapier* wird als Reduktion von *Klosettpapier* angenommen. Denkbar wäre jedoch auch, dass zuerst *Klosett* auf *Klo* reduziert und danach direkt mit dem Kurzwort *Klopapier* gebildet worden ist.

einem Buchstaben bestehen[57] und nicht gekürzt sind, sondern eine Rangordnung abbilden (*A-Trainerschein, B-Trainerschein* etc., *A-Jugend, B-Jugend* etc.). Zwar wurde auch *B-Promi* unter den Kurzwörtern genannt, doch geschah dies lediglich im Rahmen der zweiten Konstituente *Promi*, die aus *Prominente(r)* gekürzt ist und insofern tatsächlich ein Kopfwort darstellt (genauer: eine Kurzwort-Wortbildung mit einem Kopfwort als Konstituente). Ebenfalls in diese Reihe gehören *A-Kd (A-Kunde)*, wobei *A* wiederum einen Rang wiedergibt und darauf hinweist, dass es sich um einen zahlungskräftigen oder Stammkunden handelt, sowie *B-Klarinette*, bei dem *B* eine (Größen-)Kategorie abbildet (66 cm Länge vs. 71 cm bei A-Klarinetten).

Ebenfalls eindeutig nicht als Kurzwort klassifizierbar sind *Taxi* und *Kino*: Ihnen liegt keine Vollform zugrunde, die eine semantische Dublette darstellte. Die ›Vollform‹ zu Letzterem ist nämlich *Kinematograph*, ein Gerät, das in Kinos zur Präsentation des Films eingesetzt wird; hier liegt also keine synonyme Beziehung vor, sondern lediglich der Zusammenhang, dass *Kino* für das ›Haus, in dem Filme vorgeführt werden‹ von *Kinematograph* ›Gerät, das Filme vorführt‹ abgeleitet ist. Beim zweiten Fall liegt ein ähnliches Phänomen vor: *Taxi* ist keine Reduktion von ›*Taxiauto*‹, sondern geht auf *Taxameter*[58] zurück, welches auch hier keine synonyme Beziehung enthält und daher nicht als Kurzwort, zumindest nicht mit der Bedeutung ›Mietauto mit Fahrer‹, klassifizierbar ist.

Nicht den Kurzwörtern zugewiesen wurden ebenfalls Fälle wie *Jazz* – nicht nur, weil fraglich ist, ob es jemals eine Vollform *Jazzmusik* gegeben hat, aus der *Jazz* gekürzt worden ist. Auch andere Musikgenres wie *Pop, Rap, Rock, Worldbeat* etc. sind nicht entsprechend eingeordnet worden, obwohl Vollformen wie *Popmusik, Rockmusik* etc. existieren und offensichtlich die Kurz- aus den Vollformen abgeleitet worden sind. Allerdings handelt es sich nicht um auf Morphemteile reduzierte Segmente, sondern um vollständige Morpheme, die bei der Tilgung anderer Morpheme übrig geblieben sind. Entstanden sind ihre – wie zahlreiche weitere – Vollformen durch Komposition *(Telefon + Nummer, Ruf + Nummer > Telefonnummer, Rufnummer)*, von der später eine prägnante Konstituente ungebunden weiterverwendet wird – im Regelfall ist dies, da es sich um Determinativkomposita handelt, mit dem Grundmorphem *(Musik; Nummer)* möglich; verwendet wird jedoch auch das isolierte Determinans *(Jazz, Pop; Telefon, Ruf)*.

Besonders deutlich wird das Problem bei denjenigen Fällen, bei denen das Kompositum auf das Grundmorphem reduziert ist. Hier mag zwar eine ›Kürzung‹ vorliegen, doch handelt es sich letztlich um die Nennung der Kon-

---

57 Initialkurzwörter müssen per definitionem aus mindestens zwei Graphemen bestehen, da sie multisegmental sind.
58 Gebildet aus *Taxe* ›Gebühr‹ und *-meter* ›Messgerät‹.

stituente, die für die Bildung des neuen Wortes – in den meisten Fällen eine Spezifizierung durch ein Determinans – herangezogen worden ist. Im strengen Sinn findet also keine Reduktion statt, sondern ein Rückgängigmachen des Kompositionsprozesses. Was bei den Grundmorphemfällen einleuchtet, ist bei den Reduktionsfällen, die auf das Determinans beschränkt sind, schon schwieriger; da sie vor der Tilgung für gewöhnlich nicht isoliert in dieser Bedeutung verwendet worden sind *(Schönwetter + Lage > Schönwetterlage > Schönwetter*[59]*)*. Da es sich um vollständige Morpheme handelt, sollen sie dennoch nicht zu den Kopfwörtern gezählt werden, sondern in eine spezifische Kategorie eingeordnet werden (s. Folgekapitel).

Hierzu gehören im Grunde auch die als Kopfwort klassifizierten Lexeme *Auto, Dia* und *Foto*. Streng genommen handelt es sich nicht um einen ›Kürzungsprozess‹, sondern um die Beschränkung auf ein Morphem: *Auto* geht auf griech. *autós* und lat. *mobilis* zurück, *Dia* auf griech. *diá* ›durch‹ und frz. *positif* ›zutreffend; wirklich‹[60], *Foto* auf griech. *phōs (photós)* ›Licht‹ und *gráphein* ›schreiben; aufzeichnen‹. Hier liegt also im Grunde wiederum eine Morphemtilgung vor, allerdings sind alle drei Lexeme aus folgenden Gründen trotzdem als Kurzwörter klassifiziert: Zum einen dürfte die ursprüngliche Herkunft überwiegend unbekannt sein, was insofern von Bedeutung ist, als bei Zweifelsfällen nicht diachron, sondern synchron entschieden werden muss, ob ein Lexem ein Kurzwort ist oder nicht; zudem stellen die Vollformen zum Großteil Kunstwörter dar und keine Komposita im engeren Sinn, sodass von einer ›Rückgängigmachung‹ des Kompositionsprozesses ohnehin keine Rede sein kann. Zum anderen handelt es sich – und dies ist entscheidender – um ein Lehnwort, das zum Teil im Deutschen, zum Teil in anderen Sprachen gekürzt worden ist. Ein solcher Fall liegt etwa bei *Bus* und *Omnibus* vor; beides sind lexikalisierte Wörter, die oftmals als Kurz- und Vollform bezeichnet werden, wobei dies aus zweierlei Gründen nicht unproblematisch ist. Grundsätzlich scheint die Aussage zwar korrekt, dass *Bus* aus *Omnibus* gebildet und damit ein Kurzwort ist; allerdings hat zum einen die Bildung nicht im Deutschen stattgefunden, sondern im Englischen (DUDEN 2006) – *Bus* ist also ein Anglizismus. Zum anderen sind – vom Deutschen ausgehend – die Quellsprachen verschieden, da das Wort *Omnibus* aus dem Französischen – *(voiture) omnibus* – entlehnt ist. Damit ist die Sichtweise, die *Bus* als Kurzwort von *Omnibus* betrachtet, diskutierbar. Allerdings fand, wie gesagt, die Kürzung im Engl. statt, wo beide Varianten nebeneinander existier(t)en[61] und daher die Ansicht vom englischen

---

59 Denkbar wäre hier auch eine Bildung aus *schönes Wetter > Schönwetter*.
60 Frz. *positif* geht wiederum auf lat. *positivus* ›gegeben, gesetzt‹ zurück.
61 In an lat. *omnibus* ›für alle‹ angelehnter Bedeutung ist *omnibus* im Engl. an Komposita beteiligt, z.B. *omnibus order* ›Sammelbestellung‹ oder *omnibus volume* ›Sammelband‹.

Standpunkt aus korrekt ist. An dieser Stelle sei angemerkt, dass grundsätzlich auch die fremdsprachigen Kurzwörter einbezogen worden sind, obwohl die Wortbildung, ähnlich wie bei *Smog*, nicht im Deutschen stattgefunden hat. Es handelt sich also bei *Bus* um ein Lehnwort, zu dem das Deutsche jedoch auch die Vollform *Omnibus* kennt – und zum Teil auch verwendet. Bereits angedeutet wurde dieses Problem schon bei *US-* und *UN*, wo dies insofern transparent wird, als die Vollformen *United States/Nations* kaum verwendet werden, sondern nur die Übersetzungen. Von Kurzwortbildung im Deutschen kann hierbei zwar keine Rede sein, um Kurzwörter handelt es sich aber dennoch.[62] Zudem geht es in dieser Arbeit nicht um die Wortbildung als solche (etwa im Sinne einer Typologieerstellung), sondern um konkrete Anwendung von Wortbildungsprodukten. Hierbei wurde den fremdsprachigen Anteilen ein eigenes Kapitel gewidmet (s. 4.2.7).

Zurück zu den Sonderformen, die auf Tilgung fremdsprachlicher Morpheme zurückzuführen sind: Hierzu zählen nicht Kurzwörter wie *Akku* (< *Akkumulator*) oder *Labor* (< *Laboratorium*), da die Reduktionsgrenzen nicht mit den Grenzen der Herkunftsmorpheme übereinstimmen (lat. *ac-cumulare* ›anhäufen‹; lat. *laborare* ›arbeiten‹). *Fotograf* hingegen ist keine Kurzwort-Wortbildung, sondern direkt von der Vollform *Fotografie* abgeleitet, *Fotoamateur* wiederum eine Reduktion von *Fotografieamateur*, wobei *Fotografie* hier nicht auf ›Lichtbild‹ referiert, sondern auf die Praktik der ›Lichtbilderstellung‹, die im Deutschen ausschließlich als Vollform verwendet wird *(*Mein Hobby ist die Foto;* die Kurzform ist auf die Bedeutung ›Lichtbild‹ mit neutralem Genus beschränkt).

Stock (< Stockwerk) ist ebenfalls kein Kurzwort, auch wenn die Bildungsform typisch ist. Es handelt sich hierbei nicht einmal um eine Reduktion auf das Determinans, sondern – umgekehrt – (bei *Stockwerk*) um eine Erweiterung, die der Verdeutlichung der Kollektivbezeichnung von mhd. *stoc* ›Balken; Hausgeschoss‹, also dem Flechtwerk mehrerer Balken (= Balkenwerk, Stockwerk) dient; *Stock* ist also die ursprüngliche Bezeichnung!

Abgrenzungsschwierigkeiten bestehen vor allem auch zu den **Abkürzungen**, wie etwa Buchstaben-Zahlen-Kombinationen wie *A2/B65*, *N3/Ö3/NDR 1* sowie *G7/G8* zeigen. An den Formen *A2*, *B65* und *N3*, *Ö3*, *NDR 1* lässt sich die Überschneidung von Abkürzung und Kurzwort deutlich erkennen. Gemäß der Definition in Kapitel 3.1.2.1.4 werden Abkürzungen im Gegensatz zu Kurzwörtern nicht reduziert artikuliert, sondern nur in der Vollform, d.h.: ‹Abk.›, aber: [ˈabkʏʀtsuŋ]. Bei Kurzwörtern hingegen ist *UKW*

---

62 *RegioBus* ist allerdings keine Kurzwort-Wortbildung, sondern eine Wortkreuzung (Region/regional + [Omni]bus).

ebenso schreib- und artikulierbar wie *Ultrakurzwelle*. Bei *A2*, *B65*, *N3* und *NDR1* handelt es sich der Definition zufolge scheinbar um Kurzwörter. Allerdings ist die Verwendung offensichtlich an eine Ziffernnachfolge gebunden, denn **A* ist nicht isoliert anstelle von *Autobahn*, **B* nicht statt *Bundestraße* und *N* bzw. *NDR* – zumindest nicht in der Bedeutung ›Kanal(bezeichnung)‹ – anstelle von *[Kanal] Nord* verwendbar (zu *NDR* s.u.) – anders als *EU*, das auch ohne *-Ratspräsident* verwendet werden kann und (!) *Ratspräsident* auch ohne *EU-*. Selbst wenn es Formübereinstimmung mit *TVL-13*, *DIN A4* oder *BAT 2a* gibt, liegen bei den Belegen mit Ausnahme von *NDR1* keine von den Ziffern unabhängigen Verwendungsmöglichkeiten in derselben Bedeutung vor. Sätze wie **Ich bin über die A gefahren, weil dies schneller als über die B zu gehen schien* sind nicht möglich, da *A* und *B* nicht lexikalisiert ist. Da eine Bedingung für Kurzwörter besagt, dass die Verwendung sowohl der Voll- als auch der Kurzform möglich ist, sofern sich das Kurzwort nicht verselbstständigt hat, könnten für die Deutung als Kurzwörter nur die vollständigen Formen, also Wortgruppen angenommen werden (*A1, A2, A3, A4* etc.). Problematisch ist hierbei zum einen die lexikalische Seite, denn Ordinalzahlen werden sicherlich nicht mit der Lexikoneinheit gespeichert *(Raum 1, Raum 2, Raum 3, ...)*, da dies äußerst unökonomisch wäre. Zum anderen wäre eine Folge dieser Annahme, dass bei jeder neuen Autobahn parallel die Formen *Autobahn X* und *A X* gebildet würden, wobei *A X* aus *Autobahn X* erwachsen würde. Zudem handelt es sich um eine Durchnummerierung, was gegen die Annahme von besonderen Kurzwörtern spricht. Wahrscheinlicher hingegen ist, dass es sich um Abkürzungen handelt, die in dieser Form artikuliert werden, weil sie regelmäßig abgelesen (von Landkarten) oder ökonomiebedingt vorgelesen werden (im Verkehrsfunk), sodass auch die Kurzform ausgesprochen werden kann (vgl. hierzu Hofrichter 1977).

Allerdings ist bei *NDR1* die Bedingung der isolierten Verwendungsmöglichkeit erfüllt, denn *Ich arbeite beim NDR* ist grammatisch und gleichbedeutend mit *Ich arbeite beim Norddeutschen Rundfunk*. Dennoch besteht ein semantischer Unterschied zwischen *NDR* und *NDR1*; Ersterem lässt sich die Bedeutung ›Norddeutscher Rundfunk‹ zuweisen, dem *NDR* von *NDR1* allerdings mehr: ›Kanal des Norddeutschen Rundfunks‹. Ähnliches gilt für *TVL-13*, wo *TVL* sowohl für »Tarifvertrag für den öffentlichen Dienst der Länder« (in isolierter Verwendung) stehen kann als auch für ›Gruppe X des TVL‹.

Abschließend seien noch die Fälle in [17] mit kurzer Begründung genannt, die nicht als Kurzwörter gewertet worden sind:

[17] BB, bio-, [Frucht]bumi, DM, Eurostar, Fewo, Jeans, Internet/Netz, Miwa, Pep, Pixel, smssen, TK.

4.2 Auswertung

Vor dem letztgenannten Hintergrund sind auch *TK* (< *Tiefkühl[kost]*) und *Fewo* (< *Ferienwohnung*) nicht als Kurzwörter eingeordnet worden, auch wenn sie z.T. artikuliert werden[63] (zudem spricht die Apostrophierung bei *Fe'wo* gegen ein Kurzwort); Ähnliches trifft auf zahlreiche Abkürzungen zu, die in der synchronen computervermittelten Kommunikation verwendet werden, wie beispielsweise *bb, g/fg, hdl* und *lol*. Hingegen ist *DM* – anders als *D-Mark* – nicht als Kurzwort klassifiziert worden, weil die Kurzform eben nicht artikuliert wird, sondern lediglich in Form von *D-Mark* oder *Mark*.

Bio ist einmal Kurzwort, einmal nicht: Sofern *Bio* auf die ›Lehre der belebten Natur‹, insbesondere auf das Unterrichtsfach oder den Studiengang referiert, handelt es sich tatsächlich um ein Kurzwort. In dieser Bedeutung ist es zweimal in den SMS-Korpora belegt:

[18] Hi, Du wirst es nicht glauben, aber ich studiere *Bio* mit Mister X, und Misses Y ist auch hier in Würzburg. Schick mir nochmal Deine Tel-Nummer, Maike

[19] NADINE,SITZ VOR D COMPUTER+MACH *BIO*.WETTER IST SCH...!HAB KEINEN BOCK MEHR AUF LA!MORGEN MUSS ES KLAPPEN.SCHÖNEN SO.WAREN GESTERN AUFM SCHÜTZENP.GRUSS KIRSCHI

Belegt sind allerdings auch *BIO MARGARINE, BIO APFEL, BIO-WIENER, BANANEN BIO* etc., worin *Bio* eine Bedeutungsverschiebung erfahren hat: ›aus ökologischem/biologischem Anbau‹. Es handelt sich hierbei jedoch nicht um ein Kurzwort, sondern um ein Konfix, das produktiv vor Nahrungsmittel gestellt wird; daneben existiert *öko-* mit gleicher Bedeutung. Allerdings scheint sich aus dem Konfix eine prädikative oder attributive Verwendungsmöglichkeit, ein Adjektiv zu entwickeln, denn (außerhalb der Korpora) sind *?die Milch ist bio* und *Alles bio, oder was!* belegt.

Fan ist zwar ein Lehnwort, geht aber auf eine Kürzung von engl. *fanatic* ›fanatischer Anhänger‹ zurück. Für *Internet* gibt es verschiedene etymologische Deutungen, vor allem in Bezug auf die erste Konstituente: Entweder handelt es sich um eine Reduktion von engl. *international* oder um das Präfix *inter-* (von lat. ›zwischen‹). Zwar ist *net* zweifelsfrei aus engl. *network* gekürzt und damit isoliert betrachtet ein Kurzwort, doch handelt es sich bei der Verbindung eher um eine Neubenennung als um eine Kurzform zu einem bestehenden Lexem;

---

63 Zudem kommt *TK* nur gebunden vor (*TK-Gemüse, TK-Pizza*), sodass es sich um ein partielles Kurzwort handeln würde.

Internet wird daher nicht als Kurzwort eingeordnet, sondern als Kunstwort oder Wortkreuzung betrachtet. *Netz* hat zwar vorwiegend die Bedeutung ›Internet‹, ist aber eine Lehnübersetzung *(Internet > net > Netz)*. Das ebenfalls im Computerbereich verwendete Lexem *Pixel* ist aus engl. *picture element* ›Bildelement‹ gebildet worden und stellt wiederum ein Kunstwort dar. *Pep (< pepper)* ist auch nicht als Kurzwort eingeordnet worden, nicht nur, weil es ein Lehnwort ist, das bereits im Englischen gebildet worden ist, sondern da es darüber hinaus keine Bedeutungsdublette darstellt. Das Verb *smssen* geht zwar auf das Kurzwort *SMS* zurück (›SMS-Mitteilung versenden‹), ist jedoch ein Konversionsprodukt von *SMS*, an das lediglich die Infinitivendung angehängt worden ist – die Doppel-*s*-Schreibung dient der qualitativ ökonomischen Anpassung der Schreibung an die Aussprache (entsprechend simsen: mit dem Vokal wird *sms-en* nur artikulierbar gestaltet).

Schuldigung oder *Tschuldigung* (< *Entschuldigung*) geht nicht auf eine morphologische Reduktion zurück, sondern auf eine phonologische und ist mit *rein* < *herein* vergleichbar; als quantitativ ökonomisch ist dies insofern zu betrachten, als es eine Reduktion um eine Silbe darstellt (Aphärese). Eine Abkürzung liegt hier allerdings auch nicht vor, da die Reduktion erst in der gesprochenen Sprache stattgefunden haben dürfte und diese anschließend in die geschriebene übertragen worden ist.

Bei *BB, Ninchen, Eurostar* schließlich handelt es sich ebenfalls weniger um morphologische Probleme als vielmehr um semantische, da unklar ist, was die Wörter bedeuten oder auf welche Vollformen sie zurückgehen könnten (*BB* < ?*Betty blue,* ?*Big Brother,* ?*B.B. [King],* ?*BB gun*). Bei *Ninchen* etwa könnte es sich um ein diminuiertes Endwort zur Basis *Janine (Janine > Nin + chen)* handeln, jedoch gleichsam um eine Diminutivform von *Nina*. *Eurostar* könnte auf ?*europäischer Star* genauso zurückgehen wie auf ?*Europa-Star*, wobei weder beim ersten noch beim zweiten Fall ein Kurzwort beteiligt wäre[64], allerdings auch auf eine einfache Komposition aus *Euro* und *Star* im Sinne von ›bekannter Zug im Euroland‹. Schwierig abzugrenzen sind auch Analogiebildungen, auf welchen wahrscheinlich *H-Creme* (analog zu *H-Milch*) basiert.

4.2.3.6 Zusammenfassung

Initialkurzwörter sind die prototypischen Vertreter der Kurzwörter. Dies trifft auch tatsächlich als Durchschnittsangabe für die untersuchten Korpora zu, allerdings nicht bei der Betrachtung der einzelnen Kommunikationsformen.

---

64 Ersteres wäre nicht mit der Wortart der Kurzform identisch, Letzteres eine Wortkreuzung.

4.2 Auswertung

Hier zeigt sich, dass etwa bei den heutigen Kleinanzeigen Initialkurzwörter – die Frequenz betreffend – gleichauf mit den Kopfwörtern liegen. Beim Alpenpanorama (Tourismus-TV) und in SMS-Mitteilungen spielen sie sogar eine untergeordnete Rolle: Kopfwörter sind fast siebenmal häufiger belegt als Initialkurzwörter.

Die Werte haben oft einen thematischen Hintergrund: Beim Tourismus-TV etwa stellt das Kopfwort *Info* alle 74 Belege, da das zentrale Anliegen dieser Sendung die Informationsvermittlung im doppelten Sinn ist; zum einen steht die Informierung der Interessenten über Urlaubsregionen, Wetterlage und Sonderaktionen im Vordergrund, zum anderen die Angabe von Kontaktstellen, die über die Inhalte hinausgehende Auskünfte erteilen können.

Die Technik sowie die Kommunikationsbedingungen – Prototyp SMS – spielen offenbar nicht die wichtigste Rolle. Andernfalls würden die kürzesten und/oder komprimierendsten Kurzworttypen bei der Verwendungsweise überwiegen. Tatsächlich sind vor allem Kopfwörter belegt (92 gegenüber 14 Initialkurzwörtern). Dass diese Werte nicht grundsätzlich an die Komplexität gebunden sind, spiegelt sich an komplexen Wortformen wie *MASTURBATIONSVORLAGE* wider. Vielmehr können mit Kurzwörtern bestimmte Inhalte vermitteln werden, bestimmte nicht. So wie sich von Firmennamen wie *Volkswagen* oder *Bayerische Motorenwerke* (ernsthaft) keine Kopfwörter bilden lassen *(Volki, Moto)*, so stellen Vornamen wie *Michael* eine ungeeignete Vorlage für besondere Kurzwörter *(ME)*. Ursächlich ist zum einen die Tatsache, dass Laien in der Regel eine Morphemanalyse resp. Segmentierung von Vornamen nicht vornehmen können und Initialkurzwörter oftmals auf Wortgruppenlexeme zurückgehen, zum anderen die Funktion. Mit Kopfwörtern kann – den Diminutiven vergleichbar *(Studi)* oder mit ihnen einhergehend *(Uli)* – eine geringere Distanz zum Ausdruck gebracht oder diese abgeschwächt werden, was vor allem durch die Lautanhebung erfolgt. Im Gegensatz zu den meisten Initialkurzwörtern werden Kopfwörter darüber hinaus dem Lautwert nach ausgesprochen, während die nach dem Buchstabennamen ausgesprochenen Kurzwörter eine gewisse Härte und Distanz vermitteln *(BMW, FAZ)*. Allein daraus ist bereits abzuleiten, dass SMS-Mitteilungen bis auf wenige alltagssprachliche Initialkurzwörter wie *TV* vorwiegend Kopfwörter aufweisen – und hier neben gleichfalls alltagssprachlichen Lexemen wie *Auto* vor allem Kosenamen wie *Uli*. Dass beim Fahrgastfernsehen die Anzahl der Kopfwörter derart hoch ist, liegt an dem unterhaltsamen journalistischen Stil, der an die Themen und der Rezeptionssituation angepasst ist; so finden sich hier auch umgangssprachliche Kopfwörter wie *Proll, Promi, Rolli, Trabi* und *Uni*.

Die weit verbreitete Ansicht, Initialkurzwörter stellten nicht nur Prototypen hinsichtlich der Frequenz, sondern auch die größte Einsparung dar, kann in den Korpora nicht ohne Einschränkung bestätigt werden. Sowohl bei isoliert verwendeten Kurzwörtern als auch insbesondere bei Wortbildungen, bei denen Kurzwörter eine Konstituente darstellen, sind Mischkurzwörter die quantitativ ökonomischsten Kurzworttypen. Gegenstand anderer Kurzwortanalysen waren jedoch zumeist journalistische Texte, die auch hier vertreten sind und

Korpus	Kurzwörter				Kurzwort-Wortbildungen			
	Anz.	versch.	Anteil[1]	Ersparnis[2]	Anz.	versch.	Anteil[1]	Ersparnis[2]
KFTV	437	105	1,7	69	292	176	1,1	57
KKA 2005	64	34	0,7	75	38	32	0,4	59
KKA 1955	158	19	1,5	75	33	20	0,3	52
KTTV	87	8	2,1	78	31	20	0,7	44
KNT	42	24	1,8	82	47	39	2,1	64
KSMS H	117	61	0,9	54	17	17	0,1	50
KBON	9	8	1,2	61	0	–	–	–

(1) Angaben zum Anteil erfolgen in Prozent. – (2) Angaben zur Ersparnis sind gemittelt und erfolgen in Prozent.

Tab. 4-8: Ergebniszusammenfassung für Kurzwörter und Kurzwort-Wortbildungen je Korpus.

auf die auch hier die Angaben zutreffen (Newsticker, bedingt Fahrgastfernsehen). Hier wird über Politik und Wirtschaft berichtet, also über Eigennamen von Unternehmen, Verbänden, Parteien und Gruppierungen, die im Fall von Wortgruppen üblicherweise bei einer zweiten Verwendung reduziert werden, um die Artikel kürzer und überschaubarer zu gestalten – auch grammatisch weniger komplex, denn die Flexion von Initialkurzwörtern ist schwach und reduziert[65].

Sowohl bei Kurzwörtern als auch bei Kurzwort-Wortbildungen weisen Mischkurzwörter also die höchste Ersparnis im Vergleich zu ihren Vollformen auf, danach folgen die Initialkurzwörter. Bei isolierten Kurzwörtern folgen die Silbenkurzwörter und danach die besonderen; bei den Komposita mit Kurzwörtern sind jene quantitativ ökonomischer, die auf besonderen basieren, und danach die, die Silbenkurzwörter enthalten. Die beiden letzten Werte basieren allerdings auf einer geringen Beleganzahl. Ob allein oder in Verbindung mit anderen Konstituenten: Die multisegmentalen Kurzwörter belegen die ersten

---

65 Der Plural etwa wird meist mit *-s* gebildet (das AKW, die AKW(s)), ein Genitiv-Flexiv wird oft getilgt *(das AKW, des AKW(s);* ungrammatisch sogar bei *des *FCs Bayern).*

vier Rangplätze, wenn es um die Ersparnis geht, was sich mit der örtlich freien Entnahme von Buchstabenmaterial begründen lässt.

Bei den unisegmentalen Kurzwörtern stellen die Kopfwörter die geringfügig ökonomischeren dar – sowohl bei den einfachen als auch bei den Kurzwort-Wortbildungen. Da die partiellen Kurzwörter ein gekürztes und ein zusammenhängendes Segment aufweisen, ist der Platz erklärbar, den sie zwischen den Initial- und den unisegmentalen Kurzwörtern einnehmen, da die Wörter gewissermaßen aus beiden gebildet sind: Der erste Bestandteil ist in der Regel das Initial des ersten Morphems, der zweite das ungekürzte zweite bzw. letzte Morphem *(U-Bahn, U-Station)*.

Die qualitative Ökonomie betreffend, müsste die Rangliste umgekehrt werden, da die Rekonstruktion einer unbekannten Vollform desto wahrscheinlicher erfolgreich ist, je länger und zusammenhängender die Segmente beim Kurzwort (erhalten geblieben) sind. Plastisch ist dies an einem Beispiel wie *WG* zu erkennen, das als Stellvertreter für *Wohngemeinschaft, Wohnungsgesellschaft, Wahlgesellschaft, Winzergenossenschaft* usw. gewählt sein kann; mit einem einzigen weiteren Graphem könnten, wenn es gut gewählt ist, die Möglichkeiten bereits nennenswert eingeschränkt und einige der genannten Fälle ausgeschlossen werden. *WGe* schließt zwar keines aus, *WoG* allerdings schon die Hälfte; *WiG* wäre bereits eine eindeutige Reduktion. Das Prinzip ist einfach: Je mehr Zeichen vorgegeben werden, desto weiter werden die möglichen Fälle eingeschränkt (Ausschlusskriterium). Daneben spielt die Usualisierung eine große Rolle. Bei *WG* wird im Standardfall erst einmal *Wohngemeinschaft* angenommen, sofern der Ko- und Kontext nicht dagegen sprechen; bei einer Weinprobe hingegen würde von diesem abgesehen und erst einmal im Wortfeld von »Wein« nach einer passenden Vollform gesucht werden. Disambiguierend und erleichternd wirken also sowohl gut gewählte Grapheme als auch Ko- und Kontext.

Abschließend erfolgt mit Tab. 4-8 ein zusammenfassender Überblick über die Verwendung und die quantitative Ökonomie je Korpus.

4.2.4 Konstituentenreduktion bei Komposita

Eine Morphemreduktion bei Determinativkomposita kann vom binären UK-Standpunkt aus betrachtet auf zwei Arten erfolgen: Üblicherweise wird das Determinans reduziert und damit der Wortbildungsprozess gewissermaßen rückgängig gemacht. So kann *Postauto* auf *Auto* reduziert werden, da ein *Postauto* eine spezifische Art von Auto ist – auf dieser Grundlage ist schließlich die Benennung aus *Auto* und *Post* gebildet worden.

Beim umgekehrten Fall, also der Reduktion des Kompositums auf das Determinans, besteht insofern ein Sonderfall, als scheinbar sowohl Kopf als auch Kern in das Determinativ übergehen. Abzulesen ist dies besonders gut, wenn mit der Reduktion ein Genuswechsel einhergeht, wie etwa bei *der Weizen* (Getreideart) gegenüber *das Weizen < Weizenbier* oder bei Musikrichtungen wie *die Jazzmusik > der Jazz, die Popmusik > der Pop*. Dies ist jedoch nicht immer der Fall, wie *die Countrymusik > die Country*[66] und *die SMS-Mitteilung > die SMS* einerseits sowie *der Dixieland > der Dixie* andererseits belegen. Erklärt werden können die Abweichungen wie folgt: Zum einen handelt es sich bei Musikgenres offenbar um ein Wortfeld, dessen Genus wie etwa bei Schiffen, Alkoholika oder Kraftfahrzeugen (vgl. Kap. 3.2.2.1) auf qualitativ ökonomische Weise auf eines festgelegt zu sein scheint *(der Blues, Folk, Funk, Gospel, Grunch, Hip-Hop, Ragtime, Rap, Reggae, Rock 'n' Roll, Soul, Swing, Worldbeat)*. Bei *Dixieland* ist daher kein Genuswechsel nötig, da bereits die Vollform, welche selbst auch wiederum eine Kurzform zu *Dixieland-Jazz* darstellt, maskulin ist. Bei *die Country* ist vermutlich der getilgte Bestandteil *-musik* kognitiv derart stark gegenwärtig, dass ein Genuswechsel ungünstig erscheint, zumal es sich bei *Country* um eine sehr seltene Reduktion *Countrymusik* handelt, sodass ein Genuswechsel möglicherweise nicht sinnvoll ist. Denkbar wäre ferner, dass dieser mit der Übersetzung von *Country* in *Land* kollidierte, welches neutral ist und dem Maskulinum zu nahe steht. Bei *SMS-Mitteilung* ist dies in jedem Fall der Grund: Ein Genuswechsel in *der SMS* wäre nicht denkbar, da mit dem

Typ	Types	Tokens[1]	ø	min.	max.
Determinans-Reduktion	118	≈ 500	43	18	85
Reduktion auf Determinans	76	≈ 350	45	20	75
Klammerform	74	135	35	14	60

(1) Bei den Werten (ausgenommen Klammerformen) handelt es sich um eine maschinenberechnete und per Hand korrigierte Größe, die aufgrund starker Homonymie geringfügig davon abweichen kann. Die im Text angegebenen Zahlen sind allerdings exakte Werte.

Tab. 4-9: Typen der Morphemreduktion in Komposita und deren quantitative Ersparnis (alle Angaben außer Types und Tokens in %).

Genus der Dienst von der Nachricht unterschieden werden kann. Inwiefern die Reduktion dem Genuswechsel nachgelagert ist oder der Wechsel durch die Vollform notwendig war – oder dies Hand in Hand ging –, ist schwierig auszumachen; wahrscheinlich ist allerdings, dass für die Bedeutung ›Nachricht

---

66 Lt. DUDEN (2000) ist die Kurzform ein Femininum. Gebräuchlich (wenn nicht gebräuchlicher) ist allerdings auch *der Country*.

per SMS‹ eine Benennung fehlte und *SMS-Mitteilung/-Nachricht* zwar gebildet wurde, aber zu komplex erschien und so auf *die SMS* reduziert worden ist. Vermuten lässt sich mit den Beispielen nichtsdestoweniger, dass Kern und Kopf einiger auf das Determinativ reduzierter Wortbildungsprodukte kognitiv erhalten bleiben, was zumindest für den morphologischen Kopf am Genus transparent wird.

4.2.4.1 Determinansreduktion

Die unauffälligste Gruppe ist die der Determinansreduktion. Hier gibt es in der Regel keine Disambiguierungsschwierigkeiten, da Ko- und Kontext oder bereits die Kommunikationsform an sich auf die spezifische Bedeutung schließen lassen. Darüber hinaus spielt es in bestimmten Kontexten keine Rolle, um welche spezifische Bedeutung es sich handelt, oder es sind sogar die Kollektivbezeichnungen gemeint *(Lift < Liftbetrieb, Skilift, Sessellift, Schlepplift; aber: [Haus]lift).*

Zu den am häufigsten gebrauchten Komposita, die um das Determinans reduziert sind, gehören die folgenden Lexeme (> 5 Tokens):

[20] Fax (64), Karte (58), Pool (42), Haus/Hs. (24), Bahn (19), Linie (23), Film (18), Kanzler (18), Lift (16), Union (11), Mail (10), Anlage (11), Anschlag (11), Nummer (11), All (8), Freikarte (8), Haltestelle (8), Liftbetrieb (7), Piste (6), Wagen (6), Werk (6)

Die mit Abstand meistverwendeten Belege sind die Lexeme *Fax*[67], das auf *Telefax* zurückgeht, *Karte*, welches vorwiegend in den Bedeutungen ›Fahrkarte‹, ›Eintritts[frei]karte‹ und selten auch ›Postkarte‹ verwendet wird, *Pool* anstelle von *Swimmingpool*, *Haus* und die Abkürzung *Hs.* für ›Ferienhaus‹ (21 davon unabhängig im Sinne von ›Wohnhaus; Zuhause‹), *Bahn* anstelle mehrerer Bedeutungen (›Stadtbahn; U-Bahn; Straßenbahn‹), wobei *Bahn* als Kurzform für *Deutsche Bahn* hier ausgeklammert wurde (Wortgruppenellipse) sowie *Linie*, das sowohl für ›Buslinie‹ als auch für ›Stadtbahnlinie‹ verwendet worden ist. Darüber hinaus sind z.B. *Film (< Kinofilm, Spielfilm), Kanzler (< Bundeskanzler), Lift (< Skilift, Sessellift, Schlepplift), Union (< CDU-CSU-Union), All (< Weltall), Mail (< E-Mail), Anlage (< Liftanlage, Finanzanlage, Kleingartenanlage), Anschlag (< Terroranschlag), Nummer (< Telefonnummer)* und *Wohnung (< Ferienwohnung)* belegt.

---

67 *Fax* selbst ist eine Kurzform von *Faksimile*.

Probleme treten durch Homonymie vor allem bei Komposita dort auf, wo sie auf mehrdeutige Simplizia reduziert werden. Bei Reduktionen auf (mehrmorphemige) Komposita wie *Freikarte, Haltestelle, Liftbetrieb* bestehen in der Regel weniger Homonyme, unter denen die vom Produzenten beabsichtigte Bedeutung disambiguiert werden muss. *Freikarte* etwa enthält die Proposition, dass freier Eintritt zu etwas gewährt wird und üblicherweise hierfür Geld aufgewendet werden muss: Im Gegensatz zur stärkeren Reduktion *Karte* scheiden hier also die Bedeutungen ›Landkarte; Spielkarte‹ etc. aus. Für *Haltestelle* trifft dies ebenfalls zu, da gegenüber den zahlreichen Bedeutungen von *Stelle* (u.a. ›Kochstelle; Ort; Arbeitsplatz‹) die Proposition ›anhalten‹ die möglichen Bedeutungen darauf beschränkt, dass es sich um Orte handelt, an denen Fortbewegungsmittel anhalten können. Bei *Liftbetrieb* schließlich kann der ›Aufzug‹ ausgeschlossen werden, da Aufzüge keinen Regelbetrieb aufweisen – höchstens ›in Betrieb‹ sind oder nicht und bei entsprechendem Ausfall *Lift außer Betrieb* gegenüber *Kein Liftbetrieb* bevorzugt verwendet wird.

Es sind zahlreiche Lexeme zur Basis *Karte* belegt, die unterschiedliche Reduktionen aufweisen: *Bus-[Fahr]Karte, [Fahr-;Frei]karte, Lift[fahr]karte, Wagner[eintritts]karte*; anders verhält es sich bei *Bahnticket* oder *Billig[eisen]bahnticket*, denn *Ticket* stellt insofern keine Reduktion dar, als es sich um ein Lehnwort handelt, das nicht zu *Karte*, aber auch nicht spezifischer zu *Fahrkarte* oder *Eintrittskarte* in einer synonymen Beziehung steht, sondern lediglich Bedeutungen ohne Bezahlpflicht wie *Landkarte* oder *Krankenkassenkarte* ausschließt, anders formuliert: für die Gruppe der zahlungspflichtigen Zugangskarten verwendet wird.

Auch zur Basis *Rad* sind einige Lexeme belegt: *[Fahr]Rad, [Fahr]radfahren, Damensport[fahr]rad, [Fahr]Rad-Profi, [Fahr]Radsportfan, -sportstar*. Ferner fallen *Auto[(ver)kauf(s)]haus, Diamant[finger]ring, [Tele]Fax, Gletscher[ski]lift, Kaltlaser-[Face]Lifting, [E-]Mail, [Swimming]Pool-Villa, [Kunst]Schneeanlage, [Durch]Schnitt, [Billard]Stock, [Tisch]Tennisplatte, [CDU-CSU-]Union* auf, die sich vielfach aus sich selbst heraus interpretieren lassen. So kann *Tennis* in *Tennisplatte* nur für *Tischtennis* geeignet sei, da der *Tennissport* keinerlei Platte bedingt. *Pool* kommt in keiner anderen Bedeutung vor (*CIP-Pool* kann in Verbindung mit *Villa* ausgeschlossen werden), und die Konstituente *Anlage* weist darauf hin, dass der durch die Maschine erzeugte Schnee nur etwas Unnatürliches darstellen kann, also Kunstschnee. Bei *E-Mail* trifft das bereits zu *Ticket* und andere Lehnwörter Genannte zu: *E-Mail* ist ein Wortbildungsprodukt des Englischen und wurde als solches entlehnt; da bislang nur diese und nicht das Simplex im Deutschen verwendet wurde, kann *E-Mail* auf *Mail* reduziert werden, ohne dass eine Bedeutungsvariante oder Ambiguität entsteht (engl. *mail*

›Briefpost‹). Allerdings muss dieses bereits eingeschränkt werden, da im SMS-Korpus (Hannover) *Mail* vermutlich für *SMS-Mitteilung* verwendet wird:

[21] Eine mail schicke ich dir ins handy rein [...]

Die Möglichkeit der Bedeutungserweiterung durch die *E*-Tilgung (im Deutschen!) ist also nicht nur gegeben, sondern wird auch bereits genutzt.

Korn-Eck (Brot) ist dreifach und damit besonders stark reduziert: Die Interpretationsschwierigkeit ist allerdings vorgelagert, da eine eindeutige Vollform schwierig zu ermitteln ist; als mögliche Varianten gäbe es *Vollkorn-Ecke, Korn-Ecke, Vollkorn-Dreieck* und *Korn-Dreieck* sowie zahlreiche Varianten mit dem Morphem {Brot} (z.B. *Vollkornbrotdreieck, Korndreicksbrot* etc.). Nimmt man an, dass ›Brot‹ impliziert ist oder rechtsperipher steht (vgl. zwar *Landbrot, Krustenbrot, Kastenweißbrot*, aber auch *Gerster, Roggenkruste, Lüneburger*), so stellen nur die vier o.g. Lexeme mögliche Varianten dar. Hierbei können zwei Formen ausgeschlossen werden: Zum einen wäre es widersinnig, *Korn-Eck* auf *X-Ecke* zurückzuführen und damit die Ecken hervorzuheben, da sich zahlreiche Laibe (etwa alle Kastenbrote) durch das Vorhandensein von Ecken auszeichnen; hingegen gleicht das *Korn-Eck* bei (zweidimensionaler) Frontalansicht einem Dreieck, welches nicht dem Prototyp eines Laibs entspricht, sodass hier die Reduktion von *Dreieck* vermutet werden kann. Mit derselben Logik lässt sich, zweitens, eine der beiden anderen Varianten ausschließen. *Korn-X* ist gegenüber *Vollkorn-X* als äußerst unwahrscheinlich zu betrachten, da Brote im hiesigen Kulturkreis und Regelfall[68] aus Getreidekörnern bestehen. Eine unterschiedliche Zusammensetzung erfahren sie allerdings durch die verwendete Mehltype (z.B. 405, 550, 1050 bei Weizenmehl), die den Grad der Ausmahlung angibt und u.a. Helligkeit und Mineralstoffgehalt bestimmt. Da hier eine Differenzierung sinnvoll ist, um vor allem Vollkornbrote von helleren Laiben (Misch-) und Weißbroten zu unterscheiden, kann davon ausgegangen werden, dass die Vollform *Vollkorn* anzusetzen ist. Damit bleibt von den vier Varianten *Vollkorn-Dreieck* als Vollform zu *Korn-Eck* übrig.

Nicht mit Sicherheit zu bestimmen ist die Reduktionsabfolge, ob es sich also um eine Morphemtilgung im Wortinnern handelt *(Korn-Dreieck > Korn-Eck)* oder um vorab vollzogene Reduktion der Kompositionsvollformen *(Vollkorn > Korn; Dreieck > Eck; => Korn-Eck)*.

Im Übrigen sind nicht alle Determinativkomposita linksverzweigt. Bei den im Korpus belegten Konstruktionen wie *Berlin-City* oder *La Palma-West* han-

---

68 Erhältlich sind etwa auch Kartoffel-, Reis- oder Maisbrote, wobei diese nicht dem Prototyp eines Brotes entsprechen, sondern vorwiegend für Allergiker hergestellt werden.

delt es sich um rechtsverzweigte Determinativkomposita, bei denen eine Determinans-Reduktion bedeutete, dass die rechte Konstituente reduziert wird *(Berlin[-City])*, welche im Regelfall das Grundmorphem darstellt (ebenfalls bspw. *Pizza Margarita* o.Ä.).

Insgesamt wird bei 118 unterschiedlichen Lexemen in rund 500 Fällen (hochgerechnet) im Gesamtkorpus ein Kompositum um das Determinans reduziert, was eine mittlere Zeicheneinsparung von 43 Prozent bei einer Spannweite von 18 bis 85 Prozent mit sich bringt.

4.2.4.2 Reduktion auf das Determinans

Eine andere mit Morphemreduktion verbundene Form, die der Reduktion auf das Determinans, führt zu ähnlichen 45 Prozent Zeichenersparnis gegenüber den nicht-reduzierten Vollformen. Dieser Typus ist bei 76 Types (ca. 350 Tokens; wiederum hochgerechnet) belegt und wird vor allem bei folgenden Lexemen verwendet (> 5 Belege):

[22] Telefon[69] (100), Fax (64), SMS (33), E-Mail (24), Ruf (9), Reise (6), Radio (5);

Auffällig ist, dass zuvorderst Kommunikationsmittel aufgeführt sind – *Ruf* bedingt eingeschlossen, welches eine veraltete Variante aus dem 1955er Kleinanzeigenkorpus darstellt. Das auffälligste und am dritthäufigsten verwendete Lexem ist *SMS (< SMS-Versand)*. Durch das erhaltene Genus (zur Erklärung s.o., zur Konversion Kap. 4.2.7.1) ist die Reduktion transparent, solange das Genus an Pronomina oder Artikeln markiert ist *(Diese sms kann nur eine SEXY Person [...], danke für deine sms, schuldigung hab ne falsche sms geschrieben)*. Bei Komposita, bei denen *SMS* nicht das Grundmorphem stellt, ist eine Disambiguierung von ›SMS-Mitteilung‹ und ›SM[S]-Dienst‹ allerdings nicht mehr grammatisch, sondern nur semantisch möglich – dafür handelt es sich um eine starke Komprimierung *(SMS Versand kostenlos < SMS-Mitteilungs-Versand kostenlos)*. *E-Mail* stellt ebenfalls ein isoliertes Determinativ dar, etwa in

[23] die handyNr v. Matzi 0172-[XXX]! e-mail weiß ich l. nicht!

Es wird hier nicht für die Nachricht verwendet, sondern in der Bedeutung ›E-Mail-Adresse‹. Zwar ist dies der einzige derartige Beleg, doch ist *E-Mail* weitere 23 Mal in Form von *e-mail; info@[domain].at* belegt. Hierbei gibt es

---

69 Inkl. *Infotelefon* und *Schneetelefon*.

nur eine Ausnahme *(e-mail an: Catamaran@[domain].de)*, Es wäre falsch, zu behaupten, dass die Präposition hier anstelle des sonst üblichen Doppelpunkts verwendet wird. Vielmehr werden *E-Mail* durch die beiden syntaktischen Varianten zwei verschiedene Bedeutungen zugewiesen. Während die Präposition *E-Mail* als ›Mitteilung‹ herausstellt *([eine] E.-Mail an [die] (E-Mail-Adresse) [senden])*, handelt es sich beim Doppelpunkt um eine Zuweisung, sodass *E-Mail* hier eine Kurzform von *E-Mail-Adresse* ist.[70] Dies ist auch für den Begriff *Telefon* ein bekanntes und zahlreich, meist gemeinsam mit *Fax* auftretendes Muster[71]: *0511/762-0* und *[Tele]Fax: 0511/762-100*, wo beide nicht für die Kommunikationsform verwendet werden, sondern Kurzformen von *Telefonnummer, -anschluss* oder *-gerät* resp. *Telefaxnummer, -anschluss* oder *-gerät* sind. Im Fall unter [24] wird *Telefon* von *Telefonnetz* reduziert:

[24] Sonne legt Telefon lahm
Wenn im Gehrdener Ortsteil Lenthe die Sonne strahlt, fallen die Telefone aus. Der für einige Straßenzüge zuständige Verteilerkasten staut zu viel Hitze auf und liegt dann bis in die kühleren Abendstunden lahm. [KFTV]

Bei nur fünf Belegen ist *Telefon* in der Bedeutung ›Telefongerät‹ belegt, welches hier nicht als Reduktion aufgefasst worden ist; einer davon ist auf *Tele* reduziert, welches exakt der Konstituente des Kunstwortes *Tele-phon* entspricht (griech. *tēle* ›fern, weit‹ und griech. *phōné* ›Stimme‹). Darüber hinaus weisen vier Fälle aus dem Jahr 1955 (KKA) das Lexem *Nr.* auf – allerdings nicht als Wortbildungsprodukt, sondern Phrase *(Telefon Nr.)*. In den neueren Kleinanzeigen ist nur in einem Fall die Vollform belegt, wobei die Ursache darin zu finden ist, dass es sich um einen ausformulierten und weniger um einen dem Prototypen Kleinanzeige nahekommenden Text handelt; zudem erfolgt die Nennung nicht am Ende der Anzeige:

[25] Anfragen unter der Telefonnummer 0511-555555 beim 2. Vorsitzenden.

Die meisten der am häufigsten verwendeten Lexeme stellen Standardform und unproblematische Fälle in Bezug auf die Disambiguierung dar. Bei *Telefon, Fax, E-Mail* und, den zeitlichen Kontext berücksichtigend, *Ruf* handelt es sich meist um kommunikationsform- und funktionsspezifische Formen, ferner dis-

---

70 In nur einem Fall ist im Übrigen die Vollform (mit Grundmorphem) realisiert: *E-Mailadresse*, in maximal fünf Fällen ist die Vollform auf das Grundmorphem reduziert.
71 Siehe auch 4.2.8.

ambiguiert der Kotext, da zumeist eine entsprechende Nummer oder Adresse genannt wird. Darüber hinaus existieren nur wenige alternative Bedeutungen, zumal es sich um Lehnwörter handelt (vgl. oben). Bei *SMS* kommt hinzu, dass das Genus qualitativ ökonomisch zwischen den Bedeutungsvarianten zu differenzieren hilft. Bei *Radio* ist eine Reduktion ebenfalls unproblematisch, da – zumindest in der Standardsprache[72] – nur die Bedeutungsvariante ›Rundfunk‹ existiert, die ebenfalls gebraucht wird bzw. zur Disambiguierung verwendet werden kann. Gemeinsam ist *Telefon* und *Telefax* ferner, dass es sich um Kunstwörter handelt, die auf Gräzismen zurückgehen, welche als Simplex nicht verwendet werden, sowie bei *SMS* um ein Kurzwort, dessen Bestandteile zwar verwendet werden, das Kurzwort jedoch als solches entlehnt worden und die Vollform sicherlich nachgeordnet gewesen ist. Schließlich wird *Reise* als Kurzform von *Reiseschreibmaschine* verwendet, deren Anwendung sich jedoch auf das Kleinanzeigenkorpus von 1955 beschränkt, da heute Notebooks die mobilen Schreibmaschinen darstellen.

Zu den Problemfällen gehört beispielsweise *Lift*, das in einem Fall nicht eine Kurzform zu *Sessellift, Skilift* o.Ä. darstellt, sondern auf *Liftbetrieb, Liftpersonal* oder *Lifttelefonnummer/Telefonnummer des Lifts* zurückgehen dürfte:

[26] Info - Lift : +43/5333/5555 Gäste-Info: +43/5333/5556

Denkbar wäre allerdings auch die Lesart ›Info [gibt es beim] Lift [unter der Rufnummer]:‹. Ferner wären *Dixie, Jazz/Oldtimejazz, Pop* (inkl. *Pop-Export, Pop-Ikone, Popstar, Pop-Stipendium*, welche entsprechend nicht als Klammerformen eingeordnet, sondern als zuvor reduziert betrachtet worden sind), *Rap, Rock [im Park]* (inkl. *Deutsch-Rock, Rockhit, Rockkonzert, Rocknummer*), *Techno[-Parade]* und *Worldbeat* zu nennen, wobei Musikgenres bereits zu Kapitelbeginn sowie in Abschnitt 3.1.2.1.6 ausführlich behandelt worden sind.

Darüber hinaus fallen *Antik[möbel etc.], F-Jugend[-Klasse], Piccolo[flasche], Quad [bike], Video[film]* auf: Hier ergeben sich einige Bedeutungen aufgrund keiner oder seltener Alternativen *(Antik, Piccolo, Quad)* oder der Struktur, da es sich bei *F* in *F-Jugend* um eine Klasse und nicht um eine Reduktion handelt. Zumindest *Quad* stellt wie *Diesel[kraftstoff], Bungee[-Jumping], Daimler[-Chrysler], Go-go[-Girl], HL[-Markt]* oder *Smoking[jacket]* im *Deutschen* ein monosemantisches Morphem dar, *Piccolo* ist nur noch in dem Musikinstrument *Pikkoloflöte* enthalten. Ausschließlich *Video* lässt sich mehr als zwei verschiedenen Bedeutungen zuweisen *(Videofilm, Videogerät, Videokamera, Videospiel, Videothek* etc.), doch ist zum einen die Kurzform für ›Videofilm‹ stark usua-

---

72 Fachsprachlich gibt es etwa *Radiowellen*.

lisiert, zum anderen stimmt bei vielen anderen das Genus nicht überein, welches vermutlich zur Vermeidung von Ambiguitäten abgeändert worden ist *(der Videofilm > das Video;* aber auch: *das Videogerät/-spiel).* Ähnlich usualisiert sind Kurzformen wie *Wild* (< *Wildtier,* aber nicht: *Wildfang, Wilddieb, Wildleder), Kilo* (< *Kilogramm,* aber nicht: *Kilometer, Kilojoule),* etc.

Einen ungewöhnlichen Beleg stellt *Oliven* in der Reisemarktanzeige [27] dar, da *Oliven* im Gegensatz zu *Video, Antik, Quad* oder *Piccolo* als (ungekürztes) Simplex verwendet wird. Er ist allerdings Bestandteil einer Aufzählung, sodass hier der Kotext, aber auch der Kontext in besonderem Maße disambiguierend wirkt.

[27] Italienische Riviera, Wohnung in kl. Villa, Oliven, Meerblick, Pool. 06128/55555

Aus der Aufzählung, die ausschließlich nicht-essbare Gegenstände *(Wohnung, Meerblick* und *Pool)* enthält, kann gefolgert werden, dass es sich auch bei *Oliven* nicht um die essbaren Früchte handelt. Zudem handelt es sich um eine Kleinanzeige im Reisemarkt, die mit Prototypen und Klischees eines Ziellandes wirbt. Im baulichen und landschaftlichen Wortfeld[73] von Italien dürften Hügellandschaft, Landhäuser, Swimmingpools und Olivenbäume enthalten sein, sodass die Wahrscheinlichkeit[74] groß ist, dass vermutlich *Olivenbäume* oder *-haine* gemeint sind und nicht *Oliven(früchte).* Ein ähnliches Verfahren muss auch für *Humboldt* angewandt werden:

[28] NACH MENORCA!NA DANN VIEL SPAß BEIM
DURCHHALTEN!BIN BEI DER HUMBOLDT
ANGENOMM!KRISSI

Der letzte Satz weist einen thematischen Bruch auf, und da SMS-Mitteilungen oftmals unterwegs verfasst werden, kann er einen Abschluss und zugleich eine Begründung für das Ende der Nachricht bilden. Wegen der Kongruenz ist *Humboldt* ein Femininum *(bei der Humboldt).* Da zu erwarten ist, dass nicht auf eine weibliche Person namens Humboldt referiert wird, sondern auf ei-

---

73 In der Anzeige wird nicht für kulinarische Spezialitäten (Eis, mediterrane Küche, Wein etc.), das mediterrane Leben oder die Bewohner Italiens geworben, sondern es werden nur bauliche Gegenstände genannt. Eine Interpretation als landschaftliche Eigenschaften liegt daher am nächsten.
74 Das kollokationsbasierte Umfeld zu *Italien, Riviera, Strand, Meer* oder *Villa* ist im Digitalen Wörterbuch der deutschen Sprache des 20. Jh. leider nicht spezifisch genug für eine genauere Aussage.

Typ	Types	Tokens[1]	ø	min.	max.
Determinans-Reduktion	118	≈ 500	43	18	85
Reduktion auf Determinans	76	≈ 350	45	20	75
Klammerform	74	135	35	14	60

(1) Bei den Werten (ausgenommen Klammerformen) handelt es sich um maschinenberechnete und per Hand korrigierte Größen, die aufgrund starker Homonymie geringfügig davon abweichen können. Die im Text angegebenen Zahlen sind allerdings exakte Werte.

Tab. 4-10: Typen der Morphemreduktion in Komposita und deren quantitative Ersparnis (alle Angaben außer Types und Tokens in %).

nen Ort, der nach der historischen Person Humboldt benannt ist, kann es sich nur um *[die] Humboldtuni*, *[die] Humboldtschule* oder *[die] Humboldtstraße* (und nicht etwa um *[das] Humboldtgymnasium*) handeln. Der Erhebungsort (Hannover) ließe die Eingrenzung auf *Humboldtstraße* zu; allerdings ist *angenomm[en]* wahrscheinlich das Ergebnis einer Bewerbung, womit auf einen Studienplatz an der Berliner *Humboldt*-Universität referiert werden dürfte.

2er, 3er, 4er und *8er* schließlich sehen formal identisch aus mit *15er-Gletscherjet*, *6er Kabinenbahn* und *4-er Sessellift* – und sind es auch. Die *er*-Bildungen haben in diesem Verwendungszusammenhang die Bedeutung ›x Stück‹, eigentlich ›x Stück von‹. Bei *ZITRONEN 4ER, PUDDINGBREZEL 2ER, LAUGENSTANGE 3ER* und *MACH 3 KLINGEN 8ER* ist die Person oder Sache, auf die sich das x-fache bezieht, mit *ZITRONEN, PUDDING* etc. *auch* genannt; dass es sich um nachgestellte Attribute handelt, ist der Kommunikationsform geschuldet. Die Belege sind aber auch nicht der *-er*-Derivation wegen aufgeführt, sondern der Reduktion auf diese, ohne das Grundmorphem anzugeben. Am besten ist dies an dem Beleg *[Keltischer] Anderthalber* (KFTV) zu erkennen, wobei nicht einmal eindeutig ist, ob sich die Größe ›eineinhalb‹ auf Längenmeter oder Kilogramm bezieht. Allerdings ergibt sich allein diese Frage nur aus dem Kotext, da dort erwähnt wird, dass es sich um ein *Schwert* handelt. Bei *6er Kabinenbahn* ist dies ebenfalls nicht explizit genannt, kann aber aus dem Grundmorphem rückerschlossen werden; jedoch handelt es sich nicht um eine ›Seilbahn mit je 6 Kabinen pro Einheit‹, sondern um eine ›Kabinenbahn, bei der je Kabine 6 Personen befördert werden können‹. Dies trifft genauso auf *4-er Sessellift* zu, bei dem nicht 6 Sessel pro Einheit miteinander verknüpft sind, sondern je 4 Personen auf Sesseln transportiert werden. Schwieriger ist dies bei *15er-Gletscherjet*, wo zwar die Transporteinheit ausgespart ist, jedoch handelt es sich bei *15er* wieder um 15 Personen (pro Einheit). Diese Bedeutung ist implizit enthalten, explizit jedoch ausgespart. Bei den Zitronen, Klingen und dem Laugengebäck ist die Einheit hingegen explizit angegeben, allerdings fehlt wie bei *Anderthalber* das Grundmorphem, auf das sich die Größe bezieht. Bei einem Lexem wie *Dreitausender* ist es relativ eindeutig ein Berg, bei *Achtpfünder* (beide nicht belegt) ein Schlachttier, bei *50er*[75] und *Siebziger* (beide belegt) sind es die entsprechenden Jahre im 20. Jahrhundert etc. (s. 4.2.8); bei der o.g. ersten Gruppe ist es *2er-, 3er-, 4er-* und *8er-Pack,* bei *Anderthalber* das Schwert. Insofern muss zwischen fehlender Angabe dessen, was x-fach vertreten ist, und der Form, Person oder Sache klar differenziert werden. Bei Ersterem handelt es sich um Derivation bzw. die spezifische Bedeutung eines Derivationssuffixes, bei Letzterem um Reduktion einer Wortbildungskonstituente.

Bezüglich der Frage nach Veränderungen bei Kopf und Kern lässt sich kein einheitliches Ergebnis nennen, sondern nur ein Trend. Dieser scheint stark vom Grad der Usualisierung und damit von der Verselbstständigung der reduzierten Formen abzuhängen. Der Musiksparte fällt hierbei ein Sonderstatus zu, da die Reduktion regelhaft erscheint. Bei *HL, Kilo, Piccolo, Video, Open-Air* oder *Smoking* ist dies hingegen nicht zu beobachten. Dass der Kern bei diesen Reduktionen kognitiv erhalten bleibt, ist offensichtlich, denn andernfalls wäre beispielsweise *Open-air* gar nicht erfolgreich verwendbar. Offensichtlich trifft dies aber auch auf den Kopf – zumindest in den meisten Fällen – zu, denn *HL* sind die Initialen von *Hugo Leibbrand,* und auf diesen wird in [29] nicht referiert:

[29] HE, UM 19 UHR TREFFEN BEI HL Z EINKAUFEN?

Vielmehr wird auf ein Filialgeschäft des *HL-Markts* referiert, das zwar aufgrund der Genusübereinstimmung bei Personenname und Geschäftsname weder am Genus noch an der Präposition *bei* erkennbar ist, jedoch am Verb *einkaufen*. Übereinstimmung im Genus liegt auch bei den meisten anderen vor: *das Kilo/Kilogramm, die Piccolo/Piccoloflasche, das Open-Air/Open-Air-Konzert* etc. Anders sieht es etwa bei *Smoking* oder *Bass* ›Bassgitarre‹ aus: Das Genus deutet hier nicht mehr darauf hin, dass es sich um eine Reduktion handelt, denn *smoking jacket* ist ein Neutrum, wohingegen *Smoking* maskulin ist, und *Bass* ist ein Maskulinum, während *Bassgitarre* ein Femininum ist. Dies sind jedoch die selteneren Fälle, für die eine Erklärung vorliegt. *Smoking* etwa ist aus dem Englischen entlehnt und mit Kluge (2002: 853) als bequeme Jacke zum Rauchen verwendet worden. Der heutige *Smoking* hingegen geht durch einen Gebrauchswandel in Deutschland und Frankreich über eine Jacke hinaus und stellt (rückwirkend nun auch in England) eine festliche Form des Anzugs dar. *Smoking* ist mit diesen Bedingungen nicht (mehr?) als Kurzform zu *smoking*

---

75 Es gibt allerdings auch ein Beleg *50er,* der sich auf 50 Stück Teebeutel bezieht.

jacket anzusehen, sondern als eigenständiges (= verselbstständigtes) Lexem im Deutschen.

Bei *Bass* liegt ein anderer Fall vor: *Bass* ist zum einen ein auf das Determinans reduziertes Wort mit der Bedeutung ›Bassgitarre‹, andererseits aber auch ein auf das Grundmorphem reduziertes Wort (*Kontrabass* > *Bass*). Das Genus hat der *Bass* mit erster Bedeutung offensichtlich von dem mit der zweiten geerbt (vgl. auch *der* Bass/Tenor/Bariton).[76]

Der semantische Kern und sogar der grammatische Kopf bleiben also in der Regel in dem getilgten Bestandteil erhalten – etwa derart, wie es im syntaktischen Bereich bei der Ellipse der Fall ist *(Wer fährt mit Uwe? – Ute [fährt mit Uwe])*.

Keine Reduktion auf das Determinans liegt übrigens bei *Garmisch* vor. Es geht auf *Garmisch-Partenkirchen* zurück, womit kein Determinativ-Kompositum besteht, sondern ein Kopulativ-Kompositum, da sowohl *Garmisch* als auch *Partenkirchen* zwei selbstständige Orte waren, die zu den Olympischen Winterspielen (1936) zusammengeschlossen worden sind; *Garmisch* ist *Partenkirchen* weder untergeordnet noch spezifiziert es dieses.[77]

4.2.4.3 Morphemtilgung im Wortinnern

Eine weitere Form der Morphemtilgung liegt beim Typ *Ölzweig* vor – zumindest unter der Annahme, dass *Ölbaum* nicht erst auf *Öl* reduziert wurde, bevor es mit *Zweig* zusammengesetzt worden ist. Die Tilgung erfährt also nicht die erste oder letzte Konstituente, sondern die (oder eine) mittlere dadurch, dass mindestens ein Simplex und eine Wortbildung miteinander verbunden werden. Dieser Umstand bedingt die etwas geringere Ersparnis als bei den anderen beiden Formen der Morphemreduktion. Über alle Korpora hinweg liegt der Quotient im Mittel bei 35 Prozent.

Insgesamt sind mit 74 Types 135 Tokens belegt. Zu den am häufigsten gebrauchten Types zählen (> 2 Tokens):

[30] Schneetelefon (11), Sommerbetrieb (11), Atomstreit (7), Skibetrieb (6), Almbahn (4), Ostküste (4), Zugspitzbahn (4), Doppelcouch (3), Lastwagen (3), Traumhaus (3)

---

76 Zwar geht die (elektrisch verstärkte, meist geschlagene oder gezupfte) *Bassgitarre* nicht auf den (akustischen, gestrichenen) *Kontrabass* zurück, doch wird dies miteinander in Verbindung gebracht – schon aufgrund der homonymen Kurzform.

77 Praktisch hätte ebenso *Partenkirchen-Garmisch* gebildet werden können, was vermutlich aus Gründen der alphabetischen Sortierung und wahrscheinlich auch aus phonologischen Gründen nicht geschehen ist.

Hier zählt *Schneetelefon* (< *Schneeinfotelefon*)[78] zu den Klammerformen, da es eindeutig nicht in der Reihenfolge *Infotelefon* > *Telefon* + *Schnee* gebildet worden ist, sondern zuerst die Komposition und danach die Reduktion stattgefunden hat: *Schnee* + *Infotelefon* > *Schneeinfotelefon* > *Schneetelefon*. *Sommerbetrieb* – belegt ist ebenfalls *Winterbetrieb* (1 x) – ist gleichfalls derart entstanden, obgleich unklar ist, ob {fahr} oder {Lift} getilgt worden ist.

Es gibt auch durch die Reduktion entstandene fehlinterpretierbare Klammerformen, die, wie bereits im theoretischen Teil an *Grippeimpfung* gezeigt, nicht unproblematisch sind, jedoch zumeist ohne Ko- und Kontext mit logischen Schlussfolgerungen aufgehoben werden können. Bei *Almbahn* etwa handelt es sich natürlich nicht um eine Bahn (gleich welcher Art), die auf einer Alm fährt, sondern eine Bahn, die zu einer Alm hoch- und wieder herunterfährt. Durch den Höhenunterschied, aber auch die Tatsache, dass mit *Alm* die Alpen und mit ihnen Wandern, Skifahren und Lifte assoziiert sind, kann auch geschlossen werden, dass es sich um eine Berg(seil)bahn handeln muss und nicht um eine klassische Eisenbahn. Entstanden ist *Almbahn* sicherlich

Typ	Types	Tokens[1]	ø	min.	max.
Determinans-Reduktion	118	≈ 500	43	18	85
Reduktion auf Determinans	76	≈ 350	45	20	75
Klammerform	74	135	35	14	60

(1) Bei den Werten (ausgenommen Klammerformen) handelt es sich um eine maschinenberechnete und per Hand korrigierte Größe, die aufgrund starker Homonymie geringfügig davon abweichen kann. Die im Text angegebenen Zahlen sind allerdings exakte Werte.

Tab. 4-11: Typen der Morphemreduktion in Komposita und deren quantitative Ersparnis (alle Angaben außer Types und Tokens in %).

wiederum durch Reduktion *(Almbergbahn > Almbahn)* infolge der Komposition *(Alm + Bergbahn)*. Entsprechend ist *Zugspitzbahn* von *Zugspitzbergbahn* reduziert. Auch bei *Skibetrieb* ist eindeutig erkennbar, dass es sich nicht um den Betrieb von Skiern bzw. starke Nutzung von Skiern handelt, sondern um eine Reduktion von *Skifahrbetrieb* oder *Skiliftbetrieb*, bei *Ostküste* kann es sich nicht um eine Ostküste handeln (diese gibt es in Deutschland nicht), sondern um die *Ostseeküste* (die im Norden liegt). Bei *Doppelcouch* handelt es sich nicht um eine doppelte Couch, sondern um eine Couch, die aufgeklappt der Größe eines Doppelbettes entspricht, sodass zwei Personen darauf Platz finden *(Doppelbett-*

---

78 Hier ist nicht nur der Übersichtlichkeit auf das Kurzwort *Info* (< *Information*) zurückgegriffen worden; es stellt auch die Standardform im Korpus dar; denkbar wäre auch *Schneezustandsinfotelefon* etc.

couch > Doppelcouch). *Lastwagen* ist aus *Lastkraftwagen* gekürzt und *Traumhaus* aus *Traumferienhaus*, welches sich aus dem Kotext ergibt:

[31] Naxos: Traumhaus mit Garten, strandnah, günstig zu vermieten. 0931/55555

Traumhaus ohne Ko- und Kontext würde als Kaufobjekt interpretiert, da in der Regel Traumvorstellungen eines Hauses mit dem Leben (und nicht mit zwei Wochen) korrespondieren. Der Kotext *zu vermieten* schafft hier die Gewissheit, dass es sich um ein Urlaubsobjekt handelt. Weniger eindeutig ist dies bei

[32] Florida Traumhaus gr. Pool, b. Ft. Myers, ab € 65,-/Tag. ✆ 089/55555555 www.florida-traumhaus.de.

Hier sorgt allerdings die Angabe *65,-/Tag* für die notwendige Disambiguierung; diese erfolgt im dritten Beleg durch die Angabe eines kurzen Zeitraums:

[33] Bretagne Traumhaus in Traumlage 28.8.- 10.9. kurzfr. frei. 06132/55555

Letztlich ist auch der Kontext entscheidend, denn die Anzeigen erscheinen im Reisemarkt einer Tageszeitung, sodass dadurch zweifelsfrei ist, dass es sich um Mietobjekte handelt.

Ein schwierigerer Fall liegt bei *Atomstreit*[79] vor. In fünf von den sieben belegten Fällen erscheint die Reduktionsform in der Headline (des Newstickers). Zwar ist die Vollform aufgrund des geringen Textraumes auch im Nachrichtenkurztext nicht belegt, doch findet sich dort dreimal *Atomprogramm*, einmal *Atomkonflikt*. Dies wie auch das vorausgesetzte Wissen um den Streitpunkt mit dem Irak führt zwar dazu, dass das reduzierte *Atom* (< *Atomprogramm*) nicht missinterpretiert wird; aber dennoch suggeriert *Atomstreit* ko- und kontextfrei zunächst einmal ›Streit um Atommüll‹, da dies das in Deutschland (im Regelfall) zentrale Thema ist als Urananreicherung resp. die zivile Atomkraft, die einen Normalfall darstellt.

Unter den übrigen Belegen waren viele unproblematisch einzuordnende wie *Autominute* (< *Autofahrminute*), *Reisemobil* (< *Reiseautomobil*), *Wohnungsunternehmen* (< *Wohnungsbauunternehmen*), *Eichentreppe* (< *Eichenholztreppe*), allerdings auch schwer zu entscheidende Fälle. Bei etwa *D.-Rad, Damensportrad* etc. ist fraglich, ob *Damenrad* aus *Dame + Rad* gebildet ist, also bereits ein re-

---

79 Einmal mit Bindestrich *(Atom-Streit)* realisiert.

duzierter Bestandteil in das Wortbildungsprodukt eingegangen oder dieser erst nach der Komposition reduziert worden ist *(Dame + Fahrrad > Damenfahrrad > Damenrad)*.

Als Sonderfälle sind *Torfestival, Tupperteil, Fotoamateur* und *telenieren* zu betrachten: *Torfestival* könnte missverstanden werden in dem Sinn, dass Tore und damit gute Spiele oder ein Pokalpreis gefeiert würden; tatsächlich handelt es sich aber um eine Reduktion von *Torwandschießenfestival*. Bei *Tupperteil* ist eine Missinterpretation nur deshalb ausgeschlossen, da *Tupper* im Deutschen nicht existiert – auch nicht der Name –, sodass der Rückschluss von *Tupper* auf *Tupperware* unproblematisch sein dürfte. Die Reduktion könnte auch prosodische Hintergründe haben, da mit ihr ein Daktylus erzielt wird. *Fotoamateur* wiederum ist sicherlich nicht mit dem Kurzwort *Foto* gebildet worden, denn dieses ist die Kurzform von *Fotografie* ›Lichtbild‹. Der bezeichnete Mensch ist allerdings kein auf einem Foto abgebildeter Amateur – diese Bedeutung existiert nicht –, sondern ein Amateur beim Fotografieren, sodass angenommen werden kann, dass die Bildung keine Kurzwort-Wortbildung darstellt, sondern aus *fotografieren + Amateur* entstanden ist, welches danach um *grafieren* reduziert worden ist. Das Problem ist transparenter beim umgekehrten Fall *Amateurfoto*: Hier wäre eine Interpretation auf ›Fotografie, die von einem Amateur erstellt worden ist‹ festgelegt. Schließlich ist auch *telenieren*, das einzige (nicht substantivierte) Verb, als Klammerform kategorisiert worden. Es ist aus *telefonieren* entstanden, das in griech. *tēle* ›fern, weit‹ und *phōnē* ›Stimme‹ sowie das Verbalsuffix *-ier* segmentiert werden kann. Insofern handelt es sich tatsächlich um eine Reduktion des Morphems *phōnē*, auch wenn dies dem oder der Bildenden wahrscheinlich nicht bewusst gewesen ist.[80]

Der Typ *Lift[fahr]betrieb* stellt sich als schwer zu interpretieren dar, da mehrere Kürzungstypen angenommen werden können, in den meisten Fällen jedoch keine Aussage über die Bildungsweise gemacht werden kann. Im Regelfall wird die Reduktion nicht erst über die (tatsächlich gebrauchte) umfänglichere transparente und motivierte Bildung gelaufen sein *(Liftfahrbetrieb > Lift[fahr]betrieb > Liftbetrieb)*, sondern unmittelbar durch *Lift + [Fahr]Betrieb* gebildet sein. In einigen Fällen lassen sich sogar Analogie- und Reihenbildungen annehmen, wie etwa im Fall von *Winterschuhe/Winterwetter > Winterbetrieb* (statt *Winterfahrbetrieb*), *Winterreifen* (statt *Winterautoreifen*).

Bei *Auto(mobil)hersteller* gibt es ebenfalls mehrere Möglichkeiten: Entweder liegt Klammerbildung (Morphemtilgung einer Binnenkonstituente) oder Komposition mit einem bereits reduzierten Kurzwort vor *((Automobil > Auto) +*

---

80 Das *n* ist ausschließlich aus Gründen der Artikulierbarkeit erhalten geblieben *(*teleieren)*.

Bauer), wohingegen Kurzwortbildung als alleiniger Schritt *(*Automobilbauer$_{BL}$ > Autobauer$_{KW}$)* ausgeschlossen werden kann, da Wörter wie *Automobilausstellung* und *Automobilindustrie* lexikalisiert sind und es äußerst unwahrscheinlich ist, dass vergleichbare Lexeme wie *Autoreifen, Autoscheibe, Autositz* einerseits und *Autocafé, Autobahn, Autofahrt, Autowrack, Autozubehör* andererseits immer wieder aufs Neue von der Basis *Automobil-X* ausgehend in Form von Klammerformen gekürzt worden sind. Zum Teil bestehen lexikalische Dubletten *(Automobilindustrie/Autoindustrie, Automobilsalon/Autosalon)*, in anderen Fällen jedoch nicht *(*Autoausstellung, *Autoclub)*, was erst einmal gegen die Annahme des Typus Kurzwort-Wortbildung spricht. Allerdings lassen sich letztere Fälle historisch erklären, denn *Automobilclub* geht mindestens auf das Jahr 1911 zurück, in welchem die »Deutsche Motorradfahrer-Vereinigung« (DMV) in »Allgemeiner Deutscher Automobilclub« (ADAC) umbenannt worden ist. In dieser Wortgruppe bleibt die ›Vollform‹ ebenso konserviert wie in *Deutscher Touring Automobil Club* (DTC), *Automobilclub von Deutschland* (AvD), *Automobil-Club der Schweiz* (ACS) und *Österreichischer Automobil-, Motorrad- und Touring Club* (ÖAMTC). Die ebenfalls gebräuchlicheren Formen *Automobilbranche* und *Automobilausstellung/-messe* stellen Sonderformen dar, die ggf. mit Faktoren wie Exklusivität[81] und Internationalität erklärt werden können – Letzteres, da etwa im Französischen *automobile (industrie automobile, salon de l'automobile)* verwendet wird, im Spanischen *salón del automóvil*, im Englischen *automotive industry*, für Ausstellungen allerdings vornehmlich nur für einige Eigennamen (*International Automobile Fair* für die IAA), aber *auto show*[82]. Darüber hinaus ist *Automobil* aus griech. *autós* ›selbst, eigen‹ und lat. *mobilis* ›beweglich‹ zurückgebildet, wobei die erste Konstituente nicht monosemantisch verwendet wird, sondern u.a. auch in *Automat/Automatik/automatisch, autonom/Autonomie* oder *autoimmun* verwendet und hier ebenfalls auf *auto-* reduziert für Wortbildungen herangezogen wird *(Autoreverse, Autostart < automatic reverse, Automatikstart)*.

Daneben gibt es Lexeme, bei denen *Automobil* nicht als erste Konstituente möglich ist *(?Automobilwerkstatt, *Automobilkino, *Automobilminute)*. Somit bleibt als Erklärungsmuster nur der Weg, dass sich aus dem Kurzwort *Auto* der Standard entwickelt hat, der später für neue Wortbildungsprodukte herangezogen wurde. Zu Beginn mag es vor der Kurzwort-Wortbildung Klammerformen gegeben haben, wodurch Varianten entstanden sind, die noch heute parallel verwendet werden können *(Automobilbauer > Auto[mobil]bauer > Autobauer)*.

---

81 Automobile stellen hochpreisige High-Involvement-Produkte dar, bei denen damit verbundene Eigenschaften wie Qualität, Individualismus, (Gegen)Wert oder eben Exklusivität eine große Rolle spielen.
82 Auch *car show, motor exhibition*.

Als einzige englischsprachige Klammerform ist *Skiseason* belegt, die auf *skiing season* zurückgeht; es könnte sich aber auch um eine Hybridbildung *(< Skifahrseason)* handeln.

4.2.4.4 Korpusspezifische Verwendung

Bei der konkreten Verwendung sticht wiederum das Tourismus-TV-Korpus Alpenpanorama hervor. Im Vergleich mit den Kurzwörtern ist das Verhältnis von Korpus zu Korpus noch unterschiedlicher, und zwar ist der Anteil der Morphemtilgungen rund zwei- bis sechsmal so hoch wie bei den anderen Korpora. Mit 4,1 Prozent Anteil an den Gesamtwortformen ist die der um Morpheme reduzierten Lexeme besonders hoch; bei den Kurzwörtern waren es nur 2,1 Prozent (inkl. der Kurzwort-Wortbildungen 2,8%).

Die Spanne des Anteils reicht von 0,6 Prozent beim SMS-Korpus bis zu den genannten 4,1 Prozent beim Alpenpanorama. Den geringsten Wert unter den vier Stammkorpora nimmt mit 1,1 Prozent der Newsticker ein. Dies erstaunt insofern, als von Kurzwörtern und Kurzwort-Wortbildungen umfassend Gebrauch gemacht wird, von der Morphemreduktion jedoch nur vergleichsweise wenig. Überhaupt sind die Gruppen aufgelöst, die sich bei den Kurzwörtern und Kurzwortbildungen herauskristallisiert haben. Während der Anteil an Morphemreduktionsformen beim KNT (1,1%) und KFTV (1,3%) ähnlich liegt, sind es bei der Ersparnis das KFTV (44%) und das KKA (2005; 43%), die etwa gleichauf liegen. Bei der Anzahl unterschiedlicher Lexembelege hingegen weisen das KNT (0,61%) und das KKA (2005; 0,62%) ähnliche Werte auf.

Beim Newsticker wird der Anteil der Lexeme mit Morphemreduktion nur noch vom SMS-Korpus unterboten, die Anzahl unterschiedlicher Reduktionsformen liegt allerdings im Mittelfeld. Zur Verwendungshäufigkeit passt auch der geringe Wert der Ersparnis bei den belegten Lexemen. Diese sind etwa gleich auf die drei Typen verteilt: Es sind zwar acht Determinativ-Reduktionen, fünf Reduktionen auf das Determinans und zehn Klammerformen im Korpus enthalten, zu Lexemen gruppiert sind es jedoch jeweils fünf, fünf und vier. Hierzu gehören allein sechs Belege zu *Atomstreit*, welches vorwiegend in der äußerst kurzen Headline erscheint. Kotextbedingt ist das am zweithäufigsten belegte Lexem *Anschlag* eindeutig als *Terror-/Bombenanschlag* disambiguierbar, da hierbei weder die Bedeutungen ›Bekanntmachung‹ oder ›Tastendruck‹ noch andere fachspezifische Bedeutungen (Schwimmen, Bergbau, Handwerk etc.) infrage kommen können. Bei *Union (< CDU-CSU-Union)* handelt es sich um eine Reduktion, die auf die Schnittmenge der beiden determinierenden

Vollformkonstituenten zurückgeht *(Christlich-Demokratische* Union, *Christlich-Soziale* Union*;* s. hierzu ausführlich Kap. 4.2.5*)*.

Das Fahrgastfernsehen zeichnet sich durch einen ähnlichen Anteil aus (1,3 %), wobei sich dieser anders verteilt: Den Hauptanteil haben die Determinans-Reduktionen, die einfachste Form der Morphemreduktion. Die Tendenz bestätigt sich in leicht abgeschwächter Form bei Berücksichtigung der unterschiedlichen Lexeme; hier ist das Verhältnis 1:2:4. Am häufigsten werden *Karte* (30 Belege), *Bahn* (24) und *Linie* (23) verwendet, welches der Kategorie Fahrgastinformationen zuzuschreiben ist. Hier erübrigt sich die Nennung von *Fahrkarte* oder *Eintrittskarte*, zumal Letztere ohnehin in 18 Fällen um das Lexem *Ticket* ergänzt wird, das diese Bedeutungen einschließt (sowie ferner die Bedeutung ›Flugschein‹, die allerdings nicht mit der Konstituente *Karte* gebildet wird). Ferner sind *Kanzler* und *Telefon* belegt, wobei die 18 Belege von *Kanzler* einem einzigen der Vollform *Bundeskanzler* gegenüberstehen und die 15 Tokens von *Telefon* nicht in einem Fall der Vollform *Telefonnummer* – ausschließlich diese stellt übrigens eine hochfrequente Reduktion auf das Determinans dar, welches vollständig usualisiert und aus Kleinanzeigen bekannt ist. Die hohe Gebrauchsfrequenz der genannten Lexeme spiegelt sich übrigens in der geringen Anzahl unterschiedlicher Reduktionsformen in Höhe von 0,44 Prozent wider.

Mit den Kleinanzeigen teilt das Fahrgastfernsehen jedoch nicht die Tokenanzahl von *Telefon*. Obwohl Telefonnummern den Standardabschluss einer privaten Kleinanzeige bilden, sind nur sieben reduzierte und eine nichtreduzierte Form von *Telefonnummer* belegt. Aufgrund des geringen Textraumes, des prototypischen Aufbaus der Kommunikationsform Anzeige und der leicht erkennbaren Form von Telefonnummern (s. 4.2.8) überwiegt hier die Abkürzung *Tel.* (58 Belege). Erheblich öfter ist *Fax* (39) belegt, wobei Morphemreduktionsform und Abkürzung übereinstimmen, sofern der Punkt bei Letzterer getilgt wird. Das meistgebrauchte Lexem ist allerdings *Pool* (42), ferner *Haus* (23) und *Karte* (19), wobei Letzteres ausschließlich in der Bedeutung ›Eintrittskarte‹ verwendet wird. Für *Haus* wird oftmals die Vollform verwendet, wobei verschiedene Vollformen existieren und allein 16 auf Ferienhaus zurückgehen. Belegt sind mehrfach auch die Vollformen *Bauernhaus, Friesenhaus, Landhaus* und vor allem *Traumhaus* sowie *Reethaus*, wobei Letzteres nicht nur eine Reduktion auf das Grundmorphem, sondern auch eine Klammerform darstellt *(Reetdachhaus > Reethaus)*. Darüber hinaus werden auch Abkürzungen wie *Fe.-Haus* gebraucht (s. 4.2.9.1).

Die hohe Zahl der Belegnachweise deutet bereits auf einen entsprechenden Anteil von Morphemreduktion, besonders bei dem in den Beispielen vorherrschenden Typ der Determinans-Reduktion hin, welcher mit 1,7 Prozent tatsächlich den zweithöchsten Wert darstellt. Insgesamt liegt der Anteil bei hohen 2,3 Prozent, die Variation bei 0,62. Bezüglich der Reduktionstypen sind Klammerformen unterdurchschnittlich vertreten – das Verhältnis kann mit rund 1:4:8 angegeben werden.

Den mit Abstand höchsten Anteil an Morphemreduktion weist, wie eingangs festgestellt, das Tourismusfernsehen Alpenpanorama auf. Erstaunlich hoch ist der Anteil sowohl der Reduktion auf Determinans-Konstituenten als auch der von Binnenmorphemen, denn die drei Typen weisen ungefähr die gleichen Anteile auf, auch wenn die Belegwerte durch häufiges Verwendung von *Fax* und *E-Mail* höher liegen. Trotz der höchsten Anwendung von Morphemreduktion und der zweithöchsten Anzahl unterschiedlicher Reduktionsformen liegt der Wert der effektiven quantitativen Reduktion bei einem Minimum (32%). Dies ergibt sich einerseits aus der geringen Ersparnis bei den hochfrequenten Wörtern *Anlage, E-Mail, Fax* und *Lift*, andererseits aus dem hohen Anteil an Klammerformen, bei denen drei oder mehr Morpheme um eines reduziert werden; die Ersparnis ist – wie schon bei den Kurzwort-Wortbildungen gegenüber den Kurzwörtern – geringer, da die reduzierten Bestandteile prozentual abnehmen, je länger eine Wortform ist.

Beim Vergleichskorpus Kleinanzeigen (1955) fällt vor allem das umgekehrte Verhältnis von Reduktion auf das vs. der vom Determinans auf. Geschuldet ist dies vor allem der fehlenden Ökonomie beim Lexem *Telefonnummer*; dieses ist hier zumeist nicht reduziert, sondern als grundmorphemreduziertes Wort *(Telefon)* mit 64 Wortformbelegen enthalten, und weitere 9 *Ruf*-Tokens treten noch zum Reduktionstypen hinzu. So erklären sich vor allem der hohe Wert von 0,9 Prozent, der auf diesen Typ entfällt, sowie das ungewöhnliche Verhältnis von 1:9:3, denn insgesamt liegt der Reduktionsanteil mit 1,4 Prozent im unteren Drittel. Die Ersparnis von durchschnittlich 49 Prozent stellt hingegen fast die höchste dar, wobei sie auf einigen wenigen Lexemen basiert (Anzahl unterschiedlicher Reduktionsformen: 0,42%) und hier vor allem auf dem bereits genannten *Telefon*. Auch *Reise* (7 Belege) für *Reiseschreibmaschine* stellt eine starke Ersparnis dar und zudem eine außergewöhnliche Reduktion, die auch als syntaktisch reduziert gedeutet werden könnte (etwa mit getilgtem Ergänzungsbindestrich; aber: [35]):

[34] Schreibmaschinen Reise oder Büro, neu oder gebr.

[35] Gute Reise-Schreibmaschine verkauft. Angebote erbeten unter H 81662

Das SMS-Korpus weist als einziges Korpus keine Klammerform auf und enthält generell die geringste Anzahl unterschiedlicher Reduktionsformen (0,21%). Gleich verteilt sind die Reduktionen vom bzw. auf das Determinans (jeweils 0,3%), sodass der Gesamtanteil bei den mit Abstand geringsten 0,6 Prozent liegt. Dies widerspricht insofern den Erwartungen, als gerade die technischen wie situativen Rahmenbedingungen für eine Reduktion, besonders für den Typ Determinans-Reduktion sprechen. Allerdings spricht gegen eine hohe Morphemreduktionsrate, dass sie entsprechend komplexe Lexeme voraussetzt – und diese wiederum eine höhere Sprachplanung, die für SMS-Mitteilungen weniger zutrifft als für alle anderen Korpora. Darüber hinaus unterscheidet sich die Funktion von denen der anderen Kommunikationsformen ganz erheblich (s. 4.1.5 und 4.2.3).

Zu den häufigsten Reduktionslexemen in der SMS-Kommunikation gehören standardsprachliche Belege wie *Nummer (< Telefonnummer)* und *Film (< Videofilm)* sowie *E-Mail* als Beleg für Reduktion auf das Determinans *(< E-Mail-Adresse)* einerseits als auch *Mail* als Beleg für Determinans-Reduktion *(< E-Mail)* andererseits.

Abschließend sei in Bezug auf das Bon-Korpus festgehalten, dass wiederum die Anzahl unterschiedlicher Reduktionsformen (1,47%) den höchsten Wert darstellt. Der Erwartung folgt auch die hohe Ersparnis (54%) in diesem Bereich, die vor dem Hintergrund der mit Abstand geringsten möglichen Graphemlänge erklärbar ist. Während *Cola* für *Coca-Cola* standardsprachlich üblich ist, stellen *2er* oder *50er* eher besondere Reduktionsformen dar (s. Diskussion oben). Ein Lexem geht auf einen Eigennamen zurück *(Korn-Eck)*, ein anderes stellt eine Reduktion eines solchen dar *(Wertk. < Bio-Wertk[ost]*[83]*)*. Vor dem Hintergrund der geringen Anzahl an Wortformen sind weitere Analysen wenig sinnvoll.

Die folgende Tab. 4-12 gibt einen Überblick über die diskutierten Werte und fasst die Ergebnisse zusammen.

Insgesamt liegt zusammenfassend die Ersparnis durch Morphemreduktion zwischen 32 und 54 Prozent, wobei die Pole vom Newsticker (geringster Wert) und den Bons (höchster Wert) gebildet werden. Der Anteil der Determinans-Reduktionen ist erwartungsgemäß der höchste, wenngleich (erklärbare) Ausreißer bestehen. Sie stellen eine rein quantitative Ökonomie dar, auf qualitativer Seite ist durch die Reduktion eine mehr oder minder starke Disambiguierung notwendig, sofern es sich nicht um Monosemantika handelt.

---

83 Entscheidend ist hier nicht die Abkürzung von *Wertkost* auf *Wertk.*, sondern die Reduktion des Konfixes *bio*, das hier zu den Kompositionsmorphemen gezählt worden ist, auch wenn es eine Zwischenstellung zwischen diesen und den Derivationsmorphemen einnimmt.

4.2 Auswertung

	KNT	KFTV	KKA 2005	KTV	KKA 1955	KSMS H	KBON
Wortformen	2291	26279	9374	4240	10282	12442	747
Anteil Det.-Red. (in %)	0,3	1	1,7	1,8	0,3	0,3	0,7
Anteil Red. auf Det. (in %)	0,2	0,3	0,8	1,7	0,9	0,3	0,8
Anteil Klammerform (in %)	0,4	0,1	0,2	1,4	0,1	0	0,3
Gesamtanteil (in %)[(1)]	1,1	1,3	2,3	4,1	1,4	0,6	1,6
Ersparnis (∅ in %)	36	44	43	32	49	40	54
Anz. versch. Reduktionsformen[(2)] (in %, abs. in ())	0,61 (14)	0,44 (115)	0,62 (58)	1,23 (52)	0,42 (43)	0,21 (26)	1,47 (11)
Determinans-Reduktion[(3)]	8 (5)	256 (69)	163 (26)	77 (17)	34 (23)	37 (14)	5 (4)
Reduktion auf Determinans	5 (5)	66 (33)	31 (21)	35 (14)	96 (16)	32 (11)	6 (6)
Klammerformen	10 (4)	23 (16)	22 (17)	60 (24)	10 (9)	6 (6)	2 (2)
Top-5-Red.[(4)]	Atomstreit (6, Gr), Anschlag (3, Dr), Union (2, Dr)	Karte (30, Dr), Bahn (24, Dr), Linie (23, Dr), Kanzler (18, Dr), Telefon (15, Gr)	Pool (42, Dr), Fax (39, Dr), Haus (23, Dr), Karte (19, Dr), E-Mail (7, Gr)	Fax (25, Dr), E-Mail (21, Gr), Lift (14, Gr), Schneetelefon (11, Kf), Sommerbetrieb (11, Kf), Anlage (11, Kf)	Telefon (64, Gr), Ruf (9, Gr), Reise (7, Gr), Haus (7, Dr), Radio (4, Gr), Heim (4, Dr), Stück (4, Dr)	Nummer (11, Dr), E-Mail (6, Gr), Karte (6, Dr), Mail (5, Dr), Film (3, Dr)	Cola (2, Dr), Saftsch[inken] (1, Kf), Schoffeta (1, Kf), 2er[(5)] (1, Gr), Korn-Eck (1, Dr), Werk. (1, Dr)

Tab. 4-12: Quantitative Ökonomie durch Morphemreduktion in den Teilkorpora.

(1) Abweichungen von der Gesamtsumme, die bei der Addition der Einzelwerte vorliegen, sind bei der Addition der Einzelwerte vorliegen, sind der Tatsache geschuldet, dass einige Lexeme zwei Reduktionsformen unterliegen ([Voll]Korn-[Drei]Eck[sbrot], [Tele]Fax[nummer], ...). – (3) Bei den Werten (nach Reduktionstyp) handelt es sich um die Anzahl der Belege (verschiedene Wörter in Klammern). – (4) Zum Teil sind mehr als fünf Lexeme aufgeführt, um den Rang aufrechtzuerhalten (= mehrere mit demselben Vorkommenshäufigkeiten). Die Abk. bedeuten Folgendes: Dr = Determinansreduktion, Gr = Reduktion auf das Determinans, Kf = Klammerform. – (5) Belegt ist ferner je einmal 3er, 4er, 8er.

Gleichzeitig sticht der Reduktionstyp durch seine handhabbare Art hervor, die mit fast jedem Determinativkompositum möglich ist (s. o.), ohne dass eine Usualisierung notwendig wäre. Einige dieser Lexeme lassen sich als so genannte »lexikalisierte Ellipsen« (Klein 1993: 767) einordnen, denn auch das oft zitierte Beispiel *Otto sitzt* geht hierauf zurück, wenngleich sich das Beispiel auf ein Verb bezieht *(einsitzen > sitzen)* und Verben im Korpus nur einmal in Form von *telenieren* als Klammerform in Erscheinung treten. Den stärksten Lexikalisierungsgrad erfordert hierbei der Typ der Reduktion auf das Determinans, was sich oben am beliebig gewählten Beispiel *Gibst du mir mal die Brom?* gezeigt hat.

Warum liegt der Anteil der Klammerformen beim Tourismus-TV so hoch? Hier zwingt der geringe Textraum zu besonders starker Reduktion; gleichzeitig sollen viele Besonderheiten (Aktionen, gute Wetterlage, viele Pistenkilometer und Liftanlagen etc.) Erwähnung finden, sodass die Wörter mit drei oder mehr Wortbildungsmorphemen komplex gestaltet und hiernach etwa um den Mittelteil reduziert werden *(Sommer[saison]opening, Winter[fahr]betrieb, Schnee[lage][informations]telefon* bzw. *Schnee[berichtsinformations]telefon)*.

Lift, Bass, Fax, Korn-Eck, Reethaus, Wagnerkarte und *Damensportrad* stellten insofern besondere Belege dar, als bei ihnen mehrere Formen der Reduktion angewandt worden sind: Bei *Bass, Fax* und *Lift* gehen die reduzierten Formen sowohl auf Reduktion des Determinans zurück *(Kontrabass; Telefax; Skilift, Sessellift, Schlepplift)* als auch auf das Determinans *(Bassgitarre; Faxnummer; Liftbetrieb)*, bei *Korn-Eck* gibt es beide genannten Reduktionsformen *([Voll]korn-[Drei]eck[sbrot])*, und bei *Reethaus, Wagnerkarte* und *Damensportrad* schließlich liegt vermutlich sowohl eine Reduktion des Determinans *(Wagneroper > Wagner*, da *?Oper-Eintrittskarte* und *?Opernkarte* fraglich sind) als auch die eines Morphems im Wortinnern vor *(Wagnereintrittskarte > Wagnerkarte)*. *Wagner* ist allerdings auch in Sinne von Metonymie zu deuten *(Wagner hören)*.

4.2.5 Elliptische Kürzung in Wortgruppen

Wortgruppenellipsen haben ihre Entsprechung bei den zuvor genannten Reduktionen auf Wortebene mit dem Unterschied, dass der Kern an beliebiger Position stehen kann. Die Wortgruppen müssen allerdings nicht auf Kerne *(Bahn < Deutsche Bahn)*, sondern können auf prototypische, möglichst (zumindest im Kontext) monosemantische Wörter reduziert werden, wenn sie qualitativ ökonomisch reduziert werden sollen *(96 < Hannover 96)*.

Die Werte für die Ersparnis von Wortgruppenellipsen basieren bei den einzelnen Korpora mit einer Ausnahme auf geringen Daten, sodass sie nur als

4.2 Auswertung

Richtwerte gelten können. Allerdings basiert der Mittelwert von 55 Prozent auf relativ aussagekräftigen 56 verschiedenen Reduktionsformen, die eine Ersparnisspannweite von 27 *(Frankfurter Allgemeine)* bis 82 Prozent *(96)* aufweisen.

Typ	Types	Tokens	ø	min.	max.
Wortgruppenellipse	56[(1)]	171	55	27	82
Wortkreuzung	15	20	35	20	60
Metonymie	16	29	58	32	73

(1) Davon sind 41 verschiedene Types belegt, wenn die Abkürzungen *(Frankf. Allgemeine, Frankf. Allgem.* etc.) und Komposita *(96-Trainer, 96-Keeper* etc.) nicht einzeln gezählt werden, sondern unter *Frankfurter Allgemeine* bzw. *96 < Hannover 96* subsumiert werden.

Tab. 4-13: Anzahl, Gebrauch und Ersparnis der Wortgruppenellipse (alle Angaben außer Types und Tokens in %).

Den Spitzenrang hinsichtlich der Gebrauchsfrequenz nimmt mit 82 Tokens *Frankfurter Allgemeine* ein *(< Frankfurter Allgemeine Zeitung)* inkl. der Varianten *Frankf. Allgemeine, Frankf. Allg., Frankf. Allgem.* Hierbei reicht die Ersparnis von 27 bis 39 Prozent ohne Berücksichtigung der Abkürzung.[84] Geringere Frequenz (39x), aber höhere Ersparnis (38–82%) weist *96 (< Hannover 96)* inkl. der Komposita mit *96* auf. Allein 20 Types entfallen auf eine isolierte Verwendung, die anderen 19 Belege stellen Komposita mit hoher Anzahl unterschiedlicher Reduktionsformen dar.[85] Alle Belege mit mindestens 3 Tokens sind unter [36] aufgeführt.

[36] Frankfurter Allgemeine (< Frankfurter Allgemeine Zeitung), 96 (< Hannover 96), Bahn (< Deutsche Bahn), Brauhaus (< Brauhaus Ernst August), Stones (< Rolling Stones), Werder (< Werder Bremen)

Hierunter befinden sich auch Prototypen. Einen solchen stellt beispielsweise *Frankfurter Allgemeine* dar. Das diesbezügliche Schema (›Zeitung‹) sieht hierbei die Tilgung des letzten Wortgruppenelements, *Zeitung*, vor *(Süddeutsche, Hannoversche Allgemeine* etc.). Voraussetzung für diese Kürzung oder eine weiter

---

84 Dies würde zu einem falschen Ergebnis führen, da Abkürzung (s. dort) ein von der Wortgruppenellipse unabhängiges Reduktionsverfahren darstellt. D.h., für die Berechnung wurde für *Frankf. Allgemeine* die Vollform *Frankf. Allgemeine Zeitung* angenommen, für *Frankf. Allgem.* die Vollform *Frankf. Allgem. Zeitung* usw.
85 Im Einzelnen sind dies: *96-Chef, 96-Profi, 96-Clubchef, 96-Coach, 96-Fan, 96-Gesellschafter, 96-Keeper, 96-Kicker, 96-Manager, 96-Präsident, 96-Stürmer, 96-Trainer, 96-Trikot, 96-Verstärkung.*

reichende durch Tilgung eines Bestandteils wie *Allgemeine* scheint hierbei zu sein, dass das Lokalattribut nicht mit der *-er-*Derivation übereinstimmt. Darüber hinaus scheint eine Tilgung auch durch die Existenz anderer Wortgruppen mit demselben Attribut blockiert (**Frankfurter*, da *Frankfurter A. Zeitung* und *Frankfurter Würstchen*), vor allem dann, wenn Varianten bestehen (**Frankfurter*, da *Frankfurter Allgemeine Zeitung/Rundschau*, **Berliner*, da *Berliner Zeitung/Morgenpost*), oder wenn Polysemie entstehen würde (**Berliner* ›Berliner Zeitung‹, da *Berliner* ›Krapfen‹, **Braunschweiger*, da *Braunschweiger* ›Einwohner Braunschweigs‹). Letztere Bedeutung ›Einwohner von x‹ trifft auf die meisten Zeitungseigennamen zu, weshalb die Tilgung meist nur für Wortgruppen realisiert wird, die den Bestandteil *Allgemeine* enthalten, oder bei denen etwa der feminine Wortgruppenbestandteil *(die Cellesche [Zeitung])* nicht mit der Grundform von ›Einwohner von x‹ übereinstimmt (*Cellesche/Cellenser, Fränkische/Franke*) bzw. diese nicht sehr gebräuchlich ist *(Süddeutsche)*. Diese Regel ist jedoch auf Zeitungsnamen beschränkt, denn mit *Berliner* lag bereits ein abweichendes Beispiel vor. In diese Reihe gehört auch *Nürnberger* oder *Wiener (< Nürnberger/Wiener Würstchen)*. Über die Bedeutung entscheidet allerdings in der Regel der Ko- und/oder Kontext, denn in einem Restaurant *4 Nürnberger* oder *ich nehme die Nürnberger* geäußert, schließt alternative Bedeutungen (›Einwohner Nürnbergs‹) eindeutig aus. Belegt ist in dieser Hinsicht *Bio-Wiener*, wo das Konfix zu disambiguieren hilft, denn Bedeutungsvarianten bestehen zwar etwa in ›Wiener Würstchen‹, ›Wiener Schnitzel‹, ›Einwohner Wiens‹, ›Wiener Zeitung‹, ›Wiener Kaninchen‹, doch schränkt *bio-* die Möglichkeiten auf die essbaren Vollformen ein.

Abb. 4-5: Semantische Verschiebung bei nicht-reduzierter Wortgruppe.

Morphologisch interessant ist eine Eigenschaft, die bereits in ähnlicher Weise für die Kurzwörter genannt worden ist: Während die Vollformen aufgrund ihrer Komplexität Beschränkungen hinsichtlich ihrer Wortbildungsfähigkeit unterliegen, können die reduzierten Formen weitere morphologische Prozesse erfahren. Besonders einfach ist dies bei Reduktionen der Wortgruppe auf den ehemaligen Kopf und Kern *(Zillertaler Schürzenjäger > Schürzenjäger)*. Hier wären Bildungen wie *Schürzenjäger-Konzert*, *-Fan* oder *-CD* möglich, während dieselben Prozesse mit der Vollform zumindest als fraglich zu betrachten sind *(?Zillertaler-Schürzenjäger-Konzert)*.[86] Zumindest verlieren die Wörter bei gleicher Bedeutung erheblich an Komplexität *(Deutsche Bahn AG Kunde > Bahnkunde*[87]*)*.

Mit einer Tilgung des letztes Wortgruppenelements ist oftmals ein Wortartwechsel verbunden ist, wenn zum Beispiel die Attribute der Wortgruppe den neuen Kopf der NP bilden. So ist etwa *Bio-Wiener* nur deshalb bildbar, weil es sich bei *Wiener* um eine substantivierte Form des ehemaligen attributiven Adjektivs *der Wortgruppe* handelt; **Bio-Wiener Würstchen* stellt ebensowenig die Vollform dar wie *Wiener Bio-Würstchen*. Ursache ist nicht etwa eine morphologische Beschränkung, dass Konfixe beispielsweise nur mit Substantiven kombinierbar sind – dies ist nicht der Fall *(bio-frisch; biblio-phil)*. Sie ist vor allem semantischer Natur: Feste Wortgruppen sind nicht trenn- oder vertauschbar, aber auch nicht semantisch variierbar. Ein *Wiener Würstchen* ist eine spezielle Form eines Würstchens, das durch Rezeptur, Form, Zubereitungsart etc. festgelegt ist. Da Variation im Großen und Ganzen unzulässig ist, sind auch semantisch-syntaktische bzw. morphologische Änderungen unzulässig. So ist zwar *herzhaftes Wiener Würstchen* zulässig, da durch das hinzugetretene Attribut die Wortgruppe (im Kern) semantisch nicht verändert wird[88], jedoch nicht **Herzhaft-Wiener Würstchen* oder *Süd-Wiener Würstchen*. Ganz offensichtlich unmöglich ist das Umstellen der Wortgruppe *(*Würstchen Wiener)* oder gar ein Aufbrechen *(*Wiener Bio-Würstchen)*. Letzteres ist zwar bildbar, jedoch mit ›(ein x-beliebiges) Bio-Würstchen aus Wien‹ bedeutungsdifferent.

Transparent wird die Kopf-Verschiebung nicht am Wortartwechsel, denn hier herrscht Formübereinstimmung, wohl aber morphologisch an ungrammatischen Bildungen wie **Wienerchen Schnitzel* gegenüber grammatischen der Kurzform *(Wienerchen)*, da die Distributionsbedingungen des Derivationssuffixes *-chen* ein substantivisches Grundmorphem verlangen.

Prototypisch sind über die genannten Lokalattribute und Zeitungseigennamen auch Musiker- und Sportvereinsnamen (bes. Fußball). Allein im Korpus belegt sind schon *96 (Hannover 96)*, *Aachen (< Alemannia Aachen)*, *Bremen (< Werder Bremen)*, *Hertha*[89] *(< Hertha BSC)*, *Pauli (< FC St. Pauli)*, *VfB (< VfB Stuttgart)* sowie im Basketball-Bereich *Suns (< Phoenix Suns)*. An diesen wort-

---

86 Dies gilt auch für andere Bildungstypen: So wäre *MHH-Urologie* mit der Vollform nicht bildbar *(*Medizinische-Hochschule-Hannover-Urologie)*.
87 Dass *Bahn* eine Reduktion von *Eisenbahn* darstellt, spielt hier keine Rolle, da es um die Wortgruppe – zudem ein Eigenname – geht.
88 Geändert wird lediglich die Bedeutung der Phrase resp. die Satzbedeutung.
89 Der Fleischwarenhersteller *Herta* ist nur homophon, nicht jedoch homograph zu *Hertha*.

feldnahen Beispielen zeigt sich, dass oftmals Monoseme als ›Stellvertreter‹ gewählt werden, die eine Rückerschließung (qualitativ ökonomisch) erleichtern: *Hertha, Schalke (04), Werder, 96*. Abweichungen wie *Bayern* lassen sich vor allem mit der Tradition und Bedeutung des Vereins erklären. Auch Musiker- und Bandeigennamen wie *Stones* (< *The Rolling Stones*) und *Elvis[-Interpret]* (< *Elvis-Presley-Interpret*) stellen Prototypen der Wortgruppenellipsen dar, ferner Käse-[90] (*Maasdamer, Tilsiter, Greyerzer* etc.) und Städtenamen *(Porta < Porta Westfalica, Vegas < Las Vegas)*. Homonymie liegt zwar bei *Holländ., Innern, Pommes, Porta, Tour* oder *Tristan* vor. Allerdings beschränkt hier der Ko-/Kontext in der Regel unproblematisch die Bedeutungen auf eine: Deutschland[91] *(Porta [Westfalica]; Pommes [frites])*, Musik/Wagnerfestspiele *([Der fliegende] Holländer; Tristan [und Isolde])*, Politik *([Bundesministerium des] Innern)*, Sport *(Tour [de France])*. Bei *Innern* kommt allerdings erschwerend hinzu, dass meist *Bundesinnenministerium* verwendet wird.

Wie im Fall von *96* kann eine Wortgruppenellipse – wie bei den Kurzwörtern *(ARD)* – derart usualisiert Verwendung finden, dass sie die Vollform nahezu ersetzt *(Bahn < Deutsche Bahn, Schalke (04) < FC Gelsenkirchen-Schalke 04*[92]*)*. Lokal begrenzt wird *96* nicht nur in den Vereinsfarben und der Bildmarke verwendet, sondern in beliebigen Farben und typografischen Kombinationen isoliert auf beispielsweise T-Shirts gedruckt – und dennoch korrekt interpretiert.

Als Problemfälle sind *ACE, BahnCard, G'steig* und *Union* zu nennen. *ACE* ist eine Kurzformgruppe für die *Vitamine A, C* und *E*. Die Grapheme stellen zum einen nicht einmal Abkürzungen dar, denn es handelt sich bei ihnen lediglich um Aufzählungselemente;[93] zum anderen ist bei ihnen sowohl *Vitamin* getilgt als auch das Basismorphem *Drink* (engl. ›Getränk‹), sodass als kürzeste Vollform *Vitamin-A-C-E-Drink* anzusetzen ist. Da dies keine Wortgruppe, sondern eine komplexe Wortbildung darstellt, ist die Bildung *ACE* nicht berücksichtigt worden.

---

90 Im Korpus belegt ist hiervon lediglich *Maasd. < (Maasdamer Käse)*.
91 Hiermit ist gemeint, dass eine Nennung von *Pommes* oder *Porta* im deutschsprachigen Umfeld oftmals nur eine einzige Bedeutung aufweist oder in einer einzigen Wortverbindung verwendet wird – anders als in einer französischsprachigen (*pommes sautées, pommes de terre à l'eau, compote des pommes* etc.) oder italienischsprachigen (*porta* ›Tür, Tor, Pforte‹ bzw. *porta di casa, linea di porta, che porta acqua* etc.).
92 Bei *Schalke (04)* kommt es nicht auf die Reduktion von *Gelsenkirchen-Schalke (04)* an – dies ist keine Wortgruppenellipse, sondern eine Reduktion eines Kopulativ-Kompositums auf eine der beiden Konstituenten –, sondern auf die von *FC Gelsenkirchen-Schalke* auf *[Gelsenkirchen-]Schalke* (die Tilgung von *FC* also).
93 Die Bezeichnung für Vitamin A ist beispielsweise Retinol. Im Gegensatz zu Retinol sind andere Vitaminnamen gebräuchlich – Riboflavin (B_2), Ascorbinsäure (C) – oder gar gebräuchlicher als die Aufzählungsgrapheme: Biotin (H), Folsäure (M).

BahnCard stellt insofern einen Problemfall dar, als es sich bei *Bahn* sowohl um eine um das Determinans reduzierte Kurzform als auch um eine Wortgruppenellipse (< *Deutsche Bahn AG*, vgl. oben) handeln kann. Angenommen wird Letzteres, da die *BahnCard* als eine Kundenkarte des Unternehmens *Deutsche Bahn AG* zu betrachten und der Bildungstyp [Firma]+*Card (ESSO CARD, Rotkäppchen-Card, TUI Card)* ist. Als Vollform wird folglich nicht *EisenbahnCard, sondern *Deutsche-Bahn[-]Card* angesetzt, bei der der Bindestrich bahntypisch getilgt und die Morphemgrenze stattdessen mit Binnenmajuskel angezeigt ist *(vgl. BahnShop, EgroNet, InterRail, KulTourBahn, ServicePoint)*.

G'steig erscheint innerhalb der PP *Auf der G'steig*, dem Eigennamen einer Golfanlage im allgäuischen Lechbruck. Die Vollform zu *G'steig* ist *Gehsteig*, ein Maskulinum – die PP weist jedoch auf ein Femininum hin. Folglich ist ein Substantiv hinter *G'steig* getilgt, das entweder eine unmittelbare Konstituente eines Wortbildungsproduktes – in diesem Fall wäre es eine Morphemreduktion – (z.B. *G'steigalm, G'steigwiese*) oder den Kopf einer NP darstellt *(G'steiger Alm, G'steiger Wiese)*. Im zweiten Fall wäre nicht nur das Substantiv getilgt, sondern darüber hinaus auch noch das *-er*-Suffix. Dies erscheint unwahrscheinlich, sodass auch *G'steig* nicht als Wortgruppenellipse begriffen wird.

Als letzter Problemfall ist *Union* genannt worden. Er ergibt sich dadurch, dass *Union* in zweierlei Weise verwendet werden kann: Einerseits bildet *Union* den jeweils zweiten Bestandteil der Parteienvollformen von *CDU* und *CSU (Christlich-Demokratische* Union *Deutschlands; Christlich-Soziale* Union*)*; andererseits kann es auch für die Allianz zwischen beiden Parteien verwendet werden. Zumeist ist Letzteres eindeutig der Fall, in Einzelfällen ist dies schwer zu entscheiden:

[37]   Streit um TV-Duell(e)
       Streit um TV-Duell spitzt sich zu: Angela Merkel will sich weiter
       nur einmal mit Gerhard Schröder messen. Die Union drohte sogar
       mit einer Absage: Entweder gebe es ein einziges Fernsehduell oder
       gar keins.

Merkel kann hierbei sowohl als CDU-Chefin als auch als Kanzlerkandidatin des Parteienbündnisses genannt werden. Für Letzteres spricht nicht nur der inhaltliche Rahmen, denn TV-Duelle fanden bislang nur zwischen den Spitzenkandidaten statt, sondern auch der feste Verbund der beiden Parteien sowie die Tatsache, dass in Bayern keine CDU und in allen anderen Bundesländern keine CSU aufgestellt ist. Auch im folgenden Beispiel wird die Verwendung deutlich:

[38] Merkel gegen große Koalition
Eine große Koalition steht für die Spitze der Union nicht zur
Debatte. CDU-Chefin Merkel: „Ich kämpfe für einen Wechsel."
CSU-Chef Stoiber sieht das Wählerpotenzial der CDU/CSU „bei
42 bis 45 Prozent".

Problematisch ist der dem ersten Satz nachfolgende Satzanfang *CDU-Chefin*, der unmittelbar hinter *Spitze der Union* und dieses wiederum hinter *Koalition* folgt. Letzteres legt das Topik auf ›Wahlausgang‹ fest und damit *Union* auf ›CDU/CSU-Bündnis‹, *Spitze der Union* allerdings *Union* auf ›CDU‹, was auch für *CDU-Chefin* gilt. *Union* dennoch als ›CDU/CSU-Bündnis‹ zu interpretieren, schafft erst der Parallelismus, der durch CSU-Chef Stoiber erwirkt wird:

[39] CDU-Chefin Merkel: „Ich kämpfe für einen Wechsel."
CSU-Chef Stoiber sieht das Wählerpotenzial der CDU/CSU „bei
42 bis 45 Prozent".

Durch die beiden Aussagen von Merkel und Stoiber wird erst klar, dass *Union* die Bedeutung ›CDU/CSU-Bündnis‹ hat, obwohl die parallele Nennung von Chefin/Chef Merkel wieder auf CDU festlegt.
Im Korpus ist damit ausschließlich die Bedeutung ›CDU/CSU-Bündnis‹ für ein isoliertes *Union* belegt (s.u. sowie Abschnitt 4.2.4.4). Die Ursache für diese Festlegung könnte darin liegen, dass die Schnittmenge der beiden Wortgruppen aufgegriffen und ausschließlich auf die Verbindung von CDU und CSU hingewiesen wird, um keine Ambiguität aufkommen zu lassen, zum anderen daran, dass *Union* stilistisch als veraltet oder zumindest auffällig gelten kann und in der Regel stattdessen *Allianz, Bündnis, Koalition* o.Ä. gebraucht wird. Allerdings sind auch *Europäische Union* und *Frauen-Union* belegt, wobei Letztere bereits 1948 gegründet worden ist, sodass *Union* als hierin erstarrt zu werten ist.
Begleiterscheinung einer Reduktion im Rahmen einer Wortgruppenellipse kann Metonymie sein, wie dies etwa bei der Reduktion von *gelbes Trikot* (Tour de France) in [40] der Fall ist:

[40] Armstrong fährt in Gelb
Er hat es schon wieder: Lance Armstrong fährt im gelben Trikot.
Beim Zeitfahren Dienstag war sein Team am schnellsten. T-Mobile
wurde Dritter. Jan Ullrich hat 1:36 Minuten Rückstand auf Armstrong.

Hier repräsentiert die Farbe *Gelb* in der Phrase *in Gelb fahren* das *gelbe Trikot* und damit die aktuelle Spitzenposition bei der Tour. Auch wenn die ursprüngliche Wahl der Farbe Gelb auf Gold hindeuten mag[94], liegt bei *in Gelb fahren* keine metaphorische Verwendung, sondern eine Pars-pro-toto-Beziehung vor.

Die mit Abstand höchste Reduktion von Wortgruppen in den vier Hauptkorpora findet im 1955er Kleinanzeigenkorpus statt. Allerdings liegt gleichzeitig der Anteil an verschiedenen Wortgruppenellipsen beim geringsten Wert von 0,01 Prozent. Dies ergibt sich daraus, dass nur drei verschiedene Wortgruppenformen vorliegen – *Frankf. Allgemeine*, *Frankf. Allgem.* und *Frankf. Allg.* –, die zwar auf drei (im hiesigen Kontext irrelevanten) Abkürzungsvarianten basieren, jedoch nur auf einer Form der Wortgruppenellipse *(Frankfurter Allgemeine)*. Da sie in Verbindung mit der Chiffre am Ende der Anzeige platziert sind, erklärt dies nicht nur die Abkürzungsvarianten, die sich aus dem übriggebliebenen Textraum ergeben, sondern auch die Anzahl der Tokens. Diese sind entsprechend zu werten, was mit dem Wert für die Anzahl der verschiedenen Wortgruppenellipsen ausgedrückt ist.

Danach weist bei den Hauptkorpora das Fahrgastfernsehen den höchsten Anteil auf. Zwar macht auch hier *96* mit 20 (bzw. in Komposita verwendet 39) Tokens einen großen Anteil aus; daneben sind allerdings noch weiter 20 Wortgruppenellipsen nachgewiesen. Da es sich beim Fahrgastfernsehen um ein vorwiegend redaktionelles Angebot handelt, ist der Beleg *Brauhaus* auffällig, da (mindestens) dieser durch die Reduktion semantisch unterspezifiziert sind. Da es sich aber um ein regional begrenztes Angebot handelt (Großraumverkehr Hannover) und zu diesem Zeitpunkt nur ein *Brauhaus* in Hannover existiert hat *(Brauhaus Ernst August)*, ist die Rückerschließung immer noch zielgruppenspezifisch ausgelegt.

Die Verwendung beim Newsticker, dem Alpenpanorama und den Kleinanzeigen (2005) ist mit einem Anteil von 0,04, 0,05 und 0,1 Prozent vergleichbar und fällt eher gering aus. Erklärbar ist dies beim Newsticker mit dem Zielpublikum, bei den Annoncen und dem Tourismus-TV mit der geringen Verwendung von Wortgruppen generell. Diese werden – sofern überhaupt Gegenstand – eher anhand von Kurzwortbildung reduziert, wie dies oben bereits anhand von *Union* gezeigt wurde (s. auch 4.2.3).

Beim Newsticker ist nur eine Wortgruppenellipse belegt: *Aachen*. Sie ist unter den Sportvereins-Reduktionen insofern unproblematisch, als die Vereinsstadt, das entscheidende Differenzierungsmerkmal, genannt ist und nicht etwa

---

94 Dies ist nicht einmal gesichert, denn die Farbe für den Sprintfavoriten ist Grün, die für Bergfahrtbesten Rot-Weiß (gepunktet). Die roten Punkte auf weißem Hintergrund sind dem Sponsoring des Schokoladenfabriken Menier geschuldet, der seine Schokolade in weißem Papier mit roten Punkten verpackte (s. Netlink 425).

ein für Fußballunkundige nur schwer rückbeziehbares Gründungsjahr *(96)* oder Kurzwort *(KSC)*. Auch beim Alpenpanorama ist mit *Schürzenjäger* nur eine Wortgruppe elliptisch reduziert, und auch hier ist die Reduktion nicht nur aufgrund des Bekanntheitsgrads der Gruppe unproblematisch (s.o.).

Den höchsten Reduktionsformanteil weist einmal mehr das **Bon-Korpus** mit rund einem Prozent auf. Vier der fünf Belege – *Edamer* (2 Tokens), *Vösl.*, *405, Maasd.* und *Bio-Wiener* – sind bereits behandelt worden, *Vösl.* stellt wie auch *Maasd.* sowohl eine Wortgruppenellipse *(< Vösl. Mineralwasser)* als auch eine Abkürzung *(< Vöslauer)* dar und weist damit eine hohe Gesamteinsparquote auf, welches allerdings zulasten der Perzeption geht.

Am auffälligsten sind die Wortgruppenellipsen der **SMS-Mitteilungen**, die zwar mit 0,05 Prozent gering ausfallen, aber nicht durchgängig den Usualisierungsgrad der Belege der anderen Korpora aufweisen. *Pauli* nimmt hierbei einen Zwischenstatus ein, da der *FC St. Pauli* üblicherweise auf *St. Pauli* reduziert wird, aber nicht weiter auf *Pauli*. Mit dem Kontext (des gewonnenen Spiels) und dem Kotext in [41] ist *Pauli* jedoch dem Topik Sport zuzuordnen und damit erschließbar. Erschwerend wirkt hierbei jedoch die Determinans-Reduktion von *Bundesliga* auf *Liga*.

[41]   IST DAS GEIL!!!Pauli in der ersten Liga.Grüße+Glückwünsche

Daneben ist *Brauhaus* lokal, *Vegas (< Las Vegas)* global als Reduktionsform bekannt. Am (qualitativ) unökonomischsten sind *10f* und *Hainhölzer*. Vollformen zu *Hainhölzer* wären insbesondere *Hainhölzer Bahnhof* oder *Hainhölzer Bad*, wobei weitere Möglichkeiten bestehen.

[42]   Hallo, war gestern so fertig. beachen ab12 ihainhölzer. Sind 4-5. haben nach dem training nichts gemacht. silke kam nicht. waren 9. bis nachher. tina

Aufgrund des Kotextes *(beachen)* ist allerdings die *Bad*-Variante sehr wahrscheinlich. Ähnliches trifft auf *10f* zu:

[43]   hatten Spaß an Deutsch.Hoffen wir sehn dich mal wieder.deine 10f

Auch hier sind der Kotext *(Deutsch)* mit entsprechenden Schlussfolgerungen (Deutsch = Unterrichtsfach > Schule > Schüler (Absender) > Lehrer (Adressat)) sowie das Musterwissen um die Ziffer-Graphem-Kombination (s.u.) disambiguierend.

4.2 Auswertung

Einen summarischen Überblick über die genannte Verteilung von Wortgruppenellipsen auf die einzelnen Korpora gibt Tabelle 4-14.

	KNT	KFTV	KKA 2005	KTTV	KKA 1955	KSMS H	KBON
Wortformen	2 291	26 279	9 374	4 240	10 282	12 442	747
Anteil (in %)	0,04	0,13	0,1	0,05	0,8	0,05	0,94
Ersparnis (Ø in %)	63	58	55	48	33	53	62
Anteil versch. (in %, abs. Z. in Klammern)	0,04 (1)	0,13 (34)	0,09 (8)	0,02 (1)	0,01 (1/3)[(1)]	0,04 (5)	0,67 (5)
Tokens (Types)	1	64 (34)	8 (7)	1	82 (1/3)	6 (5)	6 (5)
Top-5[(2)]	Aachen	96 (20), Stones (4), 96-Chef (4), 96-Profi (3), Brauhaus (3), Werder (3)	Tristan (2), Holländ., Navona, Forum, Garmisch, Mer-c[edes], Tristan-Premiere	Schürzenjäger	Frankfurter Allgemeine (82)	Brauhaus (2), 10f, Pauli, Vegas, Hainhölzer	Edamer (2), Vösl., 405, Maasd., Bio-Wiener

(1) Es sind zwar drei verschiedene Wortformen belegt, allerdings handelt es sich hierbei um die abgekürzten Varianten *Frankf. Allgemeine, Frankf. Allgem.* und *Frankf. Allg.* eines Lexems (*Frankfurter Allgemeine*). – (2) Zum Teil sind mehr als fünf Lexeme aufgeführt, um den Rang aufrechtzuerhalten (= mehrere mit denselben Vorkommenshäufigkeiten).

Tab. 4-14: Quantitative Ökonomie durch Wortgruppenellipsen in den Teilkorpora.

Anders als im KFTV handelt es sich bei einem Beleg in [44] aus dem KSMS OS *(Porta)* nicht um die homonyme Möbelhandelskette, sondern um die Stadt *Porta [Westfalica]*:

[44] Hi. Bist du am Woende in Porta? Fährt Manu mit nach Bayern?
 Carolin

Dies ist nicht nur aus dem Kotext ablesbar und für den Adressaten ohnehin unzweifelhaft, da er oder sie vermutlich in Porta Westfalica wohnhaft ist, sondern auch an der Präposition, denn bei Filialnamen wie *Porta* ›Möbelhandelskette‹ kann *in* im Gegensatz zur ohnehin gebräuchlicheren Variante *bei* nur mit (klitisiertem) Artikel verwendet werden, während Städte im Rahmen einer PP ohne Attribut *(im schönen München)* stets ohne Artikel stehen *(bist du in München?; ich fahre nach Frankfurt)*; zudem drückt *in* bei Filialnamen etwas

Aktuelles aus *(ich bin [jetzt] im Aldi;* ?*ich bin morgen ohnehin im Aldi, aber: ich bin morgen ohnehin bei Aldi).* Damit bleibt auch morphosyntaktisch nur die Bedeutung ›Stadt‹.

Während in der Summe die quantitative Ökonomie mit einer mittleren Ersparnis von 56 Prozent außer Frage steht, hängt die Aussage zur qualitativen Ökonomie an der Art der Reduktion. Wie in den meisten Fällen entscheidet letztlich die Usualisierung über die Perzeptionsgüte, wobei vor allem der Ko- und Kontext sowie ein Mindestmaß an Allgemeinbildung notwendig sind – genannt worden sind bereits *Tristan/Holländ.* (Musik), *Forum/Navona* (Rom), *Tour/Werder* (Radsport, Fußball). Ohne entsprechende Kenntnisse ist *007 (< Agent 007)*, ohne Ko- und Kontext ist *10f* oder *405* nicht interpretierbar, wobei bei *405* beides zusammen erforderlich ist (Kotext WEIZENMEHL und Kenntnisse über Mehl, vgl. 4.2.4.1). Bei *10f* und *007* spielt auch die Erkennung von Mustern eine Rolle, denn Zahlen werden in der Regel ohne linksperiphere Nullen (7 statt 007) angeführt und Zahlen-Buchstaben-Kombinationen wie *10f* stellen einen seltenen Typus dar (s. hierzu 4.2.8). Den unter qualitativem Gesichtspunkt unökonomischsten Grad an Reduktion weisen diejenigen Korpora auf, die regional oder hinsichtlich eines sozialen oder anderen Adressatenkreises eingeschränkt sind. Diesbezüglich bilden in grober Einteilung SMS-Mitteilungen und Fahrgastfernsehen die eine Waagschale, der Newsticker die andere.

4.2.6 Wortkreuzungen

Wortkreuzungen stellen vergleichsweise seltene Phänomene der Wortbildung dar. Eine Ursache hierfür ist die notwendig höhere Sprachplanung (und Kreativität), denn eine Kreuzung zweier Wörter kann nicht grundsätzlich[95] und nicht beliebig erfolgen, wenn sie ihrem Lautwert nach artikulierbar sein sollen – und dies zeichnet Wortkreuzungen aus. Dies ist vermutlich der Grund dafür, dass nahezu alle Belege Eigennamen oder stark usualisierte Wortkreuzungen darstellen.

Insgesamt finden sich 15 Types in den untersuchten Korpora. Zwar sind drei von ihnen mehr als einmal belegt, doch handelt es sich eher um Einzelfälle – von Eigennamen abgesehen. *Cinemaxx* (4x) und *Interschutz* (2) sind solche Eigennamen, *Alkopops* (2) ist eine noch junge Gattungsbezeichnung für stark zuckerhaltige cocktailartige Getränke mit einem relativ hohen Alkoholgehalt.

---

95 Beispielsweise ist für *du* + *er* keine Wortkreuzung bildbar, da *Dur* und *der* bereits existieren und *dr* nicht mit Lautwert artikulierbar ist (zudem ebenfalls als Abkürzung besteht).

4.2 Auswertung

Typ	Types	Tokens	ø	min.	max.
Wortgruppenellipse	56[1]	171	55	27	82
Wortkreuzung	15	20	35	20	60
Metonymie	16	29	58	32	73

(1) Davon sind 41 verschiedene Types belegt, wenn die Abkürzungen (*Frankf. Allgemeine, Frankf. Allgem.* etc.) und Komposita (*96-Trainer, 96-Keeper* etc.) nicht einzeln gezählt, sondern unter *Frankfurter Allgemeine* bzw. *96 < Hannover 96* subsumiert werden.

Tab. 4-15: Anzahl, Gebrauch und Ersparnis bei Wortkreuzungen (alle Angaben außer Types und Tokens in %).

Die mittlere Ersparnis liegt bei rund 35 Prozent, wobei die Spannweite von 20 *(litera-natur)* bis 60 Prozent *(Brunch)* reicht. Prototypen sind im Korpus nicht auszumachen. Eine Randerscheinung *(DJane)* stellt jedoch den weniger vertretenen, ersten und qualitativ ökonomischsten, gleichzeitig aber auch quantitativ unökonomischsten Typus gemäß der Typologie von Schulz (2004) dar, wobei das letzte Graphem bzw. Phonem des ersten Wortes sowie das erste Graphem bzw. Phonem des zweiten Wortes identisch sind und auf eines reduziert werden. Es handelt sich hierbei also nur um die Reduktion haplologischer Bestandteile. Die meisten Wortkreuzungen im Korpus enthalten jedoch nicht nur eine Tilgung haplologischer Bestandteile, sondern die weiterer Grapheme bzw. Phoneme: Entweder bleibt ein Ausgangswort ungekürzt (Typ 2, [45]), oder es sind beide Konstituenten reduziert (Typ 3, [46]). Beide Typen weisen jeweils sieben Types auf; erhaltene Ausgangsmorpheme sind unterstrichen (Typ 2).

[45] Alko<u>pops</u>, <u>Bio</u>nade, <u>Cinema</u>xx, int<u>alliance</u>[96], litera-<u>natur</u>, Ostalgie-fan, Regio<u>bus</u>

[46] Batmobil, Brunch, Energtec, Interschutz, Milea, [Winter-]Paralympics, Zotarella

Einen Zweifelsfall bildet *Aquarena* in zweifacher Hinsicht: Anders als bei *DJane* handelt es sich nicht nur um eine Haplologie, denn *Aqua* ist ein Latinismus, allerdings auch und sogar in erster Linie ein Konfix (*aquamarin, Aquanaut, Aquajogging, Aquaplaning* etc.). Dennoch kann bei der Kategorisierung, wie sie in Kapitel 3.1.2.1.5 dargestellt worden ist, natürlich nicht schlicht nach folgender Regel entschieden werden: Wenn x = Konfix dann xy = Konfix-Kompositum. Warum nicht, wird an zwei weiteren Beispielen deutlich: *Eurotunnel*

---

96 Gebildet aus intelligent + alliance. Hier stimmen ‹e› und ‹a› zwar nicht graphisch überein, aber mit [ɛ] lautlich (vgl. Kap. 3).

ist ein Konfix-Kompositum, *Bionade* hingegen eine Wortkreuzung, obwohl sowohl *euro-*[97] als auch *bio-* als Konfixe begriffen werden können.[98] Jedoch ist lediglich *euro-* mit einem freien Morphem kombiniert; *Limonade* hingegen tritt in *Bionade* nicht als freies Morphem, sondern reduziert auf, und **nade* ist weder Konfix noch ein anderes gebundenes Morphem, sodass *Bionade* trotz des Konfixes nur als Wortkreuzung interpretiert werden kann. Anders *Eurotunnel*: Hier geht *euro-* mit einem freien Morphem eine Verbindung ein, sodass es sich eindeutig um ein (Konfix-)Kompositum handelt. *Aquarena* wiederum ist ein aus zwei Latinismen bestehendes komplexes Wort, das im Grunde aus Konfix und freiem Latinismus gebildet ist. Gegen eine Kategorisierung als Konfix-Kompositum könnte die Tatsache sprechen, dass hierbei zwei Latinismen miteinander verbunden sind, lat. *aqua* ›Wasser‹ und lat. *arena* ›Sportplatz‹. Allerdings ist *Aqua* im Deutschen nicht als Simplex belegt, wenn von fachspr. *Aqua destillata* abgesehen wird, denn Verbindungen wie *aqua ballance*[99] oder *Aqua fit* sind nur scheinbar zwei Simplizia – es sind Komposita, die entgegen den Regeln der deutschen Rechtschreibung ohne Bindestrich geschrieben werden. Damit ist *Aquarena* nur scheinbar eine Wortkreuzung und daher unter dem oben genannten Typ 1 nicht aufgeführt.[100]

Generell ist der Typ 3 schwieriger festzustellen als die anderen Typen, da beide Ursprungsmorpheme reduziert sind und verschiedene Reduktionsvarianten bestehen. *Batmobil* (Bat~~man~~ + ~~Auto~~mobil), *Brunch* (br~~eakfast~~ + ~~l~~unch) und *[Winter-]Paralympics* (para~~plegic~~ + ~~o~~lympics) stellen hierbei die gebräuchlichsten Formen dar und zugleich drei derjenigen wenigen, die eine Lexikalisierung erfahren haben. *Batmobil* ist hierbei nicht einmal eine offensichtliche Wortkreuzung, aber dass *Bat* auf *Batman* und *mobil* auf *Automobil* zurückzuführen sind, dürfte außer Frage stehen. Zwar ist *Auto* als Kurzwort zu *Automobil* belegt, nicht aber *Mobil*, zumal Homonymie zum Adjektiv *mobil* ›beweglich; örtlich unabhängig‹ besteht. *Energtec* ist aus energy + tech~~nology~~ gebildet und ein eindeutiger Fall – im Gegensatz zu *Interschutz* (inter~~national~~ + ~~Brand~~schutz), denn *inter* kann neben einer Reduktion von *international* als *inter-*, ein produktives Derivationspräfix, angesehen werden. Was jedoch auf Konfixe zutrifft, soll auch für Affixe gelten. Daher wird *Interschutz* wiederum als Wortkreuzung

---

97 *Euro* ›Gemeinschaftswährung Europas‹ ist ein freies Morphem, trägt allerdings auch eine andere Bedeutung als *euro-* ›Europa betreffend‹ in *europäisch*, *Eurowährung* ›Währung Europas‹. Natürlich kann auch *Euro* mit der Bedeutung ›Währung‹ in Komposita eingehen: *Euroland*, *Eurozone* ›Land/Zone, in dem/der Euro Zahlungsmittel ist‹ (vgl. Herberg/Kinne/Steffens 2004: 101-107).
98 Werbesprüche wie *alles bio oder was* seien hier als absichtlicher Verstoß gegen die Regel gewertet (vgl. *unkaputtbar*).
99 Im Gegensatz zu *Aqua fit* nicht im Korpus belegt.
100 Das getilgte [a] dient der Vermeidung eines Hiatus und spart zudem eine Silbe ein.

eingeordnet, obwohl *Schutz* ein freies Morphem darstellt, weil nicht *Schutz*, sondern *Brandschutz* in die Wortkreuzung eingegangen ist.

Für *Zotarella* (Zott + M̶o̶z̶z̶arella) könnte angenommen werden, dass die erste Konstituente zwar nicht graphemisch, doch aber phonemisch ungekürzt eingeht; sie wird jedoch höchstwahrscheinlich äquivalent zu *Mozzarella* – [motːsarella] – artikuliert, also mit [o] anstelle des [ɔ] in ‹Zott›, welches mit dem einfachen ‹t› signalisiert werden soll. Damit stimmen die Formen *Zott* und *Zot* nicht nur graphemisch nicht überein, sondern auch phonemisch nicht und sind daher als Typ 3 einzuordnen.[101]

Milea schließlich ist ein Grenzfall anderen Typs, denn neben einer Wortkreuzung ließe sich das Lexem auch als Kunstwort kategorisieren. Allerdings erscheint die Herkunft in einem Maße transparent, dass eine Einordnung als Wortkreuzung noch gerechtfertigt erscheint: mil̶d̶ + lat. d̶e̶a ›Göttin‹.

Zuletzt sei noch für *Ostalgiefan* angemerkt, dass das Wort nicht etwa auf drei Ursprungswörtern basiert, sondern eine Komposition aus Wortkreuzung *(Ostalgie* < Ost + N̶ostalgie*)* und freiem Morphem *(Fan)* darstellt. Betrachtet werden kann insofern hier nur die erste Konstituente. Bei *Winter-Paralympics* ist dies offensichtlich(er) durch die Separation mittels Bindestrich sowie die denkbare[102] Trennung von deutschsprachigem *(Winter)* und englischsprachigem Anteil *(Paralympics)*.

Bei der korpusspezifischen Verteilung der Wortkreuzungen fallen lediglich die Artikelbezeichnungen auf Bons durch einen vergleichsweise hohen Anteil von 0,27 Prozent auf. Belegt sind mit *Milea* und *Zotarella* erwartungsgemäß nur Produktnamen. Das Gegengewicht bilden das Alpenpanorama sowie die Kleinanzeigen (1955), die keine Wortkreuzung beinhalten. Hingegen weisen die heutigen Annoncen 0,03 Prozent auf und damit ähnlich viele wie Newsticker (0,04 %) und Fahrgastfernsehen (0,05 %). Auffällig sind hierbei lediglich die vier Belege von *Cinemaxx*, die auf drei verschiedene Korpora verteilt sind. Das Fahrgastfernsehen weist im Rahmen des Großraumverkehr-Marketings auf verbilligte Eintrittskarten für Dauerfahrkarteninhaber hin, während bei den SMS-Mitteilungen das *Cinemaxx* als Treffpunkt für eine Verabredung dient. Am erstaunlichsten ist der Beleg in den Kleinanzeigen (2005), der jedoch aufgrund der Bekanntheit nur als Umfeldangabe dient:

[47]   CROCO-Ledermoden Postkamp 2/Cinemaxx, Hann. ✆ 5555555

---

101 Unter Umständen wird im Standarddt. auch eher [motːsarella] artikuliert; in diesem Fall differieren noch [t] und [tː].

102 Zwar liegt bei *Winter* Paronymie vor, doch weist die Bindestrichschreibung auf eine deutschsprachige Verwendung hin.

Es ist zwar quantitativ unökonomisch, neben der Nennung der vollständigen Adresse eine weitere Lokalangebe vorzunehmen, doch ist der Standort des Kinos weithin bekannter als der Straßenname, sodass ein Nachschauen in der Karte entfällt.

Ebenfalls von der Erwartung abweichend ist, dass *Bionade* nicht im KBON belegt ist, sondern im Fahrgastfernsehen. Es handelt sich hierbei um eine Nachricht zum Kirchentag, zu dem Bioprodukte ihrer Popularität wegen serviert worden sind, sodass hier der Markenname als aufgrund seiner Popularität typischer resp. erfolgreichster Repräsentant des Biotrends genannt wird:

[48] **Alles öko auf dem Kirchentag**
Öko-Pommes mit Öko-Wurst und eine kühle Bionade: Neben Halle 18 gibt's alles, was das kulinarische Herz der Kirchentagsbesucher erfreut. Franziska und Iris teilten sich ganz christlich einen Flammkuchen.

Die mittlere Ersparnis von 35 Prozent wird nur von einem Ausreißer beim Newsticker (25 Prozent) durchbrochen; sie ist der Gegebenheit geschuldet, dass es sich dabei um eine komplexere Wortbildung handelt, an der die Wortkreuzung nur beteiligt ist – isoliert betrachtet weist *Paralympics* einen Quotienten in Höhe von durchschnittsnahen 39 Prozent auf.

Über die genaue Verteilung der Wortkreuzungen auf die Einzelkorpora gibt Tab. 4-16 Auskunft.

	KNT	KFTV	KKA 2005	KTTV	KKA 1955	KSMSH	KBON
Wortformen	2 291	26 279	9 374	4 240	10 282	12 442	747
Anteil (in %)	0,04	0,05	0,03	–	–	0,01	0,27
Ersparnis (Ø in %)	25	36	36	–	–	38	32
Anteil versch. (in %, abs. Z. in Klammern)	0,04 (1)	0,04 (10)	0,03 (3)	–	–	0,01 (1)	0,27 (2)
Tokens (Types)	1 (1)	13 (10)	3 (3)	–	–	1 (1)	2 (2)
Top-5[1]	Winter-Paralympics	Alkopops (2), Interschutz (2), Cinemaxx (2)	Brunch, literanatur, Cinemaxx	–	–	Cinemaxx	Milea, Zotarella

(1) Zum Teil sind mehr als fünf Lexeme aufgeführt, um den Rang aufrechtzuerhalten (= mehrere mit denselben Vorkommenshäufigkeiten).

Tab. 4-16: Quantitative Ökonomie durch Wortkreuzung in den Teilkorpora.

Auffällig ist mit zwei Dritteln der vergleichsweise hohe Anteil an Eigennamen, der einerseits die Vermutung bestätigt, dass Wortkreuzungen einer höheren Sprachplanung bedürfen, andererseits auf eine stilistische Seite der Wortbildungsprodukte hinweist. Als **Schlussfolgerung** des quantitativen Ergebnisses kann festgehalten werden, dass Wortkreuzung in erster Linie kein Reduktionsverfahren darstellt, sondern ein kreatives Stilmittel zur Bildung neuer Wörter, deren Bedeutung auf häufig unproblematische Weise dadurch transparent gemacht werden kann, dass sich die die Wortkreuzung bildenden Ausgangswörter erschließen lassen.[103] Im Gegensatz zu Determinativ-Komposita oder Klammerformen sind Wortkreuzungen stets motiviert, d.h., die Bedeutung ergibt sich aus den Einzelbedeutungen.

4.2.7 Anglizismen

Der Terminus ›Anglizismus‹ wird hier unprätentiös verwendet für einen aus »dem Englischen in eine nicht-englische Sprache übernommene[n] Ausdruck« (Bußmann 2002: 81). Vor dem Hintergrund der Bedeutung von Einzelsprachen sind Anglizismen indes auch negativ konnotiert. So wird etwa provokativ gefragt: »Sprechen wir bald alle Denglisch oder Germeng?« (Hoberg 2000) Sowohl im Hinblick auf die Werbesprache (in diesem Zusammenhang s. Störiko 1995; Kick 2004) als auch allgemeiner wird mitunter gar pejorativ von »Sprachschändung« (Wapnewski 2000), von ›Schauderwelsch‹, ›Schimpansendeutsch‹ oder ›Sprach-Chappi‹ (alle Beispiele aus Spitzmüller 2005: 185 f.) gesprochen. Untersuchungen zu Anglizismen sind überwiegend auf Massenmedien (Adler 2004), die so genannten ›Neuen Medien‹ (vgl. exemplarisch die Beiträge in Kallmeyer 2000; Glück 2000; für eine differenzierte Argumentation s. Ammon 2006) sowie auf die Sprache Jugendlicher bezogen. In diesen Kontexten werden Anglizismen gar für die »Verlotterung« (Schreiber 2006) des Deutschen verantwortlich gemacht. Die Kritik richtet sich allerdings meist nur auf lexikalische Einheiten, ohne dass kommunikative Bedürfnisse oder mediale Bedingungen reflektiert würden.

Im Hinblick auf die Bewertung von Anglizismen, die hier nicht Gegenstand der Betrachtung ist, hat Spitzmüller (2005) gezeigt, dass zwischen der öffentlichen Debatte und der wissenschaftlichen Auseinandersetzung zu differenzieren ist. Während populärwissenschaftliche Sprachkritiker »Anglizismen mehrheitlich kritisch gegenüberstehen und in Entlehnungen eine negative Tendenz des Sprachwandels zu erkennen glauben« (ibid.: 363), argumentieren

---

103 Im Korpus zumindest weicht davon – unter der Voraussetzung, dass die Wörter *Batman* und *Zott* als Eigennamen bekannt sind – nur *Milea*, ggf. auch *Brunch* ab.

Sprachwissenschaftler vielmehr vor dem Hintergrund der Erweiterung kommunikativer Möglichkeiten sowie mit dem Hinweis auf einen jahrhundertealten Sprachkontakt mit entsprechendem Austausch.

Anzahl und Frequenz des Gebrauchs von Anglizismen werden durch verschiedene Faktoren beeinflusst. So spielt etwa unter dem Stichwort der Globalisierung die zunehmende Tendenz zur Internationalisierung im Bereich der Wissenschaft und Wirtschaft, insbesondere bei größeren Firmen und Unternehmen eine wichtige Rolle. Die englische Sprache wird beispielsweise in international tätigen Betrieben umso mehr für die unternehmensinterne Kommunikation genutzt, je höher die Mitarbeiter in der Firmenhierarchie stehen. Einerseits drückt sich hierin implizit eine Abgrenzung gegenüber (fremdsprachlich) geringer qualifizierten Firmenmitgliedern in oftmals weniger verantwortungsvollen Positionen aus. Andererseits verwenden die Verantwortlichen, die in ihrem Berufsalltag bilingual kommunizieren, die englischsprachige Lexik in deutschsprachigen Gesprächen, wenn es um Autosemantika resp. Bedeutungen geht, die sie hochfrequent in der englischsprachigen Kommunikation gebrauchen. Wie im Kapitel 3.2.2.2 dargestellt, ist es aufwändig und damit unökonomisch, mehrere Repräsentanten einer Bedeutung (Synonyme im weiteren Sinne) im Lexikon zu speichern – vorausgesetzt, dass durch hochfrequente Nutzung von Begriffen wie *Meeting, Know-how, Manpower* etc. diese als Synonyme zu *Treffen, Anwendungswissen, Arbeitskraft* o.Ä. betrachtet werden können und nicht als Lexeme einer Fremdsprache. Für fachsprachliche Lexik, die seltener ins Deutsche übersetzt und daher unverändert verwendet wird (z.B. der Wortschatz aus der Informationstechnologie (IT)), gilt dies im Besonderen.

Neben diesen pragmatischen und das Lexikon entlastenden Faktoren[104] wird oftmals der ›Benennungsbedarf‹ (Carstensen 1965: 276 ff.) als eine Ursache für das Vorkommen von Anglizismen angegeben. Carstensen etwa hat den Einfluss des Englischen auf die deutsche Sprache in der ersten Hälfte der 1960er Jahre im Nachkriegsdeutschland untersucht und dabei die Pressesprache ins Zentrum gerückt. Wenngleich er einen relativ großen Einfluss des Englischen auf das Deutsche konstatiert, so hält er gleichzeitig fest, dass das Deutsche »keineswegs zum Denglischen geworden« (ibid.: 254) sei. Carstensen stellt viel-

---

104 Vgl. etwa die Argumentation von Busse/Schneider (2007: 174): »Formale Reduktion, ganz gleich ob Kontraktion oder andere Formen der Kürzung, bedeutet immer Vereinfachung, Erleichterung und Beschleunigung der Informationsvermittlung und damit eine Entlastung des Gedächtnisses. Der direkte Bezug vom Kurzwort zum Denotat ohne Einbeziehung des entsprechenden Langwortes bringt erhöhte Überschaubarkeit mit sich und dient der Systemökonomie«.

4.2 Auswertung

mehr den starken Einfluss des Amerikanischen[105] heraus, indem er auf politische Kontakte zwischen den USA und Deutschland verweist (Bündnispartner gegen die Sowjetunion) und militärische Abkommen (NATO Mitgliedschaft) sowie wirtschaftliche (Marshallplan) und kulturelle (importierte Zeitungen, Filme, Musik etc.) Einflüsse anführt.[106]

Bei der Frage nach einem möglichen Verlust deutscher Wörter durch englische verweist Carstensen am Beispiel verschiedener Begriffspaare (*Party* vs. *Gesellschaft*, *Song* vs. *Schlager*, *Band* vs. *Tanzkapelle*, *Fan* vs. *Fanatiker/Begeisterter/Anhänger*) auf wichtige Bedeutungsdifferenzen: »Die immer noch vorhandenen Bedeutungsdifferenzen zwischen dem engl. und dem dt. Wort sorgen dafür, daß das dt. Wort erhalten bleibt.« (ibid.: 265). Carstensen relativiert zudem den Einfluss des Englischen auf den Wortschatz, indem er betont, dass nicht alle ins Deutsche ›einfallenden‹ Anglizismen auch tatsächlich langfristig[107] in der »Gastsprache« (ibid.: 270) verblieben.[108]

---

105 Im Folgenden wird allerdings nicht zwischen amerikanisch-englischen und britisch-englischen Einflüssen unterschieden, sondern diese werden gemeinsam unter das Englische subsumiert bzw. als Anglizismen gefasst (vgl. hierzu auch die Anmerkungen im Abschnitt 4.2.7.1).

106 Carstensen argumentiert: »Ging außerdem vor 1945 der engl. Einfluß auf das Dt. vornehmlich vom britischen Sprachzweig aus, so trat jetzt das AE immer weiter in den Vordergrund, ja das BE selbst nahm immer mehr Amerikanismen auf. Auch diese Akzentverlagerung ist als Folge der skizzierten politischen, militärischen, wirtschaftlichen und kulturellen Ereignisse zu erklären: die Vormachstellung der Vereinigten Staaten in der Welt hat dazu geführt, daß das ohnehin engl. Einflüssen gegenüber sehr aufgeschlossene Dt. immer stärker in den Wirkungskreis des Engl. in seiner speziellen transatlantischen Form gezogen wurde und daß das eigentliche BE kaum größere Wirkung auf das Dt. ausübte als vorher« (Carstensen 1965: 16f.).

107 Als Beispiele nennt er etwa *Camp* ›Kriegsgefangenenlager‹ oder *Displaced Persons* ›staaten- oder heimatlose Zwangsinternierte‹, wobei *Camp* durch die Irakkriege und in anderer Bedeutung den in der Presse immer wieder zitierten Urlaubssitz der US-Präsidenten, *Camp David*, erhalten geblieben ist.

108 Carstensen relativiert den sprachlichen Einfluss des Englischen in der Nachkriegszeit im Allgemeinen durch den Verweis auf bekannte sprachgeschichtliche Entwicklungstendenzen: »Das Eindringen von Amerikanismen und Anglizismen in die dt. Sprache nach 1945 war eindeutig festzustellen, wenn auch die verschiedenen Teile der dt. Sprache von diesem Einfluß unterschiedlich erfaßt werden. Grundsätzlich sollte dieser Einfluß aber nicht überbewertet werden. [...] Das Dt. nimmt damit lediglich an einem Prozeß teil, der heute sehr viele Kultursprachen erfaßt. [...] In der Morphologie sind nur Einzelerscheinungen, die auf engl. Vorbild zurückgeführt werden können, zu registrieren, und in der Schreibung und der Aussprache handelt es sich um ganz unbedeutende Einwirkungen. Sie sind am stärksten im Wortschatz, aber damit setzt sich nur ein alter Prozeß des sprachlichen Austausches fort« (ibid.: 271f.).

Als weiterer, sprachökonomisch relevanter Grund für das Vorkommen der Anglizismen im Deutschen wird mitunter auch deren Kürze genannt[109] und die damit einhergehende ›Pointierung‹ (dies ist im Übrigen kein Anglizismus, sondern ein Gallizismus). Diese Begründung entspricht der traditionellen Definition von Sprachökonomie, mit so wenig Aufwand wie nötig inhaltlich so viel wie möglich auszudrücken. Auch Yang (1990) sieht die ökonomische Leistungsfähigkeit von Anglizismen explizit vor diesem Hintergrund und schärft deren Profil, wenn er insbesondere auf Anglizismen rekurriert, die »überwiegend Bezeichnungen oder Benennungen für neue Vorstellungen, Gegenstände, Erscheinungen, Sachverhalte u.a. darstellen« (ibid.: 126). Dies wiederum sieht er beispielhaft im Bereich der technischen Kommunikation (*Bit, Byte, Chip, Tuner* etc.; ibid.) realisiert. Andernorts wird der ökonomische Aspekt von Anglizismen nur rudimentär unter dem Schlagwort der ›Kürze‹ behandelt (Glahn 2000: 49). Bislang liegt m.W. jedoch noch keine empirische Untersuchung vor, die belegt (oder die Hypothese widerlegt), dass Anglizismen verwendet werden, um sprachliche Ausdrücke zu reduzieren. Aus diesem Grund wird im Folgenden zum einen untersucht, ob durch die Verwendung von Anglizismen anstelle ›äquivalenter‹ deutschsprachiger Lexik tatsächlich Grapheme eingespart werden können (Abschnitt 4.2.7.1), und zum anderen, ob diese Einsparung resp. die Höhe der Einsparung mit der Gebrauchsfrequenz korreliert (4.2.7.3). In Kapitel 4.2.7.2 wird ein Blick auf die Ursachen geworfen. Es ist einzuräumen, dass diese angenommene »Äquivalenz« praktisch ebenso wenig objektiv wie reliabel herzustellen ist und es sich stets nur um *eine mögliche* bzw. meine bestmögliche Variante handeln kann. Dennoch lässt sich durch ein solches Unterfangen – sofern ein signifikanter quantitativer Unterschied besteht – zumindest eine Tendenz bestimmen oder die These ausräumen.

4.2.7.1 Quantitative Reduktion durch Anglizismengebrauch

Für die Auswertung wurden die Anglizismen sämtlicher Korpora herangezogen. Da die Untersuchung gewisse Probleme mit sich bringt (s.o.) und individuelle Übersetzungen erfordert, bedarf es vor der Auswertungsdarstellung einiger erläuternder Angaben zur Vorgehensweise.

Als Anglizismen wurden solche Wörter klassifiziert, die aus dem englischen Sprachraum stammen und in einem der Korpora belegt sind und damit in der deutschen Sprache gebraucht werden. Die Herkunft ist ausdrücklich nicht auf

---

109 So begründet beispielsweise Zifonun »die ›luxurierende‹ Verwendung von Anglizismen in Bereichen, wo kein Benennungsbedarf besteht« (Zifonun 2000: 71) – wie etwa im Kontext jugendsprachlicher Anglizismen –, u.a. durch sprachliche Ökonomie.

4.2 Auswertung

die etymologische Wurzel bezogen, die für die Untersuchung nicht von Belang ist. Als konkretes Beispiel kann *Panorama* genannt werden, ein Neologismus, der aus griech. *pān* ›alles‹ und *hórāma* ›das Sehen‹ gebildet ist. Es handelt sich vom Standpunkt der deutschen Sprache allerdings nicht um einen Gallizismus, sondern um einen Anglizismus, der um 1800 im Englischen gebraucht und von dort entlehnt worden ist. Diese Handhabung kann dazu führen, dass polyseme Lexeme, Ableitungen eines Lexems oder (annähernde) ›Synonyme‹ verschiedentlich eingeordnet sein können. So handelt es sich beim Lexem *Omnibus* um einen Gallizismus, auch wenn es nicht französischer Herkunft ist, sondern auf lat. *omnibus* ›für alle‹ zurückgeht, beim Kurzwort *Bus* jedoch um einen Anglizismus, da die Kurzform nicht im Deutschen (oder Französischen) gebildet worden ist, sondern im Englischen und von dort – parallel (aber zeitlich nachgelagert) zum Gallizismus *Omnibus* – ins Deutsche, wo nun der Anglizismus eine semantische Dublette zum Gallizismus darstellt.

Zur Auswahl der Anglizismen muss angemerkt werden, dass von den insgesamt 1 173 extrahierten Anglizismen (Types) 669 Lexeme verwendet werden konnten, weil nur bei diesen eine ›Übersetzung‹ überhaupt möglich und auch sinnvoll war. Die Wortwahl »Lexem« deutet bereits darauf hin, dass jeder Anglizismus nur einmal in Form der Stammform im lexikographischen Verständnis in die Liste eingegangen ist, obwohl die konkreten Belege in anderer (Wort-)Form oder gar in verschiedenen Wortformen des Paradigmas aufgetreten sind, d.h., die drei Belege *Bar* (Nom.Sg.), *Bar* (Akk.Sg.) und *Bars* (Nom. Pl.) sind einmal lexikalisch als *Bar* (Nom.Sg.) erfasst worden. Auch Schreibvarianten sind – mit Orientierung an den Regeln der deutschen Orthografie – als ein Lexem eingegangen. Die Zeichenanzahl wurde in anderer Weise möglichst nicht verändert, da die Untersuchung den Vergleich eben dieser zum Gegenstand hat; wo es möglich und sinnvoll war, wurden daher Spatien bei der übersetzten Form erhalten oder durch Einfügen eines Bindestrichs kompensiert *(Höss-Express-Bahn* vs. *Höss-Schnell-Bahn)* – auch wenn Zusammenschreibung im Deutschen grundsätzlich möglich gewesen wäre *(Höss-Schnellbahn)*. Für die Übersetzungen gilt ferner, dass – um das Ergebnis möglichst aussagekräftig zu gestalten – beim Finden eines deutschsprachigen Pendants stets versucht worden ist, dieses so kurz wie möglich anzugeben, ohne wiederum Anglizismen oder andere nicht-native Lexik zu verwenden. In sehr seltenen Fällen wie *Trophy, closet* sind die deutschsprachigen Lehnwörter *(Trophäe, Klosett)* verwendet worden, da keine sinnvollen nativen Varianten zur Verfügung standen; (umgekehrt gibt es ähnliche Fälle wie beim Germanismus *sauerkraut* in der engl. Sprache). Nicht berücksichtigt worden sind Kurzwörter (insbesondere

	100-%-Rechnung (Vollkorpus)		100-%-Rechnung (ohne gleichlange A.)		85-%-Rechnung	
∑	669	100%	604	100%	452	100%
↓	555	82,96%	555	91,89%	426	94,25%
↑	49	7,32%	49	8,11%	26	5,75%
↔	65	9,72	–	–	–	–

Tab. 4-17: Signifikante Ersparnis durch Anglizismengebrauch.

Kurzwort-Wortbildungen) wie *BA-Mitarbeiter*, wenn sie einen Eigennamen darstellten *(BA, British Airways).*[110]

Die Auswertung ergab, dass mit der Verwendung von Anglizismen in insgesamt 555 von 669 Fällen eine Zeichenersparnis verbunden ist, in nur 49 Fällen stellt dies einen Mehraufwand dar. Dies entspricht einem reduktiven Anteil von 83 Prozent gegenüber 7,3 Prozent (Mehraufwand). 65 englischsprachige Belege entsprechen die Zeichenanzahl betreffend den deutschsprachigen Pendants. Wird eine 15-%-Grenze gewählt, um geringe, als Einspargrund unerhebliche Abweichungen und damit auch alle gleichlangen Anglizismen aus der Statistik zu nehmen, ergibt sich ein noch eindeutigeres Urteil: Eine Ersparnis stellen dann 94,25 Prozent (gegenüber 91,89%) dar, einen Mehraufwand 5,75 Prozent (gegenüber 8,11%). Tabelle 4-17 gibt einen Überblick.

Der Quotient der Verwendung von englischsprachigen Lexemen anstelle von deutschsprachigen beläuft sich bei der Gesamtliste auf 0,76[111]. Dieser Wert stellt ein signifikantes Ergebnis dar, d.h. die Verwendung des englischsprachigen Ausdrucks ist quantitativ ökonomisch im Bereich von einem Verhältnis von 3:4 (gerundet). So hätte für jeden Anglizismus ein deutschsprachiges Pendant verwendet werden müssen, das im Mittel um ein Viertel länger[112] gewesen wäre. Beschränkt man dieses Ergebnis auf diejenigen Fälle, mit denen sich eine Einsparung einstellt (Quotient < 1), ergibt sich ein Quotient von 0,69.[113]

---

110 Als Quellen für Etymologie und Bedeutung dienten das Etymologische Wörterbuch der deutschen Sprache (Kluge 2002), das Herkunftswörterbuch (3. Aufl., DUDEN 2001), das Fremdwörterbuch (8. Aufl., DUDEN 2005a), das Deutsche Universalwörterbuch (5. Aufl., DUDEN 2003) sowie Die deutsche Rechtschreibung (24. Aufl., DUDEN 2006).
111 Ein Wert unter 1 weist auf Ersparnis durch Anglizismen hin.
112 Länge referiert hier auf die Anzahl der Grapheme.
113 Zum transparenteren Verständnis: Ein Quotient von 0,5 bedeutete, dass die Verwendung eines deutschsprachigen Lexems zu einer Verdoppelung der Zeichenanzahl führen würde. Mit anderen Worten stellt die Realisierung mit englischsprachigen Lexemen eine quantitative (!) sprachliche Ökonomie aufgrund signifikanter Reduktion dar.

4.2 Auswertung

Zur Verdeutlichung der Ergebniserzielung sollen im Folgenden die Extremfälle (besonders auf der Einsparseite) diskutiert werden, die z.T. darauf zurückzuführen sind, dass sich die Anglizismen nur bedingt ›übersetzen‹ lassen. Als Auswahlkriterium soll der Quotient 0,3 dienen, für den umgekehrten Fall des Mehraufwands aufgrund der geringen Anzahl die drei Fälle mit dem höchsten Quotienten.

Einen Quotienten von 0,3 oder kleiner weisen folgende Wörter oder Wortgruppen auf (deutschsprachiges Pendant und Quotient in Klammern):

[49] dopen (mit Mitteln leistungssteigern, 0,17); Quiz (Frage-und-Antwort-Spiel, 0,17); Sex (Geschlechtsverkehr, 0,17); Doping (Leistungssteigerungsmitteleinnahme, 0,18); Hit (Verkaufsschlager, 0,19); live (als Direktübertragung, 0,19); fit (leistungsfähig, 0,21); Job (Arbeitsplatz, 0,25); Oldie (alter Musikschlager, 0,26); Trend (Entwicklungstendenz, 0,26); Brunch (ausgedehntes Frühstück, 0,27); Minibar (Kleinstgetränkekühlschrank, 0,27); Beat (Schlagrhythmus, 0,29); Charts (Verkaufsschlagerliste, 0,29); Schneebar (Schnee-Mischgetränke-Nachtlokal, 0,29); Aqua fit (leistungsfähig durch Wasser, 0,3); Bar (Nachtlokal, 0,3); grillen (auf dem Bratrost braten, 0,3); Live Act (Direktübertragungs-Auftritt, 0,3).

Darüber hinaus wurden einzelne weitere Belege (bis 0,5) ausgewählt, die z.T. bei den bereits genannten Fällen im Rahmen von Wortbildungen mitbehandelt worden sind:

[50] Doping-Probe (Leistungssteigerungsmitteleinnahme-Probe; 0,31); EU-Trend (EU-Entwicklungstendenz; 0,36); Tuning-Fan (Leistungserhöhungs-Anhänger; 0,37); Kino-Hit (Kino-Verkaufsschlager; 0,38); hi (hallo; 0,4); Internet (weltweites Datennetz; 0,4); okay (in Ordnung; 0,4); faxen (fernkopieren, 0,42); Percussion (Schlaginstrumenteeinsatz; 0,42); Sex-Prozess (Geschlechtsverkehr-Prozess; 0,42); bye (tschüss, 0,43); Live-Band (Echtzeit-Musikgruppe; 0,45); live camera (Direktübertragungskamera; 0,46); smssen (SMS versenden, 0,46); Live-Interview (Echtzeit-Journalistik-Gespräch; 0,47); Whirlpool (Sprudelwasserbassin; 0,47); beachen (am Strand sein, 0,5); B-Team (B-Mannschaft; 0,5); Cross-over (Musikstilvermischung; 0,5); Fun-Park (Vergnügungs-Park; 0,5).

Neben *Quiz* und *Sex* ist *dopen* das in den Korpora belegte Lexem mit dem höchsten Reduktionsfaktor (Quotient: 0,17) – selbst dann noch, wenn man die in Hybridbildungen enthaltenen englischsprachigen Konstituenten isoliert betrachtet. Dies bedeutet, dass für ein Graphem im Englischen sechs Grapheme im Deutschen notwendig wären, um ›dieselbe‹ Bedeutung zu vermitteln. Das Verb geht auf engl. *to dope* zurück, das im 20. Jahrhundert ins Deutsche entlehnt worden ist und ›durch verbotene Mittel körperliche Leistungssteigerung zu erreichen‹ bedeutet. Es handelt sich im Englischen um eine Konversion von engl. *dope* ›zähe Flüssigkeit, Narkotikum; aufpeitschendes Getränk‹, das seine Wurzeln wiederum im Niederländischen hat (*doop* ›Soße‹). Bei *Doping* handelt es sich um eine gesonderte Entlehnung des substantivierten Partizips resp. der *ing*-Form. Im Korpus ist sowohl das Verb *dopen* als auch das Substantiv *Doping* belegt sowie Letzteres als Konstituente einer Komposition *(Doping-Probe)*. Für *Doping* existiert praktisch kein deutschsprachiges Lexem-Äquivalent.

Das Lexem *Quiz* (0,17) ist im 20. Jahrhundert aus dem Amerikanischen entlehnt worden und bezeichnet ein ›Frage-und-Antwort-Spiel‹.

Sex (0,17) ist wie die meisten ebenfalls ein Lehnwort des 20. Jahrhunderts. Im Deutschen wird es weniger für ›Geschlecht, Geschlechtstrieb; Erotik‹ verwendet als vielmehr in der Bedeutung ›Geschlechtsverkehr; Geschlechtsleben‹, was sich auch am konkreten Beleg *Sex-Prozess* ablesen lässt[114] sowie darüber hinaus an sieben Belegen von *Sex* im SMS-Korpus *(wilden S., Brauchst du S., untermieterhase hat musik&sex, S. ist die größte Lüge der Welt, I-C-H-W-I-L-L S., Lust auf S.?, ich Will Sex)* und vier im Fahrgast-TV-Korpus *(„Unser S. ist so gut. Extase, Extase…", das Mädchen nicht zum S. zwangen, Viel Sex schützt vor Krebs, Laut Experten schützt viel Sex junge Männer vor Prostatakrebs)*.

Mit *Hit* (0,19) ist ein Anglizismus belegt, der Bedeutungswandel und -ausweitung unterliegt. Die anfängliche Bedeutung ›Treffer‹ ist mehrheitlich der des ›Verkaufsschlagers‹ gewichen. Das zunächst meist auf die Musikbranche beschränkte Wort (im Korpus ebenfalls belegt: *Hitparade, 60er-Jahre-Hit, Rockhits*) ist inzwischen auch auf weitere Bereiche übertragen worden (im Korpus belegt: *Familienhit, Kino-Hit*).

Live (0,19) geht auf *to live* ›leben‹ zurück und ist im Deutschen mit der Bedeutung ›in Echtzeit, nicht play-back‹ verbunden, wörtlich übersetzt: ›lebend‹. Damit lassen sich zwei Bedeutungsvarianten ausmachen, 1. eine technische, die auf die unmittelbare Übertragung abzielt, und 2. eine physische, die auf eine reale Existenz z.B. eines Künstlers referiert, von denen beide im Korpus belegt sind. Mit *Live-Band* (0,45) liegt eine Bildung des zweiten Typs vor, die aus zwei Anglizismen besteht (engl. *band* [bæːnd] ›Musikgruppe‹) und wahr-

---

114 Es ging in dem Prozess um den Vorwurf des sexuellen Missbrauchs einer 13-Jährigen.

scheinlich als solche *(live band)* aus dem Englischen übernommen worden ist; ›Gruppe‹ allein gilt nur für die Herkunftssprache. ›Echtzeit-Musikgruppe‹ ist insofern bereits eine Verkürzung, bei der fraglich ist, ob sie in dieser kurzen Form grammatisch ist. Ähnliches gilt für *Live Act* (0,3), *live camera* (0,46) und *Live-Interview* (0,47), wobei diese Lexeme der ersten Bedeutungsvariante zuzuschreiben sind und bei *live camera livecam*[115] belegt ist. Wenngleich das im Deutschen enthaltene *Kamera* aus lat. *camera* entlehnt ist, wird hier die englischsprachige (zudem gekürzte) Variante vermutlich deshalb gewählt, weil sie vollständig als Wortgruppe aus dem Englischen übernommen ist *(live cam[era])*. Bei *Live-Interview* sind ebenfalls zwei Anglizismen beteiligt. Bei einem *Interview* handelt es sich nicht nur um ein Gespräch, sondern eines, das von Profis, in erster Linie Journalisten geführt wird. Zudem handelt es sich um ein geplantes Frage-Antwort-Muster sowie um eine terminlich gebundene Handlung. So gesehen stellt ›Journalistik-Gespräch‹ (< journalistisches Gespräch) bereits eine starke inhaltliche Verkürzung dar. *Interview* hat kein deutschsprachiges Pendant und kann (bis auf die Aussprache) als ins Deutsche vollständig integriert gelten. Das durch *live* näher spezifizierte *act* in *Live Act* ist ebenfalls durch die zweite Konstituente begünstigt, da *act* als ›Auftritt‹ zu übersetzen und damit kürzer ist.

Mit *fit* (0,21) ist ein Anglizismus belegt, der vielfach im Dt. verwendet wird – vor allem im Bereich des Sports in der Bedeutung ›körperlich in guter Verfassung, durchtrainiert‹, aber auch auf die geistige Konstitution referierend. Im Korpus ist *fit* in allen Einzelkorpora jeweils mindestens einmal belegt. Als Sonderform kann *Aqua fit, Rücken fit* gelten, wo in einer kausalen Beziehung[116] die erste Konstituente *(Aqua fit, 0,3)*, offensichtlich eine Produktbezeichnung für eine sportliche Betätigung im Wasser, strukturell in der zweiten wiederholt wird, hier allerdings eine Aussage durch eine andere syntaktische Struktur enthalten ist. In jüngerer Zeit ist eine weitere Bedeutung im Rahmen jugendlicher Sprechweisen hinzugetreten, exemplarisch im SMS-Korpus Hannover belegt: *Lange nichts von dir gehört. Alles fit?*. Hier ist *fit* die Bedeutung ›okay‹ zuzuschreiben (s.u.). Auch das dazugehörige Substantiv *Fitness*, das nicht im Deutschen gebildet, sondern gesondert entlehnt worden ist, ist belegt *(Fitness, Fitness-Check)*. Die Komposition mit *Check*, das in einigen anderen Fällen das

---

115 Angesetzt worden ist dennoch *live camera*, um dt. *Kamera* ein Pendant gegenüberzustellen, denn *Kamera* tritt im Deutschen nur ungekürzt auf. Der Quotient wäre bei der Verwendung des tatsächlichen Belegs folglich noch niedriger, sodass sich in diesem wie in weiteren Einzelfällen die Wahl noch ungünstig für die Hypothese auswirkt. Mit anderen Worten wäre die Hypothese deutlicher bestätigt, wenn die tatsächlich verwendeten und nicht korrigierten Wortformen gewählt worden wären.
116 Wenn Aqua fit, dann Rücken fit.

Basismorphem stellt *(Gesundheitscheck, Bodycheck, Soundcheck)*, selten auch das Determinans *(Checkliste)*, ist ebenfalls reduzierend, da Check mit ›(Über-)Prüfung‹, ggf. ›Kontrolle‹ übersetzt werden kann. »Test« stellt hierzu keine Alternative dar, da es sich hierbei ebenfalls um ein englisches Lehnwort handelt.

Job (0,25) wird sowohl für nicht-regelmäßige als auch für regelmäßige Erwerbstätigkeiten gebraucht und ist entsprechend im Korpus belegt: *50.000 Jobs durch die WM* und *Su. Job als Hausmeister o. ä.* (Kleinanzeigen 2005) bzw. *4,7 Mio Menschen ohne Job* (Fahrgast-TV) und *Müntefering will Jobs für ältere Arbeitslose finanziell fördern* (Nachrichtenticker). Besonders die Konversion *jobben* ist auf temporäre Beschäftigungen beschränkt, entspricht also eher der Bedeutung der Quellsprache – belegt ist es im Korpus jedoch nicht. Bei der Übersetzung wurde ›Arbeitsplatz‹ gewählt, da *Arbeit* eine Reduktionsform hiervon ist *(Ich habe keine Arbeit)*; mit ›Beruf‹ ist eine übergeordnete, langfristige ›Berufung‹ im Sinne einer Befähigung und Erfahrung (durch Lehre/Erlernen oder langjährige Ausübung) gemeint.

Oldie (0,26) stellt eine Tilgung mit Suffigierung des isolierten Attributes dar, was eng mit Kurzwortbildung mit gleichzeitiger Suffigierung von *-i* und *-o* verwandt ist (zur Problematik des Terminus s. aber Kap. 3.1.2.1.4). Gekürzt ist *Oldie* – musikalisch begriffen – aus *old hit* ›alter Musikschlager‹[117]. Tilgung und Suffigierung sind in der Quellsprache erfolgt, mit anderen Worten: Das Lexem ist als fertiges Produkt entlehnt worden, was sich auch am suffigierten *-ie* (statt nativem *-i*) ablesen lässt. Im Korpus ist die übliche, auf Musik bezogene Bedeutung nicht belegt, sondern die Bedeutungsausweitung auf Menschen *(old man/woman)*[118]: *Oldie Tarnat rettet den Punkt*[119].

Das Lexem *Trend* (0,26) wird kaum mehr als Anglizismus begriffen, zumal es anders als *Oldie* einen charakteristischen Wortausgang des Deutschen aufweist (vgl. *Hand, Kind, Land, Wand*). Es wurde mit ›Entwicklungstendenz‹ übersetzt, da es nicht allein auf eine Entwicklung referiert, sondern auf das (statistische) Mittel einer Entwicklung. So ist *Trend* anfänglich auch auf wirtschaftliche Aspekte beschränkt gewesen, während seit der zweiten Hälfte des 20. Jahrhunderts auch eine modische oder andere Perspektive gemeint sein kann. Belegt ist der Anglizismus nicht nur im engen Sinne (*Gegen den EU-Trend | Abstand zwischen den Gehältern von […]*, KNT; *ifo-Experten wollen aber noch keine Trendwende ablesen*, KFTV), sondern auch z.T. in Form von Kom-

---

117 Hier ist bereits eine übliche Morphemtilgung im Wortinnern vollzogen; als Vollform müsste man im Grunde ›Musikverkaufsschlager‹ annehmen.
118 Die Ausweitung auf Gegenstände (z.B. alte Banknoten, Briefmarken etc.) ist nicht belegt.
119 (Michael) *Tarnat* ist Spieler von Hannover 96, *Punkt* meint Spielpunkt durch Tor beim Fußball.

posita in jüngerer Bedeutung (*Das Knibbel-Sammeln entwickelte sich zum Trend*, KFTV; *Skiers & Boarders Trendshow*, KTTV; *Musiktrends*, KFTV).

Aus engl. *breakfast* und *lunch* ist die Wortkreuzung *Brunch* gebildet worden. Sie wird für ein ›ausgedehntes Frühstück‹ verwendet, auch wenn es insofern unpräzise ist, als *Brunchen* später beginnt als Frühstücken, in die Mittagszeit hineinreicht und dadurch das Mittagessen ersetzt. Da *Brunch* eine Bezeichnung für eine Neuentwicklung ist, kann der Inhalt praktisch nicht mit einem anderen Lexem ausgedrückt werden; eine Wortbildung wie »Mittagsfrühstück« würde den Kern nicht treffen und eine Übersetzung. Der Bildungstyp Wortkreuzung (vgl. 4.2.6) bildet den Inhalt – die Überschneidung von Frühstück und Mittag – auch strukturell gut ab. Eine entsprechende Bildung im Deutschen (*Früttag) existiert nicht.

Für das Lemma *Bar* (0,3), das in der Regel[120] nicht für ›Theke, Schankmöbel‹ verwendet wird, sondern für eine gastronomische Einrichtung, kann ›Nachtlokal‹ angesetzt werden. Das Lexem ist bereits im 19. Jahrhundert aus dem Englischen entlehnt worden und wird vielfach gar nicht mehr als Anglizismus wahrgenommen. *Bar* tritt oftmals als Konstituente von Komposita auf (belegt: *Cocktail-Bar, Minibar, Barmeister*). Interessant ist hierbei die Komposition mit *mini-*, welches wiederum einen Anglizismus darstellt, der von *miniature* reduziert ist.[121] In der Verbindung *Minibar* ergibt sich durch Tilgung von *ature* bereits eine signifikante Ersparnis gegenüber dt. *kleinst*. Das Grundmorphem {bar} steht in diesem Fall nicht für eine gastronomische Einrichtung, sondern einen Einrichtungsgegenstand. Im Besonderen handelt es sich um einen kleinen Kühlschrank, der in Hotels dem Kühlen von Getränken dient. Um dies zu berücksichtigen, ist *Minibar* mit der Bedeutung ›Kleinstgetränkekühlschrank‹ übersetzt worden, was mit 0,27 zu einem niedrigeren Quotienten führt, als dies beim Simplex der Fall ist. Belegt ist *Minibar* im Fahrgastfernsehen: *Kühlschrank statt Minibar*. Darüber hinaus ist *Schneebar* im Korpus belegt. Das Lexem stellt insofern einen Sonderfall dar, als *Bar* nicht mit ›Nachtlokal‹ übersetzt werden kann, da es sich um eine im Freien aufgebaute Bar handelt, die am Nachmittag genutzt wird – also eher als Cocktail-Bar einzuordnen ist. Allerdings handelt es sich bei einer *Schneebar* um eine im oder neben dem Schnee aufgebaute Bar, an der Après-Ski betrieben wird. Insofern referiert *Schneebar* wahrscheinlich auf die Bar als Möbelstück, die im Schnee verortet ist. Von einer klassischen Bar, der Eleganz und (Jazz-)Musik zuzuschreiben ist, kann hier eher nicht die Rede sein. Damit

---

120 Eine Ausnahme bildet etwa das Kleinanzeigen-Korpus.
121 Fleischer/Barz (1992: 120) klassifizieren *mini-* als Konfix; dies ist problematisch, da *mini* auch frei vorkommt *(Die Hände sind ja mini!)*.

müsste *Schneebar* als ›Schnee-Theke‹ übersetzt werden und fällt so nicht in die Gruppe der Lexeme mit einem Quotienten unter 0,3.

Beat (0,29) ist wie *Oldie* ein Anglizismus aus dem Bereich der Musik. Es wird für Rhythmen oder eine Musik verwendet, die durch Schlaginstrumente (besonders Schlagzeug) erzeugt werden resp. geprägt ist, sodass als Übersetzung ›Schlagrhythmus‹ als angemessen erschien, das somit bereits eine Reduktionsform durch Morphemtilgung im Wortinnern enthält; soll dabei auf eine Musikgrundrichtung (Pop, Rock etc.) referiert werden, die Beats zur Grundlage hat, wäre die Übersetzung entsprechend zu erweitern (›Schlagrhythmusmusik‹). Im Korpus ist allerdings vor allem die erstgenannte Bedeutung belegt: *Wummernde Beats, nackte Haut* sowie *fesselnden Worldbeat vom Gitarrenduo »Rangin«* (beides KFTV).

Auch *Charts* (0,29) wird in der Regel im musikalischen Bereich verwendet, nämlich für eine Rangliste mit den bestplatzierten Musiktiteln, Musikhitliste, wobei *Hit* wiederum ein Anglizismus und aufzulösen ist: d.h. ›Verkaufsschlagerliste‹. Das Pluraletantum ist als solches entlehnt, hat also die Pluralbildung einschließlich Bedeutung aus dem Englischen übernommen, was sich auch daran zeigt, dass der Singular im Standarddt. vorwiegend in Form von Flipchart ›Schaubild‹, ebenfalls als solches entlehnt, erscheint, und geht auf afrz. *charte* zurück.

Mit *grillen* (0,3) liegt ein Anglizismus vor, der den Weg (als zugrunde liegendes Substantiv) vom Lateinischen (*craticulum* ›Flechtwerk, kleiner Rost‹) über das Französische (*gril*) ins Englische vollzogen hat, dort konvertiert (*grill* > *to grill*) und in dieser als auch substantivischer Form ins Deutsche übernommen worden ist. Eine Übersetzung fällt schwer, da es sich beim Grill um einen Rost handelt, der einer besonderen Form des Erhitzens auf offenem Feuer dient; ›auf dem Bratrost braten‹ ist insofern nur eine mäßige, jedoch nicht zu verbessernde Übersetzung, da *grillen* eine ›neue‹ Tätigkeit beschreibt. In die Reihe dieses desubstantivischen Verbs sind weitere auf Basis von Anglizismen zu stellen, die allerdings nicht bereits im Englischen, sondern erst im Deutschen konvertiert sind: *faxen* (0,42), *smssen* (0,42), *beachen* (0,5). Sie basieren auf den substantivischen Anglizismen *Fax* (< Telefax), *SMS* und *Beach*. Hier soll weniger die Konversion im Vordergrund stehen (s. hierzu Kap. 3.1.2.2.3), sondern die Kürze der Verben, die durch sie besteht. Im Vordergrund steht *SMS* aus zweierlei Gründen: 1. *SMS* ist ein Initialkurzwort und damit nicht für Konversion geeignet und 2. steht *SMS* für einen mobilen Übertragungsdienst. *SMS* ist das Initialkurzwort zu *Short Message Service* und wurde wahrscheinlich mangels spezifischer und kurzer Bezeichnung nachträglich auch für ›SMS-

4.2 Auswertung

Mitteilung‹ verwendet – Entsprechendes kommt selten vor (etwa bei *Bafög*[122]). Dies ist bereits die Erklärung für die mögliche Konversion in Form von *sms(s) en* oder *smsn*, denn ein Initialkurzwort lässt sich in der Regel nicht konvertieren. Konvertiert wurde jedoch nicht das Kurzwort, sondern das nicht mehr als Kurzwort betrachtete Lexem *SMS*. Dass die Schreibung noch nicht angepasst worden ist (*SMS* ›Dienst‹ vs. **Sms* ›Mitteilung‹), hängt wahrscheinlich damit zusammen, dass **Sms* phonisch nicht mit dem Lautwert realisiert werden kann, da dem Wort ein Vokal fehlt. Diesem Umstand Rechnung trägt die Variante *simsen*. Die Integration ins Deutsche ist kategoriell als praktisch abgeschlossen zu betrachten, da selbst das Partizip bereits im Korpus belegt ist, wenngleich hierbei die Morphemgrenzen markiert werden: *ge-SMS-t* (KSMS). Daneben sind ebenfalls der Infinitiv *(kannste mir mal deine adresse smsn)* sowie die 1.Pers. Sg.Präs.Akt. *(ICH SMSE WENIGER WEIL SPAREN)* belegt.

Das Lexem *Tuning-Fan* (0,37) besteht aus den Konstituenten *Tuning* und *Fan*. Ersteres geht auf engl. *to tune* ›frisieren‹ zurück. Es wird in der Bedeutung ›Steigerung, Erhöhung der Leistung eines Motors‹ verwendet, wobei ›Leistungserhöhung‹ aufgrund der geringeren Zeichenanzahl als Übersetzung gewählt worden ist. ›Frisieren‹ ist nicht nur aufgrund umgangssprachlicher Kategorisierung ausgeschlossen worden, sondern auch des Umstands wegen, dass es über niederl. *friseren* aus frz. *friser* ›kräuseln, frisieren‹ entlehnt worden ist.

Fan ist vermutlich eine Reduktionsform von *fanatic* ›begeisterter Anhänger‹, das wiederum aus *fanatic* ›fanatisch‹ gebildet worden ist. »Fanatiker« ist – im Gegensatz zu »fanatisch«, das auf lat. *fanaticus* ›religiös, schwärmerisch‹ zurückgeht – eine neuere Übersetzung, die mit Kluge (2002: 275, *fanatisch*) erst nach der Entlehnung von *Fan* entstanden ist. Insofern ist hier nicht *Fanatiker* gegenübergestellt worden, das wiederum ein auf einen Anglizismus zurückgehendes Wort darstellte, sondern auf ›begeisterter Anhänger‹.

Die Begrüßungsformel *hi* (0,4) ist zahlreich belegt, jedoch erwartungsgemäß lediglich im Kommunikationskorpus (KSMS).[123] *Hi* ist schwierig zu übersetzen, wenn ausschließlich auf native Morpheme zurückgegriffen werden soll, da *Guten Tag* als standardsprachlich, *hi* hingegen eher als Substandard oder Varietät einzuordnen ist (jugendsprachlich). Da kein Bedeutungsäquivalent gefunden wurde, ist ausnahmsweise ein Anglizismus, *hallo* (von *hello*), angegeben worden. Ergänzend wäre *bye* (0,43) anzuführen, das am besten mit

---

[122] BAföG ist ursprünglich das Kurzwort für Bundesausbildungsförderungsgesetz, wurde später aber auch in Form von *Bafög erhalten* verwendet. Diese parallele Verwendung findet ihren Niederschlag in der angepassten Schreibung, bei der die Initialen des Kurzwortes nicht mehr groß, sondern (bis auf das erste und bei der Bedeutung ›Stipendium‹ einzige) klein geschrieben werden.

[123] Die Wortform *HI* im Kleinanzeigen-Korpus ist eine Abk. von *Hildesheim*.

tschüss zu übersetzen ist. Auch hier handelt es sich um eine Variante im Deutschen. *Hi* und *bye* sind in Untersuchungen zur computervermittelten Kommunikation als prototypische Begrüßungs- und Verabschiedungsformen genannt worden. Sie sind sehr kurz, stellen jedoch (durchgängig) nicht einfach nur eine Reduktion durch Anglizismenverwendung dar; vielmehr ermöglichen sie den Ersatz der standarddeutschen, gehobenen Formeln *Guten Tag* und *Auf Wiedersehen*. Auch andere fremdsprachliche Wörter wie ital. *ciao*, span. *adiós*, frz. *adieu/salut* sowie regional-dialektale wie *servus, moin* bzw. Abwandlungen der standarddeutschen Formen *(tach, moin, guts nächtle)* werden hier herangezogen.

Aus dem Bereich der Informationselektronik entstammt das Lexem *Internet* (0,4), ein hybrides Kurzwort-Kompositum aus lat. *inter-* ›zwischen‹[124] und engl. *network* ›Netzwerk‹ resp. dessen Kurzwort *net*. Für den Anglizismus sind Übersetzungen vorgeschlagen worden (am ähnlichsten »Internetz«), die sich jedoch nicht durchgesetzt haben. Zurückzuführen ist dies zum einen auf die internationale Verwendung, zum anderen darauf, dass es sich um ein und denselben ›Gegenstand‹ handelt. Die Begründung für die Verwendung eines Anglizismus liegt also vor allem in der Übernahme der Bezeichnung, die vom Erfinder – mit weltweiten Konsequenzen und international übereinstimmend – gewählt worden ist (s.o.). Um nicht auf ein ebenfalls nicht-natives Morphem auszuweichen, wurde für die Übersetzung »weltweites Datennetz« gewählt, das bereits eine Kurzform zu »weltweites Datennetzwerk« oder korrekter »Computernetzwerk« darstellt.

Das Lexem *okay* (0,4), das vor allem als Kurzform *ok* verwendet wird, ist semantisch nicht eindeutig. Bei adverbialer Verwendung sind ihm die Bedeutungen ›einverstanden, abgemacht, in Ordnung‹ sowie ›also‹ zuzuschreiben. Bei den zuweisbaren Belegen sind sieben in der ersten Bedeutung verwendet, sechs in der zweiten. Adjektivisch gebraucht sind sie als ›in Ordnung, gut‹ zu deuten und hiermit 13-mal eindeutig belegt sowie einmal in der Bedeutung ›erlaubt‹ *(FeHs., Hund ok)*. Mit Ausnahme des letzten Falles stammen alle Belege aus den SMS-Korpora, was nicht verwundert, da *okay* als umgangssprachlich zu kategorisieren ist. Es ist lediglich ein Fall außerhalb der Nähe-Kommunikation, nämlich im Kleinanzeigen-Korpus (2005) belegt. Wertet man den tatsächlichen Beleg, *ok* (und nicht die Vollform *okay*), so ergibt sich sogar ein Quotient von 0,2 (einer der geringsten Werte im Korpus). Allerdings lässt sich für einige adjektivische Belege ›gut‹ einsetzen, sodass dieser Wert nicht als allgemeingültig anzusehen ist; als eine Art mittelnde Bedeutung ist ›in Ordnung‹ angesetzt worden, da sie in beiden Bedeutungsvarianten Bestand hat.

---

124 Bisweilen wird die erste Konstituente *inter* nicht als Präfix(oid), sondern als Kurzform zu *international* beschrieben.

4.2 Auswertung

Percussion (0,42) ist ein Fremdwort, das unverändert im Deutschen verwendet wird; mitunter findet sich aber auch eine orthografische Anpassung in Form von *c* > *k (Perkussion)*. Dabei handelt es sich nicht nur um ein Schlagzeug, sondern vielmehr um sämtliche Schlaginstrumente, besonders per Hand gespielt, die – gegebenenfalls solo – zum Einsatz kommen. Da es sich streng genommen um den tatsächlichen Anschlag der Instrumente handelt *(War das nicht eine gute Percussion?)*, ist für das Deutsche die Form ›Schlaginstrumenteeinsatz‹ verwendet worden.

Vollständige Integration (mit Ausnahme der lautlichen) hingegen trifft ebenso wie bei *live*, *Job* oder *Internet*[125] auf *Whirlpool* (0,47) zu, welches im Deutschen bereits als verkürzt anzusehen ist, da *whirlpool* im Englischen lediglich die Bedeutung ›Strudel, (Wasser)wirbel‹ innehat (vgl. *Mail* vs. *E-Mail*); die gleichbedeutende Vollform wäre etwa *whirlpool bath*. Da das Deutsche kein Äquivalent bereithält, kann das Lexem hier mit ›Sprudelwasserbassin‹ oder – quantitativ homolog – ›Strudelwasserbassin‹ wiedergegeben werden.

Team in *B-Team* (0,5; zum Status von *B* s. Kap. 4.2.3.5 sowie 3.1.2.1.4) ist ebenfalls im Deutschen sowohl im Sportbereich als auch in der Arbeitswelt vollständig integriert. Im ersten Fall kommt ihm die Bedeutung ›Mannschaft‹ zu, im zweiten eher ›(Arbeits-)Gemeinschaft‹.

Cross-over (0,5) hat einen ähnlichen Status wie *Percussion*. Es gibt für *Cross-over* allerdings kein deutsch(sprachig)es Pendant, sodass nur eine wörtliche Übersetzung wie ›(Musikstil)Vermischung‹ infrage kommt, wobei die Konstituente *Musikstil* für die Interpretation notwendig erscheint.

Als letztes Lexem sei *Fun-Park* (0,5) genannt, bei dem die Konstituente *Fun* zwar als ›Spaß‹ übersetzbar wäre, nicht jedoch in Verbindung mit *Park*, bei dem *fun* die Bedeutung ›Vergnügung‹ hat. *Park* ist in der Bedeutung ›(Grün)Anlage‹ – anders als bei ›parken; Park(platz)‹ – kein Anglizismus, sondern ein Gallizismus (s.u.).

Aus den Erläuterungen und Ergebnissen kann freilich nicht gefolgert werden, dass englisch(sprachig)e Wörter prinzipiell kürzer sind und damit grundsätzlich unabhängig von den konkreten Lexemen im Sinne einer quantitativen Sprachökonomie integriert werden sollten. Geschlossen werden kann lediglich – aber dies zweifelsohne –, dass zahlreiche Anglizismen in der deutschen Sprache kurze Graphemfolgen, oftmals sogar Einsilber darstellen, andererseits aber auch vielfach keine deutschen Lexeme ersetzen, sondern lexikalische Lü-

---

125 Mittlerweile wird *Internet* zumeist nach deutschen morphologischen Regeln flektiert: *[des] Internets*. Zudem ist der Genitiv von *Internet* im Engl. ungebräuchlich und er wird in der Regel präpositional umschrieben: ?*the Internet's services* vs. *the services of the Internet* ›die Dienste des Internets‹.

cken besetzen oder Bedeutungsvarianten ergeben (vgl. Carstensen 1965: 276 ff.; s. zur Begründung auch das Folgekapitel).

Für Lexeme wie *Bus*, *Doping*, *Jazz* (und weitere Musikrichtungen), *Laser*, *Punker*, *Tuning* und *Video(film)* ist es praktisch ausgeschlossen, deutsch(sprachig)e Varianten zu finden oder gar durchzusetzen, für solche wie *Bar*, *Design*, *Fan* oder *Trend* bedingt. Sie haben im Deutschen Leerstellen besetzt, wie dies bei anderen Lehnwörtern aus anderen Quellsprachen wie *Premiere* (Frz.), *Alarm* (Ital.) oder *Akku* (Lat.) ebenfalls der Fall ist, und werden aufgrund weit zurückliegender Entlehnung (z.B. *Bar, Panorama, trainieren:* 19. Jh.; *Hobby* sogar 18. Jh.) bereits nicht mehr als nicht-native Wörter aufgefasst, sofern nicht für das Deutsche uncharakteristische Graphemfolgen oder Wortausgänge zu verzeichnen sind *(y* in *Hobby)*. Zum Teil handelt es sich auch um Eigennamen, die nicht ersetzt werden können.

Nach dem Grund für den Gebrauch klassifiziert werden können die Anglizismen in folgende Gruppen:

i) keine sinnvolle deutsch(sprachig)e Alternative vorhanden, Paraphrasierung erforderlich
ii) ökonomische Variante
iii) Bedeutungsvariante zu vorhandenem deutschsprachigen Lexem (nicht synonym)
iv) neue Bezeichnung/fachsprachlich
v) sinnvoll im Rahmen einer Internationalisierung
vi) Gruppe der Eigennamen/Gattungseigennamen

Zur ersten Gruppe, für die keine Alternativen zur Verfügung stehen, sind folgende Anglizismen zu zählen:

i) all-inclusive, Backstage, Budget, Comeback, Countdown, dopen/Doping, fit/Fitness, Freak, Gentleman, Ghostwriter, Interview, Jackpot, live, Lobbyist, Minibar, Offpist(-Sicherheitskurs), Oldtimer, Profi, Quiz, Reincarnation, Tuning

Backstage ist mindestens ›hinter der Bühne‹, impliziert allerdings auch den Direktkontakt mit den Musikern. Mit *Comeback* wird nicht schlicht auf ein ›Wiedererscheinen‹ referiert, sondern gilt für Musiker, die längere Zeit nicht aktiv gewesen sind, weil die Karriere – zumindest unter einem bestimmten Namen – als beendet galt oder die Vereinigung (bei Gruppen) aufgelöst worden ist. Auch ein *Lobbyist* ist nur bedingt mit einem übersetzenden Wort wie ›Interessenvertreter‹ wiederzugeben, sondern die Bedeutung müsste präzisiert werden durch Beschränkung auf den politischen Bereich usw. Für *offpist* ist es gar nicht möglich, eine Ein-Wort-Substitution durchzuführen, es muss vielmehr mit einer (Para)Phrase wie ›abseits der Piste‹ umschrieben werden. *Oldtimer* ist kein altes Auto, denn auch auf einen zehnjährigen VW Golf II trifft diese Benennung zu. Vielmehr handelt es sich um einen Wagen, der mindestens 15 Jahre[126] alt ist und einen (durch sein Alter) finanziellen oder Sammlerwert darstellt.

Ökonomische Varianten stellen folgende Anglizismen dar:

ii) Baby, Bar, Bonus (Zugabe), Boss, Charts, Check, City, Clown, Club, Comedy, Container, Design/designed, Diät, Fan, Flyer, Fun, Gay, (Bond) Girl, Grill, hi, Hit, Hobby, Image, Job, Junior, Latina, Love, medium, mini-, Model, offroad, ok/okay, Oldie, parken, Parkplatz, Partner, Pool, Pub, Revival, Schal, Sex, Shirt, Shit, Single, Snack, Sprint/Sprinter, Star, Start, starten/Start, Streik/streiken, Tank/Box, Team, Test, Ticket, Tipp, top, Topmodel, Tour[nee], Transfer, Trend, Trip, Truck

Wörter wie *Baby* (< Kleinkind/Säugling), *Diät* (< Schonkost) und *medium* (< mittelgroß[127]) sind vor dem Hintergrund der Graphemlänge ökonomisch, selbst wenn die Silbenzahl identisch ist, andere wie *Bonus* (< Zugabe), *Check* (< Prüfung), *Club* (< Verein), *Gay* (< Schwuler), *Pool* (< Becken), *Shit* (< Scheiße), *Start* (< Beginn), *Transfer* (< Übertragung), *Trip* (< Reise) sind in erster Linie ökonomisch, weil die Silbenanzahl geringer ist. Sowohl die Silben- als auch die Zeichenanzahl betreffend kürzer sind etwa *Boss* (< Vorsitzende(r)), *City* (< Innenstadt[128]), *Flyer* (< Handzettel), *Latina* (< Hispanoamerikanerin) und *Single* (< Alleinstehende(r)).

Eine semantische Bereicherung liegt bei folgenden Anglizismen vor:

iii) attraktiv, Bonus, Couch, Discounter, Drink, exklusiv, Fan, Farm, hi/hallo, Hotline, Humor, Hurrikan, Jeans, Job, Kids, Komfort/komfortabel, Konzern, Limit, Lodge, Panorama, Party, Penthaus, Performance, Poster, Rekord, shoppen, Single, special, Stress, Talk, Wellness

Eine Bedeutungsvariante zu beispielsweise *Unternehmen* liegt etwa mit *Konzern* (engl. *concern*) vor; hier wird mehr auf Internationalität und Größe abgehoben. Ebenfalls eine Bedeutungsnuance ergibt sich bei *Drink* und *Getränk*:

---

126 Gemäß §2, Nr. 22 der deutschen Fahrzeugzulassungsverordnung (FZV) sind Autos erst ab einem Alter von 30 Jahren Oldtimer.
127 Auch für ›halb durchgebraten‹ (Küche).
128 Auch in der engl. Bedeutung ›Stadt‹ belegt als *Rhodos City* (KSMS).

Während Letzteres Saft, Bier oder Cola sein kann, ist mit *Drink* ein alkoholisches Getränk, meist Cocktail oder Long*drink* gemeint; es kann aber ebenfalls für alkoholfreie Getränke verwendet werden. Auch *Poster* und *Plakat* sind nicht bedeutungsgleich, sondern unterscheiden sich mindestens in der Größe und

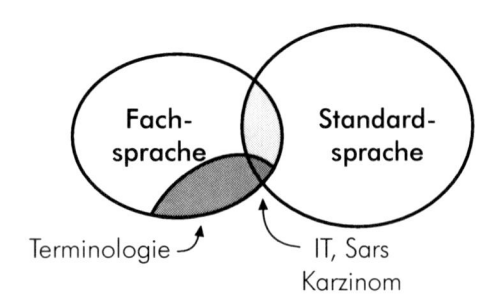

Abb. 4-6: Interferenzen Fach-/Standardsprache.

Funktion, denn Plakate zielen eher auf Werbung ab, *Poster* auf Inhalt (beinhalten z.B. Fotografien). *Party* ist ungleich *Feier* oder gar *Fest*, denn im Vergleich zu den anderen ist eine Party ausgelassener und zwangloser. Die deutschsprachige Dublette zu *Bonus* ist nicht etwa *Rabatt*[129], denn ein Bonus ist mit einer Zugabe verbunden, ein *Rabatt* stellt hingegen eine Preisminderung dar. Vielmehr sind *Bonus* und (kostenlose) *Zugabe* miteinander verglichen worden, wobei ein Bonus auch monetär ausfallen kann, eine Zugabe hingegen ist materieller Art. Auch ein *Penthaus/Penthouse* ist nicht nur eine *Dachterrassenwohnung*, sondern in der Regel mit einem Mindestmaß an Größe und Luxus und damit assoziierten höheren Preisen verbunden. Sämtliche Paare sind im Internet einzusehen (Netlink 576).

Eine gänzlich neue Bezeichnung oder ein fachsprachlicher Terminus steht hinter folgenden Lexemen:

iv) Actionfilm, Blackbox, Bluejeans, Bungee-Jumping, Callcenter, (Regen) Cape, Catamaran, Club (Verein), Cocktail, Compact-Disc, Computer, crazy, Export, Fotografie, fun, Hippie, Homepage, Hotline, indoor, Jazz, Internet, Investor Program, (Super)Jumbojet, Kicker, (Maus)Klick, Laser, Message, Mountainbike, offpist, offroad, online, Opening, Pepp, Rap, Rave, (Photo) Shooting, Short Message Service, (Space) Shuttle, Single (LP), Skateboard/Skateboarder, Snowboard, Sport, Sticker, Stress, surfen, Szene, Telefax, Television, Webseite, Whirlpool, Workshop, Zombie

Eine *Blackbox* etwa ist eine Art Fahrtenschreiber speziell für Flugzeuge, *Space Shuttle, Telefax, Computer, Laser* und *Television* sind technische Erfindungen, *Bungee-Jumping* eine neue Sportart, *Catamaran, Mountainbike, Skate-* und

---
129 Hierbei wäre äußerst fraglich, ob es sich überhaupt noch um Varianten oder Lexempaare mit unterschiedlicher Konnotationen handelt oder nicht schon um zwei voneinander unabhängige Lexeme.

Snowboard neue Sportgeräte, ein *Callcenter* eine große Annahmestelle von Kundenanrufen. In den Bereich der Wirtschaft gehören auch Lexeme wie *Export, Photo Shooting* oder *Investor Program. Indoor, offroad, offpist*, ggf. auch *Opening* etc. sind Fachtermini aus dem Sportbereich, *Klick, Homepage, online, surfen* etc. solche der Informationstechnologie. Hier liegt die Begründung für die Verwendung in der Vermischung von Fach- und Standardsprache (s. Abb. 4-6) vor dem Hintergrund der Relevanz auch für die Allgemeinheit oder nichtexistenter Ausdrücke. Auch im Musikbereich gibt es zahlreiche Fachtermini wie beispielsweise sämtliche Stilrichtungen *(Jazz, Rap* etc.*)*, die sich in der Standardsprache finden.

Im Zuge der Internationalisierung, die etwa durch das Näherrücken der Nationen aufgrund von Informations- (Internet, Telefon) und mobiler Vernetzung (Flugverkehr) stark zugenommen hat, ist Englisch auch als *Lingua franca* zu nennen, sodass an entsprechenden Verkehrsknotenpunkten oder so genannten Points of Interests (POIs) neben praktisch sprachunabhängigen[130] Piktogrammen sinnvollerweise sprachliche Hinweise auch oder ausschließlich in englischer Sprache gegeben werden können. Mit *WC* (< water closet) wäre ein lange etabliertes Beispiel gegeben, weitere wären:

v) Airline, all-inclusive, [Bahn]Card, bed & breakfast, Blackbox, Camping, Checkpoint, Conference, Container, Cup, Export, Express-, First-Class[-Hotel], Fly-in, free, Investor Program, Jumbojet, large, Last-Minute, Manager, rent, Secretary, Service, Service Center/Service-Point, Telefax, Tyrol, water closet (bes. WC)

Hervorstechend sind beispielsweise *all-inclusive, bed & breakfast, First Class, Jumbojet, rent* oder *Service(-Center/-Point)* sowie *free*, die international gebräuchlich sind.

Zuletzt sei auf die Gruppe der Eigennamen oder Gattungseigennamen hingewiesen, deren Änderung praktisch nicht sinnvoll ist und Probleme nach sich zöge. Belegte Beispiele wären:

vi) AWD hall, Block House, Premier-League, protec, Secret Garden Festival, Selection, Spaceshuttle, UEFA Cup, United Nations, United States, Winter-Golf-Trophy

Premier-League existiert auch im Deutschen *(1. Bundesliga)*; *protec* ist ein Kurzwort zu *protection*. Letztlich sind die meisten dieser Eigennamen auch der

---

130 Damit sind kulturspezifische Unterschiede ausgeklammert.

Gruppe (v) zuzuordnen, da sie auch international Gültigkeit besitzen bzw. besitzen sollten (*United Nations, UEFA* etc.).

Unter (iv) ist bereits angedeutet worden, dass spezifische Themenbereiche existieren, in denen Anglizismen gehäuft in Erscheinung treten; eine entsprechende thematische Kategorisierung zeigt, dass Anglizismen vor allem in den Bereichen a) Sport, b) Musik, c) Medien, d) Mode und e) Reisen verwendet werden sowie ein Kennzeichen f) jugendspezifischer Sprechweisen auf lexikalischer Ebene sind.

Letztlich gibt es auch zweifelhafte Fälle, die hier auf eine (g) unökonomische Verwendungsweise beschränkt werden sollen, da eine wissenschaftliche Diskussion über den Sinn von Anglizismen wie *Family* statt *Familie* oder *Barbecue* statt *Grillen* kaum möglich erscheint (Begründungsversuche wie oben ausgeschlossen). Die Bereiche (b-e) sind vor allem der so genannten Lifestylesparte zuzuordnen, wofür eine gewisse Varianz und Fremdheits- oder Andersartigkeitsnähe prototypisch ist; f) ist nicht unabhängig von Medien zu betrachten (vgl. Schlobinski/Kohl/Ludewigt 1993: 167).

Den einzelnen Bereichen (a-e) sind folgende Anglizismen zuzuordnen (Mehrfachnennungen sind möglich):

a) Aqua fit, beach, Bike/biken, Bubble-Sessellift, Bungee-Jumping, [OST-TIROL-/ThermenPlus-/…]Card, Challenge, Championjockey, chill-out, Coach (2x), Event, fair, Festival, foulen/Foul, free, Fun-Park, Gletscherjet, Kicker, nature, (Nordic) Walking, offroad, Outdoor, Outdoor Area, race, Schneebar, Skateboard(er), Snowboard, SNOWNEWS, Team, Testcenter und Trainer/trainieren/Training,
b) (Live) Act, Band, Bandcontest, Casting, Combo, Country(musik), Crossover, Diskjockey, Drummer, Event, Festival, Folkmusic, Goodnews[131], House-Party, Musical, Open-Air(-Konzert), Percussion, Rap, Rave, Rock/rocken/Rocker, Scout, Show, Song, Soul, Sound, Standing Ovation, Sunshine-Track, Vibrations.
c) Casting, Entertainer, Entertainment, Event, Festival, Interview, Reality-Show, Show, Showbusiness, Standing Ovation, Talk, Television
d) Art, Beauty-Farm, Event, Facelifting, Look, Model, Outfit
e) Beach, Camp, Card, Chill-out, free, Globetrotter, Lodge, nature, Ranch, Tourismus[132]

---

131 Name eines Discjockeys.
132 Anglizismus gemäß Kluge (2002: 922).

4.2 Auswertung

Weniger als erwartet sind Anglizismen belegt, die als kennzeichnend für den Sprachgebrauch Jugendlicher betrachtet werden können[133]:

f) Chill-out, Event, Feeling (> Gefühl), Festival, happy, Sprayer

Nicht in die angesetzten Kategorien sind folgende Lexeme einzuordnen:

g) Agent (Spion), Barbecue, Checkpoint, Christmas, Detektivservice, Family, Flyer, Gangster, good, Highlight, Killer, Lady(-Tag), light (Pseudoangl.?), Mediation, Mrs., mixen, (Frauen)power, rover, Sixty-Plus, summer, War (Krieg), Werbespot

(g) betreffend kann neben einer quantitativ unökonomischen Verwendung, die auf den Folgeseiten behandelt wird, die Verwendung einiger weniger Anglizismen als qualitativ unökonomisch angesehen werden. Hierzu zählen etwa *summer* statt *Sommer*, *Sixty-Plus* statt *Sechzig-Plus/Über-Sechzig* oder *Barbecue* statt *Grillfest*. Unökonomisch ist dies, da sie keine nennenswerte Reduktion oder gar einen quantitativen Mehraufwand, und auch qualitativ keine Ökonomie bedeuten. *Barbecue* ist weder die usualisiertere Form des Wortpaares noch transparenter. Auf *Summer* trifft dies ebenfalls zu, es ist aber aufgrund einer Anspielung bzw. eines Aufgreifens eines bekannten Musiktitels *(Summer in the City)* zu entschärfen. *Light* liegt einmal in der Verbindung *Love and light, Dein [x]* (KSMS) als Verabschiedung vor, ein weiteres Mal gekürzt im Rahmen einer Produktbezeichnung *(COLA LIG., KBON)*. Mindestens in letzter Verwendung liegt zwar kein Pseudoanglizismus vor, doch wird statt *light* oder *lite* im Englischen eher *diet* oder spezifischer *low/no fat, fat/sugar free* etc. verwendet. Anzumerken ist, dass bei einigen Anglizismen eine lautliche Nähe zu den nativen Wörtern besteht, auch wenn nur selten echte Paronymie wie bei *plus/plus* vorliegt: *Summer/Sommer, light/leicht, sixty/sechzig*. Dies erleichtert das Verständnis.

Zurück zur quantitativen Analyse: Neben den genannten Fällen mit starker Zeicheneinsparung sollen nun auch diejenigen Fälle betrachtet werden, die keine Reduktion, sondern einen Mehraufwand darstellen; mindestens 25 Prozent Graphemzuwachs durch Verwendung von Anglizismen sind bei den Lexemen in [51] auszumachen:

---

[133] Hinzu treten nahezu alle Lexeme der Sparte Musik, was sich damit begründen lässt, dass Jugendliche in ihrer Freizeit der Musik einen sehr hohen Stellenwert beimessen (89 % bei den 14- bis 29-Jährigen gegenüber 76 % aller Personen ab 14 Jahre; vgl. Blöhdorn/Gerhards/Klingler 2005: 641 sowie Medienpädagogischer Forschungsverbund Südwest 2007: 14f.).

[51] after, large, Selection, from, good, Spaceshuttle, Walking, Panorama[-Seeblick], Training, protec[tion], Mistress, trainieren

Mit *after* (1,25) ist ein Lexem gegeben, das zweimal auftritt: Ein Token fällt heraus, da es sich um eine englischsprachige Kleinanzeige handelt (KKA), der andere ist Teil eines Idioms (*after while crocodile*, KSMS). Es ist vermutlich dem Text des berühmten Musiktitels »See You Later Alligator« von Bill Haley entnommen und gekürzt aus »after a while, crocodile«.[134]

Auch *large* (1,25) ist nicht Teil in einem deutschsprachigen Text, sondern Teil eines Titels der Ten Tenors: *Larger than Life* (KFTV). Insofern spielt auch die Bedeutung keine Rolle.

Bei *Selection* (1,29) handelt es sich um eine Spartenbezeichnung des Weinproduzenten Lenz Moser. Es ist in abgekürzter Form (*L.MOSER SELECT. BL.ZWEIGE*[135], KBON) belegt. *Selection* ist gleichermaßen Eigenname und Prädikatsausdruck, bedeutet ›Auswahl‹ und verweist damit auf eine besondere Qualität des Jahrganges. Möglich wäre, dass der österreichische Großwinzer aus typografischen Gründen den Accent aigu getilgt und tatsächlich den Gallizismus *sélection* gewählt hat. Für diese These würde die parallele Sortimentsreihe *Prestige* sprechen; allerdings findet sich auch dies als Gallizismus in der englischen Sprache. Zudem muss ohne Accent von engl. *selection* ausgegangen werden.

Das Lexem *from* (1,33) ›von‹ ist wie *after* und *large* wiederum Teil eines größeren Ganzen: *Message from the Mountains* ist der Titel einer musikalischen Veranstaltung in den Alpen.

Good (1,33) ›gut‹ ist im Gesamtkorpus dreimal belegt und einmal davon als Teil eines Eigennamens (*DJ Good News*, KFTV). Die beiden anderen Belege finden sich in SMS-Mitteilungen in der festen Form *good x*, wobei *x* ein Substantiv repräsentiert *(GOOD LUCK/MÄN* sowie *Good trip [and cu])*. Unauffällige Syntagmen wie *ich finde das good* sind unwahrscheinlich, da *good* und *gut* zwar nicht homophon sind und auch keine Minimalpaare darstellen, sich aber dennoch zu gering unterscheiden, als dass eine Substitution angezeigt wäre, sofern der Ausdruck durch einen Anglizismus gewünscht ist. Hier ist *cool* üblicher.

Spaceshuttle (1,33) ist wie *Tempo* (›Taschentuch‹) Eigenname und Gattungsname zugleich. Der Gattungseigenname setzt sich aus *space* ›Weltraum‹ und *shuttle* ›Pendelfahrzeug‹ zusammen und tritt nicht nur isoliert in Form von *Spaceshuttle* und *Space Shuttle* im Korpus auf, sondern wiederum als Konstitu-

---

134 See you later alligator | After 'while crocodile.
135 Vollform ist *LENZ MOSER SELECTION BLAUER ZWEIGELT.*

ente in *Spaceshuttle-Flüge* sowie als auf das Basismorphem reduzierte Kurzform *Shuttle* (sämtlich KFTV). Während die lexikalische Integration keine Probleme bereitet oder Konflikte schürt, da es sich (auch) um einen Eigennamen handelt, ist die morphologische Seite nicht ohne Schwierigkeiten: *(Space-) Shuttle* wird im DUDEN (2003, 2005a) als Maskulinum ausgewiesen, in der Erläuterung als »Raumfähre« und »[im Pendelverkehr eingesetztes] Fahrzeug« bezeichnet und im Korpus ist es Neutrum: *Das Shuttle soll nun Dienstag landen.* (ibid.). Die Integration ist insofern nicht einheitlich erfolgt, und ein genusspezifisches Wortfeld existiert nicht (anders bei Schiffen, Alkoholika etc., vgl. Kap. 3.2.2.1).

Einer der Belege aus dem Bereich Sport ist *Walking* (1,4). Die hier verwendete Übersetzung ›Gehen‹ ist thesenunfreundlich, da die Sportart eine spezifische Form des Gehens (schnell, mit Stock-/Armeinsatz) impliziert. *Walking* ist das substantivierte Partizip bzw. die Progressivform von *[to] walk* ›gehen‹. Es handelt sich insofern um eine einfache Konversion im Englischen, deren Produkt ins Deutsche übernommen worden ist und aufgrund des Status ›neue Sportart‹ eine lexikalische Lücke füllt.

Panorama im Beleg *Panorama-Seeblick* (1,42) ist um 1800 aus dem Englischen entlehnt worden und geht auf griech. *pān* ›alles‹ und *hórāma* ›das Sehen‹ zurück; als deutschsprachiges Pendant wurde ›Ausblick‹ gewählt. Beschränkt man den Vergleich auf *Panorama*, ergibt sich ein Quotient von 1, d.h. beide Zeichenfolgen sind gleichlang. Die Verschiebung ergibt sich also dadurch, dass der Anglizismus als Kompositionskonstituente eingehen kann. Interessant sind jedoch eher die belegte komplexe Wortform sowie zwei weitere Komposita *(Panorama-Seeblick* und *Panoramabl.)* dadurch, dass sie – anders als die ebenfalls belegten Wortformen *Panoramarestaur./Panoramarest., Panoramaabfahrt, Alpenpanorama* und *Traum-Panorama* – eine semantische Doppelung beinhalten: *Panorama* bedeutet ›Rundblick, Ausblick‹; gegenüber *Seeblick* soll *Panorama-Seeblick* hervorheben, dass es sich nicht nur um einen Ausblick auf den/einen See handelt, sondern um einen sehr guten oder lohnenswerten. Die wörtliche Lesart ist jedoch ›Ausblick-Seeblick‹. Diese Inhaltsdopplung ist in der deutschen Übersetzung ›See-Ausblick‹ getilgt, und dies ist vor allem der Grund für den hohen Quotienten. Mit der Tilgung verbunden[136] ist eine Umstellung der Konstituenten, da die nähere Spezifizierung, das Determinans, vorangestellt sein muss *(*Ausblick-See)*; entsprechend ist *Alpenpanorama* gebildet.

---

136 Auch ohne Tilgung wäre allerdings eine Umstellung nötig, da *?Ausblick-Seeblick* zwar grammatisch korrekt gebildet, jedoch semantisch problematisch ist.

Auf *Panoramabl.* (1,62[137]) trifft dies im Besonderen zu, da es sich hierbei um eine reine semantische Doppelung handelt: ›Ausblickblick‹[138].

Training (1,6) und *trainieren* (2,5) sind vor allem im Sportbereich zu finden (vgl. o.) und sind daher ›Übung‹ bzw. ›üben‹ gegenübergestellt worden. Mit den Belegen liegen einige der wenigen älteren Entlehnungen aus dem 19. Jahrhundert vor. *Training* ist von engl. *to train* abgeleitet, das seinerseits über frz. *trainer* aus dem Lateinischen (*traginare*) ins Englische eingegangen ist. Es bedeutete ›ziehen, nachziehen‹, wird jedoch im Sinne von ›erziehen‹ oder expliziter im Sportbereich im Sinne von ›systematisch auf einen Wettkampf vorbereiten; üben‹[139] verwendet. *Trainer* ist eine ökonomische Ableitung vom Verb *[to] train*, ist auch im Korpus belegt und kann nur mit ›Übungsleiter‹ übersetzt werden, sodass es keinen Mehraufwand, sondern eine deutliche Ersparnis gegenüber der deutschsprachigen Dublette darstellt (0,58).

protec (1,67) ist eine Kurzform zu *protection* und bedeutet ›Schutz‹. Es handelt sich allerdings um den Namen eines Sicherheitsunternehmens, stellt insofern einen Eigennamen dar und wird hier daher nur am Rande erwähnt.

Als letzter Beleg ist *Mrs.* anzuführen, welches eine Abkürzung von *Mistress* (2,0) darstellt. *Mistress* hat zahlreiche Bedeutungen (u.a. ›Geliebte, Herrin, Lehrerin‹), ist im Korpus jedoch als ›(verheiratete) Frau‹ belegt. Allerdings ist das Lexem in dieser Form kaum gebräuchlich, sondern in erster Linie als Abkürzung oder ausgesprochen, [mɪsɪs]. Der hohe Quotient kommt also nur zustande, weil die ungebräuchliche Vollform angegeben und das deutschsprachige Pendant mit vier Graphemen recht kurz ist. Bei einem konkreten Belegvergleich wäre allerdings ein Quotient von 1,3 weniger eindeutig *(Mrs. > Fr.)*.

Zusammenfassend kann festgehalten werden, dass Anglizismen im Durchschnitt signifikant Zeichen einsparen, wenn sie anstelle ihrer nativen Pendants gebraucht werden – immer vorausgesetzt, es handelt sich um neue Benennungen, für die keine nativen Lexeme zur Verfügung standen bzw. stehen; zu nennen wäre hier vor allem der komplette Bereich der Technik/Technologie. Besonders effizient ist es, wenn verschiedene Anglizismen miteinander kombiniert werden unter der Voraussetzung, dass diese einzeln bekannt sind und die Komposita in ihre Bestandteile segmentiert werden können[140]. Beispiele wären *wet-t-shirt-contest* und *online-single Party* mit jeweils drei Anglizismen (beide KSMS).

---

137 Der Quotient basiert auf der ungekürzten Form *Panoramablick*.
138 Dieser Beleg ist jedoch rechnerisch als ›Weitblickausblick‹ eingegangen, da er keinerlei Zusatzinformationen bietet.
139 Die Bedeutung ist von der Verwendung abhängig *(auf einen Wettkampf vorbereiten*, aber **eine Mannschaft üben*; hingegen: *Uwe übt* und *Uwe bereitet sich auf einen Wettkampf vor)*.
140 Andernfalls sind sie zwar vergleichsweise besonders kurz, jedoch nicht effizient.

4.2.1.2 Anglizismen – Flut oder Ebbe?

Für die genannten Korpora ist in Bezug auf die Anzahl der Anglizismen Relativierung angezeigt. Man kann weder von einer »Überflutung«[141] noch davon sprechen, dass die englische Sprache bzw. deren Lexik keinerlei Einfluss auf die deutsche Sprache nehme. Die Frage »Flut oder Ebbe?« ist aber im Grunde falsch gestellt. Vielmehr ist der Einsatz von Anglizismen vielfach funktional bedingt, und diese Gründe sollen an dieser Stelle zusammengefasst werden.

Belegt werden konnte zum einen, dass Anglizismen im Mittel kürzer sind als die deutschsprachigen Alternativen. Dass die Verwendung nicht ausschließlich dieser Funktion zu verdanken ist, steht außer Frage. Dem Einwand, dass sich dies aus der Auswahl der Korpora ergebe, die gerade die Eigenschaft des geringen Textraums miteinander teilen, ist nur zu einem Teil zuzustimmen, denn es finden sich – besonders bei den journalistischen Angeboten – zahlreiche Textbelege (KFTV, KNT), die noch eine Kürzung zuließen, diese jedoch nicht erfahren haben. Auf der anderen Seite sind auch zahlreiche Anglizismen belegt, bei denen es nicht oder nur marginal zu einer Kürzung gekommen ist, womit sich eine solche Folgerung nicht ableiten lässt. Einzelne Anglizismen stellen sogar einen quantitativen Mehraufwand dar. Die Kürze zeigt sich allerdings mitunter auch darin, dass die Anglizismen phonologisch weniger komplex sind, etwa durch Verringerung um oder auf eine Silbe. Dies ermöglicht eine konzentriertere Perzeption einzelner Wörter. Kurz: Die in den Korpora gebrauchten Anglizismen sind häufig nützlich, da ökonomisch; viele der ›unökonomischen‹ Lexeme konnten entsprechend erklärt werden.

Auch Internationalisierung spielt eine Rolle, wie dies u.a. ebenfalls für die Reisesparte (inkl. Verkehrsmittel) gezeigt worden ist. Hierunter fallen aber nicht nur zentrale Anlaufstellen, die mit *Service Center* bezeichnet werden, sondern auch bei reisefernen Themen Größenangaben wie *S*, *M* und *L* (< small, medium, large). Der Vorteil liegt auf der Hand: Etiketten in Bekleidungsstücke müssen nicht lokalisiert werden, sondern können global einheitlich produziert werden. Vorteile liegen genauso auf Seite der Verbraucher, wenn etwa bei Nahrungsmitteln wie Eiern, Früchten oder Gemüse Angaben wie *M* oder *L* auf Größensortierungen hinweisen.

Mitunter werden vorhandene Lexeme scheinbar substituiert, doch wie beispielsweise *Ticket* zeigt, das 23-mal belegt ist und bei dem ein Bedeutungsschwerpunkt auf ›Eintrittskarte‹, nachgeordnet ›Fahrkarte‹ liegt (vgl. oben), handelt es sich oft um einen nicht unökonomischen Neuzugang, da er zwei

---

141 Beispielsweise beginnt der Verein Deutsche Sprache e.V. auf seiner Seite »VDS vorgestellt« (http://vds-ev.de/verein/index.php, Rev. 2007-04-10): »Die deutsche Sprache wird zur Zeit von einer Unzahl unnötiger und unschöner englischer Ausdrücke überflutet.«

näher spezifizierende Lexeme ersetzt, die semantische Spezifizierung jedoch problemlos über den Kotext erschlossen werden kann. Eine Hyperonym-Alternative ergibt sich mit der Reduktion auf das Determinatum *Karte;* diese ist allerdings weniger geeignet als *Ticket,* da *Karte* weitaus mehr Bedeutungen aufweist (Landkarte, gelbe/rote Karte, Spielkarte, Postkarte, Geldkarte, Lochkarte, Erweiterungskarte (Computer) etc.), *Ticket* jedoch nur in der genannten Bedeutung verwendet wird. Es ersetzt also nicht, sondern besetzt eine Leerstelle in der lexikalischen Hierarchie (s. Abb. 4-7).

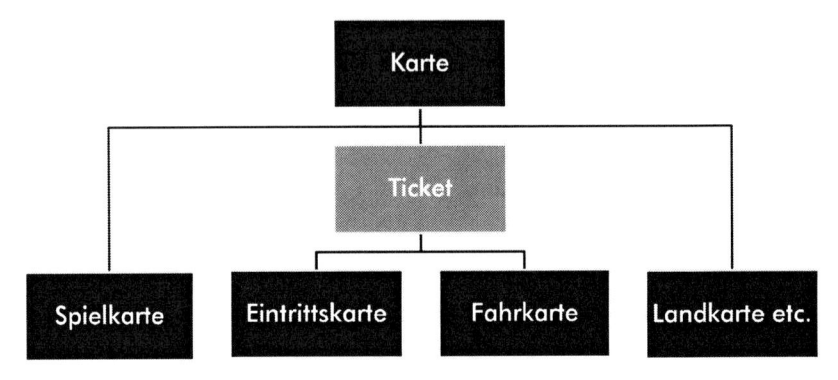

```
                    Karte
                      |
                    Ticket
         ┌──────────┬─┴────────┬──────────────┐
    Spielkarte  Eintrittskarte  Fahrkarte  Landkarte etc.
```

Abb. 4-7: Anglizismen wie *Ticket* stellen sinnvolle lexikalische Ergänzungen dar.

In dieser Reihe werden gern auch die Bedeutungsvarianten *Steckenpferd* und *Hobby*[142] genannt, doch ist die Nichtgleichsetzbarkeit nicht nur eine semantische Frage: Ersteres besteht aus zwölf Zeichen und ist dreisilbig, *Hobby* umfasst fünf Zeichen und ist zweisilbig, also graphemisch wie phonologisch weniger komplex; der quantitativ geringere Aufwand ist offensichtlich. Auch ist *Steckenpferd* qualitativ unökonomisch(er), da unmotiviert und irreführend: Dass *Stecken* auf ahd. *stecko* ›Stock, Stange‹ zurückgeht und seit dem 17. Jahrhundert in Verbindung mit *Pferd* für das Kinderspielzeug Holzpferd verwendet wird, ist kaum mehr bekannt. *Hobby* ist zwar ebenfalls unmotiviert, enthält jedoch keine segmentierbaren bedeutungstragenden Einheiten, die zu einer (in diesem Fall) Fehlinterpretation führen könnten.

Dennoch stellen Anglizismen natürlich nicht generell ökonomischere oder bedeutungsdifferenzierende Varianten dar. So könnte zwar das Lexem *all-inclusive (DZ, VP, All-inklusive, 1.500,-VB)* als neue und sogleich internationalisierte Form des Ausdrucks ›viele Leistungen wie Speisen und Getränke im Preis inbegriffen‹ erklärt werden. Dennoch ist *alles inbegriffen* bereits zweimal

---

142 Belegt in *Hobbyfotograf* (0,65; KKA).

im 1955er Kleinanzeigenkorpus (KKA 1955) belegt, sodass *all-inclusive* als neue englischsprachige, vielleicht auch internationalisierende Variante anzusehen ist.

Anglizismen können auch thematisch bedingt gehäuft auftreten. Am Beispiel der Sportberichterstattung (Fußball, Radsport, Tennis etc.) lässt sich dies verdeutlichen, da besonders beim Fußball über einen längeren Zeitraum[143] hinweg örtlich gebunden mit mehr oder weniger identischen Spielern ein eng determiniertes Spielgeschehen mit nur geringer Abkehr davon (Foul/med. Versorgung, Freistoß, Tor, Spielerwechsel) beschrieben werden muss, wobei das Ziel des Spiels (Tore) hierbei zeitlich betrachtet die Ausnahme darstellt. Dieses an sich wenig variantenreiche Spielgeschehen wird mit sprachlicher Varianz, welche die lexikalische einschließt, wenn nicht sogar durch sie maßgeblich hergestellt wird, zu kompensieren versucht. Auf lexikalischer Seite hilft hierbei die Verwendung von Synonymen *(Torwart, Torhüter, Torwächter, Schlussmann; Mannschaft, Elf, Spieler)* und eben nicht-nativen Lexemen (engl. *Goalkeeper* bzw. die gekürzte Form *Keeper*; engl. *Team*, frz. *Équipe*; vgl. auch Burkhardt 2006, Burkhardt 2008, Schlobinski/Fiene 2000, Schlobinski 2010).

Neben dem Bereich des Sports zeichnen sich auch die Wortfelder Musik und Massenmedien durch einen höheren Anglizismenanteil auf. Dieser ist allerdings ebenso wenig wie im Sportbereich unabhängig von der Auswahl der Korpora zu sehen.

Letzterer etwa wird besonders vom Tourismus-TV Alpenpanorama abgedeckt. Hier werden Sport-Events oder Sonderaktionen im Bereich Ski- und Radfahren, Wandern etc. angekündigt – Sport ist hier Programm. Da es sich beim Alpenpanorama um eine Dauerwerbesendung handelt, ist die Mehrheit der Anglizismen funktional bedingt. Die sich präsentierenden und untereinander stark konkurrierenden Urlaubsorte sind bemüht, sich modern zu darzustellen und Sachverhalte als Besonderheiten herauszustellen. In punkto Modernität ist es die Distanzierung vom ›angestaubten‹ Bild des Wanderns im Alpensommer, im Winter bilden Skifahren und Feiern das Programm. Anglizismen ermöglichen es den Anbietern, die Andersartigkeit und das neue Tourismusverständnis sprachlich zu markieren. So wird Skifahren durch *Skiing* oder *Carving*, Radfahren durch *Mountainbiking* und Wandern durch *Trekking* oder *Hiking* substituiert, um auszudrücken, was im Grunde selbstverständlich ist: Wandern bedeutet – zumindest für die jüngere Generation – Bergwandern und Hüttentouren, Radfahren das Fahren mit geeigneten Rädern im und am Berg, und beim Skifahren stehen zahlreiche Liftanlagen zur Verfügung, die Dutzende bis Hunderte Kilometer Piste miteinander verbinden, die mit

---

143 So etwa mind. 90 Minuten beim Fußball.

Carver-Skiern befahren werden können. Hinzu treten allerdings auch neue Sportarten oder neue Varianten, die ohne jeden Übersetzungsversuch mit Anglizismen bezeichnet werden: *Snowboarding, Heliskiing* usw.

In der Summe sind 3 019 Anglizismen (Wortformen) in den Korpora belegt. Auf das Korpus Alpenpanorama (KTTV) entfallen 303 (von 4 240) Wortformen, welches einem Anteil von 7,15 Prozent entspricht. Die am häufigsten verwendeten Anglizismen sind *Lift* (31 inkl. 7x *Liftbetrieb*, 4x *Liftanlagen*, *Liftkarte* und zzgl. *www.lift.at*), *Fax* (25 Wortformen), *Internet* (25 inkl. *Internet-Adresse*, *Internet-Homepage* und 2x das Kurzwort *Net*) und *Tourismus* (1x zzgl. 6x *Tourismusverband*, 1x die Abkürzung *Tourismusverb.* und 6x das entsprechende Kurzwort *TVB*), nachfolgend *Opening* (9 inkl. *Ski-Opening, Sommer Opening, Ski-& Snowboard Opening, Sport 2000 CARVING OPENING* etc.), *Homepage* (7 inkl. *Internet-Homepage*), *live* in verschiedenen Kombinationen (6x die Musik betreffend, 1x in Form von *Livebilder*), *Panorama* in 6 Wortbildungen, *Hotline* (5x *Infohotline*, 1x *Buchungshotline*), *of*[144] sowie *Party* (beide 5x). Zu Letzterem ist allerdings festzustellen, dass diesen Fällen 16 mit der deutschsprachigen Dublette *Fest* in zahlreichen Verbindungen gegenüberstehen: *Almabtriebsfest, Bürgerfest, Dorffest, Frühlingsfest, Herbstl'n Tuat's – Fest, Hüttenfest, Mittelalterfest, Osterschneefest, Schützenbataillonsfest, Traktorfest, Winterpferdefest* etc. (zzgl. als Determinanten in *Festzelt, Festspiele, Festumzug*). Dies trifft in ähnlicher Weise auf *Opening* (9x) zu, das 4 Fällen mit *Eröffnung*, allerdings auch 13 Belegen mit dem Anglizismus *Start* in dieser Bedeutung (Winter-/Sommer-/Saisonstart) gegenüber steht. *Free* ist mit 4 Belegen ungefähr der deutschsprachigen Variante *frei* quantitativ gleichzusetzen, wobei Letzteres in der Regel in anderer Verwendungsweise vorzufinden ist: Während *free* ausschließlich in Verbindung mit *Ski* – vermutlich aufgrund der phonischen Nähe[145] – belegt ist, tritt *frei* gar nicht in Verbindung mit *Skipass* auf, sondern nur mit *Eintritt* (2x *Eintritt frei*), *fahren (Kinder bis Jhg. 1989 fahren im Sommer bei uns frei!)* und kompositionell in *mautfrei* und *pollenfrei*. Daneben ist auch *kostenlos* dreimal belegt. Am häufigsten tritt jedoch die im süddt. und österr. Raum verbreitete Variante *gratis* auf *(Gratis Skipaß, Gratisschibus, Gratis Badespass* etc.) – ein Latinismus aus dem 16. Jahrhundert (von gratia ›Dank‹).

Summarisch kann zwar mitunter in wenigen Bereichen ein Übergewicht an Anglizismen nachgewiesen werden, das allerdings zu relativieren ist. Für *Lift, Fax, Internet* und *Homepage* etwa existiert keine Alternative (oder wie im Fall von *Fax* nicht mehr heute) und/oder es handelt sich um fachsprachliche oder neu geschaffene Begriffe *(Internet, Snowboard, Carver)*. Vielfach dürften

---

144 In *Top of Tyrol, Best of Diedams, Friends of Galtür*.
145 Die Verbindung besteht nicht nur zu *Ski*; vielmehr zeichnet sich die gesamte Zeile durch ein Parallelismus aus *(Feel free – Ski free)*.

Anglizismen auch gar nicht mehr als solche wahrgenommen werden, wie dies sicherlich bei *Tourismus, Panorama* oder *Start* der Fall sein dürfte. Auch gibt es in vielen Fällen parallele Verwendungsweisen, wie dies an *Opening/Eröffnung* und *Feier/Party* gezeigt worden ist. Zudem gibt es offensichtlich Kombinationsvorlieben, wie dies am Beispiel *Schnee-* zu sehen ist. *Hotline* ist hier in keinem Fall Basismorphem, sondern stets *Telefon*. Hingegen stellt für Reisebuchungen *Hotline* eine Alternative dar (1x *Buchungshotline*); aussagekräftig ist dies allerdings aufgrund eines Belegs nicht. In syntaktischen Verbindungen ist übrigens wieder *Telefon* vorherrschend: *Information und Buchung Tel., Info/Buchung Tel., Information und Buchungen unter Tel.* Auf Wortebene ist in Verbindung mit *Info(rmation)* die Verwendung wiederum nahezu ausgeglichen: *Info-Tel., Info-Telefon, InfoTel.* etc. kommen zusammen auf sieben Verbindungen, *Infohotline* ist fünfmal belegt – ausschließlich in dieser Form; dies impliziert, dass *Hotline* nicht Bestandteil syntaktischer Ausdrücke ist, wie dies für Telefon beschrieben worden ist. Dies legt nahe, dass mit *Hotline* semantisch schwerer ist als *Telefon* (implizit etwa auch die Möglichkeit des Buchens). Allerdings gibt es auch andere Gründe wie beispielsweise Vokalharmonie (*Schneetelefon*).

Im Kleinanzeigenkorpus (KKA 2005) sind etwa zur Hälfte[146] Anzeigen aus der Rubrik Reisemarkt enthalten, sodass wie beim Alpenpanorama erwartet werden kann, dass der Anteil an Anglizismen höher als bei anderen Korpora ausfällt. Tatsächlich entspricht der die beiden Rubriken betreffende Anteil mit 3,9 Prozent (366 Anglizismen auf 9 374 Wortformen) in etwa den Erwartungen, was expliziter an einem rubrikspezifischen Blick abzulesen ist. Hierbei entfallen 207 Anglizismen auf die 4 687 Wortformen des Reisemarktes, 169 auf ebenfalls 4 687 Wortformen[147] der Rubrik Verschiedenes. Dies entspricht einem Anteil von 4,42 Prozent im Reisemarkt und einem von 3,6 Prozent unter Verschiedenes. Die am häufigsten verwendeten Anglizismen im Reisemarkt sind *Pool* (42 zzgl. *Pool-Villa*), *Fax* (40), *exklusiv*[148] (21 inkl. 3x *excl.* und 2x *exklusiv*), *Bungalow* (11 inkl. 3x die Abk. *Bung.*), *Golf* (11 inkl. 2x *Golfen* und *Golfbälle, -plätze, -mitgliedschaft, -runde*) und *TV* (10 inkl. 4x *Sat-/SAT-TV*, 1x *Kabel-TV*). Es schließen sich *last minute*[149] (7), *top* (1x adjektivisch, 2x *Top-FeWo*, 1x *Top-Whg.*, 1x *Top-App.*), City (3 inkl. 2x *Berlin-City*), *Cape Coral*[150], *Lodge* und *Parkplatz* (jeweils 2) an. *Pool* (< *Swimming Pool*) und *Fax* (< *Telefax*)

---

146 394 Anzeigen gehören der Rubrik »Reisemarkt« an, 382 sind dem Bereich »Verschiedenes« entnommen.
147 Die identischen Werte sind Zufall, aber korrekt.
148 Als Anglizismus (von engl. exclusive) in der Bedeutung ›ausschließend, nur wenigen zugänglich; sich absondernd‹; aber: *exklusive Steuern* (Latinismus).
149 Beide Lexeme tauchen englischsprachig nur in dieser Kombination auf.
150 S. Anm. 149.

treten hierbei nur als Kurzwörter in Erscheinung, welches sich aus der Kommunikationsform ergibt.

Es fällt auch hier wieder auf, dass die Anglizismen stark themengebunden sind und zudem übliche Lexeme des Deutschen darstellen. Auf *Fax* trifft das zum Alpenpanorama Gesagte ebenfalls zu. *Pool* ist reiseangebotsspezifisch, d. h. es tritt nicht einmal in den Kleinanzeigen der Rubrik Verschiedenes auf und wird in nur fünf Fällen durch *Schwimmbad* ersetzt. Es ist den Anzeigen in den meisten Fällen nicht zu entnehmen, ob es sich um ein eigenes Becken im Haus bzw. in der Ferienwohnung handelt oder um ein öffentlich zugängliches Bad, welches eine Bedeutungsspezifizierung ergeben könnte. Zu *exklusiv* gäbe es zwar Synonyme wie *exzellent*, *luxuriös* oder *erstklassig*, doch hat sich dieses Lexem im Zusammenhang mit Immobilien etabliert. Zudem ist *exklusiv* kaum als Anglizismus erkennen, sondern eher als Latinismus, was für die Ursprungsbedeutung auch zutrifft. Zudem wird damit oftmals auch auf eine Allein- oder ausgesprochen gute Lage referiert, wohingegen Lexeme wie *luxuriös* dies weniger implizieren. Darüber hinaus ist *exklusiv* ein weniger determiniertes Wort als *luxuriös* oder *komfortabel*, wenn nicht sogar als Hyperonym zu betrachten (vgl. *Ticket* oben). *Komfort(abel)* wäre denn auch wieder ein Anglizismus, der in einem Fall isoliert *(sämtl. Komfort)*, in zweien als Konstituente in einem Kompositum *(Komfort FW, 1-2 Zi-Komfort-Fewo)* und in weiteren zwei Fällen

#	Types	Tokens
42+1	Pool	Pool/s + Pool-Villa
40	Fax	Fax
21	exkl.	exkl., 3x „excl." und 2 exklusiv inbegriffen
11	Bungalow	Bungalows, inkl. 3 Bung.
11	Golf	5x Golf, 2x Golfen, Rest Golfball, Golfplatz etc.
10	TV	5x TV, 1x Kabel-TV, 4x Sat/SAT-TV
7	Komfort/ komfortabel	3x Komfort, 2x komfortabel
7	last	Last minute
6	Top	1x top, 2x Top-FeWo, 1x Top-App., 1x Top-Whg., 1x Toplage
4	city	1 City, 2 Berlin-City, 1 citynah
2	Cape coral	Cape Coral
2	Lodge	Lodge
2	Parkpl.	Parkpl.

Tab. 4-18: Die häufigsten Anglizismen im Reisemarkt der Kleinanzeigen 2005 (> 1 Token).

adjektivisch verwendet wird *(Wasserfront-Ferienhaus, komfortabel, ruhig; komfortable DG-Ferienwohnung)*. Auch das Kurzwort *TV* ergibt sich aus der Kommunikationsform und den damit verbundenen Kosten für Vollformen, sodass *Television* nicht belegt ist. Die deutschsprachigen Varianten *Fernsehen/Fernseher* sind ebenfalls nicht im KKA 2005 enthalten. Hier kann wiederum die vollständige lexikalische Integration in das Deutsche konstatiert werden. Dies trifft ebenso auf *Bungalow* (angloindisch für *Hindi bangla* ›Haus aus Bengalen‹) zu, welches überwiegend reduziert auftritt, wie auf *Golf* und *Parkplatz*. *Cape Coral* ist ein Eigenname und fällt damit heraus. *Last minute* hingegen ist als prototypisch für die Reisebranche anzusehen und hat eine Bedeutungsverschiebung in Richtung ›in den nächsten Wochen/Monaten‹ erhalten, da die wenigsten so genannten *Last-Minute*-Reisen tatsächlich mit Buchungen ›in letzter Minute‹, d.h. wenige Stunden oder Tage vor der Abreise, verbunden sind (vgl. *Super-Last-Minute*). Es ist insofern eher als Werbeschlagwort zu verstehen, das ›günstig‹ implizieren soll, und kann daher kaum mit ›letzter Minute/auf den letzten Drücker‹ substituiert werden.

Für die Rubrik Verschiedenes im KKA 2005 ergibt sich ein ähnliches Bild. Hier sind die meisten Anglizismen ebenfalls lexikalisch (nicht durchgängig jedoch phonetisch) vollständig integriert, so etwa *Fax* (15 Vorkommen), *Golf* (Sportartbezeichnung, 8), *Foto* (5+1), *Service* (4), *Bridge* (Name des Kartenspiels, 2), *fair* (2) und *Club* (2). Neuere Lexeme aus dem technischen Bereich gehören

#	Types	Tokens
15	Fax	Telefax[gerät/-nummer]
8	Golf	2x Golf, 2x Golfclub, golfen, Golf[club]mitgliedschaft, Golfball, Golfrunde
7	Ticket	5x Ticket, easyjet-Flugtickets, Irland-Flugtickets
5	Foto	3x Foto, Hobbyfotograf, Fotoalben, ferner Fotovoltaikanlage
4	Service	2x Begleitservice, Detektivservice, Literaturservice
3	Confederations-Cup	(Kein Beleg mit Kurzform Confed-Cup!)
3	DVD	KW zu Digital Versatile Disc
3	Internet	2x Internet, Internetkonditionen
2	Bridge	[Kartenspiel/Eigenname]
2	fair	
2	SMS	Short Message Service
2	Club	s.o. (Golfclub)

Tab. 4-19: Die häufigsten Anglizismen in Verschiedenes im KKA 2005 (> 1 Token).

ebenfalls hierzu: *DVD* (3), *Internet* (3), *SMS* (2). Allerdings liegt die Häufigkeit einzelner Lexeme niedriger, was sich daraus ergibt, dass der Angebotsbereich gegenüber dem Reisemarkt deutlich größer ist. Auffällig ist höchstens *Ticket*, das 7-mal in der Bedeutung ›Eintrittskarte‹ und ›Flugschein‹ verwendet wird; allerdings sind 17 Wortformen von *Eintrittskarte* für vorwiegend musikalische oder sportliche Ereignisse belegt, 2 weitere mit integrierten Attributen *(Super-Karten, Topkarten)* und 6 mit einer thematischen Spezifizierung (2x *Festspielkarten,* 2x *Fußball-Eintrittskarten, Konzertkarten, Bayreuth-/Wagnerkarten*) und eine als Vollform *(Steh-/Sitzplatzkarten),* da es um eine Spezifizierung (Stehen, Sitzen) der Karten geht. So ist der Anglizismus *Ticket* relativiert, und *Confederations-Cup* ist ein Eigenname, der in einem Fall auch übersetzt belegt ist *(Konföderations-Cup).* Bei *Club* spielt das Umfeld eine schwache Rolle, denn belegt ist in beiden Fällen *Golfclub*; *Club* ist positiver konnotiert und mit einer gewissen Exklusivität verbunden. Dies und vermutlich die engere Verknüpfung der Mitglieder sowie die dies begünstigende Verfügbarkeit von gemeinsamen Räumlichkeiten dürften die Gründe dafür sein, dass *Kleingärtnerverein* und hingegen nicht *Kleingärtnerclub* belegt (weil usualisiert) ist. Des Weiteren ist *Verein* in *für Privat oder Verein zu verkaufen* belegt, was ebenfalls der Argumentation folgt. Weniger trifft dies auf *Fußballclub/FC* zu, das zwar im KKA 2005 nicht enthalten ist, jedoch in anderen Korpora. Ursache hierfür könnte die sportliche Verbindung sein, während Kleingärtner eher einen räumlichen Verbund darstellen und weniger gemeinsame Interessen verfolgen. Die der deutschen Orthografie angepasste Schreibung *Klub* ist nicht belegt. *Fair* wird ausschließlich in der Bedeutung ›gerecht, anständig‹ verwendet, nicht im sportlichen Sinne: *seriös und fair; zu fairen Preisen.* Hier referiert *fair* auf den finanziellen Aspekt, welches im ersten Fall implizit (›seriös und fair im Preis‹) enthalten ist, was wiederum der raumbegrenzten Kommunikationsform Rechnung trägt. Deutschsprachige Varianten wie *angemessen, anständig* sind im Korpus nicht enthalten, wohl jedoch *preiswert, günstig* (3x *günstig*, 1x *gü.*, 1x *preisgünstig*) bei Verkäufen, die Phrase *zu Höchstpreisen* bei Ankäufen. Allerdings weist *fair* auch auf einen höheren Preis, den der Anbieter für gerecht hält, hin, als dies bei *preiswert* oder *billig* der Fall wäre. Unter Einbezug der Alternativen ist auch *fair* wiederum als eine anglizistische Variante unter anderen zu werten.

Der Nachrichtenticker von ARD digital verzichtet hingegen weitestgehend auf Anglizismen und beschränkt sich in erster Linie auf Eigennamen wie *US(-Aktion), ISS* oder *Patriot Act* und lexikalisch vollständig integrierte Anglizismen wie *(Geflügel)farm, Gangster, Club* oder *Streik.* Dadurch liegt der Anteil bei geringen 62 von insgesamt 2 291 Wortformen bzw. bei 2,7 Prozent.

4.2 Auswertung

#	Types	Tokens
10	Streik	7x Streik, 2x Warnstreik, streiken
10	US-	3x US-Präsident, US-Abhöraktion, US-Aktion, US-Bericht, US-Bürger, US-Militär, US-Raumfahrtbehörde, US-Senat
4	UN-	2x UN-Sicherheitsrat, UN-Friedenstruppe, UN-Gericht
3	Test/testen	Belastungstest, Test, getestet
2	Champions League	
2	NASA	
2	Trainer	2x Bundestrainer, Fecht-Bundestrainer
2	Rock	Altrocker, Rock 'n' Roll
2	Trend	DeutschlandTREND, EU-Trend

Tab. 4-20: Anglizismen und Vorkommenshäufigkeit beim Newsticker (> 1 Token).

Im Detail gehören zu den am häufigsten gebrauchten Anglizismen *Streik/streiken* (10 Vorkommen) und *US* (10), ferner *UN* (4), *Test/testen* (3), *NASA*, *Trainer*, *Rock* und *Trend* (jeweils 2), wobei das letzte Lexem in einem Beleg Bestandteil eines Eigennamens *(DeutschlandTREND)* ist. Auffällig ist mit *US*, *UN* und *NASA* der hohe Anteil an Kurzwörtern, die stark komprimieren bei gleichzeitig hohem Verständnisgrad aufgrund starker Usualisierung. Dieses ist notwendig, da der Newsticker an eine Allgemeinheit gerichtet ist und nicht an ein Fachpublikum oder einen Personenkreis mit hohem Mindestbildungsgrad. Von *UN* wird auch die Vollform verwendet, jedoch nicht *United Nations*, sondern die übersetzte und übliche Form *Vereinte Nationen*. Dies weist neben dem quantitativen Ergebnis ebenfalls auf den Versuch hin, mit einem möglichst geringen Anglizismen- oder allgemeiner: Fremdwortanteil auszukommen. Und ein Weiteres relativiert den Anteil: *UN* und *US* sind zwar Anglizismen, werden jedoch aufgrund der Form (Initialkurzwörter) und Kürze kaum als solche transparent. Darüber hinaus wäre eine deutschsprachige Kurzwortvariante möglich, wird aber nicht gebildet (*VS* < *Vereinigte Staaten von Amerika*; *VN* < *Vereinte Nationen*), da Kurzwörter Dubletten von Basislexemen und die (zumindest primären) Basislexeme *United States* und *United Nations* sind – die deutschsprachigen Varianten sind schlichte Übersetzungen. Hier wäre zu vermuten, dass eher *Amerika* verwendet würde, bevor ein neues Kurzwort gebildet würde. Alle anderen Anglizismen mit Ausnahme einiger weniger, die im Nachhinein erörtert werden, kann die Liste unter [52] als ins Deutsche lexikalisch vollständig integriert gelten (Eigennamen ohnehin).

[52] Actionfilm, Airbus, (Alt)Rocker, BOC[151], Club, Computer(messe), dba[152], Doping(-Probe), exklusiv, FC, Gangster, (Geflügel)Farm, (Hamburger) SV, IBF(-Weltmeistertitel), ISS, Job, Live-Interview, of, Patriot Act, Pride, Pub, Rock 'n' Roll, Rolling Stones, Sportler, Superjumbo, Team(-Springen), The Daily Telegraph, Video, (Waffen)Lobbyist, (Winter-)Paralympics

Aus dem usualisierten Rahmen fallen *of* und *Pride*, die zum Namen eines Kreuzfahrtschiffes gehören *(Pride of Hawaii)*. *Doping, FC* (< *Fußballclub*), *IBF* (< *International Boxing Federation*), *Sportler/SV, Team-Springen* und *Paralympics* sind als sportfachsprachlich zu betrachten und bereits in die Standardsprache eingegangen. *Patriot Act* wurde bereits oben als Eigenname eingeordnet und *Gangster* wurde vermutlich vor dem Hintergrund der Tat in Südengland verwendet oder von einer Pressemitteilung übernommen, kann allerdings auch als integriert eingeordnet werden. Deutlicher wird dies an *Pub* (und inhaltsbezogen an *Club*), das auf englische gastronomische Einrichtungen verweist: *Britisches Unterhaus stimmt Gesetz zu, das das Rauchen in englischen Pubs und Clubs in Zukunft verbietet.*

Auffällig ist, dass auch hier der Sportbereich Quelle für eine Vielzahl an Anglizismen ist, diese jedoch einen insgesamt geringen Anteil aufweisen; erklärbar ist dies damit, dass der Sport nur eine Rubrik von vielen ist (Politik, Wirtschaft, Kultur, zu einem geringen Anteil auch Lifestyle) und nicht den Fokus der Berichterstattung bildet.

Beim **Fahrgastfernsehen** entfallen auf insgesamt 26 279 Lexeme 1 151 Anglizismen. Dies entspricht einem vergleichsweise hohen Anteil von 4,4 Prozent, da es sich ebenfalls überwiegend um journalistische Berichterstattung handelt, die von der HAZ[153]-Redaktion vorgenommen wird.

Der mit großem Abstand hochfrequenteste Anglizismus ist *Bus*. Er ist 98-mal im Fahrgastfernsehen-Korpus belegt, was einen Anteil von 8,5 Prozent ausmacht. Die Höhe sich damit erklären, dass das Fernsehen auch für unternehmensspezifische Fahrgastinformationen wie Haltestellenverlegungen, Sonderfahrten, Dienstleistungen, Verspätungen etc. genutzt wird. In ähnlicher Weise trifft dies auf den Eigennamen *X-CITY MEDIEN* (24 Belege) sowie auf einige wenige Vorkommen von *Ticket* (insgesamt 23; davon 4x *KombiTicket*, 2x *SchülerFerienTicket*, *Werkstatt-Ticket*, *Familienticket*), die meisten von *Service* (7x *üstra Service Center*, 3x *Serviceleistung*, 2x *Service*, 2x *SCC*[154], 2x *Wochen-*

---

151 Eigenname eines Industriegase-Herstellers.
152 Eigenname einer Fluggesellschaft (*Deutsche BA/British Airways*).
153 Hannoversche Allgemeine Zeitung (Verlagsgesellschaft Madsack).
154 Kurzwort für *Service Center City*.

4.2 Auswertung

endservice, Fahrradpendelservice); in anderem Kontext stehen *Rundum-Service* und *Service Center*), 4 von *Internet* (insgesamt 16; jeweils 2x *Internetseite, GVH-Internetseite*) und *surf* (2x als Titel: *Surfing GVH*) zu.

#	Types	Tokens
98	Bus	23x Bus, 8x Ersatzbus, 11x Buslinie, Sonderbus, 2x Busstop, 2x Kleinbus, RegioBus, üstra-Bus, zzgl. Solaris Bus & Coach (Hersteller)
41	Starten/Start	22 starten, 14x Start, Trainingsstart, Startlöcher, Startschuss, Masala-Start, Neustart
33	Cup	27x Confed(erations)-Cup, 3x UEFA-Cup, 2x UI-Cup, Gold-Cup-Spiel
31	Film	14x Film, 2x Kinofilm, Bully-Film, Erfolgsfilm, Fußball-Film, Spielfilm, Dokumentarfilm, Ufa-Film, Filmemacher, Filmfest, Film-Geschäft, Filmklassiker, Filmpartnerin, Filmspruch, Filmverband, US-Filmschaffende zzgl. American Film Institute
29	Foto	23x Foto(grafie), 2x (VGH-)Fotowettbewerb, Fotokabine, VGH-Fotopreis, US-Fotograf, Foto-Shooting
27	Confederations-Cup	14x Confed-Cup, 7x Confederations[-]Cup, 4x Confed-Cup-Halbfinale, Confed-Cup-Partie, Confed-Cup-Spiel
26	Team	16x Team, 2x Helferteam, 2x Nationalteam, B-Team, Formel-1-Team, „Linden Boulevard"-Team, Nowitzki-Team, T-Mobile-Team, Teamwertung
25	Show	9x Show, 2x Rocky Horror Show, 2x Showtalent, Comedy-Show, Feuershow, Galashow, Reality-Show, Soloshow, VW-Show, Zirkus-Show, Showbusiness, Show-Einsatz, Show-Idee, Showkochen, Show-Training
24	Open-Air	19x Open-Air-Kino, 3x Open-Air[-]Konzert], Chez Heinz Open Air, Open-Air-Kletterturm,
24	Party	6x Party, 2x „Sympathy for the devil"-Party, 2x Familienparty, 2x ffn-Party, 2x Sensenparty, 2x Zeitsprungparty, Frauenparty, House-Party, Sommerparty, Party-Clown, Party-Meile, Partynacht, Partysause, Partytag
24	Star	5x Pop[-]Star, 3x Star, 3x Hollywood-Star, Mega-Star, Radsportstar, Superstar, Ufa-Star, Star-DJ, inkl. 3x Euro-Star, 3x Cinestar, „Star Wars"-Saga, „Star Wars"-Schöpfer
24	X-CITY MEDIEN	(Eigenname)
23	Ticket	5x Ticket, 4x KombiTicket, 2x Bahn[-]Ticket, 2x SchülerFerienTicket, 2x Ticketpreis, 29-Euro-Ticket, 29-Euro-Flugticket, Billig-Ticket, Billigbahnticket, Familienticket, Flugticket, Werkstatt-Ticket, WM-Ticket
22	Fan	13x Fan, 96-Fan, Beatles-Fan, Bratkartoffelfan, Kino-Fan, Ostalgiefan, Radsportfan, Tuning-Fan, Fan-Auflauf, Fanschal

Tab. 4-21: Anglizismen und Vorkommenshäufigkeit beim Fahrgastfernsehen (> 20 Tokens).

41 Belege finden sich für Wortformen von *starten/Start*, wobei nur wenige auf die Bedeutung ›losfliegen, -laufen, -fahren‹ entfallen, sondern der Großteil auf ›beginnen/Beginn, stattfinden‹: *Kirchentag startet, Schützenfest vor dem Start, Karriere als Model gestartet; Am 27. Juli startet Hannovers riesige Partysause*. In fünf Fällen ist *Start* Kompositionsbestandteil: *Trainingsstart, Startlöcher, Startschuss, Masala-Start, Neustart*. 33-mal geht *Cup* ein, wobei es nicht in einem Fall als Simplex verwendet wird. 27-mal kommt *Confederation(s)-Cup* bzw. dessen Kurzform *Confed-Cup* vor, dreimal *UEFA-Cup*, zweimal *UI-Cup* und einmal *Gold-Cup-Spiel*. Ebenfalls überdurchschnittlich oft (31x) belegt ist *Film*: 14-mal als Simplex[155], zweimal als Konstituente in *Kinofilm*, ferner in *Bully-Film, Erfolgsfilm, Fußball-Film, Spielfilm, Dokumentarfilm, Ufa-Film, Filmemacher, Filmfest, Film-Geschäft, Filmklassiker, Filmpartnerin, Filmspruch, Filmverband, US-Filmschaffende* sowie in einem Eigennamen *(American Film Institute)*. Ähnlich oft ist *Foto* belegt (insges. 29x; 23x *Foto(grafie)*, 2x *(VGH-)Fotowettbewerb, Fotokabine, VGH-Fotopreis, US-Fotograf, Foto-Shooting)*. Auch *Team* gehört zu dem am häufigsten gebrauchten Anglizismen (26) und kommt ebenfalls vorwiegend als Simplex vor *(16x Team, 2x Helferteam, 2x Nationalteam, B-Team, Formel-1-Team, »Linden Boulevard«-Team, Nowitzki-Team, T-Mobile-Team, Teamwertung)*, gefolgt von *Show* (25x), das zwar ebenfalls häufig als Simplex (9x) auftritt, jedoch auch näher spezifiziert wird (2x *Rocky Horror Show, Comedy-Show, Feuershow, Galashow, Reality-Show, Soloshow, VW-Show, Zirkus-Show)* oder spezifizierend ist (2x *Showtalent, Showbusiness, Show-Einsatz, Show-Idee, Showkochen, Show-Training)*.

Mehr als einen Beleg weisen insgesamt 126 Anglizismen auf, mindestens drei 97, vier 72, fünf 59 und mehr als fünf 50. Die meisten Anglizismen lassen sich wiederum spezifischen Themenbereichen zuweisen[156], z.B. der Musik *(Open-Air, Party, Pop, Rekord, Festival, Hit, Band, DJ, Jazz, Capitol, Limit, Rolling Stones, Szene, Charts, Comeback, Contest, Highlight, Performance, prominent, Punker/punkig, Single)*, dem Sport *(Starten/Start, Cup, Team, Star, Ticket, Fan, Discovery*[157]*, Club, Sport/sportlich, Profi, fit, T-Mobile*[158]*, Coach, Manager, AWD hall*[159]*, FC, Training/Trainer/trainieren, Kicker, UEFA[-Cup])*, den Medien *(Film, Foto, Show, live, Internet, TV, Comedy, Model, Limit, ebay, online,*

---

155 Bzw. als Kurzwort, wenn von einer Kürzung ausgegangen wird.
156 Hier werden nur diejenigen Lexeme aufgelistet, die mit mehr als zwei Belegen belegt sind.
157 *Discovery (Channel)* ist Sponsor eines Teams u.a. der Tour de France; hier wird auf das »Discovery-Team« referiert.
158 T-Mobile ist Sponsor eines Teams u.a. der Tour de France; hier wird auf das »Team T-Mobile« referiert.
159 Name eines Veranstaltungsortes in Hannover.

4.2 Auswertung

Capitol[160], *Countdown, Cinestar*[161], *Entertainer/-ment, Poster, prominent, Talk)* und dem Lifestyle *(Party, Rekord, Festival, City, Sex, Bar, happy*[162]*, Barbecue, Camp, Cocktail, Feeling, Gay, prominent, Single).* Daneben lassen sich noch einige in die Bereiche Politik *(US, stoppen, homosexuell, Partner, Test/testen, Tourist, UN)* und Wirtschaft *(Rekord, Partner, Job, Konzern, Streik/streiken, Tourismus, TUI*[163]*, Dollar, Limit, tanken)* einordnen sowie der (realen)[164] Fahrgastinformation zuweisen *(Bus, Service, City, Busstop/Stop, Card;* vgl. oben). Die verbleibenden Anglizismen sind *Box, Festival, Discovery, the, NASA, Sex, Tipp, Jackpot, Parkplatz/parken, Countdown, Kids, and, Baby, Circus/Zirkus, cool, crazy, Family, Hurrikan* und *quick. Box* wird im Rahmen einer SPD-Aktion (›Einwurfbehältnis‹) und als fachsprachliches Lexem (*Blackbox* ›Protokollgerät im Flugzeug‹) verwendet, *Festival* für verschiedene Veranstaltungen auch außerhalb der Musik, *Discovery* ist der Name einer Raumfähre der *NASA*, und stellt ebenfalls einen Eigennamen dar. *Sex* tritt neben der bereits erwähnten Verwendung in den Bereichen Politik *(Gleichstellung von homosexuellen Paaren mit Eheleuten)* und Lifestyle *(»Unser Sex ist so gut. Extase, Extase, Extase«, sagt Britney in die Kamera [...]),* im Rahmen einer Verurteilung durch den Papst *(Dienstag verurteilte der Pontifex homosexuelle Ehen scharf)* und eines Prozesses auf *(Sex-Prozess; zum Sex zwangen). Tipp* wird sowohl in der Bedeutung ›Hinweis‹ verwendet *(Tipp: Virenschutz aktualisieren!)* als auch für einen Lotto-Spieler *(insgesamt 27 Mio auf die Tipper).* Zum Fachwortschatz von Spielern gehören auch *Jackpot* (›Gewinntopf‹) und *Quicky,* wobei Letzteres einen Eigennamen darstellt (Spielsystem von Lotto). *Quick* wird allerdings auch adjektivisch in *Quick-Nick* (›der schnelle Nick‹) gebraucht; hierfür allerdings dürfte der Reim auf Formel-1-Fahrer Nick (Heidfeld) ausschlaggebend gewesen sein. *Countdown* wird sowohl fachsprachlich im Rahmen der Raumfahrt verwendet *(Die NASA brach den Countdown am frühen Abend ab)* als auch in übertragener Bedeutung[165] für das Näherrücken eines Events *(Der Countdown läuft: Die Entscheidung, ob Hannover [...]). Kids* ist bereits an anderer Stelle erläutert worden und scheint sich als spezifische Variante von Kindern eines gewissen Alters zu etablieren. Mit *Baby* ist ein Anglizismus belegt, der sowohl für Kleinkind als auch für Säugling

---

160 Name eines Veranstaltungsortes in Hannover.
161 Name einer Kinokette.
162 Stets in idiomatischer Verwendung: *Happy Hour, happy birthday* (hier als Zitat) oder als Name einer Unternehmensaktion: *Happy Family.*
163 Name eines Reiseanbieters.
164 Verstanden im Sinne einer Information für Fahrgäste der Stadtbahnen (und keine Werbung).
165 Hier wird kein Countdown aktiviert, d.h. es findet kein Rückzählen statt, und es handelt sich anders als bei der Raumfahrt oftmals um längere Zeiträume (von bis zu Jahren).

verwendet wird. *Circus* ist zwar noch die Herkunft anzusehen (engl. von lat. *circus maximus*), es ist aber vollständig integriert und in Form von *Zirkus (am Waterlooplatz eine tolle Zirkus-Show)* auch orthografisch. Ausschließlich in einem unübersetzten Filmtitel tritt *cool* auf *(»Be cool«)*; für *crazy* gilt Ähnliches im Rahmen einer Bezeichnung *(Crazy Crossing)* für ein Fun-Boot-Rennen. Ferner ist auch *Family* auf einen Aktionstitel beschränkt *(»Happy Family«)*[166]. *Hurrikan* tritt dreimal fachsprachlich in Erscheinung (Meteorologie): *Der Hurrikan »Emily« in der Karibik hat Sonntag lebensbedrohliche Ausmaße angenommen.* Wie bereits *cool* sind *the* und *and* ausschließlich in Titeln von Songs, Bands, Veranstaltungen und Filmen belegt *(Gitarre is the law, Harry Potter and the Half-Blood Prince, The Aviator, The Hoodoos)*. Als Letztes ist *Parken/Parkplatz* zu nennen, das jedoch ähnlich wie *Rekord, Sport, Sex, Profi, Stop/stoppen, Partner* kaum mehr als Anglizismus betrachtet wird.

Zusammenfassend sei angemerkt, dass eine große Überzahl an Anglizismen fachsprachlich oder themenspezifisch auftritt, wobei als prototypisch *Band* (Musik), *Job* (Wirtschaft), *Klick* (Medien/Technik), *fit* (Sport), *Szene* (Lifestyle) anzusehen sind. Auf der anderen Seite sind viele Anglizismen wie *Test/testen, Baby, Fan, Partner, Konzern, Party, Profi, start(en), Bar* und *Box* lexikalisch vollständig integriert.

Nur wenige Anglizismen weichen davon ab und stellen ungebräuchliche Lexeme dar. Hierzu gehören etwa *Busstop* für Bushaltestelle, *Vibes* für Schwingungen und *Bebop/Cross-over*, welche allerdings neue Musikstile darstellen. Diese treten vor allem in Komposita und Titeln auf *(Mallorca-Feeling, Gitarre is the law, Secret Garden Festival, TV total Stock Car Crash Challenge)*. Zudem sind einige Lexeme zu nennen, die erst in den letzten Jahrzehnten entlehnt worden sind; hierzu zählen etwa *City, Coach, Keeper, Feeling, Service-Point, Performance, shopp(en)* und *Chill-out* – oder es handelt sich um Bezeichnungen neuer Gegenstände oder Sachverhalte wie *Act, Rave, surfen, Internet* oder *Quad [bike]*.

Ursache für den relativ hohen Anglizismengebrauch im Allgemeinen ist vermutlich, dass die Zielgruppe weniger über das tagespolitische Geschehen informiert, sondern vielmehr auf der i.d.R. kurzen Reise unterhalten werden möchte, zumal das Involvement der Fahrgäste geringer sein dürfte als das von Fernsehzuschauern von ARD digital. Entsprechend finden Lifestyle- und Sport-Themen eher einen Platz als politische und Wirtschafts-Nachrichten. Zudem handelt es sich um ein weniger klassisch-journalistisch verstandenes und aufbereitetes Angebot, das durch z.B. Anglizismen moderner wirkende Texte beinhalten soll. Unterstützend wirkt hierbei die Tatsache, dass z.B. im

---

166 Eine so genannte »Familienparty« der ehemaligen Einzelhandelskette miniMal (heute subsumiert unter REWE).

4.2 Auswertung

Bereich des Sports seltener native Lexeme verwendet werden als Anglizismen (1x *Torwart* vs. 2x *Keeper*) und für eine ›interessante‹ Berichterstattung eine möglichst hohe lexikalische Varianz erzeugt werden muss oder zumindest Wiederholungen vermieden werden sollen, was im folgenden Beispiel deutlich wird:

[53] **Enke vor Kahn**
Große Ehre: In einer Spieler-Umfrage wurde 96-*Keeper* Robert Enke zum besten *Torwart* der Saison gekürt. Er siegte vor Weidenfeller und Kahn. Bester Spieler wurde Marcelinho, bester Trainer Felix Magath.
[Hervorhebung d. V.]

Die Verwendung von Lexemvarianten, die bereits an anderer Stelle angesprochen worden ist, kann auch hier als ergebnisrelativierend angegeben werden: Zwei Wortformen von *Mittelfeldspieler*, vier von *Spieler* und fünf von *Nationalspieler* sowie vier von *Stürmer* stehen lediglich drei Belegen von *Kicker* gegenüber, drei Wortformen von *Club* fünfen von *Verein* (alle Ergebnisse auf den Sportbereich beschränkt). Hingegen ist *Team* (22 Tokens) gegenüber *Mannschaft* (9) das eindeutig präferierte Lexem, allerdings auch das quantitativ erheblich ökonomischere – sowohl auf phonologischer (1 vs. 2 Silben) als auch auf graphemischer Ebene (4 vs. 10 Grapheme). *Vorstand* und *Vorsitzender* sind zwar nicht belegt, allerdings ist *Boss* als Anglizismus gegenüber den sieben Wortformen von *Chef*, einem Gallizismus übrigens, nur marginal vertreten.

Überdies ist wiederum anzunehmen, dass die Wahl – zumindest in Wortverbindungen – von der oder den beteiligten Konstituenten abhängt. So ist *Team* in Verbindung mit *96* [zɛksnoøntsɪx] die ökonomischere Wahl, da es anders als *Mannschaft* in Richtung Vokalharmonie geht. Zwar ist Vokalharmonie im Deutschen anders als etwa im Türkischen oder Ungarischen nicht strukturell verankert, doch ist sie nichtsdestoweniger Ausdruck artikulatorischer Ökonomie.

Am überraschendsten ist das Ergebnis bei den SMS-Mitteilungen, da aufgrund der jugendlichen Nutzer ein hoher Anteil an Anglizismen zu erwarten gewesen wäre.[167] Insgesamt sind 662 Anglizismen belegt, welches bei insgesamt 12 442 Wortformen einem Anteil von 5,3 Prozent entspricht. Dabei führen die Liste der Anglizismen mit Abstand die Lexeme *hi*, *hallo* und *hey* (105, 61 und 30 Wortformen) an, sämtlich Begrüßungspartikeln, die in nur wenigen Varianten auftreten: 100x *hi*, 3x *hy* sowie *hai* und *hei*, 59x *Hallo* und

---

167 Da das SMS-Korpus KSMS H jüngeren Datums ist, wurde nur dieses herangezogen.

#	Types	Tokens
105	hi	100x hi, 3x hy, hai, hei,
61	hallo	Hallo, HALLÖLE, Hallihallo
30	hey	28x Hey, 2x hey-ho
30	SMS	18x SMS, ge-SMS-t, smsn, SMS-Fragebogen
25	ok	16x ok, 4 x o.k., 2 x okay, okaydo, oki
18	super	super, 2x superschön, supa, supi,
16	sorry	
16	you	10x you, 4x your, u, ya
14	Training	13x Training, Handballtraining
11	cool	COOL
11	Mail/mailen	5x Mail, 4x mailen (1x mailte), E-Mail, Email
9	the	4x in Filmtiteln
9	the	
8	CU	7x CU, cya
8	Grill/grillen	5x grillen, Grill, Elektrogrill, Grillparty
7	Stress	4x Streß, stressig, stressfrei, unistreß
7	Sex	3x Sex, 3x sexy, Sexsklave

Tab. 4-22: Anglizismen und Vorkommenshäufigkeit bei SMS-Mitteilungen (> 5 Tokens).

je einmal *HALLÖLE* und *Hallihallo* sowie 28x *hey* und zweimal *hey-ho*. Kommunikationsformbedingt folgen Lexeme zur Basis *SMS* (22; 18x *SMS, SMS-Fragebogen*) inklusive des transponierten Verbs *smssen*[168] *(smsn, [ich] smse)* sowie des Partizips *(ge-SMS-t)*. Mit diesen Lexemen – Begrüßungspartikeln und Wortformen zur Basis *SMS* – sind bereits 218 Anglizismen erfasst, welches einem Drittel aller Belege entspricht.

Varianten von *ok/okay* (25; 16x *ok*, 4x *o.k.*, 2x *okay, okaydo, oki*) rangieren quantitativ noch vor *SMS*, danach folgen *super* (18; 14x *super*, 2x *superschön, supa, supi*), *sorry, you* (jeweils 16), *Training* (14; davon 1x *Handballtraining*), cool (11) und *Mail/mailen* (11; 5x *Mail*, 4x *mailen* (1x *mailte*), E-Mail, Email) führen die Liste fort.[169] Als spezifisch für die computervermittelte Kommunikation kann *CU* (8 inkl. der Variante *cya*) gelten, als SMS-spezifisch *WB (W.B.)/write back* (3) und *SZ/SSZ (schreib zurück/schreib schnell zurück)*, wobei *SZ* nicht als Anglizismus angeführt wird, sondern nur verdeutlichen soll, dass

---

168 Das des Öfteren zitierte *simsen* ist weder im hannoverschen noch im Osnabrück-Korpus belegt.
169 Nicht berücksichtigt ist *Powered by www.lycos.de* als SMS-Signatur.

deutschsprachige Varianten existieren und diese (präferiert!)[170] verwendet werden.

Ohnehin scheint lexikalische Variation eine große Rolle zu spielen, denn bei der Begrüßung und Verabschiedung ist zwar die englische Sprache dominant, aber nicht isoliert: Daneben sind 13 Italianismen (12x *ciao*[171], *buona sera*), 4 Gallizismen *(salut)* und *ALOAH* (hawaii.) belegt sowie einige native Partikeln wie *moin* (9x *Moin, Moinsen*), *tach* (4x *Tach, Tacho, tachchen*), *(Guten) Morgen* (8), *huhu* (2x *huhu*, 2x *juhu, juchu*), *servus* (1), als Verabschiedung etwa Varianten mit *Gruß* (34x *Grüße*, 33x *Gruß*, 23x *LG/VLG*[172], 9x *GuK*[173]), *Tschüss* (5), *(Gute) Nacht* (3) und sogar je einmal *MFG/Mit freundlichen Grüßen*. Daneben treten die jugendspezifische Begrüßung *na* (29x von insges. 37 Vorkommen; vgl. skand.-engl. *hey*), und SMS-spezifisch zahlreiche Varianten von *HDL*[174] (19x *HDL, HDGDL*[175], *HDSSL*[176], *HDAL*[177]) auf.

Die Wertung des Ergebnisses schließt sich an die anderen an. Festzustellen sind einige CMC-spezifische Unterschiede, wie der Einsatz von Smileys wie :-) oder 8-) und auf Homophonie basierenden Wortspielen *cu* (< *see you*), *u* (< *you*), wobei nicht entschieden werden kann, ob *youre* (< *you're*) Wortspiel oder Fehler ist. Davon abgesehen ist wiederum eine thematisch-technisch bedingte Lexik festzustellen, die auf die sprachliche Funktion – vor allem phatische Kommunikation, Berichterstattung, Liebesbekundungen und Absprachen – zurückzuführen ist. Die bereits genannten Anglizismen sind durch weitere zu ergänzen, die Gegenstand alltäglicher Kommunikation sind: *Grill/grillen* (5x *grillen, Grill, Elektrogrill, Grillparty*), *Stress/stressig* (4x *Streß, stressig, stressfrei, unistreß*), *Sex/sexy* (3x *Sex*, 3x *sexy, Sexsklave*), *ey* (5), *fit* (4), *Sport* (3x *Sport, Sportpark*), *TV* (3), *Computer, live* und *love* (jeweils 2). Ein wenig auffälliger sind *beach/beachen* (2x *beachen, beach*) und *happy* (5), wobei Letzteres zwar ohnehin wiederum unter dem Vorzeichen des Alters der Schreibenden als unmarkiert anzusehen ist, jedoch mit einer Ausnahme auch nur in Verbindung mit *birthday* auftritt und damit eine standardsprachliche Glückwunschvariante darstellt. Ebenfalls als Anglizismus gewertet wurden Kosenamen, die auf *-ie* enden (das native Diminutivsuffix ist *-i*): *Blondie, Angie, Dottie, Silvie, Yvie*.

---

170 In einem Verhältnis von 5:3.
171 7x *ciao* sowie germanisiert 2x *ciau, ciaoi* und *tschaaaoo*.
172 (Viele) liebe Grüße.
173 Gruß und Kuss.
174 Hab dich lieb.
175 Hab dich ganz doll lieb – in den Varianten *h d g d l, hdgdl, H.D.G.D.L., HDGDL, HDSMDL, hdggddl, HDGGGGDL, hdggggggggdl, hdggggggggggdl, HDGGGGGGGGGGGGGGGGGGGGGGGGGGGGDL*.
176 Vermutlich ›Hab dich sehr, sehr lieb‹.
177 Hab dich auch lieb.

Tatsächlich auffällig sind *all, and, at, for, like, need, nobly, sweet, very* etc., unter denen nicht nur Autosemantika sind *(at, for, and)*. Autosemantika sind der übliche Fall von Entlehnung, da mit dem Fremdwort eine neue oder andere, zumindest gleichwertige Möglichkeit bestehen soll, einen Inhalt zu vermitteln. Synsemantika wie Konjunktionen oder Präpositionen sind hierbei keine Hilfe. Und tatsächlich gehen diese ›bedeutungsschwachen‹ Lexeme bei einer genaueren Betrachtung auf Zitate oder Film-/Band-/Musiktitel zurück, wodurch der Anteil der Anglizismen erneut zu relativieren ist, wenn Ausreißer, die nahezu oder ausschließlich aus Anglizismen bestehen, aus der Wertung genommen werden. Es handelt sich hierbei nämlich offensichtlich um entweder zitierte SMS-Vorlagen oder Zitate von prominenten Personen oder Schriftstellern, etwa aus dem Filmbereich. Zehn oder mehr Anglizismen bzw. englischsprachige Wortformen sind in folgenden SMS-Mitteilungen enthalten:

1) »emortality is a state which is not in our power to posess. but by living nobely and dying nobely we do in a swtain measure achieve this condition.« AUGUSTUS (28)
2) I need you,like the moon needs the sun to shine.I need you like the flowers need the water to live.EHRLICH! (22)
3) HELLO MY SWEETHEART, I HOPE YOU'RE FINE. I WOULD TO SAY TO YOU THAT I LOVE YOU VERRY VERRY.... MUCH!!!BYE (21)
4) »death smiles at us all. all the man can do is smile back« RUSSEL CROWE in his OSCAR-winning performance of GLADIATOR (19)
5) When do you think of me, what do you think? You and me in paradise, that's my dream. (18)
6) ok. Cu later aligator, cu soon in camerun...oder after while crocodile...*s* guts nächtle! (11)
7) WHEN I LOOK INTO YOUR EYES, I FEEL LIKE IN PARADISE. (11)

Hierbei sind vermutlich (1, 2, 4, 5, 7) vollständige Zitate, in (6) sind zumindest Versatzstücke enthalten: *cu later aligator [...]* ist – wie bereits oben erwähnt – ein Musiktitel Bill Haleys (hier allerdings aus- und korrekt geschrieben *See you Later Alligator*), (3) könnte aufgrund der Fehler auf eigene Textproduktion zurückgehen. Rechnet man diese sieben Mitteilungen heraus, entfallen weitere 130 Anglizismen, welches sich in einem Wert von 4,3 Prozent ausdrückt und damit in etwa gleichauf mit dem Fahrgastfernsehen liegt.

Versatzstücke geringeren Umfangs bzw. idiomatische Wendungen sind auch in anderen Mitteilungen enthalten: des Öfteren *how are you?*, *text/mail/write back*, *happy birthday*, *I LOVE U* oder *c ya next time* bzw. *cya* oder *your Alex/VIE*. Auffälliges Code-Switching gibt es etwa bei *wenn ich at home bin*, *BIN NU AT HOME*, *MELD DI MAL* oder *16h at immer falsch tickend köUhr*. Diese Beispiele sind jedoch Einzelfälle.

Zuletzt soll das Korpus mit Kleinanzeigen des Jahres 1955 zum Vergleich herangezogen werden. Tendenziell ist in diachron angelegten empirischen Arbeiten mehrfach belegt worden (z.B. Androutsopoulos et al. 2004), dass der Anteil an englischsprachigen Elementen in der deutschen Sprache relativ stark zugenommen hat. Dies schafft der Hypothese Raum, dass dieses Teilkorpus den geringsten Anteil an Anglizismen aufweist. Tatsächlich verteilen sich auf die 10 282 Wortformen lediglich 80 Anglizismen, welches sich in einem Wert von unter einem Prozent niederschlägt (0,78%). Das mit Abstand

#	Types	Tokens
17	Couch	6x Couch, 3x Doppelcouch, 3x Einbettcouch, 2x Bett[-]couch, Doppelbettcouch, Schlafcouch, Couchtisch
7	Sport	3x Kinder-Sportwagen, Damensportrad, Korbsportwagen, Sporteiner, Sportwg.
5	Foto	Foto, Casino-Foto, Fotoamateur, Fotoapparat, Fotopapier
4	Bus	Bus, Kleinbus, Autobusverbindung, O-Bus-Nähe
3	Import	2x Import, Import[?ware]
3	komfortabel	kf., kft., Komf.
3	Tank	Tank, Lagertank, BP-Tankhaus
3	Club/Klub	2x Kulturheft-Club, Klubsessel
2	Camp	Camp
2	College	College
2	Irish Setter	Irish Setter
2	Rotaprint	Rotaprint
2	Spezialgeschäft	Spezialgeschäft
2	BROADWAY HOUSE HOTEL	Broadway House Hotel
2	Mikrofon	Mikrofon, Mikroph.
2	Film	Schmalfilmkamera, Merkur-Filmtheater
2	Tennisschläger	Tennis[-]schläger
2	Veranda	Veranda, Glas-Veranda

Tab. 4-23: Anglizismen und Vorkommenshäufigkeit bei 1955er Kleinanzeigen (> 1 Token).

am häufigsten gebrauchte Lexem ist *Couch* (17; 6x *Couch*, 3x *Doppelcouch*, 3x *Einbettcouch*, 2x *Bett[-]couch*, *Doppelbettcouch*, *Schlafcouch*, *Couchtisch*), gefolgt von *Sport* (3x *Kinder-Sportwagen*, *Damensportrad*, *Korbsportwagen*, *Sporteiner*, *Sportwg.*), *Foto* (*Foto*, *Casino-Foto*, *Fotoamateur*, *Fotoapparat*, *Fotopapier*) und *Bus* (*Bus*, *Kleinbus*, *Autobusverbindung*, *O-Bus-Nähe*). Jeweils dreimal belegt sind *Import* (2x *Import*, *Import[?ware]*), *Komfort[abel]* (*kf.*, *kft.*, *Komf.*), *Tank* (*Tank*, *Lagertank*, *BP-Tankhaus*) und *Club* (2x *Kulturheft-Club*, *Klubsessel*) – in einem Fall der deutschen Orthografie bereits angepasst. Auffällig sind die Fälle kaum, wenngleich *Fußball-Kicker-Spielautomat* aufgrund der frühen Verwendung von *Kicker* hervorsticht und dies fast einer unökonomischen semantischen Doppelung gleichkommt, sowie *US-Rollenbahn* als frühzeitiger Beleg für ein Kurzwort-Kompositum mit *US*. Darüber hinaus steht auch 1955 der Sport für eine gewisse Modernität, denn *Kinder-Sportwagen* und *Korbsportwagen* sind frühe Erfindungen; dazu sind weitere Anglizismen im Sportbereich verortet: *Damensportrad*, *Fußball-Kicker-Spielautomat*, *Sporteiner*, *Tennisschläger*, *US-Rollenbahn* sowie *Golfset*, bei dem zwei Anglizismen zusammengesetzt[178] worden sind. Ähnliches trifft auf den Bereich ›Film und Foto‹ zu, wo ebenfalls die Erfindungen aus dem englischsprachigen Raum kommen.

Als den Abschnitt abschließende Ergänzung sei angemerkt, dass im 1955er Korpus noch mehr Gallizismen als Anglizismen verwendet worden sind (81 Anglizismen und 95 Gallizismen; vgl. auch Tab. 4-24). In äußerst wenigen Fällen spielt hierbei Reduktion eine Rolle, deutlich mehr das Belegen einer außersprachlichen Wirklichkeit mit einem Ausdruck, für den es m.W. keine Alternative gegeben hat. Mögliche deutschsprachige Varianten hätte es etwa für *Partnerin* und *WC* gegeben, die beide eine Reduktion darstellen. *France* ist der international gültigen postalischen Adressierung geschuldet und soll nicht das quantitativ wie qualitativ aufwändigere *Frankreich* substituieren. Einsparung findet hier vor allem durch Abkürzung statt (s. 4.2.9.1).

Bestätigt werden konnte mit dem Vergleichskorpus auch hier der Trend von Entlehnung aus dem Englischen bzw. einem entsprechenden Fremdwortgebrauch.

Bis auf wenige Lexeme wie *Baby*, *Bar*, *Club*, *Panorama* und *trainieren/Training*, die während des 18. und 19. Jahrhunderts entlehnt worden sind, stellen die meisten genannten Anglizismen Entlehnungen des 20. Jahrhunderts dar, sofern sie nicht ohnehin (noch?) den Fremdwort-Status innehaben: *dopen/Doping*, *Trend*, *Fan*, *fit*, *Tuning*, *Hit*, *hi*, *live*, *Internet*, *Job*, *Percussion*, *Sex*, *live*, *Band* etc. Das bereits seit dem 19. Jahrhundert belegte Lexem *Kamera* ist zwar kein

---

178 Es ist jedoch anzunehmen, dass *Golfset* als Ganzes entlehnt worden ist und nicht 1. *Golf* und *Set* einzeln mit 2. der anschließenden Komposition.

Anglizismus – es ist von lat. *camera obscura* ›dunkle Kammer‹ abgeleitet; allerdings ist *[Live]cam* belegt, das aufgrund der Schreibung mit initialem *c* als englisches Fremdwort gedeutet wird. Dasselbe gilt für *Perkussion/Percussion*. Nicht aufgenommen wurde allerdings *Kino*, das zweifelsfrei kein Anglizismus ist, sondern ein Gallizismus (von frz. *cinématographe* ›Apparat zur Bewegtbildvorführung‹). Dies trifft ebenfalls auf viele andere unter [54] genannte Gallizismen wie *Chef, FIFA, Graffiti, mega-, p.m.* oder *total* zu, denen mitunter angloamerikanische Herkunft zugeschrieben wird (Belegvervollständigung in eckigen Klammern):

[54] *[VW-]Affäre* (frz. affaire ›Vorfall, Streitsache‹), *Amateur* (frz. ›aus Liebhaberei Betreibende(r)‹), *Ampere*[179] (nach dem franz. Physiker Ampèr), *Attacke* (frz. attaque ›Angriff‹), *Auto* (frz. automobile ›selbstbeweglich‹), *Baracke* (frz. baraque bzw. span. barraca ›Lehmhütte‹), *Billard* (frz. billard ›krummer Stab‹), *Büro* (frz. bureau), *Omnibus* (frz. omnibus)[180], *Café* (frz. café ›Kaffeehaus‹), *Chef* (frz. chef ›Oberhaupt, Geschäftsführer‹; anders: engl. boss), *Detonation* (von frz. détoner ›explodieren‹), *Disko(thek)* (frz. discothèque), *Duell* (frz. duel ›Zweikampf‹ über lat. duellum), *EC[-Karte]* (frz. chèque), *Esprit* (frz. esprit ›Geist, Witz‹), *Fabrikation* (frz. fabrication ›Verfertigung‹), *Fete* (frz. fête ›Fest‹), *FIFA* (frz. Fédération Internationale de Football Association ›Internationaler Fußballverband‹), *Filiale* (lat.-frz. ›kindlich, töchterlich abhängig‹), *Fort* (frz. fort ›Festung‹), *genial* (von frz. génie ›Schutzgeist‹), *Hotel* (frz. hôtel ›Gast[schlaf]zimmer‹), *individuell* (frz. individuel), intensiv (frz. intensif), *Kaffee* (frz. café über arab.-ital.), *Kiosk* (frz. kiosque ›offener Gartenpavillon‹), *[Kombi]paket* (frz. paquet ›gr. Päckchen‹), *komplett* (frz. complet ›vollständig‹), *Kosmetik[tücher]* (von frz. cosmétique ›kosmetisch‹), *l* (frz. litre), *Ma/Mama* (von frz. maman ›Mutter‹), *Maschine* (frz. machine), *Mode* (frz. mode ›Art und Weise‹), *Nobeluhr* (frz. noble ›edel, vornehm‹), *Pa/Papa* (von frz. papa ›Vater‹), *[Hit]Parade* (frz. parade; aber engl. hit), *Park* (frz. parc ›Grünanlage‹; anders: *parken/Parkplatz*, von engl. to park ›abstellen, Abstellplatz‹), *Paroli* (frz. paroli ›das Gleiche‹; geht auf ital. paroli zurück), *Partie* (frz. ›Anteil; Abteilung‹; anders: engl. *party*), *Phantom* (frz. ›unwirkliche Erscheinung‹), *pissig* (von frz. pisser ›urinieren‹), *Piste* (frz. piste ›Spur, Fährte‹), *Plan/planen* (frz. ›Entwurf; entwerfen‹), *Plastik* (frz.

---

179 In Form von *kVA* (Kilovoltampere) belegt.
180 vgl. aber *Bus*, Kap. 4.2.3.5.

plastique ›Bildhauerkunst‹), *[Öko-]Pommes* (frz. pommes frites), *populär* (frz. populaire ›beliebt, gemeinverständlich‹), *[Porzellan] Figur* (frz. figure ›Gestalt‹), *[Tristan-]Premiere/Premier* (von frz. première ›Erster; Erstaufführung‹), *Produktion* (frz. ›Herstellung‹), *professionell* (frz. professionnel ›berufsmäßig‹), *[Strand/See]Promenade* (frz. promenade ›Spaziergang, Spazierweg‹), *Qualifikation* (frz. ›Befähigung, Eignung; Teilnahmeberechtigung‹), *Rarität* (frz. rareté ›Seltenheit‹), *Razzia* (frz. ›Fahndungsstreife‹), *reell* (frz. réel ›tatsächlich, wirklich‹), *Reform[kost]* (frz. réformer ›umgestalten, verbessern‹), *Reputation* (frz. réputation ›Ansehen, Ruf‹), *Rollo* (frz. rouleau), *Saison[karte]* (frz. saison ›Hauptbetriebszeit, günstige Jahreszeit‹), *Schock/schocken* (frz. choc ›Erschütterung‹), *seriös* (frz. sérieux ›ernsthaft‹), *sexuell* (frz. sexuel; anders: engl. sex), *simpel* (frz. simple ›einfach, einfältig‹), *[Raum]Sonde* (frz. sonde ›unbemanntes Raumfahrzeug‹), *Suitehotel* (frz. suite ›Folge‹ u. hôtel, s. dort), *[Pop-] Szene* (frz. scène ›Schauplatz‹), *Terrain* (frz. ›Gelände‹; vgl. engl. *All Terrain Bike*[181]), *Toilette* (von frz. toile ›Tuch‹), *total* (frz. ›ganz und gar‹), *Tour/touren* (von frz. tournée ›Rundreise‹ über frz. tour ›Drehung‹) und *Trikot* (von frz. tricot ›Maschinenstrickware‹).

Auch einige **Italianismen** sind im Korpus belegt, die vereinzelt als Anglizismen wahrgenommen werden:

[55] *[Ebay-Verkaufs]Agentin* (ital. agente ›Geschäftsträger‹), *Alarm* (ital. allarme ›Gefahrmeldung‹), *Casino[-Foto]* (ital. casino ›Gesellschaftshaus‹), *Duo* (ital. duo ›Duett, Musikstück für zwei Instrumente‹), *Firma* (ital. firma), *[Feuer-]Inferno* (ital. inferno ›Hölle‹), *Galerie* (ital. galleria ›langer bedeckter Säulengang‹), *Graffito* (ital. graffito ›auf Mauern, Fassaden o.Ä. gesprühte o. gemalte Parole o. Darstellung‹), *[Palisander]Intarsie* (it. intarsio ›Einlegearbeit‹), *Kapital* (ital. capitale ›Hauptsumme; Reichtum‹), *Konsum[klima]* (ital. consumo ›Verbrauch‹), *Konzert* (ital. concerto), *[Straßen]Magazin* (von ital. magazzino ›Lagerraum‹), *Piccolo* (ital. ›kleine Sektflasche‹, eigentl. ›klein‹), *Provision* (ital. provvisione ›Vermittlungsgebühr‹), *Rabatt* (ital. rabatto ›Preisnachlass‹), *Rate* (ital. rata), *Risiko* (ital. ›Wagnis, Gefahr‹), *solo* (ital. solo ›allein‹), *Studio* (ital. studio ›abgeschlossene Einzimmerwohnung‹), *[Träger]Rakete* (ital. rocchetta ›Feuerwerkskörper‹), *Trio* (ital. trio ›Dreizahl [an Menschen]; Musikstück für

---

181 Beleg stammt nicht aus dem Korpus.

drei Instr.‹), *Volt* (benannt nach dem ital. Physiker Volta) und *Villa* (ital. ›Landhaus‹).

Ferner können einige Hispanismen angeführt werden:

[56] *[Fellhorn]Gala* (span. gala ›Festbekleidung, Vergnügen‹), *Gaucho* (span. ›berittener Viehhirte‹), *[Voll]Kasko* (span. casco ›abgebrochenes Stück, Scherbe‹), *Liga* (span. ›Bund‹), *Salsa[-Nacht]* (span. salsa ›lateinamerikanische Rockmusik‹) sowie *Tornado* (span. ›Wirbelsturm‹).

Zuletzt seien unter [57] aus der Vielzahl von Latinismen und Gräzismen[182] einige wenige herausgegriffen, die ebenfalls gelegentlich (fälschlicherweise) auf die englische Sprache zurückgeführt werden bzw. werden könnten:

[57] *Akku* (Kurzwort von lat. accumulator ›Anhäufer‹), *[Liebes]Akt* (lat. ›Handlung‹), *Aktion* (lat. ›Handlung, Unternehmung‹; anders: engl. action, z.B. in *Actionfilm*), *alias* (lat. ›anders‹), *Alu* (Kurzwort von Aluminium zu lat. alumen ›Alaun‹), *Applaus* (lat. applaudere ›klatschen, schlagen‹), *Auktion* (lat. ›Versteigerung‹), *Chaos* (griech. cháos ›Durcheinander‹), *[Lern]Colleg* (lat. collegium ›(Amts)Genossenschaft‹), *Demo*[183] (von lat. demonstrare ›hinweisen, deutlich machen‹), *Diät* (lat. diaeta ›Schonkost‹), *Dia(positiv)* (von griech. diá ›durch[sichtig]‹ u. lat. positivus ›gesetzt, gegeben‹), *exklusive* (lat. exclusive ›ausschließlich‹; aber: *exklusiv* ›nur wenigen zugänglich‹, von engl. exclusive), *[ifo-]Experte* (lat. expertus ›erprobt, bewährt‹), *extra* (lat. extra (ordinem) ›außer (der Ordnung, der Reihe)‹), *extrem* (lat. ›äußerste‹), *Finale* (lat. ›Schlussteil‹), *[ifo-]Geschäftsklimaindex* (lat. index ›Register, Verzeichnis‹), *[Jazz-]Gigant* (griech.-lat. gigās ›Riese‹; ist bereits im Ahd. entlehnt worden), *homosexuell* (griech. homós ›gleich, ähnlich‹ u. lat. sexus ›Geschlecht‹), *Hymne* (griech. ›Festgesang‹), *Idol* (lat. idolum ›Götzenbild‹), *[Pop-]Ikone* (griech. ›Kultfigur‹), *illegal* (lat. ›ungesetzmäßig‹), *importieren* (lat. importare ›einführen‹), *Info(rmation)* (lat. in-formare ›unterrichten‹), *inklusive* (lat.

---

182 Diese werden zusammen behandelt, da ihr Ursprung zeitlich weit zurückliegt und gelegentlich nicht definitiv zu beantworten ist, ob es sich um lateinische oder griechische über lateinische Lehnwörter handelt. Zudem sind nur vergleichsweise wenige Gräzismen belegt.
183 Allerdings in der hiesigen Bedeutung ›Massenkundgebung, Protestveranstaltung‹ an engl. demonstration angelehnt (Duden 2001).

inclusive ›einschließlich‹), *Innovation* (lat. innovatio ›Neuerung‹), *Investor* (lat. ›Kapitalanleger‹), *Kaution* (lat. ›Bürgschaftsgeld‹), *Klinik* (griech. klīniké téchnē ›Heilkunst für bettlägerig Kranke‹), *Konflikt[beratung]* (lat. conflictus ›Zusammenstoß, Kampf‹), *Kongress* (lat. congressus ›Tagung‹), *Konzept* (lat. ›Entwurf‹), *Kult[-Kneipe]* (lat. cultus ›Pflege, Verehrung‹), *[PC-]Kurs* (lat. cursus), *maximal* (von lat. maximus ›größter, wichtigster, bedeutendster‹), *Mega[-Star/-Lern-Wochenende]* (griech. mégas ›groß‹), *Minimum* (lat. minimum ›das Kleinste, Geringste‹), *mobil/Mobilität* (lat. ›beweglich‹/mobilitas ›Beweglichkeit‹), *Multi[vitamin]* (lat. multus ›viel; groß, stark‹), *Nation* (lat. natio ›Volksstamm, Volk‹), *p.m.* (lat. post meridiem ›nachmittags‹), *Perkussion[-Performance]* (von lat. percussio ›das Schlagen‹), *prima* (ital.-lat. primo, primus ›erst; gut‹), *[Kost]Probe* (lat. proba ›Prüfung, Untersuchung‹), *Quote* (lat. quota ›Anteil‹), *Residenz* (lat. residentia ›Wohnsitz‹), *[He.-]Retro* (lat. retro ›zurück, rückwärts‹), *Revision* (lat. ›prüfende Wiederdurchsicht‹), *Satellit* (lat. satelles ›Leibwächter, Trabant‹), *super* (lat. ›obendrauf, darüber‹; aber: engl. ›toll‹), *[Bahn]Station* (lat. statio ›das Stehen, Aufenthalt‹), *[Organisations]Talent* (griech. tálanton ›hohe Begabung‹), *Tax(wert)* (zu lat. taxa ›geschätzter Wert‹), *telefonieren* (griech. tēle ›fern, weit‹ u. griech. phōne ›Stimme‹), *Terror* (lat. ›Schrecken‹), *Text* (lat. ›Verbindung, Zusammenhang‹), *[Frauen-]Union* (lat. unio ›Einheit; Vereinigung‹), *Vibrationsalarm* (lat. vibrare ›zittern‹ u. lat.-ital. alarme), *[PC-]Virus* (von lat. ›Gift, Saft, Schleim‹), *Zertifikat* (lat. certificatum ›Beglaubigung‹) sowie *[Lese]Zirkelprinzip* (lat. circulus u. principium).

Obwohl *prominent* von lat. *prominens* ›vorspringend, hervorragend‹ entlehnt ist, sind *prominent/Prominenz/Promi[ente(r)]* im Grunde nicht als Latinismen zu klassifizieren, da diese über engl. *prominent* ›bedeutend, bekannt‹ hinzugetreten sind; hier entscheidet wie bei *exklusiv(e)* ›ausschließlich‹ vs. *exklusiv* ›nur wenigen zugänglich‹ die Bedeutung über die Herkunft, auch wenn beides letztlich auf das Lateinische zurückzuführen ist.

Die Liste ergänzend sei angemerkt, dass noch weitere Sprachen Quellsprachen darstellen, etwa das Niederländische für *Aktie, Bagger, Gardine, Jacht*[184], *Pack* (niederl. actie ›Anteilschein‹, zu baggeren ›ausschlammen‹, gordijn ›Bettvorhang‹, jaght[e] ›Verfolgungsschiff‹, pac ›Bündel, Ballen‹); ferner sind – zum

---

184 Auf *Yacht* trifft dies ebenfalls zu mit der Einschränkung, dass dies an engl. *yacht* angelehnt ist, das ebenfalls aus dem Niederl. stammt.

Teil als Fremdwort – *Bungalow* (angloind. mit Ursprung Indien/Bengalen), *vinho verde* (port.), *Tantra* (sanskr.), *Yoga* (aind.), *Futon* (jap.), *Lisboa* (port.), *Vinho verde* (port.), *aan Zee*[185] (niederl.) belegt.

Darüber hinaus wäre auch die vielfach als Anglizismus gewertete erste (determinierende)[186] Kurzform-Konstituente *E-* (< *Elektrizität, elektrisch, elektronisch*) zu nennen; diese Erscheinung ist keineswegs erst mit dem der englischen Sprache nahen Internet und den daraus hervorgegangenen Reihenbildungen *E-Mail, E-Commerce, E-Card, E-Learning* etc. aufgekommen, sondern bereits aus deutschsprachigen partiellen Kurzwörtern bekannt (*E-Herd, E-Bass/-Geige/-Gitarre/-Orgel/-Piano/-Schlagzeug, E-Lok[omotive], E-Schrott, E-Technik, E-Werk;* aber: *E-Kartoffeln, E-Kreuz, E-Milch, E-Neukauf, E-Winkel, E-Zug*[187] etc.). Neu ist vor allem die Verwendung von *E-* für ›elektronisch‹ statt ›elektrisch‹, wobei auch hier gilt, dass Bildungen zur Basis dieser Kurzformbedeutung nicht erst mit dem Internet aufgekommen sind *(E-Transmitter, E-Technik*[188]*).*

Neben diesen Fällen, bei denen mitunter eine englische Herkunft vermutet wird, sind Pseudoanglizismen zu nennen, die für englische Sprachteilnehmer gar nicht oder kaum verständlich sind. Im Korpus belegt ist allerdings nur *Handy* (und damit *Handygeschäft, Handy-Gespräch, Handy-Sparte*).

Auffällig ist die Vielzahl an Hybriden, die schon mit dem besagten *E-* belegt sind: *E-Beratungsjournal, E-Denkarium, E-Recht, E-Politik, E-Vergabe*[189], *E-Latein*. Weitere sind *Briefmarkenclub, Buchungshotline, Deutschtest, Familienparty, Flugticket, Frauenpower, Geflügelfarm, Handball-Event, [Hannover-]96-Coach, Kamera-Livebild, Schneefestival, Top-Zustand, Vorstell-Special, Werbespot* oder *Wochenendservice*. Auch hier gilt, dass eine große Anzahl anglizistischer Konstituenten bereits stark ins Deutsche integriert sind: *Test, Club, Spot*[190] und selbst jüngere wie *Hotline* und *Ticket* sind durch den häufigen Gebrauch gut eingebettet.

Daneben gibt es auch Lexeme aus früheren Sprachstufen des Deutschen, die mitunter als Anglizismen gedeutet werden, z.B. *(ab)tippen*, welches ein nieder-/mitteldeutsches Verb aus dem 16. Jh. darstellt. Es wird vermutlich

---

185 dt. ›am See‹.
186 In einem Pixar-Animationsfilm *(Wall-E)* ist *E* nachgestellt worden, um Homophonie mit engl. *wally* [ˈwɔlɪː] ›Trottel‹ herzustellen.
187 Hier ist *E* die Kurzform zu *Einlagerung* (E-Kartoffeln < Einlagerungskartoffeln), *Eruption* (Eruptionskreuz), *entrahmt* (entrahmte Milch; Bsp. von Kobler-Trill 1994: 210), *Edeka* (Edeka-Neukauf), *Ergänzung* (Ergänzungswinkel) bzw. *Eil[e]* (Eilzug).
188 Elektro[nik]technik.
189 Ausschreibungsplattform des Bundes, der Länder, der Städte und Kommunen für entsprechende Aufträge.
190 Zumindest in Verbindungen wie *Werbespot* und *Hotspot* sowie *Spotlight*.

aufgrund der Minimalpaarbeziehung zu *top(pen)* und dem Gebrauch in Verbindung mit dem Computer mit englischer Herkunft verbunden. Tatsächlich anglizistisch ist allerdings *tipp(en)* in der Bedeutung ›wetten‹ und ›andeuten, hinweisen‹. Anglisiert hingegen ist *Freddy* (KSMS), vermutlich eine Kurzform von *Frederik*.

Zur Zusammenfassung: In diesem Abschnitt sollte deutlich geworden sein, dass eine isolierte Betrachtung von Anglizismen kaum von Nutzen ist. Es steht außer Frage, dass eine gewisse Zahl an Lexemen aus der englischen Sprache in die deutsche Sprache, oftmals sogar Standardsprache, Eingang gefunden hat. Einige sind, wie gezeigt werden konnte, auf bestimmte thematische Bereiche beschränkt und ein Teil davon ist einer Fachsprache zuzuordnen, wobei einige Lexeme durch das Ineinandergreifen von Fach- und Laienwelt und damit von Fach- und Standardsprache in Letztere übergegangen sind. Dies ist allerdings keineswegs auf Anglizismen beschränkt, wie medizinische Termini wie *SARS*, *Karzinom* und *Streptokokken* belegen. Sie deuten auch darauf hin, dass das Englische nicht die einzige Quellsprache ist.

Auch mehr oder weniger ökonomische Faktoren spielen eine Rolle: Qualitativ ist etwa Internationalisierung ein Grund für Begriffe wie *Service* und *Ticket*, so wie vielleicht *WC* schon im 19. Jahrhundert Eingang in die deutsche Sprache gefunden hat. Beispiele wie *US* und *UN* zeigen, dass besonders bei Kurzwörtern eine Übersetzung keinen Vorteil bringt, da viele Kurzwörter Homonymie aufweisen (*AG* < *Aktiengesellschaft, Arbeitsgemeinschaft* etc.), eine Erweiterung durch landeseigene Varianten das Lexikon unnötig erweitert würde, diese zu mehr Unverständlichkeit und noch weiter reichenden Homonymie führen würde.[191]

Kurzwörter haben auf der anderen Seite den Vorteil, dass sie eine sehr starke semantische Dichte aufweisen und sich darüber hinaus hervorragend zur Wortbildung eignen. So sind Bildungen im Rahmen eines Kompositums möglich, die alternativ in erheblich längeren Wortgruppen Platz finden müssten *(UN-Sicherheitsrat, SARS-Epidemie)* und bisweilen zu nicht nur stilistisch markierten, sondern auch qualitativ unökonomischen doppelten Genitiven führen *(der Vorsitzende des Vorstands der Volkswagen AG)*. Aus diesem Grund finden sich – zumindest im Rahmen der hier untersuchten Korpora, die sich alle dadurch auszeichnen, dass Text in räumlich engen Grenzen stehen muss – *US/United States of America* oder *UN/United Nations* kaum als Vollformen und die Vollformen überhaupt nicht als Konstituenten von Komposita[192].

---

191 Beispielsweise – auf die dt. und engl. Sprache beschränkt – *UN/*VN* bei *United Nations/UN* > *Vereinte Nationen* > **VN* und *US/*VS* bei *United States*.
192 Sondern nur als Kurzwörter.

4.2 Auswertung

	KNT	KFTV	KKA 2005	KTTV	KKA 1955	KSMS H	KBON
Wortformen	2291	26 279	9374	4240	10 282	12 442	747
Anteil nicht-nativer Lexeme (in %)	4,1	6,2	5,9	10,4	2,3	6,4	3,5
Anteil Anglizismen (in %)	2,7	4,4	3,2	6,7	0,8	5,4	1,9
Ersparnis d. Anglizismen (Ø in %)	45	32	30	27	36	40	29
versch. »Ismen« (in %; abs. Z. in Klammern)	3,23 (74)	3,01 (792)	3,38 (317)	4,98 (211)	1,45 (149)	2,49 (310)	3,48 (26)
versch. Anglizismen (in %; abs. in Klammern)	2,14 (49)	2,19 (575)	1,83 (172)	3,82 (162)	0,55 (57)	1,90 (236)	1,87 (14)
Anglizismen	61	1154	300	285	81	671	14
Gallizismen	13	241	109	27	95	67	3
Italianismen	1	40	35	13	21	25	4
Hispanismen	2	14	12	1	1	1	–
Latinismen	17	177	88	113	34	30	3
Gräzismen	1	13	6	–	2	4	2
Top-5 [1]	Streik, US-, UN-, Test/testen, Champions League, NASA, Trainer, Rock, Trend	Bus, Start/starten, Cup, Film, Foto, Team, Show, Open-Air, Party, Star	Reisemarkt: Pool, Fax, exkl., Bungalow, Golf, TV, Komfort/ komfortabel, last, Top, City Verschiedenes: Fax, Golf, Ticket, Foto, Service, Confederations- Cup, DVD	Lift, Fax, Internet, Tourismus, Opening, Homepage, live, Panorama, Hotline, Party	Couch, Sport, Foto, Bus, Import, kom- fortabel, Tank, Club/ Klub, Camp, College	hi, hallo, hey, ok, SMS, super, sorry, you, Training, cool	mini, ACE, art, best, blcck, diamond, Drink, fit, full, Lion, Murphy's, super, US

[1] Zum Teil sind mehr als fünf Lexeme aufgeführt, um den Rang aufrechtzuerhalten (= mehrere mit denselben Vorkommenshäufigkeiten).

Tab. 4-24: Quantitative Ökonomie durch nicht-native Lexik in den Teilkorpora.

Das Kriterium der quantitativen Ökonomie trifft allerdings nicht nur auf Kurzwörter zu: Die signifikante Mehrzahl der belegten Anglizismen weist eine ebenso signifikante Reduktion gegenüber ihren deutschsprachigen Pendants auf – sofern sie nicht ohnehin eine semantische Lücke schließen oder neue Objekte und Konzepte bezeichnen (vgl. Carstensen 1965).

Diese Eigenschaften treffen auf nur wenige Belege nicht zu. So sind wohl *Feeling, shoppen, Chill-out* und andere dafür verantwortlich, dass den Anglizismen ein derart negativer Ruf zu eigen ist. Nichtsdestoweniger sei noch einmal festgehalten, dass Anglizismen nur selten – zumindest in den untersuchten Korpora – deutschsprachige Lexeme tatsächlich ersetzen; vielfach handelt es sich um eine Art sprachübergreifende ›Synonymie‹, die zur Vermeidung von Wiederholungen *(Torwart, Torwart)* und für einen ebenso ›moderneren‹ wie abwechslungsreichen Sprachgebrauch herangezogen werden *(Torwart, Keeper)*. Um dies hervorzuheben und gleichzeitig einzuschränken, ist es notwendig, Fachsprache und Werbung auszuklammern. Für Fachsprachen ist es üblich und notwendig, fremdsprachliche Lexik zu verwenden, gerade um sich von standardsprachlichen Lexemen bzw. ihren Bedeutungen abzuheben (ob aus Gründen der Präzision oder des Bramarbasierens, sei dahingestellt), für die Werbung hingegen, um etwas Neues, Frisches, Modernes hervorzubringen oder – zumindest sprachlich – vorzugeben. Dies lässt sich nicht nur an Anglizismen ablesen, sondern auch an Regelverstößen wie Binnenmajuskelschreibung auf orthografischer Ebene oder Wortbildungsirregularitäten auf grammatischer *(*un-kaputt-bar)*. Bis auf einige, zum Teil genannte Titel und Eigennamen ist dieser Bereich allerdings mit Ausnahme der Sonderwerbeform Alpenpanorama[193] nicht im Korpus vertreten, sodass der Aspekt mit einem Hinweis auf Uwe Pörksens so genannte »Plastikwörter« (Pörksen 1988) abgeschlossen werden kann.

4.2.7.3 Anglizismengebrauch einsparungsbedingt?

Zwei entscheidende Fragen bleiben noch zu klären: 1. Korreliert der Gebrauch von Anglizismen mit dem zur Verfügung stehenden Textraum? Und 2. Werden die Anglizismen mit der höchsten Ersparnis gegenüber den nativen Lexemen stärker gebraucht als jene mit geringerer Ersparnis?

Zur ersten Frage muss einschränkend vorangestellt werden, dass die Anzahl der untersuchten Korpora nicht ausreicht, um eine valide Aussage über eine Korrelation treffen zu können. Zudem ist der maximale Wert hinsichtlich des zur Verfügung stehenden Textraums nur bei SMS-Mitteilungen eindeutig an-

---

193 Das Alpenpanorama hat indes eher Inseratcharakter, als Werbemittel zu sein.

4.2 Auswertung

Korpus	Anteil	Längemax	Verhältnis	WF/Element
(KTZ)	3,1	3 315	1:1 069	300,9
KKA 1955	1,2	574	1:478	15,3
KFTV	4,3	375	1:87	33,3
KKA 2005	4,2	331	1:79	12,2
KSMS H	5,9	160[(1)]	1:27	14,8
KNT	2,7	146	1:54	14,2
KTTV	7,2	72	1:10	6,2
KBON	6,0	16/32	1:2,6/5,3	2,8

(1) Tatsächlich gehen einige wenige Mitteilungen über die maximal möglichen 160 Zeichen hinaus, was auf Fehler beim (zweifachen) Übertrag der Mitteilungen zurückzuführen ist.

Tab. 4-25: Zusammenhang zwischen dem Anglizismengebrauch u. dem genutzten Textraum.

zugeben. Bei den Kleinanzeigen gibt es keine Obergrenze – diese ergibt sich aus der Höhe der finanziellen Aufwandsbereitschaft –, bei den Bons variiert diese je nach Kassensystem (wenn auch marginal) und bei den anderen gibt es kein eindeutiges Limit, da eine konkrete Fläche zur Verfügung steht, die je nach Zeichenverwendung unterschiedlich gefüllt sein kann.[194] Daher wurde mit Ausnahme der SMS-Mitteilungen als Obergrenze die maximal belegte Zeichenanzahl herangezogen.

Abgesehen vom Newsticker ergibt sich mit dieser Vorgabe ein zunehmendes Verhältnis von Textraum zum Gebrauch von Anglizismen (s. Tab. 4-25), doch gibt es keinen rechnerischen direkten Zusammenhang zwischen dem Anteil und dem Textraum, wie er in der Hypothese formuliert worden ist.

Die zweite Hypothese lautete: Je größer die Anzahl des Auftretens eines Lexems im Korpus, desto größer der Ersparnisquotient. Für diese Berechnung ist ein Hypothesentest erforderlich, der jeweils über bivariate, nicht-parametrische Korrelationstests erfolgt (Kenndals-tau-b sowie Spearmans-Rho). Beschränkt wurde der Test auf nicht-hybride Lexeme, da das Ergebnis durch die vor allem nativen Anteile verfälscht würde, denn schließlich zielt die Hypothese ja gerade auf den Unterschied zwischen nativen und nicht-nativen Lexemen ab. Um diejenigen Wortformen, die jeweils nur einmal über alle Korpora hinweg auftreten, bereinigt, kommt es so zu einer Stichprobe von N = 142.
Beide Tests ergeben einen Korrelationskoeffizienten, der eine Korrelation auf dem 0,01-Niveau als signifikant ausweist (zweiseitig; s. Tab. 4-26), Anders

---

194 Dies hängt damit zusammen, dass kein äquidistanter Schriftsatz verwendet wird und fünf *i* weniger Raumbedarf haben als die gleiche Anzahl *m* (iiiii < mmmmm).

			VAR00001	VAR00002
Kendall-Tau-b	VAR00001	Korrelationskoeffizient	1	,209
		Sig. (2-seitig)	.	0,00
		N	142	142
	VAR00002	Korrelationskoeffizient	,209	1
		Sig. (2-seitig)	0,00	.
		N	142	142
Spearman-Rho	VAR00001	Korrelationskoeffizient	1	,274
		Sig. (2-seitig)	.	0,00
		N	142	142
	VAR00002	Korrelationskoeffizient	,274	1
		Sig. (2-seitig)	0,00	.
		N	142	142

Tab. 4-26: Korrelationstest hinsichtlich Gebrauchsfrequenz und Ersparnis von Anglizismen.

formuliert ist mit einer Wahrscheinlichkeit von 99,9 Prozent der vermutete Zusammenhang zwischen der Anzahl des Auftretens eines Lexems im Korpus und der Größe seines Ersparnisquotienten nicht zufällig.

Die Bestätigung der Hypothese folgt nicht der Erwartung, unterstützt aber grundlegend die Annahme, dass Sprachgebrauch und damit Wandelerscheinungen ökonomisch verlaufen (vgl. auch das Zipfsche Gesetz).

4.2.8 Exkurs: Metasprache/Mustererkennung

Das Zusammenwirken von Metasprache und Mustererkennung soll an einem Beispiel verdeutlicht werden. Die Zeichenkombination 250 502 99 besteht aus 10 einzelnen Zeichen, acht Ziffern (nie Numeralia) und zwei Spatien. Auf Letztere wird zurückgekommen, doch soll vorerst der Fokus auf den Ziffern liegen.

Stehen diese isoliert auf einem Blatt Papier, also 25050299, so lässt sich darüber wenig aussagen. Es könnte sich um eine Telefonnummer handeln, ein Passwort (PIN) oder eine Schließfachnummer. Wir erkennen allerdings an der fehlenden initialen Null, dass es sich nicht um eine vollständige nationale Telefonnummer handelt, da eine Vorwahl fehlt; unter Umständen könnte es die Rufnummer eines Anschlusses sein, der in einer sehr großen Stadt liegt. Eine internationale Nummer kann ebenfalls als Möglichkeit ausgeschlossen werden, da entweder die 00 oder das äquivalente + fehlt; auch wenn dieses unterschlagen worden ist, müsste die 0 hinter der Nationalnummer (hier: 25) entfallen. Entsprechend könnten nun weitere Analysen erfolgen, die für oder

4.2 Auswertung

gegen eine Schließfachnummer oder ein Passwort sprechen, was an dieser Stelle nicht weiterverfolgt werden soll.

Tatsächlich enthält die Zeichenfolge zwei weitere Zeichen – die Spatien. Sie gliedern in der Regel (vor allem) Ziffernfolgen aus mindestens drei Gründen: Zum einen dienen sie der leichteren Erfassbarkeit, insbesondere bei vielstelligen Zahlen, also der schnellen Erkennung von Hunderten, Hunderttausenden, Millionen usw. Eine weitere Funktion liegt in der Abbildung interner bzw. logischer Strukturen, wie dies bei international eindeutigen Buchnummern (ISBN) der Fall ist (hier strukturieren anstelle von Spatien allerdings Bindestriche). Die erste Ziffer der ISBN-10 kodiert den Sprachraum oder die Nation (z.B. 3 für den deutschsprachigen Buchmarkt), es folgen eine Verlagsnummer sowie eine Titelnummer für das jeweilige Buch; den Abschluss bildet eine Prüfziffer. Der ISBN-13 wird in der Regel das Präfix 978 vorangestellt. Im Fall der ISBN dienen die ›Strukturierungszeichen‹ folglich nicht nur der Strukturierung, sondern auch der schnellen Identifikation – etwa des Verlages. Ein dritter Vorteil liegt im Bereich der Semiotik. Zeichenstrukturierungen können unter der Voraussetzung einer fixen Länge und festgelegten Struktur ikonisch sein. (0511) 762-3330 ist zweifelsfrei als Telefonnummer zu erkennen, was nur bedingt auf die initiale 0 zurückzuführen ist, sondern überwiegend der Struktur zu verdanken ist. Mehr noch gilt dies für das eingangs genannte Beispiel 250 502 99. Eine derartige Zeichenstrukturierung, so einfach sie sein mag (im Gegensatz zur Telefonnummer enthält sie ausschließlich Spatien), wird nur für wenige Zeichenfolgen verwendet. Dezimalzahlen werden von rechts in Blöcke zu je drei Ziffern gefasst (Tausender), können folglich grundsätzlich für die Zeichenfolge ausgeschlossen werden. Tatsächlich handelt es sich um eine Bankleitzahl. Auch hier entspricht der Struktur wiederum eine inhaltliche Ordnung: Die erste Ziffer ergibt sich aus dem die Bank beherbergenden Bundesland (2 steht für Bremen, Hamburg, Niedersachsen und Schleswig-Holstein); die beiden folgenden Ziffern verorten die Bank exakter (50 etwa für Hannover); die vierte Ziffer gibt Auskunft über die Art der Bank (hier für Sparkasse oder deren Girozentrale) und leitet zur eigentlichen Banknummer über, die durch das Institut festgelegt wird.

Im Rahmen der Sprachökonomie ist es von Bedeutung, dass Zeichenfolgen (ko- und kontextfrei) nur durch ihre Struktur oder Abfolge erkannt werden können. Dies trifft insbesondere auf Telefonnummern (insbesondere 0800-/0900-/Mobilfunknummern) zu sowie auf Bankleitzahlen, Zeitangaben (Uhrzeit wie Datum) oder ISBN/ISSN. Auch Postleitzahlen können bei Voranstellung des Ländercodes durch ihre Form als solche erkannt werden (D-30167). Dass diese Tatsache sprachökonomisch genutzt wird, lässt sich an einer fiktiven Alltagssituation ablesen, bei der eine Ziffernfolge auf einen Notizzettel niedergeschrieben ist, die später zwar als Telefonnummer identifizierbar ist, mit der aber das Gedächtnis unter Umständen keinen Namen mehr verbinden kann.

Aus diesem Grund wird in der Regel ein Name ergänzt, wodurch der Ziffernfolge ein Kotext gegeben wird: Name plus Ziffernfolge, das Wort *BLZ* plus Ziffernfolge oder eine zweite Ziffernfolge wie 148 299 323 ermöglichen eine schnelle(re) Analyse der Zeichen. Folglich können Ko- wie Kontext zur Dekodierung beitragen: der Kontext durch Wissen um Format und Struktur von Zeichenfolgen, der Kotext durch nebengestellte Textbausteine wie *BLZ*, *Tel. Kai* etc. Eng verbunden mit der Struktur ist die Verortung. Bei einer Ziffernfolge, die am Ende einer Kleinanzeige aufgeführt ist, kann es sich nur um eine Chiffre, Telefon- oder Hausnummer handeln, die sich strukturell deutlich voneinander unterscheiden. Dennoch ist Erstere (heute) der markierte Fall, sodass hier zumeist *Chiffre* # o.Ä. vorangestellt ist, ein Hinweis für die Telefonnummer, etwa *Tel.* oder ein Hörersymbol, entfällt vielfach.

Festgehalten werden kann, dass die Strukturierung/Formatierung einer Folge von Zeichen (hier insbes. Ziffern) aus sprachökonomischer Sicht ein notwendiges Kriterium ist, allerdings nur selten ein hinreichendes, um ko- und kontextfrei auf den Inhalt schließen zu können. In der Regel bedarf es des (im Korpus stets mitgelieferten) Wissens um die Kommunikationsform, um sie dekodieren zu können. Dies hat sich in ähnlicher Weise bei Kurzwörtern gezeigt und wird auch bei Abkürzungen eine Rolle spielen.

Diese Art der Mustererkennung erfolgt wahrscheinlich nur, wenn in Zahlen-Buchstaben-Kombinationen keine Lexeme bzw. Wortformen erkannt werden. G 7 etwa führt im Gegensatz zu M 6 erst gar nicht zu einer näheren Analyse, da G 7 bzw. G-7 lexikalisiert ist (als Abkürzung zu *The Great 7* ›Vereinigung der sieben wichtigsten westlichen Wirtschaftsnationen‹). Werden keine Kombinationen erkannt, wird (ggf. per Ausschlussverfahren) versucht, einen sinnstiftenden Inhalt zu finden.

28.03.1948 ist ikonisch aufgrund des erlernten Musters (im Grunde ein Symbol), aber dadurch, dass wir es erlernt haben, erkennen wir das Muster, das dann auf mögliche Interpretationen hinweist. Freilich ist auch der Ko- und Kontext von Bedeutung. Zum Teil sind allerdings auch Symbole notwendig, um zu disambiguieren. Ein Stein etwa, auf dem *Uwe Müller* steht und in der Zeile darunter 28.03.1948, kann mindestens dreierlei bedeuten: Ein Mensch mit Namen *Uwe Müller* ist am 28.03.1948 (am Fundort?) geboren worden, ein Mensch mit Namen *Uwe Müller* ist am 28.03.1948 gestorben oder ein Mensch mit Namen *Uwe Müller* ist am 28.03.1948 am Fundort gewesen (und hat sich verewigen wollen). Ein Logogramm wie * oder † wirkt disambiguierend, ähnlich wie Geld- oder andere Symbole wie €, ℮, ₯ auf Euro-, Nettogewicht/-volumen oder Drachmen hinweisen (s. 4.2.9.3). Hierzu gehört auch das @, welches inmitten einer Struktur x@y.z eindeutig auf eine E-Mail-Adresse hinweist.[195]

Im Korpus belegt sind beispielsweise Wertangaben wie 3,99, 450.– oder 3,–, die vor allem durch den Viertel-/Halbgeviertstrich, aber auch durch die besetzten Hundertstelstellen disambiguiert werden, Telefonnummern wie (0511) 601154 oder +39/0461/585776, bei denen die Vorwahlklammer oder die internationale Vorwahl +39 interpretieren hilft, Jahreszahlen wie '05, die durch den Apostroph (s. Klein 2002) markiert sind, 007 als Nummer 7 der Doppel-Null-Agenten (s. 4.2.9.2), 01.06. oder 01.06.03 als Datumsangabe, die dank der Struktur TT.MM.(MM) eindeutig ist, 08.30 als Uhrzeit, wobei auch hier wieder das Füllen beider Stellen (08 statt 8) neben dem Punkt oder Doppelpunkt und der Zweierstruktur eine korrekte Interpretation wahrscheinlicher macht, 1954 durch die einleitende 19 und die vierstellige Zahl als Jahresangabe, A L E 87971[196] oder F W 4311 als Codes – in diesem Fall Chiffren, wobei diese nicht auf Kleinanzeigen beschränkt sind. Auch 0,5 und 0,75 können selbst ohne Kotext aufgrund der Bedeutungen verknüpft werden, da es sich um protypische Werte (für Flüssigkeitsmengen) handelt. Bei 00:01 ist ein Zusammenhang notwendig, doch wahrscheinlicher als die erste Möglichkeit ›eine Minute nach Mitternacht‹ ist die zweite einer zeitlichen Distanzangabe (›nach einer Minute/Sekunde‹).

So ist es möglich und damit quantitativ ökonomisch, nicht notwendige Ergänzungen wie *Uhr* oder *h* im folgenden Beispiel auszulassen.

[58] Info:Cinemaxx,17.30!Die meisten kommen!

Im Gegenteil: In diesem Fall hätte aufgrund des Kotextes die Nennung von *Uhr* sogar eine nicht notwendige Redundanz dargestellt. Insbesondere hieran zeigt sich, dass auch die Zahlenwerte einen Einfluss auf die Interpretation haben können.[197]

Ein Interpunktionszeichen für die Strukturierung von Zeichenfolgen ist also ein Ausdruck qualitativer Ökonomie, auch wenn es quantitativ einen

---

195 Eben dieses Strukturwissen wird mithilfe regulärer Ausdrücke bei der Eingabekontrolle in elektronischen Formularen genutzt.

196 Anders das usualisierte *A 380* (Flugzeug von Airbus) oder *A 55* als Autobahnkurzform; hilfreich ist hier die geringe Länge der Zeichenkette, die eine Chiffre praktisch ausschließt.

197 Die Geradlinigkeit von *xx.00/15/30/45* deutet auf Uhrzeitenviertel (Viertelstunden) hin.

Mehraufwand bedeutet. Dieser Mehraufwand kann allerdings durch ein dadurch zu tilgendes disambiguierendes Wort ausgehoben werden, wie sich bei 17.30 oder '05 gezeigt hat. Bei längeren Ziffernfolgen wie dem ebenfalls belegten 10000000 dienen Interpunktionszeichen auch der Gruppierung und sorgen damit für eine schnellere (und richtige) Erkennung (10.000.000). In Deutschland wird hierfür zwar ein Spatium vorgeschrieben (10 000 000), doch ist im Korpus in der überwiegenden Zahl der Fälle ein Punkt belegt (*14.000, 213.700*). Zu Formen wie *2:1* s. Kap. 4.2.9.3.

4.2.9 Graphostilistische Ökonomie

4.2.9.1 Abkürzungen

Gegenstand dieses Kapitels sind Abkürzungen, also diejenigen Kurzformen, die nur in geschriebener Form existieren (‹z.B.›) – artikuliert werden im Regelfall die Langformen ([tsum ˈbaiʃpiːl]). Die Grenze ist nicht immer eindeutig zu ziehen, was sich daran zeigt, dass Kobler-Trill (1994) sogar *RA. (‹ Rechtsanwalt)* zu den Kurzwörtern zählt, welches hier eindeutig den Abkürzungen zugewiesen wird – gleichsam *AF. (‹ Anmeldefrist), AT. (‹ Ausnahmetarif), G.-B. (‹ Geschäftsbericht), T.O./TO (‹ Tagesordnung)* (Kobler-Trill 1994: 213). Ähnliche, jedoch in den hier behandelten Korpora belegte Fälle wurden bereits – wie auch der Typ *SS-18 (‹ Surface-to-Surface[-Rakete] 18*; vgl. *A2, NDR1)* – in einem gesonderten Abschnitt bei den Kurzwörtern diskutiert (4.2.3.5).

Die am häufigsten gebrauchten Abkürzungen im Korpus sind vor allem sehr kurze, zum Teil ad hoc gebildete:

[59] u. (208), Tel. (170), m. (160), m (97), a. (89), v. (82), Pers. (77), Angeb. (71), unt. (70), Zuschr. (62), verk. (61), f. (57), P. (56), od. (55), gr. (53), d. (51), z. (50), Ffm. (48), Ang. (47), SZ (43), J. (39), g (38), h (38), ca. (34), i. (34), komf. (33), Hann. (30), I. (30)

Von den 28 Belegen, die mindestens 30-mal im Gesamtkorpus enthalten sind, weisen 13 lediglich ein Graphem auf, das zumeist um einen Abkürzungspunkt ergänzt ist, der das Graphem oder die Graphemfolge entsprechend markiert. Vor allem bei den SMS-Mitteilungen fehlt dieser Punkt mitunter *(i ‹ ich, d ‹ der, dich, dein, ...)*, bei Maßeinheiten generell *(kg, h ‹ Stunde/Uhr, V)*. Nur 6 der 28 Belege weisen mehr als drei Grapheme (ohne Abkürzungspunkt) auf.

4.2 Auswertung

Längere Zeichenfolgen unter den genannten hochfrequenten können verschiedene Ursachen haben. Unter anderem muss allein ein Laut wie [ʃ] auf graphematischer Seite durch drei Buchstaben repräsentiert werden; eine Reduktion auf ‹s› wäre hier wenig sinnvoll, da es das ökonomische Prinzip der Laut-Buchstaben-Zuordnung durchbrechen und Homographie verstärken würde: Bei *s.*/*sch.* etwa sind die Vollformen *siehe* und *schön* noch leicht voneinander zu unterscheiden, bei einer Reduktion auf *s.* hingegen nicht mehr.

Was für die Unterscheidung von ‹s› und ‹sch› gilt, kann verallgemeinert werden. Generell gilt: Je kürzer die Reduktion der Vollformen ausfällt, desto stärker ist die Gefahr der Übereinstimmung mit anderen Vollformreduktionen einerseits und desto schwieriger fällt die Disambiguierung und Rückerschließung der Vollform andererseits. So geht bereits *s.* nicht ausschließlich auf *siehe* zurück, sondern (im Korpus) auch auf *sehr, suchen* und Namen sowie auf *small, still, Stück, Stein, Sekunde* und *Sonntag* ohne realisierten Punkt (*s*). Dies ist wiederum ein transparenter Beleg dafür, dass quantitative und qualitative Ökonomie einander zuwiderlaufen. Auf quantitativer Seite unterstützt grundsätzlich die Gebrauchsfrequenz: Wenn eine Kurzform häufig auf eine von mehreren möglichen Vollformen bezogen ist, erfährt diese die Zuweisung ›Default‹. Zur Folge hat dies wiederum, dass entweder mehr Disambiguierungsarbeit oder gar Unverständnis auf Seiten des Rezipienten entsteht, wenn die Standardvollformen nicht richtig sein können, oder dass Abweichungen vom Prototypen quantitativ weniger ökonomisch abgekürzt werden können. Zu erkennen ist dies etwa an *Angeb.*, denn eine immer noch angemessene Abkürzung wäre *Ang.*; diese jedoch wird normalerweise auf die Vollform *Angabe* zurückgeführt, sodass die aufwändigere, dafür aber eindeutige Abkürzung bevorzugt worden ist. Den Ausschlag gibt hier also die qualitative Ökonomie zulasten der quantitativen.

Beiden gemeinsam ist, dass das erste oder die ersten Morpheme vollständig erhalten bleiben und das darauf folgende auf das erste Graphem reduziert wird: <u>*An*</u>-*gab*-*e* bzw. <u>*An*</u>-*ge*-*bot*-*e*. Beschränkt bleibt dieses Verfahren nicht auf Morpheme, sondern es findet auch bei Silben Anwendung. Dieses Kürzungsprinzip stellt das Standardverfahren für Abkürzungen dar.

Werden die strukturellen Bildungstypen (äquivalent zu den Kurzworttypen) betrachtet, fällt vor allem auf, dass es nicht mehr die multisegmentalen Formen sind, die die Rangliste mit der größten Einsparungsrate klar anführen (vgl. Tab. 4-27). Zwar sind es auch hier die auf Initialen der Vollformen basierenden Lexeme, die die höchste Ersparnis mit sich bringen, doch treten Rumpfabkürzungen hervor und besondere Abkürzungen zurück. Dies hat mehrere Gründe.

Typ	Types	Tokens	Ersparnis (ø, in %)	min.	max.
Initialabkürzungen	112	469	70	15	91
Mischabkürzungen	25	62	52	20	86
Silbenabkürzungen	39	120	51	12	85
Rumpfabkürzungen	3	40	50	33	67
Endabkürzungen	7	11	41	25	50
partielle Abkürzungen	183	226	35	5	91
Kopfabkürzungen	965	3915	29	−33	93
besondere Abkürzungen	124	347	29	0	75

Tab. 4-27: Kürzungstypologie der Kurzwörter, angewandt auf Abkürzungen (die multisegmentalen sind dunkler hinterlegt).

Der hohe Wert für die Rumpfabkürzungen basiert auf lediglich drei Types, von denen zwei gleichzeitig einer weiteren Reduktionsform unterliegen *(tr. < naturtrüb; Wertk. < Bio-Wertkost)*. Allerdings muss auch eingewandt werden, dass der Wert damit auf drei unterschiedlichen Abkürzungen basiert, bei den Kurzwörtern sogar nur auf einem Rumpfwort.

Der vergleichsweise geringe Wert für die besonderen Abkürzungen kommt dadurch zustande, dass oftmals nur die letzten Grapheme (oft Silben) der Vollform um Vokale oder auf markante Grapheme gekürzt werden, während die ersten Segmente unangetastet bleiben. Dies trifft umso eher zu, je länger die Formen werden: *Bücherschrk., Freizeitgestaltg., Ferienwhg., Top-Whg. Wellblchgar.* Hier sind Ersparnisse um weniger als 10 Prozent die Regel. Dass der Mittelwert dennoch bei 35 Prozent liegt, ist den kurzen, wenige Morpheme umfassenden Vollformen geschuldet, die auf zwei bis vier Grapheme reduziert werden: *Blk., ca., DK, Dr., evtl., Fa., Hs., lks., Mio.* Da die Kürzung definitionsgemäß beliebig erfolgen kann, können so Buchstabenkombinationen entstehen, die mehr oder weniger leicht und z.T. eindeutig *(evtl.)* auf die Vollformen zurückgeführt werden können. Ein häufiger Vertreter ist hierbei die von Hofrichter so genannte Kontraktion, bei der die Vollform um ein mittleres Segment gekürzt wird und somit die ersten und letzten Grapheme erhalten bleiben *(Dänemark, Doktor, Firma)*. Bei den Kurzwörtern ist dies ein seltener Subtyp *(Dax)*.

Auch partielle Abkürzungen weisen mit 35 Prozent mittlerer Ersparnis keinen Kürzungsgrad auf, der mit dem der Kurzwörter vergleichbar wäre; hier waren es 54 Prozent. Die Differenz ist allerdings typologisch beeinflusst, da partielle Abkürzungen in der Regel nicht aus einer auf einen Buchstaben gekürzten Konstituente bestehen, sondern oft aus zwei oder mehr und diese meistens noch abkürzungsnormkonform mit einem Punkt markiert werden. Als Sonderfall ergibt sich das, was bei SMS-Mitteilungen gänzlich neu wirkt, tatsächlich aber nicht neu ist, denn aussagekräftige Belege finden sich bereits im 1955er Annoncenkorpus: Wenn ein Abkürzungspunkt oder Interpunktionszeichen gesetzt ist, kann ein anderes Trennzeichen entfallen. Zum einen kann es sich um ein Trennzeichen handeln, das Wortgrenzen markiert (Komma ersetzt Spatium):

[60] Nee,der is nich da…aber bestimmt andere tolle Knaben.julia und ich liegen grade am strand und hören city of angels.viele abendsonnengrüße,hdl

Zum anderen kann es (bei Abkürzungen) ein Trennzeichen sein, das den Bindestrich als übliches Mittel zur Markierung von Morphemgrenzen ersetzt:

[61] Fe.Wo.; Fru.jogh.; Schl.Zi.; W.ende

Vor allem Ersteres wurde bereits in den Kleinanzeigen von 1955 verwendet, während Abkürzungen ohne Bindestrich nicht belegt sind:

[62] Goethestr.10; Hertzstr. 3I.,l.; DM.Franke, Am Schatzkampe 6.; B.Lins; Honnet/Rhein.Rommersdorfer Str; Vollfinanzier.u. Bauleitg.bis z. schüsselfert.Übergabe.

Auch das Alpenpanorama (2002/3) weist entsprechende Phänomene auf:

[63] Int.Moto-Guzzi-Treffen a. Campingpl.Steinplatte

Keine Spatium-Tilgung liegt hingegen bei *LebensLese.Treff* vor. Hier hat der Punkt auch nicht die Funktion eines Kürzungsmarkers, sondern kennzeichnet vielmehr die Morphemgrenze – dient insofern der Transparenz – und substituiert aus typografischen und unter Umständen inhaltlichen[198] Gründen den Bindestrich.

Sowohl bei den partiellen als auch bei den besonderen Abkürzungen liegt der geringere Wert auch in der Typendifferenz begründet: Abkürzungen haben keinen Wortstatus und können daher nicht für Wortbildungen herange-

---

198 Der Punkt kann als Stellvertreter für Texte, Pointen etc. betrachtet werden – solches also, das für Belletristik kennzeichnend ist.

zogen werden. Auch wenn diese Regel mitunter ›gebrochen‹ wird, wurde bei der Klassifizierung strikt hiernach verfahren, was bedeutet, dass auf komplexe Wortbildungen zurückgehende Abkürzungen wie *Freizeitgestaltg., Herr.-Oberbekleidg., DG-Ferienwohnung* etc. zusammen mit Formen wie *Hs.* und *dt.* eingeordnet worden sind, die auf ein Morphem zurückgehen. Im Gegensatz zu den Kurzwort-Wortbildungen, bei denen der Wert ebenfalls signifikant unter dem der Kurzwörter liegt, konnte hier also keine gesonderte Klassifizierung vorgenommen werden.

Im Gegensatz zu den Kurzwörtern haben auf Initialen basierende Belege mit 70 Prozent das mit Abstand höchste Einsparpotenzial. Besonders effektiv sind *ÜF* (< *Übernachtung/Frühstück*), *HH* (< *Hansestadt Hamburg*), *VB/VS* (< *Verhandlungsbasis/-sache*), *H5N1[-Virus/-Verdacht]* (< *Hämagglutinin-Oberflächenrezeptoren und Neuraminidase-Oberflächenrezeptoren-Virus/-Verdacht*), *MfG* (< *Mit freundlichen Grüßen*), *SSZ* (< *schreib schnell zurück*), *ZH* (< *Zentralheizung*), *FW* (< *Ferienwohnung*) etc. Die konsequente Großschreibung ist hier ein wiederkehrendes Merkmal. Einige der Initialabkürzungen stehen an der Schwelle zu Kurzwörtern, da sie mittlerweile auch als Kurzform artikuliert werden. Hierzu zählen *VB* und *MFG* sowie *H5N1*. Letzteres ist anderen neuen Krankheiten wie *SARS* ähnlich, wurde aber anders als dieses aus zwei eng zusammenhängenden Gründen nicht als Kurzwort klassifiziert. Erstens enthält *H5N1* Zahlen, die für Kurzwörter gänzlich untypisch sind, denn auf welche Vollform sollten Zahlen wie *5* und *1* zurückgehen? Zweitens existiert zu der (vollständigen) Kurzform kein Basislexem, sondern nur für die Bestandteile *H* und *N*. Hingegen beziehen sich *5* und *1* lediglich auf das Verhältnis der *Hämagglutinin-Oberflächenrezeptoren* zu den *Neuraminidase-Oberflächenrezeptoren* (vgl. H_2O für 2 Atome Wasserstoff + 1 Atom Sauerstoff).

Die Mischabkürzungen weisen eine mittlere Ersparnis von 52 Prozent auf. Zu den effektivsten gehören *GAP* (< *Garmisch-Partenkirchen*), m^2 (< *Quadratmeter*), *MTH* (< *Müller-Thurgau*) und der Markenname *GRL* (< *Grünes Land*) sowie *hPa* (< *Hektopascal*), *obb.* (< *oberbayerisch*) und *WOB* (< *Wolfsburg*). Mehrere ähneln aufgrund der konsequenten Großschreibung den Initialabkürzungen, sind jedoch keine, da sie unterschiedlich lange Bestandteile aufweisen *(Ga + P, Wo + b)*. Darüber hinaus ähneln sie auch den Initialkurzwörtern, da ihnen ein Abkürzungspunkt fehlt und sie in einigen Fällen wie bei *GAP* und *WOB* artikuliert werden – und dies sogar nach dem Lautwert. Dennoch nicht als Kurzwort eingeordnet wurden *GAP/WOB*, weil es sich m.W. nur um eine grundsätzlich mögliche Artikulation handelt (anders: *FD* < *Fulda*, *MKK* < *Main-Kinzig-Kreis* etc.) und – falls dies der Fall wäre – diese vor allem auf das zahlreiche Sehen und Lesen der Kennzeichen zurückgeführt werden muss. In

4.2 Auswertung

diese Reihe gehoren auch Abkürzungen wie *A2*, *N3* und *B 65*, die bereits bei den Kurzwörtern behandelt und dort von ihnen ausgeschlossen worden sind (s. 4.2.3.5).

Silbenabkürzungen sind (relativ betrachtet) stärker vertreten als ihre Pendants bei den Kurzwörtern. Dies ist darauf zurückzuführen, dass hier nicht nur solche Abkürzungen eingeordnet worden sind, die im Ergebnis silbisch sind, sondern auch solche, bei denen die entnommenen Grapheme Anfangssegmente von Silben darstellen. Wieder dem abnehmenden Grad der Ersparnis nach geordnet, gehören hierzu *atü* (< *Atmosphärenüberdruck*), *BS* (< *Braunschweig*), *Ffm.* (< *Frankfurt am Main*), *NR-FeWo* (< *Nichtraucher-Ferienwohnung*), *kf.* (< *komfortabel*), *VVK* (< *Vorverkauf*), *cbm* (< *Cubikmeter*), *MiWa* (< *Mineralwasser*), *GuMo* (< *Guten Morgen*) etc. Nur *atü*, Varianten von *FeWo*, *GuMo*, *MiWa* und *Fruchtbumi* (< *Fruchtbuttermilch*) wären entsprechend unter die Silbenkategorie bei den Kurzwörtern gefallen. Dennoch stellen sie keine Kurzwörter dar, denn im Allgemeinen artikuliert werden nur die Vollformen – mit der Ausnahme *atü*. Hier greift allerdings das Prinzip, dass Ausnahmen Bestandteil von Regeln sind, weshalb *atü* äquivalent zu *kg*, *mt*, *km*, *MB*, *s* oder *Nm* als Abkürzung eingeordnet wird. Dies gilt nicht für *MiWa* oder *Bumi*, wo unklar ist, ob in der Fachkommunikation die Kurzform artikuliert wird, und *Fewo*, wo Einzelfälle möglich sind. Gegen *Fewo* als Kurzwort spricht neben dem wenig bekannten Aussprechen der Beleg *Fe'wo*, wo intuitiv angezeigt worden ist, dass es sich um eine Abkürzung handelt. Mit dem Apostroph wurde eine Auslassung markiert, die eine nicht die Wortbildung betreffende Kürzung darstellt.

Neben den bereits besprochenen Rumpfabkürzungen gehören zu den unisegmentalen Abkürzungen noch die Kopf- und Endabkürzungen. Bei den Kopfabkürzungen fallen vor allem die große Ersparnisspanne und dabei besonders der negative Wert auf. Die hohen positiven Werte sind Ein-Graphem-Abkürzungen wie *R* (< *Radialbauweise*), *Ü* (< *Übernachtung*), *E.* (< *Elfmeterschießen*) oder *B* (< *Breite*) geschuldet, worunter sich zwei scheinbar reduplizierte Belege in [64] finden *(mm und ww)*:

[64] Zweieiige Zwillinge (mm/ww) für wissenschaftl. Schlafuntersuchungen gesucht. MPI für Psychiatrie, ✆ 0178/5555555, e-mail: xxxx.xxxxxxxxx@lycos.de

Tatsächlich handelt es sich nicht um Reduplikation von *männlich* bzw. *weiblich*, sondern um eine Wiederholung der jeweils auf das erste Graphem gekürzten Abkürzung; anders als bei *pp.*, *Hgg.* etc., wo es de facto um morphologische Markierung von {Plural} mittels Reduplikation geht, handelt es sich hierbei um einfache Wiederholung zum Ausdruck von ›zwei‹. Gegen Plural spricht vor allem, dass nicht drei oder vier, sondern exakt zwei Menschen für die Studie gesucht werden.[199]

Den anderen Pol bilden mit Minuswerten bis −33 Prozent Abkürzungen wie *alt.*, *gut.* und *Tag.* Es handelt sich hierbei um die lexikalische Grundform, und, wie zu Beginn des dritten Kapitels dargestellt, wurden hier in der Regel Lexeme und nicht die konkret belegten Wortformen angenommen, um sie zum quantitativen Vergleich heranzuziehen. Insofern steht Grundform neben Grundform, was keinen negativen Wert ergeben würde; da jedoch die Abkürzung, um sie von der Grundform zu unterscheiden, mittels Abkürzungspunkt markiert und dieser der Grundform nicht zu eigen ist, liegt die negative Ersparnis bei drei Graphemen umfassenden ›Abkürzungen‹ bei −33 Prozent, bei vier wie bei *Bett.*, *groß.*, *hell* bei −25 Prozent und bei fünf wie bei *braun.*, *eigen.*, *ruhig.* etc. bei −20 Prozent etc. Diese Formen sind dadurch gekennzeichnet, dass die Flexive abgetrennt sind, die in der Regel problemloser zu ergänzen sind als Wortbildungsmorpheme, besonders Autosemantika, und sie treten fast ausschließlich in den Kleinanzeigen aus dem Jahr 1955 auf. Disambiguierend wirkt hierbei eine Umlautung beim Stamm, da diese Änderung z.B. bei Substantiven Plural markiert und so ohne Veränderung der Zeichenanzahl, also ohne entsprechende Flexive morphologische Informationen transportiert werden können *(Fensterstöck.)*. Dies belegt auf plastische Weise, dass Redundanz nicht grundsätzlich von Nachteil ist, sondern dass sie bei Informationsverlust – ob geplant oder nicht – in der Lage ist, die grammatischen Informationen immer noch zu transportieren; mit anderen Worten wird hier bei *Fensterstöck.* im Gegensatz zu *Bett.* (< *Betten*) die qualitative Ökonomie erhöht, ohne die quantitative zu tangieren. Das Beispiel *Bett.* belegt ebenfalls, dass Umlautung nicht Voraussetzung für Pluralmarkierung ist. Bei *Bett* wird nur im Gen.Sg. ein Flexiv ergänzt (abgesehen von -ø). Da im Plural jede Wortform von *Bett* ein Flexiv (-*en*) erhält und der Genitiv in Kleinanzeigen praktisch ausgeschlossen werden kann, markiert der Abkürzungspunkt im Grunde ebenfalls den Plural – auch ohne Stammflexion.

Bei *Wochenendhäusch.* markiert die Umlautung hingegen nicht den Plural, sondern bildet die Wortbildungsstammform und in Verbindung mit -*ch[en]* den Diminutiv. Obwohl dies aus morphologischer Sicht keine Ökonomie darstellt, ist es dennoch quantitativ ökonomisch, da die semantische Information [+klein] mit zwei Graphemen vermittelt werden kann, statt mit einer qualita-

---

199 Für den Fall der Annahme einer Reduplikation ließe sich insofern nur der Ausdruck von Dual unterstellen, den es im Deutschen nicht (mehr) gibt. Anders ist dies etwa bei *Hgg.* Hier wird Plural markiert, was sich daran zeigt, dass die Wortform sowohl für zwei als auch für fünf oder acht Herausgeber korrekt verwendet werden kann.

tiv-syntaktischen Komplexitätssteigerung mittels Attribut, das inklusive Berücksichtigung der Abkürzungsmöglichkeit einerseits sowie Abkürzungspunkt und Spatium andererseits mindestens zwei Zeichen quantitativen Mehraufwand bedeutete *(kl. Wochenendhaus)*.[200]

Abkürzungen sind jedoch nicht immer ökonomisch. *Näh.* (< *Nähe*) stellt zum Beispiel keine quantitative Reduktion dar und ist sogar qualitativ unökonomisch, da es aufgrund des Abkürzungspunktes verschiedene Möglichkeiten der Vervollständigung zulässt (z.B. *Näheres, Näher(in)* etc.), die zu disambiguieren sind.

Bei den Endabkürzungen schließlich ist nur ein Typus belegt: Jahreszahlen, die auf die Zehner gekürzt sind, woraus sich eine Ersparnis zwischen 25 und 50 Prozent mit einem Durchschnitt von 41 Prozent ergibt. Vier Belege sind hierbei isoliert verwendet *(05, 06, 94, 95)*, eine ist *-er*-deriviert *(70er)* und zwei sind apostrophiert *('05, '88)*.[201] Die Disambiguierung verläuft hierbei meist unproblematisch, sofern die Ziffern 0 und 99 als Jahreszahlen erkannt werden. Hierzu wäre es sinnvoll, die Zahlen stets zweistellig aufzuführen, da *1* nur schwer als Jahreszahl zu erkennen wäre, *01* hingegen leichter. Belegt sind mit *05* und *06* tatsächlich ausschließlich zweistellige Zahlen im Bereich unter zehn. Sind die Zahlen als Jahreszahl erkannt, erfolgt die Deutung ko- und kontextfrei nach dem folgenden Prinzip: In der Zukunft liegende Werte sind unwahrscheinlich; d.h., dass Werte bis zum aktuellen Jahr – maximal bis zum Jahrzehntwechsel – der nahen Vergangenheit oder Gegenwart angerechnet werden und höhere dem letzten Jahrhundert *(04 > 2004; 22 > 1922)*.[202] Ausgenommen sind hiervon die Angaben in Fußballvereinen wie *Schalke 04, Hannover 96* oder *Mainz 05*: Sie geben durchweg das Gründungsdatum wieder und verweisen damit auf ihre Tradition; da in Deutschland der Fußball Ende des 19. Jahrhunderts Popularität erlangt hat und in dieser Zeit zahlreiche Vereine gegründet worden sind, handelt es sich im Regelfall[203] nicht um die Vollformen *2004, 2005* und *1996*, sondern um *1904, 1905* und *1896*.

Als Grenzfälle zur (Silben-)Kurzwortbildung sind *Fewo, Miwa* und *Fruchtbumi* zu nennen, wobei Letztere bereits bei den Kurzwörtern diskutiert worden sind. Für *Fewo* trifft die Argumentation in ähnlicher Weise zu, da es

---

200 Bei Mengenangaben können natürlich vorangestellte Zahlen die Anzahl und damit den Plural markieren: *2 Nachttischlamp.* (< *2 Nachttischlampen*).
201 Berücksichtigung haben nur solche Jahreszahlen erfahren, die nicht in dem kurzen Datumsformat TT.MM.JJ angegeben sind. Hierbei gilt: T = Tag, M = Monat, J = Jahr, wobei die Anzahl der Variablen für die Anzahl der Zeichen steht, z.B. 07.11.75 oder weniger (7.11.75).
202 In einem Fall *(2004/05)* verläuft die Disambiguierung über schlichte Rekonstruktion, da es sich um eine Form der Koordinationsellipse handelt.
203 Es existieren wenige Ausnahmen wie *1. FC Gera 03*, wo *03* auf *2003* referiert.

sich ebenfalls um eine silbische, nach Lautwert artikulierbare Form handelt, diese allerdings vermutlich nicht entsprechend ausgesprochen wird. Darüber hinaus sind apostrophierte Varianten oder solche wie *Fe.wo* und *Fe/Wo* belegt, die einen Kurzwortstatus ausschließen. *T.-Eisen* hingegen weist lediglich die Struktur eines (partiellen) Kurzwortes auf, ist jedoch keines, wenn *T* eine ikonische Funktion einnimmt, mit der auf die Form des Eisens hingewiesen wird. Zudem ist ein Abkürzungspunkt gesetzt, sodass die Wahrscheinlichkeit groß ist, dass *T.* auf *Träger* zurückgeht, gleichzeitig aber auch auf die Form verweisen soll, sodass *T-Träger-Eisen* als Vollform angenommen wurde – eine Abkürzung also in Bezug auf *T.* < *Träger*, kein Kurzwort in Bezug auf *T.*[204]

Auch viele partielle Abkürzungen sind in diesem Rahmen der Problemfälle zu nennen. Sie weisen in einigen Fällen eine ähnliche Struktur wie die partiellen Kurzwörter auf:

[65] D./H.-Rad, D.-Fahrrad, D.-Kleidung, D.-Lederschuhe, D.-Radio-Hörerin, DG-Ferienwohnung, ELW-App., EW-Pfand, F.-Rohr, G4-Partner, G-WC, H.-Anzg., H.-Arbeitsschuhe, H.-Fahrrad, H.-Mantel, H.-Misburg, H.-Skistiefel, H.-Stiefel, H-Form, HH-Ausdruck, NL-Insel, NR-FeWo, R-Sack, S/W-Atlantik, S-Holstein, SW-Florida, T.-Eisen

Mit 27 Belegen nehmen sie immerhin einen Anteil von 15 Prozent der partiellen Abkürzungen ein. Ausgeschlossen werden können relativ leicht all diejenigen, die einen dem gekürzten Bestandteil nachfolgenden Punkt aufweisen, wobei dies nicht grundsätzlich gilt, wie der Beleg *Kfz.-Werkz.* zeigt, wo *Kfz.* trotz des Abkürzungspunktes (zumindest aus heutiger Sicht) keine Abkürzung ist, sondern ein Initialkurzwort. Schwieriger sind die gekürzten Bestandteile einzuordnen, denen kein Punkt nachfolgt, besonders *DG-Wohnung, G4-Partner, H.-Misburg, HH-Ausdruck, NL-Insel, NR-Fewo, S-Holstein*. Die Kurzformen *NL*, *HH* und *H* stellen gängige Landes- und Stadtabkürzungen dar und werden nur selten entsprechend artikuliert (s.o.). Dies trifft genauso auf die für Immobilienanzeigen typischen Abkürzungen *DG* und *NR* zu. *G4* wird standardmäßig artikuliert, stellt jedoch ebenfalls eine Leseabkürzung dar (vgl. *B 65, A2*; s.o. und Kap. 4.2.3.5) und es ist zudem fraglich, ob die Vollform tatsächlich als Dublette interpretiert werden kann.

Hinzu kommen noch Typen wie *Fe-Wohnung* oder *ü-nächste*, bei denen der gekürzte Teil nicht konsequent großgeschrieben worden ist. Auf der Schwelle

---

204 Am Rande sei angemerkt, dass es sich bei *genial* hingegen eindeutig nicht um eine Abkürzung handelt, da es aus *genialisch* zurückgebildet worden ist (frz. *génie* > dt. *Genie* > *genialisch* > *genial*).

4.2 Auswertung

zum Kurzwort steht jedoch *D.-Radio-Hörerin*, da – wenn auch selten – *D-Radio* neben *Deutschlandradio* artikuliert wird.

T-Com/-Mobile/-Mobile-Team sind als Kurzwörter interpretiert worden, obwohl *T* eine Bildmarke darstellt, da *T-Com* und *T-Mobile* als Markennamen etabliert werden sollen und entsprechend artikuliert werden.

Auffällig sind ferner solche Abkürzungen, bei denen Vokale getilgt sind, was quasi dem konträren Prozess von *s[i]ms[e]n* entspricht, welches aus einer keine Vokale umfassenden Kurzform gebildet worden ist. Nicht berücksichtigt worden sind die meisten Initial- und Silbenabkürzungen wie *TVB*, *BS* oder *hdgdl*, denn hier sind Vokale nicht absichtlich getilgt worden, sondern nicht Bestandteil der Morphem- bzw. Silbenanfänge. Ausgeschlossen wurden ferner komplexe Abkürzungen wie *prs.-günstig*, bei denen nur ein Bestandteil um die Vokale gekürzt worden ist (hier: *preis* > *prs.*). Unter diesen Bedingungen sind die unter [66] aufgeführten 81 Konsonantenabkürzungen belegt.

[66]   *2fl.* (2flammig), *3lg.* (3-lagig), *Bd.* (Bund; auch: Bedingung), *bl.* (blau), *Blk.* (Balkon), *br.* (braun; breit), *bzw.* (beziehungsweise), *cbm* (Cubikmeter), *ct/kt* (Karat), *dkl.* (dunkel), *Dr.* (Doktor), *dt.* (deutsch), *dtsch.* (deutsch), *fl.* (fließend), *Flg.* (Flügel), *Fr.* (frei; auch: Freitag; frisch; französisch), *Frf.* (Frankfurt), *Frk* (Franken), *Frl.* (Fräulein), *frz.* (französisch), *Ft.* (Fort; auch: Feiertag), *Fx* (Fax), *gg.* (gegen), *gr.* (Gruppe; Größe; grün; groß; gran), *Grg.* (Garage), *gt.* (gut), *Hd.* (Hand), *Hs.* (Haus), *jg.* (jung; auch: Jahrgang), *Jhg.* (Jahrgang), *Jr.* (Junior), *kft.* (komfortabel), *kl.* (klein), *kpl.* (komplett), *Kr.* (Kreis), *Lbg.* (Lüneburger), *Ldstr.* (Landstraße), *lfd.* (laufend), *lg.* (lang), *lks.* (links), *ltr.* (Liter), *mbl.* (möbliert), *Mc* (Mac), *mg.* (mager; auch: Magerstufe), *mgl.* (möglichst), *Mrd.* (Milliarden), *Mrs.* (Mistress), *mtl.* (monatlich), *mtr.* (Meter), *Nh.* (Nähe), *Nr.* (Nummer), *Pf.* (Pferd), *Pfd.* (Pfund), *Pkt.* (Punkt), *Pl.* (Platz), *prs.* (persönlich), *prsw.* (preiswert), *Ptr.* (Parterre), *rd.* (rund), *Rh.* (Rhein), *rh.* (ruhig), *Sbd.* (Sonnabend), *schlk.* (schlank), *schwz.* (schwarz), *St.* (Sankt; Santa; Saint; auch: Stück), *Stck.* (Stück), *Std.* (Stunde), *Stg.* (Sonntag), *Str.* (Straße; auch: Streifen), *Tg.* (Tag), *tgl.* (täglich), *tr.* (trüb), *Ts.* (Taunus), *Wdg.* (Waidring), *wg.* (wegen), *Whg.* (Wohnung), *Zt.* (Zeit), *Ztr.* (Zentner), *zvk.* (zu verkaufen), *zw.* (zwischen)

Bei den meisten dieser Abkürzungen sind nicht nur Vokale, sondern auch Konsonanten getilgt; dies ist vor allem bei Kopfabkürzungen der Fall, die im Grunde schwierig als solche Konsonantenabkürzungen klassifiziert werden können.

Oftmals bestehen die Abkürzungen aus den ersten beiden Graphemen wie *br., fl., fr./Fr., gr., Pl., zw.* etc., mitunter ist das erste und letzte verwendet worden: *Fx, Hs., Jr., Nr.* (s.o.). Ausschließlich um Vokale getilgt sind immerhin 14 Abkürzungen, nämlich *3lg.*[205], *bl., dtsch., fr.* (bzgl. *frei*), *Fx, Grg., gt., Hs., ltr., Mc, mtr., Nh., Tg.* und *Zt.* Mit einem ›Toleranzkonsonanten‹ kämen ferner 36 hinzu.[206] Hierunter befinden sich einige Abkürzungen, bei denen die Kurzform zum Rekonstruieren ohnehin keines weiteren Konsonanten bedarf *(Blk., Ldstr., lks., schlk., schwz.* oder *Whg.).* Daneben gibt es Abkürzungen, die zwar nicht alle Konsonanten der Vollform übernommen haben, aber so viele, dass eine Rückführung auf diese nicht schwer fällt, oder es handelt sich um eindeutige, etwa für das Deutsche ungewöhnliche Konsonantenfolgen: *Flg., Frk. (Franken*[207]*), kft., kpl., mbl., mgl., Mrd., Mrs., mtl., tgl., Wdg. (Waidring,* s. FN 207) und *zw.*

Grundsätzlich sind diese Fälle zwar nicht einem bestimmten Kürzungstypus vorbehalten, doch die besondere Abkürzung ist diesbezüglich der Prototyp, da hierbei die Buchstaben im Gegensatz zu unisegmentalen Kopfabkürzungen wahllos entnommen werden können.

Warum ist dieser Typus hier hervorgehoben? Vokale sind, sehr einfach formuliert, häufig nur Artikulationshilfen[208] und Silbenträger. Vokallose Texte (Konsonantentexte) können relativ problemlos vervollständigt werden, was unter anderem daran liegt, dass es trotz der vergleichsweise großen Zahl an Vokalen

Abb. 4-8: Konsonanten- vs. Vokalschrift (vgl. Netlink 581).

---

205 Das *g* ist zwar in der Vollform zweimal enthalten, muss aber nach den hier gewählten Bedingungen nur einmal in die Abkürzung übernommen worden sein. Dafür spricht, dass Doppelkonsonanten oftmals die Funktion des Pluralmarkers übernehmen *(Hg.* > *Hgg.).* Vgl. hierzu auch *g.* < *-ung* (s.u.).
206 Dies sind im Einzelnen *Bd.* (bzgl. *Bund), Blk., br., ct/kt, dkl., Frl., Ft.* (bzgl. *Fort), gg., gr.* (bzgl. *grün, groß, Größe, gran), Hd., jg.* (bzgl. *jung), Jr., kl., Kr., Ldstr., lfd., lg., lks., mg., Nr., Pfd., Pkt., Ptr., rd., Rh., rh., schlk., schwz., St.* (bzgl. *Santa, Saint), Std., Str., tr., Ts., wg., Whg.* (wg. Doppel-*n*-Folge) und *Ztr.*
207 Hier aufgrund der Spezifik einen entsprechenden Kotext vorausgesetzt.
208 Natürlich haben Vokale auch andere Funktionen, z.B. Minimalpaare zu bilden ([ho:f] vs. [hu:f]).

4.2 Auswertung

im Deutschen immer noch erheblich mehr Konsonanten gibt als Vokale und die Lücken zwischen den Konsonanten mit dem Auffüllen möglicher Vokale (es reichen oft die offenen und geschlossenen hinteren und vorderen) zu schließen versucht werden müssen. Hierbei unterstützt das Sprachwissen etwa durch die Kenntnis, dass einige Konsonanten (z.B. [ʃ]) eine mehrere Konsonantengrapheme umfassende Schriftzuweisung erfahren (‹sch›) und eine Vokalfüllung niemals oder nur selten benötigen (*sch, ch, st* etc., aber: S<u>a</u>che, C<u>a</u>hier, S<u>a</u>at).

Dass Vokal- leichter als Konsonantengrapheme zu ergänzen sind, ist leicht zu erkennen, wenn einem Text entsprechende Grapheme entzogen werden, für Vokale geschehen in Abb. 4-8 [209], für Konsonanten desselben Textes im Folgenden: *oae!!! i aue e oae*. Diesen Tatbestand, der im Übrigen in einigen semitischen Schriften (mit Ausnahme der Halbvokale) in Form von Konsonantenschriften regelhaft vorliegt, machen sich auch die Schreiber der oben aufgeführten Abkürzungen zunutze.

Der umgekehrte Fall der Konsonantentilgung ist im Korpus folglich auch nicht belegt, wenn man von den Initialen in [67] absieht.

[67]   A (Austria), A (Austria; Autobahn; [Initial eines Namens]), a. (am, auf, auch, aus; Initial), A.-E. (?Anton-Emil), A[2] (Autobahn 2), AI (all-inclusive), e. (eingetragen; er), E. (Elfmeterschießen), E[27] (Edisongewinde 27 [mm]), i. (in; ich), o (ob), o. (ohne; oder; oben), o.ä. (oder Ähnliches), u (und; you), Ü (Übernachtung), U. (Uhr), u. (und; unten), u.a. (unter anderem), U[2], U[6] (Untergrundbahnlinie 2/6)

Interessant erscheint auch ein Blick auf die Abkürzungsausgänge, d.h. auf das, was vor dem Abkürzungspunkt oder Spatium steht. Zu vermuten ist, dass Anfangsbuchstaben von Morphemen verwendet werden. Hier sollen allerdings keine Kürzungsstrategien, sondern charakteristische Abkürzungsausgänge herausgestellt werden. Zu den häufigsten gehören mit mindestens zehn Belegen:

[68]   str. (81), g. (34), st. (29), tl. (23), sch. (21), tr. (18), hg. (14), hr. (14), ss. (14), bl. (12), er. (12), pl. (12), wo (12), gl. (11), nd. (11), ng. (11), eb. (10), el. (10), rb. (10)

---

[209] Umfangreicher in einem Zeitungsartikel aus der Süddeutschen Zeitung zum Rücktritt Kurt Becks: »Dr SPD-Vrstznd Krt Bck st nch mntlngn prtntrnn Qrln vn snm mt zrckgtrtn. Bck kndgt b nm Trffn dr Prtfhrng m Snntg n, r sth b sfrt ncht mhr zr Vrfgng. Nchflgr sll sn Vr-Vrgngr Frnz Mntfrng wrdn. Bs dsr vn nm Sndrprttg gwhlt st, brnmmt ßnmnstr Frnk-Wltr Stnmr ds mt kmmssrsch. Stnmr sll zdm Knzlrkndt dr Szldmkrtn wrdn.« (v. 7.9.2008; 1. Absatz).

Mit Abstand am häufigsten ist *str.* belegt, wobei 79 davon auf die *-straße* zurückzuführen sind. Je zwei ähnliche mehrfach belegte Wörter auf *tr.* entfallen ebenfalls auf freie Morpheme *([be]trieb, [ma]tratze)*. Der Ausgang *st.* weist bei Adjektiven auf *-stig* und gebundene Morpheme hin *(günst-ig, sonst-ig)*; davon abweichend sind zwei Wortformen von *stehend (bestehend, leerstehend)* sowie zweimal *stelle* und dreimal *stand* belegt *(Bettstelle, eingestellt; Zustand, Umstand)*.

Sehr auffällig ist die Vielzahl an abgetrennten *lich*-Morphemen zur Basis *[t]l.;* hier sind 12 Varianten belegt: *monatl., landschaftl., freundschaftl., wissenschaftl., schriftl., sämtl., öffentl., wöchentl., sportl., östl., köstl., gemütl.*[210] Auch freie Autosemantika sind mit *Mtl. (Mantel)* und *evtl.* mehrfach belegt.

Auf *sch.*[211] enden 21, wobei allein 6 auf *Maschine* zurückzuführen sind, 2 auf *deutsch (dtsch., süddtsch.)*; Letzteres stellt keine vorwärts gewandte Abkürzung dar, sondern eine rückwärts gewandte, wobei die Vokaltilgung zwischen *dt.* die Kürzung darstellt (vgl. zuvor *Mtl. < Mantel*). Mit *-schaft* ist allerdings auch ein Derivationsmorphem belegt *(Tierlandsch., Kundsch., Meistersch.)*. 14 Belege auf *hg.* kürzen 13-mal das freie Morphem *Wohnung* ab *(whg.)*; allerdings lässt sich *g.* auch als Kürzung von *-[un]g* begreifen, was unten gesondert betrachtet wird. Auf *hr.* enden 14 und allein 7 kürzen Varianten von *-[jä]hrig* ab *(Schrank/Schrift* etc. sind unter *schr.* gefasst). Zwar zeigt *r.* an, dass Grapheme getilgt sind, doch wie bei den negativen Ersparnis-Belegen (s.o.) handelt es sich hierbei nicht um eine Tilgung, die auf ein Derivationsmorphem hinweist resp. dieses einleitet, sondern um vollständige Kürzung desselben, wobei so das freie Morphem übrigbleibt *([ja]hr)*. Auf die 14 Ausgänge auf *ss.* fallen mehrfach nur drei auf das gebundene Morphem *-isch (hessisch)*. Anders als bei *[weib]lich* mit *[b]l.* am Ende ist jedoch wiederum (wie bei *jähr-ig*) kein Bestandteil des Derivationsmorphems enthalten, sondern dieses gekürzt, worauf der Abkürzungspunkt hindeutet. Neben *weiblich* enden auf *bl.* auch viermal *blick* und dreimal *[mö] bliert* bzw. *[mö]bl-ier-t*. Ausschließlich auf Autosemantika gehen jeweils die Mehrfachbelege von *pl.* (8x *Pl[atz]*) sowie *wo* (12x *wo[hnung]*) zurück, das ohne Abkürzungspunkt auskommt. *gl.* wiederum enthält ausschließlich Mehrfachverwendungen für Derivationsmorpheme, präziser: Das *l.* kürzt zweimal *-lich*[212] ab *(täglich, vorzüglich)* und stellt in zwei Fällen das Ende des vorangehenden Morphems dar: *[eng]l-isch, [ang]l-istisch)*. *ng.* kürzt wiederum *-ung* ab (s.u.), ferner *[Ein]gang*, wobei dies nicht wie *-ung* auf *-ang* zurückgeführt werden kann, sondern auf das ungebundene *G[ang]*; als Autosemantika treten

---

210 Hingegen wird *eigentl.* als Simplex betrachtet.
211 Auf *ch.* enden übrigens insgesamt 30, von denen die 21 auf *sch.* eingeschlossen sind und der Großteil auf unterschiedliche Lexeme zurückgeht (z.B. *entsprechend, Kocher, München, Wochen*). Mit *-chen* ist allerdings auch ein Derivationsmorphem belegt.
212 Die Stammform des komparierten *möglichst* wird als Simplex angenommen.

4.2 Auswertung

ferner die Doppelbelege *Ing./Dipl.-Ing.* auf. Von den jeweils zehn Abkürzungsausgängen *rb., eb.* und *el.* gehen acht auf *[g]eb. (Gebiet, Gebot, Geburtstag)* und fünf auf *arb. (Arbeit, arbeiten, bearbeiten)* zurück, also ohnehin auf freie Morpheme, sodass ein Umsortieren nicht notwendig erscheint.

Die Frage ist, warum nicht einheitlich der jeweils erste Buchstabe des Morphems in die Abkürzung integriert wird, da dieser die Abkürzung zu disambiguieren helfen würde. Geschuldet ist dieser Unterschied der Silbenstruktur: Gekürzt wird in Fällen wie *weib|-lich, sport|-lich, öst|-lich, köst|-lich, Kund|-schaft, Meister|-schaft, Tierland|-schaft* unter Umständen an den Morphemgrenzen. Bei *hes|s-isch, jäh|r-ig, mö|bl-ier-t, eng|l-isch, an|gl-istisch* hingegen erfolgt die Abkürzung nicht nach den ersten Graphemen des Folgemorphems, sondern an denen der nachfolgenden Silbe. Mit dieser Festlegung und der Gegebenheit, dass bei den ersten Beispielen Silben- und Morphemgrenzen übereinstimmen, kann gefolgert werden, dass nicht die Morpheme für die Kürzungsfolge verantwortlich sind (bei diesen Beispielen und allgemein), sondern dass vielmehr generell die handhabbareren Silben den Ausschlag geben. Ausgenommen scheint hiervon *st.*, denn die Abkürzung erfolgte hier an der Morphemgrenze: *güns|t-ig, sons|t-ig*.

Zu den 35 auf *g.* endenden Abkürzungen (s. Tab. 4-28) sei angemerkt, dass *Beschäftig., Besichtig., Kinderbeaufsichtig.* und *Jg.* anders als alle anderen nicht den Akzent auf dem vor dem Derivationssuffix liegenden Laut haben, sondern auf dem *g*, das anders als bei den anderen vor dem Suffix steht – dies ist die Ursache für den Akzent auf dem *g* –, sodass die Kürzung nicht in *[un]g* besteht, sondern in *g[ung]*. Im Grunde müsste angelehnt an diese Kürzungsweise auf *Beschäftigg., Besichtigg., Kinderbeaufsichtigg.* und *Jgg.* gekürzt werden, doch das redundante Graphem wird hierbei auf eines reduziert. Diese Erklärung schließt die vier Fälle daher von der Regel nicht aus. Daneben basiert *jg.* (< *jung*) nicht auf einer Derivation mittels *-ung*, sondern ist in Gänze ein Simplex.

Eine eigene Kategorie für *l.* (< *[l]-ich, [l]-ig, [l]-ier[en], [l]-isch* etc.) würde zwar aus Sicht der Morphemgrenze Sinn machen; dies ist jedoch nicht erfolgt, da das Abkürzungsende *l.* im Unterschied zum *g.* wie alle obigen einen Anfang darstellt *([l]ich, [l]ig)* und nicht ein Ende *([un]g)*. Mit anderen Worten schafft *g.* multisegmentale, *l.* hingegen unisegmentale Abkürzungen.

Bei den Abkürzungsausgängen muss auch noch die Pluralbildung betrachtet werden, die bei Abkürzungen problematischer ausfällt als bei Kurzwörtern, da Erstere keinen Wortstatus aufweisen. Die ohnehin schon bezüglich der Kategorisierung problematischen Fälle wie *Fewo* bilden ihren Plural nicht so wie ihre Vollform, sondern wie die meisten Kurzwörter auf *-s*. Damit weist *Fewo* nicht nur Struktur und Wortbildungsfähigkeit *(Komfort-Fewo)*, sondern eben

Nr.	Lexem	Abk.
1.	Herren-Oberbekleidung	Herr.-Oberbekleidg.
2.	Allgemeinbildung	Allgemeinbildg.
3.	Beschäftigung	Beschäftig.
4.	Besichtigung	Besichtig.
5.	Kinderbeaufsichtigung	Kinderbeaufsichtig.
6.	Jahrgang	Jg.
7.	[jung]	[jg.]
8.	Zinnsoldatensammlung	Zinnsoldatensammlg.
9.	Abholung	Abholg.
10.	Bedienung	Bedieng.
11.	Berechnung	Berechng.
12.	[Ferien]Wohnung	Whg.
13.	Fincawohnung	Fincawhg.
14.	Ferienwohnung	Ferienwhg.
15.	Ferienwohnung	FeWhg.
16.	Ferien-Wohnung	Ferien-Whg.
17.	Gartenferienwohnung	Gartenwhg.
18.	2-Zimmer-Ferienwohnung	2-Zi.-Whg.
19.	Luxus-Villen-Wohnung	Lux.-Vill-Whg.
20.	Dachterrassen-Wohnung	Dacht.-Whg.
21.	Top-Wohnung	Top-Whg.
22.	2-Zimmer-Wohnung	2-Zimmer-Whg.
23.	3-Zimmer-Wohnung	3-Zi.-Whg.
24.	3-Zimmer-Penthaus-Wohnung	3-Zi-Penth.-Whng.
25.	Ferien-Komfort-Wohnung	Ferien-Komf.-Whg.
26.	Auswanderung	Auswanderg.
27.	Lieferung	Lieferg.
28.	Betriebsverkleinerung	Betriebsverkleinerg.
29.	Beratung	Beratg.
30.	Richtung	Richtg.
31.	Bauleitung	Bauleitg.
32.	Erhaltung	Erhaltg.
33.	Freizeitgestaltung	Freizeitgestaltg.
34.	Freizeit-Gestaltung	Freiz.-Gestaltg.
35.	Vergütung	Vergütg.

Tab. 4-28: 34 -*ung*-derivierte Abkürzungen von 35 Abkürzungen auf -g.

4.2 Auswertung

auch Pluralbildung auf wie Kurzwörter auf *(Fewo's, Fewos)*, sodass vor allem die nicht praktizierte Aussprache und die zahlreichen Varianten wie *Fe/Wo* oder *Fe.wo* gegen eine Einordnung als Kurzwort sprechen. Die eindeutigen Abkürzungen werden hingegen mit dem Plural der Vollform gebildet: *FeWhgen*. Erstaunlich sind solche Belege dennoch, denn im Grunde ist bei Abkürzungen gar keine Pluralbildung nötig, da *Bd.* nicht nur *Band* abkürzt, sondern das vollständige Paradigma (also *Band(e)s, Bände, Bänden*). Wie bereits an *Fensterstöck.* gezeigt worden ist, kann eine solche Pluralmarkierung allerdings qualitativ ökonomisch sein – ohne auf Kosten der quantitativen Ökonomie zu gehen. Neben der Übernahme des Plural-Flexivs der Vollform und des einfachen *-s*-Flexivs kann der Plural auch per Reduplikation (des in der Regel letzten Graphems) erfolgen. Interpretierbar ist dies grundsätzlich auch bei *ggggg* für mehrfaches resp. intensives Grinsen.

[69] Hallo war heut mal bei nem fotoladen, wegen kapp. Kamera. Allein ein kostenvoranschl. Kostete 40-90dm!!! – SMS Versand kostenlos-Web.De

Bei *kapp.* handelt es sich im hier angeführten Beleg jedoch nicht um einen solchen Fall, sondern um einen Rechtschreibfehler, da aufgrund der Kongruenz mit *Kamera* Singular stehen muss.

Abkürzungen werden deutlich flexibler gehandhabt als Kurzwörter. Dies kann als weiteres Merkmal zur Unterscheidung von Abkürzungen und Kurzwörtern herangezogen werden, denn Erstere haben keinen Wortstatus und sind nicht eigens lexikalisiert. Dadurch unterliegen sie durchaus individuellen Abkürzungsvorlieben, wenn man von häufig gebrauchten, etablierten Abkürzungen wie *z.B., usw., u.a., S., DG, ETW* etc. absieht. Im Gesamtkorpus gibt es zu 105 Vollformen mindestens zwei verschiedene Abkürzungen – das sind fast acht Prozent aller 1 397 mit Abkürzungen belegten Lexeme:

[70] 18jährig (2), 2005 (2), 2-Zimmer-Ferienwohnung (3), 2-Zimmer-Wohnung (2), abzugeben (3), Annoncen-Expedition (2), Appartement (5), attraktiv (2), Balkon (2), Baujahr (2), bayerisch (2), Berechnung (2), Bergbahn (2), Beschäftigung (2), Bücherschrank (2), Damen-Fahrrad (3), Donnerstag (2), Doppelzimmer (2), eigen (2), einzeln (2), elektrisch (3), entsprechend (2), erhalten (2), erstklassig (2), evangelisch (2), eventuell (2), Fahrrad (2), Ferienhaus (8), Ferienwohnung (7), Fragebogen (2), Frankfurt (2), Frankfurt am Main (3), Frankfurter Allgemeine Zeitung (3), Frankreich (2), französisch

(3), Fruchtbuttermilch (2), Fruchtjoghurt (3), Frühstück (2), Garage (2), Garmisch-Patenkirchen (2), Garten (2), gegen (2), gemütlich (3), general-überholt (2), gepflegt (2), gesucht (2), günstig (2), gut (2), Herren-Fahrrad (3), Herren-Oberbekleidung (2), international (2), irisch (2), italienisch (2), Jahrgang; jung (2), Jahrhundert (4), Karat (3), koffeinfrei (2), komfortabel (3), Komfort-Ferienwohnung (2), komplett (2), liebevoll (2), links (2), luxuriös (2), massiv (2), Mitfahrgelegenheit (2), möbliert (2), möglichst (2), monatlich (2), morgen (2), Nähe (3), natürlich (2), neuwertig (2), original (2), Panelino (2), Panoramarestaurant (2), Parterre (3), persönlich (2), Popeline-Mantel (2), preisgünstig (2), preiswert (4), privat (2), restauriert (2), ruhig (3), Schlafzimmer (4), schlank (2), schön (2), Schreibmaschine (2), tadellos (2), Tag (2), täglich (2), teilweise (2), Telefon (2), Verhandlungsbasis (2), verkaufen (5), vermieten (3), verschieden (2), Vollpension (3), wegen (2), Wochenende (6), Wohnzimmer (2), Zimmer (2), zu Hause (2), Zubehör (2), Zuschrift (3)

26 Lexeme in [70] weisen sogar mindestens drei Abkürzungsvarianten auf, davon 8 sogar mehr als drei. Die Lexeme, die fünf oder mehr verschiedene Abkürzungen aufweisen, sind in Tabelle 4-29 dargestellt, wobei Varianten bezüglich der Schreibung *(WE, we, We)* nicht berücksichtigt worden sind. *Frankfurter Allgemeine Zeitung* ist zwar ebenfalls mit fünf Kurzformen im Korpus belegt, lediglich drei von ihnen stellen allerdings Abkürzungen dar *(Frankf. Allg. Frankf. Allgem. Frankf. Allgemeine)*; *F.A.Z.* ist – unter synchroner Betrachtung – ein Kurzwort, *Frankfurter Allgemeine* ist eine Wortgruppen-Reduktion und

Lexem	Abkürzungen (mind. fünf)
Appartement	Apart., App., Appart., Appartm., Apt.
Ferienhaus	Fe.-Haus, Fe'haus, FeH's, Fehaus, FeHs, Ferienhs., FH's[1]
Ferienwohnung	Fe.Wo., Fe/Wo, Fe'wo, Ferienwhg., FeWhg., Fewo, Fe-Wohnung, FW[2]
Jahrhundert	Jahrh., Jahrhu., Jahrhund., Jh.
preiswert	preisw., preiswer., preiw., prsw.
Schlafzimmer	Schl.Zi., Schlafz., Schlafzi., SZ
verkaufen	verk., verkauf., verkf., verkfn., vk.,
Wochenende	W.-e., W.ende, WE, Wo.Ende, Woend

(1) Haus ist ebenfalls belegt, allerdings als morphemreduziertes Wort eingeordnet worden und stellt keine Abkürzung dar. – (2) Auch Wohnung ist belegt; vgl. Ferienhaus.

Tab. 4-29: Übersicht an Lexemen, zu denen mehr als vier Abkürzungsvarianten bestehen.

im Gegensatz zu den o.g. Abkürzungen an keiner Stelle gekürzt. Im Vergleich hierzu sind nur acht Varianten von Kurzwörtern belegt, von denen die Hälfte auf Kosenamen zurückgeht (s. 4.2.3.1).

Je stärker ein Wort abgekürzt wird, desto eher besteht die Gefahr der Homographie innerhalb der Abkürzungen; dies belegt Tab. 4-30, in der diejenigen im Korpus verwendeten Abkürzungen aufgeführt sind, zu denen die meisten Vollformen bestehen. In einigen Fällen können die Schreibung und ein Abkürzungspunkt disambiguieren – Ersteres jedoch nicht am Satzanfang *(Gr. ist eine schöne Farbe.)*, da dieser auch bei sonstiger Kleinschreibung großgeschrieben wird, und Letzteres nicht am mit Punkt angezeigten Satzende *(Es sind zurzeit nur 8 °C.)*, auch wenn es sich um Einheitenabkürzungen o.Ä. handelt, die in der Regel nicht mit einem Abkürzungspunkt markiert sind *(min, J, km, C)*. Obligatorisch steht der Punkt dort, wo Homographie zu freien Morphemen besteht, also etwa bei *Berg., Bio-Apfel., Cab., ex., Leergut.* und *Panel.*[213] Fälle wie *Schönwetter* (< *Schönwetterlage)* sind hingegen keine Abkürzungen, sondern morphemreduzierte Lexeme (s. 4.2.4).

Weder Groß-/Kleinschreibung ist folglich bei einer allgemeingültigen Betrachtung ein hinreichendes disambiguierendes Kriterium (bei SMS-Mitteilungen kann dies sogar für alle Buchstaben gelten; s. Korpus) noch der Abkürzungspunkt, da bekanntlich Abkürzungspunkt und Interpunktionszeichen auf einen Punkt reduziert werden. So ergibt sich Homographie mit bis zu zwölf Vollformen[214], mit mindestens drei Vollformen in 28 Fällen (s. Tab. 4-30).

Namensinitialen stellen insofern einen Sonderfall dar, als sie nur von den Adressaten und deren Freundes- und Bekanntenkreis zu disambiguieren ist. Aber auch andere Fälle von starker Kürzung, die an ein disperses Publikum adressiert sind, können Rezeptionsschwierigkeiten entstehen, wie folgendes Beispiel zeigt:

[71] Paddelboot 2er. DM 130.-, Außenb.-Mot. DM 150.-, z. v. K. Mros, Ffm. W 15, Werrastr. 24

Da *W 15* zwischen *Frankfurt/Main* und *Werrastr.* erscheint, ist wahrscheinlich, dass es einen Adressbestandteil darstellt. Sofern davon ausgegangen werden kann, dass es in Frankfurt Lebenden bekannt ist, dass es sich um den Stadtteil *Westend* und den Bezirk *15* handelt, kann auch hier von einer adressatenspe-

---

213 Hier steht *Berg. (< Bergbahn)* gegen *Berg* ›Landschaftserhebung‹, *[Bio-]Apfel. (< Apfelsaft)* gegen *Apfel* ›Frucht‹, *Cab. (< Cabernet)* gegen engl. *cab* ›Taxi‹, *ex. (< extra)* gegen *ex* ›in einem Zug‹ bzw. das Derivationspräfix *ex-*, *Leergut. (< Leergutschrift)* gegen *Leergut* ›leere Pfandflaschen‹ und *Panel. (< Panelino)* gegen *Panel* ›TFT-Monitor‹.
214 Für Namensinitialen ist nur eine allg. Form aufgenommen.

Abk.	12 Vollformen
w	Wasser, Watt, Westend (Stadtteil Ffm.), Woche, Wolfsburg, [Initial eines Namens]; war (sein), weiblich, weiß, wegen, wenig, wie
	10 Vollformen
s	Satin, Sekunde, Stein, Stück, [Initial eines Namens]; scherz/smile, schön, sehr, still, suchen
	9 Vollformen
m	Main (Fluss), Masern, Meer, Meter, Milliliter, [Initial eines Namens]; männlich, medium, mit
	8 Vollformen
a	Austria, Autobahn, [Initial eines Namens]; am, an, andere(s)(1), auch, auf, aus
l	Länge, Leine (Fluss), Liter, [Initial eines Namens]; large, leicht, leider, links
	7 Vollformen
d	[Initial eines Namens]; darf (dürfen), der, die, das, dich, durch
t	Tag, Taunus, Telefon[nummer], Tiefe, Tonne, [Initial eines Namens]; tot
	6 Vollformen
h	Hannover, Höhe, Stunde(n), Uhr, [Initial eines Namens]; halb
	5 Vollformen
b	Bestellung, Breite, [Initial eines Namens]; bei, bis
e	Eigentümer; Elfmeterschießen; ein, eingetragen, er
f	Frühstück, Fax[nummer], [Initial eines Namens]; fest, für
g	?Gera/Graz [Stadt/Land], Golf (Meerbusen), Golf (Sport), Gramm; grins(en)
gr	Gruppe, Größe; gran, groß, grün
i	[Initial eines Namens]; im, in, ich; 1 (röm.)
n	Nacht, Nord(en); nach, nicht, normal
v	Verein, Volt, [Initial eines Namens]; verkaufen, vom, von
	4 Vollformen
c	Celsius, Cent, Costa, Countryclub, [Initial eines Namens]
fr	Freitag; französisch, frei, frisch
k	Kilo(gramm), [Initial eines Namens]; kalt, kein
st	Saint, Sankt, Santa, Stück
u	Uhr, [Initial eines Namens]; und, unten
z	zu (Konj.), zu (Präp.), zum, zur
	3 Vollformen
br	Breisgau, Breite, Brunel
ch	Christian, Christiane, Christoph
mi	Mitte, Mittwoch; mich
o	oben, oder, ohne
p	Parterre, Person; pro
r	Radialbauweise, [Initial eines Namens]; rechts

(1) Die Vollform *anderes* in *u.a.* ist nicht berücksichtigt.

Tab. 4-30: Homographe Abkürzungen ohne Berücksichtigung der Schreibung (≥ 3 Vollf.).

4.2 Auswertung

zifischen ökonomischen Kürzung ausgegangen werden. Tendenziell steigt die Schwierigkeit der allgemeinen Disambiguierung mit der Zunahme individueller, personenbezogener Sprachhandlungen, sodass 1:n-Kommunikation am wenigsten Homographie herstellt (oder allgemeiner: die geringste Disambiguierung voraussetzt). Allerdings stellen geringe Texträume besondere Anforderungen sowohl an die Produzenten (finanziell bedingt) als auch an die Rezipienten (dekodierungsbezogen). D.h., dass zwar der Newsticker von der allgemeinen Tendenz praktisch nicht abweicht, die Kleinanzeigen hingegen schon, da sie sich ebenfalls an einen dispersen Rezipientenkreis richten und dennoch erhebliche Kürzungen nicht nur im morphologischen, sondern auch im syntaktischen Bereich aufweisen. Als teilweise schwierige Abkürzungsfolgen sind u.a. die in [72] zu betrachten.

[72] D.- u. H.-Fahrr., prs. Sbd. ab 18, Stg. V. 13-14 Uhr. Thied, Herrenhs., An Mussmanns Haube 1, p.r.

Hier unterstützt der Kotext (vor allem die Uhrzeiten) die Rückführung der Abkürzungen *Sbd.* und *Stg.* auf ihre Vollformen ein wenig, während es bei *prs.* aufgrund der fehlenden Reihung schwieriger ist: *prs.* könnte die Abkürzung von *persönlich* darstellen, *Sbd.* zu *Sonnabend*, *Stg.* zu *Sonntag*. Ähnlich schwierig sind etwa *Skerz., ebm, Hölzl., MmE* oder *Schn.*, deren Vollformen trotz des Kotextes nicht erkennbar sind. Bei SMS-Mitteilungen, die eine andere Funktion innehaben (z.B. eine phatische, vgl. Kap. 4.1) und außerhalb der Wirtschaftskommunikation nur zwei bis wenige Absender und Adressaten aufweisen, gehören individuelle Abkürzungen zum Alltag und mitunter zur Gruppendefinition und -bestätigung. Hier wären Abkürzungen wie *SDEDG* oder *hdsmdlfiue*[215] zu nennen oder Mitteilungen wie in [73].

[73] dg v ad ubd hdwdl-my!so süß

Während sich jedoch diese Reduktionen und Kürzungen bei SMS-Mitteilungen ins Modell einpassen, ist dies bei Kleinanzeigen nicht der Fall; dass sie einen Sonderfall bei den Abkürzungen bilden, zeigt allerdings auch die korpusspezifische Auswertung im Folgenden (zur Homographie von Abk. und Lexemen anderer Bedeutung s. dort).

Die Verteilung der Abkürzungen auf die betrachteten Einzelkorpora zeigt sich im Großen und Ganzen erwartungskonform. Den mit Abstand höchsten Anteil weisen die Bons (33,6%) und Kleinanzeigen (2005: 16,6%, 1955:

---

[215] Wahrscheinlich eine Ableitung von *HDL*.

22,5 %) auf und damit ungefähr diejenigen Kommunikationsformen, die den geringsten Textumfang pro Einheit aufweisen. Dass der Umfang beim Tourismus-TV derart gering ausfällt, hängt mit dem klar definierten Thema und Informationsziel sowie der Bildinformation zusammen, die bei den Kleinanzeigen und Bons nicht (Bild) bzw. bei den Kleinanzeigen, insbesondere in der Rubrik Verschiedenes, nicht in dieser klaren Form (Thema) vorhanden sind.

	KBON	KKA 1955	KKA 2005	KTTV	KSMS H	KNT	KFTV
Anteil an Abk. (in %)	33,6	22,5	16,6	6	4,3	0,4	0,4
Wortformen pro Element (Ø)	2,8	15,3	12,2	6,2	16,9	8,4	33,3
Verhältnis	1	6	4	2	6	3	12
Zeichen pro Element (Ø)	16	111	87	50	82	119	235
Verhältnis	1	7	5	3	5	7	15
Zeichen pro Wortform (Ø)	5,9	7,3	7,1	8	5,5	8,4	7,1
Verhältnis	1	1,2	1,2	1,4	0,9	1,4	1,2

Tab. 4-31: Korpusspezifische Verwendung von Abkürzungen mit Verhältnisangaben.

Eine Einheit bilden mit dem geringsten Anteil an Abkürzungen der Newsticker und das Fahrgastfernsehen in Höhe von 0,4 Prozent. Dies ist erklärbar, da zu den journalistischen Schreibregeln die Vermeidung von Abkürzungen zählt. Vor dem Hintergrund des geringen Textraums sind vorgenommene Abkürzungen wie *Mio.*, *Mrd.* und *H5N1* beim Newsticker sowie *Mio.*, *li.*, *Tel.*, *Dr.*, *re.*, *Mrd.* etc. beim Fahrgastfernsehen auch verständlich, zumal solche wie *Mio.* und *Mrd.* in Richtung Wort- oder gar Einheitsstatus tendieren; auf den (nicht faktischen) Wortstatus weist die Wortbildung *27-Mio-Euro-Projekt* beim Fahrgast-TV hin. Darüber hinaus ist *H5N1* strukturell sehr kurzwortnah und wird offenbar als solches empfunden, da es als Kompositionskonstituente einbezogen wird, sodass letztlich nur *Mio.* und *Mrd.* als offensichtliche Abkürzungen beim KNT verwendet werden. Mehrere Abkürzungen im KFTV werden auch nur in Klammern verwendet, wie dies etwa ausnahmslos für *re.* (< *rechts*), *li.* (< *links*) und *Mi.* (< *Mitte*; alle für Bildverweise) geschehen ist:

[74] Antje Buschschulte (li.) gewann ihr viertes Edelmetall [...]
Christiansen fällt länger aus, Hashemian (li.) ist fit, Yankov (Mi.) nicht. [...]

Vor dem Hintergrund des Status unauffällig (s. Diskussion in Kap. 3.1.2.1.4, 3.3.1 und oben) sind ferner Belege wie *A2, NDR2, VVK, AK* (je 2), *B65, G4[-Partner]* und *N3* (je 1), wobei *AK (< Abendkasse)* und *VVK (< Vorverkauf)* wiederum sämtlich in Klammern aufgeführt sind. Übliche Abkürzungen stellen *Co., inkl., Mrs., Frl., Jr., Nr.* (je 1) dar, wohingegen *C, E., J., I., Sch., T., n.E.* (je 1) etc. eher ungewöhnlich sind. Letztere sind allerdings Abkürzungen von Namen, die aufgrund des Namenschutzes absichtlich unausgeschrieben bleiben *(Torsten Sch.)* oder zu einem Künstlernamen gehören *([DJ] A.V., Melanie C, Mousse T.)*. Die Abkürzung *n.E.* stellt eine der wenigen Ausnahmen dar:

[75] Deutsche „Punks" für Mexiko
Eigentlich hatten sie aufs deutsche Team gehofft: Niko, Lippi, Lemmi und Waldi kamen aus Braunschweig zum Confed-Cup-Halbfinale nach Hannover - und drückten Mexiko die Daumen. Die verloren 6:7 n.E.

Sie ist eindeutig auf die Raumknappheit zurückzuführen[216], allerdings aus der vergleichsweise hohen Toranzahl ableitbar. Auch *Tel* (durchweg ohne Abkürzungspunkt) und *Nr.* gehören zu den für journalistische Texte eher ungewöhnlichen Abkürzungen im Text; *Tel* steht jedoch stets in Verbindung mit einem Datum im Rahmen einer Anrufaktion und *Nr.* ist Bestandteil eines Filmtitels *(Große Freiheit Nr. 7)*. Mit *Dr.* ist hingegen eine Abkürzung belegt, deren Ausschreibung nicht nur unökonomisch wäre, sondern auch den markierten Fall darstellt. Die Anzahl der Abkürzungen ist bei der ersten Gruppe also prinzipiell vergleichbar und äußerst gering. Dieser Wert schlägt sich auch in der Anzahl unterschiedlicher Reduktionsformen nieder, die mit 0,17 bzw. 0,14 Prozent praktisch gegen null tendiert, sowie der Ersparnisraten, die mit 72 und 46 Prozent die höchsten im Gesamtkorpus darstellen – und damit höher als die der Bons sind.

Einen zweiten Block bildet das Tourismus-TV, das mit sechs Prozent einen recht hohen Anteil am Gesamtwortformbestand aufweist. Die am häufigsten gebrauchten Abkürzungen sind hierbei die üblichsten: Mit fünf oder mehr Belegen sind *Tel.* (38), *km* (16), *m* (12), *u.* (11), *h* (10), *d.* (8), *int.* (8), *Sa.* (7), *Mo.* (6), *tägl./tgl.* (6), *A* (5), *v.* (5), *Fr./FR* (13), *Info-Tel.* (5) und *Dez.* (5) vertreten. Auffällig ist neben der bereits begründeten Vielzahl von *Tel.* der hohe Anteil an Monats- und Wochentagsnamen bzw. *tägl.* sowie *h (< Uhr)*, die auf die Öffnungszeiten von Liftanlagen und Pisten zurückzuführen sind; *u. (< und)*

---

216 Die Abkürzung *n.E.* wird oftmals in Ergebnislisten oder Schemata gebraucht und wird aufgrund der disbezüglichen Konventionalisierung und des geringen Textraums auf den Fließtext übertragen.

Abb. 4-9: Textverkürzung durch Bildschirmende (KTTV).

dient hierbei als Konnektor, *v.* (< *von*) als Präposition, während die Bedeutung ›bis‹ bei temporalen (in einem Fall auch lokalen[217]) Angaben mehrheitlich durch den Bindestrich dargestellt wird *(11.00 - 24.00 Uhr; 03.10. - 05.10.03; Juli - September).* Ebenfalls erklärbar sind so die Einheiten *km* (Pistenlängen in Kilometern) *cm* ((Neu)Schneehöhe in Zentimeter) und *m* ([Höhen]Meter über dem Meeresspiegel) sowie *km/h* (Windgeschwindigkeit), *hPa* (Luftdruck) und *°C* (Temperatur).

Allerdings werden auch andere Abkürzungen verwendet, die in der Gruppe der journalistischen Texte nicht auftreten: *inkl., geöffn.* (je 3), *etc., intern., ca., Std.* (je 2), *gr., kath., Jhg., wg.* etc. Da bisweilen Text über den für ihn vorgesehenen Raum oder gar Bildschirmrand (s. Abb. 4-8) hinaus reicht, können diese Kürzungen relativ eindeutig dem geringen Textraum zugeschrieben werden. Mitunter kommt es so zu ungewöhnlichen Abkürzungen *(Ft*[218] *< feiertags, J. < Jahre, Wdg. < Waidring)* und gar Spatium-Tilgungen, die sonst eher bei der SMS-Kommunikation zu finden sind (s. oben u. unten):

[76] Int.Moto-Guzzi-Treffen a. Campingpl.Steinplatte

GAP wiederum ist zwar als Abkürzung für *Garmisch-Partenkirchen* ungebräuchlich, aber durch Autokennzeichen bekannt. Ungewöhnliche, auf Platznot zurückzuführende Abkürzungen liegen auch mit *Tir. (< Tirol)* und *durchgehen. (< durchgehender)* dar. Auch längere Abkürzungen sind darauf zurückzuführen, können aber gerade wegen ihrer Länge auf die Vollform zurückgeführt werden *(ASA SnowboardTourBoardercr. u. Half-Pipe Wettbew.* sowie *Drachenflieger&Paragl. Festival).* Problematisch ist die Kürzung auf *Skip.*, da es sich bei *sk-* um einen nicht-nativen Wortanfang handelt und eine Homographie mit engl. *skip* ›Gefäß‹ bzw. *[to] skip* ›springen, überspringen‹ besteht. Diese führt eher dazu, dass *Skip* und nicht *Ski* als Silbe/Morphem aufgefasst

---

217 Glockner - Felbertauern.
218 Sa, So, Ft : 8:30 - 16:30 Uhr.

wird, sodass eher die Vollform *Skipper* angenommen werden dürfte als *Skipiste* (entsprechend der oben dargestellten Regularitäten). Auch *Berg.* stellt eine unvorteilhafte Abkürzung dar, da der erste Buchstabe des Folgemorphems oder der Folgesilbe[219] standardkonform getilgt worden ist und somit kein Anhaltspunkt für das sich anschließende Morphem geliefert wird. Diesen gibt allerdings der abschließende URL, der selbstverständlich ungekürzt bleiben muss:

[77] Info: Berg. Lungau +43/6472/5555 www.bergbahnen-lungau.at

Trotz dieser Sonderformen liegt der Wert für die unterschiedlichen Abkürzungen bei rund 2 Prozent, mit denen eine Ersparnis von 40 Prozent erzielt wird.

Dieselbe Ersparnis weisen aktuelle Kleinanzeigen auf. Allerdings ist die Anzahl unterschiedlicher Reduktionsformen mit 5,4 Prozent fast dreimal so hoch; dies entspricht zwar grundsätzlich der Erwartung, doch handelt es sich bei den Anzeigen aus der Rubrik Reisemarkt um eine relativ determinierte Lexik wie *Ferienwohnung/-haus, Übernachtung, pro, Person, Woche, frei* etc. sowie um Angaben wie Preis, Buchzeitraum und Kontaktmöglichkeit. Tatsächlich weist der Reisemarkt aber 310 verschiedene Abkürzungen auf, wohingegen die Rubrik Verschiedenes nur 254 enthält; das Verhältnis der Lexeme ist allerdings umgekehrt: 1 965 verschiedene Wortformen im Reisemarkt stehen 2 661 in der anderen Sparte gegenüber. D.h. gerade die wenigen, festgelegten, häufig gebrauchten Lexeme werden abgekürzt, und dies noch auf verschiedene Weise. Allein für *Ferienwohnung* gibt es gemäß Tab. 4-29 acht verschiedene Abkürzungen, für *Ferienhaus* sieben – die Varianten mit Determinativen *(2-Zimmer-Fewo, Komfort-Fewo)* nicht eingerechnet. Abkürzungen von Ferienwohnung (119) nehmen denn auch den ersten Rang unter den am häufigsten verwendeten ein, gefolgt von *u.* (67), *Pers.* (66), *Tel.* (58), *P.* (49), *v.* (44), *m.* (55) und *komf.* (55). Insgesamt ist Abkürzung in 16,6 Prozent aller Wortformen ein signifikantes Merkmal von Kleinanzeigen. Dabei korreliert der vergleichsweise hohe Wert mit der Anzahl von Zeichen (87), aus denen eine durchschnittliche Kleinanzeige besteht.

Das Vergleichskorpus von 1955 ist diesbezüglich mit 111 Zeichen pro Inserat umfänglicher, obwohl gleichzeitig die Abkürzung als Möglichkeit quantitativer Ökonomie deutlich stärker genutzt wird: Fast jede vierte Wortform (22,5 Prozent) ist hier abgekürzt. Zu erklären ist dies zusammen mit der gleichzeitig geringen Ersparnis von 27 Prozent mit einer moderaten Form der Abkürzung. In vielen Fällen ist lediglich das Lexem um das Flexiv abgekürzt,

---

219 Diesbezüglich ist die Abkürzung von *Skipiste* auf *Skip.* korrekt; als problematisch erweist sich nur das kurze *i*, da etwa ein hilfreiches Dehnungs-*h* fehlt.

sodass der semantische Gehalt vollständig vermittelt und nur die grammatische Information gekürzt wird; diese kann aufgrund der prototypischen Syntax leicht erschlossen werden, da Genitiv und Dativ sowie Plural bei den Verkaufsobjekten ausgeschlossen werden können und bei Attributen Kongruenz herrscht. Die größere Länge der Anzeigen erklärt sich jedoch nicht allein mit dem geringeren Kürzungsgrad und bedeutet auch nicht, dass die zu verkaufenden oder vermietenden Objekte umfänglicher beschrieben werden als heute, sondern folgt aus den Kontaktinformationen, die vielfach noch aus Chiffren plus Ort der Zeitungsfiliale besteht *(Ang. unt. A 104/75, Fil. Kirchröder Str. 163)* oder bei Verkäufen aus der vollständigen Verkaufsadresse:

[78]   Kühlschrank, 120 l. Laportestraße 20, Parterre rechts.

Auch die ohnehin implikierte Information *Angebote/Zuschriften unter/an* ist für 1955er Kleinanzeigen noch kennzeichnend – abzulesen am hohen Vorkommen der Abkürzung *Angeb.* (71 Tokens) bzw. *Zuschr.* (62).[220] Vergleichbar sind aber die Abkürzungen *u.* und *Tel.*, die in beiden Korpora einen vorderen Rang einnehmen, wobei das Telefon-Ikon ✆ erst später aufkommt.[221]

Den höchsten Abkürzungsanteil weisen dennoch nicht die Kleinanzeigen auf, sondern die B o n s, bei denen jede dritte Wortform abgekürzt ist, was stark mit der geringen Zeichenanzahl (16) pro Artikelbezeichnung korreliert. Wiederum ist die Anzahl unterschiedlicher Reduktionsformen mit über 22 Prozent die höchste unter den Korpora, wobei die bereits gegebene Erklärung auch hier wieder zutrifft. Die am häufigsten verwendeten Abkürzungen sind daher auch Maßeinheiten wie *g* (24), *kg* (8), *ml/m.* (6/1), *l* (6) sowie *m.* (6) für Produktspezifizierungen und *GB* (5) als Abkürzung eines Herstellers. Erstaunlich ist vor dem Hintergrund der allgemein starken Reduktionsnotwendigkeit bei Bons die Bezeichnung

[79]   VOLLM 1,0L

Aufgrund des Kotextes wäre *1L* ausreichend, denn *1,0* ist qualitativ äquivalent zu *1*. Aber auch *1,0* hätte eine kürzere Möglichkeit dargestellt, da sich Angaben im Kontext von Milch auf Mengen- und Fettgehaltsangaben beschränken; die ›pragmatische Erkennung‹ hätte allerdings qualitativ einen höheren Aufwand bedeutet als die ohnehin kürzere Variante *1L*. Vermutlich ist die – aus dieser Sicht – wenn vielleicht nicht redundante, aber zumindest überschüssige

---

220 Hier ist nur einmal die Vollform *Angebot* und viermal *Zuschrift* belegt.
221 Während die SZ noch vornehmlich mit Chiffre und Adresse arbeitet, sind in der HAZ und FAZ auch schon Telefonnummern angegeben (HAZ: 31, FAZ: 32, SZ: 5).

4.2 Auswertung

Information gegeben worden, da der Textraum mit zehn von zwölf möglichen Zeichen nicht vollständig genutzt worden ist. Auf der anderen Seite wäre mit entsprechender Beachtung eine Bezeichnung wie *VOLLMILCH 1L* möglich gewesen.

In SMS-Mitteilungen werden Abkürzungen, wie auch die Untersuchung von Döring (2002; Ergebnisse S. 106) ergeben hat, zwar überdurchschnittlich verwendet – allerdings nicht in der häufig angenommenen Weise. Argumentiert wird oftmals mit der technischen Begrenzung seitens des Dienstes sowie der unbequemen Zeicheneingabe, doch haben Schlobinski/Watanabe (2003: 27 f.) bei ihrer kontrastiv angelegten Studie festgestellt, dass die weniger starke Zeichenbegrenzung der japanischen Kurzmitteilungen nicht nur (im Mittel) keine umfangreicheren Mitteilungen führt, sondern es sind – im Gegenteil – sogar kürzere Mitteilungen.

4,3 Prozent der Wortformen sind in deutschsprachigen SMS-Mitteilungen abgekürzt mit einer Abkürzungsvarianz von eineinhalb Prozent. Nicht einbezogen worden sind Fälle wie *t-* oder Schwa-Tilgung (*is* < *ist*, *nich* < *nicht*; *hab* < *habe*), die auf einen Transfer der mündlichen in die Schriftsprache zurückzuführen sind, allerdings nur dann, wenn kein Abkürzungspunkt angeführt ist, sodass *i.* als Abkürzung von *ich* gewertet worden ist. Damit ist das Ergebnis mit dem von Döring nicht direkt vergleichbar, zumal sie kategorial unscharf[222] trennt und Kurzwörter auf Akronyme reduziert (und damit *Uni*, *Abi* und *Ulli* ausschließt). Ungefähr vergleichbar sind daher lediglich die Ergebnisse zu den Abkürzungen, die zwar in ihrem Korpus einen deutlich geringeren Anteil (1,9 Prozent) aufweisen; werden jedoch die hier als Abkürzungen gefassten Formen wie *HDL* und *a.L.* zu den Abkürzungen gezählt, dürften die Ergebnisse ungefähr übereinstimmen.[223] Die Rangliste der frequentesten Lexeme führen *HDL* und Varianten (*HDGDL, HEL*[224], *HDGL* etc., 36 Belege) an, da *i.* eine polysemantische Abkürzung ist (21x *ich*, 5x *in/im*, 2x Namensinitial[225]), weiter *ok* (24), *LG* (21), *SO* (20), *h* (17). Als SMS-typische Abkürzungen können die *HDL*-Varianten genannt werden, *LG, GuK, WE* und *SZ/WB*. Die in der

---

222 Döring (2002: 106) ordnet beispielsweise *a.L* (< *alles Liebe*) oder *lg* (< *liebe Grüße*) als »Buchstabier-Akronym« ein, u.a. jedoch als Abkürzung. Dies ist inkonsequent insofern, als sie Akronyme als Wörter definiert, »die aus den jeweils ersten (bzw. auch zweiten und dritten) Anfangsbuchstaben von Wörtern einer Wortfolge (manchmal auch von Silben eines Wortes) gebildet und in Buchstabierweise oder im Lautwert ausgesprochen werden« (ibid.). Dies trifft wie bei *GmbH* und *PC* (ihre Belege) sowohl auf *l.L* als auch auf *u.a.* zu.
223 Initial-Kurzwörter und Formen wie HDL sind quantitativ leider nicht getrennt angegeben.
224 Pluralvariante von *HDL (Hab euch lieb)*.
225 Darüber hinaus acht englischsprachige Belege von *I* ›ich‹.

»SMS-Aktion gegen lange Sätze« angeführten Kürzungen wie *HADULUAU-EIBI*[226] stellen eine Form der Abkürzung dar, die in keiner SMS-Mitteilung belegt ist; es handelt sich um eine Silbenabkürzung, die auf den ersten Silben der Wortformen eines Satzes beruht – in diesem Fall sogar regelhaft auf zwei Graphemen pro beteiligter Wortform. Die einzige Silbenabkürzung, die grundsätzlich auf diesem Schema basiert, findet sich lediglich bei zwei Wortformen *(GuMo < Guten Morgen)* und weicht in einer Komposition noch davon ab *(Gumojoggen* statt regelgemäßem *Gumojo)*.[227]

Auch hier gilt wie schon bei anderen Korpora die Regel, dass abgesehen von den wenigen genannten SMS-spezifischen Abkürzungen die usualisierteren auch die am häufigsten gebrauchten sind. Dazu gehören etwa Wochentagsnamen oder *h* für *Uhr*, aber auch Städtekürzel wie *GÖ, H, HH, MA, MS* oder *WOB*, die auf Kfz-Kennzeichen den Anmeldeort ausweisen. Anders als in den anderen Korpora gibt es Kopfabkürzungen, die schlicht abgeschnitten worden sind – *Arb, mor, viell, o (< ob), Antw, Tele, Frageb, geänd, Mittw, Schützef, gegeb, Treff, tatsächl,* (auch komplex: *Mo-abend, ü-nächste)* – oder bei denen ein Kürzungsmarker fehlt; mitunter wird dieser auch gesetzt *(anger., zw.-durch, heu.)*. Darüber hinaus sind vereinzelt schwer zu rekonstruierende Abkürzungen belegt, die bei der allgemeinen Analyse bereits thematisiert worden sind: *teln, köUhr* etc., was das SMS-Korpus mit dem Alpenpanorama gemeinsam hat.

Die Tabelle 4-32 gibt einen Gesamtüberblick über die korpusbezogene Nutzung von Abkürzungen.

Abschließend sei in Bezug auf die Typenverteilung auf die jeweiligen Korpora ergänzt, dass beim Fahrgastfernsehen überdurchschnittlich viele besondere Abkürzungen verwendet werden und relativ wenige Initialabkürzungen. Die prototypische Abkürzung ist bei den Inseraten – wie bei den anderen Korpora mit Ausnahme des Newstickers – die Kopfform, wobei sie vor 50 Jahren stärker verwendet worden ist als heute, wo mehr (verschiedene) Initial- und Silbenabkürzungen gebraucht werden. Die Verschiebung von der Kopf- hin zur Initialform liegt neben der bereits genannten Flexivtilgung, die im Gegensatz zu 1955 heute nicht mehr gebräuchlich ist, an neuen usualisierten Abkürzungen wie *VP* oder *FR*, die früher noch als Kopfabkürzungen wie *Vollpens.* oder *Frühst.* realisiert worden sind. Hoch ist bei den Bons vor allem der Anteil der partiellen Abkürzungen wie *EW-Pfand*. Die höchste Typenvarianz weisen die Kleinanzeigen auf, die geringste der Newsticker, der ohnehin fast ohne

---

[226] Kurz für *Hast du Lust auf ein Bier?* Die Aktion wurde im Rahmen eines relativ stark umworbenen Gewinnspiels von der BILD durchgeführt.

[227] Das ebenfalls belegte *hasu* geht nicht auf diese Bildungsweise, sondern Assimilation und Klitisierung zurück.

4.2 Auswertung

	KNT	KFTV	KKA 2005	KTTV	KKA 1955	KSMS H	KBON
Wortformen	2291	26279	9374	4240	10282	12442	747
Anteil (in %)	0,4	0,4	16,6	6	22,5	4,3	33,6
Zeichen pro Element (∅)	119	235	87	50	111	82	16
Ersparnis (∅ in %)	72	46	40	40	27	42	37
Anteil versch. Abk. (in %, abs. Z. in Klammern)	0,17 (4)	0,14 (36)	5,38 (504)	2,05 (87)	6,77 (696)	1,53 (190)	22,76 (170)
Tokens[1]	9	92	1553	256	2317	533	251
Kopfabk.	–	43 (18)	1188 (322)	210 (66)	1976 (556)	348 (114)	174 (119)
Initialabk.	6 (2)	5 (3)	158 (60)	30 (10)	194 (12)	149 (38)	35 (13)
bes. Abk.	3 (2)	38 (7)	124 (56)	9 (7)	143 (66)	21 (10)	11 (8)
part. Abk.	–	7 (5)	97 (63)	2 (1)	66 (65)	14 (14)	35 (34)
Silbenabk.	–	2 (1)	158 (25)	1	69 (13)	9 (6)	5 (4)
Mischabk.	–	1	29 (9)	6 (5)	15 (8)	7 (6)	4 (2)
Rumpfabk.	–	–	8 (1)	10 (1)	1	17 (1)	4 ;3)
Endabk.	–	2 (1)	8 (7)	–	1	–	–
Top-5[2]	H5N1-Virus (5), Mio. (2), Mrd. (1), H5N1-Verdacht (1)	Mio. (26), li. (9), Tel. (7), Dr. (5), re. (4)	Fewo (119), u. (67), Pers. (66), Tel. (58), P. (49)	Tel. (38), km (16), m (12), u. (11), h (10)	u. (121), m. (105), DM (102), a. (72), Angeb. (71)	i. (28), HDL[2] (26), ok (24), LG (21), SO (20), h (17)	g (24), kg (8), m. (7), ml (7), l (6), GB (5)

(1) Abweichungen zuteilungs- bzw. kombinationsbedingt (s.u.). Inkl. der Varianten HDGDL, HDWGDL, HEL etc. – (2) Zum Teil sind mehr als fünf Lexeme aufgeführt, um den Rang aufrechtzuerhalten (= mehrere mit denselben Vorkommenshäufigkeiten).

Tab. 4-32: Quantitative Ökonomie durch Abkürzungen.

Abkürzungen auskommt; die Artikelbezeichnungen auf Bons zeichnen sich durch die höchste Typ- und Lexemvarianz aus.

Aufgrund der polysemantischen Eigenschaften vor allem kurzer (monographemischer) Abkürzungen treten im Gegensatz zu den Kurzwörtern zahlreiche mehrfachkategoriale Zuweisungen auf. So weist *h* etwa Rumpf- und Kopfabkürzungen auf (29x *Uhr*; 4x *Hannover*, 1x *Höhe*, 2x *halb*, 1x *Stunde* von engl. *hour*), *St.* kann sowohl eine besondere als auch eine Kopfabkürzung sein *(Stück; Sankt, Santa, Saint)*, *FT./ft.* eine besondere oder eine Initialabkürzung *(Feiertag; Fort)*, *Bd.* und *jg./Jg.* eine besondere oder Silbenabkürzung *(Bund; Bedingung* bzw. *jung; Jahrgang)* etc. Kombinationen innerhalb einer Abkürzung sollten eine Ausnahme darstellen, da Abkürzungen aufgrund ihres fehlenden Wortstatus eigentlich nicht wortbildungsfähig sind. Allerdings wird von dieser Regel des Öfteren abgewichen[228], vor allem in Kleinanzeigen, sodass beispielsweise Kopf- mit besonderen Abkürzungen *(Fe-Hs., Ref.-Nr., Popel.-Mtl., Dacht.-Whg.)*, Kopf- mit Initialabkürzungen *(Lux-FH)*, Silben- mit Initialabkürzungen *(NR-Fewo, 1-2-Zi-Komfort-Fewo)* oder Misch- mit Kopfabkürzungen *(Sitz.-Std.)* kombiniert werden.

Verknüpft werden können Abkürzungen natürlich nicht nur untereinander, sondern auch mit anderen quantitativ-ökonomischen Formen. So können Abkürzungen etwa mit Logogrammen kombiniert werden, im Beleg [80] aus dem Alpenpanorama auf mehrfache Weise *(& < und; **** < 4 Sterne[-Kategorie])*:

[80] Drachenflieger&Paragl. Festival, G & C, B&B, ****Fewo

Am häufigsten ist gleichwohl die Kombination aus Abkürzung und Ziffer, was sich in folgenden Belegen zeigt:

[81] 1+2 Z-FW, 1-2-Zi-Komfort-Fewo, 1-ZW, 2-3-Pers.-App., 2-3-Zi.-Wohn., 2-Zi.-App., 2-Zi.-Fewo, 2-Zi.-Whg., 2-Zimmer-Whg., 2-Zi-Wo., 2-ZW, 3lg., 3-Zi.-App., 3-Zi.-Fewo, 3-Zi.-Whg., 3-Zi-Penth.-Whng., 4-Pers.-Fewo, 1 1/4j., 14tägig., 15j., 16j., 18j., 18jährig, 27jähr., 2fl., 2flügl., 2jähr., 2-Pers.-Geschäftshaush., 3flamm., 3-Pl.-Elt-Herd, 3teil., 3tür., 4 ½ jähr., 4 1/2 jähr., 4räd., 4-sitz., 4-t-Kipper, 7jähr., 2er-Pa., 8er, A2, G4-Partner, H0, I., N3, Ö3 Mountain Mania

Die Substitution von Numeralia und die Verwendung von Ziffern sind Gegenstand des Folgeabschnitts, Logogramme des sich daran anschließenden.

---

228 Partiellen Abk. ist diese Eigenschaft bedingt inhärent *(2-Zi-App., W.-e.*; mit Kopfabk.).

4.2.9.2 Numeralia-Substitution

Zu den graphostilistischen Mitteln sprachlicher Reduktion zählt auch die Ziffernschreibung (vgl. Eschenbach 1995; Wiese 1996). Hierbei sind zwei Bereiche zu unterscheiden: zum einen die Substitution von Numeralia, zum anderen die sich aus der Ziffernverwendung ergebenden zusätzlichen Einspareffekte. Substitution impliziert in diesem Zusammenhang zwar keine Normwidrigkeit im Sinne der deutschen Orthografie, aber die Umgehung der so genannten »Gutenberg-Regel«, die besagt, dass Werte bis 12 als Numeralia geschrieben und erst ab 13 die Ziffern verwendet werden.

Typ	Types	Tokens	ø	min.	max.
Abkürzungen	1 392	5 190	34	–33[1]	93
Reduktion d. Ziffern	111	1 343	40	12	91
Reduktion d. Logogramme	15	862	66	15	92
Reduktion d. ikonische Zeichen	21	653	45	–125	93

(1) Der negative Wert kommt durch den quantitativen Vergleich mit dem Grundformlexem zustande.

Tab. 4-33: Reduktion durch die Verwendung von Ziffern anstelle von Numeralia.

Diese Regel, die wahrscheinlich darauf beruht, dass Zahlen ab 13 Komposita darstellen *(drei-zehn, sieben-und-zwanzig)*[229], bezieht sich nicht nur auf die Kardinalia, sondern auch auf Ordinalia, Multiplikativa etc. Auch wenn die Regel gemäß der fünften Auflage des »Duden – Richtiges und gutes Deutsch« (2001) nicht mehr Bestand hat, wird sie beispielsweise in Journalistenschulen noch vermittelt. Folglich liegt die Hypothese nahe, dass in journalistischen Texten die Gutenberg-Regel befolgt wird, während dies bei Kleinanzeigen oder privaten SMS-Mitteilungen tendenziell nicht der Fall sein wird.

Grundsätzlich kann man alle (bestimmten) Numeralia auch mit Ziffern ausdrücken, wobei die Zahlwörter als unökonomisch anzusehen sind – nicht nur quantitativ (vier Zeichen für *eins* vs. ein Zeichen für *1*), sondern auch qualitativ, da eine Graphemkombination komplexer ist als ein einzelnes Symbol, das durch parallele Verwendungsweisen als gleichbedeutend mit Alphabetzeichen[230] zu betrachten ist, und darüber hinaus Homographie zwischen dem Zahladjektiv *(ich hätte gern ein Brötchen)* und dem unbestimmten Artikel *(ein Auto besitze ich nicht mehr)* besteht.

---

229 Ausgenommen einige 10er-Potenzen (*Hundert, Tausend, Millionen* etc.), wobei diese oftmals auch wiederum als Numeralia geschrieben werden.
230 Darüber hinaus stellen auch die Alphabetzeichen Symbole dar.

Bei der Gegenüberstellung und Berechnung der Ersparnis bei den Ziffern gegenüber den Numeralia sind nur solche Wortformen berücksichtigt worden, die eine Ziffer zwischen 0 und 12 enthalten, resp. beim gegenteiligen Fall diejenigen mit Zahlwörtern von *Null* bis *Zwölf.*
Die Ersparnis ohne Berücksichtigung der Komplexität *(3* vs. *3-Zi.-Whg.)* liegt bei durchschnittlich 40 Prozent mit einer Spanne von 12 bis 91 Prozent bei insgesamt 111 Types. Wie bereits bei den Kurzwörtern und Abkürzungen sinkt mit zunehmender Komplexität die Ersparnis, da sich die Relation zwischen reduziertem und nicht-reduziertem Anteil verschiebt (vergrößert). Die höchsten Einsparraten weisen demzufolge die isoliert verwendeten Ziffern wie *2* oder *2.* (< *zwei, zweitens*) auf, die geringsten Komposita wie *2-Pers.-Geschäftshaush., 3-Länder-Radgiro* oder *11teilig* (< *Zwei-Pers.-Geschäftshaush., Drei-Länder-Radgiro, elfteilig).* Es handelt sich hierbei um ›geschönte‹ Werte, denn lediglich in Fließtexten sind Zahlen bis einschließlich 12 nach der Gutenberg-Regel auszuschreiben, d.h. bei Angaben in Tabellen und solchen wie *8 m* ist eben dies die korrekte Form und nicht **acht m.* Auf die Ökonomie hat so gesehen die Beziehung zwischen Wert und Einheit einen Einfluss: Kürzung bei der Maßeinheit ›regiert‹ (wie ein Verb seine Mitspieler) ›Reduktion‹ bei der Zahl, eine Vollform der Maßeinheit hingegen hat ein Numerale zur Folge *(acht Meter),* wenngleich Letzteres auch als Mischform denkbar ist *(?8 Meter).* Dies bezieht sich ausschließlich auf Maßeinheiten; ausgenommen sind folglich Datumsangaben wie *11. Juli.*
Erwartungsgemäß treten die einfachen Kardinalzahlen am häufigsten auf: allein 230-mal die *2,* 145-mal die *1* und 121-mal die *3.* Die erste Ordinalzahl *(1.)* nimmt mit 43 Belegen Rang 9 ein. Die typische Verwendungsweise lateinischer Ordinalzahlen bildet hier die Tagesangabe im Rahmen eines Datums, die auf Basis römischer Zahlen *(I., II.)* Stockwerksangaben. Daneben sind etwa *1. (Bundes-)Liga., 1. Box, 1. Rate* oder *1. SPIEL* belegt.
Bei den Kardinalzahlen ist der Gebrauch nicht in dieser Weise determiniert, sondern reicht von Spieltorangaben *(2:2 gegen Russland)* über die attributive Verwendung *(2 Karten)* bis hin zur Wertangabe in Verbindung mit Maßeinheiten *(2 KG).* Bei einer alternativen Gebrauchsmöglichkeit von Kardinal- und Ordinalzahl wird Erstere (nachgestellt) bevorzugt: *Autobahn 2, Linie 5, NDR 1* (statt *2. Autobahn, 5. Linie, 1. NDR-Programm).*
Hinzuweisen ist noch auf eine korpusübergreifende Besonderheit, die darin besteht, dass neben *zweifach/zweit/zweier* noch *doppelt/doppel*[231] verwendet werden kann. Es handelt sich hierbei um einen spezifischen Sonderfall, der nur zur Basis 2 existiert. Dabei dient die Synonymie nicht der quantitativen

---

231 Im 15. Jh. aus dem Frz. entlehnt *(double* ›doppelt‹).

4.2 Auswertung

Ökonomie, auch wenn *doppel* kürzer ist als *zweifach* (aber: *2-fach*), sondern der qualitativen, da hierbei eine Homonymie vermieden wird. Diese Homonymenflucht gibt es nicht nur beim Kardinalia-Paar *zwei/drei*, bei dem zur klaren Unterscheidung *zwei* durch *zwo* ersetzt werden kann (so etwa im Militärbereich/Funk), sondern auch bei *Juni/Juli*, bei denen sogar beide Lexeme verändert werden können *(Juno, Julei)*.

Bei der korpusspezifischen Betrachtung entfallen vor allem einfache Ziffern auf die Korpora Fahrgastfernsehen, Newsticker und SMS-Mitteilungen, komplexe Wortformen eher auf die Kleinanzeigen *(27jähr., 3teil.)*, und ein ausgewogenes Verhältnis liegt bei den Bons und dem Tourismus-TV vor. Abzuleiten ist daraus bereits die mittlere Ersparnis, die bei den Bons, dem Newsticker und den SMS-Mitteilungen bei rund 60 Prozent liegt, bei den Kleinanzeigen mit 44 Prozent (2005) bzw. 41 Prozent (1955) am geringsten ausfällt und beim Tourismus-TV bei 48 Prozent liegt.

Im Hinblick auf die komplexen Lexeme bestehen bei den Korpora darüber hinaus eindeutige Prototypen: Beim Fahrgastfernsehen ist dies eine Abkürzung-Ziffer-Kombination (Live-8, A2, N3, BBS 1; s. 4.2.3.5), bei den Kleinanzeigen 2005 *[x]-Zimmer-[Mietobjekttyp]*, bei den 1955er Inseraten hingegen *[x]jährig* und bei den Bons *-er*-Derivata, bei denen *-Pack* zumeist reduziert ist *(2er* vs. *2er-Pack;* s. 4.2.4.2). Für das Tourismusfernsehen ist *[x]er-[Liftanlagentyp]* prototypisch, während bei den SMS-Mitteilungen lediglich *3-ten* und *halb 8* belegt sind.[232] Davon ist *3-ten* ein typisches Beispiel für einen unpräzisen Gebrauch von Zahlentyp, Flexiv und ggf. komplementärem Anteil, denn statt der Kardinalzahl hätte die Ordinalzahl gewählt werden müssen, da *3-ten* zwar ›dritten‹ bedeuten soll, aber **dreiten* entspricht und *dritten* mit *3.-ten* oder korrekter *3.-en*[233] hätte wiedergegeben werden müssen, da die Stammform des Numerales zu *3. dritt* ist. Von der inkorrekten Form und der Frage abgesehen, ob solche Kurzformen überhaupt zulässig sind[234], sind die Bildungen selten.

Am meisten Verwendung finden die Ziffern bei den Kleinanzeigen und Bons, wobei dies vor dem Hintergrund der Kauf- und Mietangebote einerseits und der Mengenausweisung des Gekauften andererseits nicht verwundert – folglich auch nicht der geringste Anteil beim Newsticker und den SMS-Mitteilungen (für Details s. Tab. 4-34). Interessanter ist ein Blick auf die Ausnahmen, darauf also, wo nicht die Ziffern, sondern die längeren Numeralia verwendet worden

---

232 Beim Newsticker ist keine komplexe Wortform belegt.
233 Der Vorteil von *3.-ten* gegenüber *3.-en* ist, dass es trotz der dadurch nicht-korrekten Vollform *(dritt-ten)* schneller als Ordinale zu erkennen ist.
234 Es wurde bereits bei den Abkürzungen darauf hingewiesen, dass diese nicht wortfähig sind und daher (eigentlich) nicht für Wortbildungsprozesse herangezogen werden können, auch wenn der DUDEN (2004) dieses bei den Bindestrichregeln vorsieht.

sind. Wortformen wie *Vierwaldstätter [See]*[235] oder *Dreiweidenstraße* sind aufgrund des Eigennamenstatus nicht berücksichtigt worden, in einem anderen Fall ist die Vollform unklar (*elf*.[236]). Übrig bleiben danach beispielsweise[237]

[82] Achtschacht, Einbettcouch, Einf.-Haus, einj., einm[alig], Einser, einst., elf, Elf, Elfer, Elfer-Krimi, Elfmeter-Krimi, erst., erstkl., erstkl., erstkl., Erstkl., erstklass., Fünfer, Vierzylind., Zweitakt-Duft, Zweitligisten, Zweitür.

Bei *elf* handelt es sich um ein Adjektiv, bei *Elf* um eine Substantivierung einer Wortgruppenreduktion *(die elf Spieler der Nationalmannschaft > die Elf)*, bei *Elfer* hingegen um eine Reduktion auf das Determinans einer Komposition mit einem Numerale *(Elfmeterschuss > Elfmeter > Elfer)* mit anschließender *-er*-Derivation *(Elfmeter > Elfer)*. Ebenfalls -er-deriviert sind Einser und Fünfer, wobei der Unterschied darin liegt, dass diese nicht vorher reduziert worden sind (›Anzahl Note Eins/Fünf im Schulzeugnis‹):

[83] 5 *Einser* oder 1 *Fünfer*? Gratis Sommerrodeln m.d. Zeugniskopie
[Hervorhebung d. Verf.]

Bei den Noten wäre eine Reduktion durch Ziffernschreibung denkbar, jedoch äußerst unvorteilhaft, da vier Ziffern nur durch ein *oder* getrennt wären – wie das nicht belegte [84] zeigt, eine qualitativ unökonomische Variante.

[84] 5 1er oder 1 5er? Gratis Sommerrodeln m.d. Zeugniskopie

Die Perzeption würde erschwert durch die Gefahr, dass das Spatium zwischen den Ziffern nicht erkannt werden könnte. Vorrang hat die ökonomische Ziffernschreibung übrigens offensichtlich bei nicht-derivierten attributiven Zahlenwerten, d.h. *5 Einser* hat Vorrang vor *fünf 1er*. Dies ist qualitativ ökonomisch insofern, als dies – anders als Wortbildungsprodukte mit Numeralia-Konstituenten – der Prototyp ist *(3 m, 5 Würstchen, 20 Minuten;* s. auch unten) und auf eine Graphem-Ziffer-Vermischung verzichtet wird. Zudem ist kotextfrei nicht geregelt, ob es sich bei *1er* um *Einer* oder *Einser* handelt.

---

235 Herkunft: vier angrenzende Waldstätten.
236 Die vollständige Anzeige lautet: »Küche 1,80 mod. Ref. **elf**. m. doppelt. Seiten neuw. Wohnz. mod. dkl. (Büfett, Glasvitr., Couch br. 2 Stühle) neuwert. preisw. a. einz. Off. u. F 86870 an SZ.« (Hervorhebung d. Verf.)
237 Die Auswahl umfasst alle Simplizia sowie alle Komposita, bei denen mind. eine Reduktion anderer Art vorliegt.

4.2 Auswertung

Bei komplexen Lexemen kommt hinzu, dass bei Verwendung der Ziffer anstelle des Numerales die Schreibung mit Bindestrich erfolgen muss, welches je nach Wert zu einer längeren und zudem orthografisch ungebräuchlichen Wortform geführt hätte *(Elfmeterschuss* vs. *11-Meter-Schuss)*. Ohnehin spielt Usualisierung eine große Rolle: So wie *4-Zylinder, 1.-klassig, 2-Takt-Duft* sind auch *11-Meter* und *11-Meter-Krimi* mögliche Bildungen, stellen jedoch unübliche Formen dar. Warum? Ziffern stellen gegenüber den Numeralia Hervorhebungen dar, die den Wert – einer Topikalisierung im Bereich der Syntax vergleichbar – fokussieren (vgl. die Funktion in 4.2.9.2). Determinanten, und darum handelt es sich bei allen Formen, sind jedoch im Regelfall dem Determinatum semantisch untergeordnet, was sich durch die Hervorhebung durch Ziffernschreibung ändert; ein *Zweitakt-Duft* ist zunächst ein Duft, dann ein Motorduft und erst dann ein ganz spezieller Duft, der von einem Zweitaktmotor herrührt. Dass es sich um einen Zweitakt- und nicht um einen Viertaktmotor handelt, ist weniger entscheidend als die Tatsache, dass es sich um einen Motor geht. Darüber hinaus sind einige Determinative wie bei *Einf.-Haus* nahezu auf das Numerale gekürzt, sodass eine entsprechende Reduktion zu Unverständlichkeit führen würde *(1f.-Haus)*. Bei *Achtschacht* und *Einbettcouch* ist zudem die Ersparnis, wie bereits an *11-Meter/Elfmeter* demonstriert, nicht oder nur unwesentlich kürzer. Im Gegenteil wird durch die Ziffer die Bindestrichschreibung obligatorisch *(8-Schacht, 1-Bett-Couch)*, die ebenfalls für weitere Determinanten obligatorisch wird, damit es nicht zu semantischen Umdeutungen kommt, denn eine *1-Bettcouch* ist zunächst eine *Couch*, wird aber durch die abgetrennte Ziffer als Einheit *(?Bettcouch)* interpretiert, ähnlich *1-Familienhaus* als *?Familienhaus*. Schließlich treten auch bei der Zahl *1* Überschneidungsprobleme auf, denn eine *1-Bett-Couch* entspricht wörtlich einer **Eins-Bett-Couch* (so gesehen wird vielleicht das o.g. *1er* vorrangig korrekt als *Einser* interpretiert).

Da die angeführten Fälle eine besondere Kombination aus Numerale und Reduktion darstellen, soll noch ein abschließender Blick auf sämtliche Numeralia erfolgen. Gänzlich ohne Numeralia kommt nur das Korpus KBON aus. Dies ist eine bereits begründete Folge von Wertangaben, denn Zahlen stehen hier fast ausschließlich vor Maßeinheiten, und *2er* durch *Doppel* zu ersetzen, wäre quantitativ unökonomisch und darüber hinaus mit einem semantischen Verlust verbunden, da die Bedeutung des Derivationssuffixes (s.o.) bei *Doppel* nicht enthalten ist resp. zwei Morpheme von *2er* einem von *Doppel* gegenüberstehen.

Den geringsten Anteil weisen nach den Artikelbezeichnungen auf Bons die aktuellen Kleinanzeigen auf; interessanterweise gibt es einen signifikanten Unterschied (im Verhältnis von 1:4) zu den Annoncen des Jahres 1955. Gleichzeitig liegt bei den Kleinanzeigen 2005 die höchste Diskrepanz zwischen dem Gebrauch von Ziffern und dem von Numeralia vor: Auf jedes Numerale kommen rund 42 Ziffern – im Vergleich hierzu ist das Verhältnis bei den 1955er Anzeigen 1:9, beim Alpenpanorama 1:20, bei den SMS-Mitteilungen 1:3,6 und beim Newsticker weniger als 1:0,7. Dies bedeutet, dass als einziges Korpus KNT weniger Ziffern als Numeralia aufweist und die Ziffern ausschließlich in Spielergebnissen *(Werder Bremen gewinnt 3:2 gegen Juventus Turin)* oder Datumsangaben *(vom 11. März 2004)* erscheinen. Die Textproduzenten folgen damit der Gutenberg-Regel, obwohl der Textraum stark begrenzt ist – mit zwei Ausnahmen: *2. Fußball-Bundesliga* ist zweimal belegt und wird in beiden Fällen mit Ziffernschreibung realisiert (im Gegensatz zu beispielsweise *zweite Tarifrunde* oder *erste Beratungen*).[238] Die Belege erscheinen allerdings ausschließlich in der Headline, wo besonders wenig Platz ist:

[85] **2. Fußball-Bundesliga**
Saarbrücken schlägt Unterhaching mit 5:3. Ahlen gegen Aue 3:1. Offenbach und Paderborn trennen sich 1:1.

Bei der 1. Bundesliga wird im Übrigen die Ordinale im Korpus wie auch oftmals außerhalb der untersuchten Korpora getilgt:

[86] **Bundesliga**
Bayern München verliert Heimspiel gegen Hamburger SV mit 1:2. Heimniederlagen auch für Hertha BSC Berlin und Hannover 96.

Dies kann relativ problemlos[239] geschehen, da beim Fußball die erste Liga mehr Aufmerksamkeit als die zweite etc. erlangt und daher als der implizite Standardfall auch in der Berichterstattung betrachtet werden kann.

Neben der Gutenberg-Regel lässt sich ein weiterer Grund für den geringeren Anteil an Ziffern ausmachen: Je höher der Text stilistisch einzuordnen ist, desto unwahrscheinlicher ist Ziffernschreibung, da Ziffern im Regelfall nicht flektiert werden, womit verstärkt Kongruenzfehler hingenommen werden (müssen). Betroffen sind hier folgerichtig die Kleinanzeigen, bei denen *1 Woche* eben nicht formgleich mit *eine Woche* ist, entsprechend auch nicht *1 Jahr*,

---

238 Allerdings handelt es sich hierbei um die offizielle Schreibung; im Gegensatz hierzu wird oftmals *zweite Liga* gebraucht.
239 Bei der Einführung der »Bundesliga« 1963 gab es nur diese eine. Die Benennung ohne Ordinale hat sich dann in der Praxis meist auch gehalten, als 1981 die »2. Bundesliga« eingeführt wurde. Heute gibt es sogar drei – die dritte heißt aber auch offiziell nur *3. Liga*.

4.2 Auswertung

	KNT	KFTV	KKA 2005	KTTV	KKA 1955	KSMS H	KBON
Wortformen	2291	26 279	9374	4240	10 282	12 442	747
Anteil (in %)	0,9	1,3	3,8	2,8	3,5	0,9	5,8
Ersparnis (∅ in %)	61	54	44	48	41	59	57
Anteil versch. Ziffern (in %, abs. Z. in Klammern)	0,39 (9)	0,14 (36)	0,43 (40)	0,87 (37)	0,46 (47)	0,17 (21)	2,41 (18)
Tokens (in Verb. mit Abk.)	21	332	358	117	363	107	43
Top-5[1]	1 (6), 2 (4), 3 (3), 2. (2), 11. (2)	2 (53), 10 (37), 1 (25), 1. (22), 3 (20), 4 (20)	2 (99), 4 (49), 3 (38), 6 (35), 1 (28), 5 (18), 8 (16), 10 (15), 2[-Zi.-Fewo] (7)	7. (11), 10 (8), 6. (7), 4. (7), 1. (7)	1 (60), 2 (57), 3 (50), 4 (26), 10 (25)	1. (26), 1 (13), 5 (9), 2 (7), 4 (7)	1 (9), 2 (7), 4 (4), 3 (3), 8 (3), 10 (3)
(Numeralia)	erstmals (4), erste (3), drei (2), erster (2), fünf (2), vier (2), zehn (2), dreifachsieg, ersten, sechs	zwei (42), drei (31), vier (26), ersten (19), erste (14), sechs (11), fünf (8), einmal (5), zweite (5), elf (4)	dritter, einm., einmalig, erst, erstklassiger, erstkontakt, zweieiige, zweitwohn-möglichkeit	dreitausender, einser, erste, fünfer, zwölferkogel-bahn, zwölferkopf	erstkl. (4), einbettcouch (3), zwei (3), drei (2), drei- (2), vier (2), vierteilig (2), zwei- (2), achtschacht, Dreibein	erst (15), drei (3), acht (2), eins (2), erste (2), dreimal, einmal, elferrat, ersten, erstmal	–
Anzahl (Anteil in %)	29 (1,3)	236 (0,9)	8 (0,09)	6 (0,14)	38 (0,4)	31 (0,25)	–

(1) Zum Teil sind mehr als fünf Lexeme aufgeführt, um den Rang aufrechtzuerhalten (= mehrere mit denselben Vorkommenshäufigkeiten).

Tab. 4-34: Quantitative Ökonomie durch Vermeidung von Numeralia bis Zwölf.

1 Karte, 1 Zi[mmer]. Dies ist jedoch nicht auf Kleinanzeigen beschränkt, sondern ebenfalls in anderen Korpora belegt, z.B. bei SMS-Mitteilungen wie der folgenden:

[87] Na, denn viel Spaß mit D1-Trulla! Kennst di noch gar net, od wat? Aber für A-Kd musste aber 6Mo soviel*g* bei 1Mo 1000 DM wirste auch gesperrt! Hihi! Have fun! Bussi

Die Tabelle 4-34 gibt einen Überblick über die Verteilung und weist überdies die Types und die Anzahl sowohl der Ziffern als auch der Numeralia aus.

4.2.9.3 Logogramme & ikonische Zeichen

Logogramme sind symbolische Zeichen, denen eine »konstante Zahl phonemischer Komplexe (im Idealfall genau ein Komplex)« (Bußmann 1990: 463) zugeordnet ist. Prototypische Vertreter der Logogramme sind das Prozentzeichen %, mathematische Operatoren wie + und / oder Währungssymbole wie $ und €. Auch die chinesische Schrift basiert etwa auf Logogrammen. Anders als Logogramme zeichnen sich ikonische Zeichen durch Ikonizität aus, d.h., es handelt sich nicht um arbiträre Zeichen; vielmehr weisen sie Ähnlichkeit mit dem Bezeichneten oder eine ähnliche Beziehung auf.

Ikonische Zeichen sind im direkten Vergleich als die ökonomischeren Zeichen zu betrachten, da sie sowohl quantitativ als auch qualitativ ökonomisch sind – eine ausreichend stark ausgeprägte, d.h. erkennbare Ähnlichkeitsbeziehung vorausgesetzt. Allerdings sind einige Logogramme derart usualisiert, dass sie als den Alphabetzeichen ähnlich und somit hinsichtlich der qualitativen Ökonomie als ökonomisch anzusehen sind. Denn bei Logogrammen handelt es sich um ›grafische Zeichen‹, die nur dank einer von der Sprachgemeinschaft festgelegten Bedeutung einen Inhalt bezeichnen können. Zwar lassen sich diese Bedeutungen alternativ auch mit Graphemen ausdrücken, doch wäre dies

Typ	Types	Tokens	ø	min.	max.
Abkürzungen	1 392	5 190	34	−33[1]	93
Reduktion d. Ziffern	111	1 343	40	12	91
Reduktion d. Logogramme	15	862	66	15	92
Reduktion d. ikonische Zeichen	21	653	45	−125	93

(1) Der negative Wert kommt durch den quantitativen Vergleich mit dem Grundformlexem zustande.

Tab. 4-35: Belege und Ersparnis durch Logogramme und ikonische Zeichen (alle Angaben außer Types und Tokens in %).

4.2 Auswertung

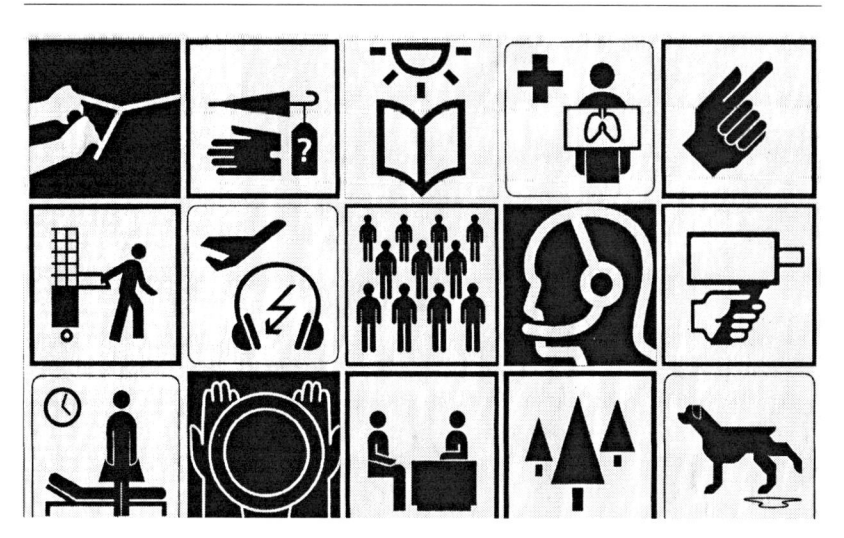

Abb. 4-10: Auswahl an weniger bekannten Piktogrammen (Quelle: Süddeutsche Zeitung).

stets mit einem quantitativ unökonomischen Mehraufwand verbunden. Dennoch stellen sie Alternativen dar, zumal Logogramme Formen grafischer Abkürzungen sind, die in Fließtexten als stilistisch auffällig (d.h. zu vermeiden) betrachtet werden. So werden etwa die Logogramme % ›Prozent‹ und ‰ ›pro mille‹ in Fließtexten ausgeschrieben, können aber bei Bedarf und entsprechender Kommunikationsform auch abgekürzt werden: bei *pro mille* durch *p.m.*, bei *Prozent* optional mittels *p.c.* (< lat. *pro centum*) und gebräuchlicher durch *v.H.* (< *von Hundert*) – diese sind jedoch Gegenstand von 4.2.9.1.
Von den Logogrammen zu unterscheiden sind andere Zeichen mit symbolischem oder ikonischem Charakter wie Ideogramme (z.B. Verkehrsschilder) oder Piktogramme (s. Abb. 4-10). Diese nicht auf Graphemen basierenden Zeichen sind hier weder relevant noch belegt (zur Ausnahme s.u.).
  Über alle Korpora hinweg gehen 862 Belege von Logogrammen auf 15 Types zurück. Im Einzelnen sind dies:

[88] -, $, %, &, :, @, +, =, ±, §, °, €, Ø, x, ...

Unter den Zeichen befinden sich Grenzfälle wie -. Es sind hier nur die Fälle gewertet worden, in denen die Bedeutung ›bis‹ vorlag *(1970-2003; 2-3 Pers.; 18.9-2.10.)*, d.h. weder solche in der Funktion als Bindestrich *(Baby-Morde)* noch als Auslassungszeichen *(Natur- u. Umwelterlebnispfad)* und auch nicht als Gedankenstrich *(Eintracht Braunschweig – Lieblingsrivale der 96-Fans – ist wie-*

der zweitklassig) oder in der Bedeutung ›leer; nichts‹ *(1,-)*. Auch beim Doppelpunkt sind all diejenigen Fälle ignoriert worden, die als Interpunktionszeichen *(Betriebsbeginn: 7./8.Dez.2002)* fungieren, nicht jedoch Spieltorergebnisse wie *Nach 90 Minuten stand es 0:0, nach der Verlängerung 1:1*. Das *x* kommt isoliert ohnehin nur in der Bedeutung ›mal‹ vor.

Beim Prozentzeichen könnte hingegen eine ikonische Beziehung in der Form angenommen werden, dass der Schrägstrich / ein Bruchzeichen darstellt und über wie unter diesem eine Null erscheint. Zwar könnte die Interpretation an der Tatsache scheitern, dass eine Teilung durch Null nicht möglich ist. Tatsächlich handelt es sich aber um eine Ligatur aus der italienischsprachigen Abkürzung *cto*. (< *cento*; vgl. *p.c.* oben).

Hinsichtlich der Kategorisierung problematisch ist auch das Zeichen @ – selbst wenn es wie hier als Zeichen verstanden wird, das außerhalb von E-Mail-Adressen erscheint. Tatsächlich ist @ auch nicht mit der E-Mail-Kommunikation entstanden, sondern geht mit Androutsopoulos (1999: 2) auf das Mittelalter zurück. Es handelt sich um ein Zeichen aus dem Handelswesen und stellt wie das bereits genannte % eine Ligatur dar (aus lat. *ad* ›zu‹), bei der die Oberlänge des *d* um das *a* herumgezogen ist. Auch & (aus lat. *et* ›und‹)[240] stellt eine solche Ligatur dar und wird aufgrund der relativ starken gestaltlichen Veränderung und der geringen Kenntnis dieses Tatbestands zu den Logogrammen und nicht (mehr) zu den Graphemen resp. Graphemfolgen gezählt – anders als *w* (aus *uv*)[241] und *ß* (aus *sz*), welche vollständig integriert sind.

Die Auslassungspunkte müssten nicht als Logogramm, sondern könnten auch als Interpunktionszeichen kategorisiert werden, weisen allerdings hierfür m.E. eine zu starke Bedeutung auf.

Nicht als Logogramm sind ✆, ✉ und * gewertet worden, da die Zeichen keine Symbole darstellen, sondern ikonische Abbildfunktion haben. Diese drei ikonischen Zeichen einbezogen sind 21 Types mit 653 Tokens belegt, die im Folgenden – der besseren Übersicht wegen tabellarisch – aufgeführt sind:

:-(	:-P	<-:	*	->	@--))----
:-)	;-/	>o<	✆	-->	--<--<--<3
:o)	8-)		✉		
;-)	>:-(				

---

240 Noch recht gut zu erkennen ist dies an der großgeschriebenen Kursive *&* einiger Schriftfamilien (dies trifft im Übrigen auch auf das *ß* zu).
241 Transparent ist dies an den sprachinhomogenen Benennung: engl. *double u* vs. frz. *double vé*.

Hierbei handelt es sich um zehn Smileys[242], die z.T. in Varianten auftreten und unter dem ›Grundformsmiley‹ (ohne Iteration) subsumiert sind. Allerdings herrscht nur äußerst begrenzte Variation: Zum Standardsmiley[243] schlechthin (Runkehl/Schlobinski/Siever 1998: 97) existiert gerade eine Variante – :) – mit vier Tokens (gegenüber 38 für :-)), die zudem den in Chats am zweithäufigsten belegten Typ ausmacht (ibid.). :-(liegt anders als ;-) einmal in der iterierten Form :-((vor. Smileys nehmen insofern eine Sonderstellung ein, als sie aus mehreren Interpunktionszeichen zusammengesetzt sind und ikonisch verwendet werden (dazu kritisch Thome 2000)[244]. Daneben sind zwei – ebenfalls die computer-mediated communication (CMC) kennzeichnende – Formen von ASCII-Art belegt, zwei Blumen, die den negativen Ersparniswert von −125 Prozent ergeben, weil sie mit ›Rose‹ resp. ›Blume‹ verglichen worden sind, auch wenn dies nicht die tatsächliche Bedeutung trifft, da der illokutive Akt weit darüber hinaus geht. Wie die Smileys sind auch diese um 90 Grad gedreht zu lesen.

Die belegten Asterisken[245] haben eine andere Funktion als in CMC. Sie verbildlichen in usualisierter Weise die Komfortklassifizierung des Fremdenverkehrsgewerbes. In der Regel ist dies quantitativ ökonomisch, da die Asterisken graphemisch realisierte Formen wie *3-Sterne-Hotel* auf ***Hotel reduzieren (43 % Ersparnis), entsprechend ****Hotel (36 %), ****Fewo (56 %) bzw. isoliert *** (63 %). Je höher die Kategorie, desto geringer ist natürlich die Ersparnis, da anders als bei einer Ziffer der Wert über die Anzahl der Asterisken ausgedrückt werden muss. Verwendet worden ist allerdings auch eine Graphem-Ikon-Kombination, womit eine semantische Doppelung auch bei der Verwendung ikonischer Zeichen belegt ist (ähnlich *ISS-Station*, vgl. 4.2.3.3). Da es sich um ikonische und nicht symbolische Zeichen handelt, ist der Beleg ****Sterne-Hotel umso auffälliger; durch die semantische Doppelung ergibt sich hierfür sogar ein negativer Ersparnisquotient (−0,14).[246]

Das kombinatorische Zeichen -> ist hier als ikonisches klassifiziert, da es sich eben nicht um ein symbolisches Pfeilzeichen handelt, sondern um eine aus ASCII-Symbolen zusammengesetzte Zeichenfolge, die möglichst viel Ähn-

---

242 Bei Smileys handelt es sich um *emotional icons* (Emoticons).
243 Besagte Untersuchung weist in Chats einen Anteil von 21,6 Prozent für den Smiley :-) nach, gefolgt von 12,6 Prozent für :) und 8,6 Prozent für ;).
244 Thome sieht in den Smileys dicentisch indexikalische Legizeichen, deren Verwendung vorrangig auf Konvention beruht.
245 Nicht eingerechnet sind die Logogramme einer SMS-Mitteilung, die das ikonische Zeichen * anstelle von Spatien einsetzt: Hey*Wo*seid*ihr*grad*was*macht*ihr*heute*a bend*hab*kein*Bock*zum*Strand*zu*gehen*H*E*L.
246 In einer Ersparnisrangliste wäre die Abfolge ****Hotel < *4-Sterne-Hotel* < ****Sterne-Hotel, sodass die gewählte Form die schwerste Variante darstellt.

lichkeit zu einem Pfeil aufweist. Obgleich -> und --> strukturell übereinstimmen, sind sie bedeutungsdifferent. Im ersten Fall handelt es sich um einen Beleg im Kleinanzeigenkorpus 2005:

[89] SPEDITEUR gesucht für mtl 1 Pal.Beifracht ROM -> DE ✆ 0511-55555555

Das ikonische Zeichen ist zwischen zwei Lokalangaben verwendet, was impliziert, dass es sich um eine Richtungsangabe handelt; als Vollform wurde insofern ›nach‹ angesetzt: *[von] ROM ›nach‹ DEUTSCHLAND*. Im anderen Fall substituiert der Pfeil jedoch offensichtlich keine Präposition:

[90] H)IP 383!T H)IP TT!M H)!P 6VW H)! --> stell dein kaputtes Handy auf den Kopf und lies mal![247]

In diesem Verwendungszusammenhang ersetzt der Pfeil die konditionale Beziehung ›[wenn du den Text nicht verstehen kannst,] dann […]‹.

Beim korpusspezifischen Blick fällt auf, dass im Regelfall der Anteil der Logogramme über dem der ikonischen Zeichen liegt; einzige Ausnahme stellen die Kleinanzeigen 2005 dar. Die Abweichung erklärt sich mit dem Telefonhörer-Ikon, das mit 577 Belegen die absolute Mehrheit stellt. Der hohe Anteil ikonischer Zeichen in Höhe von 6,3 Prozent spiegelt sich an einem Beispiel wider, das sogar zwei Ikons (innerhalb einer Annonce) aufweist:

[91] ****FeWo, 2-6 P., NR, ruh., Nähe U-Bahn, ab 6.08. frei www.ffewo.de ✆ (030) 55555555

Vor diesem Hintergrund ist die (heutige!) Kleinanzeige als Prototyp für ikonischen Zeichengebrauch zu nennen. Dass kein einziges Ikon im Vergleichskorpus von 1955 belegt ist, dürfte weniger an dem technischen Entwicklungsstand liegen als vielmehr an der geringen Verbreitung von Telefonnummer-Angaben (vgl. 4.2.9.1). Hingegen sind die 68 ikonischen Zeichen der SMS-Mitteilungen ausschließlich den Smileys und den insgesamt drei ASCII-Art-Blumen zu verdanken. Weder bei den journalistischen Texten (KNT, KFTV) noch bei den Bons sind ikonische Zeichen belegt. Für die Artikelbezeichnungen zeigt sich der Grund für dieses Fehlen an einem Prozentzeichen, das anders als 13 ande-

---

247 Im Übrigen macht der Absender der Mitteilung Gebrauch von einer Ähnlichkeitsbeziehung zwischen den intendierten Graphemen und denen, die er durch die um 180 Grad gedrehte Schreibung verwenden muss. Der so entschlüsselbare Text lautet: *ich mag dich will dich liebe dich.*

re Fälle nicht als Logogramm eingebettet, sondern – wahrscheinlich vor dem Hintergrund des eingeschränkten Zeichensatzes bei den Kassensystemen – aus den Standardzeichen 0 und Schrägstrich zusammengesetzt ist:

[92] 200G SOURCREME 40 0/0 BLOCKH.[248]

Das Alpenpanorama und die Kleinanzeigen verbindet vor allem der Viertelgeviertstrich[249] (als Logogramm). Er wird üblicherweise in der Bedeutung ›bis‹ und zwischen Zahlen eingesetzt, um eine Zeit- oder Zahlenspanne auszudrücken (Belegung von Ferienwohnungen, Zimmeranzahl von Immobilien, Preisvorstellung etc.), seltener mittels ausgeschriebenen Monats- oder Wochentagsnamen *(Juni - Nov.; MO-FR)*. In jedem Fall handelt es sich im Regelfall um Werte, bei denen der minimale und maximale Wert sowie das Inkrement bekannt sind. Vereinzelt wird hiervon jedoch abgewichen:

[93] Berlin, preiswert und schön, App., € 50,-/Tag - 2 Pers. Tel. 030/5555555

[94] Su. alte Fußball-Eintrittskarten, 1. Bundeliga - WM ℡ 089/5555555 oder 0171/5555555

Im ersten Beleg ist der untere Wert der Personenanzahl getilgt, die Spanne aber implizit dadurch ausgedrückt, dass 0 (Personen) ausgeschlossen werden kann, die Schrittweite 1 ist und zwischen null und zwei nur eins liegt. Dies ist an sich kein unübliches Verfahren, doch wird es im Regelfall nicht mit einem Logogramm, sondern mit ausgeschriebenem *bis* realisiert. Beim zweiten Beispiel hingegen wird zwar nicht vollständig von der Spannweiteregel abgewichen, doch ist dafür ein detailliertes Wissen über den Fußballsport nötig. Gesammelt werden nämlich vom Inserenten alte Eintrittskarten von Spielen, die von der 1. Bundesliga ›bis‹ [zur] Weltmeisterschaft reichen, was Europameisterschaften sicher und Freundschaftsspiele vielleicht einschließt, jedoch Regionalliga- und Bezirksligaspiele ausschließt. Auch hier wird in der Regel *bis* ausgeschrieben.

Eine vergleichsweise hohe Belegdichte weisen & und + auf, die beim Tourismus-TV stets mit der Bedeutung ›und‹ verwendet werden:

---

248 Entspricht *40 %* und weist den Fettgehalt der Creme aus.
249 Korrekterweise müsste ein Halbgeviert oder gar Geviert gesetzt werden. Der Ausdruck »Bindestrich« wird hier absichtlich vermieden, denn in dieser (Binde-)Funktion tritt er anders als in *Panorama-Restaurant* hier nicht auf.

[95] Nachtskilauf & Nachtrodeln MO, MI & FR ab 19 Uhr

[96] Country-, Blues- & Folkfestival

[97] Seilbahnen + Lifte in Betrieb

[98] 29. + 30.03.: SkierCross Europacup im Funpark

Zulässig sind beide Logogramme allerdings nur für Personenverbindungen *(Dormann & Preuß)* bzw. mathematische Operationen, welche in einem Fall tatsächlich belegt sind *(1+2+3)*.
 Auch bei den Kleinanzeigen 2005 wird das + verwendet. Unter den 39 Belegen finden sich wie in [99] auch Kombinationen mit dem Bindestrich, was eine -/+-Folge bedingt:

[99] Kranz- + Etikettenware

[100] Top-FeWo 2 + 4 Pers.

[101] Fx + 668828

Auch bei [100] handelt es sich um keinen mathematischen Ausdruck (= 6 Pers.), also streng betrachtet nicht um ein ›und‹, sondern (anders als bei 2 - 4) um ein ›entweder […] oder […]‹. Eine ungewöhnliche Darstellung findet sich im dritten Beispiel [101], da es sich um ein Ergänzungszeichen (zu 0039/0577/555555) handelt, das stellvertretend für 0039/0577 steht, in der Regel jedoch mit dem Ergänzungsstrich - angezeigt wird (vgl. [99]: *Kranz- + Etikettenware*).
 Da es in Kleinanzeigen vielfach um Verkauf und Vermietung geht, ist das Währungszeichen erklärlich. Bei den Vergleichsannoncen aus dem Jahr 1955 fehlt ein solches nur deshalb, weil für die alte Währung *Deutsche Mark* kein Logogramm existierte, jedoch die Abkürzung DM, das vergleichbare 102 Tokens aufweist (s. 4.2.9.1). Darüber hinaus wurde hier auch auf die Erkennung von Mustern gesetzt, d.h. darauf, dass aus *xxx,-* eine finanzielle Wertangabe erschlossen wird (s. 4.2.8). & oder + werden noch nicht als Logogramme mit konjunktionaler Bedeutung eingesetzt – mit Ausnahme des & für die Verbindung von Personennamen bei fünf Firmennamen: *Böhning & Steckelberg, Dr. Eiken & Co.*
 Im journalistisch ausgerichteten Fahrgastfernsehen sind ebenfalls Tokens von & belegt (4), jedoch finden sich diese ausschließlich in Programm-

oder Musiktiteln. Hier überwiegen stilistisch unauffällige Logogramme wie ° (< *Grad*) oder €, wobei diese lediglich in tabellarischen Darstellungen (Programmhinweise, Wetterbericht) zu finden sind. Auffällig sind jedoch die hohen Tokens bei den Logogrammen *x* (24) und ... (17). Das Auslassungszeichen wird in verschiedenen Bedeutungen verwendet: ›et cetera; die Zukunft wird es zeigen‹ oder als Aufforderung an den Leser, eigene Gedanken anzustrengen.

[102] **Umweltsünden im Blick**
Auch aus dem All ist der Blick nicht immer traumhaft. Die Astronauten der „Discovery" haben Umweltschäden auf der Erde mit bloßem Auge erkannt: Braune Flüsse, abgeholzte Wälder, Buschbrände...

Darüber hinaus gibt es bei Programmdaten (Kino, Theater, Varieté etc.) die wiederkehrende Form

[103] ... und so kommen Sie mit der üstra hin: [...]

Die 24 Belege des *x* sind sämtlich in der Bedeutung ›mal‹ verwendet sowie stets innerhalb der Phrase *[X] x 2 (Frei)karten*. Diese ›Ausnahmen‹ deuten erneut darauf hin, dass das Fahrgastfernsehen zwar als journalistisches Angebot ausgerichtet wird, bei allem aber nicht auf einen lockeren Stil verzichtet, der offensichtlich den Rezeptionsbedingungen angepasst wird (s.o.).
Bei den SMS-Mitteilungen sind allein 33-mal die Logogramme + (20) und & (13) für ›und‹ belegt. Am häufigsten ist das Auslassungszeichen belegt[250], das über die genannten Funktionen hinaus als Aposiopese genutzt wird, um sich weiteres Tippen zu ersparen oder eine unendliche Wiederholung anzuzeigen (Beispiel [107]):

[104] Moin, war gestern abend leider etwas dicht. Hatten wir für heute schon eine konkrete Zeit gesagt? Oder wolltest Du Dich melden? Ja, ja der Alkohol...
[macht vergesslich]

[105] wollt ihr mit duschen kommen?Olli&ich wollten um 23.00h oder so bei uns gehen...
[und da könntet ihr ja mitkommen]

---

250 Tatsächlich handelt es sich natürlich um drei Punkte (in 10 der 70 Fälle um zwei, in 5 um vier) und nicht um das Logogramm; dies ist allerdings nicht inhaltlich, sondern typografisch bedingt.

[106] GUTEN ABEND! FAHRE SAMSTAG AUCH NACH FLENS-
BURG! ALSO WENN DU WILLST....!
[dann kann ich dich ja mitnehmen]

[107] I LOVE YOU VERRY VERRY .... MUCH!!!BYE
[VERY VERY VERY VERY etc.]

Mithilfe dieses Stilmittels ist es möglich, etwas ungesagt zu lassen, was schwierig zu ›sagen‹ oder stilistisch markiert ist:

[108] *nimmtDiloraindenarmundgehtmitihrinsBETTund....*[251]

Dies kann auch auf lexikalischer Ebene geschehen *(SCH... < Scheiße; besch.. < beschissen)* oder auf syntaktischer, indem nicht nur ein Satz*bestandteil* ungeschrieben bleibt, sondern ein vollständiger Satz:

[109] Hallo Katja ... Mache dir gerne die Haare

Entweder wird in diesem Fall das Auslassungszeichen gesetzt, um die vorausgegangene Frage nicht wiederholen zu müssen, eine Aussage wie ›zu deiner Frage:‹ umgehen zu können oder eine Begrüßungsfloskel wie ›wie geht es dir?‹ zu substituieren.

Eine weitere Funktion ist in einigen Mitteilungen belegt, die das Logogramm am Textende aufweisen:

[110] Hi A.! Habe eben G. ge-SMS-t. Falls sie es bis Montag vergessen
hat, kannst Du sie bitte dran erinnern, daß ich...

Hier wird nicht nur angedeutet, dass der Satz unvollendet ist, und es dabei belassen, sondern eine Fortsetzung markiert, die in einer weiteren Mitteilung erfolgt. Es handelt sich also nicht um ein rhetorisches Stilmittel, sondern um einen Fortsetzungsmarker.

Eine multifunktionale Anwendung findet sich auch beim Gleichheitszeichen. Es ist über nahezu alle Korpora hinweg und neunmal belegt – und nur in einem Fall als mathematisches Zeichen *(E=mc2)*[252]. Bei den Artikelbe-

---

251 Hierbei handelt es sich im Übrigen nur strukturell – in Form von *x* – um eine Inflektivkonstruktion, jedoch nicht tatsächlich, da *nimmt* und *geht* finit sind.
252 Aufgrund des kleinen Zeichensatzes, der keine hochgestellten Zahlen kennt, und der nicht typografisch realisierbaren Hochstellung ist die Potenz nicht hochgestellt (korrekt: $E=mc^2$).

4.2 Auswertung

zeichnungen und den Kleinanzeigen 1955 ist es mit der Bedeutung ›entspricht‹ belegt *(4 = 250G, 6=250G; Lire 1400 (= 10 DM))*[253], ebenfalls in *Rekord-Höhendifferenz = 809 Meter* (Alpenpanorama). In einer weniger konventionellen kreativen Weise ist das Logogramm in den Kleinanzeigen 2005 belegt:

[111] Freizeit mit Wir über 40/50 = gemeinsam aktiv =Kultur+Natur+Gesellschaft+Ausflüge viele nette Leute: Ruf einfach an ✆ 5555555

Hier entspricht *gemeinsam aktiv* einem Prädikativ und damit dem Gleichheitszeichen in etwa die Kopula, während das zweite Gleichheitszeichen eher der Bedeutung ›und das bedeutet‹ nahe kommt (paraphrasiert: ›gemeinsam aktiv, d.h. wichtig sind uns Kultur, Natur, Gesellschaft und Ausflüge‹). Ähnliches trifft auch die SMS-Mitteilung [112] zu.

[112] Hei Fickomat, zusammen fahren? Ich = 20. 23H. Muss zwar lesen, aber dein geiler body sollte mich bei Laune halten. Deine […]

Auch hier übernimmt das Gleichheitszeichen die Funktion des finiten Verbs, womit als Paraphrase ›Ich fahre [am] 20. [um] 23 h‹ oder ›Ich fahre [heute um] 20.23 h‹ angesetzt werden kann an.

Detaillierte Zahlen über die Verwendung von Logogrammen und ikonischen Zeichen sind der Tab. 4-36 zu entnehmen.

Neben dem Gebrauch der Logogramme erscheint zur Interpretation der Ergebnisse ein kurzer Blick auf die Verwendung der ›Vollformen‹ lohnend, wobei hier nur einige der Logogramme und ikonischen Zeichen genannt werden sollen. Beim Newsticker stehen zwei Vollformen dem Logogramm gegenüber, beim Fahrgastfernsehen ist ausschließlich die Vollform belegt (in Verbindung mit 0 sogar beide Belege mit dem Numerale: *Null Prozent*), während bei den 1955er Kleinanzeigen vier Kurzformen einer Vollform gegenüberstehen. Bei der Währung Euro ist beim Fahrgastfernsehen nur in Tabellen das Logogramm belegt; in den anderen 70 Fällen wird stattdessen die Vollform *Euro* gebraucht. Ein umgekehrtes Verhältnis zeigt sich bei den Kleinanzeigen, bei denen den 97 Logogrammen nur 6 Vollformen gegenüberstehen. Im Newsticker ist kein Währungssymbol gebraucht worden – alle sechs Angaben sind mit der Vollform *Euro* realisiert worden. Beim Bindestrich und seiner Bedeutung ›bis‹ gibt es keinen einzigen Beleg eines Logogramms, wohingegen umgekehrt bei den Kleinanzeigen 2005 neben den 93 Logogrammen immerhin 40 Vollformen belegt sind, die bis auf zwei Ausnahmen und eine satzeinleitende Ver-

---

253 Paraphrasiert: ›4 bzw. 6 Stück, die 250 g entsprechen‹.

	KNT	KFTV	KKA 2005	KTTV	KKA 1955	KSMS H	KBON
Wortformen	2 291	26 279	9 374	4 240	10 282	12 442	747
Anteil Logogramme (in %)	0,04	0,3	3,1	4,5	0,9	0,9	3,9
Anteil ikonischer Zeichen (in %)	–	–	6,3	0,05	–	0,5	–
Gesamtanteil (in %)	0,04	0,3	9,3	4,5	0,9	1,5	3,9
Gesamtersparnis (Ø in %)	86	35	58	39	63	52	55
versch. (in %, abs. Z. in ())	0,04 (1)	0,04 (10)	0,20 (19)	0,35 (15)	0,07 (7)	0,17 (21)	0,67 (5)
Tokens (Logogr.)	1	67	286	189	97	118	29
Tokens (ikon. Z.)	–	–	588	2	–	68	–
Top-5[1]	% (Lo)	x (24, Lo), ... (17, Lo), € (11, Lo), ° (5, Lo), & (4, Lo)	✆ (577, Ik) € (97, o), - (93, Lo), + (39, Lo), x (22, Lo)	- (135, Lo) & (20, Lo), + (15, Lo), ... (5, Lo), % (4, Lo)	x (44, Lo), - (41, Lo), & (5, Lo), Ø (1, Lo), = (1, Lo), + (1, Lo)	... (70, Lo), :-) (42, Ik), + (20, Lo), & (13, Lo), :-((11, Ik)	%[2] (14, Lo), x (9, Lo), + (4, Lo), = (2, Lo)
Anteil Vollformen	Prozent (2)	Prozent (24)	–	–	Prozent (1)	–	–

(1) Zum Teil sind mehr als fünf Lexeme aufgeführt, um den Rang aufrechtzuerhalten (= mehrere mit denselben Vorkommenshäufigkeiten). Die Abk. bedeuten Folgendes: Lo = Logogramm, Ik = Ikonisches Zeichen. – (2) Einmal realisiert als 0/0.

Tab. 4-36: Quantitative Ökonomie durch Logogramme und ikonische Zeichen.

wendung *(Wer hat Kapazität im Auto? Bis 24.7. ✆ 089/1578596)*, bei der eine Anwendung des Halbgevierts als sehr markiert zu gelten hätte, keine Spanne explizit ausdrücken, sondern nur implizit *(privates Ferienhaus, Meeresblick, bis 5 Pers.;* vgl. oben). Ähnliches trifft auch auf das Alpenpanorama zu, bei dem das Verhältnis 153:65 ist, wobei hier neben Phrasen wie *Abfahrt bis ins Tal* eher auch mal Zeit- oder Datumsspannen mit *bis* statt mit – angegeben werden. Bei den SMS-Mitteilungen überwiegt sogar eindeutig die Vollform, selbst bei *Von 8 bis 10 ca.* Bei den anderen fünf Maßspannweiten *(40-90dm!!!; Sind 4-5)* findet das Logogramm Anwendung. Ursache hierfür könnte die besondere Eingabeweise von Interpunktions- und Sonderzeichen sein, während *bis* mit drei üblichen Tasten eingegeben werden kann (T9-Verwendung vorausgesetzt). Das Telefonhörer-Ikon ist ausschließlich im KKA 2005 belegt. Daneben ist auch dreimal die ebenfalls ein Zeichen umfassende Abkürzung *T* belegt (fünfmal in den Korpora von 1995), die mit *Fax (T/F)* kombinierbar ist. Smileys weisen einen exklusiven Charakter nicht nur hinsichtlich der Korpora auf (sie sind außerhalb der SMS-Mitteilungen nicht belegt), sondern auch in Bezug auf die Verwendung. Inflektive wie *freu* sind marginal vertreten, zum Beispiel mit nur einem Beleg auf Basis von *freu*; und selbst hierbei wird der Smiley durch den Inflektiv nicht ersetzt, sondern bekräftigt:

[113] Wenn ich eine Gestallt auf dieser Erde töten könnte, dann würde ich B.D. töten. :-) *freu*

In der überwiegenden Zahl wird also von den Logogrammen und ikonischen Zeichen Gebrauch gemacht, sofern es stilistisch ›zulässig‹ ist; davon wird vor allem abgewichen, wenn es sich um journalistische Texte handelt, die Verwendung eines Logogramms mit einseitig nachfolgender Zahl oder Datumsangabe folgt oder Phrasen wie *bis zum Nordufer, bis zum Strand* bestehen.

Zuletzt sind noch einige besondere Verwendungsweisen zu nennen, die von den genannten abweichen. Beispielsweise kennzeichnet ein Schrägstrich üblicherweise Alternativen *(Lodge/Ranch/Camping-Rundreisen)*, seltener Aufzählungen *(4 Pers/Terr./SAT/gute Lage; BHT 203/166/63)*, Unterordnung *(Malta/Gozo)* oder Überordnung *(Tribunj/Split)*, oder er wird in der Bedeutung ›pro, je‹ gebraucht *(40 €/Tag)*.[254] In folgender Kleinanzeige dient er hingegen der unter – genannten Funktion:

[114] f. 2/4 Pers. ✆ [...]

Doch auch – ist nicht nur in der Bedeutung ›bis‹ belegt, sondern auch mit ›Ersparnis in Höhe von; minus‹ sowie ›und; bis nach, weiter nach‹. In [115] ist dies strukturell identisch innerhalb eines Kommunikates erfolgt.

[115] SAISONKARTENVORVERKAUF 01.11. - 08.12. - 5%

[116] Nach Leer-Emden am 14.7. in Kleinbus einige Plätze frei. Angeb. unter S 449 an HAZ, Hannover.

Durch das in [116] vorangestellte *nach* wäre die Bedeutung ›über‹ logisch, doch liegt Emden auf dem Weg nach Leer und nicht umgekehrt, sodass eine die Bedeutung ›weiter nach‹ wahrscheinlicher ist. In diesem Fall handelt es sich

---

254 Daneben strukturiert er Telefonnummern (069/555555).

dann allerdings nicht mehr um ein Logogramm, da mit der horizontalen Linie eine ikonische Funktion verbunden wäre (vgl. oben ->). Unzweifelhaft ist diese ikonische Bedeutung in [117] angewandt worden:

[117] Mitfahrgelegenh. Hannover-Bamberg. 2 Plätze frei. Tel. 5 55 55.

Auch in der folgenden Anzeige [118] handelt es sich nicht um ein Kompositum, sondern um eine Art – mit Gedankenstrich vollzogener (aber mittels Bindestrich durchgeführter) – Aufzählung oder nachgestellte Spezifizierung:

[118] Rom-FeWo-Garten. 039/555555555

Eindeutig als Trennungszeichen einer Aufzählung ist der Bindestrich in folgender Annonce (KKA 1955) eingesetzt:

[119] Pensionär (67, gehbehindert) u. Frau (herzleidend), suchen Dauervollpens. *(Lift-2 Zimmer)* in Heim od. Sanatorium in od. Nähe Ffm. Zuschr. unter S T 900 an die Frankfurter Allgemeine, Ffm. [Hervorhebung d.V.]

Auch bei *Vendee-Atlantik* ist der Bindestrich nicht normkonform angewendet, denn korrekt hätte ein Schrägstrich eingesetzt werden müssen *(Vendee/Atlantik)*, da es sich nicht um ein Wortbildungsprodukt, sondern um eine lokale Spezifizierung der Region *Atlantik* handelt.

Abschließend sei angemerkt, dass es wie bei den Abkürzungen *(f.* vs. *ff.)* auch bei Logogrammen einen Rest von Reduplikation gibt, der {Plural} markiert – so etwa bei Verweisen auf Paragraphen *(s. §2* vs. *s. §§3, 24, 55)*.

4.2.9.4 Alternative Markierung von Wortgrenzen

Im Schriftsprachlichen dient das Spatium der Abgrenzung von Wörtern. Diese Regel wird auch durch den Gebrauch nicht-alphabetischer Zeichen wie Interpunktionszeichen oder Ziffern, die an sich eine Abgrenzung darstellen, nicht durchbrochen.

Anders als die meisten Texte ist besonders die SMS-Kommunikation dadurch gekennzeichnet, dass sie auf eine vergleichsweise geringe Anzahl an Zeichen reduziert ist, die angesichts einer mittleren Länge von rund der Hälfte der potenziell möglichen Zeichen kaum als relevant zu betrachten ist. Offensichtlich stellt sich die Kommunikationsgemeinschaft erfolgreich auf die technischen Rahmenbedingungen ein; oder es handelt sich um eine Kommunikationsform, die sie als geeignet genau für Mitteilungen dieser Länge ansieht bzw. die eine Lücke in vorhandenen Kommunikationsformen zu schließen in der Lage ist.

Tatsächlich ist die Spannweite der Zeichenlänge von SMS-Mitteilungen allerdings groß. Einige Mitteilungen strecken sich daher über zwei oder mehr Mitteilungen, die zwar getrennt versendet, jedoch – als EMS-Mitteilung[255] – sowohl beim Absender als eine einzelne Mitteilung angezeigt als auch beim Empfänger durch Zusammensetzen der Mitteilungen nach dem Eintreffen als eine Einheit präsentiert werden. Dennoch sind mit den Nachrichten mit einer Länge über 160 Zeichen Mehrkosten und neben dem Finanziellen der Tippaufwand verbunden. Eine Hypothese muss folglich lauten: Sofern eine Wortgrenze bereits auf andere Weise markiert ist, kann auf das Setzen eines Spatiums verzichtet und damit physischer und/oder finanzieller Aufwand eingespart werden. Die folgende SMS-Mitteilung kommt tatsächlich gänzlich ohne Spatien aus:

[120] Hey*Wo*seid*ihr*grad*was*macht*ihr*heute*abend*hab*kein*Bock*z um*Strand*zu*gehen*H*E*L[256]

Zwar sind die Wortformen auch ohne Spatien erkennbar, doch als ökonomische Variante zur Standardschreibung *Hey Wo seid ihr grad [...]* ist sie nicht anzusehen, da weder Zeichen eingespart werden (nicht quantitativ ökonomisch), noch eine bessere Lesbarkeit durch die alternative Verwendung von Asterisken erzielt wird (nicht qualitativ ökonomisch). Es handelt sich hingegen um eine kreative Stilvariante. Zeicheneinsparung ergibt sich jedoch bei der folgenden Mitteilung:

[121] GrüßGott!SindNochImSchönstenBayern!Schatz,inBayernFindestD ukeinenTraummann!AberMorgenFrühGehtsLos&GlaubunsWirWe rdenNichWiederKommenOhneUnsereMissionErfülltZuHaben!LD

Hier fungieren verschiedene Mittel als Marker von Wortgrenzen. Zum einen die Graphie, denn mit nur wenigen Ausnahmen sind sämtliche Wortanfänge großgeschrieben. Anders als bei *BahnCard* handelt es sich nicht um Binnenmajuskeln, die Stein als »Majuskeln im Wortinnern« (Stein 1999) beschreibt, denn die Großschreibung erfolgt nicht an Morphem- oder Konstituenten-

---

255 EMS = Enhanced Message Service.
256 Ein ähnlicher Beleg mit nur wenigen Spatien ist --<--< --<3 *RosenFürEinenLiebenMe nschenDenIchNieMehrVerlierenMag!Riesenknutsch vom Knüti*.

grenzen von Wörtern, sondern an den Wortgrenzen selbst; im ersten Fall hätte zudem *Traummann* als *TraumMann* realisiert werden müssen. Zum anderen wird auch die Funktion der Interpunktionszeichen dadurch ausgeweitet, dass sie Wörter voneinander abgrenzen. Sie stellen eine klarere Grenze dar, da sie nicht aus Graphemen bestehen und so eindeutig als nicht zum Wort gehörend interpretiert werden und damit anders als bei *Traummann*, welches gemäß den deutschen Orthografieregeln ohnehin großgeschrieben werden muss, hinreichend[257] markieren. Drittens schließlich ist das Logogramm als Marker verwendet worden, denn ebenso wie bei Interpunktionszeichen gibt es bei Logogrammen keine Groß- und Kleinschreibung.

Trotz der damit verbundenen Einsparung scheint auch hier der finanzielle Aspekt keine Rolle gespielt zu haben, da die Mitteilung eine Länge von 165 Zeichen aufweist und damit 5 Zeichen über der Obergrenze einer SMS-Mitteilung liegt. Ob hier also sprachliche Ökonomie als Ursache infrage kommt, ist fraglich, zumal die Einsparung des Leerzeichens (Schlobinski et al. 2001: 9) mit einem Aktivieren der Großschreibung erkauft wird – beides in der Regel mit einem gesonderten Tastaturanschlag. Möglich ist aber, dass der Absender der Mitteilung stets in dieser Weise seine mobilen Texte verfasst und dadurch im Regelfall eine zweite SMS einspart; entsprechende Vergleichsdaten liegen allerdings nicht vor.

Zweifelsfrei auf quantitative Ökonomie zurückzuführen ist die Anwendung dieses Grenzmarkers bei den abschließenden Mitteilungen eines SMS-Gottesdienstes aus Hannover, der am 03.05.2001 als PR-Aktion der Evangelischen Jugend Hannover veranstaltet wurde und sechs SMS-Nachrichten umfasste, die innerhalb von 40 Minuten versandt worden sind (s. Netlink 428; vgl. Schlobinski et al. 2001: 10). Den Abschluss bildete das »Vaterunser«, das 376 Zeichen umfasst, wofür drei Mitteilungen hätten versandt werden müssen. Durch die Spatium-Tilgung konnte das Gebet in nur zwei Mitteilungen (mit zusammen 313 Zeichen[258]) versandt werden:

[122] VaterUnserImHimmel.GeheiligtWerdeDeinName.DeinReichKomme.DeinWilleGeschehe.WieImHimmelSoAuchAufErden.UnserTäglichesBrotGibUnsHeute.UndVergibUnsUnsereSchuld.

---

257 Die Markierung ist so stark, dass sogar von der Großschreibung abgewichen worden ist, was sich nach dem Komma bei einem kleingeschriebenen *n* zeigt. Allerdings ist auch bei *DukeinenTraummann* von der Regel abgewichen worden. Es könnte sich also auch um einen Zufall handeln – oder um einen Fehler bei der Datenerhebung (zweifaches Abschreiben durch Fragebogenerhebung).

258 Tatsächlich waren es 314 Zeichen, da vor *Amen* ein Absatzzeichen eingefügt worden ist.

4.2 Auswertung

[123] WieAuchWirVergebenUnsernSchuldigern.UndFühreUnsNichtInV
ersuchung,SondernErlöseUnsVonDemBösen.DennDeinIstDasReichUndDieKraftUndDieHerrlichkeitInEwigkeit.Amen.

In einem vier Monate später veranstalteten Fortsetzungsgottesdienst am 27.09.2001 wurde die quantitative Ökonomie noch gesteigert, indem die Konjunktion *und* durch das Logogramm + ersetzt worden ist. Darüber hinaus wurde auf Interpunktion gänzlich verzichtet, die dank Großschreibung der Wortformen für die Abgrenzung unnötig ist. Dennoch gehen mit der Tilgung syntaktische Informationen verloren:

[124] WieAuchWirVergebenUnsernSchuldigern+FuehreUnsNichtInVersuchungSondernErloeseUnsVonDemBoesenDennDeinIstDasReich
+DieKraft+DieHerrlichkeitInEwigkeitAmen

Neben den Interpunktionszeichen und den bereits betrachteten Logogrammen (& in [121] sowie + in [125]) stellen auch ikonische Zeichen und Ziffern – sowie generell alle sich von den Alphabetzeichen abhebenden Zeichen – mögliche Marker von Wortgrenzen dar. Beispielsweise liegt mit *7Tg.* ein solcher Fall vor, da Grapheme und Ziffern in der Regel nicht Bestandteile ein und desselben Wortes sind; allerdings gibt es davon die bereits behandelten Ausnahmen wie beispielsweise *18jährig., 27jähr., 2fl., 2flügl., 8er* (s. 4.2.9.1, 4.2.9.2), wenngleich diese nach den aktuellen Regeln der deutschen Orthografie durch Bindestrich von den Graphemen (typografisch) abzutrennen sind (*18-jährig., 27-jähr., 2-fl.* etc.). Den Prototypen stellt jedoch – zusammen mit dem Abkürzungspunkt – das Interpunktionszeichen.

Auch wenn SMS-Mitteilungen als typische Anwendung des beschriebenen Verfahrens gelten (können), ist es dennoch nicht auf diese beschränkt. Beispielsweise sind bei fünf Aufzählungen des Fahrgastfernsehens mitunter die Spatien getilgt:

[125] **Vom Aegi geht's zu Fuß weiter**
Confed-Cup in Hannover: Wer mit den Linien 1,2,4,5,6,8,10 und 11 zum Stadion will, steigt am besten an der Station Aegidientorplatz aus. Von dort ist ein Fußweg ausgeschildert. Achten Sie auf die Fahrer-Durchsagen!

Auch beim Alpenpanorama finden sich entsprechende Tilgungen, mehrfach etwa im folgenden Beleg:

[126] Kartenverkauf Saalfelden,Bahnhofstr.16,Mo-Fr 10-16h geöffnet

In diesem Fall ist durchgängig hinter den Kommata und dem Abkürzungspunkt kein Leerzeichen gesetzt; darüber hinaus ist auch die oben genannte natürliche Ziffern-Alphabetzeichen-Grenze bei *16h* entsprechend genutzt. Insgesamt in 15 Fällen ist das Spatium infolge vorangegangener Interpunktion getilgt. Darunter sind wiederum Aufzählungen (29.05.-1.6.,4.6.,7.6.-9.6.), aber auch Datumsangaben *(24.Mai)* und Logogramme *(1. +3. Freitag)*. In weiteren 20 Fällen fehlt hinter Abkürzungspunkten ein Spatium, wobei es anscheinend Tendenzen gibt, die [127] verdeutlicht:

[127] Int.Moto-Guzzi-Treffen a. Campingpl.Steinplatte

Den Ausschlag könnte die Zugehörigkeit zu einer Wortgruppe gegeben haben, denn sowohl innerhalb von *Int.Moto-Guzzi-Treffen* als auch von *Campingpl. Steinplatte* fehlt der Leerraum, wohingegen er hinter der klitisierten Präposition *a.* (< *am*) gesetzt ist.

Bei den Artikelbezeichnungen auf Bons stellt das Verfahren sogar den Standard dar, wenn die vorige Wortform abgekürzt worden ist: In 55 Fällen ist hier ein Spatium getilgt, wobei in 53 davon hinter einem Punkt reduziert worden ist: *STORCH VELTLIN.,0,[7]*. Insbesondere bei den Bons wird zwischen Ziffern und Buchstaben (i.d.R. Maßeinheiten) wie im Fall von *400G* kein Spatium gesetzt.

Bei den Kleinanzeigen 2005 ist in nahezu allen 36 Fällen hinter einer Abkürzung das Spatium getilgt. Beispiele wären *Su.Lehrkraft, 1 Pal.Beifracht, Kinder-u.tierfreundliche*, auch hinter einem auf *-str.* reduzierten Straßennamen mit anschließender Hausnummer wie bei *Georgstr.44* oder *K.-Schuhmacher-Str.31*. Dass die Lesbarkeit darunter nicht oder höchstens marginal leidet, belegt folgende Anzeige, bei der die Tilgung mehrfach angewandt worden ist, zumal sie zweimal in Folge offensichtlich ungern realisiert wird:

[128] Architekt bearb. Planung, Vollfinanzier.u. Bauleitg.bis z. schüsselfert.Übergabe. S 200 Frankf. Allgemeine

Ebenfalls in Aufzählungen ist die Tilgung wiederum belegt:

[129] www.Kunstgutachten.de Bilder,Antik,Möbel Dr. Rauch
℡ 089/555555 u. 0172/5555555

4.2 Auswertung

	KNT	KFTV	KKA 2005	KTTV	KKA 1955	KSMS H	KBON
Wortformen	2 291	26 279	9 374	4 240	10 282	12 442	747
Anzahl Spatien[1]	1 969	24 465	7 811	3 277	9 315	10 620	338
Anzahl Tilgungen	–	5	36	35	73	671	55
Anteil Spatium-Tilgung (in %)[2]	–	0,02	0,5	1,1	0,8	6,3	16,3
Ersparnis (Ø in %)[3]	–	100	100	100	100	100	100
umgerechnet auf Wortformen (%)	–	0,02	0,4	0,8	0,7	5,4	7,4

(1) Bei Spannweiteangaben wie 2-4 [Pers.] sind Spatien nicht als vorausgesetzt betrachtet worden. Dies sowie einige weitere Fälle erklären die Differenz zwischen der Anzahl der Wortformen und der der Spatien. – (2) Angerechnet auf die Gesamtanzahl der Spatien. – (3) Wenn ein Spatium die Vollform darstellt und die Kurzform (Tilgung) die Zeichenlänge null aufweist, ist die Ersparnis 100 Prozent. Wenn man sie gegen die Anzahl der Spatien rechnet, stimmt der Ersparniswert mit den Anteilwerten überein, da der Gegenstand stets eine Zeichenlänge darstellt. Da es in allen anderen Fällen um eine Reduktion von Wortformen ging, ist hier der Vergleichswert die Anzahl der Wortformen, und da sie nicht getilgt (dies wäre Gegenstand einer syntaktischen Reduktionsanalyse), sondern nur reduziert sind, erreichen diese Ersparniswerte niemals die 100 Prozent (ausgenommen die negative Ersparnis, d.h. Mehraufwand).

Tab. 4-36: Quantitative Reduktion durch Spatium-Tilgung.

In Verbindung mit einer anderen Abkürzung sind nur zwei Tilgungen belegt (*p.T., u.d.*), als Sonderfall *o.AB*. Bei den Annoncen aus dem Jahr 1955 überwiegt diese spezielle Form der Spatium-Tilgung in Initialabkürzungen wie bei *A.B.*[259], z.B., *[Bad Homburg] v.d.H.* etc., deren 42 Belege durch ähnliche 4 Abkürzungen (*gt.erh., z.vk.*) zu ergänzen wären; rund ein Drittel geht auf Ortsnamenergänzungen zurück wie *i.Br.* oder *a.M.*, die mehrheitlich auf der damaligen Gebrauchsweise der Chiffreangabe beruhen. Weitere 27 Tilgungen sind ohne strukturelle Auffälligkeiten belegt, wobei rund ein Fünftel das Leerzeichen zwischen abgekürztem Straßennamen und Hausnummer betrifft: *Heßstr. 4, Lindwurmstr. 16* (selten auch den Straßennamen wie bei *Harenberg. Str.*).

Trotz des zum Teil relativ hohen Anteils gilt die ›alternative Wortgrenze‹ vor allem für SMS-Mitteilungen und hierbei als Trennmittel vor allem das Interpunktionszeichen, auch wenn der folgende Text das zweimal verwendete Logogramm + und die Buchstaben-Ziffern-Grenze bei *18H (< 18 Uhr)* nutzt:

[130] HEY FORTI!MAREIKE ERREICHT.AM 5.8.UM 18H BEI
BABSI.ESSEN+TRINKEN MIT M ABKLÄREN.SAGST DU
KAT+MIRJA BESCHEID?DANKE!LG NICO

---

259 Namensinitialen: *[Vornamenitial].[Nachnameninitial]*.

Um den Text im Rahmen einer Mitteilung verschicken zu können, war die Anwendung jedoch nicht notwendig. Es scheint sowohl das Wissen um die Obergrenze zu sein, das hier zur Reduktion führt, als auch das Vermeiden eines zusätzlichen Tastaturanschlags, der keine Inhalte transportiert, sondern lediglich die Lesbarkeit verbessern soll. In der Summe sind 671 Formen dieser Variante belegt, wobei in Asterisken eingeschlossene Inflektive und Inflektivkonstruktionen (Schlobinski 2001) nicht gewertet worden sind *(*fg*)*. Auch die Variation ist hier etwas breiter als bei den anderen Korpora.

Beim Newsticker ist – spätestens infolge der bisherigen Ergebnisse – erwartungskonform kein einziger Fall einer entsprechenden Tilgung belegt. Dies ist jedoch die Ausnahme, denn selbst wenn der Anteil gering ist: Sogar beim Fahrgastfernsehen ist von der vergleichsweise markierten Form der Nichtrealisierung eines Spatiums an einer obligatorischen Stelle Gebrauch gemacht worden. Das Reduktionsmittel wird also nicht nur in SMS-Mitteilungen genutzt, sondern auch im Alpenpanorama und den Kleinanzeigen sowie beim Bon-Korpus in rund jedem sechsten Fall. Die Ersparnis ist zwar vergleichsweise gering, doch lassen sich mit dem Mittel ohne inhaltliche Reduktion Zeichen einsparen, sodass einer der wenigen Fälle vorliegt, wo quantitative Ökonomie nicht (nennenswert) auf Rechnung der qualitativen Ökonomie geht.

4.3 Ergebnisse, Vergleich und Diskussion

In den Abschnitten dieses Kapitels wurden Merkmale sprachlicher Ökonomie an Korpora untersucht, die sich sämtlich durch einen geringen Textraum auszeichnen. Durch die Verwendung mehrerer Korpora und einer einheitlichen Merkmalsliste war ein Binnenvergleich möglich; so haben sich Korpusspezifika ergeben, von denen die wichtigsten noch einmal in Kapitel 5 zusammengefasst werden. Im vorliegenden – die Analysen abschließenden – Abschnitt soll es hingegen darum gehen, die Ergebnisse zusammenzufassen und vor dem Hintergrund anderer Sprachdaten einzuordnen. Hierzu bedarf es eines Vergleichs der Ergebnisse mit denen eines Korpus, das sich gerade nicht durch einen geringen Textraum auszeichnet. Hierfür werden die eingangs beschriebenen Zeitungsartikel (s. 4.1.7) herangezogen. Natürlich bestehen auch in redaktionellen Angeboten Textgrenzen, die zum Teil ebenfalls technisch bedingt sind, sodass auch hier – wie in allen, alltäglichen Sprachhandlungen (vgl. Kap. 2.3) – eine gewisse sprachliche Ökonomie in Erscheinung tritt. Dennoch besteht hierbei kein vergleichbarer Ökonomie-Druck, wie dies bei den untersuchten Kommunikationsformen der Fall ist.

4.3 Ergebnisse, Vergleich und Diskussion

Den hinsichtlich der untersuchten Merkmale höchsten Anteil eindeutig sprachlicher Reduktion weisen Zeitungsartikel mit 1,7 Prozent im Bereich der Tilgung von Morphemen auf. Der größte Anteil liegt bei der des Determinans. Belegt sind etwa *Anschlag* (< *Terroranschlag*, 8 Belege), *Zug* (< *Eisenbahnzug*, 4), *Kasse* (< *Krankenkasse*, 3), *Aufwendung* (< *Geldaufwendung*, 2), *Pulver* (< *Milchpulver*), *Röhre* (< *Tunnelröhre*), *Sturm* (< *Wirbelsturm*; jeweils 2). Auch *Mail* ist wieder belegt. Bei Klammerformen (0,5 %) sind vor allem Formen von *Sprecher* (< *Pressesprecher*) belegt, so etwa *Allianz-Sprecherin, Conti-Sprecher, Paralympics-Sprecherin*. Zwar ist die Komplexität der Wortformen im Mittel höher als bei den anderen Korpora, doch verlieren Bildungen wie *Paralympics-Pressesprecherin* an Transparenz, zumal Sprecher in erster Linie – insbesondere in Verbindung mit Firmen, Organisationen oder Großveranstaltungen – in der Bedeutung ›Pressesprecher‹ interpretiert werden (vs. Sprecher ›Ansager; Sprechender‹). Mit 0,3 Prozent sind Reduktionen auf das Determinans unerwartet häufig, jedoch handelt es sich um usualisierte Lexeme wie *Medien* (< *Medienhäuser*, 3), *Freistil* (< *Freistilschwimmer*, 2) oder Einzelfälle wie *Siemens-Korruption* (< *Siemens-Korruptionsaffäre*).

1,4 Prozent Anteil weisen Kurzwörter und Kurzwort-Wortbildungen zu jeweils gleichen Teilen auf (0,7 %). Die Ersparnis ist hierbei vergleichsweise hoch, da sich unter den zwölf Kurzwort-Types acht Initialwörter befinden und von den vier Kopfwörtern eines eine ausnehmend starke Reduktion von 87 Prozent aufweist – im Mittel sind es 50 Prozent. Ursache hierfür ist, dass Kopfwörter im Regelfall auf ein einziges Wort zurückgehen und nicht – wie im seltenen Fall von *Fed* – auf eine Wortgruppe (*Federal Reserve System*). Am häufigsten belegt sind *Conti* (5), *Fan* (4) und *Usoc* (3, < *United States Olympic Committee*). Bei den Komposita mit Kurzwörtern überwiegt wiederum *US* mit 9 Tokens; hervor sticht die Kurzwort-Wortbildung *US-Paralympier*, da an diesem Anglizismus ein Kurzwort *(US)*, eine Wortkreuzung (*paraleptic + Olympics*) und eine Derivation (*-er*) beteiligt sind.[260] Mehrfach belegt sind ferner *NS* und *Conti*. Die höchste Komplexität weist *US-Börsenaufsichtschef* auf, welches alternativ mit dreifachem Genitiv auszuführen wäre (< *Chef der Aufsicht der Börse der United States of America*).

Die elliptische Reduktion in Wortgruppen ist auf zwei Eigennamen beschränkt: *Giants* und *Jets* (< *New York Giants, New York Jets*). Sie machen damit nur einen Anteil von 0,1 Prozent aus und weisen so den gleichen Umfang wie die Abkürzungen auf. Letztere stellen allerdings die weniger erwarteten Reduktionsformen dar. Belegt sind jedoch vier unauffällige Abkürzungen: ein Zitat aus der Korruptionsaffäre bei Siemens, *NA* (< *nützliche Aufwendungen*),

---

260 Auch *paralympisch* ist hier als adjektivisches Desubstantivum belegt.

das für Ortsnamen typische abgekürzte *Sankt* in *St. Pancras*, der Eigenname *O2*[261] in *O2-World-Arena* sowie *W.* als Namensbestandteil des US-Präsidenten *George W. Bush*.

Selbst Numeralia sind entgegen der Gutenberg-Regel in drei[262] Fällen oder 0,08 Prozent aller Wortformen durch Ziffern ›ersetzt‹:

[131] [...] Samstag sollten laut Eurostar je 12 Hochgeschwindigkeitszüge in jede Richtung fahren [...]

[132] [...] nach dem 2. Weltkrieg [...]

In [132] handelt es sich um ein Ordinale, welches in diesem Zusammenhang zwar keine Seltenheit darstellt, doch ist auch *der Zweite Weltkrieg* gebräuchlich. Entsprechende Numeralia sind ebenfalls belegt *(nach zwölf Zugaben; in der [...] zweiten Tunnelröhre)*, ferner Wortformen von *zwei* (12), *fünf* (5), *drei* (4), *dritt* (4), *erst* (2), *sechs* (2), *zweijährig* (2) etc. mit einem Gesamtanteil von 1,4 Prozent.

Die als eher stilistisches Mittel geltenden Wortkreuzungen sind zu 0,2 Prozent im Kontrollkorpus vertreten, wobei alle 5 Types resp. 8 Tokens auf eine Basis zurückgehen *(Paralympics)*.

Mit 3,1 Prozent stellen die Anglizismen das am häufigsten belegte der untersuchten Merkmale dar. Auch hier handelt es sich nicht um ein primär sprachökonomisches Mittel, sondern ein stilistisches, wobei sich dadurch dennoch eine Ersparnis von 35 Prozent gegenüber der Verwendung deutschsprachiger Pendants ergibt.

Der Vollständigkeit halber sei angemerkt, dass im Kontrollkorpus weder Logogramme oder ikonische Zeichen noch Spatien-Tilgung mit alternativer Markierung der Wortgrenzen belegt sind.

In der Tab. 4-37 sind die wichtigsten Ergebnisse hinsichtlich quantitativer Ökonomie noch einmal zusammengefasst und denen der Zeitungsartikel gegenübergestellt. Im Fuß sind sämtliche Werte (gewichtet) aufaddiert, sodass die Werte 1. für den Gesamtanteil an Reduktionsformen und 2. für die sich durch sie ergebende Gesamtersparnis stehen (sortiert nach Anteil[263]). Hierbei sind Anglizismen und Wortkreuzungen gesondert aufgeführt (s.u.). Die Artikelbezeichnungen auf Bons weisen mit über 54 Prozent den höchsten Wert für die Gesamtersparnis auf, die sich aus den einzelnen Reduktionen ergibt. Im

---

261 *O2* bzw. *O$_2$* ist die chemische Abkürzung für Wasser.
262 Der Name eines Albums von Herbert Grönemeyer (»12«) wurde nicht gewertet.
263 Die Sortierung ergibt sich identisch bei der nach dem Produkt aus Anteil und Ersparnis.

4.3 Ergebnisse, Vergleich und Diskussion

Mittel unterliegt damit jede zweite Wortform irgendeiner Form der Reduktion oder Kürzung, wobei daran erinnert sei, dass die offensichtlich durch das Zeilenende gekürzten Formen nicht der Reduktion zugewiesen worden sind.[264] In Anbetracht der Existenz von Bezeichnungen wie *BIO MARGARINE 250G*[265] sind 54 Prozent als ausgesprochen hoher Wert anzusehen. Die mittlere Ersparnis bei Bons liegt bei 50 Prozent. Die Kleinanzeigen folgen mit einem Reduktionsanteil von 34 Prozent für das 2005er und 32 Prozent für das 1955er Korpus. Vor dem Hintergrund der genannten Unterschiede sind die leicht voneinander abweichenden Werte erklärbar. Dazu passt vor allem die differierende Gesamtersparnis, die bei den 2005er Annoncen deutlich höher ist (46%) als bei den 1955er Anzeigen (35%). Das Alpenpanorama folgt wiederum mit einer erkennbaren Distanz mit einem Gesamtanteil von 21 Prozent, weist allerdings wieder 45 Prozent Ersparnis auf.

Die SMS-Mitteilungen, die so genannten Prototypen sprachlicher Kürze im »Telegrammstil«, zeichnen sich durch einen Anteil von fast 14 Prozent aus. Das sind rund 40 Prozent Differenz zu den Artikelbezeichnungen, 20 Prozent zu den Kleinanzeigen und immer noch ungefähr 7 Prozent zum Tourismus-TV. Umgerechnet wird nur jedes siebte Wort bei den SMS-Mitteilungen reduziert oder gekürzt – jedes dritte hingegen bei den Kleinanzeigen. Vergleichbar sind die Kurzmitteilungen hinsichtlich der Reduktion mit den Annoncen folglich nicht.

Die letzten Plätze nehmen die journalistischen Kommunikationsformen ein: Sowohl der Newsticker als auch das Fahrgastfernsehen weisen einen Gesamtanteil von 6,4 Prozent auf. Einzig die Gesamtersparnis ist beim Newsticker erwartungskonform etwas höher (64%) als beim Fahrgastfernsehen (55%), da der zur Verfügung stehende Raum geringer ausfällt. Die den Bons gegenüberliegende Grenze bildet das Kontrollkorpus mit den Zeitungsartikeln. Wäre dies nicht der Fall, hätte entweder die Korpusauswahl oder der Zusammenhang zwischen geringem Textraum und Reduktion angezweifelt werden müssen. Gänzlich ohne Reduktion kommt natürlich auch nicht der Zeitungsartikel aus: 3,4 Prozent der Wortformen weisen eine Art der Reduktion auf, wobei Kurzwörter (vor allem *US*) und Morphemreduktion überwiegen.

Bei der korpusspezifischen Anwendung der ökonomischen Mittel sind nicht nur bei den Zeitungsartikeln Tendenzen auszumachen. Die höchs-

---

264 In *FRUJOG. MILCHR. BR* wurden beispielsweise nur die ersten beiden Wortformen einbezogen, während dies bei *BR (< Brombeere)* nicht der Fall ist, weil nicht entschieden werden konnte, ob es sich um eine abgeschnittene oder bewusst gekürzte Wortform handelt.
265 Hierbei wäre nur *G* reduziert, was einem Anteil von 33,3 Prozent entspricht (*BIO MARGARINE* ist ein Konfixkompositum).

ten Werte bei Anteil und Ersparnis weist hinsichtlich der Kurzwortbildung der Newsticker auf, die niedrigsten haben die Kleinanzeigen. Die höchsten Anteile mit Morphemreduktion entfallen auf das Alpenpanorama, die höchste Ersparnis hingegen auf die Bons; die niedrigsten Werte sind bei den SMS-Mitteilungen belegt. Wortgruppenellipsen, Numeralia-Substitution und Spatium-Tilgung werden vor allem bei den Bons verwandt, während die höchsten Ersparniswerte der ersten beiden Merkmale beim Newsticker liegen – die Tilgung von Spatien liegt konstant bei 100 Prozent. Die niedrigsten Werte für die Ersparnis sind hinsichtlich der Wortgruppenellipsen bei den Kleinanzeigen 1955 belegt, die der Spatium-Tilgung beim Newsticker. Bei den Tageszeitungsartikeln und dem Newsticker ist Letzteres gar nicht belegt. Den geringsten Anteil an Numeralia-Substitution weisen die Zeitungsartikel auf; der geringste Anteil der Wortgruppenellipsen ist den SMS-Mitteilungen zuzuordnen. Schließlich sind die Logogramme und ikonischen Zeichen vorwiegend ein Merkmal der Kleinanzeigen (2005), während sie in den Zeitungsartikeln gar nicht verwendet werden. Den höchsten Spareffekt durch sie hat der Newsticker – der allerdings kaum dadurch gekennzeichnet ist–, den geringsten das Fahrgastfernsehen.

Was lässt sich aus diesen Daten ableiten? Abkürzungen stellen eine stilistisch markierte Art sprachlicher Ökonomie dar, sodass sie vornehmlich dort eingesetzt werden, wo es um funktional-pragmatische Sprache geht, und in Fällen, wo es die Rahmenbedingungen erfordern. Auf ähnliche Weise trifft dies auf die Substitution von Numeralia durch Ziffern, auf Logogramme und ikonische Zeichen sowie auf Wortgruppenellipsen zu. Die Tilgung von Spatien ist ein Mittel, das vor allem auf Bons und SMS-Mitteilungen zutrifft, da es ebenfalls stilistisch auffällig ist und zudem gegen die Regeln der deutschen Orthografie verstößt. Allerdings ist das Merkmal auch dort belegt, wo der Textraum sehr gering ist, also bei den Kleinanzeigen und beim Alpenpanorama.

In einem ausgewogenen Verhältnis liegt hingegen die Morphemreduktion; es handelt sich hierbei jedoch auch um eine tendenziell weniger bewusste Entscheidung, wenn statt *E-Mail* einfach nur *Mail* geschrieben wird oder das stark usualisierte *Telefon* statt *Telefonnummer* verwendet wird. Gegen die Tendenz verlaufen die Kurzwörter. Sie können als Kennzeichen geplanter, journalistischer Texte genannt werden, sodass die SMS-Mitteilungen diesbezüglich einen Ausreißer darstellen. Hier ist eine gegenläufige Tendenz festzustellen, denn die höchsten Verwendungswerte sind genau bei denjenigen Kommunikationsformen belegt, die den geringsten Reduktionsanteil aufweisen, während die geringsten Kurzwort-Anteile bei den Kommunikationsformen mit den höchsten Gesamtanteilen auftreten.

4.3 Ergebnisse, Vergleich und Diskussion

	KTZ	KFTV	KNT	KSMS H	KTTV	KKA 1955	KKA 2005	KBON
Anteil Abk.	0,1 ↘	0,4 ↗	0,4 ↘	4,3	6	22,5 ↗	16,6 ↗	33,6 ↑
Ersparnis	54	46	72	42	40	27	40	37
Anteil KW	0,7	1,5	1,8	0,9	2,1	1,5	0,7	1,2
Ersparnis	77	69	82	54	74	75	75	61
Anteil KWWB	0,7	1,1	2,1	0,1	0,7	0,3	0,4	–
Anteil KW/KWWB	1,4	2,8 ↗	3,9 ↑	1 ↘	2,8 ↗	1,8	1,1 ↗	1,2 ↗
Ersparnis (Ø in %)	69	61	70	53	53	63	67	61
Anteil Determinans-Reduktion	1	1	0,3	0,3	1,8	0,3	1,7	0,7
Ersparnis	47	44	43	40	33	48	46	53
Anteil Klammerformen	0,5	0,1	0,4	0	1,4	0,1	0,2	0,3
Ersparnis	34	41	35	26	29	37	39	43
Anteil Reduktion auf Determ.	0,2	0,3	0,2	0,3	1,7	0,9	0,8	0,8
Ersparnis	44	46	36	49	40	52	43	59
Anteil Morphemreduktion	1,7	1,3	1,1 ↗	0,6 ↘	4,1 ↑	1,4	2,3 ↗	1,6
Ersparnis	43	44	39	40	33	48	43	54
Anteil Wortgruppenellipsen	0,1	0,25	0,09 ↗	0,05 ↘	0,05 ↘	0,81 ↗	0,1	0,94 ↗
Ersparnis	65	57	71	53	48	39	55	56
Anteil Numeralia-Substitution	0,08 ↘	1,3	0,9	0,9	2,8	3,5 ↗	3,8 ↗	5,8 ↑
Ersparnis	60	54	61	59	48	41	44	57
Anteil Logogramme	– ↘	0,3	0,04 ↘	1,5	4,5	0,9	9,3 ↑	3,9 ↗
Ersparnis	–	35	86	53	39	63	58	55
Anteil Spatium-Tilgung[1]	– ↘	0,02 ↗	– ↘	5,4 ↑	0,8	0,7	0,4	7,4 ↑
Ersparnis	–	100	–	100	100	100	100	100
Gesamtanteil	3,4 ↘	6,37 ↗	6,43 ↗	13,8	21,1	31,6 ↗	33,6 ↗	54,4 ↑
Gesamtersparnis[2]	56	55	64 ↗	68 ↑	45 ↗	35 ↘	46 ↗	50

(1) Umgerechnet von Spatien auf Wortformen, da Wortformen ≠ Spatien (z.B. 3-7 Wochen: 4 Wf./1 Sp.). – (2) Gewichtete Werte, d.h. nach Anzahl und jeweiliger Ersparnis der Merkmale.

Tab. 4-38: Zusammenfassung der Ergebnisse und Gegenüberstellung mit denen des Kontrollkorpus (alle Angaben in %; farbig unter Netlink 578).

Bemerkenswert ist, dass sich etwa die SMS-Mitteilungen nicht durch Superlative auszeichnen – im Gegenteil: Sie weisen bei der Morphemreduktion sogar die niedrigsten Werte auf. Allerdings haben sie eine konstant hohe Ersparnis, während diese bei anderen Texten oftmals schwankt, sodass der insgesamt höchste Wert für die Ersparnis tatsächlich bei den Kurzmitteilungen liegt (68%). Ursache hierfür ist jedoch auch der hohe Anteil an Spatium-Reduktion, der eine Ersparnis von 100 Prozent aufweist.

Selbstverständlich ist die Verwendung immer auch beeinflusst durch den Inhalt, denn eine *CDU* wird nicht verkauft, berichtet wird jedoch über sie, *Jogh.* hingegen wird verkauft, selten aber über ihn berichtet. Zudem ist *CDU* derart usualisiert, dass die Nennung der Vollform als markiert zu gelten hätte. Dennoch besitzen die dargestellten Tendenzen Gültigkeit, d.h. sie sind auch kommunikationsformspezifisch, ohne dass der Inhalt den einzigen Einfluss auf die Verwendung nimmt. So wird etwa über Skier und Alpen berichtet (Sport; KTZ, KFTV, KNT), es werden Skier und Alpen verkauft (Urlaub; KTTV, KKA, KBON), und es wird über Skier und Alpen kommuniziert (Urlaub; KSMS). Und das Kurzwort *Conti* ist in Zeitungsartikeln genauso belegt wie seine Vollform *Continental (AG)*.

Schließlich kann festgestellt werden, dass anders als erwartet bei der sprachlichen Reduktion Ersparnis und Anteil nicht miteinander korrelieren. Die Annahme, dass mit steigenden Anteilen der Reduktionsformen auch die Ersparnis steigt, kann nicht bestätigt werden. Im Gegenteil: Die höhere Ersparnis weist eher das Mittelfeld bis zu denjenigen Kommunikationsformen auf, die sich durch geringe Reduktionsanteile auszeichnen, während die geringeren Ersparniswerte eher dort zu finden sind, wo die meisten Wortformen von Reduktion und Kürzung betroffen sind – wiederum mit der Tendenz zum Mittelfeld.

	KKA 1955	KBON	KNT	KKA 2005	KTZ	KFTV	KSMSH	KTTV
Anteil WK[1]	– ↓	0,27	0,04	0,03	0,2 ↑	0,05	0,01 ↘	– ↓
Ersparnis	–	32	25	36	32	36	38	–
Anteil Angliz.	0,8 ↓	1,9	2,7	3,2	3,1	4,4	5,4	6,7 ↑
Ersparnis	36	29	45	30	35	32	40	27
Gesamtanteil	0,8 ↓	2,17	2,74	3,23	3,3	4,45	5,41	6,72 ↑
Gesamtersp.[2]	36	29 ↓	45 ↑	30 ↘	34	32	40	27

(1) WK = Wortkreuzungen. – (2) Gesamtersparnis: gewichtete Werte, d.h. nach Anzahl und jeweiliger Ersparnis der Merkmale.

Tab. 4-39: Zusammenfassung der stilistischen Merkmale Wortkreuzung/Anglizismen und Gegenüberstellung mit denen von Zeitungsartikeln (in %; farbig unter Netlink 579).

4.3 Ergebnisse, Vergleich und Diskussion

Auch für die eher stilistischen, aber gleichzeitig auch ökonomischen Merkmale sei noch ein Vergleich angestellt (s. Tab. 4-39). Vor dem Hintergrund des hohen Anteils an Anglizismen und des sehr geringen Anteils von Wortkreuzungen wirkt sich die Gewichtung bei der Zusammenfassung allerdings negativ in dem Sinne aus, dass die Wortkreuzungen marginalisiert sind.

Anteil und Ersparnis korrelieren hier nicht, was mit stilistischen Argumenten begründet werden kann. Es gibt auch keinen Zusammenhang zwischen den oben dargestellten Ergebnissen und der Sprachplanung oder den journalistischen vs. kommunikativen oder starken Funktionstexten. Einzig erkennbar ist der Unterschied zwischen den 1955er und 2005er Annoncen, die sich hinsichtlich des Gebrauchs von Anglizismen stark unterscheiden. Das Kontrollkorpus liegt mit den anderen journalistischen Texten im Mittelfeld, während nach den 1955er Kleinanzeigen die Bons den geringsten Anteil aufweisen, das Alpenpanorama wiederum – gefolgt von den SMS-Mitteilungen – dagegen den höchsten. Dies wurde jedoch bereits in Kap. 4.2.7 thematisiert und begründet. Weitere entscheidende Zusammenhänge sind auch unter Einbeziehung des Kontrollkorpus nicht erkennbar, einige allgemeinere werden noch im Fazit genannt.

5 Fazit und Ausblick

Sprachökonomie wird als Oberbegriff für sprachliche Optimierung verwendet, welche den Versuch darstellt, Sprache positiv zu verändern. Maßgeblich sind die Variablen Aufwand und Ergebnis, die mit den Begriffen effektiv und effizient bewertet werden können. Eine effektive Kommunikation stellt eine gelungene Kommunikation in dem Sinne dar, dass das gewünschte Ergebnis (bei einem beliebigen Aufwand) erreicht worden ist. Effizienz liegt hingegen vor, wenn darüber hinaus der maximal gewünschte Aufwand vorgegeben und eingehalten ist, was etwa auf SMS-Mitteilungen mit höchstens 160 Zeichen zutrifft.

In der Regel stellt entweder der Aufwand oder das Ergebnis die unabhängige Variable und das jeweils Andere die abhängige Variable dar. Anders formuliert wird beispielsweise ein Kommunikationsziel definiert, das mit so wenig sprachlichem Aufwand wie möglich erreicht werden soll. Es wurde jedoch auch die Position vertreten, dass das ›Minimax‹-Prinzip, das ein maximales Ergebnis bei minimalem Aufwand postuliert, nicht ausgeschlossen werden kann. Die hier untersuchten Korpora zeichnen sich jedoch durch einen klar definierten, sehr geringen Textraum aus, d.h. einen kommunikationsformspezifisch konstanten, geringen maximalen Aufwand, der für das Ziel (Verkaufen, Informieren etc.) zur Verfügung steht.

In der bisherigen Forschungstradition zur Sprachökonomie lag der Fokus vor allem auf globalen Betrachtungen wie Sprachkritik und Sprachwandel, der durch sprachökonomische Faktoren beeinflusst ist (Koenraads 1953, Jespersen 1941, Horn 1923, bedingt Coulmas 1992 etc.). Themenspezifische (sprachstatistisch: Zipf 1965; fachsprachlich: Roelcke 2002a, 2002b; Phonologie betreffend: Martinet 1981; Abkürzungen: Hofrichter 1977; Kurzwörter: Steinhauer 2000, 2007, Kobler-Trill 1994 etc.) und kommunikationsformspezifische Betrachtungen sind gelegentlich erfolgt (Telegramm: Brandstetter 1968; Wetterbericht: Rath 1968; Telegramm/SMS: Schwitalla 2002; Kontaktanzeigen: Eckkrammer 1998, Eckkrammer/Eder 2000; Abstract: Baßler 2007; Werbung: Janich 2007; Beipackzettel: Eckkrammer 1999 etc.). In der vorliegenden

Arbeit wurde der Versuch unternommen, diese verschiedenen Bereiche miteinander zu verknüpfen. So ist zum einen – beschränkt auf Morphologie und Lexikon – eine Merkmalsmatrix sprachlicher Ökonomie erstellt worden (Kap. 3). Zum anderen sind die maßgeblichen Mittel quantitativer Ökonomie nicht nur an einem Korpus empirisch überprüft worden, sondern an sechs bzw. sieben Korpora (Kap. 4). Sämtliche Korpora zeichnen sich vor dem Hintergrund der Beschränkung auf quantitative Ökonomie resp. sprachliche Reduktion durch einen stark begrenzten Textraum aus und stellen zugleich vergleichsweise innovative Kommunikationsformen dar. Neben der Überblicksbetrachtung wurden eine themen- sowie eine kommunikationsformspezifische Analyse vorgenommen. Ziel dabei war es, durchgängig ein festes Merkmalscluster auf die verschiedenen Korpora anzuwenden, um allgemein vergleichende Aussagen über kommunikationsformübergreifende und prototypische Merkmale treffen zu können. Um – anders als frühere Studien – nicht nur die Vielzahl der Korpora, sondern auch die der unterschiedlichen Merkmale bewältigen zu können, sind die Korpora digital verarbeitet worden, d.h. sie wurden datenbankbasiert mithilfe eines generierten Lexikons analysiert. Die analysierten Daten sind im Internet zugänglich (Netlink 409).

Bei den ausgewählten Korpora handelt es sich zum einen um SMS-Mitteilungen, denen oftmals ›Telegrammstil‹ zugeschrieben wird, sowie um Fahrgastfernsehen der hannoverschen Verkehrsbetriebe, das in Stadtbahnen und U-Bahn-Stationen in Hannover ausgestrahlt wird. Ferner wurden das Alpenpanorama, eine Art Reiseinformation im Fernsehen, und der Newsticker von ARD digital untersucht. Schließlich wurde das Analyseraster auch auf Artikelbezeichnungen von Kassenbons sowie auf Kleinanzeigen angewendet. Bei den Kleinanzeigen wiederum wurden aktuelle Anzeigen mit solchen von vor 50 Jahren kontrastiert, da gerade Abkürzungen und Kurzwörter als wichtige Formen quantitativer Ökonomie zu dieser Zeit starker und insbesondere auch wissenschaftlicher Sprachkritik ausgesetzt waren. Zur Bewertung der Analyseergebnisse diente eine kleine Auswahl an Zeitungsartikeln, die ebenfalls auf diese Merkmale hin untersucht wurde. Zu SMS-Mitteilungen und Kleinanzeigen liegen bereits einige Forschungsergebnisse vor, wenngleich diese sprachökonomische Aspekte lediglich am Rande thematisieren (Döring 2002, Eckkrammer/Eder 2000). Ein grundlegendes Desiderat bestand bisher im Hinblick auf das Alpenpanorama, das Fahrgastfernsehen, Artikelbezeichnungen auf Bons und den Newsticker[1].

---

[1] Eine Untersuchung zu so genannten »Live text commentaries« – parallel zu (vor allem sportlichen) Ereignissen massenmedial verbreitete Textinformationen – liegt von Jucker (2006) vor. Sie unterscheiden sich jedoch deutlich von Newstickern (u.a. sprachfunktional, thematisch, strukturell etc.).

5 Fazit und Ausblick

Herausgegriffen worden sind also solche Kommunikationsformen, die sich durch sehr geringe Texträume auszeichnen und dadurch den Textproduzenten einen gewissen Zwang zur sprachlichen Kürze auferlegen. Infolgedessen sind nur Merkmale berücksichtigt worden, die als quantitativ ökonomisch im Sinne der zuvor aufgestellten Sprachökonomiematrix anzusehen sind, um morphologische und lexikalische textabhängige Strategien der Sprachreduktion (s.u.) zu eruieren.

Die Merkmalsmatrix lässt sich den linguistischen Beschreibungsebenen anschließend schematisch in quantitative und qualitative Ökonomie einteilen. Qualitative Sprachökonomie wird zudem in »Vereinfachung«, »Herstellen von Ikonizität«, »Entlastung des Lexikons«, »Explikation« und »Ökonomie beim Ausbau des Lexikons« binnendifferenziert. Die Merkmale quantitativer Ökonomie wurden vornehmlich unter der Kategorie »Reduktion« subsumiert. Bereits daraus ergibt sich die Erklärung, dass quantitative Ökonomie den durch die Sprachhandlung notwendigen Aufwand reduziert. So wird etwa bei schriftsprachlichen Texten durch die Verwendung der Abkürzung *d. (< der)* ein Zeichen eingespart. Qualitativ ökonomisch ist diese Abkürzung allerdings nicht: *d.* ist homonym zu den anderen Wortformen des Paradigmas des bestimmten Artikels sowie des Demonstrativpronomens *diese(r/s)*, ferner zu *durch, dank, dramatisch* sowie zu allen anderen durch *d* eingeleiteten Wortformen.

Quantitative und qualitative Ökonomie können zwar nicht ohne Weiteres als zwei Pole einer skalaren Anordnung verstanden werden, weisen aber dennoch gegenläufige Tendenzen auf. Transparent wird dies etwa am Tempus oder Modus: Während die analytischen Verbformen regelhaft gebildet sind und ein Erlernen resp. Erinnern unregelmäßiger Formen nicht notwendig machen (qualitative Ökonomie), weisen die synthetischen unregelmäßigen Formen den Vorteil der geringeren Länge auf (quantitative Ökonomie). So ist der analytische Konjunktiv II des unregelmäßigen Verbs *gehen* regelmäßig aus flektiertem *würde* + Inf. gebildet: *ich würde gehen, du würdest gehen, er würde gehen* etc. Der synthetische Konjunktiv II hingegen basiert auf der unregelmäßigen Stammform *ging: ich ginge, du gingest, er ginge* etc. Entsprechendes gilt etwa auch für die Tempora Perfekt und Präteritum: Hier steht das regelmäßig gebildete, aber quantitativ aufwändigere Perfekt *(ich bin gegangen)* dem kürzeren, aber unregelmäßig gebildeten Präteritum *(ich ging)* gegenüber.

Im Bereich der Flexion zielen die meisten Änderungen auf eine Vereinfachung ab, die etwa bei der im Vergleich zum Deutschen weiter fortgeschrittenen Entwicklung der englischen Sprache zu beobachten ist. Zur Vereinfachung gehört auch das Herstellen von Ikonizität, was etwa bei agglutinierenden Sprachen und im Deutschen bei präteritalem *-t-* ablesbar ist *(jag-t-e, rann-*

t-en, ...). Hierzu gehören Flexionsklassenwechsel, Abbau von Klassenmerkmalen, der Übergang starker Verben in schwache (was sich an Neologismen und nicht-nativen Lexemen zeigt, da sie durchgängig schwach flektieren), der Abbau von Flexiven wie dem Genitiv-*s*, sogar der des Genitivs mittels Kompensation durch PP sowie der Abbau der Tempora und des Konjunktivs. Auch Explikation kann zur Vermeidung von Ambiguität ökonomisch sein, wie am Konjunktiv gezeigt werden konnte (statt des z.T. mit Präs. formgleichen Konj. Präs. > Konj. Perf.). Obwohl zur sprachlichen Ökonomie in der Regel Redundanzabbau gehört, konnte dargestellt und im Korpus belegt werden, dass auch eine redundante Markierung grammatischer Informationen (hier: Numerus) von Vorteil sein kann. Im Rahmen der Wortbildung ist ebenfalls Vereinfachung möglich, so etwa durch Rückbildung, Konversion oder Analogie- und Reihenbildung. Als besonders wichtiges Merkmal ökonomischer Wortbildung ist die Reduktion anzuführen: Prototypisch ist die Kurzwortbildung, daneben gibt es Komposition (anstelle einer längeren Phrase), Derivation *(paralympisch)*, Konstituentenreduktion in Determinativ-Komposita, Klammerformen, Negation mit beispielsweise *un-* anstelle von syntaktischen Konstruktionen mit *nicht* sowie Wortkreuzungen, wobei Letztere eher als stilistisches Merkmal zu interpretieren sind und weniger als reduktives (auch wenn mit ihnen Reduktion einhergeht). Daneben sind allgemeine Merkmale sprachlicher Ökonomie auf morphologischer Ebene zum Morpheminventar, zur Kategorienzahl und Wortstruktur (Transparenz, geringe Komplexität, Motiviertheit etc.) aufgezeigt worden. Im Rahmen der Lexik wurde der Aufbau des Lexikons ebenso thematisiert wie dessen Vereinfachung und Ausbau – etwa durch Entlehnung[2].

Für die Analysen sind vor dem Hintergrund der Korpuszusammenstellung und der Ziele dieser Arbeit die neun wichtigsten reduktiven Merkmale ausgewählt worden: Kurzwörter, Abkürzungen, Morphemreduktion bei Komposita, Wortgruppenellipsen, Wortkreuzungen, Numeralia-Substitution, Logogramme und ikonische Zeichen sowie alternative Markierung von Wortgrenzen. Im Folgenden werden die Merkmale näher betrachtet und Ergebnisse zusammengefasst.

1) Kurzwörter können isoliert stehen *(Uni < Universität)* oder als Konstituente in Kurzwort-Wortbildungen eingehen, welche im Regelfall Komposita sind *(EU-Vorsitz*, aber: *EU-MPU)*. Typologische Prototypen sind hier tatsächlich die Initialkurzwörter (vgl. Kobler-Trill 1994), sofern journalistische Texte betrachtet werden. Es hat sich allerdings gezeigt, dass

---

[2] Dies wurde im Rahmen des Abschnitts zu den Anglizismen ebenfalls sprachökonomisch untersucht.

5 Fazit und Ausblick

dies ein korpusabhängiges Phänomen ist. So sind Initialkurzwörter in SMS-Mitteilungen nur geringfügig vertreten, wohingegen Kopfwörter wie *Uni, Micha* und *Foto* fast siebenmal häufiger belegt sind – ähnliche Beobachtungen liegen zum Tourismus-TV vor. Ein ausgewogenes Verhältnis dieser Subtypen findet sich bei den aktuellen Kleinanzeigen und bei den (nicht-repräsentativen) Zeitungsartikeln. Die höchste Typenvielfalt wies das Fahrgastfernsehen auf, wobei die große Anzahl an Endwörtern adressaten- und funktionsbedingt auf Varianten des Kurzwortes *Bus* zurückzuführen ist und die Zahl der Mischkurzwörter auf den verantwortlichen Herausgeber, die *üstra*. Bei den Kurzwort-Wortbildungen wurde die Verteilung (in abgeschwächter Form) bestätigt. Die Ersparnis, die sich durch Kurzwortbildung ergibt, beträgt im Mittel fast 70 Prozent, schwankt jedoch je nach Korpus zwischen 54 (KSMS) und 82 Prozent (KNT); verantwortlich hierfür sind vor allem die unterschiedlichen Typen, da die unisegmentalen Kurzwörter weniger reduzieren (45–50 %) als multisegmentale (71–85 %). Durch die im Regelfall an Kurzwort-Wortbildungen beteiligten nichtreduzierten Anteile *(Wertung* in *WM-Wertung)* fällt die Ersparnis bei diesem Bildungstypen mit 57 Prozent etwas geringer aus. Allerdings können, wie beim eingangs genannten Beleg *EU-MPU* geschehen, Kurzwörter untereinander kombiniert werden, welches mit einer sehr hohen Ersparnis verbunden ist. Entsprechendes gilt für rekursiv angewendete Kurzwortbildung *(*Union of European Football Associations Intertoto > *UEFAI > UI)*.

Interessanterweise sparen nicht die Initialkurzwörter die meisten Grapheme ein, sondern mit einem geringen Abstand von zwei Prozent die Mischkurzwörter – dies gilt sowohl für Kürzwörter als auch für die Kurzwort-Wortbildungen.

2) Wie sich gezeigt hat, sind die **Abkürzungen** von den Kurzwörtern schwer abzugrenzen, sofern das übliche Definitionskriterium der Artikulierbarkeit der Kurzform herangezogen wird und nicht das der – im englischen Sprachraum üblicheren – unklareren Strukturtypen (wie Akronyme[3]). Hierzu gehören etwa *CU (< see you), MfG* oder *A2 (< Autobahn 2)*. Sie sind sämtlich als Abkürzungen eingeordnet worden, obwohl die Kurzform artikuliert wird. Mit einer zu den Kurzwörtern äquivalenten Typologie stellen Kopfabkürzungen den häufigsten Typus dar, d.h. apokopische Abkürzungen wie *strandn. (< strandnah), Würstch., kompl., Deisterstr.* oder *bl. (< blau)*, die zum Großteil mit Abkürzungspunkt markiert sind. Eine besondere

---

[3] Diese können nach der hier gewählten Klassifizierung sowohl Abkürzungen als auch Kurzwörter sein und decken sich teilweise mit den Initialkurzwörtern. Vgl. hierzu auch die Diskussion in Ronneberger-Sibold (2007: 277f.).

Form stellen partielle Abkürzungen dar, bei denen der letzte Bestandteil ungekürzt bleibt. Häufig handelt es sich um zweigliedrige Komposita, bei denen entweder Punkt und Bindestrich gesetzt werden *(zw.-durch)*, mitunter allerdings auch nur Ersterer *(spaz.gehen)* oder Letzterer *(Mo-abend)*. Besondere Abkürzungen sind etwas seltener belegt und zeichnen sich durch Kürzung an mehreren Stellen aus: *Dacht.-Whg., Lux-FH, Ref.-Nr.* Die größte Einsparung weisen dabei die Initialabkürzungen auf *(MFH, SSZ, DM)*[4]; diese reduzieren die Vollformen im Durchschnitt um über 70 Prozent. Der Mittelwert aller 1 398 belegten Abkürzungen liegt bei rund 45 Prozent, was sich daraus ergibt, dass häufig das erste Morphem oder die erste Silbe vollständig und das erste Graphem des nachfolgenden Morphems bzw. der nachfolgenden Silbe in der Kurzform erhalten bleibt. Ursache für die größeren Anteile ist, dass im Gegensatz zu den Kurzwörtern mit wenigen Ausnahmen *(z.B., u.a.)* keine ›Lexikalisierung‹[5] stattfindet bzw. keine starke Usualisierung vorliegt; in der Folge existieren bis zu sieben Varianten zu einer Vollform. Der qualitativ ökonomischere Vorteil ist, dass die Abkürzungen häufig besser rückerschlossen werden können. Als Nachteil ergibt sich wiederum die vergleichsweise größere Zeichenlänge der Kurzformen (quantitativ unökonomischer).

Eine Sonderform der Abkürzung ist beim Vergleichskorpus der Kleinanzeigen aus dem Jahr 1955 belegt. Hier sind 27 Wortformen auf ihre paradigmatische Grundform reduziert *(braun. < braune; 18jährig. < 18jährige; Tag. < Tage; Abschrift. < Abschriften)*, sodass die lexikalische Seite gar nicht reduziert wird und nur die grammatische Information getilgt ist, die sich aufgrund der stark determinierten Kommunikationsumstände – die Illokution, die semantischen Rollen etc. – stets unproblematisch ermitteln lässt.[6]

Ein weiterer besonderer Typus liegt mit der Tilgung aller Vokale vor *(Zt, bl., Grg, gt.)*, wobei über die Vokale hinaus auch einige Konsonanten getilgt werden können *(Ldst., lfd.)*, wenn etwa für die Rückerschließung eine ausreichende Anzahl resp. augenfällige Kombination an Konsonanten vorhanden ist. Hierbei handelt es sich keineswegs um Einzelfälle: 81 Konsonantenabkürzungen sind in den Hauptkorpora belegt.

---

4 Gekürzt aus *Mehrfamilienhaus, schreib schnell zurück* und *Deutsche Mark* (*D-Mark* hingegen ist ein Kurzwort).
5 Streng genommen werden Abkürzungen nicht lexikalisiert, da sie im Gegensatz zu Kurzwörtern nicht wortwertig sind.
6 Zum Beispiel ist der Kasus bei Kleinanzeigen eindeutig, der Numerus ist in der Regel aus Mengenangaben folgerbar (keine Mengenangabe deutet auf die Stückzahl eins hin).

5 Fazit und Ausblick

Abkürzungen sind ein typisches Element von Kleinanzeigen, Artikelbezeichnungen auf Bons und SMS-Mitteilungen. In journalistischen Texten kommen sie praktisch nicht oder nur außerhalb von Headline, Subheadline und Copytext innerhalb von Klammern, Bildunterschriften oder Tabellen vor *(Mrd., li., Nr., Dr., AK*[7]*)*. Die vergleichsweise hohe Anzahl an Initialabkürzungen geht auf einige Reduktionsformen zurück, die von der tastaturvermittelten Chatkommunikation aufs Handy übertragen worden sind *(cu, wb)*. Sie erklärt sich aber darüber hinaus auch durch kommunikationsformspezifische Abkürzungen, die vor dem Hintergrund der noch umständlicheren Eingabe auf mobilen Tastaturen (Reduktionswunsch) und individualkommunikativer Kommunikation sowie deren Funktionen häufige Phrasen wie etwa Liebesbekundungen auf *ILD, HDL* und Varianten *(HDGDL, HEL)* reduzieren. Nicht nur SMS-Mitteilungen sind durch Ad-hoc-Abkürzungen gekennzeichnet (Döring 2002), sondern auch und vor allem Kleinanzeigen und insbesondere Bons.

Im Gegensatz zu Kurzwörtern weisen Abkürzungen häufig mehrere Abkürzungsvarianten auf *(Tel., T, TF; Fe/Wo, Ferienwhg.)*; in singulären Fällen gibt es aber auch bei Varianten *(MHH/Medi, Oma/Omi)*.

3) Untersucht wurden zum Dritten Konstituententilgungen in zwei- oder mehrteiligen Komposita. Als Möglichkeit gibt es die mit Kurzwörtern (Endwörtern) verwechselbaren, auf das Grundmorphem reduzierten Determinativkomposita *(Kasse < Krankenkasse; Sonde < Raumsonde; Union < CDU-CSU-Union)*; sie stellen den Haupttypus dar. Daneben besteht eine Variante darin, dass die ›Vollform‹ auf die erste Konstituente – das Determinans – reduziert ist *(Piccolo < Piccoloflasche; Vize < Vizechef; Tandem < Tandemfahrrad)*. Bei einer dritten Variante wird bei mindestens dreigliedrigen Komposita ein Binnenmorphem getilgt *(Schaffeta < Schafmilchfeta; Autominute < Autofahrminute; Sommeropening < Sommersaisonopening)*. Während die ersten beiden Typen zu rund 43 Prozent Ersparnis verhelfen, sind mit den so genannten Klammerformen im Mittel nur 35 Prozent verbunden. Bedingt ist dies durch die Anzahl der Ausgangsmorpheme, deren Minimum bei den Typen 1 und 2 bei zwei liegt, bei den Klammerformen bei drei. Der Effekt ist dementsprechend vergleichbar mit dem der Kurzwort-Wortbildungen (meist mit nicht-reduzierten Bestandteilen, aber: *Uni-WC*) gegenüber den Kurzwörtern (in der Regel[8] ausschließlich mit reduzierten Bestandteilen).

---

7 Abk. zu *Abendkasse*.
8 Partielle Kurzwörter wie *U-Bahn, H-Milch* enthalten per definitionem eine ungekürzte Konstituente.

Die Gebrauchsweise hängt wiederum von der Kommunikationsform ab: Am stärksten wird mit Ausnahme der Kleinanzeigen von 1955 die Determinans-Reduktion verwendet, was mit der Bildungsweise der Determinativkomposita erklärt werden kann. Es handelt sich bei der Reduktion quasi um Rückgängigmachung des Wortbildungsprozesses, wodurch lediglich Ambiguität entsteht: Homonymie oder – mit Jespersen (1941) vorteilhafter – Polysemie. Diese ist in der Regel problemlos über den Ko- und Kontext disambiguierbar. Durch Klammerformen besteht die Gefahr der Demotivierung *(Bohnentopf mit Rindfleisch)*[9] und damit ein Verlust an qualitativer Ökonomie. Dass *Schaffeta* allerdings kein Käse ist, der aus Schafen hergestellt wird, sondern aus Schafsmilch, ergibt sich letztlich auch aus der Bedeutung von *Feta*[10]. Die häufigste Anwendung ist im Tourismus-TV und bei den Bons nachgewiesen worden.

4) Das Prinzip lässt sich auf, viertens, (feste) Wortgruppen übertragen (Wortgruppenellipse), bei denen nicht Morpheme, sondern Wörter getilgt werden – oftmals wird die Wortgruppe auf ein einziges Wort reduziert. Im Regelfall bleiben eindeutige oder prägnante, d.h. innerhalb des entsprechenden Wortfeldes oder der lokalen Verortung einmalige Wörter oder Wortgruppenteile übrig, wie etwa *Pauli (< FC St. Pauli), 96 (< Hannover 96), Hertha (< Hertha BSC)* etc. Über die Wortfeldgrenzen hinweg müssen die Lexeme nicht unbedingt eindeutig sein, was *Pauli (Paulaner [Hefeweißbier]), Schürzenjäger, 96* oder *Jets (New York Jets, Jumbojets* etc.*)* belegen[11]. Als Sonderfälle sind nicht-native Wortgruppen, bei denen Monosemie herrscht, einzuordnen. Ein Beispiel ist *Pommes frites*, wofür als reduzierte Formen sowohl *Pommes* als auch – morphologisch verändert – *Fritten* existieren. Im Regelfall können diese Fälle problemlos reduziert werden (vgl. *Mail < E-Mail* als Determinans-Reduktion). Im Mittel sind mit der Reduktion 57 Prozent Graphemeinsparung verbunden.

5) Fünftens wurden Wortkreuzungen untersucht, obwohl sie eher aus stilistischen Gründen gebildet werden. Dennoch können sie eine markante Komprimierung aufweisen, wie dies etwa bei *Contine* der Fall ist *(< Conti-*

---

9 Dass es sich nicht um einen speziellen ›Topf zum Kochen von Bohnen‹ (anders als Pasta-/Spargel-Kochtopf) handelt, ergibt sich aus dem Kotext *mit Rindfleisch (< Bohneneintopf m.R.)*.
10 *Feta* (griech. ›Scheibe, Käse‹) impliziert bereits Milch, da Käse aus Milch hergestellt wird.
11 Und selbst bei *Hertha* besteht zum Wursthersteller *Herta* zwar keine Homographie, aber Homophonie.

5 Fazit und Ausblick

Campus[12] + *Kantine*). Im Durchschnitt ist der Ersparnisquotient 0,35. Da Wortkreuzungen eine vergleichsweise hohe Sprachplanung bedingen und stilistisch auffällig sind, handelt es sich bei der überwiegenden Anzahl der Belege um Eigennamen wie *Bionade, Milea* oder *RegioBus*. Zu den weniger gebräuchlichen Wortkreuzungen zählen *litera-natur, Ostalgie[fan], DJane*, zu den bekanntesten *Paralympics, Alkopops* und *Brunch*. Bei den journalistischen Korpora ist ausschließlich *Paralympics* belegt, beim thematisch nahestehenden, aber stärker unterhaltungsorientierten Fahrgastfernsehen finden sich die meisten. Im SMS-Korpus ist lediglich der Firmeneigenname *Cinemaxx* verwendet worden. Die oft zugewiesene sprachliche Kreativität von SMS-Nutzern findet demzufolge offensichtlich nicht im Rahmen von Wortkreuzungen statt. Weder im Tourismus-TV noch in den Kleinanzeigen aus dem Jahr 1955 ist diese Form der Wortverschmelzung belegt.

Neben der vorherrschenden stilistischen Funktion der Wortkreuzungen ist zweierlei zu erkennen: 1. Quantitative und qualitative Ökonomie wirken einander häufig entgegen. 2. Sprachliche Ökonomie hängt nicht nur von einer Konstituente ab, sondern ergibt sich vielmehr aus einem Zusammenspiel unterschiedlicher Faktoren. Die erste Beziehung ergibt sich generalisiert durch die folgende Tendenz: Je mehr Kürzung die Ursprungswörter erfahren, desto geringer ist ihre Motiviertheit; *Bluccoli* ist der Name für eine Blumenkohl-Broccoli-Mischung und bereits relativ demotiviert. Ein höherer Anteil der Ursprungsgrapheme würde dies unter Umständen verbessern (z.B. *Blumenkohroccoli*), allerdings auch keine nennenswerte Ersparnis mehr aufweisen, sodass Ersparnis und Demotivation in keinem relevanten Verhältnis zueinander mehr stünden. Im Gegenzug führte eine weiter reichende Reduktion wie *Bluli* zu Unverständnis.

Allerdings handelt es sich bei den Wortkreuzungen stets um ein Zusammenwirken zweier Komponenten: Ist eines der beteiligten Wörter überwiegend oder vollständig erhalten und ergibt sich die zweite Bedeutung aus dem Ko- und Kontext, so kann das andere Lexem nahezu vollständig reduziert sein: Selbst *Blumenkohli* wäre noch verständlich, wenn eine Schale mit je einem Blumenkohl und Brokkoli[13] die Basis und die Wortkreuzung die Beschriftung bilden würde. Entsprechendes gilt für Varianten wie *Blokkoli*.

6) Ferner – und scheinbar themenperipher – wurden, sechstens, Anglizismen untersucht. Den Grund hierfür lieferte die mitunter geäußerte Annahme (vgl. Zifonun 2000: 71), dass eine der Ursachen für den Gebrauch

---

12 *Conti* ist ebenfalls reduziert, da es ein Kopfwort zu *Continental (AG)* darstellt.
13 Hier und in der folgenden fiktiven Form von *Brokkoli* (zu ital. *broccolo*) ist die deutsche Schreibweise gewählt.

von Anglizismen deren Kürze gegenüber den nativen Pendants sei. Um dies zu verifizieren, wurden alle Anglizismen aus den Korpora extrahiert und – sofern möglich[14] – einer deutschsprachigen Variante gegenübergestellt. Im Anschluss wurde dann der Ersparnisquotient berechnet. Das Ergebnis beruht auf 667 – von insgesamt 1173 extrahierten – verwendbaren Anglizismen (Types) und bescheinigt dem Gebrauch der Anglizismen eine im Mittel signifikante Ersparnis. Der Wert ergibt sich aus 555 Anglizismen (83 %), die einen Quotienten von bis zu 0,17 aufweisen *(dopen, Quiz, Sex)*, aus 49 Anglizismen (7,3 %), die einen Mehraufwand bedeuten (2,5 bei *trainieren*), sowie aus 65 Lexemen, bei denen hinsichtlich der Graphemanzahl kein Unterschied zwischen nicht-nativ und nativ besteht. Der Gesamtquotient liegt bei 0,76, womit die Hypothese zum sprachökonomischen Gebrauch von Anglizismen bestätigt werden konnte. Die sich daran anschließende und an das Zipfsche Gesetz (Zipf 1965) anlehnende Frage ist, ob bei mehrfachem Auftreten eines Anglizismus ein Zusammenhang zwischen dieser Gebrauchsfrequenz und der Höhe der Ersparnis gegenüber dem nativen Pendant besteht. Zwei bivariate, nicht-parametrische Korrelationstests bestätigten diese Hypothese mit N = 142 eindeutig. Anders ausgedrückt kann somit festgehalten werden: Der Grad der quantitativen Ökonomie hat tatsächlich einen Einfluss auf die Verwendungshäufigkeit.

Kein erkennbarer Zusammenhang scheint allerdings zwischen der Ersparnis und dem zur Verfügung stehenden Raum vorzuliegen. So werden Anglizismen offenbar trotz ihrer Kürze nicht desto häufiger gebraucht, je weniger Textraum zur Verfügung steht. Wie gezeigt werden konnte, hängt der Anteil der Anglizismen (wie auch der von Gallizismen, Gräzismen etc.) unter anderem vom Thema, der Textfunktion und den Adressaten ab und nicht ausschließlich oder nicht vornehmlich vom Faktor quantitativer Ökonomie.[15] Hierbei spielt auch die Stilistik eine Rolle: *Aquarena (< Aqua-Arena*, aus *aqua-* + *Arena*) beispielsweise weist zwar eine quantitative Ersparnis von zwei Zeichen (*a* + Spatium) und gegenüber einem deutschsprachigen Pendant (etwa *Wassersportort*) eine weitere von vier Zeichen auf, allerdings soll mit den Latinismen kein Raum eingespart, sondern Exklusivität (statt

---

14 Neubenennungen, zu denen kein natives Pendant existiert (*Internet, CPU* etc.), sind nicht berücksichtigt worden.

15 Zumal auch qualitative Ökonomie eine Rolle spielt: Wenn etwa beim Newsticker (ARD digital) kaum Gebrauch von Anglizismen gemacht wird, liegt dies am Adressatenkreis, der als inhomogene Gruppe aller Bildungs- und Altersstufen definiert wird. Insbesondere der Altersfaktor schließt einen hohen Gebrauch von Anglizismen aus, da die englische Sprache bei älteren Menschen oftmals nicht oder nur auf einer sehr grundlegenden Weise verstanden werden kann.

5 Fazit und Ausblick

Bad oder gar *Badeanstalt*), Gewichtigkeit (*Arena*) und Tradition (*Antike*) suggeriert werden.[16] Eine entsprechende Analyse kann – wie an einigen Belegen gezeigt – bei vielen Anglizismen vorgenommen werden. So ist besonders in den Bereichen des Sports und der Musik (bei entsprechender Berichterstattung oder Werbung für Veranstaltungen, Urlaubsorte etc.) ein größerer Anteil an Anglizismen belegt. Das Kontrollkorpus der Tageszeitungsartikel hat zudem gezeigt, dass Anglizismen vermehrt im Sport und Gallizismen häufiger im Wirtschaftsteil gebraucht werden. Als Ursache ist oft eine etablierte *(Sex)*, bedeutungsspezifizierende *(Job)* oder fehlende native Lexik *(Brunch)*, aber auch lexikalische Variation anzugeben, was ebenfalls an einigen Beispielen gezeigt werden konnte *(Torwart, Keeper)*.

Der höchste Anteil (> 10 %) nicht-nativer Lexik wurde für das Alpenpanorama nachgewiesen, wovon 6,7 Prozent auf Anglizismen entfallen. Auch hier spielt der Sport als Reisezweck eine Rolle, allerdings ebenso – wie an *Aquarena* verdeutlicht – Abgrenzung zur Konkurrenz. Nichtsdestoweniger ist für einen Großteil der belegten Anglizismen kennzeichnend, dass sie entweder nur vereinzelt in Erscheinung treten (Typ *race, feel, look*), im Deutschen (wenn auch nur in einem spezifischen Verwendungskontext) bereits etabliert sind (Typ *Snowboard, Festival, Flyer*[17]) oder gar nicht mehr als solche wahrgenommen werden – entweder wegen einer Usualisierung oder aufgrund lange zurückliegender Entlehnung (Typ *Lift, Sport, Start*).

Die allgemeine Tendenz des zunehmenden Gebrauchs von Anglizismen wurde auch beim diachronen Korpus (Kleinanzeigen) bestätigt: Während der Anteil 1955 noch bei 0,8 Prozent lag, machten Anglizismen 2005 einen Anteil von 3,2 Prozent aus, was einer Vervierfachung entspricht.

7) Neben den morphologischen und lexikalischen Analysen wurden auch graphostilistische Aspekte untersucht: Hier sind, siebtens, Verstöße gegen die **Gutenberg-Regel** zu nennen, der zufolge Werte bis 12 als Numeralia und nicht als Ziffern geschrieben werden (*2* vs. *zwei*). Die Einsparung durch einen Verstoß liegt hier immerhin bei durchschnittlich 40 Prozent. Es zeigte sich der Trend, dass je stilistisch höher die Kommunikationsformen einzuordnen und je mehr Kriterien für einen Text (im linguistischen Sinn) erfüllt sind, desto eher diese nicht-normative Regel befolgt wird.

---

16 Der Nachteil einer u. U. negativen qualitativen Ökonomie wird hierbei in Kauf genommen, denn sowohl bei *aqua* als auch bei *arena* handelt es sich um Latinismen, sodass eine Segmentierung in die Morphembestandteile weniger leicht fällt als bei *Aquaarena* oder *Aqua-Arena*. Das Konfix *aqua-* sowie das Lehnwort *Arena* sind allerdings relativ stark usualisiert (vgl. *AWD-Arena, Aquajogging* etc.).

17 Jeweils im Bereich Musik, Sport, Uni.

8) Achtens wurden Logogramme *(% < Prozent)* und ikonische Zeichen (✉) untersucht, da sie im Mittel 60 Prozent Zeichenreduktion mit sich bringen. Am häufigsten werden Logogramme und ikonische Zeichen in den Kleinanzeigen verwendet. Von den Logogrammen sind am häufigsten Bindestriche in der Bedeutung ›bis‹ *(Mai-August)* beim Alpenpanorama belegt. Ein Großteil der ikonischen Zeichen ist auf das Telefonhörer-Ikon (✆) bei den Kleinanzeigen zurückzuführen, welches 1955 noch keine Anwendung gefunden hat. Die insgesamt große Anzahl der Logogramme und ikonischen Zeichen in den Kleinanzeigen (2005: 9,3%) und im Tourismus-TV (4,5%) deutet auf die Ähnlichkeit der Kommunikationsformen und Funktion der Texte hin.

9) Schließlich wurde, neuntens, die alternative Markierung von Wortgrenzen untersucht, die als prototypisch für SMS-Mitteilungen gilt (6,3%) und erwartungskonform im Newsticker nicht belegt sind. Allerdings weisen hierbei nicht die SMS-Mitteilungen den höchsten Wert auf, sondern die Artikelbezeichnungen auf Bons – in 16,3 Prozent aller Fälle, in denen ein Spatium zu stehen hätte. Als Ursache ist zweifelsfrei der am stärksten beschränkte Textraum zu nennen. Spatien sind überraschenderweise auch im Alpenpanorama (1,1%) und in den Kleinanzeigen (0,5/0,8%) getilgt. Anstelle dieser übernehmen überwiegend Interpunktionszeichen die Funktion *(Bahnhofstr.16,Mo-Fr 10-16h)*. Wie das Beispiel zeigt, kann allerdings auch der Wechsel von Alphabetzeichen und Ziffer eine Wortgrenze markieren *(16h)*.[18]

Neben Spatien werden in SMS-Mitteilungen auch Satzzeichen getilgt. Es handelt sich dabei ebenfalls um ein Phänomen, das quantitativ nicht nennenswert ökonomisch ist (ein Zeichen Einsparung), allerdings stärker als die Spatium-Tilgung einen Verlust an qualitativer Ökonomie mit sich bringt. Im Regelfall ist die Tilgung auf Deklarativ- und Imperativsätze beschränkt; Interrogativsätze werden meist mit einem Fragezeichen markiert (aber: *kommst du morgen mit zum schwimmen dein Kücken Jule*). Auch wenn die Satzstellung (im Beispiel: Verberst) die möglichen Satztypen einschränkt und die morphologische Information am finiten Verb einen Interrogativsatz vorgibt (Imperativ: *komm du …*), können Satzstellungsäquivalente gerade durch Satzzeichen (oder Intonation) schnell und einfach disambiguiert werden.

---

18 Generell besteht eine Unsicherheit im Hinblick auf das Setzen von Spatien bei Abkürzungen, Maßangaben etc. (vgl. z. B. vs. z.B. oder auch *15% * vs. *15 %*). Laut Duden sind geschützte verkürzte Leerzeichen zu setzen. Gezeigt hat sich allerdings, dass diese Regel nur in wenigen Fällen angewandt wird.

5 Fazit und Ausblick

Im Hinblick auf den Quotienten der Ersparnis, die mit den untersuchten Merkmalen jeweils verbunden ist, ergibt sich folgende Skala (Ersparniswert in Klammern):

Reduktionswertskala: Spatium-Tilgung (100%)[19] > Logogramm (66%) > Kurzwort (66%) > Wortgruppenellipse (55%) > ikonisches Zeichen (45%) > Morphemreduktion (41%) > Numerale-Substitution (40%) > Wortkreuzung (35%) > Abkürzung (34%).

Teilweise sind an einer Wortformreduktion auch mehrere Schritte oder Prozesse beteiligt. Ersteres referiert auf eine rekursive Anwendung ein und desselben Reduktionsprozesses, die mit *UI-Cup* und *VDO* belegt ist (s.u.). Bei den Prozessen werden über einen einzigen Wortbildungsprozesstyp hinweg Wörter reduziert, exemplarisch: *Wertk.* Zwar ist unklar, ob zuerst die Abkürzung erfolgt ist und danach die Morphemreduktion *(Bio-Wertkost > Bio-Wertk. > Wertk.)* oder die Abkürzung der Morphemreduktion nachfolgte *(Bio-Wertkost > Wertkost > Wertk.)*; es stellt aber dennoch insofern einen Sonderfall dar, als ein Konfix reduziert wurde, das deutlich fester mit dem Grundmorphem verbunden ist als ein weiteres Grundmorphem – insbesondere Determinans, wie dies bei *tr. (< naturtr. < naturtrüb)* der Fall ist.

Grundlegend für den Umgang mit den Belegen in den Korpora war, dass für die Auswertung vielfach von Vollformen ausgegangen worden ist. Diese sind etwa bei Kurzwörtern oder Abkürzungen, Spatien und Logogrammen eindeutig anzugeben, bei Anglizismen (im Sinne der kürzestmöglichen semantischen nativen Dublette) oder der nicht normativen Gutenberg-Regel ist dies hingegen nicht möglich. Zudem ist die Vermeidung oder der Abbau von **Redundanz** ein wichtiges Charakteristikum sprachlicher Ökonomie. Doch auch hier sind Fälle belegt, in denen die Entscheidung schwer fällt, ob Informationen redundant sind oder nicht. Hervorzuheben ist der Exkurs zur Mustererkennung, in dem unterstellt wird, dass *+49 511 762 3330* als Telefonnummer und *250 502 99* als Bankleitzahl erkannt wird, weil gewisse Strukturen, Zeichenkombinationen und Zahlenwerte die Bedeutung implizit enthalten – ein entsprechendes Wissen vorausgesetzt. Ob jedoch tatsächlich von Redundanz gesprochen werden kann, wenn stattdessen *BLZ 250 502 99* angegeben ist, kann nicht zweifelsfrei entschieden werden. Tatsache jedoch ist, dass es sich bei den genannten Beispielen um Reduktionsformen handelt, da sie keine Interpretation der Ziffern erfordern.

---

19 Der Quotient liegt bei der Spatium-Tilgung mit 1 zwar am höchsten; die effektive Einsparung ist allerdings nicht hoch (= ein Zeichen).

In Auswahl wurden zudem Fälle berücksichtigt, in denen ein Ökonomiepotenzial ungenutzt geblieben ist (z.B. Numeralia-Substitution, Kurzwörter). Eine Hypothese könnte lauten: Sofern keine Notwendigkeit zur Reduktion besteht, wird sie auch nicht realisiert. Diese kann ebenso wenig bestätigt werden (s. SMS-Mitteilungen) wie die umgekehrte, dass potenzielle Reduktion bei geringem Textraum grundsätzlich genutzt wird. So ist etwa das belegte *Sonnabend*[20] (KKA 1955, SMS H) unökonomischer als *Samstag*, *einen 79-jährigen Mann* (KFTV) ließe sich ohne inhaltlichen Verlust auf *einen 79-Jährigen* reduzieren, *Premierminister* (KFTV) aufgrund des Kotextes auf *[britischer] Premier [Blair]* und *Drei-Stunden-Show* (KTZ) auf *3-Stunden-Show*. Größtenteils ist dies auch erfolgt, sofern über die umfangreicheren Formen nicht ohnehin Zusatzinformationen wie *der 41-jährige Musiker* oder *der 43-jährige Schweizer* gegeben werden. Gründe für die fehlende Ausnutzung möglicher Einsparung gibt es mehrere, vor allem stilistische. So ist zwar *damaliger Aufsichtsratsvorsitzender/ehemaliger Minister* (KTZ/KNT) mittels Derivation auf *Ex-Aufsichtsratsvorsitzender/Ex-Minister* reduzierbar – und dies ist auch tatsächlich erfolgt[21] –, doch geht es überdies (von reinen Gebrauchs- und ähnlichen Texten abgesehen) um sprachliche Variation, Kreativität und Lesbarkeit. Vor allem journalistische (KNT, KTZ) oder unterhaltende Texte (KFTV) sind auf die Lesebereitschaft der Zielgruppe angewiesen, womit die stete Wahl der kürzesten Variante (hier: *Ex-Aufsichtsratsvorsitzender*) als wenig geeignet erscheint. Zwar wurden ›künstlerische‹ Texte wie Lyrik oder Belletristik bei der Korpuszusammenstellung ausgeschlossen, doch berühren rhetorische Mittel, sprachliche Kreativität etc. im weitesten Sinne den journalistischen Text ebenfalls. Diese lexikalische Variation, die neben <u>Ex-</u>*Aufsichtsratsvorsitzender* auch <u>damaliger</u> *Aufsichtsratsvorsitzender* und <u>ehemalige</u> *Siemens-Führungsspitze* zulässt, ist zudem als Begründung für den Gebrauch von Anglizismen angeführt worden *(Torwart, Keeper)*, was im Übrigen nicht auf diese beschränkt bleibt; dies belegt etwa in Bezug auf Grußformeln nicht nur die vorliegende Untersuchung, sondern ist auch in zahlreichen anderen Studien nachgewiesen (z.B. für SMS: Schlobinski et al. 2001; für Chat: Runkehl/Schlobinski/Siever 1998): Neben *hallo* und *hi* sind auch ital. *ciao*, frz. *salut* u.a. belegt.

Redundanzen, die im Rahmen medial schriftlicher Sprache als markiert gelten, sind indes selten belegt: Beim KTTV ist etwa durch *10.00* <u>Uhr</u> *- 18.00 Uhr* eine Koordinationsellipse nicht realisiert. Und semantische oder Lexem-

---

20 Während der 1955er Beleg noch auf die regional unterschiedliche Verwendung von *Samstag* (eher Süddeutschland und Rheinland) und *Sonnabend* (Nord- und Mitteldeutschland) zurückgeführt werden kann, erscheint dies bei anderen Belegen in den hannoverschen SMS-Mitteilungen eher ausgeschlossen.

21 *Ex-Minister* ist im KFTV belegt.

5 Fazit und Ausblick

Repräsentations-Doppelungen wie *ISS-Station* (< *International-Space-Station-Station*) oder *Hertha BSC Berlin* (< *Hertha Berliner Sport-Club Berlin*) sind nicht auf erwünschte Redundanz zurückzuführen, sondern auf Unkenntnis der Vollformen von Kurzwörtern. Dieses Phänomen ist keineswegs auf Kurzwörter beschränkt, sondern betrifft ebenso die Unkenntnis lexikalischer Bedeutungen (auch nicht-anglizistischer Lexeme), wie *Büffettschrk.* (> *Büffett;* frz. *buffet* ›Anrichte/kleiner Schrank‹) oder *Taxwert* (> *Taxe;* lat. *taxa* ›Schätzpreis, Wert‹) belegen (vgl. u.).

Im Gesamtergebnis treten die Abkürzungen im Hinblick auf die anteilige Gebrauchsfrequenz deutlich hervor. Sie sind Kürzungsmittel bei einem Drittel (33,6%) aller Wortformen von Artikelbezeichnungen auf Bons. Selbst bei den Kleinanzeigen sind es noch 22,5 Prozent (1955) bzw. 16,6 Prozent (2005). In den SMS-Mitteilungen ist nur jede 23. Wortform (4,3%) abgekürzt. Dieses Ergebnis kommt zustande, weil viele belegte Reduktionsformen keine Abkürzungen darstellen, sondern konzeptionelle Mündlichkeit emulieren (Haase et al. 1997: 67) und daher Ausdruck quantitativer Ökonomie im Bereich der (virtuellen) Artikulation sind (*nich, [ich] hab,* vgl. etwa Schwitalla 1997); diese als Zeichen von Bemühungen zu sehen, die 160 Zeichen einzuhalten, wäre ein gewichtiger Fehler. Selbst das Alpenpanorama weist noch mit 6 Prozent einen höheren Anteil an Abkürzungen als die SMS-Mitteilungen auf. Abkürzungen kürzen Vollformen um 30 bis 40 Prozent, können allerdings auch einen hohen Grad an Disambiguierung erfordern. Beispielsweise sind für das Abkürzungsgraphem *w* resp. *W*[22] zwölf Vollformen belegt *(Wasser, Watt, Westend, Woche, Wolfsburg,* [Namensinitial]*; war, weiblich, weiß, wegen, wenig, wie).*

Das zweithäufigste Merkmal stellen nicht etwa die Kurzwörter dar, sondern die Logogramme und ikonischen Zeichen (2,9%). Diese sind nicht nur bei Kleinanzeigen (2005) nachgewiesen (9,3%), sondern auch und ungefähr halb so oft beim Tourismus-TV (4,5%). In SMS-Mitteilungen ist zumindest noch jede 67. Wortform durch ein graphisches Zeichen oder Ikon ›ersetzt‹.

Bei der Substitution der Numeralia bis 12 durch Ziffern (Gutenberg-Regel, Ø 2,7%) fällt die starke Verwendung in Bons mit 5,8 Prozent ins Gewicht, aber auch die Kleinanzeigen und das Alpenpanorama weisen jeweils einen Anteil von rund 4 Prozent auf. Beachtenswert ist der Anteil von 1,3 Prozent beim journalistisch ausgerichteten Fahrgastfernsehen.

---

22 Dass Großschreibung nicht unbedingt auf ein Substantiv oder Namen und Kleinschreibung nicht auf die anderen Wortarten schließen lässt, ist nicht nur auf generelle Großschreibung am Satzanfang zurückzuführen, sodass die Schreibung nicht als Ausschlusskriterium für bestimmte Wortarten herangezogen werden kann (s.u.).

Erst im Anschluss kommen in der Rangordnung die den Abkürzungen nachfolgenden Prototypen quantitativer Ökonomie: die Kurzwörter, die im Mittel denselben Anteil (2,1%) aufweisen wie die Tilgung von Spatien dank alternativer Markierung von Wortgrenzen. Die Kurzwörter sind – konträr zu den Abkürzungen und typenabhängig (s.u.) – vornehmlich Kennzeichen journalistischer Texte (3,9% bei den Newstickern vs. 1% bei den SMS-Mitteilungen und 1,1% bei den aktuellen Kleinanzeigen). Der Grund hierfür besteht darin, dass Kurzwörter an Merkmale wie Komplexität (Anzahl Morpheme, Wort oder Wortgruppe etc.), Gebrauchsfrequenz (typenabhängig) und soziale Nähe etc. gebunden sind. Ein Lexem wie *Kirche* ist beispielsweise nicht ausreichend komplex, um eine Kurzwortdublette zu bilden, eine Wortgruppe wie *Evangelische Kirche in Deutschland* hingegen schon, und da es sich zudem um eine feststehende Wortgruppe handelt, wurde sie auf Initialen reduziert *(EKD)*[23]. Auch die Gebrauchsfrequenz etwa in den Medien trägt zu einer solchen Bildung bei. Während die multisegmentalen – und insbesondere aus Initialen gebildeten – Kurzwörter in stilistischer Hinsicht eher distanzsprachlich[24] sind und sich daher für das Genre des journalistischen Textes eignen, stellen Kopf-, End- oder Rumpfwörter tendenziell nähesprachliche Reduktionsformen dar und gehen, von seltenen Ausnahmen wie *Fed*[25] abgesehen *(< Federal Reserve System)*, im Regelfall auf einzelne Wörter zurück *(Basti < Sebastian; Bine < Sabine; Micha < Michael)*. Daneben entscheidet auch die Themenwahl über die Verteilung der Kurzworttypen, denn *VW* und *EKD* sind weniger Gegenstand von SMS-Mitteilungen (vgl. hierzu etwa Höflich/Rössler 2000; Krause/Schwitters 2002: 19ff.) als von journalistischen Texten (die darüber berichten). So ist das Ergebnis zu erklären, das für die SMS-Kommunikation rund 12 Prozent Initialkurzwörter und 79 Prozent Kopfwörter ausweist, für die Newsticker-Meldungen hingegen kein einziges Kopfwort, jedoch 71 Prozent Initialkurzwörter; Kosenamen werden häufig als Kopfwörter reduziert (und *i*-diminuiert). Der Anteil an Initialkurzwörtern ist aber nicht nur mit Firmennamen wie *VW* und *EKD* zu erklären. Zu berücksichtigen ist außerdem die technische Entwicklung, für deren Endprodukte neue Bezeichnungen gebildet werden müssen, die vor dem Hintergrund zahlreicher Wortgruppen *(Central Processing Unit; Compact Disc; Thin Film Transistor)* zum Teil sofort in Initialkurzwörtern *(CPU; CD; TFT)* reduziert werden. Aus diesem Grund ist sinnvollerweise zwischen den Sprachhandlungen *über* Technologie und Medien und den Sprachhandlungen *in* (neuen) Kommunikationstechnologien und Medien zu unterscheiden

---

23 Denkbar wäre natürlich auch *EvKiD* o.Ä., siehe aber weiteren Textverlauf.
24 Vgl. etwa Koch/Oesterreicher 1985/1994; Dürscheid 2002; Ágel/Hennig 2006b.
25 Belegt ist überdies *FedEx*, das jedoch aus *Federal Express* gebildet und damit ein multisegmentales Kurzwort ist.

5 Fazit und Ausblick

(vgl. auch Dürscheid 2004: 143). Da in SMS-Mitteilungen weniger *über* den Short Message Service kommuniziert wird, diese aber mittels SMS verschickt werden, erklärt sich der höhere Anteil an Kopfwörtern und gleichzeitig der vergleichsweise niedrige Anteil an Initialkurzwörtern.

Hinsichtlich der Reduktionsanteile gleichgewichtig ist die Tilgung von Spatien, die prototypisch hinter Satzzeichen erfolgt, aber auch dort, wo Alphabetzeichen von anderen Zeichen wie zum Beispiel Ziffern abgetrennt werden *(16h)*. Bisherige Studien haben das Merkmal – offensichtlicher Ausdruck quantitativer Ökonomie – vornehmlich in SMS-Mitteilungen belegt (hier 5,4%). Noch deutlicher ist es im Rahmen dieser Untersuchung allerdings bei den Bons (7,4%) hervorgetreten. Ebenfalls nachgewiesen wurde die Spatium-Tilgung im Alpenpanorama *(Saalfelden,Bahnhofstr.16,Mo-Fr)* und unerwartet im journalistischen Fahrgastfernsehen *(1,2,4,5,6,8,10)*. Auch Kleinanzeigen weisen diese Reduktionsform auf.

Die Konstituentenreduktion in mehrgliedrigen Komposita ist mit 1,8 Prozent vergleichsweise gering belegt. Allerdings stellen Reduktionen auf das Determinans *(Schmetterling[schwimmen], Wild[tier(e)], Quad [bike])* auffällige Typen dar. Die meisten von ihnen sind jedoch stark usualisiert, beispielsweise Musikgattungsbezeichnungen *(Rock, Pop, Dixie, Country)* oder *Kilo, Elfmeter, Smoking* und *Piccolo*. Dennoch weisen sie einen höheren Anteil als Klammerformen und einen fast so hohen wie die Reduktionen von Determinativkomposita auf das Grundmorphem auf. Zudem sind sie morphologisch-semantisch interessant, da ihnen scheinbar (!) Kopf und Kern getilgt werden und diese Funktion eine andere Konstituente übernimmt.

Schließlich ist das am seltensten festgestellte Merkmal jenes der elliptischen Tilgung in Wortgruppen *([Hannover] 96, Tristan [und Isolde], Vösl. [Mineralwasser], [Piazza di] Navona)*. Die elliptische Tilgung zeichnet im Durchschnitt nur jede 56. Wortform aus, wobei das Alpenpanorama die meisten Belege aufweist (4,1%), die geringsten erstaunlicherweise die SMS-Mitteilungen (0,6%). Dass Klammerformen nicht belegt sind, verwundert kaum, da die Ausgangswörter mindestens drei Morpheme aufweisen müssen. SMS-Mitteilungen zeichnen sich aber gerade durch sehr kurze Wortformen aus – mit durchschnittlich 5,5 Zeichen je Wortform die kürzesten aller acht Korpora.

Gebrauchshäufigkeitsskala: Abkürzung > Logogramm/ikonisches Zeichen > Kurzwort > Spatium-Tilgung > Morphemreduktion > Wortgruppenellipse.

Wortformlängen wurden nur bedingt für die Argumentation herangezogen. Grundsätzlich sind komplexere Wortformen mit einem höheren Grad an Sprachplanung verbunden und erfordern bei der Perzeption eine höhere Aufmerksamkeit als weniger komplexe, kürzere. Unüberschaubare Texte auf kleinen mobilen Displays tragen folglich dazu bei, dass in SMS-Mitteilungen die Durchschnittslänge der Wortformen gering ausfällt; der oft auf 12 Zeichen begrenzte Raum für Artikelbezeichnungen auf Bons kann ebenfalls zur Begründung für die kurzen Wortformlängen (5,9) herangezogen werden. Dennoch ist die Aussagekraft nur bedingt zu(ver)lässig, da unterschiedliche Wortbildungsprozesse unterschiedliche Arten der Reduktion mit sich bringen. Sowohl Kurzwortbildung als auch Komposition komprimieren die Ausdrucks-, aber nicht die Inhaltsseite. Allerdings reduziert Erstere die Wortlänge ohne Einfluss auf syntaktische Gegebenheiten *(Die Universität ist im Umbruch begriffen > Die Uni ist im Umbruch begriffen)*, während die Komposition mitunter stark in die Syntax eingreift und zudem die Wortlänge nicht reduziert, sondern deutlich erhöht *(Der Präsident der Universität wird bestätigt > Der Universitätspräsident wird bestätigt)*. Insgesamt ist also herauszustellen, dass sich Komposition und Kurzwortbildung als zwei exemplarische inhaltskomprimierende Prozesse auf der Wortebene hinsichtlich der quantitativen Ökonomie gegenseitig aufheben – auf syntaktischer Ebene verhält sich die Kurzwortbildung hingegen neutral, während durch die Komposition die NP (oder PP[26]) reduziert wird.

Abb. 5-1: Unzulässige Verwendung des Konfixes *bio-*.

Außerdem ist ein weiterer Faktor von Bedeutung: Obwohl die Kurzwörter, die neben den Logogrammen die stärksten Reduktionsquotienten aufweisen, vorwiegend in journalistischen Texten nachgewiesen worden sind, ist die Anzahl der Zeichen pro Wortform dennoch höher als beispielsweise bei SMS-Mitteilungen. Eine Ursache hierfür ist, dass Kurzwörter nicht nur isoliert gebraucht werden, sondern teilweise wie im Fall von *VW*, meist *(UN-)* oder sogar ausschließlich *(US-)* in komplexere Komposita eingehen. Damit lässt sich die Inhaltsseite erweitern, ohne quantitativ die Ausdrucksseite zu erhöhen – mit Mosers (1970b/71) Wor-

---

26 Etwa bei: *Die Annegret aus Bayern zieht nach Norden > Die Bayern-Annegret zieht nach Norden*.

5 Fazit und Ausblick

ten: die »semantische Dichte«. Da *Volkswagen (AG)* und *VW* gleichbedeutend sind, besteht zwischen *Vorstand der Volkswagen AG* und *VW-Vorstand* kein semantischer Unterschied, obwohl die Zeicheneinsparung signifikant ist. Doch Kurzwörter resp. Kurzwort-Komposita haben noch einen weiteren Vorzug: Sie ermöglichen Bildungen, die ohne Reduktion der Vollformen überhaupt nicht möglich wären. Dies wurde an verschiedenen Korpora gezeigt und etwa an Kurzwörtern wie *MPU-Problemlöser*, wo eine kompositionelle Vollform nicht bildbar ist (**Medizinisch-psychologische-Untersuchung-Problemlöser*).

Dieses Phänomen ist nicht auf Kurzwörter beschränkt, sondern auch bei Wortgruppenellipsen belegt: So ist *Bio-Wiener* nur aufgrund der Reduktion von *Wiener Würstchen* auf *Wiener* bildbar, da **Bio-Wiener Würstchen* ungrammatisch und *Wiener Bio-Würstchen* mit ›(beliebige) Bio-Würstchen aus Wien‹ nicht bedeutungsäquivalent zu *Bio-Wiener* ›Wiener Würstchen aus biologischer Landwirtschaft‹[27] ist (vgl. auch Abb. 5-1).

Daneben sind auch die bereits erörterten Kurzwort-Wortbildungen belegt, deren Reduktion nur paraphrasierend ›aufgehoben‹ werden kann und an denen nicht nur ein Kurzwort beteiligt sein muss. Beispielsweise liegt beim Eigennamen *VDO*, das auf *Vereinigte DEUTA-OTA* zurückgeht, ein rekursiver Fall von Kurzwortbildung vor. Denn die Vollform von *VDO* besteht ihrerseits aus zwei Kurzwörtern, wobei *DEUTA* aus *Deutsche Tachometer-Werke GmbH* gebildet ist und *OTA* aus *Offenbacher Tachometer Werke*. Die vollständig aufgelöste Vollform zu *VDO* wäre damit *Vereinigte Deutsche Tachometer-Werke GmbH [und] Offenbacher Tachometer Werke*. Abgesehen von der Ersparnis in Höhe von über 96 Prozent steht eine Zurückführung auf ein Wort außer Frage. Neben diesem Eigennamen aus dem Kontrollkorpus sind aber auch andere rekursive Reduktionsformen belegt, etwa *UI-Cup* (< *UEFA-Intertoto-Cup; UEFA* < *Union of European Football Associations*), bei denen eine Vollform ebenfalls nur in Form von Wortgruppen oder Paraphrasen gebildet werden kann. Im Fall von *UI-Cup* ist ein Phrasen-Kompositum wie **Union-of-European-Football-Associations-Intertoto-Cup* nicht möglich, sondern nur *Intertoto-Cup der Union of European Football Associations*.[28] Für Komposita, deren Konstituenten zwei Kurzwörter stellen, gilt Ähnliches (*EU-MPU, VW-Kombi*).

---

27 Beim Mozzarella der Metro-Bio-Marke »Grünes Land« ist auf der Zutatenliste *biologische Milch* angegeben. Dies stellt eine alternative Reduktion zum Konfix *bio-* dar und ist auch z.B. im DUDEN (2003) lexikalisiert. Allerdings erweitert diese Reduktionsvariante die Bedeutung von *biologisch* und stellt damit nicht unbedingt eine qualitativ ökonomische Form dar, zumal das Konfix usualisiert und zudem kürzer ist (*Bio-Creme* vs. *biologische Creme*).

28 *Union of European Football Associations* kann nicht reduziert oder verändert werden auf bspw. *European Football Associations Union*, da es ein Eigenname ist und damit eine feste Wortverbindung.

Reduktionsanteilsskala: Bons (54%) > Kleinanzeigen 2005 (34%) > Kleinanzeigen 1955 (32%) > Alpenpanorama (21%) > SMS-Mitteilungen (14%) > Newsticker (6%) > Fahrgastfernsehen (6%), (Zeitungsartikel (3%)).

Die Ergebnisse zusammenfassend, wurde eine Reihung der Korpora nach Wortformen vorgenommen, bei denen ein Reduktionsprozess einschließlich Kürzung stattgefunden hat. Die meisten Reduktionsprozesse weisen die Artikelbezeichnungen auf Bons auf – mehr als die Hälfte aller Wortformen sind hier reduziert (54%). Sie enthalten die höchsten Anteile von Abkürzungen, Wortgruppenellipsen, Ziffernschreibung und Spatium-Tilgung. Auf Platz 2 folgen die Kleinanzeigen, wobei diejenigen aus dem Jahr 2005 größere Reduktionsanteile enthalten (33,6%) als die Vergleichsannoncen 50 Jahre zuvor (31,6%). Korpusübergreifend die höchsten Anteile sind bei den Logogrammen und ikonischen Zeichen zu verzeichnen (2005). Sehr hohe Werte sind aber auch für die Determinans-Reduktionen belegt, die niedrigsten für Kurzwörter (insbesondere Kurzwort-Wortbildungen). Bei den 1955er Anzeigen fanden die Abkürzungen erstaunlicherweise deutlich häufiger Anwendung als heute (s.u.) – zulasten der Determinans-Reduktionen, die korpusweit hier den niedrigsten Wert einnehmen. Beim Tourismus-TV sind 21,1 Prozent aller Wortformen reduziert, wobei die Kurzwortbildung die höchsten Werte bildet. Über alle Korpora hinweg weist das Alpenpanorama anteilig auch die meisten Morphemreduktionen auf, und dies bei allen drei Subtypen. Die SMS-Mitteilungen hingegen zeichnen sich durch einige der niedrigsten Anteile aus: bei der Kurzwortbildung, der Determinans-Reduktion und den Klammerformen sowie den Wortgruppenellipsen. Den Gesamtanteil von 13,8 Prozent verdanken sie vor allem den Abkürzungen (4,3%), der durch alternative Wortgrenzenmarkierung möglichen Tilgung von Spatien (5,4%) und einem mittleren Anteil bei den übrigen Reduktionsformen. Der Newsticker erhält seinen Gesamtanteil von 6,43 Prozent vom korpusweit höchsten Anteil bei der Kurzwortbildung-Wortbildung und dem zweithöchsten der Kurzwortbildung. 3,9 Prozent aller Wortformen sind von diesem Wortbildungstyp betroffen. Den geringsten – aber mit dem Newsticker fast konformen – Anteil an den untersuchten Merkmalen weist das Fahrgastfernsehen auf: 6,37 Prozent der Wortformen sind reduziert, und auch hier nehmen Kurzwortbildung und komplexere Kompositionen mit deren Produkten einen hohen Stellenwert ein (2,8%). Weder beim Fahrgastfernsehen noch beim Newsticker sind Spatien getilgt.

Als Vergleich diente eine kleine Sammlung von Zeitungsartikeln, da diese neben Belletristik die Hauptquellen für Wörterbücher und damit das geschrie-

5 Fazit und Ausblick

bene Standarddeutsch bilden. Vergleichsweise hoch ist die Konstituententilgung von Komposita durch Determinans-Reduktionen und Klammerformen. Kaum belegt sind hingegen Reduktionen auf das Determinans. Diese und die Abkürzungen, die Kurzwörter und die Numeralia-Substitution weisen die geringsten Anteile über alle Korpora hinweg auf. Logogramme und ikonische Zeichen sind überhaupt nicht belegt. Der Gesamtanteil von 3,4 Prozent spiegelt aber dennoch wider, dass auch standardsprachliche Texte nicht ohne Reduktion auskommen, oder anders formuliert: dass selbst geschriebene Standardsprache Ökonomieprinzipien folgt. Im Rahmen der Untersuchung von Anglizismen ist allerdings festzustellen, dass vereinzelt Übersetzungen stattgefunden haben, die im Normalfall nicht vorgenommen werden. Belegt sind etwa *Investitionsfonds* statt (gängiger) *Investmentfonds* sowie *Bank of Amerika*, die korrekt *Bank of America* geschrieben wird. Inwiefern im zweiten Beleg ein Fehler seitens der Schlussredaktion vorliegt, kann nicht beurteilt werden; gegen eine solche Annahme spricht, dass es im einen wie im anderen Fall keinen Gegenbeleg gibt.

Nicht kongruent verläuft die mit der Reduktion verbundene Ersparnis. Denn ausgerechnet die – nach den Bons – höchsten Anteile weisen die niedrigsten Einsparquotienten auf. Die Kleinanzeigen von 1955 etwa sparen trotz der starken Reduktionsanteile mit nur 35 Prozent korpusweit am wenigsten. Dies wurde erklärt mit der generell kritischen Sicht auf Kurzwörter (und Abkürzungen) in diesem Zeitraum. So zeichnen sich die Annoncen mit 22,5 Prozent zwar durch einen hohen Anteil aus, die Ersparnis liegt allerdings bei geringen 27 Prozent (zum Vergleich: 40% 2005). Ursache ist der genannte Kompromiss, quantitative Ökonomie zwar zu praktizieren, aber die qualitative nicht allzu sehr zu beschneiden, d.h. eine möglichst leichte Rückerschließung der Vollform zu gewährleisten (vgl. oben, bes. die Flexivtilgungen). Auch für das 2005er Kleinanzeigenkorpus ist mit 46 Prozent eine vergleichsweise geringe Ersparnis belegt. Ursache hierfür ist der geringe Anteil an Kurzwörtern, die (nach der Spatium-Tilgung) die höchsten Einsparungen ermöglichen. Beim Tourismus-TV fällt diese mit 45 Prozent ebenfalls gering aus, was sich unter anderem aus den geringen Ersparnisquotienten bei Morphemreduktionen ergibt. Auch bei den Logogrammen und ikonischen Zeichen fällt der Spareffekt geringer aus als bei anderen Korpora.

Die höchsten Einsparwerte weisen mit 68 Prozent trotz der zum Teil äußerst geringen Anteile die SMS-Mitteilungen auf – vor allem dank der hohen Anteile bei gleichzeitig hohem Quotienten bei der Spatium-Tilgung (100%), aber auch durch die über einige Merkmale hinweg konstant mittleren Werte. Es folgt der Newsticker mit 64 Prozent, wobei hierfür der hohe Anteil der quantitativ ökonomischsten Kurzwörter (und Kurzwort-Wortbildungen) verantwortlich ist.

Der Kontrollwert der Tageszeitungsartikel in Höhe von 56 Prozent stimmt ungefähr mit dem Mittelwert der Gesamtersparnis in allen Korpora überein.

Bei aller Fokussierung auf den geringen Textraum, den Zwang zur Reduktion und allgemeine ökonomische Gesichtspunkte soll nicht übersehen werden, dass in einigen Fällen die ökonomische Variante im Lauf der Zeit *(CDU)* oder von Beginn an *(SARS)*[29] den Standardfall darstellt und es sich bei der Verwendung einer Vollform um den markierten Fall handelt. Dies wurde an der Wertungsproblematik von Klitisierungen gezeigt (*im* ≠ *in dem*, s.u.) und würde in bestimmten Verwendungsweisen beispielsweise auch auf *Autobahn [A] 2* gegenüber *A 2* zutreffen (etwa im ebenfalls quantitativ ökonomisch gehaltenen Verkehrsfunk) und auf *Doktor* statt *Dr.*, wenn *Dr.* wie bei *üstra-Chef Dr. Heinrich Ganseforth* (KFTV) Namensbestandteil ist (versus *Doktor* in der Bedeutung ›Arzt‹ vice versa: *Der Doktor und das liebe Vieh*).

Die Beispiele verdeutlichen, dass es Reduktion um jeden Preis (fast) nicht gibt – auch nicht vor dem Hintergrund der Kenntnis, dass vergleichsweise wenige Zeichen zur Verfügung stehen. Dies hängt allerdings von der Möglichkeit des Sprachplanungsgrades ab. So fällt auf, dass sich SMS-Mitteilungen, die auf einer mobilen Tastatur verfasst wurden, von solchen unterscheiden, die bequem vom PC aus versandt wurden (dort z.B. weniger Fehler, mehr Iterationen).[30] Es erscheint gerechtfertigt, die Hypothese aufzustellen, dass SMS-Mitteilungen, die auf kleinen numerischen Tastaturen mobiler Geräte geschrieben werden[31] und über reine Grüße, Lebenszeichen oder Antworten hinausgehende geplante Mitteilungen darstellen, von vornherein stärker reduziert werden als Web-SMS-Mitteilungen. Der Grund dafür ist, dass eine Nachbearbeitung und ggf. auch Kürzung einen höheren Aufwand mit sich bringen. Dies erklärt neben dem physischen Aufwand, dass SMS-Mitteilungen mitunter starke Reduktion aufweisen, obwohl nur rund die Hälfte des möglichen Textraums genutzt wurde. Und dies erklärt das Phänomen, dass innerhalb einer Kommunikationsform mit geringem Textraum nicht nur ökonomische Formen stehen und potenzielle Reduktionsmöglichkeiten auch realisiert werden, sondern durchaus auch ökonomische neben unökonomischen Varianten stehen. Anders bei Kleinanzeigen: Hier ist der Planungsaufwand größer. Die Annonce wird nicht

---

29 Das Beispiel ist bezogen auf die Standardsprache (und klammert die Fachsprache aus).
30 Diese Aussage beruht auf einigen wenigen Mitteilungen im Korpus, die als Web-SMS identifiziert werden konnten, da sie *FreeSMS* bei *web.de, www.sms.de* o.Ä. im Nachrichtentext enthalten.
31 Die Ergebnisse zeigen im Übrigen auch, dass die Varietät(en) in SMS-Mitteilungen auch technisch bedingt sind – zumindest in Bezug auf ökonomische Schreibweisen.

5 Fazit und Ausblick

direkt auf der Vorlage aufgesetzt, sondern auf einem gesonderten Papier – heute eher auf dem PC – vorgeschrieben und so lange optimiert, bis der Text in die gewünschte(n) Zeile(n) eingepasst ist.

Mitunter sind auch weniger sinnvolle oder widersinnige Reduktionen belegt. Eine mehr als qualitativ unökonomische Reduktion liegt etwa bei folgendem Beispiel vor:

[1]   Nordic-Walking i. d. Nationalpark!

Hier könnten die Abkürzungen *i. d.* für *?in den* stehen, allerdings auch für *?in dem*. Es ist letztlich jedoch unerheblich für die Proposition, denn selbst im Falle von *in den* wäre *in dem* impliziert (ein ›in etwas hinein‹ schließt ein teilweises ›darin‹ ein). Aufgrund der unklaren Vollform ist die Abkürzung qualitativ unökonomisch – auch wenn *in den* wahrscheinlicher ist – und quantitativ unökonomisch, weil die klitisierte Form *im* kürzer und ebenso zutreffend gewesen wäre. Die nicht-reduzierte Variante hätte allerdings keinen Platz gefunden (s. Abb. 5-2), wohl aber vermutlich *zum*.

Abb. 5-2: Reduktion aus Platzgründen.

Gleichwohl ließen sich einige Fälle, wie vereinzelt gezeigt worden ist, sinnvoller und pragmatischer reduzieren, als dies geschehen ist. Diskutiert wurde dies beispielsweise an der Artikelbezeichnung *VOLLM 1,0L*, bei der aufgrund der Mustererkennung *1,0* hinreichend, die ökonomischste Form aber *1L* gewesen wäre, da die Nachkommastelle null ist. Dadurch ist die vorgegebene Exaktheit obsolet, da 1,0 und 1 mathematisch identisch sind (wenngleich dies einen Eindruck von Genauigkeit und Seriosität vermittelt).

Daran anknüpfend, vor allem im umgekehrten Fall der zu starken Kürzung, stellt sich die Frage, wie Reduktionsformen entschlüsselt werden können. Grundlegend ist hierbei die Vervollständigung der Kurzformen auf mögliche Vollformen. Aus diesem Grund sind aus typologisch-struktureller Sicht Kopfformen stets leichter aufzulösen als Rumpf- oder Endformen, da sie Wortanfänge darstellen, die in gewohnter Richtung (von links nach rechts) zu vervollständigen sind. Sofern die Reduktion ausschließlich aus dem Abbau von Redundanzen besteht, ist die Erschließung in der Regel völlig unproblematisch. Allerdings ist mitunter schwer zu entscheiden, ob es sich tatsächlich um Redundanzen handelt. Nur weil der Plural bei *Häuser* redundant markiert ist, kann daraus nicht unbedingt gefolgert werden, dass die um die Redundanz verminderten Wortformen **Hauser* und **Häus* immer noch korrekt interpretiert werden. Im Gegensatz dazu kann eine ›Redundanz‹[32], wie sie in *das eine Haus* vorliegt, problemlos auf *das Haus* reduziert werden. Die bereits genannte Mustererkennung ist weniger eindeutig, da sie von einem spezielleren Wissen der Adressaten abhängt, als dies bei der erlernten Pluralmarkierung in einer Erstsprache der Fall ist. So mag man beispielsweise 0800-125467 als Telefonnummer erkennen, nicht jedoch, dass es sich um eine für Anrufende kostenfreie Rufnummer handelt *(> Freecall 0800-125467)* etc. Bei *80,-* *(< 80,00)* hingegen wird nicht nur ein Zeichen eingespart, sondern auch die Mustererkennung unterstützt, da die Zeichenfolge »,–« auf Währungswerte beschränkt ist.

Die zentralste Rolle bei der Rekonstruktion einer Vollform spielen aber Ko- und Kontext, die es ermöglichen, eine Grundmorphemreduktion wie *Vize* auf eine der möglichen Vollformen wie *Vizepräsident(in)*, *Vizekanzler(in)*, *Vizemeister(in)*, *Vizeregierungssprecher(in)* etc. zurückzuführen. Dies kann etwa über Namen erfolgen *(Juan Pablo Lira > Vizeaußenminister [Chiles])*, aber auch über andere Ko- und Kontexte *(EU-Kommission[svize] > Vizepräsident(in) [der EU-Kommission])*. Teilweise handelt es sich auch um lexikalisierte oder usualisierte (also erlernte) Reduktionsformen wie bei *Nazi*. Dies ist besonders bei Soziolekten oder Peer-Group-Varietäten (etwa von Jugendlichen) transparent, die individuelle und Ad-hoc-Abkürzungen etc. verwenden *(HDL)*.

Disambiguieren können jedoch nicht nur Ko- und Kontext, sondern auch komplementäre oder supplementäre Bilder, die es bei den Korpora nicht gab (vgl. Kap. 4.1), aber grundsätzlich auch die Schreibung: Während hierdurch beispielsweise *dm (< Dezimeter)* und *DM (< Deutsche Mark)* klar voneinander zu unterscheiden sind, können Abweichungen von der Standardschreibung, wie sie in 62 Prozent der Fälle bei SMS-Mitteilungen vorkommen (Schlobinski et al. 1991: 7f.), zu Fehlannahmen führen – beispielsweise bei *90dm*:

---

32 Natürlich wird nicht bestritten, dass zwischen den beiden Phrasen ein Bedeutungsunterschied besteht; es geht hier um das basale Verständnis.

5 Fazit und Ausblick

[2] Hallo war heut mal bei nem fotoladen, wegen kapp. Kamera. Allein ein kostenvoranschl. Kostete 40-90dm!!!

Offensichtlich wird in dieser Mitteilung die Schreibung ausschließlich von der Maschine bestimmt[33], da Großschreibung nur am Beginn der Mitteilung und hinter einem Punkt erfolgt, was zu Fehlern ohne vorausgegangenen Punkt *(fotoladen, kostenvoranschl.)* und hinter einem Abkürzungspunkt *(Kostete)* geführt hat. Maschinenbedingt orthografisch korrekt ist durch Satzzeichen *Allein* geschrieben, durch ein Abkürzungszeichen *Kamera*. Die Abkürzung *dm* allerdings folgt nicht hinter einem Punkt, Ausrufe- oder Fragezeichen, womit sie kleingeschrieben ist und bei einer Zuhilfenahme der Schreibung bei der Disambiguierung zwischen *DM* und *dm (< Dezimeter)* zu einer Fehlinterpretation führte. Allerdings weist in diesem Fall dann doch wieder der Kotext *(kostete)* eindeutig auf die Währungskurzform hin.

Dass der immer wieder betonte Ko- und Kontext sowie die Zielgruppe eine große Rolle spielen, ist an den Unterschieden zwischen dem lokal begrenzten Fahrgastfernsehen einerseits und dem überregionalen Newsticker andererseits ablesbar. So hat sich etwa an den Wortgruppenellipsen gezeigt, dass diese verstärkt dort auftreten, wo regionale Kenntnisse die Vollformen erschließen lassen *(96, Brauhaus, Porta)*, wohingegen beim überregionalen Newsticker solches nicht belegt ist. Erweiterbar ist die regionale auf die soziale Nähe, was sich beispielsweise an den teilweise individuellen Wortgruppenellipsen zeigt: *10f, Hainhölzer, Pauli*. Die Zielgruppe (bei SMS-Mitteilungen in der Regel ein oder wenige Adressat(en)) gibt also die Reduktionsmöglichkeiten vor oder schränkt diese ein. Letzteres ist umso mehr der Fall, je unspezifischer (disperser) die Zielgruppe ist. Auch aus diesem Grund sind Newsticker und Zeitungsartikel nur geringfügig reduziert und in den belegten Fällen wiederum nur zielgruppenspezifisch *(Jets, Usoc* in der Rubrik Sport, *Papier, Ebit[-Marge]* in der Rubrik Wirtschaft). Wer sich in einer Anzeige von einer zu verkaufenden *Taylorix-Quer-Simplex* angesprochen fühlt, weiß die Zeichenfolge auch zu interpretieren. Problematisch wird es dann, wenn fachsprachliche Reduktionsformen auftreten und Laien ein Interesse haben (z.B. *ZV, ESP, SD, KA*[34] beim Autoverkauf). In der Regel werden in diesen Bereichen Kurzwort- und Abkürzungsregister angeboten, um Fachsprache und Standardsprache zu verbinden.

Schließlich muss angemerkt werden, dass Reduktion auch andere Funktionen übernimmt als nur die der Einsparung von Graphemen. So kann sie zum Beispiel dem Chiffrieren und Entschärfen dienen, sodass stilistisch auffälli-

---
33 Algorithmus: Großschreibung hinter Punkt, Ausrufezeichen u. Fragezeichen.
34 *ZV, ESP, SD, KA* < Zentralverriegelung, Elektronisches Stabilitätsprogramm, Schiebedach, Klimaanlage.

ge (stark umgangssprachliche oder derbe) Lexik dennoch gebraucht werden kann:[35]

[3]   Boa, wat bin i froh, dass das Wetter getz so besch..is! Muß ganze Zt lernen! Bin schon total verspannt wg Schreibtischritzerei! Brauch ne Frau für Massage *g* Bussi

[4]   NADINE,SITZ VOR D COMPUTER+MACH BIO.WETTER IST SCH...!HAB KEINEN BOCK MEHR AUF LA!MORGEN MUSS ES KLAPPEN.SCHÖNEN SO.WAREN GESTERN AUFM SCHÜTZENP.GRUSS KIRSCHI

Dessen ungeachtet und abschließend sei daran erinnert, dass die reduziertesten Vertreter sprachlicher Ökonomie außersprachlich sind: Das (einmalige) Anklingeln eines Mobiltelefons ersetzt die sprachliche – und dafür ursächliche finanziell aufwändige – Handlung eines Telefonats oder einer SMS-Mitteilung und übermittelt dennoch die Bedeutung ›Ich denke an dich‹ – eine offensichtliche Inhaltsseite ohne jede Form von graphemischer oder phonemischer Ausdrucksseite.

Abschließend kann im Hinblick auf die Gesamtbewertung der Untersuchung herausgestellt werden, dass viele, aber nicht alle Ergebnisse allgemeinen Erwartungen entsprechen. So liegt bei einem Blick auf die Kleinanzeigen einer Zeitung die Vermutung nahe, dass generell starke Reduktion stattfindet, da der finanzielle Aufwand mit jeder (wenig Zeichen umfassenden) Zeile zunimmt. Auch überrascht letztlich nicht die Tatsache, dass Kürzung/Reduktion weniger vereinzelt auftritt, sondern wiederum Kürzung/Reduktion nach sich zieht, insbesondere dann, wenn Wortformen enger zusammenstehen (beispielsweise in einer NP): Wird also statt *Information* das Kurzwort *Info* verwendet, fällt die Wahl oft auch auf & oder + statt *und* (*Info & Buchung* vs. *Information und Buchung*), *3 Meter* ist ungebräuchlicher als *drei Meter* oder *3 m*. Weniger zu erwarten gewesen war, dass SMS-Mitteilungen weniger stark reduziert sind, als dies die technisch-medialen Bedingungen und kommunikativen Funktionen annehmen lassen; Aussagen, die eine Textproduktion »unter maximal reduzierten Bedingungen« (Dürscheid 2002: 15) konstatieren, können infolge der Untersuchung nicht unterstrichen werden. Zumindest ist das Reduktionspotenzial in so gut wie keiner SMS-Mitteilung vollständig ausgeschöpft.

Doch wie kommt es zu solchen überraschenden Ergebnissen? Mit der klassischen Einteilung in (1) 1:1-Kommunikation (Individualkommunikation),

---

35 Auf syntaktischer Seite übernehmen Aposiopesen diese Funktion.

5 Fazit und Ausblick

(2) 1:n-Kommunikation (Massenkommunikation), (3) monologisch und (4) dialogisch sind grundsätzlich bestimmte Merkmale verbunden. So weisen monologische massenmediale Texte im Regelfall keine sprachlichen (inkl. lexikalischen) Besonderheiten auf, wohingegen dialogische Individualkommunikation stark durch individuelle Ausdrucksweisen der beteiligten Personen charakterisiert ist. Im Hinblick auf die im Rahmen dieser Arbeit untersuchten Korpora war diese Einteilung allerdings interessanterweise kaum relevant für die spezifische Verwendung von Reduktionsformen und Kürzungen.

1) Individualkommunikation, dialogisch: SMS-Kommunikation
2) Massenkommunikation, monologisch: Newsticker, Fahrgastfernsehen, Alpenpanorama, Kleinanzeigen (bedingt: Kassenbons)
3) Individualkommunikation, monologisch: Kassenbons

Eine deutliche Diskrepanz liegt zwischen den monologisch strukturierten journalistischen Texten Newsticker und Fahrgastfernsehen mit tendenziell geringer Reduktion und den gleichfalls massenmedial und monologisch geprägten Kleinanzeigen sowie dem Alpenpanorama, die beide starke Reduktion aufweisen. Die Kassenbons stellen insofern einen Sonderfall dar, als sie zwar individualkommunikativ verwendet werden, jedoch aufgrund der dahinterstehenden Organisationsstruktur (Konzern, Datenbanken etc.) eigentlich als massenkommunikativ zu betrachten sind. Entscheidend sind demnach weitere Parameter. Zu nennen ist etwa die Zielgruppe, die inhomogen oder homogen gestaltet sein kann und darüber festlegt, wie stark Reduktionen, Kürzungen oder spezifische Lexik, z.B. Anglizismen (Alpenpanorama, Sport), verwendet werden können. Bekannt ist dies aus bereits ausgiebig untersuchten Bereichen – wie Tageszeitung (Süddeutsche Zeitung) versus Fachmagazin (c't). Auch die Rubrik einer Tageszeitung wirkt sich darauf aus (Wirtschaft: *Fonds*). Darüber hinaus stellt Usualisierung einen wichtigen Faktor dar: *CDU* im Newsticker, *HDL* in SMS-Mitteilungen und *Alu (< Alufelgen < Aluminiumfelgen)* in Kleinanzeigen. Daneben spielen medial-technische Rahmenbedingungen eine Rolle, was am stärksten an den Artikelbezeichnungen auf Kassenzetteln abzulesen ist, in gewissen Grenzen auch an den SMS-Mitteilungen. Offensichtlich überwiegt in der SMS-Kommunikation der Komfort durch die Software (T9) und/oder die Eingabegeschwindigkeit infolge von Gewöhnung resp. Training gegenüber der umständlichen Eingabe. Zudem stellen viele scheinbare Reduktionsformen keine Ökonomie dar, sondern sind auf den Transfer gesprochener Sprache in die Schriftkommunikation zurückzuführen. Außerdem wirkt sich der Grad der Sprachplanung auf die sprachliche Ausgestaltung aus. Wortkreuzungen setzen etwa ein sehr hohes Maß an sprachplanerischer Kreativität voraus; solche Bildungen werden in der Regel nicht ad hoc gebildet. Doch auch nicht-usualisierte Abkürzungen, Morphemreduktionen u.a. erfordern einen gewissen Sprachplanungsaufwand, von dem bei privaten SMS-Mitteilungen aufgrund der kommunikativen Funktionen und Rahmenbedingungen eher weniger ausgegangen werden kann; dies erklärt neben anderen Gründen das dortige Vorkommen nur bestimmter Reduktionsformen und Subtypen.

Diese generalisierten Aussagen sind von den untersuchten Merkmalen abgeleitet. Reduktion findet etwa beim Fahrgast-TV vornehmlich im syntaktischen Bereich statt. Vermutlich liegt der Grund hierfür im Grad der Markierung: Während Reduktion im morphologisch-lexikalischen und graphostilistischen Bereich offensichtlich ist, handelt es sich bei syntaktischer Reduktion um unauffälligere Formen quantitativer Ökonomie *(Auch auf der Bühne: „maybebop" mit Rock-Klassikern.).* In einer Markiertheitshierarchie, die das Fazit abschließen soll, wäre diese Form der syntaktischen Reduktion ungefähr zwischen Kurzwort und Morphemreduktion angesiedelt:

Markiertheitshierarchie: Spatium-Tilgung > Logogramm/ikonisches Zeichen > Abkürzung > Wortgruppenellipse > Kurzwort > Morphemreduktion > Numeralia-Substitution.[36]

Der Fokus dieser Arbeit lag auf dem Textmaterial, der mitunter technisch determinierten Medienspezifik der Korpora sowie maßgeblich der damit einhergehenden textuellen Enge. Bei den Analysen stand die quantitative Sprachökonomie unter morphologisch-lexikalischer Perspektive im Vordergrund. Ferner sind einige graphostilistische Aspekte behandelt worden. Außerhalb der Betrachtung lagen andere Formen der Reduktion, etwa die Ellipse als Prototyp syntaktischer Reduktion (sie war allerdings Gegenstand im Rahmen von Wortgruppen) oder Implikaturen als eine Reduktionsmöglichkeit, die im Bereich der Pragmatik angesiedelt ist. Es erscheint lohnenswert, die nicht berücksichtigten Bereiche der Linguistik in der Merkmalsmatrix (Kap. 3) zu ergänzen und die Korpora auf ähnliche Weise dahingehend zu untersuchen. Insbesondere die Betrachtung des Ineinandergreifens von syntaktischer Reduktion und der auf der Wortebene unter einer funktionalen und kommunika-

---

36 Implikativ auch wegen Variablen wie Norm/Rechtschreibung (Verstoß: Spatium-Tilgung), grafische Markierung (Spatium-Tilgung, Ikon, Abkürzung), Kreativität (Spatium-Tilgung, Ikon, Abkürzung, Wortkreuzung), Variation/Lexikalisierung (Spatium-Tilgung (bei jeder Wortform möglich), Logogramm/Ikon, Abkürzung *(W)*, Wortkreuzung, Kurzwort).

5 Fazit und Ausblick

tionsformspezifischen Perspektive wäre ein ebenso konsequenter wie spannender nächster Schritt.

Darüber hinaus liegen Desiderate auch im Bereich der Perzeption mit methodischen Fragestellungen der kognitiven Linguistik. Schließlich kann sprachliche Ökonomie – wie im zweiten Kapitel definiert – nicht allein am Produzenten oder an der Kommunikationsform orientiert sein, sondern dürfte sich im Sinne von Roelckes Theorie durchaus auch für kommunikative Effizienz und adressatenspezifisches Verstehen als ein ergiebiger Untersuchungsgegenstand erweisen.

6 Literaturverzeichnis

Abraham, Werner & C. Jac Conradie (2001). Präteritumschwund und Diskursgrammatik. Amsterdam et al.
Adler, Manuela (2004). »Form und Häufigkeit der Anglizismen in deutschen und schwedischen Massenmedien«. In: Muttersprache. Vierteljahresschrift für deutsche Sprache, Nr. 2. S. 123–131.
Admoni, Wladimir (1990). »Die semantische Präsenz der grammatisch negierten Redegebilde. Zum Problem des Ungenauen in der Sprache«. In: Besch, Werner (Hrsg.). Deutsche Sprachgeschichte. Grundlagen, Methoden, Perspektiven. Festschrift für Johannes Erben zum 65. Geburtstag. Frankfurt/M. et al. S. 381–386.
Adone, Dany & Ingo Plag (Hrsg., 1994). Creolization and language change. Tübingen.
Ágel, Vilmos & Mathilde Hennig (Hrsg., 2006a). Grammatik aus Nähe und Distanz. Theorie und Praxis am Beispiel von Nähetexten 1650–2000. Tübingen.
Ágel, Vilmos & Mathilde Hennig (2006b). »Theorie des Nähe- und Distanzsprechens«. In: Ágel, Vilmos & Mathilde Hennig (Hrsg.). Grammatik aus Nähe und Distanz. Theorie und Praxis am Beispiel von Nähetexten 1650–2000. Tübingen. S. 3–31.
Ágel, Vilmos & Mathilde Hennig (2007). »Überlegungen zur Theorie und Praxis des Nähe- und Distanzsprechens«. In: Ágel, Vilmos & Mathilde Hennig (Hrsg.). Zugänge zur Grammatik der gesprochenen Sprache. Tübingen. S. 179–214.
Aitchison, Jean (1997). Wörter im Kopf. Eine Einführung in das mentale Lexikon. Tübingen.
Althaus, Hans Peter, Henne, Helmut & Herbert Ernst Wiegand (Hrsg., 1980). Lexikon der germanistischen Linguistik. Tübingen.
Altmann, Hans & Silke Kemmerling (2000). Wortbildung fürs Examen. Studien- und Arbeitsbuch. Wiesbaden.
Altmann, Hans (1981). Formen der ›Herausstellung‹ im Deutschen. Rechtsversetzung, Linksversetzung, freies Thema und verwandte Konstruktionen. Tübingen.
Ammon, Ulrich, Hans Bickel, Jakob Ebner, Ruth Esterhammer, Markus Gasser & Lorenz Hofer (2004). Variantenwörterbuch des Deutschen. Die Standardsprache in Österreich, der Schweiz und Deutschland sowie in Liechtenstein, Luxemburg, Ostbelgien und Südtirol. Berlin New York.
Ammon, Ulrich (2006). »Die Stellung der deutschen Sprache im Internet«. In: Schlobinski, Peter (Hrsg.). Von »hdl« bis »cul8r«. Sprache und Kommunikation in den neuen Medien. Mannheim et al. S. 38–51.
Androutsopoulos, Jannis K. & Gurly Schmidt (2001). »SMS-Kommunikation: Ethnografische Gattungsanalyse am Beispiel einer Kleingruppe«. In: Zeitschrift für angewandte Linguistik, Nr. 36. S. 49–79.
Androutsopoulos, Jannis K. (1997). Deutsche Jugendsprache. Untersuchungen zu ihren Strukturen und Funktionen. In: Vario Lingua. Hrsg. v. Jörn Albrecht et al. Bd. 6. Frankfurt/Main et al.
Androutsopoulos, Jannis K. (1999). »Der Name @«. <http://www.mediensprache.net/networx/networx-6.pdf>. In: Networx, Nr. 6. Hannover.

Androutsopoulos, Jannis K. (2003). »Online-Gemeinschaften und Sprachvariation. Soziolinguistische Perspektive auf Sprache im Internet«. In: Zeitschrift für germanistische Linguistik, Nr. 31. S. 173–197.
Androutsopoulos, Jannis K. (2006). »Multilingualism, diaspora, and the Internet: Codes and identities on German-based diaspora Websites«. In: Journal of Sociolinguistics, Nr. 4. S. 524–551.
Androutsopoulos, Jannis K., Nevin Bozkurt, Simone Breninck, Catrin Kreyer, Markus Tornow & Verena Tschann (2004). »Sprachwahl im Werbeslogan. Zeitliche Entwicklung und branchenspezifische Verteilung englischer Slogans in der Datenbank von slogans.de«. <http://www.mediensprache.net/networx/networx-41.pdf>. In: Networx, Nr. 41. Hannover.
Arntz, Reiner, Heribert Picht & Felix Mayer (^{5}2004). Einführung in die Terminologiearbeit. Hildesheim et al.
Austin, John L. (1962). How to do things with words. Cambridge.
Austin, John L. (1972). Zur Theorie der Sprechakte. Stuttgart.
Baldauf, Heike (2002). Knappes Sprechen. In: Reihe Germanistische Linguistik. Hrsg. v. Helmut Henne, Horst Sitta & Herbert Ernst Wiegand. Bd. 227. Tübingen.
Ballstaedt, Steffen-Peter (1999). »Textoptimierung: Von der Stilfibel zum Textdesign«. In: Fachsprache. Internationale Zeitschrift für Fachsprachenforschung, -didaktik und Terminologie, Nr. 3–4. S. 98–124.
Bally, Charles (1954). Linguistique générale et linguistique française. Bern.
Bär, Jochen A. (2007). »Kürze als grammatisches Problem: determinative Verschränkungen. Phänomene der Ersparung im Übergangsbereich von Wortbildung und Syntax«. In: Bär, Jochen A., Thorsten Roelcke & Anja Steinhauer (Hrsg.). Sprachliche Kürze. Konzeptuelle, strukturelle und pragmatische Aspekte. Berlin et al. S. 310–338.
Bär, Jochen A., Thorsten Roelcke & Anja Steinhauer (Hrsg., 2007). Sprachliche Kürze. Konzeptuelle, strukturelle und pragmatische Aspekte. In: Linguistik – Impulse & Tendenzen. Hrsg. v. Susanne Günthner, Klaus-Peter Konerding, Wolf-Andreas Liebert & Thorsten Roelcke. Bd. 27. Berlin et al.
Barnickel, Klaus-Dieter (1992). Falsche Freunde. Ein vergleichendes Wörterbuch Deutsch – Englisch. Heidelberg.
Baßler, Harald (2007). »Auf den Punkt gebracht. Typologische Anmerkungen zur Textsorte Abstract«. In: Bär, Jochen A., Thorsten Roelcke & Anja Steinhauer (Hrsg.). Sprachliche Kürze. Konzeptuelle, strukturelle und pragmatische Aspekte. Berlin et al. S. 365–390.
Baudusch, Renate (1991). »Interpunktion und Intonation – ist ein ›Pausenkomma‹ im Deutschen möglich?«. In: Feldbusch, Elisabeth, Reiner Pogarell & Cornelia Weiß (Hrsg.). Neue Fragen der Linguistik. Akten des 25. Linguistischen Kolloquiums, Paderborn 1990. Band 1: Bestand und Entwicklung. Tübingen. S. 547–552.
Baurmann, Jürgen, Dieter Cherubim & Helmut Rehbock (Hrsg., 1981). Neben-Kommunikationen. Beobachtungen und Analysen zum nichtoffiziellen Schülerverhalten innerhalb und außerhalb des Unterrichts. Braunschweig.
Bausch, Karl-Heinz, Wolfgang H. U. Schewe & Heinz-Rudi Spiegel (Hrsg., 1976). Fachsprachen. Terminologie, Struktur, Normung. Berlin et al.
Bayer, Josef (2002). »Minimale Annahmen in Syntax und Morphologie«. In: Linguistische Arbeitsberichte, Nr. 79. S. 277–297.
Bebermeyer, Renate (1985a). »Akü-Exoten«. In: Der Sprachdienst, Nr. 29. S. 107–109.
Bebermeyer, Renate (1985b). »Was ist – und zu welchem Zweck betreibt man Sprachökonomie?«. In: Sprachspiegel, Nr. 41. S. 75–79.
Becker, Thomas (1998). Das Vokalsystem der deutschen Standardsprache. In: Arbeiten zur Sprachanalyse. Bd. 32. Frankfurt/M. et al.
Beeh, Volker, Annette Brosch & Klaus-Dieter Schulz (1995). »Detrivialisierung«. In: Liedtke, Frank (Hrsg.). Implikaturen. Grammatische und pragmatische Analysen. Tübingen. S. 103–122.

Behaghel, Otto (1901). Die deutsche Sprache. Leipzig.
Behaghel, Otto (1917). »Ölzweig«. In: Zeitschrift des Allgemeinen Deutschen Sprachvereins, Nr. 1. S. 11–12.
Behaghel, Otto (1967/1927). Von deutscher Sprache. Aufsätze, Vorträge und Plaudereien. Lahr.
Behr, Irmtraud & Hervé Quintin (1996). Verblose Sätze im Deutschen. Zur syntaktischen und semantischen Einbindung verbloser Konstruktionen in Textstrukturen. In: Eurogermanistik. Europäische Studien zur deutschen Sprache. Hrsg. v. Vuillaume, Marcel & Eugène Faucher. Bd. 4. Tübingen.
Beißwenger, Michael (Hrsg., 2001). Chat-Kommunikation. Sprache, Interaktion, Sozialität und Identität in synchroner computervermittelter Kommunikation. Stuttgart.
Bellmann, Günter (1977). »Zur lexikalischen Kürzung im Deutschen«. In: Kwartalnik Neofilologiczny, Nr. 24. S. 141–150.
Bellmann, Günter (1980). »Zur Variation im Lexikon: Kurzwort und Original«. In: Wirkendes Wort. Deutsche Sprache und Literatur in Forschung und Lehre, Nr. 30. S. 369–383.
Bens, Stephanie (2006). »Kurzwörter«. In: Fries, Norbert (Hrsg.). Linguistik im Schloss II. Linguistischer Workshop, Wartin 2006. Czernowitz. S. 16–25.
Bergenholtz, Henning & Joachim Mugdan (1979). Einführung in die Morphologie. In: Urban-Taschenbücher. Bd. 296. Stuttgart et al.
Bergenholtz, Henning (1976). Zur Morphologie deutscher Substantive, Verben und Adjektive. Probleme der Morphe, Morpheme und ihrer Beziehung zu den Wortarten. Bonn.
Bergström, Gustaf A. (1906). On Blendings of Synonymous or Cognate Expressions in English. A Contribution to the Study of Contamination. Lund.
Bergstrøm-Nielsen, Henrik (1952). »Die Kurzwörter im heutigen Deutsch«. In: Moderna Språk, Nr. 46. S. 2–22.
Besch, Werner (Hrsg., 1990). Deutsche Sprachgeschichte. Grundlagen, Methoden, Perspektiven. Festschrift für Johannes Erben zum 65. Geburtstag. Frankfurt/M. et al.
Besch, Werner, Siegfried Grosse & Heinz Rupp (Hrsg., 1968). Festgabe für Friedrich Maurer. Zum 70. Geburtstag am 5. Januar 1968. Düsseldorf.
Best, Karl-Heinz (2007). »Kürzungstendenzen im Deutschen aus der Sicht der Quantitativen Linguistik«. In: Bär, Jochen A., Thorsten Roelcke & Anja Steinhauer (Hrsg.). Sprachliche Kürze. Konzeptuelle, strukturelle und pragmatische Aspekte. Berlin et al. S. 45–62.
Betten, Anne (1976). »Ellipsen, Anakoluthe und Parenthesen. Fälle für Grammatik, Stilistik, Sprechakttheorie oder Konversationsanalyse?«. In: Deutsche Sprache. Zeitschrift für Theorie, Praxis, Dokumentation, Nr. 4. S. 207–230.
Betten, Anne (1985). »Formen fragmentarischer Gesprächsäußerungen in simulierter gesprochener Sprache. Versuch einer stilistischen Unterscheidung«. In: Meyer-Hermann, Reinhard & Hannes Rieser (Hrsg.). Ellipsen und fragmentarische Ausdrücke. Band 2. Tübingen. S. 269–294.
Bhatt, Christa (^{2}1991). Einführung in die Morphologie. In: Kölner Linguistische Arbeiten – Germanistik. Hrsg. v. Vater, Heinz. Bd. 23. Hürth-Efferen.
Bieswanger, Markus (2007). »2 abbrevi8 or not 2 abbrevi8: A Contrastive Analysis of Different Space- and Time-Saving Strategies in English and German Text Messages«. <http://studentorgs.utexas.edu/salsa/proceedings/2006/Bieswanger.pdf>. In: Texas Linguistic Forum, Vol. 50.
Birkmann, Peter (1998). Verbvalenz und Sprachökonomie. Die deutschen Verben und ihre Ausstattung in Verwendung und System. Frankfurt/Main et al.
Bittner, Andreas (1988). »Is anything ›more natural‹? Considerations on establishing a hierarchy of naturalness principles (NP)«. In: Wurzel, Wolfgang U. (Hrsg.). Studien zur Morphologie und Phonologie III. Berlin. S. 23–35.
Bittner, Dagmar (1995). »Affixhomonymie in der Natürlichkeitstheorie. Betrachtung der Form-Inhalt-Relationen bei den -er-Bildungen im Deutschen«. In: Boretzky, Norbert et al. (Hrsg.). Natürlichkeitstheorie und Sprachwandel. Beiträge zum internationalen Symposium über »Na-

türlichkeitstheorie und Sprachewandel« an der Universität Maribor vom 13.5.–15.5.1993. Bochum. S. 123–144.

Bittner, Johannes (2005). »Homepage reloaded: Texte und Textsorten in digitalen Medien«. In: Der Deutschunterricht, Nr. 1. S. 45–56.

Blaha, Michaela, Hans-R. Fluck, Michael Förster & Daniel Händel (2001). »Verwaltungssprache und Textoptimierung – ein Bochumer Pilotprojekt und seine Evaluation«. In: Muttersprache. Vierteljahresschrift für deutsche Sprache, Nr. 4. S. 289–301.

Blatz, Friedrich (^{3}1896). Neuhochdeutsche Grammatik mit Berücksichtigung der historischen Entwicklung der Deutschen Sprache. Zweiter Band. Karlsruhe.

Blödorn, Sascha, Maria Gerhards & Walter Klingler (2005). »Informationsnutzung und Medienauswahl«. In: Media Perspektiven, Nr. 12.

Bolinger, Dwight (1961). »Syntactic Blends and Other Matters«. In: Language, Nr. 37. S. 366–381.

Boretzky, Norbert, Wolfgang Dressler, Janez Orešnik, Karmen Teržan & Wolfgang U. Wurzel (Hrsg., 1995). Natürlichkeitstheorie und Sprachwandel. Beiträge zum internationalen Symposium über »Natürlichkeitstheorie und Sprachwandel« an der Universität Maribor vom 13.5.–15.5.1993. In: Bochum-Essener Beiträge zur Sprachwandelforschung. Hrsg. v. Boretzky, Norbert, Werner Enninger, Benedikt Jeßling & Thomas Stolz. Bd. 22. Bochum.

Bourdieu, Pierre (1977). The economics of linguistic exchanges. In: Social science information. Bd. 16. London et al.

Brandstetter, Alois (1968). »Das Telegramm und seine syntaktische Situation«. In: Rath, Rainer & Alois Brandstetter (Hrsg.). Zur Syntax des Wetterberichtes und des Telegrammes. Mannheim. S. 23–43.

Braun, Peter (2005). »Die Assimilation im Deutschen und in anderen Sprachen«. In: Muttersprache. Vierteljahresschrift für deutsche Sprache, Nr. 3. S. 234–241.

Braun, Peter (^{4}1998). Tendenzen in der deutschen Gegenwartssprache. Sprachvarietäten. In: Urban-Taschenbücher. Bd. 297. Stuttgart et al.

Bredel, Ursula (2005). »Zur Geschichte der Interpunktionskonzeptionen des Deutschen – dargestellt an der Kodifizierung des Punktes«. In: Zeitschrift für germanistische Linguistik, Nr. 33. S. 179–211.

Bredsdorff, Jakob H. (^{2}1975/1821). Über die Ursachen der Sprachveränderungen. Übersetzt und herausgegeben von Uwe Petersen. In: Tübinger Beiträge zur Linguistik. Hrsg. v. Gunter Narr. Bd. 13. Tübingen.

Briegleb, Otto (1932). Wider die Entartung der Sprache durch Erstarrung, falsche Zusammensetzung, Wortverstümmelung. Leipzig.

Brinker, Klaus (1996). »Die Konstitution schriftlicher Texte«. In: Günther, Hartmut & Otto Ludwig (Hrsg.). Schrift und Schriftlichkeit. Ein interdisziplinäres Handbuch internationaler Forschung. Berlin New York. S. 1515–1526.

Brinkmann, Henning (1974). »Reduktion in gesprochener und geschriebener Rede«. In: Institut für deutsche Sprache (Hrsg.). Gesprochene Sprache. Jahrbuch 1972. Düsseldorf. S. 144–162.

Bryant, M.B. (1974). »Blends are increasing«. In: American Speech, Nr. 49. S. 163–184.

Bucher, Hans-Jürgen & Erich Straßner (1991). Mediensprache, Medienkommunikation, Medienkritik. Tübingen.

Bücher, Karl (1902). Arbeit und Rhythmus. Leipzig.

Bühler, Karl (1982/1934). Sprachtheorie. Die Darstellungsfunktion der Sprache. In: Uni-Taschenbücher. Bd. 1159. Stuttgart New York.

Bühler, Susanne (2004). Internet, Handy, SMS: Verändern die neuen Technologien die Kommunikation in den Familien? Bern.

Burger, Harald (2005). Mediensprache. Eine Einführung in Sprache und Kommunikationsformen der Massenmedien. Berlin New York.

Burkhardt, Armin (2006). Wörterbuch der Fußballsprache. Göttingen.

6 Literaturverzeichnis

Burkhardt, Armin (2008). »Anglizismen in der Fußballsprache. Eine historische und kontrastive Betrachtung«. In: Der Sprachdienst, Nr. 2. S. 57–69.
Busler, Christine & Peter Schlobinski (1997). »›Was er (schon) (...) konstruieren kann – das sieht er (oft auch) als Ellipse an.‹ Über ›Ellipsen‹, syntaktische Formate und Wissensstrukturen«. In: Schlobinski, Peter (Hrsg.). Syntax des gesprochenen Deutsch. Opladen. S. 93–116.
Busse, Ulrich & Dietmar Schneider (2007). »Kürze im englischen Wortschatz«. In: Bär, Jochen A., Thorsten Roelcke & Anja Steinhauer (Hrsg.). Sprachliche Kürze. Konzeptuelle, strukturelle und pragmatische Aspekte. Berlin et al. S. 159–180.
Bußmann, Hadumod (³2002). Lexikon der Sprachwissenschaft. Stuttgart.
Bybee, Joan L. (1985). Morphology. A Study of the Relation between Meaning and Form. In: Typological Studies in Language. Hrsg. v. Greenberg, Joseph H. & T. Givon. Bd. 9. Amsterdam.
Cannon, Garland (1986). »Blends in English word formation«. In: Linguistics. An international Journal of the Language Sciences, Nr. 24. S. 725–753.
Cannon, Garland (1989). »Abbreviations and Acronyms in English Word-Formation«. In: American Speech, Nr. 2. S. 99–127.
Cannon, Garland (2000). »Blending«. In: Booij, Geert et al. (Hrsg.). Morphologie. Ein internationales Handbuch zur Flexion und Wortbildung. 1. Halbband. Berlin New York. S. 952–956.
Carstairs, Andrew (1987). Allomorphy in Inflection. London et al.
Carstensen, Broder (1965). Englische Einflüsse auf die deutsche Sprache nach 1945. In: Beihefte zum Jahrbuch für Amerikastudien. Bd. 13. Heidelberg.
Carstensen, Broder (1982). »Zum Plural englischer Wörter im Deutschen«. In: Muttersprache. Vierteljahresschrift für deutsche Sprache, Nr. 92. S. 200–215.
Carstensen, Broder (1986). Beim Wort genommen. Bemerkenswertes in der deutschen Gegenwartssprache. Tübingen.
Carstensen, Broder, Friedhelm Debus, Helmut Henne, Peter von Polenz, Dieter Stellmacher & Harald Weinrich (Hrsg., 1984). Die deutsche Sprache der Gegenwart. Vorträge, gehalten auf der Tagung der J.J.-Gesellschaft der Wissenschaften, Hamburg, am 4. und 5. November 1983. Göttingen.
Cebulla, Michael (1995). »Kommunikationsakte und ihr Gebrauch«. In: Liedtke, Frank (Hrsg.). Implikaturen. Grammatische und pragmatische Analysen. Tübingen. S. 209–225.
Cherubim, Dieter (1981). »Schülerbriefchen«. In: Baurmann, Jürgen, Dieter Cherubim & Helmut Rehbock (Hrsg.). Neben-Kommunikationen. Beobachtungen und Analysen zum nichtoffiziellen Schülerverhalten innerhalb und außerhalb des Unterrichts. Braunschweig. S. 107–168.
Clarenz-Löhnert, Hildegard (2004). Negationspräfixe im Deutschen, Französischen und Spanischen. Ein Beitrag zur kontrastiven Linguistik. Aachen.
Clyne, Michael (1968). »Ökonomie, Mehrdeutigkeit und Vagheit bei Komposita in der deutschen Gegenwartssprache, insbesondere in der Zeitungssprache«. In: Muttersprache. Zeitschrift zur Pflege und Erforschung der deutschen Sprache, Nr. 78. S. 122–126.
Coulmas, Florian (1992). Die Wirtschaft mit der Sprache. Eine sprachsoziologische Studie. In: Suhrkamp Taschenbuch Wissenschaft. Bd. 977. Frankfurt/Main.
Croce, Benedetto (⁶1966). Problemi di estetica. Leterza.
Debus, Friedhelm (1984). »Zur Deutschen Sprache in unserer Zeit – Verfall oder Fortschritt?«. In: Carstensen, Broder et al. (Hrsg.). Die deutsche Sprache der Gegenwart. Vorträge, gehalten auf der Tagung der J.J.-Gesellschaft der Wissenschaften, Hamburg, am 4. und 5. November 1983. Göttingen. S. 9–28.
Dicwald, Gabriele (1997). Grammatikalisierung. Eine Einführung in Sein und Werden grammatischer Formen. In: Germanistische Arbeitshefte. Hrsg. v. Otmar Werner & Franz Hundsnurscher. Bd. 36. Tübingen.
Diewald, Gabriele (2004). »Einleitung: Entwicklungen und Fragen in der Grammatikalisierungsforschung«. In: Zeitschrift für germanistische Linguistik, Nr. 32. S. 130–136.
Dijk, Teun Adrianus van (⁷1992/1977). Text and Context. Explorations in the semantics and pragmatics of discourse. London et al.

DIN 2340 (1987). DIN 2340: Kurzformen für Benennungen und Namen, Bilden von Abkürzungen und Ersatzkürzungen, Begriffe und Regeln. Berlin.
Donalies, Elke (2003). »Hochzeitstorte, laskaparasol, elmas küpe, cow's milk, casa de campo, cigarette-filtre, ricasdueñas .... Was ist eigentlich ein Kompositum?«. In: Deutsche Sprache. Zeitschrift für Theorie, Praxis, Dokumentation, Nr. 1. S. 76–93.
Döring, Nicola (2002). »›Kurzm. wird gesendet‹. Abkürzungen und Akronyme in der SMS-Kommunikation«. In: Muttersprache. Vierteljahresschrift für deutsche Sprache, Nr. 2. S. 97–114.
Drachman, Gaberell (Hrsg., 1977). Akten der 2. Salzburger Frühlingstagung für Linguistik. In: Salzburger Beiträge zur Linguistik. Bd. 3. Tübingen.
Dressler, Wolfgang & Wolfgang Meid (Hrsg., 1978). Proceedings of the Twelfth International Congress of Linguists Vienna, 28 – September 2, 1977. Innsbruck.
Dressler, Wolfgang (1976). »Tendenzen in kontaminatorischen Fehlleistungen (und ihre Beziehung zur Sprachgeschichte)«. In: Die Sprache. Zeitschrift für Sprachwissenschaft, Nr. 22. S. 1–9.
Dressler, Wolfgang (1977). Grundfragen der Morphologie. In: Veröffentlichungen der Kommission für Linguistik und Kommunikationsforschung. Hrsg. v. Issatschenko, Alexander & Manfred Mayrhofer. Bd. 5. Wien.
Dressler, Wolfgang (1985). »Typological aspects of Natural: Morphology«. In: Wiener Linguistische Gazette, Nr. 35–36. S. 3–26.
Dressler, Wolfgang (1995). »Wege des morphologischen Wandels und der Entstehung morphologischer Regeln«. In: Boretzky, Norbert et al. (Hrsg.). Natürlichkeitstheorie und Sprachwandel. Beiträge zum internationalen Symposium über »Natürlichkeitstheorie und Sprachewandel« an der Universität Maribor vom 13.5.–15.5.1993. Bochum. S. 93–109.
Drozd, Lubomir (1976). »Kürzung als Wortbildungsverfahren«. In: Bausch, Karl-Heinz, Wolfgang H. U. Schewe & Heinz-Rudi Spiegel (Hrsg.). Fachsprachen. Terminologie, Struktur, Normung. Berlin et al. S. 82–88.
Duden (2000). Das große Wörterbuch der deutschen Sprache [Digitale Version]. Mannheim.
Duden (^{3}2001). Das Herkunftswörterbuch [Digitale Version]. Mannheim et al.
Duden (^{5}2003). Deutsches Universalwörterbuch [Digitale Version]. Mannheim et al.
Duden (^{8}2005a). Das Fremdwörterbuch [Digitale Version]. Mannheim et al.
Duden (^{7}2005b). Die Grammatik. Mannheim et al.
Duden (^{24}2006). Die deutsche Rechtschreibung [Digitale Version]. Mannheim et al.
Dürscheid, Christa (1999). Die verbalen Kasus des Deutschen. Untersuchungen zur Syntax, Semantik und Perspektive. In: Studia Linguistica Germanica. Hrsg. v. Sonderegger, Stefan & Oskar Reichmann. Bd. 53. Berlin et al.
Dürscheid, Christa (2000). »Rechtschreibung in elektronischen Texten«. In: Muttersprache. Vierteljahresschrift für deutsche Sprache, Nr. 1. S. 52–62.
Dürscheid, Christa (2002). »SMS-Schreiben als Gegenstand der Sprachreflexion«. <http://www.mediensprache.net/networx/networx-28.pdf>. In: Networx, Nr. 28. Hannover.
Dürscheid, Christa (2003a). »Medienkommunikation im Kontinuum von Mündlichkeit und Schriftlichkeit. Theoretische und empirische Probleme«. In: Zeitschrift für angewandte Linguistik, Nr. 38. S. 37–56.
Dürscheid, Christa (2003b). »Netzsprache – ein neuer Mythos«. <http://www.ds.unizh.ch/lehrstuhlduerscheid/docs/netzsprache.pdf>. Rev. 08.03.2003.
Dürscheid, Christa (2003c). »Syntaktische Tendenzen im heutigen Deutsch«. In: Zeitschrift für germanistische Linguistik, Nr. 31. S. 327–342.
Dürscheid, Christa (^{3}2006). Einführung in die Schriftlinguistik. Grundlagen und Theorien. In: Studienbücher zur Linguistik. Hrsg. v. Peter Schlobinski. Bd. 8. Göttingen.
Eckkrammer, Eva Martha & Hildegund M. Eder (2000). [Cyber]Diskurs zwischen Konvention und Revolution. Eine multi-linguale textlinguistische Analyse von Gebrauchstextsorten im realen und virtuellen Raum. Frankfurt/Main.

Eckkrammer, Eva Martha (1996). Die Todesanzeige als Spiegel kultureller Konventionen. Eine kontrastive Analyse deutscher, englischer, französischer, spanischer, italienischer und portugiesischer Todesanzeigen. In: Abhandlungen zur Sprache und Literatur. Hrsg. v. Richard Baum & Frank-Rutger Hausmann. Bd. 91. Bonn.

Eckkrammer, Eva Martha (1998). »Les petites annonces: Kontrastive Überlegungen zur Sprachökonomie der Heiratsanzeige in analogen und digitalen Medien«. In: Rainer, Franz & Martin Stegu (Hrsg.). Wirtschaftssprache. Anglistische, germanistische, romanistische und slavistische Beiträge. Frankfurt/Main et al. S. 215–227.

Eckkrammer, Eva Martha (1999a). »Die Packungsbeilage von Medikamenten im diachronischen und intersprachlichen Vergleich«. In: Eckkrammer, Eva Martha, Nicola Hödl & Wolfgang Pöckl (Hrsg.). Kontrastive Textologie. Wien. S. 77–130.

Eckkrammer, Eva Martha (1999b). »Ich suche Dich: Ergebnisse eines Pilotprojekts zur Kontaktanzeige in Romania und Germania«. In: Eckkrammer, Eva Martha, Nicola Hödl & Wolfgang Pöckl (Hrsg.). Kontrastive Textologie. Wien. S. 131–175.

Eckkrammer, Eva Martha (1999c). »Von Painweb zu Cybermed: Zur Textkohäsion medizinischer Ratgebertexte im Internet«. In: Eckkrammer, Eva Martha, Nicola Hödl & Wolfgang Pöckl (Hrsg.). Kontrastive Textologie. Wien. S. 176–192.

Eckkrammer, Eva Martha, Nicola Hödl & Wolfgang Pöckl (Hrsg., 1999). Kontrastive Textologie. Wien.

Eggers, Hans (1983). »Wandlungen im deutschen Satzbau. Vorzüge und Gefahren«. In: Muttersprache. Vierteljahresschrift für deutsche Sprache, Nr. 93. S. 131–141.

Ehlert, Trude (^{2}1990). »›Nehmet ein junges Huhn, ertraenkets mit Essig‹. Zur Syntax spätmittelalterlicher Kochbücher«. In: Bitsch, Ingeborg, Trude Ehlert & Xaver von Ertzdorff (Hrsg.). Essen und Trinken in Mittelalter und Neuzeit. Vorträge eines interdisziplinären Symposions vom 10.–13. Juni 1987 an der Justus-Liebig-Universität Gießen. Sigmaringen. S. 261–276.

Ehrich, Veronika (1992). Hier und jetzt. Studien zur lokalen und temporalen Deixis im Deutschen. In: Linguistische Arbeiten. Bd. 283. Tübingen.

Eichhoff-Cyrus, Karin M. & Rudolf Hoberg (Hrsg., 2000). Die deutsche Sprache zur Jahrtausendwende. Sprachkultur oder Sprachverfall? Mannheim.

Eikmeyer, Hans-Jürgen (1985). »Ellipsen und Analysestrategien in inkrementellen Sprachverarbeitungsmodellen«. In: Meyer-Hermann, Reinhard & Hannes Rieser (Hrsg.). Ellipsen und fragmentarische Ausdrücke. Band 2. Tübingen. S. 1–25.

Eisenberg, Peter (^{2}2004). Grundriß der deutschen Grammatik. Band 1: Das Wort. Stuttgart.

Elsen, Hilke (2001). »Formen, Konzepte und Faktoren der Sprachänderung«. In: Zeitschrift für germanistische Linguistik, Nr. 29. S. 1–22.

Elsen, Hilke (2003). »Neologismen in der Fachsprache der Linguistik«. In: Deutsche Sprache, Nr. 1. S. 63–75.

Elst, Gaston van der (1984). »Zur Entwicklung des deutschen Kasussystems. Ein Beispiel für Sprachökonomie«. In: Zeitschrift für Germanistische Linguistik, Nr. 12. S. 313–331.

Erfurt, Jürgen (1985). »Partnerwunsch und Textproduktion. Zur Struktur der Intentionalität in Heiratsanzeigen«. In: Zeitschrift für Phonetik, Sprachwissenschaft und Kommunikationsforschung, Nr. 38. S. 309–320.

Ernst, Gerhard & Arnulf Stefenelli (Hrsg., 1979). Sprache und Mensch in der Romania. Heinrich Kuen zum 80. Geburtstag. Wiesbaden.

Eschenbach, Carola (1995). Zählangaben – Maßangaben. Bedeutung und konzeptuelle Interpretation von Numeralia. Wiesbaden.

Eschenlohr, Stefanie (1999). Vom Nomen zum Verb. Konversion, Präfigierung und Rückbildung im Deutschen. In: Germanistische Linguistik, Monographien. Hrsg. v. Friedhelm Debus, Peter Eisenberg, Ulrich Knopp & Wolfgang Putschke. Bd. 3. Hildesheim et al.

Feldbusch, Elisabeth, Reiner Pogarell & Cornelia Weiß (Hrsg., 1991a). Neue Fragen der Linguistik. Akten des 25. Linguistischen Kolloquiums, Paderborn 1990. Band 1: Bestand und Entwicklung. Tübingen.

Feldbusch, Elisabeth, Reiner Pogarell & Cornelia Weiß (Hrsg., 1991b). Neue Fragen der Linguistik. Akten des 25. Linguistischen Kolloquiums, Paderborn 1990. Band 2: Innovation und Anwendung. Tübingen.

Fenk-Oczlon, Gertraud & Christian Winkler (Hrsg., 2005). Sprache und Natürlichkeit. Gedenkband für Willi Mayerthaler. Tübingen.

Fix, Ulla (2005). »Texte zwischen Musterbefolgen und Kreativität«. In: Der Deutschunterricht, Nr. 1. S. 13–22.

Fleischer, Wolfgang & Irmhild Barz (^{2}1995). Wortbildung der deutschen Gegenwartssprache. Tübingen.

Fleischer, Wolfgang (1971). »Entwicklungstendenzen der nominalen Wortbildung«. In: Große, Rudolf (Hrsg.). Probleme der Sprachwissenschaft. Beiträge zur Linguistik. The Hague Paris. S. 391–407.

Fleischer, Wolfgang (Hrsg., 1983). Kleine Enzyklopädie Deutsche Sprache. Leipzig.

Frank-Cyrus, Karin M. & Margot Dietrich (1998). »Gesetze geschlechtergerecht gestalten – aber wie? Zwei Gutachten der Gesellschaft für deutsche Sprache für das Bundesministerium der Justiz«. In: Schoenthal, Gisela (Hrsg.). Feministische Linguistik – linguistische Geschlechterforschung. Ergebnisse, Konsequenzen, Perspektiven. Hildesheim et al. S. 49–86.

Frese, Karin (1987). Wie Eltern von sich reden machen. Sprachliche Analyse von Geburtsanzeigen in Tageszeitungen zwischen 1790 und 1985. Heidelberg.

Fricke, Ellen (2007). Origo, Geste und Raum. Lokaldeixis im Deutschen. In: Linguistik – Impulse & Tendenzen. Hrsg. v. Susanne Günthner, Klaus-Peter Konerding, Wolf-Andreas Liebert & Thorsten Roelcke. Bd. 24. Berlin et al.

Friederich, Wolf (1958). »Künstliche Wörter?«. In: Lebende Sprachen. Zeitschrift für fremde Sprachen in Wissenschaft und Praxis, Nr. 3. S. 72–73.

Fries, Norbert (Hrsg., 2006). Linguistik im Schloss II. Linguistischer Workshop, Wartin 2006. Czernowitz.

Gabelentz, Georg von der (1891). Die Sprachwissenschaft, ihre Aufgaben, Methoden und bisherigen Ergebnisse. Leipzig.

Gardt, Andreas (2007). »Kürze in Rhetorik und Stilistik«. In: Bär, Jochen A., Thorsten Roelcke & Anja Steinhauer (Hrsg.). Sprachliche Kürze. Konzeptuelle, strukturelle und pragmatische Aspekte. Berlin et al. S. 70–88.

Gebhardt, Karl (1979). »Abkürzungen, Akronyme, Sigel und Ableitungen. Von Sigeln im heutigen Französisch«. In: Ernst, Gerhard & Arnulf Stefenelli (Hrsg.). Sprache und Mensch in der Romania. Heinrich Kuen zum 80. Geburtstag. Wiesbaden. S. 80–93.

Geist, Hieronymus (1936). Pompeianische Wandinschriften. 400 Originaltexte mit Übersetzung. München.

Glahn, Richard (2000). Der Einfluß des Englischen auf gesprochene deutsche Gegenwartssprache. Frankfurt Main.

Glinz, Hans (1985). »Der Satz als pragmatische und als grammatische Einheit«. In: Schöne, Albrecht (Hrsg.). Kontroversen, alte und neue. Akten des VII. Internationalen Germanistenkongresses. Göttingen. S. 354–363.

Glück, Helmut & Wolfgang W. Sauer (^{2}1997/1990). Gegenwartsdeutsch. Stuttgart.

Glück, Helmut (2000). »Die neuen Medien als Motor des Sprachwandels: Schulenglisch als zweite Landessprache?«. In: Hoffmann, Hilmar (Hrsg.). Deutsch global. Neue Medien – Herausforderungen für die Deutsche Sprache. Köln. S. 108–125.

Göpferich, Susanne & Peter A. Schmitt (1996). »Die Terminologiekomponente beim Technical Writing«. In: Krings, Hans P. (Hrsg.). Wissenschaftliche Grundlagen der Technischen Kommunikation. Tübingen. S. 369–401.

Göpferich, Susanne (1998). Interkulturelles Technical Writing. Fachliches adressatengerecht vermitteln. Ein Lehr- und Arbeitsbuch. In: Forum für Fachsprachen-Forschung. Hrsg. v. Hartwig Kalverkämper. Bd. 40. Tübingen.

6 Literaturverzeichnis

Göpferich, Susanne (2004). »Technische Kommunikation«. In: Knapp, Karlfried (Hrsg.). Angewandte Linguistik. Ein Lehrbuch. Stuttgart. S. 143–165.

Göpferich, Susanne (2007). »Kürze als Prinzip fachsprachlicher Kommunikation«. In: Bär, Jochen A., Thorsten Roelcke & Anja Steinhauer (Hrsg.). Sprachliche Kürze. Konzeptuelle, strukturelle und pragmatische Aspekte. Berlin et al. S. 412–433.

Grebović, Selma (2007). »Kurzwörter in Pressetexten«. <http://www.opus-bayern.de/uni-wuerzburg/volltexte/2007/2356/WespA2.pdf>. In: WespA, Nr. 2.

Grésillon, Almuth (1984). La règle et le monstre. Le mot-valise. Tübingen.

Greule, Albrecht (1983). »›Abi‹, ›Krimi‹, ›Sponti‹. Substantive auf -i im heutigen Deutsch«. In: Muttersprache. Vierteljahresschrift für deutsche Sprache, Nr. 94. S. 207–217.

Greule, Albrecht (1996). »Reduktion als Wortbildungsprozeß der deutschen Sprache«. In: Muttersprache. Vierteljahresschrift für deutsche Sprache, Nr. 106. S. 193–203.

Greule, Albrecht (2007). »Kurzwörter in historischer Sicht«. In: Bär, Jochen A., Thorsten Roelcke & Anja Steinhauer (Hrsg.). Sprachliche Kürze. Konzeptuelle, strukturelle und pragmatische Aspekte. Berlin et al. S. 118–130.

Gries, Stefan Thomas (2004). »Shouldn't it be breakfunch? A quantitative analysis of blend structure in English«. In: Linguistics. An international Journal of the Language Sciences, Nr. 42-3. S. 639–667.

Grimm, Jacob (1871). Kleinere Schriften. Bd. 5: Recensionen und vermischte Aufsätze. Berlin.

Grimm, Jakob (1958/1851). Über den Ursprung der Sprache. Gelesen in der Preußischen Akademie der Wissenschaften am 9. Januar 1851. Wiesbaden.

Grice, Herbert Paul (1993). »Logik und Konversation«. In: Meggle, Georg (Hrsg.). Handlung, Kommunikation, Bedeutung. Frankfurt/Main. S. 243–265.

Große, Rudolf (Hrsg., 1971a). Probleme der Sprachwissenschaft. Beiträge zur Linguistik. The Hague Paris.

Große, Rudolf (1971b). »Entwicklungstendenzen in der deutschen Sprache der Gegenwart«. In: Große, Rudolf (Hrsg.). Probleme der Sprachwissenschaft. Beiträge zur Linguistik. The Hague Paris. S. 9–26.

Grosse, Siegfried (1968). »Mitteilungen ohne Verb«. In: Besch, Werner, Siegfried Grosse & Heinz Rupp (Hrsg.). Festgabe für Friedrich Maurer. Zum 70. Geburtstag am 5. Januar 1968. Düsseldorf. S. 50–68.

Grosse, Siegfried (1971). »Gesprochene Sprache – schriftlich konzipiert«. In: Lange, Victor & Hans-Gert Roloff (Hrsg.). Dichtung. Sprache. Gesellschaft. Akten des IV. Internationalen Germanisten-Kongresses 1970 in Princeton. Frankfurt/M. S. 473–481.

Günther, Hartmut & Otto Ludwig (Hrsg., 1994). Schrift und Schriftlichkeit. Ein interdisziplinäres Handbuch internationaler Forschung. In: Handbücher zur Sprach- und Kommunikationswissenschaft. Hrsg. v. Hugo Steger & Herbert Ernst Wiegand. Bd. 10.1. Berlin New York.

Günther, Hartmut & Otto Ludwig (Hrsg., 1996). Schrift und Schriftlichkeit. Ein interdisziplinäres Handbuch internationaler Forschung. In: Handbücher zur Sprach- und Kommunikationswissenschaft. Hrsg. v. Hugo Steger & Herbert Ernst Wiegand. Bd. 10.2. Berlin New York.

Günthner, Susanne (1993). »›…weil – man kann es ja wissenschaftlich untersuchen‹ – Diskurspragmatische Aspekte der Wortstellung in WEIL-Sätzen«. In: Linguistische Berichte, Nr. 143. S. 37–59.

Günthner, Susanne (2007). »Techniken der ›Verdichtung‹ in der alltäglichen Narration. Kondensierungsverfahren in Beschwerdegeschichten«. In: Bär, Jochen A., Thorsten Roelcke & Anja Steinhauer (Hrsg.). Sprachliche Kürze. Konzeptuelle, strukturelle und pragmatische Aspekte. Berlin et al. S. 391–411.

Haase, Martin, Michael Huber, Alexander Krumeich & Georg Rehm (1997). »Internetkommunikation und Sprachwandel«. In: Weingarten, Rüdiger (Hrsg.). Sprachwandel durch Computer. Opladen. S. 51–85.

Habermann, Mechthild (2007). »Das gemeinsame Erbe: Latein als Vorbild der Kürze in europäischen Sprachen«. In: Bär, Jochen A., Thorsten Roelcke & Anja Steinhauer (Hrsg.). Sprachliche Kürze. Konzeptuelle, strukturelle und pragmatische Aspekte. Berlin et al. S. 292–309.

Habscheid, Stephan (2003). »Wie viel Rationalisierung verträgt die Sprache? Untersuchungen am Beispiel der Dienstleistungskommunikation«. In: Muttersprache. Vierteljahresschrift für deutsche Sprache, Nr. 3. S. 208–224.

Hagemann, Jörg (1997). Reflexiver Sprachgebrauch. Diktumscharakterisierung aus Gricescher Sicht. Opladen.

Haiman, John & Sandra A. Thompson (1988). Clause combining in grammar and discourse. Amsterdam.

Haiman, John (1974). Targets and syntactic change. The Hague Paris.

Haiman, John (1985). Natural Syntax. Iconicity and Erosion. In: Cambridge Studies in Linguistics. Hrsg. v. Comrie, Bernard. Bd. 44. Oxford.

Hammerl, Rolf (Hrsg., 1990). Glottometrika 12. In: Quantitative Linguistics. Hrsg. v. Rieger, Burghard. Bd. 45. Bochum.

Hansen, Klaus (1963). »Wortverschmelzungen«. In: Zeitschrift für Anglistik und Amerikanistik, Nr. 11. S. 117–142.

Harley, Heidi (2004). »Why Is It the CIA but Not *the NASA? Acronyms, Initialisms, and Definite Descriptions«. In: American Speech, Nr. 4. S. 368–399.

Harm, Volker (2001). »Gibt es eine Monosemierungstendenz in der Wortgeschichte des Neuhochdeutschen? Überlegungen zur sprachhistorischen Interpretation lexikographischer Befunde«. In: Zeitschrift für germanistische Linguistik, Nr. 29. S. 364–380.

Harras, Gisela (1985). »Ökonomie in deutschen Wörterbüchern«. In: Stemmler, Theo (Hrsg.). Ökonomie. Sprachliche und literarische Aspekte eines 2000 Jahre alten Begriffs. Tübingen. S. 37–50.

Haspelmath, Martin, Ekkehard König, Wulf Oesterreicher & Wolfgang Raible (Hrsg., 2001). Sprachtypologie und sprachliche Universalien. Ein internationales Handbuch. In: Handbücher zur Sprach- und Kommunikationswissenschaft. Hrsg. v. Armin Burkhardt, Hugo Steger & Herbert Ernst Wiegand. Bd. 20.1. Berlin New York.

Haspelmath, Martin, Mathew S. Dreyer, David Gil & Bernard Comrie (2005). The World Atlas of Language Structures. Oxford.

Haugen, Einar (1966). »Linguistics and language planning«. In: Bright, William (Hrsg.). Sociolinguistics. The Hague.

Hausperger, Birgit (2003). Sprachökonomie in Grammatik und Pragmatik: Die Ellipse. München.

Heidt, Iris von der (1989). Methoden der konstrastiven Fachtextlinguistik. Eine Analyse von deutschen und spanischen Stellenanzeigen. Hildesheim (Hochschulschrift).

Heijnk, Stefan (1997). Textoptimierung für Printmedien. Theorie und Praxis journalistischer Textproduktion. Opladen.

Heinemann, Margot & Wolfgang Heinemann (2002). Grundlagen der Textlinguistik. Interaktion – Text – Diskurs. In: Reihe Germanistische Linguistik. Hrsg. v. Helmut Henne, Horst Sitta & Herbert Ernst Wiegand. Bd. 230. Tübingen.

Heinle, Eva-Maria (1993). »Die Zusammenrückung«. In: Wellmann, Hans (Hrsg.). Synchrone und diachrone Aspekte der Wortbildung im Deutschen. Heidelberg. S. 65–78.

Helfer, Christian (1971). »Der ›Leutnantston‹«. In: Archiv für Kulturgeschichte, Nr. 45. S. 352–356.

Helmbrecht, Johannes (2004). »Ikonizität in Personalpronomina«. In: Zeitschrift für Sprachwissenschaft, Nr. 23. S. 211–244.

Henne, Helmut (1986). Jugend und ihre Sprache. Darstellung, Materialien, Kritik. Berlin New York.

Hennig, Mathilde (2006a). »Grammatik der gesprochenen Sprache in Theorie und Praxis«. ‹http://www.upress.uni-kassel.de/online/frei/978-3-89958-212-3.volltext.frei.pdf›.

Hennig, Mathilde (2006b). »›Näheanalyse des Textes: Denn das Schreiben gehört nicht zu meiner täglichen Beschäftigung‹. Der Alltag kleiner Leute in Bittschriften, Briefen und Berichten aus dem 19. Jahrhundert«. In: Ágel, Vilmos & Mathilde Hennig (Hrsg.). Grammatik aus Nähe und Distanz. Theorie und Praxis am Beispiel von Nähetexten 1650–2000. Tübingen. S. 261–278.

Henn-Memmesheimer, Beate (2004). »Syntaktische Minimalformen: Grammatikalisierungen in einer medialen Nische«. In: Patocka, Franz & Peter Wiesinger (Hrsg.). Morphologie und Syntax deutscher Dialekte und historische Syntax des Deutschen. Beiträge zum 1. Kongress der Internationalen Gesellschaft für Dialektologie des Deutschen, Marburg/Lahn, 5.–8. März 2003. Wien. S. 84–118.

Hentschel, Elke & Harald Weydt (^{3}2003). Handbuch der deutschen Grammatik. Berlin New York.

Henzen, Walter (^{3}1965/1947). Deutsche Wortbildung. Halle/Saale.

Herberg, Dieter, Michael Kinne & Doris Steffens (2004). Neuer Wortschatz. Neologismen der 90er Jahre im Deutschen. Berlin New York.

Herder, Johann G. (1986/1772). Abhandlungen über den Ursprung der Sprache. Stuttgart.

Hermanns, Fritz (2007). »Slogans und Schlagwörter«. In: Bär, Jochen A., Thorsten Roelcke & Anja Steinhauer (Hrsg.). Sprachliche Kürze. Konzeptuelle, strukturelle und pragmatische Aspekte. Berlin et al. S. 459–478.

Herring, Susan C. & Asta Zelenkauskaite (2008). »Gendered typography: Abbreviation and insertion in Italian iTV SMS«. In: Siegel, Jason F. et al. (Hrsg.). IUWPL7: Gender in Language, Classic Questions, New Contexts. Bloomington. S. 73–92.

Hoberg, Rudolf (2000). »Sprechen wir bald alle Denglisch oder Germeng«. In: Eichhoff-Cyrus, Karin M. & Rudolf Hoberg (Hrsg.). Die deutsche Sprache zur Jahrtausendwende. Sprachkultur oder Sprachverfall? Mannheim. S. 306–316.

Hockett, Charles F. (1983). »Blends«. In: American Speech, Nr. 58. S. 181.

Hödl, Nicola (1999). »Vertextungskonventionen des Kochrezepts vom Mittelalter bis in die Moderne«. In: Eckkrammer, Eva Martha, Nicola Hödl & Wolfgang Pöckl (Hrsg.). Kontrastive Textologie. Wien. S. 47–76.

Hoffmann, Hilmar (Hrsg., 2000). Deutsch global. Neue Medien – Herausforderungen für die Deutsche Sprache. Köln.

Hoffmann, Ludger (1999). »Ellipse und Analepse«. In: Redder, Angelika & Jochen Rehbein (Hrsg.). Grammatik und mentale Prozesse. Tübingen. S. 69–90.

Höflich, Joachim R. & Patrick Rössler (2000). »Forschungsprojekt ›Jugendliche und SMS. Gebrauchsweisen und Motive‹. Zusammenfassung der ersten Ergebnisse«. <http://www.uni-erfurt.de/kw/forschung/smsreport.doc>. Rev. 18.05.2001.

Hofrichter, Werner (1977). Zu Problemen der Abkürzung in der deutschen Gegenwartssprache. In: Linguistische Studien. Reihe A, Arbeitsberichte. Hrsg. v. ZISW. Bd. 44. Berlin.

Hohenhaus, Peter (1995). Ad-hoc-Wortbildung. Terminologie, Typologie und Theorie kreativer Wortbildung im Englischen. In: Europäische Hochschulschriften. Reihe 14: Angelsächsische Sprache und Literatur. Bd. 317. Frankfurt/M.

Hopf, Sabine (1991). Lexikalische Studien zur Sprache in Kochbüchern des späten Mittelalters und der frühen Neuzeit. Halle.

Horn, Wilhelm (^{2}1923/1921). Sprachkörper und Sprachfunktion. In: Palalestra. Hrsg. v. Brandl, Alois & Gustav Roethe. Bd. 135. Leipzig.

Humboldt, Wilhelm von (1949/1836). Über die Verschiedenheit des menschlichen Sprachbaus und ihren Einfluss auf die geistige Entwicklung des Menschengeschlechts. Darmstadt.

Hüser, Gisela & Manfred Grauner (2005). »Zur Verbreitung des Internets und des Mobiltelefons in der Netzwerkgesellschaft«. In: Gendolla, Peter & Jörgen Schäfer (Hrsg.). Wissensprozesse in der Netzwerkgesellschaft. Bielefeld. S. 83–115.

Institut für deutsche Sprache (Hrsg., 1971). Sprache und Gesellschaft. Beiträge zur soziolinguistischen Beschreibung der deutschen Gegenwartssprache. Jahrbuch 1970. In: Sprache der Gegenwart. Hrsg. v. Hugo Moser. Bd. 13. Düsseldorf.
Institut für deutsche Sprache (Hrsg., 1974). Gesprochene Sprache. Jahrbuch 1972. In: Sprache der Gegenwart. Hrsg. v. Hugo Moser. Bd. 26. Düsseldorf.
Irwin, B.J. (1979). »Trends in blends«. In: American Speech, Nr. 54. S. 284.
Isačenko, A. V. (1965). »Kontextbedingte Ellipse und Pronominalisierung im Deutschen«. In: Isačenko, A. V., W. Wissmann & H. Strobach (Hrsg.). Beiträge zur Sprachwissenschaft, Volkskunde und Literaturforschung. Wolfgang Steinitz zum 60. Geburtstag. Berlin. S. 163–174.
Isačenko, A. V., W. Wissmann & H. Strobach (Hrsg., 1965). Beiträge zur Sprachwissenschaft, Volkskunde und Literaturforschung. Wolfgang Steinitz zum 60. Geburtstag. Berlin.
Ising, Gerhard (1978). »Textverdichtung und Redundanz in der Lexikographie«. In: Wissenschaftliche Zeitschrift der Wilhelm-Pieck-Universität Rostock. Gesellschafts- und sprachwissenschaftliche Reihe, Nr. 1/2. S. 9–13.
Jacobs, Joachim, Arnim von Stechow, Wolfgang Sternefeld & Theo Vennemann (Hrsg., 1993). Syntax. Ein internationales Handbuch zeitgenössischer Forschung. In: Handbücher zur Sprach- und Kommunikationswissenschaft. Hrsg. v. Hugo Steger & Herbert Ernst Wiegand. Bd. 9.1. Berlin New York.
Janich, Nina (1994). »Electronic Mail, eine betriebsinterne Kommunikationsform«. In: Muttersprache. Vierteljahresschrift für deutsche Sprache, Nr. 3. S. 248–259.
Janich, Nina (2007). »(Sprach-)Ökonomie als Prinzip der Werbung? Perspektiven, Formen, Gegentendenzen«. In: Bär, Jochen A., Thorsten Roelcke & Anja Steinhauer (Hrsg.). Sprachliche Kürze. Konzeptuelle, strukturelle und pragmatische Aspekte. Berlin et al. S. 434–458.
Janich, Nina (^{2}2001). Werbesprache. Ein Arbeitsbuch. Tübingen.
Janoschka, Anja (2004). Web Advertising. New forms of communication on the Internet. Amsterdam Philadelphia.
Jespersen, Otto (1891). Studier over Engelske Kasus. Kopenhagen.
Jespersen, Otto (^{2}1909/1894). Progress in language. With special reference to English. London.
Jespersen, Otto (1914). »Energetik der Sprache«. In: Scientia, Nr. 16. S. 225–235.
Jespersen, Otto (1933). Linguistica. Selected Papers in English, French and German. Copenhagen London.
Jespersen, Otto (1941). Efficiency in linguistic change. København Munksgaard.
Jespersen, Otto (2003/1925). Die Sprache, ihre Natur, Entwicklung und Entstehung. In: Indogermanische Bibliothek. Hrsg. v. Hirt, H. & W. Streitberg. Bd. 3. Mannheim.
Jobst, Franz (1959). »Von den Abkürzungen in der Sprache«. In: Muttersprache. Zeitschrift zur Pflege und Erforschung der deutschen Sprache, Nr. 69. S. 257–262.
Jucker, Andreas H. (2006). »Live text commentaries. Read about it while it happens«. In: Androutsopoulos, Jannis K. et al. (Hrsg.). Neuere Entwicklungen in der linguistischen Internetforschung. Hildesheim (= Germanistische Linguistik 186-87). S. 113–131.
Jürgens, Frank (1994). Zur Entwicklung substantivischer Wortgruppen in wissenschaftlichen Texten des 19. und 20. Jahrhunderts. In: Sprache, System und Tätigkeit. Hrsg. v. Gerhard Bartels, Inge Pohl & Karl-Ernst Sommerfeldt. Bd. 12. Frankfurt/M.
Jürgens, Frank (2005). »Mündlichkeit und Schriftlichkeit in Texten bzw. Textsorten«. In: Der Deutschunterricht, Nr. 1. S. 23–33.
Junker, Gerhard H. (Hrsg., 2007). Der Anglizismen-Index. Gewinn oder Zumutung. Paderborn <http://www.vds-ev.de/anglizismenindex/>.
Kallmeyer, Werner (Hrsg., 2000). Sprache und neue Medien. Jahrbuch 1999 des ›Instituts für deutsche Sprache‹. Berlin New York.
Kammradt, Friedrich (1957). »Über die Abkürzungen in der Sprache, ihre Notwendigkeit und ihre Grenzen«. In: Muttersprache. Zeitschrift zur Pflege und Erforschung der deutschen Sprache, Nr. 67. S. 461–463.

Kann, Hans-Joachim (1972). »Beobachtungen zur Hauptsatzwortstellung in Nebensätzen«. In: Muttersprache. Zeitschrift zur Pflege und Erforschung der deutschen Sprache, Nr. 82. S. 375–380.

Kann, Hans-Joachim (1974). »Belege zum Wortbildungsmuster Substantiv + -technisch«. In: Muttersprache. Vierteljahresschrift für deutsche Sprache, Nr. 84. S. 309–313.

Kaupp, Peter (1968). Das Heiratsinserat im sozialen Wandel. Ein Beitrag zur Soziologie der Partnerwahl. Stuttgart.

Keller, Rudi (1995). »Rationalität, Relevanz und Kooperation«. In: Liedtke, Frank (Hrsg.). Implikaturen. Grammatische und pragmatische Analysen. Tübingen. S. 5–18.

Kick, Isabel (2004). Die Wirkung von Anglizismen in der Werbung. ›Just do it‹ oder lieber doch nicht? Paderborn.

Kilian, Jörg (2001). »T@stentöne. Geschriebene Umgangssprache in computervermittelter Kommunikation. Historisch-kritische Ergänzung zu einem neuen Feld der linguistischen Forschung«. In: Beißwenger, Michael (Hrsg.). Chat-Kommunikation. Sprache, Interaktion, Sozialität und Identität in synchroner computervermittelter Kommunikation. Stuttgart. S. 55–78.

Kindt, Walther (1985). »Grammatische Prinzipien sogenannter Ellipsen und ein neues Syntaxmodell«. In: Meyer-Hermann, Reinhard & Hannes Rieser (Hrsg.). Ellipsen und fragmentarische Ausdrücke. Band 1. Tübingen. S. 161–290.

Klein, Wolf Peter (2002). »Der Apostroph in der deutschen Gegenwartssprache. Logographische Gebrauchserweiterungen auf phonographischer Basis«. In: Zeitschrift für germanistische Linguistik, Nr. 30. S. 169–197.

Klein, Wolfgang (1985). »Ellipse, Fokusgliederung und thematischer Stand«. In: Meyer-Hermann, Reinhard & Hannes Rieser (Hrsg.). Ellipsen und fragmentarische Ausdrücke. Band 1. Tübingen. S. 1–24.

Klein, Wolfgang (1993). »Ellipse«. In: Jacobs, Joachim et al. (Hrsg.). Syntax. Ein internationales Handbuch zeitgenössischer Forschung. Berlin New York. S. 763–799.

Kljutschenowitsch, Sergej & Tamara Gluschak (2001). »Zum Verhältnis von Nominalisierung und Wortbildung«. In: Muttersprache. Vierteljahresschrift für deutsche Sprache, Nr. 3. S. 248–254.

Kluge, Friedrich (^{24}2002). Etymologisches Wörterbuch der deutschen Sprache. Bearbeitet v. Elmar Seebold. Berlin et al.

Knoblauch, Hubert (1995). Kommunikationskultur. Die kommunikative Konstruktion kultureller Kontexte. In: Materiale Soziologie. Bd. 5. Berlin et al.

Kobler-Trill, Dorothea (1994). Das Kurzwort im Deutschen. Eine Untersuchung zu Definition, Typologie und Entwicklung. In: Reihe Germanistische Linguistik. Hrsg. v. Helmut Henne, Horst Sitta & Herbert Ernst Wiegand. Bd. 149. Tübingen.

Koch, Peter & Wulf Oesterreicher (1985). »Sprache der Nähe – Sprache der Distanz. Mündlichkeit und Schriftlichkeit im Spannungsfeld von Sprachtheorie und Sprachgeschichte«. In: Romanistisches Jahrbuch, Nr. 36. S. 15–43.

Koch, Peter & Wulf Oesterreicher (1994). »Schriftlichkeit und Sprache«. In: Günther, Hartmut & Otto Ludwig (Hrsg.). Schrift und Schriftlichkeit. Ein interdisziplinäres Handbuch internationaler Forschung. Berlin New York. S. 587–604.

Koenraads, Willy H. A. (1953). Studien über sprachökonomische Entwicklungen im Deutschen. Amsterdam.

Kohler, Klaus J. (^{2}1995/1977). Einführung in die Phonetik des Deutschen. Berlin.

Köhler, Reinhard (1999). »Syntactic Structures: Properties and Interrelations«. In: Journal of Quantitative Linguistics, Nr. 1. S. 46–57.

Koller, Erwin & Hugo Moser (Hrsg., 1985). Studien zur deutschen Grammatik. Johannes Erben zum 60. Geburtstag. In: Innsbrucker Beiträge zur Kulturwissenschaft. Germanistische Reihe. Hrsg. v. Johann Holzner et al. Bd. 25. Innsbruck.

Köpcke, Klaus-Michael (1982). Untersuchungen zum Genussystem der deutschen Gegenwartssprache. In: Linguistische Arbeiten. Bd. 122. Tübingen.

Köpcke, Klaus-Michael (Hrsg., 1994). Funktionale Untersuchungen zur deutschen Nominal- und Verbalmorphologie. Tübingen.
Köpcke, Klaus-Michael (2002). »Die sogenannte i-Derivation in der deutschen Gegenwartssprache. Ein Fall für outputorientierte Wortbildung«. In: Zeitschrift für germanistische Linguistik, Nr. 30. S. 293–309.
Koszyk, Kurt (1972). Vorläufer der Massenpresse. Ökonomie und Publizistik zwischen Reformation und Französischer Revolution. München.
Krause, Melanie & Daniela Schwitters (2002). »SMS-Kommunikation – Inhaltsanalyse eines kommunikativen Mediums«. <http://www.mediensprache.net/networx/networx-27.pdf>. In: Networx, Nr. 27. Hannover.
Krause, Olaf (2002). Progressiv im Deutschen. Eine empirische Untersuchung im Kontrast mit Niederländisch und Englisch. In: Linguistische Arbeiten. Hrsg. v. Hans Altmann et al. Bd. 462. Tübingen.
Krautgartner, Klara (2003). »Techniques d'abbréviation dans les webchats francophones«. <http://www.linguistik-online.de/15_03/krautgartner.pdf>. In: Linguistik online. Nr. 15. 47–67.
Kreuder, Hans-Dieter (2005). »›Nun mach mal einen Punkt!‹ Zu Geschichte und Gebrauch eines nichtalphabetischen Graphs«. In: Muttersprache. Vierteljahresschrift für deutsche Sprache, Nr. 4. S. 353–365.
Krings, Hans P. (Hrsg., 1996). Wissenschaftliche Grundlagen der Technischen Kommunikation. In: Forum für Fachsprachen-Forschung. Hrsg. v. Hartwig Kalverkämper. Bd. 32. Tübingen.
Künast, Renate (2007). »Kürze in der politischen Rede – Überzeugen mit Prägnanz«. In: Bär, Jochen A., Thorsten Roelcke & Anja Steinhauer (Hrsg.). Sprachliche Kürze. Konzeptuelle, strukturelle und pragmatische Aspekte. Berlin et al. S. 504–508.
Kunkel, Melanie & Reiner Kreßmann (2007). »Kurzschriftsysteme in Geschichte und Gegenwart. Kulturhistorischer Entstehungskontext und Kürzungsprinzipien«. In: Bär, Jochen A., Thorsten Roelcke & Anja Steinhauer (Hrsg.). Sprachliche Kürze. Konzeptuelle, strukturelle und pragmatische Aspekte. Berlin et al. S. 102–117.
Kunze, Jürgen (1972). Die Auslaßbarkeit von Satzteilen bei koordinativen Verbindungen im Deutschen. In: Schriften zur Phonetik, Sprachwissenschaft und Kommunikationsforschung. Hrsg. v. Hintze, Fritz, Georg Friedrich Meier & Eugen Seidel. Bd. 14. Berlin.
Lamberton, Donald M. (2002, Hrsg.). The economics of language. Cheltenham et al.
Lange, Victor & Hans-Gert Roloff (Hrsg., 1971). Dichtung. Sprache. Gesellschaft. Akten des IV. Internationalen Germanisten-Kongresses 1970 in Princeton. Frankfurt/M.
Langer, Gudrun (1995). Textkohärenz und Textspezifität. Textgrammatische Untersuchung zu den Gebrauchstextsorten Klappentext, Garantieerklärung und Kochrezept. In: Europäische Hochschulschriften. Reihe 21, Linguistik. Bd. 152. Frankfurt/M.
Langner, Heidemarie C. (1995). Die Schreibung englischer Entlehnungen im Deutschen. Eine Untersuchung zur Orthographie von Anglizismen in den letzten hundert Jahren, dargestellt an Hand des Dudens. In: Theorie und Vermittlung der Sprache. Bd. 23. Frankfurt/M.
Lee, Hae-Yun (1999). Ellipsen in Satzkoordinationen. Syntaktische und semantische Untersuchungen in einer unifikationsbasierten Grammatik. In: Europäische Hochschulschriften. Reihe 21, Linguistik. Bd. 210. Frankfurt/Main et al.
Lehmann, Christian (1974). »Isomorphismus im sprachlichen Zeichen«. In: Seiler, Hansjakob (Hrsg.). Linguistic workshop II. Arbeiten des Kölner Universalienprojekts 1973/74. München. S. 99–123.
Lehmann, Christian (2004). »Theory and method in grammaticalization«. In: Zeitschrift für germanistische Linguistik, Nr. 32. S. 152–187.
Leser, Martin (1990). Das Problem der ›Zusammenbildungen‹. Eine lexikalistische Studie. In: FOKUS. Linguistisch-Philologische Studien. Hrsg. v. Kühlwein, Wolfgang & Hein Vater. Bd. 3. Trier.

Leuninger, Helen (2007). »Versprecher: ein Zusammenspiel von Kürze und Komplexität«. In: Bär, Jochen A., Thorsten Roelcke & Anja Steinhauer (Hrsg.). Sprachliche Kürze. Konzeptuelle, strukturelle und pragmatische Aspekte. Berlin et al. S. 63–69.

Leyhausen, Katja (2007). »Kurze Texte: eine theoretische Einordnung«. In: Bär, Jochen A., Thorsten Roelcke & Anja Steinhauer (Hrsg.). Sprachliche Kürze. Konzeptuelle, strukturelle und pragmatische Aspekte. Berlin et al. S. 339–364.

Lieberman, Erez, Jean-Baptiste Michel, Joe Jackson, Tina Tang & Martin A. Nowak (2007). »Quantifying the evolutionary dynamics of language«. In: Nature, Nr. 449. S. 713–716.

Liedtke, Frank (1995). »Das Gesagte und das Nicht-Gesagte: Zur Definition von Implikaturen«. In: Liedtke, Frank (Hrsg.). Implikaturen. Grammatische und pragmatische Analysen. Tübingen. S. 19–46.

Liedtke, Frank (Hrsg., 1995). Implikaturen. Grammatische und pragmatische Analysen. In: Linguistische Arbeiten. Bd. 343. Tübingen.

Liefländer-Koistinen, Luise (1993). »Zur Textsorte ›Kochrezept‹ im Deutschen und Finnischen. Eine übersetzungstheoretisch relevante Textanalyse«. In: Schröder, Hartmut (Hrsg.). Fachtextpragmatik. Tübingen. S. 129–139.

Lindgren, Kaj B. (1985). »Prolegomena einer Gesprächsgrammatik: Ellipse und Verwandtes«. In: Koller, Erwin & Hugo Moser (Hrsg.). Studien zur deutschen Grammatik. Johannes Erben zum 60. Geburtstag. Innsbruck. S. 205–214.

Ljungerud, Ivar (1955). Zur Nominalflexion in der deutschen Literatursprache nach 1900. Lund.

Lobeck, Anne (1995). Ellipsis. Functional Heads, Licensing, and Identification. New York et al.

Lohde, Michael (2006). Morphologie des modernen Deutschen. Ein Lehr- und Übungsbuch. Tübingen.

Ludwig, Otto (1995). Geschichte des Schreibens. Band I: Von der Antike bis zum Buchdruck. Berlin et al.

Lüdtke, Helmut (Hrsg., 1980a). Kommunikationstheoretische Grundlagen des Sprachwandels. Berlin et al.

Lüdtke, Helmut (1980b). »Auf dem Weg zu einer Theorie des Sprachwandels«. In: Lüdtke, Helmut (Hrsg.). Kommunikationstheoretische Grundlagen des Sprachwandels. Berlin et al. S. 182–252.

Lumer, Christoph (1995). »Implikaturen: Allgemeine Theorie und argumentationstheoretische Anwendung«. In: Liedtke, Frank (Hrsg.). Implikaturen. Grammatische und pragmatische Analysen. Tübingen. S. 165–186.

Maas, Utz (2006). Phonologie. Einführung in die funktionale Phonetik des Deutschen. Göttingen.

Mańczak, Witold (1980). »Frequenz und Sprachwandel«. In: Lüdtke, Helmut (Hrsg.). Kommunikationstheoretische Grundlagen des Sprachwandels. Berlin et al. S. 37–79.

Martinet, André (1961). Éléments de linguistique générale. Paris.

Martinet, André (1981). Sprachökonomie und Lautwandel. Eine Abhandlung über die diachronische Phonologie. Stuttgart.

Matuschek, Stefan (1994). »Ellipse«. In: Ueding, Gert (Hrsg.). Historisches Wörterbuch der Rhetorik. Darmstadt. S. 1018–1022.

Mayer, Maurice & Giovanni Rovere (2007). »Kürze im italienischen Wortschatz«. In: Bär, Jochen A., Thorsten Roelcke & Anja Steinhauer (Hrsg.). Sprachliche Kürze. Konzeptuelle, strukturelle und pragmatische Aspekte. Berlin et al. S. 211–226.

Mayerthaler, Willi (1977). Studien zur theoretischen und zur französischen Morphologie. Reduplikation, Echowörter, morphologische Natürlichkeit, Haplologie, Produktivität, Regeltelescoping, paradigmatischer Ausgleich. In: Linguistische Arbeiten. Hrsg. v. Herbert E. Brekle et al. Bd. 40. Tübingen.

Mayerthaler, Willi (1980a). »Aspekte der Analogietheorie«. In: Lüdtke, Helmut (Hrsg.). Kommunikationstheoretische Grundlagen des Sprachwandels. Berlin et al. S. 80–130.

Mayerthaler, Willi (1980b). Morphologische Natürlichkeit. In: Linguistische Forschungen. Hrsg. v. Abraham, Werner & Roland Posner. Bd. 28. Wiesbaden.
Medienpädagogischer Forschungsverbund Südwest (2007). »JIM 2007. Jugend, Information, (Multi-)Media. Basisstudie zum Medienumgang 12- bis 19-Jähriger in Deutschland«. <http://www.mpfs.de/fileadmin/JIM-pdf07/JIM-Studie2007.pdf>.
Meibauer, Jörg (1995). »Komplexe Präpositionen: Grammatikalisierung, Metapher, Implikatur und division of pragmatic labour«. In: Liedtke, Frank (Hrsg.). Implikaturen. Grammatische und pragmatische Analysen. Tübingen. S. 47–74.
Meid, Wolfgang (1978). »Beziehungen zwischen äußerer und innerer Sprachform: Verschränkte Zeichen und fusionierte Inhalte«. In: Dressler, Wolfgang & Wolfgang Meid (Hrsg.). Proceedings of the Twelfth International Congress of Linguistics Vienna, 28 – September 2, 1977. Insbruck. S. 443–447.
Meillet, Antoine (1937). Introduction à l'étude comparative des langues indoeuropéennes. Paris.
Meng, Heinrich (1986). Mundartwörterbuch der Landschaft Baden im Aargau. Nach Sachgruppen (= Grammatiken und Wörterbücher des Schweizerdeutschen. Band 10). Baden.
Meola, Claudio di (1998a). »Schlagzeilen in Presse und Werbung«. In: Deutsche Sprache. Zeitschrift für Theorie, Praxis, Dokumentation, Nr. 3. S. 218–239.
Meola, Claudio di (1998b). »Zur Syntax und Semantik von Schlagzeilen in der deutschen Tagespresse«. In: Muttersprache. Vierteljahrsschrift für deutsche Sprache, Nr. 3. S. 217–231.
Meyer-Hermann, Reinhard & Hannes Rieser (Hrsg., 1985a). Ellipsen und fragmentarische Ausdrücke. Band 1. Tübingen.
Meyer-Hermann, Reinhard & Hannes Rieser (Hrsg., 1985b). Ellipsen und fragmentarische Ausdrücke. Band 2. Tübingen.
Michel, Sascha (2006). »Vom Terminator zum TORminator. Die Wortbildungseinheit -minator: Strukturelle und sozio-pragmatische Analysen«. In: Muttersprache. Vierteljahrsschrift für deutsche Sprache, Nr. 4. S. 289–307.
Moraldo, Sandro M. (2004). »Linguistische Forme(l)n in textbasierten SMS-Dialogen. Zur kontrastiven Analyse deutscher und italienischer Kurznachrichten«. In: Roggausch, Werner (Hrsg.). Germanistentreffen Deutschland – Italien, 8.–12.10.2003. Dokumentation der Tagungsbeiträge. Bonn (DAAD). S. 285–301.
Moraldo, Sandro M. (2009). »Twitter: Kommunikationsplattform zwischen Nachrichtendienst, Small Talk und SMS«. In: Moraldo, Sandro M. (Hrsg.). Internet.kom. Neue Sprach- und Kommunikationsformen im WorldWideWeb. Band 1: Kommunikationsplattformen. Rom. S. 245–281.
Moser, Hans (1990). »Vom Agenten zum Trader. Österreichische Stellenanzeigen 1900 und heute«. In: Besch, Werner (Hrsg.). Deutsche Sprachgeschichte. Grundlagen, Methoden, Perspektiven. Festschrift für Johannes Erben zum 65. Geburtstag. Frankfurt/M. et al. S. 337–351.
Moser, Hugo (Hrsg., 1970a). Studien zur Syntax des heutigen Deutsch. Paul Grehe zum 60. Geburtstag. In: Sprache der Gegenwart. Hrsg. v. Hugo Moser. Bd. 6. Düsseldorf.
Moser, Hugo (1970b). »Sprachliche Ökonomie im heutigen deutschen Satz«. In: Moser, Hugo (Hrsg.). Studien zur Syntax des heutigen Deutsch. Paul Grehe zum 60. Geburtstag. Düsseldorf. S. 9–25.
Moser, Hugo (1971). »Typen sprachlicher Ökonomie im heutigen Deutsch«. In: Institut für deutsche Sprache (Hrsg.). Sprache und Gesellschaft. Beiträge zur soziolinguistischen Beschreibung der deutschen Gegenwartssprache. Jahrbuch 1970. Düsseldorf. S. 89–117.
Moser, Hugo (1985). »Die Entwicklung der deutschen Sprache seit 1945«. In: Besch, Werner, Oskar Reichmann & Stefan Sonderegger (Hrsg.). Sprachgeschichte. Ein Handbuch zur Geschichte der deutschen Sprache und ihrer Erforschung. 2. Halbband. o.O. S. 1678–1707.
Motsch, Wolfgang (1995). »Illokutionstypen, Implikaturen und sprachliche Äußerungen«. In: Liedtke, Frank (Hrsg.). Implikaturen. Grammatische und pragmatische Analysen. Tübingen. S. 143–163.

Motsch, Wolfgang (²2004). Deutsche Wortbildung in Grundzügen. In: Schriften des Instituts für deutsche Sprache. Hrsg. v. Eroms, Hans-Werner, Gerhard Stickel & Gisela Zifonun. Bd. 8. Berlin et al.

Müller, Harald (2004). »Kopienversand vor Gericht«. In: Bibliotheksdienst, Nr. 38/9. S. 1120–1125.

Munske, Horst Haider (1990). »Über den Wandel des deutschen Wortschatzes«. In: Besch, Werner (Hrsg.). Deutsche Sprachgeschichte. Grundlagen, Methoden, Perspektiven. Festschrift für Johannes Erben zum 65. Geburtstag. Frankfurt/M. et al. S. 387–401.

Naundorf, Karen & Liisa Niveri (1999). »Flirten und mogeln. Digitale Läster- und Liebesbotschaften erobern den Alltag. Über kurze ›Handy-Briefe‹ und Piktogramme verständigen sich vor allem junge Leute«. In: Der Spiegel, Nr. 51. S. 90–91.

Neef, Martin (2006). »Die Genitivflexion von artikellos verwendbaren Eigennamen als syntaktisch konditionierte Allomorphie«. In: Zeitschrift für Sprachwissenschaft, Nr. 25. S. 273–299.

Neuland, Eva (Hrsg., 2003). Jugendsprachen – Spiegel der Zeit. Internationale Fachkonferenz 2001 an der Bergischen Universität Wuppertal. In: Sprache – Kommunikation – Kultur. Soziolinguistische Beiträge. Hrsg. v. Eva Neuland. Bd. 2. Frankfurt/Main et al.

Nickl, Markus (2001). Gebrauchsanleitungen. Ein Beitrag zur Textsortengeschichte seit 1950. Tübingen.

Nida, Eugene A. (²1970). Morphology. The Descriptive Analysis of Words. Ann Arbor.

Nielsen, Jakob (2000). Designing web usability. Indianapolis.

Nikula, Henrik (1978). Kontextuell und lexikalisch bedingte Ellipse. Åbo.

Nübling, Damaris & Janet Duke (2007). »Kürze im Wortschatz skandinavischer Sprachen. Kurzwörter im Schwedischen, Dänischen, Norwegischen und Isländischen«. In: Bär, Jochen A., Thorsten Roelcke & Anja Steinhauer (Hrsg.). Sprachliche Kürze. Konzeptuelle, strukturelle und pragmatische Aspekte. Berlin et al. S. 227–263.

Nübling, Damaris (1992). Klitika im Deutschen. Schriftsprache, Umgangssprache, alemannische Dialekte. In: ScriptOralia. Hrsg. v. Goetsch, Paul et al. Bd. 42. Tübingen.

Nübling, Damaris (1995). »Entstehung von Irregularitäten im Enklisestadium. Beobachtungen zur Verschmelzung von Präposition und Artikel im Deutschen«. In: Boretzky, Norbert et al. (Hrsg.). Natürlichkeitstheorie und Sprachwandel. Beiträge zum internationalen Symposium über »Natürlichkeitstheorie und Sprachewandel« an der Universität Maribor vom 13.5.–15.5.1993. Bochum. S. 221–235.

Oberhauser, Stephan (1993). »Nur noch 65.000 Tiefflugstunden«. Eine linguistische Beschreibung des Handlungspotentials von hard news-Überschriften in deutschen Tageszeitungen. In: Arbeiten zu Diskurs und Stil. Hrsg. v. Sandig, Barbara. Bd. 3. Frankfurt/M. et al.

Ortmann, Albert (2002). Kategorien des Nomens. Schnittstellen und Ökonomie. In: Linguistische Arbeiten. Hrsg. v. Hans Altmann et al. Bd. 458. Tübingen.

Ortner, Hanspeter & Lorelies Ortner (1984). Zur Theorie und Praxis der Kompositaforschung. Mit einer ausführlichen Bibliographie. In: Forschungsberichte des Instituts für Deutsche Sprache Mannheim. Bd. 55. Tübingen.

Ortner, Hanspeter (1985). »Welche Rolle spielen die Begriffe ›Ellipse‹, ›Tilgung‹, ›Ersparung‹ usw. in der Sprachbeschreibung?«. In: Meyer-Hermann, Reinhard & Hannes Rieser (Hrsg.). Ellipsen und fragmentarische Ausdrücke. Band 2. Tübingen. S. 165–202.

Ortner, Hanspeter (1987). Die Ellipse. Ein Problem der Sprachtheorie und der Grammatikbeschreibung. In: Reihe Germanistische Linguistik. Hrsg. v. Helmut Henne, Horst Sitta & Herbert Ernst Wiegand. Bd. 80. Tübingen.

Ortner, Lorelies (1992). »Textkonstitutive Merkmale von Stellenangeboten um 1900«. In: Deutsche Sprache. Zeitschrift für Theorie, Praxis, Dokumentation, Nr. 1. S. 1–31.

Ortner, Lorelies (2002). »SMS-Botschaften: Texttypologie aus der Perspektive der SMS-Ratgeberliteratur«. In: OBST. Osnabrücker Beiträge zur Sprachtheorie, Nr. 64. S. 205–235.

Papadopoulou, Despina & Harald Clahsen (2006). »Ambiguity resolution in sentence pprocessing: the role of lexical and contextual information«. In: Journal of Linguistics, Nr. 42. S. 109–138.
Pasch, Renate (1995). »Implikaturen im Bereich lexikalisch induzierter Präsuppositionen«. In: Liedtke, Frank (Hrsg.). Implikaturen. Grammatische und pragmatische Analysen. Tübingen. S. 75–85.
Patocka, Franz & Peter Wiesinger (Hrsg., 2004). Morphologie und Syntax deutscher Dialekte und historische Syntax des Deutschen. Beiträge zum 1. Kongress der Internationalen Gesellschaft für Dialektologie des Deutschen, Marburg/Lahn, 5.–8. März 2003. Wien.
Patzke, Ulrike (2000). Das Phänomen ›Faux amis‹ am Beispiel des Sprachenpaares Deutsch–Schwedisch. Studien im Bereich der formalen Ähnlichkeit. Clausthal-Zellerfeld.
Paul, Hermann ([10]1995/1880). Prinzipien der Sprachgeschichte. Tübingen.
Paulus, Heinz (1976). Die französische Zeitungsannonce. Synchronische und diachronische Syntax der ›petites annonces‹ 1819–1973. Tübingen.
Piotrovskij, Raymond Genrichovic (1961). Diskussionsbeitrag zu ›Zeichen und System der Sprache‹, Bd. 1. In: Schriften zur Phonetik, Sprachwissenschaft und Kommunikationsforschung, Nr. 3, S. 129 ff.
Pittner, Robert J. (1991). »Der Wortbildungstyp ›Kopulativkomposition‹ im heutigen Deutsch«. In: Feldbusch, Elisabeth, Reiner Pogarell & Cornelia Weiß (Hrsg.). Neue Fragen der Linguistik. Akten des 25. Linguistischen Kolloquiums, Paderborn 1990. Band 1: Bestand und Entwicklung. Tübingen. S. 267–272.
Plag, Ingo (Hrsg., 2003). Phonology and morphology of creole languages. Tübingen.
Plank, Frans (1981). Morphologische (Ir-)Regularitäten. Aspekte der Wortstrukturtheorie. In: Studien zur Grammatik. Bd. 13. Tübingen.
Plewnia, Albrecht (2003). Sätze, denen nichts fehlt. Eine dependenzgrammatische Untersuchung elliptischer Konstruktionen. In: Germanistische Linguistik, Monographien. Hrsg. v. Friedhelm Debus, Peter Eisenberg, Ulrich Knopp & Wolfgang Putschke. Bd. 11. Hildesheim Zürich New York.
Pöckl, Wolfgang (1998). »Die Hotelbeschreibung im Reisebürokatalog«. In: Rainer, Franz & Martin Stegu (Hrsg.). Wirtschaftssprache. Anglistische, germanistische, romanistische und slavistische Beiträge. Frankfurt/Main et al. S. 261–270.
Pöckl, Wolfgang (1999). »Kontrastive Textologie«. In: Eckkrammer, Eva Martha, Nicola Hödl & Wolfgang Pöckl (Hrsg.). Kontrastive Textologie. Wien. S. 13–46.
Pohl, Inge (1991). »ROM-Speicher, Interlauch, Plantainer – Spielräume in der Verwendung von Kurzformen«. In: Sommerfeldt, Karl-Ernst (Hrsg.). Sprachwissenschaft und Sprachkultur. Tagungsband der Konferenz in Neubrandenburg am 10. und 11. Mai 1990. Frankfurt/M. et al. S. 121–133.
Polenz, Peter von (1991). Deutsche Sprachgeschichte vom Spätmittelalter bis zur Gegenwart. Band 1: Einführung, Grundbegriffe, Deutsch in der frühbürgerlichen Zeit. Berlin New York.
Polenz, Peter von (1994). Deutsche Sprachgeschichte vom Spätmittelalter bis zur Gegenwart. Band 2: 17. und 18. Jahrhundert. Berlin New York.
Polenz, Peter von (1999). Deutsche Sprachgeschichte vom Spätmittelalter bis zur Gegenwart. Band 3: 19. und 20. Jahrhundert. Berlin New York.
Polenz, Peter von (2000). »Entwicklungstendenzen des deutschen Satzbaus«. In: Eichhoff-Cyrus, Karin M. & Rudolf Hoberg (Hrsg.). Die deutsche Sprache zur Jahrtausendwende. Sprachkultur oder Sprachverfall? Mannheim. S. 29–42.
Pörksen, Uwe ([2]1988). Plastikwörter. Die Sprache einer internationalen Diktatur. Stuttgart.
Pound, Louise (1967/1914). Blends. Their relation to English word formation. Amsterdam.
Rahnenführer, Ilse (1991). »Zur Funktion von Parenthesen in der geschriebenen Sprache«. In: Feldbusch, Elisabeth, Reiner Pogarell & Cornelia Weiß (Hrsg.). Neue Fragen der Linguistik. Akten des 25. Linguistischen Kolloquiums, Paderborn 1990. Band 1: Bestand und Entwicklung. Tübingen. S. 553–557.

6 Literaturverzeichnis

Raible, Wolfgang (1985). »Ellipse im historischen und systematischen Kontext«. In: Meyer-Hermann, Reinhard & Hannes Rieser (Hrsg.). Ellipsen und fragmentarische Ausdrücke. Band 2. Tübingen. S. 203–216.

Rath, Rainer & Alois Brandstetter (Hrsg., 1968). Zur Syntax des Wetterberichtes und des Telegrammes. In: DUDEN-Beiträge. Hrsg. v. Grebe, Paul. Bd. 33. Mannheim.

Rath, Rainer (1968). »›Unvollständige Sätze‹ im heutigen Deutsch. Eine Studie zur Sprache des Wetterberichts«. In: Rath, Rainer & Alois Brandstetter (Hrsg.). Zur Syntax des Wetterberichtes und des Telegrammes. Mannheim. S. 9–22.

Redder, Angelika & Jochen Rehbein (Hrsg., 1999). Grammatik und mentale Prozesse. Tübingen.

Reich, Carola (Redaktion; 1994). Vegetarisches Kochbuch. Bielefeld.

Reimann, Ariane (1999). Die Verlaufsform im Deutschen. Entwickelt das Deutsche eine Aspektkorrelation? Bamberg [Univ.].

Rodnagel, August (1848). »Zur Lehre von der Zusammensetzung der Wörter im Deutschen«. In: Archiv für das Studium der neueren Sprachen und Literaturen, Nr. 4. S. 279–290.

Roelcke, Thorsten (2002a). »›Besser wäre z.b. ›JArbAnBMldg‹‹ Überlegungen zur Konzeption von sprachlicher Ökonomie in der terminologischen Grundsatznormung«. In: Fachsprache. Internationale Zeitschrift für Fachsprachenforschung, -didaktik und Terminologie, Nr. 1–2. S. 36–49.

Roelcke, Thorsten (2002b). Kommunikative Effizienz. Eine Modellskizze. Heidelberg.

Roelcke, Thorsten (2007). »Effizienz sprachlicher Kommunikation«. In: Bär, Jochen A., Thorsten Roelcke & Anja Steinhauer (Hrsg.). Sprachliche Kürze. Konzeptuelle, strukturelle und pragmatische Aspekte. Berlin et al. S. 7–26.

Rolf, Eckard (1995). »Zur Grammatikalisierung konversationeller Implikaturen«. In: Liedtke, Frank (Hrsg.). Implikaturen. Grammatische und pragmatische Analysen. Tübingen. S. 87–102.

Römer, Jürgen (1996). »Abkürzungen«. In: Günther, Hartmut & Otto Ludwig (Hrsg.). Schrift und Schriftlichkeit. Ein interdisziplinäres Handbuch internationaler Forschung. Berlin New York. S. 1506–1515.

Ronneberger-Sibold, Elke (1980). Sprachverwendung – Sprachsystem. Ökonomie und Wandel. In: Linguistische Arbeiten. Hrsg. v. Herbert E. Brekle et al. Bd. 87. Tübingen.

Ronneberger-Sibold, Elke (1995). »Die Optimierung von Lautgestalten durch Wortkürzung und durch langfristigen Sprachwandel«. In: Boretzky, Norbert et al. (Hrsg.). Natürlichkeitstheorie und Sprachwandel. Beiträge zum internationalen Symposium über »Natürlichkeitstheorie und Sprachwandel« an der Universität Maribor vom 13.5.–15.5.1993. Bochum. S. 31–44.

Ronneberger-Sibold, Elke (2005). »Zur Definition und Typologie von Wortkreuzungen. Ein Vorschlag auf der Grundlage ihrer relativen Transparenz«. In: Fenk-Oczlon, Gertraud & Christian Winkler (Hrsg.). Sprache und Natürlichkeit. Gedenkband für Willi Mayerthaler. Tübingen. S. 205–224.

Ronneberger-Sibold, Elke (2006). »Lexical Blends: Functionally Tuning the Transparency of Complex Words«. In: Folia Linguistica, Nr. XL/1–2. S. 155–181.

Ronneberger-Sibold, Elke (2007). »Zur Grammatik von Kurzwörtern«. In: Bär, Jochen A., Thorsten Roelcke & Anja Steinhauer (Hrsg.). Sprachliche Kürze. Konzeptuelle, strukturelle und pragmatische Aspekte. Berlin et al. S. 276–291.

Rück, Peter (1988). »Ligatur und Isolierung. Bemerkungen zum kursiven Schreiben im Mittelalter«. In: Germanistische Linguistik, Nr. 93/94. S. 111–138.

Ruge, Nikolaus (2004). »Das Suffixoid ›-technisch‹ in der Wortbildung der deutschen Gegenwartssprache«. In: Muttersprache. Vierteljahresschrift für deutsche Sprache, Nr. 1. S. 29–41.

Runkehl, Jens (i.Dr.). Werbesprache.net. Sprachliche und kommunikative Strukturen von Bannerwerbung im Internet. In: Sprache – Medien – Innovationen. Hrsg. v. Runkehl, Jens, Peter Schlobinski & Torsten Siever. Bd. 3. Frankfurt/M.

Runkehl, Jens, Peter Schlobinski & Torsten Siever (1998). Sprache und Kommunikation im Internet. Überblick und Analysen. Opladen.

Runschke, Ericht (1947). »Rundfunk und Aussprache«. In: ZPSK, Nr. 1, S. 214–250.
Saltveit, Laurits (1962). Studien zum deutschen Futur. Die Fügungen ›werden‹ mit dem Partizip des Präsens und ›werden‹ mit dem Infinitiv in ihren heutigen Funktionen und in ihrer geschichtlichen Entwicklung. Bergen Oslo.
Samson-Himmelstjerna, Carmen von (2007). »Sprachliche Kürze als Problem der Übersetzung«. In: Bär, Jochen A., Thorsten Roelcke & Anja Steinhauer (Hrsg.). Sprachliche Kürze. Konzeptuelle, strukturelle und pragmatische Aspekte. Berlin et al. S. 509–513.
Sandhop, Martin (2007). »Kürze im ukrainischen Wortschatz«. In: Bär, Jochen A., Thorsten Roelcke & Anja Steinhauer (Hrsg.). Sprachliche Kürze. Konzeptuelle, strukturelle und pragmatische Aspekte. Berlin et al. S. 264–275.
Sandig, Barbara (1971). Syntaktische Typologie der Schlagzeile. Möglichkeiten und Grenzen der Sprachökonomie im Zeitungsdeutsch. In: Linguistische Reihe. Hrsg. v. Klaus Baumgärtner, Peter von Polenz & Hugo Steger. Bd. 6. München.
Sandig, Barbara (2000). »Zu einer Gesprächs-Grammatik: Prototypische elliptische Strukturen und ihre Funktionen in mündlichem Erzählen«. In: Zeitschrift für germanistische Linguistik, Nr. 28.3. S. 291–318.
Sandig, Barbara (2006). »Stilistische Ebenen-Analyse«. In: Deutsche Sprache. Zeitschrift für Theorie, Praxis, Dokumentation, Nr. 1–2. S. 77–87.
Sasse, Hans-Jürgen (1977). »Gedanken über Wortstellungsveränderung«. In: Papiere zur Linguistik, Nr. 13/14. S. 82–142.
Schau, Albrecht (1985). »SDI = FI«. In: Der Sprachdienst, Nr. 29. S. 109 f.
Schebben-Schmidt, Marietheres (1990). »Studien zur Diminution in der deutschen Schriftsprache des 18. Jahrhunderts«. In: Besch, Werner (Hrsg.). Deutsche Sprachgeschichte. Grundlagen, Methoden, Perspektiven. Festschrift für Johannes Erben zum 65. Geburtstag. Frankfurt/M. et al. S. 313–321.
Schendera, Christian (2003). »Verständlichkeit von Rechtstexten und ihre Optimierung«. In: Muttersprache. Vierteljahresschrift für deutsche Sprache, Nr. 1. S. 15–22.
Scherer, Carmen (2005). Wortbildungswandel und Produktivität. Eine empirische Studie zur nominalen -er-Derivation im Deutschen. In: Linguistische Arbeiten. Hrsg. v. Hans Altmann et al. Bd. 497. Tübingen.
Scherer, Carmen (2006). »Was ist Wortbildungswandel?«. In: Linguistische Berichte, Nr. 205. S. 3–28.
Scheutz, Hannes (1992): Apokoinukonstruktionen. Gegenwartssprachliche Erscheinungsformen und Aspekte ihrer historischen Entwicklung. In: Weiss, Andreas (Hrsg.): Dialekte im Wandel. Göppingen: Kümmerle (Göppinger Arbeiten zur Germanistik 538), 243–264.
Schierholz, Stefan J. (Hrsg., 2001). Die deutsche Sprache der Gegenwart. Festschrift für Dieter Cherubim zum 60. Geburtstag. Frankfurt/M. et al.
Schikorsky, Isa (1990). Private Schriftlichkeit im 19. Jahrhundert. Untersuchungen zur Geschichte des alltäglichen Sprachverhaltens ›kleiner Leute‹. In: Reihe Germanistische Linguistik. Hrsg. v. Helmut Henne, Horst Sitta & Herbert Ernst Wiegand. Bd. 107. Tübingen.
Schippan, Thea (1963). »Zur Bildung des Kurzwortes in der deutschen Sprache«. In: Der Deutschunterricht, Nr. 16. S. 539–545.
Schlapfer, Sandra (2002). SMS. Informationsdienst: Massenmedium und journalistisches Produkt. Freiburg (Schweiz).
Schlobinski, Peter & Florian Fiene (2000). »Die dritte Halbzeit: Grün-Weiß gegen CFC-Mob. Zur Lexik in Fußballfanzines.« In: Muttersprache, Nr. 3. S. 229–237.
Schlobinski, Peter & Manabu Watanabe (2003). »SMS-Kommunikation – Deutsch/Japanisch kontrastiv. Eine explorative Studie«. <http://www.mediensprache.net/networx/networx-31.pdf>. In: Networx, Nr. 31. Hannover.
Schlobinski, Peter & Manabu Watanabe (2006). »Mündlichkeit und Schriftlichkeit in der SMS-Kommunikation. Deutsch – Japanisch kontrastiv«. In: Neuland, Eva (Hrsg.). Variation im heutigen Deutsch: Perspektiven für den Deutschunterricht. Frankfurt am Main. S. 403–416.

Schlobinski, Peter & Niels-Christian Heins (Hrsg., 1998). Jugendliche und ›ihre‹ Sprache. Sprachregister, Jugendkulturen und Wertesysteme. Empirische Studien. Opladen.
Schlobinski, Peter (Hrsg., 1997a). Syntax des gesprochenen Deutsch. Opladen.
Schlobinski, Peter (1997b). »Zur Analyse syntaktischer Strukturen in der gesprochenen Sprache«. In: Schlobinski, Peter (Hrsg.). Syntax des gesprochenen Deutsch. Opladen. S. 1–25.
Schlobinski, Peter (2001). »*knuddel – zurueckknuddel – dich ganzdollknuddel*. Inflektive und Inflektivkonstruktionen im Deutschen«. In: Zeitschrift für germanistische Linguistik, Nr. 29.2. S. 192–218.
Schlobinski, Peter (2002). »Sportberichterstattung. Zur Inszenierung von Sportereignissen in den Massenmedien«. In: Der Deutschunterricht, Nr. 2. S. 51–61.
Schlobinski, Peter (2003). Grammatikmodelle. Positionen und Perspektiven. Opladen.
Schlobinski, Peter (Hrsg., 2006a). Von »hdl« bis »cul8r«. Sprache und Kommunikation in den neuen Medien. In: Thema Deutsch. Bd. 7. Mannheim et al.
Schlobinski, Peter (2006b). »Die Bedeutung digitalisierter Kommunikation für Sprach- und Kommunikationsgemeinschaften«. In: Schlobinski, Peter (Hrsg.). Von »hdl« bis »cul8r«. Sprache und Kommunikation in den neuen Medien. Mannheim et al. S. 26–37.
Schlobinski, Peter (2010). Keeper, Elf und Gurkenpass. (K)ein Wörterbuch der Fußballsprache. Mannheim et al.
Schlobinski, Peter, Gaby Kohl & Irmgard Ludewigt (1993). Jugendsprache – Fiktion und Wirklichkeit. Opladen.
Schlobinski, Peter, Nadine Fortmann, Olivia Groß, Florian Hogg, Frauke Horstmann & Rena Theel (2001). »Simsen. Eine Pilotstudie zu sprachlichen und kommunikativen Aspekten in der SMS-Kommunikation«. <http://www.mediensprache.net/networx/networx-22.pdf>. In: Networx, Nr. 22. Hannover.
Schmid, Hans Ulrich (2003). »Zölibazis Lustballon. Wortverschmelzungen im der deutschen Gegenwartssprache«. In: Muttersprache. Vierteljahresschrift für deutsche Sprache, Nr. 3. S. 265–278.
Schmidt-Thieme, Barbara (2007). »Sprachliche Kürze als Gegenstand der Deutschdidaktik«. In: Bär, Jochen A., Thorsten Roelcke & Anja Steinhauer (Hrsg.). Sprachliche Kürze. Konzeptuelle, strukturelle und pragmatische Aspekte. Berlin et al. S. 485–503.
Schmitt, Christian (2007). »Kürze im französischen Wortschatz«. In: Bär, Jochen A., Thorsten Roelcke & Anja Steinhauer (Hrsg.). Sprachliche Kürze. Konzeptuelle, strukturelle und pragmatische Aspekte. Berlin et al. S. 181–210.
Schmitz, Ulrich (1999). »AUSFAHRT waschen. Über den progressiven Untergang der Flexionsfähigkeit«. In: OBST. Osnabrücker Beiträge zur Sprachtheorie, Nr. 60. S. 135–182.
Schmitz, Ulrich (2001). »http://www.ellipsen.de«. In: Lehr, Andrea et al. (Hrsg.). Sprache im Alltag. Beiträge zu neuen Perspektiven in der Linguistik. Berlin New York. S. 423–438.
Schmitz, Ulrich (2002). »E-Mails kommen in die Jahre. Telefonbriefe auf dem Weg zu sprachlicher Normalität«. In: Ziegler, Arne & Christa Dürscheid (Hrsg.). Kommunikationsform E-Mail. Tübingen. S. 33–56.
Schmitz, Ulrich (2004). Sprache in modernen Medien. Einführung in Tatsachen, Theorien, Themen und Thesen. In: Grundlagen der Germanistik. Hrsg. v. Werner Besch & Hartmut Steinecke. Bd. 41. Berlin.
Schmitz, Ulrich (2006). »Schriftbildschirme. Tertiäre Schriftlichkeit im World Wide Web«. In: Androutsopoulos, Jannis K. et al. (Hrsg.). Neuere Entwicklungen in der linguistischen Internetforschung. Hildesheim (= Germanistische Linguistik 186–87). S. 184–208.
Schnelle, Helmut & Jörn A. Kranzhoff (1965). »Zur Beschreibung und Bearbeitung der Struktur deutscher Wörter«. In: Beiträge zur Sprachkunde und Informationsverarbeitung, Nr. 6. S. 65–87.
Schoenthal, Gisela (Hrsg., 1998a). Feministische Linguistik – linguistische Geschlechterforschung. Ergebnisse, Konsequenzen, Perspektiven. Hildesheim et al.

Schoenthal, Gisela (1998b). »Von Burschinnen und Azubinnen. Feministische Sprachkritik in den westlichen Bundesländern«. In: Schoenthal, Gisela (Hrsg.). Feministische Linguistik – linguistische Geschlechterforschung. Ergebnisse, Konsequenzen, Perspektiven. Hildesheim et al. S. 9–32.

Scholz, Oliver R. (^{2}2004). Bild, Darstellung, Zeichen. Philosophische Theorien bildlicher Darstellung. Frankfurt/Main.

Schöne, Albrecht (Hrsg., 1985). Kontroversen, alte und neue. Akten des VII. Internationalen Germanisten-Kongresses. In: Akten des ... Internationalen Germanisten-Kongresses . Bd. 3. Göttingen.

Schrammen, Gerd (2006). »Sprachpanscher aufgespießt«. In: Sprachnachrichten, Nr. 4. S. 7.

Schreiber, Mathias (2006). »Deutsch for sale. Die deutsche Sprache wird so schlampig gesprochen und geschrieben wie wohl nie zuvor. Auffälligstes Symptom der dramatischen Verlotterung ist die Mode, fast alles angelsächsisch ›aufzupeppen‹. Aber es gibt eine Gegenbewegung«. In: Der Spiegel, Nr. 40. S. 182–198.

Schröder, Hartmut (Hrsg., 1993). Fachtextpragmatik. Tübingen.

Schröder, Marianne (1985). »Zur Verwendung von Kurzformen«. In: Beiträge zur Erforschung der deutschen Sprache, Nr. 5. S. 199–209.

Schuh, Hans-Manfred (1974). Ellipse – Text – Kommunikation. Ein Beitrag zur französischen Textlinguistik. Bonn.

Schulz, Matthias (2004). »Jein, Fortschrott und Ehrgeizhals. Wortkreuzungen in der deutschen Gegenwartssprache«. In: Zeitschrift für germanistische Linguistik, Nr. 32. S. 286–306.

Schwabe, Kerstin (1994). Syntax und Semantik situativer Ellipsen. In: Studien zur deutschen Grammatik. Hrsg. v. Abraham, Werner et al. Bd. 48. Tübingen.

Schwabe, Kerstin (1995). »Zur Rolle von Implikaturen bei der Interpretation situativer Ellipsen«. In: Liedtke, Frank (Hrsg.). Implikaturen. Grammatische und pragmatische Analysen. Tübingen. S. 123–142.

Schwarze, Achim (1995). Erfolg mit Kontaktanzeigen. 300 Profi-Tips für Inserat und Treffen. Frankfurt/M.

Schweizer, Harro (Hrsg., 1985). Sprache und Raum. Psychologische und linguistische Aspekte der Aneignung und Verarbeitung von Räumlichkeit. Stuttgart.

Schwitalla, Johannes (1997). Gesprochenes Deutsch. Eine Einführung. In: Grundlagen der Germanistik. Hrsg. v. Werner Besch & Hartmut Steinecke. Bd. 33. Berlin.

Schwitalla, Johannes (2002). »Kleine Botschaften. Telegramm- und SMS-Texte«. In: OBST. Osnabrücker Beiträge zur Sprachtheorie, Nr. 64. S. 33–56.

Searle, John R. (1969). Speech Acts. London.

Searle, John R. (Hrsg., 1971a). The philosophy of language. Oxford.

Searle, John R. (1971b). »What is a speech act?«. In: Searle, John R. (Hrsg.). The philosophy of language. Oxford. S. 38–52.

Seibicke, Wilfried (2007). »Kürze in Vornamengebung und Vornamengebrauch«. In: Bär, Jochen A., Thorsten Roelcke & Anja Steinhauer (Hrsg.). Sprachliche Kürze. Konzeptuelle, strukturelle und pragmatische Aspekte. Berlin et al. S. 479–484.

Seifert, Jan (2004). Funktionsverbgefüge in der deutschen Gesetzessprache (18.–20. Jahrhundert). Hildesheim New York.

Seiler, Hansjakob (Hrsg., 1974). Linguistic workshop II. Arbeiten des Kölner Universalienprojekts 1973/74. In: Structura. Bd. 8. München.

Selting, Margret (1993). »Voranstellungen vor den Satz«. In: Zeitschrift für germanistische Linguistik, Nr. 21. S. 291–319.

Selting, Margret (1997). »Sogenannte ›Ellipsen‹ als interaktiv relevante Konstruktionen? Ein neuer Versuch über die Reichweite und Grenzen des Ellipsenbegriffs für die Analyse gesprochener Sprache in der konversationellen Interaktion«. In: Schlobinski, Peter (Hrsg.). Syntax des gesprochenen Deutsch. Opladen. S. 117–155.

6 Literaturverzeichnis

Sieber, Peter (1998). Parlando in Texten. Zur Veränderung kommunikativer Grundmuster in der Schriftlichkeit. In: Reihe Germanistische Linguistik. Bd. 191. Tübingen.

Sieberer, Anton (1958). Lautwandel und seine Triebkräfte. Eine Studie über den Zusammenhang von Lautänderungen. Wien.

Siever, Torsten (2004). »Reichen 160 Zeichen? SMS-Mitteilungen: sprachliche Gestaltung und deren Bedingungen«. In: Computer + Unterricht, Nr. 53. S. 50–51.

Siever, Torsten (2005a). »Internetwerbung: Alter Wein in neuen Schläuchen?«. In: Siever, Torsten, Peter Schlobinski & Jens Runkehl (Hrsg.). Websprache.net. Sprache und Kommunikation im Internet. Berlin et al. S. 219–241.

Siever, Torsten (2005b). »Von MfG bis cu l8er. Sprachliche und kommunikative Aspekte von Chat, E-Mail und SMS«. In: Der Sprachdienst, Nr. 5–6. S. 137–147.

Siever, Torsten (2006a). »Ist das Deutsche eine flektierende Sprache?« In: mediensprache.net. <http://www.mediensprache.net/de/basix/morphologie/flexion/deutsch.aspx>.

Siever, Torsten (2006b). »Sprachökonomie in den ›Neuen Medien‹«. In: Schlobinski, Peter (Hrsg.). Von »hdl« bis »cul8r«. Sprache und Kommunikation in den neuen Medien. Mannheim et al. S. 71–88.

Siever, Torsten (i.Dr.). »Kurz zwischen Blog und SMS: Twitter.com aus sprachlich-kommunikativer Perspektive«. In: Siever, Torsten & Peter Schlobinski (Hrsg.). Tendenzen von Sprache und Kommunikation im Web 2.0. In: Sprache – Medien – Innovationen. Bd. 2. Frankfurt/M. et al.

Sievers, Eduard (⁴1893). Grundzüge der Phonetik. Zur Einführung in das Studium der Lautlehre der indogermanischen Sprachen. Leipzig.

Simmler, Franz (1998). Morphologie des Deutschen. Flexions- und Wortbildungsmorphologie. Berlin.

Smirnova, Elena (2006). Die Entwicklung der Konstruktion würde + Infinitiv im Deutschen. Eine funktional-semantische Analyse unter besonderer Berücksichtigung sprachhistorischer Aspekte. In: Studia Linguistica Germanica. Hrsg. v. Sonderegger, Stefan & Oskar Reichmann. Bd. 82. Berlin et al.

Sommerfeldt, Karl-Ernst & Wolfgang Spiewok (1989). Sachwörterbuch für die deutsche Sprache. Leipzig.

Sommerfeldt, Karl-Ernst (1978). »Sprachökonomische Tendenzen in der Gruppe des Substantivs. Zum Initialwortkompositum in der Tagespresse«. In: Sprachpflege. Zeitschrift für gutes Deutsch, Nr. 3. S. 49–51.

Sommerfeldt, Karl-Ernst (Hrsg., 1988). Entwicklungstendenzen in der deutschen Gegenwartssprache. Leipzig.

Sommerfeldt, Karl-Ernst (Hrsg., 1991). Sprachwissenschaft und Sprachkultur. Tagungsband der Konferenz in Neubrandenburg am 10. und 11. Mai 1990. Frankfurt/M. et al.

Soudek, Lev I. (1978). »The relation of blending to English word-formation: theory, structure, and typological attempts«. In: Dressler, Wolfgang & Wolfgang Meid (Hrsg.). Proceedings of the Twelfth International Congress of Linguists Vienna, 28 – September 2, 1977. Insbruck. S. 462–466.

Sperber, Hans (1914). Über den Affekt als Ursache der Sprachveränderung. Versuch einer dynamologischen Betrachtung des Sprachlebens. Halle.

Spiekermann, Helmut (2007). »Ist Sprachkürze gleich Sprachökonomie? Grundzüge einer sprachlichen Optimalitätstheorie«. In: Bär, Jochen A., Thorsten Roelcke & Anja Steinhauer (Hrsg.). Sprachliche Kürze. Konzeptuelle, strukturelle und pragmatische Aspekte. Berlin et al. S. 27–44.

Spitzmüller, Jürgen (2005). Metasprachdiskurse. Einstellungen zu Anglizismen und ihre wissenschaftliche Rezeption. In: Linguistik – Impulse & Tendenzen. Hrsg. v. Susanne Günthner, Klaus-Peter Konerding, Wolf-Andreas Liebert & Thorsten Roelcke. Freiburg.

Starke, Günter (1997). »Kurzwörter: Tendenz steigend«. In: Deutschunterricht, Nr. 50. S. 88–94.

Stegner, Juliane (1985). »Ellipse als Mittel zum Ausdruck der Thema-Rhema-Struktur«. In: Meyer-Hermann, Reinhard & Hannes Rieser (Hrsg.). Ellipsen und fragmentarische Ausdrücke. Band 1. Tübingen. S. 25–54.
Stein, Stephan (1999). »Majuskeln im WortInnern. Ein neuer graphostilistischer Trend für die Schreibung von Komposita in der Werbesprache«. In: Muttersprache. Vierteljahresschrift für deutsche Sprache, Nr. 3. S. 261–278.
Steinhauer, Anja (2000). Sprachökonomie durch Kurzwörter. Bildung und Verwendung in der Fachkommunikation. In: Forum für Fachsprachen-Forschung. Hrsg. v. Hartwig Kalverkämper. Bd. 56. Tübingen.
Steinhauer, Anja (2001). »Von ›Azubi‹ bis ›Zivi‹, von ›ARD‹ bis ›ZDF‹. Kurzwörter im Deutschen«. In: Der Sprachdienst, Nr. 45. S. 1–14.
Steinhauer, Anja (2007). »Kürze im deutschen Wortschatz«. In: Bär, Jochen A., Thorsten Roelcke & Anja Steinhauer (Hrsg.). Sprachliche Kürze. Konzeptuelle, strukturelle und pragmatische Aspekte. Berlin et al. S. 131–158.
Stemmler, Theo (Hrsg., 1985). Ökonomie. Sprachliche und literarische Aspekte eines 2000 Jahre alten Begriffs. In: Mannheimer Beiträge zur Sprach- und Literaturwissenschaft. Hrsg. v. Brockmeier, Peter, Ulrich Halfmann, Hans-Jürgen Horn & Hartmut Laufhütte. Bd. 6. Tübingen.
Stiebels, Barbara (2002). Typologie des Argumentlinkings. Ökonomie und Expressivität. In: Studia grammatica. Hrsg. v. Bierwisch, Manfred. Bd. 54. Berlin.
Stöckl, Hartmut (1998). »Das Flackern und Zappeln im Netz. Semiotische und linguistische Aspekte des ›Webvertising‹«. In: Zeitschrift für angewandte Linguistik, Nr. 29. S. 77–111.
Stöckl, Hartmut (2004). »Werbekommunikation – Linguistische Analyse und Textoptimierung«. In: Knapp, Karlfried (Hrsg.). Angewandte Linguistik. Ein Lehrbuch. Stuttgart. S. 233–254.
Stolt, Brigit (1974). »Heiratsanzeigen in der ›Zeit‹. Vorläufige Ergebnisse eines interdisziplinären Forschungsvorhabens«. In: Muttersprache, Nr. 84. S. 346–371.
Stolt, Brigit (1976). ›Hier bin ich – wo bist du?‹ Heiratsanzeigen und ihre Echo, analysiert aus sprachlicher und stilistischer Sicht. Mit einer soziologischen Untersuchung von Jan Trost. Kronberg/Ts.
Stolz, Thomas (1990). »Flexion und Adpositionen, flektierte Adpositionen, adpositionelle Flexion«. In: Zeitschrift für Phonetik, Sprachwissenschaft und Kommunikationsforschung, Nr. 3. S. 334–354.
Störiko, Ute (1995). ›Wir legen Word auf gutes Deutsch‹. Formen und Funktionen fremdsprachiger Elemente in der deutschen Anzeigen-, Hörfunk- und Fernsehwerbung. Viernheim.
Storrer, Angelika (2001). »Sprachliche Besonderheiten getippter Gespräche: Sprecherwechsel und sprachliches Zeigen in der Chat-Kommunikation«. In: Beißwenger, Michael (Hrsg.). Chat-Kommunikation. Sprache, Interaktion, Sozialität und Identität in synchroner computervermittelter Kommunikation. Stuttgart. S. 324.
Stötzel, Georg (1991). »Entzweiung und Vereinigung. Antworten der Sprache auf die deutsche Frage«. In: Sprache und Literatur in Wissenschaft und Unterricht, Nr. 67. S. 2–20.
Strauss, Gideon (1997). Does the rainbow cost too much? Polemical essays on the economics of language. Bloemfontein.
Strohner, Hans & Gert Rickheit (1985). »Funktionale Vollständigkeit sprachlicher Äußerungen: Probleme, Experimente und Perspektiven«. In: Meyer-Hermann, Reinhard & Hannes Rieser (Hrsg.). Ellipsen und fragmentarische Ausdrücke. Band 2. Tübingen. S. 250–268.
Tenbrink, Thora (2007). Space, time, and the use of language: An investigation of relationships. Berlin et al.
Tesak, Jürgen & Jürgen Dittmann (1991). »Syntaktische Strukturen und Ellipsen in deutschen Telegrammen«. In: Feldbusch, Elisabeth, Reiner Pogarell & Cornelia Weiß (Hrsg.). Neue Fragen der Linguistik. Akten des 25. Linguistischen Kolloquiums, Paderborn 1990. Band 2: Innovation und Anwendung. Tübingen. S. 245–251.

6 Literaturverzeichnis

Teuber, Oliver (1998). »fasel beschreib erwähn – Der Inflektiv als Wortform des Deutschen«. In: Germanistische Linguistik, Nr. 141–142. S. 7–26.
Teuber, Oliver (2005). Analytische Verbformen im Deutschen. Syntax – Semantik – Grammatikalisierung. In: Germanistische Linguistik, Monographien. Hrsg. v. Debus, Friedhelm, Peter Eisenberg, Ulrich Knoop, Peter O. Müller, Damaris Nübling & Wolfgang Putschke. Bd. 18. Hildesheim et al.
Thiele, Petra (1994): Interferenzlinguistik, II: Kreolsprachen und Sprachwandel. Bochum.
Thimm, Caja (1995). »Intergruppenkommunikation, soziales Vorurteil und konversationale Implikaturen: Alt und Jung im Dialog«. In: Liedtke, Frank (Hrsg.). Implikaturen. Grammatische und pragmatische Analysen. Tübingen. S. 187–208.
Thome, Matthias (2001). »Semiotische Aspekte computergebundener Kommunikation«. <http://www.mediensprache.net/networx/networx-20.pdf>. In: Networx, Nr. 20. Hannover.
Torttila, Minna & Heikki Hakkarainen (1990). »Zum Satzbau der deutschen Kochrezepte des 20. Jahrhunderts: Satzlänge und Prädikat«. In: Zeitschrift für germanistische Linguistik, Nr. 18. S. 31–43.
Trempelmann, Gisela (1998). »Leserinnen/LeserInnen Ost wie West. Zu Bezeichnungen und Anredeformen in den östlichen Bundesländern«. In: Schoenthal, Gisela (Hrsg.). Feministische Linguistik – linguistische Geschlechterforschung. Ergebnisse, Konsequenzen, Perspektiven. Hildesheim et al. S. 33–48.
Trost, Igor (2006). Das deutsche Adjektiv. Untersuchungen zur Semantik, Komparation, Wortbildung und Syntax. Hamburg.
Ueding, Gert (Hrsg., 1994). Historisches Wörterbuch der Rhetorik. Bd. 2. Darmstadt.
Ullerich, Kathrin, Eva Abenstein & Martina Solter (Redaktion; 2003). Kochen. Die neue große Schule. München.
Ulvestad, Bjarne (1974). »Das pränukleare Adverbialattribut bei Nominalen im Deutschen«. In: Institut für deutsche Sprache (Hrsg.). Gesprochene Sprache. Jahrbuch 1972. Düsseldorf. S. 267–282.
Vachek, Josef (1961). »Some Less Familiar Aspects Of The Analytical Trend Of English«. In: Brno Studies in English, Nr. 3. S. 9–78.
Vater, Heinz (³1996). Einführung in die Raum-Linguistik. In: Kölner linguistische Arbeiten – Germanistik. Bd. 24. Hürth.
Vicentini, Alessandra (2003). »The Economy Principle in Language. Notes and Observations from Early Modern English Grammars«. <http://www.ledonline.it/mpw/allegati/mpw0303vicentini.pdf>. In: Mots Parabras Words, Nr. 2/2003. 37–57.
Viereck, Wolfgang (Hrsg., 1980a). Studien zum Einfluß der englischen Sprache auf das Deutsche. Tübingen.
Viereck, Wolfgang (1980b). »Zur Thematik und Problematik von Anglizismen im Deutschen«. In: Viereck, Wolfgang (Hrsg.). Studien zum Einfluß der englischen Sprache auf das Deutsche. Tübingen. S. 9–24.
Vieregge, Werner (1983). »Zum Gebrauch von Kurzwörtern im Neuhochdeutschen«. In: Sprachwissenschaft, Nr. 8. S. 207–235.
Vogt, Ludgera (1992). »Was hat ein Telegramm mit Treue zu tun?«. In: Hartmann, Hans A. & Rolf Haubl (Hrsg.). Bilderflut und Sprachmagie. Opladen. S. 165–173.
Voigt, Gerhard (1993). »Sprengstoff? Etwas über Abkürzungen«. In: Klein, Wolf Peter & Ingwer Paul (Hrsg.). Sprachliche Aufmerksamkeit. Glossen und Marginalien zur Sprache der Gegenwart. Heidelberg. S. 202–208.
Vossler, Karl (1923). Gesammelte Aufsätze zur Sprachphilosophie. München.
Walde, Alois (1900). Die germanischen Auslautgesetze. Eine sprachwissenschaftliche Untersuchung mit vornehmlicher Berücksichtigung der Zeitfolge der Auslautsveränderungen. Halle.
Wapnewski, Peter (2000). »Von der Not der Sprachkritik im Zeitalter der totalen Sprachschändung«. In: Hoffmann, Hilmar (Hrsg.). Deutsch global. Neue Medien – Herausforderungen für die Deutsche Sprache. Köln. S. 96–107.

Watzlawick, Paul, Janet H. Beavin & Don D. Jackson (^{10}2000). Menschliche Kommunikation. Formen, Störungen, Paradoxien. Huber.
Weber, Hans (1954). Das Tempussystem des Deutschen und des Französischen. Übersetzungs- und Strukturprobleme. Bern.
Weber, Heinrich (1991). »Erweiterte Attribute zwischen Grammatik und Pragmatik. Probleme bei der Erklärung syntaktischen Wandels«. In: Feldbusch, Elisabeth, Reiner Pogarell & Cornelia Weiß (Hrsg.). Neue Fragen der Linguistik. Akten des 25. Linguistischen Kolloquiums, Paderborn 1990. Band 1: Bestand und Entwicklung. Tübingen. S. 307–546.
Wegener, Heide (2003). »Entstehung und Funktion der Fugenelemente im Deutschen, oder: warum wir keine *Autosbahn haben«. In: Linguistische Berichte, Nr. 196. S. 425–457.
Wegener, Heide (2004). »Pizzas und Pizzen – die Pluralformen (un)assimilierter Fremdwörter im Deutschen«. In: Zeitschrift für Sprachwissenschaft, Nr. 23. S. 47–112.
Weinrich, Harald (1984). »Die Zukunft der deutschen Sprache«. In: Carstensen, Broder et al. (Hrsg.). Die deutsche Sprache der Gegenwart. Vorträge, gehalten auf der Tagung der J.J.-Gesellschaft der Wissenschaften, Hamburg, am 4. und 5. November 1983. Göttingen. S. 83–108.
Weinrich, Harald (^{3}2005). Textgrammatik der deutschen Sprache. Hildesheim.
Weisgerber, Leo (1957). »Der Mensch im Akkusativ«. In: Wirkendes Wort. Deutsche Sprache und Literatur in Forschung und Lehre, Nr. 8. S. 193–205.
Welke, Klaus (1971). »Das System der Modalverben im Deutschen«. In: Große, Rudolf (Hrsg.). Probleme der Sprachwissenschaft. Beiträge zur Linguistik. The Hague Paris. S. 290–297.
Welke, Klaus (1971). »Dienen Modalverben der Umschreibung des Konjunktivs?«. In: Große, Rudolf (Hrsg.). Probleme der Sprachwissenschaft. Beiträge zur Linguistik. The Hague Paris. S. 298–304.
Wellander, Erik (1917/1923/1928). Studien zum Bedeutungswandel im Deutschen. 3 Bände. Uppsala.
Wellander, Erik (1928). Studien zum Bedeutungswandel im Deutschen. Dritter Teil: Ellipse in semasiologisch einheitlichen Verbindungen. Uppsala.
Wellmann, Hans (Hrsg., 1993). Synchrone und diachrone Aspekte der Wortbildung im Deutschen. In: Sprache – Literatur und Geschichte. Studien zur Linguistik/Germanistik. Hrsg. v. Wellmann, Hans. Bd. 8. Heidelberg.
Werner, Frank (1992). Sonderwerbeformen im Fernsehen. Eine ökonomische und rechtliche Analyse. In: Göttinger Handelswissenschaftliche Schriften. Bd. 23. Göttingen.
Werner, Otmar (1977). »Suppletivwesen durch Lautwandel«. In: Drachman, Gaberell (Hrsg.). Akten der 2. Salzburger Frühlingstagung für Linguistik. Tübingen. S. 269–283.
Werner, Otmar (1989). »Sprachökonomie und Natürlichkeit im Bereich der Morphologie«. In: Zeitschrift für Phonetik, Sprachwissenschaft und Kommunikationsforschung, Nr. 42. S. 34–47.
Whitney, William D. (1868). Language and the Study of Language. London.
Wiegand, Herbert Ernst (1996). »Textual Condensation in Printed Dictionaries. A Theoretical Draft«. In: Lexicos, Nr. 6. S. 133–158.
Wiegand, Herbert Ernst (1998). »Lexikographische Textverdichtung. Entwurf zu einer vollständigen Konzeption«. In: Zettersten, Arne, Viggo H. Pedersen & Jens E. Mogensen (Hrsg.). Symposium on Lexicography VIII. Proceedings of the Eighth International Symposium on Lexicography May 2–4, 1996, at the University of Copenhagen. Tübingen. S. 1–35.
Wiese, Heike (1996). Der Status von Numeralia. Ein Vorschlag zur Deutung der Sonderstellung von Kardinalia, Ordinalia und Nummer-Konstruktionen. In: Sprache und Pragmatik. Bd. 39. Lund.
Wilmanns, Wilhelm (^{2}1899/1896). Deutsche Grammatik. Abt. 2. Wortbildung. Straßburg.
Windisch, Rudolf (1991). »Die Wortverschmelzung – ein ›abscheuliches Monstrum‹ der französischen und deutschen Wortbildung?«. In: Romanistisches Jahrbuch, Nr. 42. S. 34–51.
Winter, Werner (1974). »Echte und simulierte gesprochene Sprache«. In: Institut für deutsche Sprache (Hrsg.). Gesprochene Sprache. Jahrbuch 1972. Düsseldorf. S. 129–143.

Wüster, Eugen (³1991). Einführung in die allgemeine Terminologielehre und terminologische Lexikographie. In: Abhandlungen zur Sprache und Literatur. Hrsg. v. Richard Baum & Frank-Rutger Hausmann. Bd. 20. Bonn.
Wunderlich, Dieter (1971). »Pragmatik, Sprechsituation, Deixis«. In: Zeitschrift für Literaturwissenschaft und Linguistik, Nr. 1. S. 153–190.
Wurm, Andrea (2008). Translatorische Wirkung. Ein Beitrag zum Verständnis von Übersetzungsgeschichte als Kulturgeschichte am Beispiel deutscher Übersetzungen französischer Kochbücher in der Frühen Neuzeit. Frankfurt/M. et al.
Wurzel, Wolfgang U. (1976). »Zur Haplologie«. In: Linguistische Berichte, Nr. 41. S. 50–57.
Wurzel, Wolfgang U. (1984). Flexionsmorphologie und Natürlichkeit. In: Studia grammatica. Hrsg. v. Bierwisch, Manfred. Bd. XXI. Berlin.
Wurzel, Wolfgang U. (Hrsg., 1985a). Studien zur Morphologie und Phonologie I. In: Linguistische Studien. Reihe A, Arbeitsberichte. Hrsg. v. ZISW. Bd. 126. Berlin.
Wurzel, Wolfgang U. (1985b). »Die Suppletion bei den Dimensionsadjektiven«. In: Wurzel, Wolfgang U. (Hrsg.). Studien zur Morphologie und Phonologie I. Berlin. S. 114–143.
Wurzel, Wolfgang U. (2000). »Was ist ein Wort?«. In: Thieroff, Rolf et al. (Hrsg.). Deutsche Grammatik in Theorie und Praxis. Tübingen. S. 29–42.
Wurzel, Wolfgang U. (2001). »Ökonomie«. In: Haspelmath, Martin et al. (Hrsg.). Sprachtypologie und sprachliche Universalien. Ein internationales Handbuch. Berlin New York. S. 384–400.
Yan, Wenliang (1990). Anglizismen im Deutschen. Am Beispiel des Nachrichtenmagazins DER SPIEGEL. In: Reihe Germanistische Linguistik. Tübingen.
Zehetner, Ludwig (2004). »›Der genoweite Kontoauszug‹. Überlegungen zur wortbildenden Funktion von ›o‹ in Wortkürzungen und Kurzwörtern«. In: Muttersprache. Vierteljahresschrift für deutsche Sprache, Nr. 1. S. 17–28.
Zettersten, Arne, Viggo H. Pedersen & Jens E. Mogensen (Hrsg., 1998). Symposium on Lexicography VIII. Proceedings of the Eighth International Symposium on Lexicography May 2–4, 1996, at the University of Copenhagen. In: Lexicographica. Hrsg. v. Allén, Sture et al. Bd. 90. Tübingen.
Ziegler, Arne & Christa Dürscheid (Hrsg., 2002). Kommunikationsform E-Mail. In: Textsorten. Hrsg. v. Kirsten Adamzik, Gerd Antos & Wolfgang Heinemann. Bd. 7. Tübingen.
Zifonun, Gisela (2000). »Grammatische Integration jugendsprachlicher Anglizismen«. In: Der Deutschunterricht, Nr. 4. S. 69–79.
Zifonun, Gisela (2003). »Dem Vater sein Hut. Der Charme des Substandards und wie wir ihm gerecht werden«. In: Deutsche Sprache, Nr. 31. S. 97–126.
Zifonun, Gisela, Ludger Hoffmann & Bruno Strecker (1997). Grammatik der deutschen Sprache. 3 Bände. In: Schriften des Instituts für deutsche Sprache. Hrsg. v. Eroms, Hans-Werner, Gerhard Stickel & Gisela Zifonun. Bd. 7. Berlin New York.
Zimmermann, Gerhard (1987). »Phonetische und paralinguistische Beobachtungen zur fiktionalen preußischen und sächsischen Offizierssprache«. In: Zeitschrift für Dialektologie und Linguistik, Nr. 54.1. S. 28–60.
Zipf, George Kingsley (1965/1949). Human behavior and the principle of least effort. An introduction to human ecology. New York et al.
Zuse, Horst (1999). Geschichte der Programmiersprachen. In: Forschungsberichte des Fachbereichs Informatik/Technische Universität Berlin, Nr. 1999-1. Berlin.
Zwicky, Arnold M. & Geoffrey K. Pullum (1983). »Cliticization vs. Inflection: English n't«. In: Language. Journal of the Linguistic Society of America, Nr. 59. S. 502–513.

ANHANG A: Korpus-Auszüge

Im Folgenden sind pro Korpus umfangabhängig fünf bis zehn (prototypische) Elemente aufgeführt, um einen kleinen Einblick in die Themen und Kommunikationsformen zu geben. Eine nähere Beschreibung der Korpora findet sich in Kap. 4.1, ihre Analyse ab 4.2. Unter http://corpora.mediensprache.net/ finden sich sämtliche Korpora im Volltext mit Such- und Konkordanzfunktionen.

Alpenpanorama D/A/CH/I

3./4.10., R.-Strauss-Institut Öffentl. Kammermusikkurs

NEU 2002/03: „Gratbahn": 6er Sesselbahn mit Haube

Internet: www.hiwu.at Info-Tel: +43 (0)7564 / 5275

Bergbahnen E-Mail: office@arlbergerbergbahnen.com

Apt Val di Sole - tel. 0463 / 986113 e-mail: folgarida@valdisole.net

Alle Liftanlagen Rifflsee in Betrieb

Genuss-Skilauf auf Naturschnee-Pisten!

2.+3.8. beim Bauernhäusl in Königsleiten, Zeltfest 30 Jahre Löschzug

15.04.03 Käpt´n Hugo Spielefest „Bungee am Berg", Fellersbachalm

GROSSARLTAL: Wandern im TAL DER ALMEN

Fahrgastfernsehen der X-CITY MEDIEN, Hannover

Großer Bahnhof bei Lidl
Sonderverkauf von Bahn-Tickets sorgt für Ansturm bei Lidl: Vor den Filialen bildeten sich Donnerstag früh lange Schlangen. Die Fahrkarten für 49,90 Euro waren bereits nach wenigen Minuten ausverkauft. [2399]

K-Frage: Merkel soll's machen
Es wird immer wahrscheinlicher: Im Herbst könnte es zu einer vorgezogenen Bundestagswahl kommen. Aus CDU-Kreisen war Sonntag zu hören: Kanzlerkandidatin wird Angela Merkel sein. [2441]

Bütikofer gibt eine Kostprobe
Trotz Stress in Berlin: Grünen-Chef Reinhard Bütikofer warb Freitag für Öko-Lebensmittel. Mit der Bundestagsabgeordneten Silke Stokar verteilte er Öko-Kuchen auf dem Stephansplatz in der Südstadt. [2611]

PDS will „Linkspartei" heißen
Die PDS will sich umbenennen: Sie soll künftig „Die Linkspartei" heißen. Das soll das Bündnis mit der WASG ermöglichen, sagte PDS-Chef Bisky. Ursprünglich war der Name „Demokratische Linke" geplant. [2690]

Den Gästen hat's geschmeckt
Festessen: Dienstag trafen sich Promis und Schützen in der Festhalle Marris. 1.000 Gäste genossen ein Buffet mit Spezialitäten aus Niedersachsen. OB Schmalstieg und Schützenpräsident Matthias hielten Reden. [2825]

Kleinanzeigen der deutschen Tagespresse (2005)

Exklusive FeWo bei Bad Tölz
120m² (3 SZ, TV, Gge.), sehr schön gelegen, ab 3.8. zu verm. ℡ 08041/3386 [4150]

Hagnau, komf. App., 2-3 Pers., 2 Min. zum See. ℡ 0175/5555555 [4231]

Klassik-Jazz-Rock-LP-/CD-Sammlung gesucht. ℡ 04222/5555 [4269]

Costa Brava FH, 6 Pers., Garage, Sat-TV, Waschm., Strand 150m; ℡ 02352/55555 [3885]

Hüte Haus und Tiere, ✆ 0421/5555555 [3983]

2 ABO Oper 05/06, Kat.1, ✆ 08176/555555 [4004]

Paris Zentrum 2 Zi.-App., Spitzenlage, exkl. Ausst., 580,- €/Wo.
✆ 07851/71515 Fax 07851/2166 oder 0160/5555555 [4047]

Für Filmaufnahme zu verm., teilw. leer, kl. denkm. geschütztes MFH,
✆ 089/5555555 [4111]

Literatenhaus www.fewo-it.de 0203/5555555 [4117]

Filme Ihre Feier professionell. ✆ 089/555555, www.filme-digital.de [4129]

Nachrichtenticker EinsExtra (ARD digital)

Hartz IV
Merkel verspricht: Keine weiteren Kürzungen bei Arbeitslosengeld II geplant. [4889]

BND-Affäre
Regierung veröffentlicht Bericht über Auslandseinsätze. Noch keine Entscheidung über Untersuchungsausschuss. [4907]

Vogelgrippe
Streit um Kompetenzen bei Vogelgrippe. Seehofer macht sich erneut für mehr Einfluss des Bundes stark. [4931]

Fusionen
Deutscher Gase- und Gabelstaplerhersteller Linde will für 11,7 Mrd. Euro seinen britischen Konkurrenten BOC übernehmen. [4974]

Streit um WM-Einsatz
SPD-Vorstandsmitglied Annen bezeichnet Engagement von Innenminister Schäuble für Bundeswehreinsatz als „Unverschämtheit". [5016]

Kassenbons (Artikelbezeichnungen)

FRU.AUFSTR. [687]

ORANGEN 2KG [700]

MUNDHYGIENE-SET 2X [755]

VILSA MIWA EXTRA S [869]

GURKEN 350+ [870]

T.M.WASCHLOT [881]

OEKO SCHW.RUECK. [915]

LL LANDK. SCHEIB. [793]

KLEENEX KOSM.TUE.N [898]

SMS-Mitteilungen

liege am Strand und fange Quallen.hoffentlich gefällt dir die Karte.Schöne Ferien noch.Hdl deine Maren [1000]

HA HA MEIN AUFPASSER! GOTT SEI DANK NICHT! [1199]

Heute ist probe! A [1283]

BIST DU IN GARBSEN? BIERDURST? [1313]

hallofini, wollte nur noch mal kurz tschüs sagen, bevor wir das land verlassen. kommen montag wieder. Treffen wir uns nächste woche? Liebe grüße von bine [1438]

FAHRE ERST UM 21.30 LOS MUß NOCH ETWAS AM WAGEN MACHEN. KUSSSS [1552]

KOMM UM 18.49 IN HANNOVER AN [1674]

Mensen? [2120]

Ich liebe Dich!!! [2241]

ANHANG B: Netlinks

Die folgende Liste entschlüsselt die in der Arbeit genannten Verweisziffern für Internet-Ressourcen (Netlinks). Eine vereinfachte Eingabe ist möglich unter http://www.mediensprache.net/netlink/. Unter dem Netlink 580 stehen das Buch ergänzende Informationen zur Verfügung.

409	http://corpora.mediensprache.net/
421	http://www.dwds.de/
422	http://www.faz.net/
423	http://www.haz.de/
424	http://www.sueddeutsche.de/
425	http://de.wikipedia.org/wiki/Tour_de_France/
426	http://www.mediensprache.net/de/werbesprache/tv/rights/
427	http://www.3sat.de/alp.html
428	http://www.mediensprache.net/de/news/show.aspx?id=95
429	http://linpop.zdf.de/sport/bl1/event19956-sub.htm
430	http://discovermagazine.com/2007/feb/titan-ethane-smog-dust-smust
576	http://www.mediensprache.net/de/basix/oekonomie/
578	http://www.mediensprache.net/de/basix/pubs/7/media/tab.4-38.png
579	http://www.mediensprache.net/de/basix/pubs/7/media/tab.4-39.png
580	http://www.mediensprache.net/de/basix/pubs/7/
581	http://www.mediensprache.net/de/basix/pubs/7/media/abb.4-8.jpg

Sprache – Medien – Innovationen

Herausgegeben von Jens Runkehl, Peter Schlobinski und Torsten Siever

Die Reihe »Sprache – Medien – Innovationen« hat zum Gegenstand sprachliche und kommunikative Strukturen in Medien und versammelt innovative Arbeiten zur Medienlinguistik. Schwerpunkte bilden die grundlegende Beschreibung und Analyse vermittelter Kommunikationspraxen auf der linguistischen und medialen Ebene sowie die Auseinandersetzung mit der Frage, wie sich diese Formen im Sprachgebrauch und auf das Sprachsystem niederschlagen. Hierbei kann der Fokus auf theoretischen, angewandten oder methodischen Fragestellungen liegen.
Die Reihe stellt eine Erweiterung des Wissenschaftsportals mediensprache.net dar und ist offen für Dissertationen und andere Forschungsarbeiten mit innovativem Charakter. Dabei sollen ausdrücklich auch ›Schnittstellenarbeiten‹ eine angemessene Berücksichtigung finden. Als Erscheinungsformen sind sowohl Monographien vorgesehen als auch thematisch gebundene Sammel- oder Tagungsbände.

Band 1 Torsten Siever: Texte i. d. Enge. Sprachökonomische Reduktion in stark raumbegrenzten Textsorten. 2011.

www.peterlang.de